Victimology

피해자학

조윤오 김순석 양문승 원혜욱 이동원
이미정 이봉한 이웅혁 이재영 최진혁 공역

William G. Doerner
Steven P. Lab

ELSEVIER

도서출판 그린

Victimology

William G. Doerner, Steven P. Lab

ISBN : 9781437734867

Translated Edition ISBN : 9788957271612

Publication Date in Korea : 2011. 9. 8

Translated by Green Publishing Co.

Printed in Korea

역자 서문

범죄 원인을 밝히고 가해자의 행동변화를 추구하려는 전통적인 형사정책 입장에서는 항상 피해자보다 가해자가 중요하게 다루어져 왔다. 실무에서 보호관찰관으로 일하며 유죄가 확정된 범죄자를 감독하고, 처우하는 일을 해오면서도 솔직히 개인적인 관심의 초점은 항상 피해자보다는 범죄자 개인에게 더 있었다. 사실 왜 가해자는 이런 범죄를 저질렀는가, 도대체 어떻게 하면 범죄자의 문제를 해결할 수 있을 것인가에 대해서는 끊임없이 고민하면서도 막상 범죄피해자에게는 형벌 및 출소관련 사실 정보 제공 이외에는 별 다른 고민을 갖고 의문을 제기한 적이 없었던 것이 사실이다.

그러나 범죄피해자에 대한 진정한 이론적 • 실무적 성찰과 배려 없이는 궁극적인 범죄자 교정 및 재범방지 실현은 불가능하다고 하겠다. 피해자를 계속 범죄학 내에서 소극적인 '주변인' 또는 '잊혀진 존재' 정도로 간주한다면, 피해자의 형사사법 기관에 대한 신뢰는 극도로 감소하게 되고, 결국 가해자와 피해자가 상호작용하게 되는 진정한 범죄발생 맥락을 정확히 파악하지 못하게 될 우려가 있다. 이는 단순히 경찰 초기단계에서 수사 담당자가 범죄 피해자의 증언을 놓치게 되는 상황에 한정된 문제가 아니다. 피해자의 목소리가 형사사법 시스템 내에서 제대로 다루어지지 않는다면, 우리사회 전체의 신뢰와 정의가 무너지게 되고, 범죄문제는 결국 공식적인 국가 형사사법기관의 힘에 의해 해결될 수 없게 될 것이다.

보통 경찰, 검찰, 법원, 교정을 망라하여 범죄 피해자와 국가 형사사법 기관이 상호작용하는 평상 시의 모습을 보면서 일반 시민들이 간접적으로 본인이 지역사회에서 국가 형사사법 기관과 어떤 관계를 수립해야 할지, 그리고 본인 또는 가족이 직접 범죄피해자가 되었을 때 어떤 행동을 취해야 할지를 잠정적으로 결정하게 된다. 따라서 국가기관이 자신을 가장 중요한 "핵심 존재"로 다루지 않는다고 느끼게 되면, 향후 시민들은 적극적으로 자기 또는 주변의 범죄 사실을 알리지 않게 될 가능성이 크다. 오히려 왜곡된 방식으로 가해자를 직접 처벌하려 하거나, 국가기관에의 공식적인 사실보고 자체를 꺼려하게 될지도 모른다.

결국 피해자와 국가기관과의 잘못된 상호작용은 지역시회 전체의 불신을 초래할 뿐만 아니라 이는 범죄자의 죄책감과 자기 행동에 대한 후회, 행동변화에도 악영향을 미칠 수 있다. 비공식적인 처벌로 인해 가해자는 자기 행동을 합리화하는 기제를 강화할 수도 있고, 제대로 처벌되지 않음으로써 계속 반복적으로 범죄를 저지를 수 있기 때문이다. 이런 맥락에서 피해자학을 범죄학과 구분되는 독자적인 학문으로 인정하여, 피해자 권익 보호와 가해자-피해자 간의 관계규명, 피해자-형사사법기관과의 상호작용 등을 과학적으로 연구하는 학문체계로 인정하는 것은 매우 중요한 형사정책적 의의가 있다고 하겠다.

최근 우리나라에서도 범죄피해조사제도, 국민참여재판제도, 가해자-피해자 조정프로그램 실시 등 피해자의 권리와 참여가 강조되는 많은 새로운 제도가 계속 도입되고 있는 상황이다. 그러나 여전히 많은 범죄피해자들은 신고에 앞서 자신이 전체 형사사법 시스템 내에서 가해자보다 더 큰 수치심을 느끼게 될까 두려워하고, 많은 사람들로부터 '범죄유발자' 라는 손가락질을 받게 될까 조심스러워하고, 다시 가해자로부터 유사한 보복 피해를 당하게 될까 불안해한다. 또한, 범죄 피해자가 형사정책 전면에 주인공으로 등장하지도 못한 현 상황에서 피해자가 생각하는 정의와 공식 국가기관이 바라보는 정의가 상충할 때 어떤 조절 과정을 거쳐야 하는지도 아직 충분한 합의가 이루어지지 않은 어려운 상황이다.

Doerner와 Lab의 최신 제 6판 "피해자학(Victimology)" 책이 한국에 번역됨으로써 앞으로 기존의 가해자 위주 형사사법 시스템이 보다 가해자를 세심하게 배려하고 적극적으로 지원하게 되는 학문적 기회가 마련되기를 바란다. 또한, 배우자폭력, 성폭력, 학교폭력, 아동학대, 노인범죄 등 최근 더욱 중요하게 다루어져야 할 특수 피해자 문제가 이론적으로 더욱 성숙해 가는 작은 밑거름이 마련되기를 기대한다. 비록 미국 상황을 설명하는 통계나 사례, 법률 내용이 주를 이루나, 분명 피해자학의 범위를 규정하고, 피해자의 입장과 이론적 • 실무적 발전 방향을 만들어나가는 데는 본 번역서가 우리나라에도 큰 도움이 되리라 확신한다.

특히 법학, 경찰행정학, 범죄학 등 형사정책 관련 학문을 공부하는 학생들에게 본 "피해자학" 번역서가 범죄문제를 이해하는데 도움이 되길 기대하고, 범죄자 교정 및 범죄예방 업무를 담당하는 실무자들에게도 본 번역서가 피해자와 가해자의 상호작용을 이해하는데 작은 도움이 되기를 함께 희망한다. 무엇보다 혼자 숨어서 아무렇지 않은 듯 자신의 범죄 피해경험을 잊으려고 노력하는 사람들에게 본 "피해자학"이 자신의 범죄피해가 혼자만의 이야기가 아니라 우리 모두가 현실에서 경험하고 있고, 그 해결책을 찾아 함께 공론화 과정을 거치고 있음을 깨닫게 해주는 기회가 되면 좋겠다.

번역서로써 최대한 원 저자의 의도를 따르려 노력했고, 동시에 어렵지만 공동 번역작업으로써 최대한 개별 번역자들의 선호도가 분명하게 함께 발휘되도록 노력했음을 밝힌다. 따라서 각 장마다 동일한 영어 표현이 문맥상황과 번역자 선호에 따라 다소 상이하게 우리말로 번역된 점이 있음을 이해해주길 바란다. 함께 번역에 참가한 역자들을 소개하면, 1장-2장 이미정 교수, 3장-4장 최진혁 교수, 5장-6장 이재영 교수, 7장 조윤오 교수, 8장 이동원 교수, 9장 이봉한 교수, 10장 양문승 교수, 11장 김순석 교수, 12장 이웅혁 교수, 13장 원혜욱 교수, 전체 번역 감수는 조윤오 교수가 각각 맡았다.

끝으로 바쁜 중에도 함께 꼼꼼하게 번역 작업의 뒤를 맡아준 이재영박사와 동국대학교 박사과정 신소라, 박보라 학생에게 큰 감사의 표시를 전한다. 방학을 포기하고 열심히 오탈자 교정 작업 일을 도와준 이유나와 노아현, 공태명 학생에게도 고맙다는 말을 전한다. 무엇보다도 빡빡한 번역 일정에 대해 전혀 불만을 제기하지 않고, 제일 먼저 우리 "피해자학" 번역서 발간을 최우선 순위에 놓아준 공동저자 여러분들께 깊이 감사드린다. 또한, 그린 출판사 식구들의 무서운(?) 동기부여 전략이 없었다면 아마 이렇게 빠른 시간 내에 효과적으로 책이 번역될 수 없었을 것이다. 출판사 관계자분들의 도움에 깊이 감사드린다. 앞으로 범죄심리, 범죄예방, 범죄자 교정처우, 산업보안 문제 등 유익한 형사정책 원서 교재 발굴 및 소개가 그린 출판사를 통해 계속되기를 기대한다.

2011년 남산 사회과학관 연구실에서
조윤오 교수

역자약력

조윤오
현재 동국대 교수 재직 중
동국대학교 경찰행정학과 졸업
뉴욕시립대학 존제이 형사사법대학(John Jay College of Criminal Justice) 박사, 행정고등고시 44회 합격, 최초 법무부 여성보호관찰관

김순석
신라대학교 법경찰학부 교수
한국범죄심리학회, 한국경호경비학회 편집위원.
동국대학교 경찰행정학과 학부, 석사, 박사(경찰학)

양문승
원광대학교 경찰행정학부 교수
원광대학교 학부대학 학장
한국피해자학회 부회장
고려대학교 법학과 졸업, 동국대학교 대학원 경찰행정학과 졸업(법학박사)

원혜욱
인하대학교 법과대학 교수
Bayerische - Julius - Maximilian Univ. Wuerzburg(학사)/법학
Johann Wolfgang Goethe University(석사)/형법
Johann Wolfgang Goethe University(박사)/형법(형사정책)

이동원
원광대학교 경찰행정학부 교수
한국형사정책연구원 선임연구원
고려대학교 사회학과 졸업
동대학원 사회학 박사

이미정
서강전문학교 경찰행정학과 교수
한국공안행정학회, 한국범죄심리학회 이사
여성부 한국양성평등진흥원 양성평등전문강사
동국대학교 일반대학원 경찰행정학과 석박사 졸업

이봉한
대전대학교 경찰학과 교수
FBI NA 연수(166기), 전) 서울디지털대학교 법무행정학부 교수
경찰대학교 법학과 졸업(3기)
동국대학교 대학원 경찰행정학과 졸업(경찰학 박사)

이웅혁
경찰대학 행정학과 교수
연세대학교 행정대학원, 사법공안행정학 석사, 경찰대학, 법학사
Michigan State University, Criminal Justice/Criminology, M.S.
Michigan State University, Criminal Justice/Criminology, Ph.D.

이재영
순천향대학교 사회과학연구소 연구원(박사 후 과정)
경찰교육원 피해자써포터 과정 외래강사
동국대학교 경찰학 박사(Ph.D)

최진혁
대전대학교 경찰학과 교수
경찰대학교 행정학과 3기 졸업(행정학사),
연세대학교 행정대학원 졸업(행정학 석사: 사법공안)
용인대학교 대학원 경호학과 졸업(경호학 박사: 산업보안)

차례

CHAPTER 2 범죄피해의 측정 MEASURING CRIMINAL VICTIMIZATION

CHAPTER 3 재산범죄와 피해 PROPERTY VICTIMIZATION

CHAPTER 4 대인범죄와 피해 PERSONAL VICTIMIZATION

CHAPTER 5 범죄피해의 비용 THE COST OF BEING A VICTIM

CHAPTER 11 노인 범죄 CRIME AND THE ELDERLY

CHAPTER 13 피해자의 권리 VICTIM RIGHTS

1

피해자학의 범위

The Scope of Victimology

학습목표

본 1장을 읽고, 아래의 질문에 답해보시기 바랍니다.

- 피해자학 연구 초기 사회에서 피해자 문제를 다룬 방식을 설명하라.
- 응보(retribution)와 배상(restitution)의 의미를 설명하라.
- 피해자 사법제도에서 형사사법제도까지의 변화에 대해 논하라.
- 피해자 유형론의 초기 관심사안에 대해 개관하라.
- 피해자 유발(victim precipitation)의 요지를 설명하라.
- 볼프강(Wolfgang)이 살인 피해자들에게서 발견한 사실들을 요약하라.
- 아미르(Amir)의 피해자 유발론에 대해 설명하라.
- 아미르의 피해자 유발론에 대한 반응을 평가하라.
- 피해자 유발의 단점을 비판하라.
- '일반 피해자학(general victimology)' 에 해당하는 영역을 열거하라.
- 피해자학의 포괄적인 연구 주제들을 개관하라.
- 피해자 운동과 범죄피해자에 대한 대중적 관심이 어떻게 높아졌는지를 언급하라.

서론 INTRODUCTION

공식 사법체계에서는 때로 유쾌하지 않은 일들이 발생한다. 범죄자를 다루는 전체 공식 사법체계에서 피해자가 밀려나는 이상한 일들이 그동안 우리 역사속에서 계속되어 왔다. 그러나 다행스럽게도 이러한 추세는 최근 뒤바뀌고 있다. 범죄피해자들의 참여와 관심이 증가하고 있고 형사사법 시스템에 피해자를 재통합시키고자 하는 움직임이 날로 증가하고 있다. 이 장에서는 역사를 통해 피해자의 역할을 살펴보고, 그들이 형사사법 시스템에서 배제된 과정을 추적할 것이다. 또한 피해자학이 등장하고 피해자에 대한 관심이 부활하게 된 배경을 조사할 것이다.

피해자의 역사 THE VICTIM THROUGHOUT HISTORY

오늘날 대부분의 사람들은 공식 형사사법 시스템을 당연한 것으로 받아들인다. 그러나 공식 형사사법 시스템을 통해 일탈행위를 다루는 이러한 방식이 과거 역사속에서는 일반적인 방법이 아니었다. 현대의 형사사법제도는 상대적으로 새로운 현상이라고 할 수 있다. 과거에는 범죄자를 처벌하는 책임이 피해자와 그들의 친족들에게 있었다. 당시에는 법집행을 지원하기 위한 '권한' 이 존재하지 않았다. 피해자는 그 책임을 스스로 해결해야 했으며, 사회는 이러한 제도를 계속 유지했다.

이러한 체제하에서는 법령이나 법규가 강조되지 않았다. 간혹 예외적인 경우도 있었으나, 성문법은 거의 존재하지 않았고, 행동양식(Codes of behavior)이 사회의 규범을 반영하였다. 사회는 살인 및 기타 심각한 행동들을 절대 허용될 수 없는 **범죄 구성요건**(*mala in se*)으로 인식하였다. 그러나 범죄자에 대해서 어떠한 조치를 취할 것인가를 결정하는 것은 전적으로 피해자의 몫이었다. 범죄자를 판사의 판결이나 처벌을 위한 교도소로 보낼 수 있는 제도가 당시에는 없었다. 그 대신 오로지 피해자가 그들의 손으로 범죄자를 해결해야 했다.

이것은 당시 피해자가 따라야할 법률이 없었다는 것만을 함축하는 것이 아니라, 사회가 범죄자에 대한 응보와 배상을 기본적인 제도로 인식했음을 말한다. 간단히 말해서, **응보**(*retribution*)는 범죄자가 자신의 행동이 야기한 해악의 정도에 상응하는 고통을 받아야 한다는 것을 의미한다. 대개 응보는 전체 피해를 다시 복구시키기에 충분한 정도의 **배상**(*restitution*)이나 금전적 보상의 형태를 갖기 마련이었다. 만약 범죄자가 그러한 배상을 할 수 없다면, 범죄자의 친족이 그 책무를 떠안게 된다.

이러한 대응 체계는 **탈리오 법칙**(*lex talionis*)이라고 알려진 '눈에는 눈, 이에는 이' 원리를 강조했다. 범죄자에게는 피해자에게 야기한 위해에 상응하는 처벌이 가해졌다. 이러한 제도의 가장 중요한 특징이라면 피해자와 그 친족들이 범죄 문제를 다루었고, 그에 대한 보상의 수혜자가 되었다는 점이다. 이러한 제도야말로 진정한 '피해자 사법체계(victim justice system)' 라고 할 만하다.

범죄행위를 다루는 이러한 기본적인 시스템을 바탕으로 고대 법률이 성문화되었다. 모세 법전, 함무라비 법전(B.C. 2200), 로마법은 모두 타인에게 가한 위해에 대한 개인적인 책임을 가장 중요한 요소로 수반하고 있다. 응보와 배상은 고대 많은 법률의 특별한 요소가 되었다. 이러한 대응의 근거 일부가 오늘날 범죄에 대한 대응책이 되었다.

억제(*deterrence*)의 주요 목표는 장래의 범죄를 예방하는 것이다. 이것은 범죄행위로부터 얻는 이익을 제거하면 범죄행위가 갖는 매력도 감소할 것이라고 본다. 응보와 배상은 피해자가 범죄를 당하기 전의 상황으로 복구시키고자 하는 것이다. 따라서 범죄자의 경제적 이익을 감소시킴으로써 범죄를 통해 이득이 발생하지 않도록 한다.

범죄행위를 다루는 이러한 제도는 중세시대까지 온전히 유지되었다. 그러나 결국 이러한 피해자 사법제도는 종식을 맞이하게 되었는데, 여기에는 두 가지 요소가 작용했다. 첫 번째는 봉건 영주들이 범죄자가 피해자에게 지불하는 보상에 대한 소유권을 주장함으로써 변화를 예고하였다(Schafer, 1968). 당시 지배자들은 이러한 보상금이 자신들의 부를 더욱 축적시킬 수 있는 수익성이라고 생각하여, 범죄행위를 피해자가 아닌 국가(state)에 대한 위반행위라고 재규정함으로써 그 목적을 달성하였다. 이러한 전략은 국가를 피해자의 일부로써 재구성하는 결과를 초래하였다. 피해자의 지위는 축소되었고, 국가의 증인으로써 그 지위는 더욱 격하되었다. 오늘날 국가는 범죄 배상문제에 개입하여 수익을 거두어들이고 있다.

두 번째는 사회가 전환되는 대격변속에서 피해자의 지위가 축소되었다는 것이다. 이 당시까지만해도, 사람들은 작은 마을을 형성하여 농사를 지으며 하루 하루 필요한 것들을 얻기 위해 살아가는 농경사회였다.

당시 대다수의 사람들은 자급자족하여 가족들을 부양했으며, 다른 사람들과 동떨어져 친족들끼리 모여 살았다. 범죄가 발생하면, 피해 당사자뿐만 아니라 가족 전체가 물리적 · 경제적 해를 입었다. 이러한 **단순 공동체**(*gemeinschaft*) 사회(Toennies, 1957)에서는 자신의 문제를 해결하기 위해 개인에게 의존할 수밖에 없었다.

중세시대가 도래하면서, 산업혁명은 보다 큰 도시화된 공동체를 형성하였다. 사람들은 농촌을 떠나 도시로 이주하여 새로운 산업사회에서 직장을 잡았다. 그들은 낯선 사람들에 둘러싸인 비좁은 집에 정착했고, 이웃들끼리 옆집에 누가 사는지조차 알지 못했다. 군중과 뒤섞여 살면서 사람간의 관계는 점점 더 비인격화되었고, 사람들과 서로 어울리는 대인관계의 유대감은 사라졌다.

이익사회(*gesellschaft*)의 형태가 계속 발전할수록, 과거의 피해자 사법제도는 점점 더 붕괴되어갔다. 범죄는 사람들끼리 연결된 촘촘한 사회 조직(fabric)을 위협하기 시작했고, 피해자가 범죄자를 전체적으로 처리하는 제도에 대한 관심이 멀어져갔다. 피해자 사법제도는 점점 더 위축되어갔고, 형사사법제도가 그 자리를 대체하게 되었다. 이를 두고 일부 논평자들은 피해자 불공정 사법 체제(victim injustice system)라고 표현하는 것이 더 적합하다고 논박하기도 한다.

오늘날 피해자는 국가를 위한 증인, 그 이상 그 이하도 아니다. 피해자들은 더 이상 응보와 배상을 얻기 위해 범죄자들을 자신의 손으로 처리할 수 없다. 피해자들은 이러한 처분을 다시 할 수 있도록 국가에 요청해야 한다. 지난 수 십세기동안, 공식 법집행기관, 법원, 교정기관이 발전한 것은 국가를 보호하고자 하는 관심의 증폭을 반영하고 있다. 형사사법제도에서 피해자와 그들이 갖는 의미는 대부분 잊혀지고, 관심의 초점이 피의자의 권리를 보호하는 것으로 옮겨졌다.

피해자의 재출현 THE REEMERGENCE OF THE VICTIM

형사사법제도는 범죄자를 통제하기 위해 엄청난 시간과 에너지를 소비하였다. 1940년대는 범죄행위를 이해하고 범죄의 원인을 파악하는데 집착함으로써, 피해자가 '재발견' 된 시기였다. 흥미로운 것은, 피해자가 동정이나 연민의 대상이 아니라 자신들의 권리를 양도한 파트너 또는 공헌자로 부상했다는 점이다. 범죄를 저지른 학생들은 그들이 저지른 범죄 사실을 보다 잘 이해할 수 있도록 하기 위해 피해자와 범죄자와의 관계를 돌아보기 시작했다.

피해자에 대한 관심이 다시 움트고 학문적 주목을 받기 시작하면서, 연구자들은 아주 기본적인 문제를 고민하게 되었다. 즉 피해자학이란 정확하게 무엇인가? 일각에서는 피해자학은 하나의 전문영역 또는 범죄학의 하위영역이라고 간주하여, 모든 범죄사건은 결국 범죄자와 피해자가 당연히 포함되어야 한다고 믿는다. 다른 한편에서는 피해자학은 매우 방대하고 포괄적이기 때문에, 그 자체로 하나의 독립된 영역 또는 학문분야로 자리할만한 가치가 있다고 응수한다. 이들은 대학 홍보책자에 피해자학이 생물학, 범죄학, 심리학, 수학, 정치학 등과 같이 하나의 주요 학문 분야로 열거될 것이라고 예견한다.

피해자학에 있어 초기 학문적 업적들은 피해자 유형을 분류하는데 상당한 에너지를 집중투자하였다. **유형론**(*typology*)은 우리 사회를 보다 잘 이해하기 위해 논리적 분류에 대한 관찰 결과들을 범주화하는 것이다(McKinney, 1950, 1969). 다음에서는 이러한 초창기 이론적 반향이 피해자학을 한 방향으로 밀어부쳐, 결국 폭발적이고 강력한 반응을 형성하게 된 과정을 살펴볼 것이다.

한스 본 헨티히의 업적 : *범죄자와 그의 피해자 The Criminal and His Victim*

피해자학의 초창기 선구자는 독일 학자인 한스 본 헨티히(Hans von Hentig)다. 범죄학자로써 헨티히는 어떠한 범죄적 성향이 범죄자가 되도록 만드는지를 규명하고자 노력하였다. 그는 범죄피해자에 관심을 돌리면서, 무엇이 그들을 피해자로 만드는지 궁금증을 갖기 시작했다. 그에 따르면, **범죄자-피해자의 양자 관계**(*criminal-victim dyad*)가 피해자를 만드는 핵심 요소가 된다.

자신의 초기 저서(1941)에서 헨티히는 피해자들이 종종 범죄행위의 원인을 제공한다고 주장하였다. 예를 들자면 본래 피해자가 공격자가 되는 경우들이 있을 것이다. 이 피해자는 범죄자와의 대립에서 어떤 이유로 자신이 패배자가 되는데 흥분하게 되는 것이다. 헨티히는 어떤 범죄사건에 있어서는 누가 진짜 피해자이고 가해자인지에 대한 이미지가 왜곡되서 나타난다는 사실을 명확히 전달하고자 하였다. 이러한 상황을 강조하는 역학관계를 좀 더 분석해보면 피해자가 자신의 피해에 대한 주요 공헌자(contributor)임을 알 수 있다.

헨티히는 자신의 후기 저서인 범죄자와 그의 피해자(*The Criminal and His Victim*)에서 피해자를 공작원(*agent provocateur*)이라는 개념으로 확장시켰다. 이것을 그는 "피해자의 범죄를 자극하는 기능에 더 높은 관심이 모아지면서, 범죄 행위자와 피해자와의 상관관계에 대한 면밀한 조사를 통해 범죄에 대한 새로운 접근이 시작될 것"이라고 설명하였다(1948: 450).

그렇다고 헨티히가 모든 피해자들이 범죄를 자극했다고 믿은 것은 아니었다. 피해자가 범죄를 자극한 상당 수의 사례들은 개인이 통제할 수 없는 특징이나 사회적 지위에서 기인한 것이었다. 결론적으로 헨티히는 피해자화의 경향에 따라 피해자의 유형을 13개로 범주화시켰다(표 1-1).

그가 분류한 피해자 유형의 대다수는 신체적, 사회적, 심리적 불이익으로 인해 범죄자에게 저항할 수 없는 무력함이 반영되어 있다. 예를 들어, 아동, 여성, 노인들은 범죄자에게 저항할 수 있는 신체적 능력이 약하고, 이주민과 소수민족들은 문화적 차이로 인해 주류사회에서 소외받기 쉽다. 이들의 이러한 '친숙함의 결핍(lack of familiarity)'은 범죄자들이 이들을 공격하는 상황을 만들 수 있다. 정신적 장애 또는 이상이 있는 사람, 지능이 낮은 사람, 우울증이나 고독감이 심한 사람, 약물에 빠진 사람 등은 자신의 주위에서 벌어지고 있는 일들을 이해하거나 그것에 저항할 수 없는 경우가 많다. 욕심이 많거나 타인에게 고통을 주는 사람들은 자신의 욕망을 채우기 위해 범죄를 직접 저지르거나, 이러한 결핍된 속성을 가진 사람들을 피해대상으로 삼을 가능성이 충분하다.

표 1-1 한스 본 헨티히의 피해자 유형론

단계	활동
1. 아동	아동 및 유아
2. 여성	전체 여성
3. 노인	노인층
4. 정신적 결함 및 이상자	정신박약, 정신병, 약물중독, 알콜중독
5. 이주민	다른 문화를 가진 외국인
6. 소수민족	인종적으로 불리한 대접을 받는 사람들
7. 우둔한 사람	저능한 사람
8. 우울증환자	다양한 심리적 질병을 가지고 있는 사람
9. 탐욕스러운 사람	단기 이익을 추구하는 탐욕적인 사람
10. 바람둥이	난잡한 사람
11. 고독하고 비탄에 잠긴 사람	배우자를 잃은 사람, 상을 당한 사람
12. 학대자	가학적인 부모
13. 고립되거나 특정 의무가 면제된사람, 또는 호전적인 기질이 있는 사람	공갈, 갈취, 신용사기의 피해자

출처: Von Hentig, H. (1948). *The Criminal and His Victim: Studies in the Sociobiology of Crime.* New Haven: Yale University Press, pp. 404-438.

헨티히의 피해자 유형론은 피해자가 언제나 범죄행위의 기본적인 원인이 된다는 것을 의미하는 것이라기보다, 피해자의 특징이 피해사건을 유발할 수 있다는 점을 제시하고자 한 것이다. 그는 "피해자는 범죄의 결정요소 가운데 하나이며, 범죄자와 피해자간에는 극악한 공생관계(nefarious symbiosis)가 형성되기도 한다는 사실을 인식해야 한다"고 주장한다(1948: iii).

벤자민 멘델존의 업적 : Further reflections

변호사로 활동하면서 '피해자학(*Victimology*)' 이라는 용어를 처음 탄생시키기도 한 벤자민 멘델존(Benjamin Mendelsohn)은 오늘날 피해자학의 '아버지' 라고 불릴만큼 그 업적을 인정받고 있다. 헨티히와 마찬가지로 멘델존은 피해자와 범죄자간의 역학관계에 관심을 갖었다. 그는 소송을 준비하기 전에, 피해자, 증인, 참고인들에게 당시 상황을 묻는 상세한 질문지에 응답하도록 하였는데, 그들의 응답을 분석한 결과 대부분의 피해자와 범죄자 사이에는 강력한 사적 대인관계가 존재하고 있었다는 사실을 발견하게 되었다. 이러한 자료들을 통해 멘델존은 피해자의 비난 정도에 따른 법률적 책임을 바탕으로 피해자를 6단계로 분류하였다(표 1-2 참고).

멘델존의 유형론은 범죄자의 공격을 자극하거나 유발하는 행위를 전혀 하지 않은 '결백한 피해자(*completely innocent victim*)' 에서부터 피해자가 범죄행위를 조장하거나 자극한 '범죄자보다 더 책임이 많은 유책한 피해자(*more guilty than offender*)' 까지 피해자의 책임 범위가 다양하다. 상대방에게 독설을 퍼붓거나 궁지로 몰아세우다가 폭행을 당하는 피해자가 이에 해당된다고 하겠다. '가장 책임이 많은 유책한 피해자(the most guilty

표 1-2 멘델존의 피해자 유형론

결백한 피해자	피해자가 범죄행위를 유발하는 자극을 전혀 하지 않는 경우
어느 정도 책임이 있는 피해자	피해자가 의심을 받을만한 상황에 가해자를 무심코 끌어들인 경우
범죄자와 동일한 책임이 있는 피해자	피해자가 부도덕한 범죄(vice crime)에 가담하여 피해를 입은 경우 : 자살 피해자
범죄자보다 더 책임이 많은 피해자	피해자가 가해자의 우발적인 행동을 촉발하거나 부추긴 경우
가장 책임이 많은 피해자	범죄를 저지르다가 피해를 입은 경우
가상 피해자	피해자인 척 하는 사람

출처: Mendelsohn, B. (1956). The Victimology. *Etudes Internationale de Psycho-Sociologie Criminelle*, July, 23-26.

victim)'는 자기 스스로 범죄의 상황에 가담하다가 결국 피해자가 된 경우이다. 멘델존의 유형론은 기본적으로 범죄행위에 있어서 피해자의 상대적 유책성(culpability)을 파악하는데 유용하다.

스티븐 셰이퍼의 업적 : 피해자와 그의 범죄자

1950~1960년대는 피해자에 대한 학문적 관심과 그들의 역할이 종식되었음이 다시 한번 환기된 시기였다. 스티븐 셰이퍼(Stephen Schafer)는 헨티히의 저술을 변형시켜 **피해자와 그의 범죄자***(The Victim and His Criminal)*라는 저서를 통해 피해자의 역할을 다시 거론하였다. 셰이퍼는 피해자-범죄자간의 관계를 다시 한번 철저히 검토하여 **기능적 책임***(functional responsibility)*이라는 개념을 통해 자신의 구상을 뒷받침하였다.

표 1-3에서 보는 바와 같이, 셰이퍼(1968)는 범죄에 대한 피해자의 책임을 기반으로 하는 유형론을 제시하였다. 셰이퍼는 여러 가지 측면으로 헨티히의 분류(1948)를 변형시켰다. 이 둘 간에는 기본적으로 피해자의 유책성을 강조하는 방식에 차이가 있다. 헨티히의 유형론이 피해자들의 다양한 위험성 요소에 따른 유책성을 분류하였다면, 셰이퍼의 유형론은 피해자들의 유형에 따른 유책성을 명확하게 제시한 것이다.

표 1-3 셰이퍼의 피해자유발 유형론

1. 범죄책임과 상관없는 피해자(피해자 책임 없음)	피해자가 단순히 불행하게 범죄의 표적이 되는 것
2. 자극적 피해자(범죄에 대한 책임 공유)	범죄자가 피해자의 어떤 행동을 반응하는 것
3. 범죄촉발 피해자(일정부분 피해자 책임)	피해자가 위험한 장소나 시간에 나타나 부적절한 행동, 말을 통해 자신을 범죄피해로 내모는 것
4. 생물학적 취약성을 가진 피해자 (피해자 책임 없음)	노인, 아동, 병자 등 신체적 조건으로 인해 범죄자의 표적이 되는 것
5. 사회적 취약성을 가진 피해자 (피해자 책임 없음)	이주민, 소수민족 등 사회에 통합되기에 적합하지 못한 조건을 가지고 있어 범죄자의 표적이 되는 것
6. 자기 피해자(완전한 피해자 책임)	약물중독, 매춘, 도박 등과 같은 행위를 하여 스스로 피해자이면서 가해자가 된 경우
7. 정치적 피해자(피해자 책임 없음)	권력에 반대하거나, 복종적인 사회 지위를 가지고 있기 때문에 피해를 당하는 경우

출처: Adapted from Schafer, S. (1968). *The Victim and His Criminal: A Study in Functional Responsibility*. New York: Random House.

기타 학문적 노력 Other Scholarly Efforts

피해자에 대한 중요한 분석을 제공한 학자가 헨티히, 멘델존, 셰이퍼만은 아니었다. 같은 시기에 다른 학자들도 피해자중심의 사법제도의 중요성을 인식하기 시작하였다. 피해자-범죄자간의 관계를 규명한 이러한 초기 연구들은 피해자에 대한 학문적 관심이 다시 재개되었음을 암시하는 것이었다.

그러나 이러한 관심은 균형을 잡지 못했다. 즉 초기 피해자학 연구자들은 범죄자들이 피해자에게 가한 해악을 직시하지 못하고 피해자의 회복이나 치료 부분을 무시한 채, 다른 관심대상으로 옮겨갔다. 범죄의 원인을 이해하고자 하는데 있어서도 피해자가 그들의 죽음(demise)에 어떠한 기여를 하였는가에 집중하여, 결국 "피해자 비난"에 대한 몰두가 피해자 유발(victim precipitation)이라는 관념을 도출시키게 되었다. 나중에 본 서에서 살펴보겠지만, 피해자가 범죄에 대한 책임을 공유한다거나 범죄를 부추긴다는 가정은 주요한 이념적 대립의 불씨가 되었다.

피해자 유발에 대한 경험 연구 EMPIRICAL STUDIES OF VICTIM PRECIPITATION

피해자 유발은 피해자가 자신의 피해에 대한 책임 정도를 다루는 것이다. 그 정도는 헨티히가 제시한 유형론처럼 수동적일수도 있고, 멘델존이 제시한 유형론처럼 능동적일 수도 있다. 이 장에서 제시하고 있는 피해자 유형론은 범죄의 원인 요소로써 피해자의 기여를 함축한다. 그러나 이러한 논쟁의 실증적 뒷받침을 제공한 최초의 체계적 연구는 볼프강(1958)이 경찰의 살인사건 통계를 분석한 것이었다. 그로부터 몇 년 뒤, 볼프강의 제자였던 메나헴 아미르(Menachem Amir)는 강간사건에 있어서 이와 유사한 틀을 제시하였다. 그러나 그의 공식 발표와 해석은 즉각적으로 신랄한 비난 세례를 받았다.

마빈 볼프강의 업적 : 살인의 패턴 Patterns in Criminal Homicide

볼프강(Marvin E. Wolfgang)은 필라델피아 시의 살인 통계자료를 통해 1948~1952년 동안 발생한 살인사건의 26%가 피해자 유발에 의한 것이었다는 분석을 발표하였다. 그는 피해자유발 살인사건에서 궁극적인 피해자를 다음과 같이 정의하였다(1958: 252).

> 살인사건에서 상대방에게 최초의 물리력을 가한 사람이 궁극적인 살인 피해자가 되었다. 피해자 유발 사건에서 먼저 무기를 보여주거나 사용한 경우, 또는 언쟁을 하면서 상대방을 먼저 가격한 경우, 즉 신체적 폭력에 의존한 상호작용을 먼저 시작한 사람이 결국 피해자가 되었다.

볼프강은 전형적인 피해자유발 살인사건에서 몇 가지 요소를 발견하였다. 첫째, 피해자와 범죄자는 대개 이전에 이미 상호관계를 맺고 있고 있는 사이였다. 일반적으로 배우자,

이성 친구, 가족, 가까운 친구 또는 지인들간의 사건이 여기에 해당된다. 이는 다시 말하면, 살인사건의 피해자들은 낯선 사람보다는 지인에 의해 살해된 경우가 많다는 것이다.

둘째, 살인은 때로 통제불능 상태가 될 때까지 억눌려오다가 불응에 대한 표현으로 나타나기도 한다. 이것은 대립이 단기간 또는 장기간 지속될 수 있는 정도를 변화시킨다. 여기에는 다음과 같은 예를 들 수 있다.

> 어떤 남자가 자신의 아내를 그동안 여러 차례 구타했다. 아내는 남편이 또다시 자신을 구타하자, 자신을 병원에 데리고 가달라고 요청했다. 남편은 거절하면서 아내에게 몇 차례 더 폭력을 행사하자, 아내는 남편을 칼로 수십 차례 찔러 살해하였다(Wolfgang, 1958: 253).

셋째, 음주는 피해자유발 살인사건의 일반적인 요소이다. 여기에는 몇 가지 그럴만한 가능성이 있다. 술에 취한 사람은 자신의 억제력이 약해서, 자신의 감정을 즉각적으로 표현한다. 이들은 결국 자신과 대립하고 있는 사람을 더욱 더 불쾌하고 적대적이며 부지불식간에 촉발하게 만들게 된다. 또 다른 가능성은 알코올은 사람이 사소한 다툼에도 자신을 방어할 수 있는 신체적 능력을 저하시키기 때문에 공격을 당하기 쉽다는 것이다. 볼프강(1958: 265)은 다음과 같이 지적한다. "피해자는 공격적인 상황에서 물러서는 나약하고 수동적인 사람이며, 범죄자는 피해자를 찾아내서 악랄하고 무자비한 공격을 퍼붓는 사람이라는 공식이 항상 맞는 것은 아니다."

메나헴 아미르의 업적 : 강간의 패턴 Patterns in Forcible Rape

몇 년 후, 메나헴 아미르(Menachem Amir)는 강간에 관한 가장 큰 논란을 가져온 경험연구를 발표하였다. 그는 1958~1960년동안 필라델피아 시에서 발생한 강간사건들에 대한 경찰의 통계 정보들을 수집하였다. 여기에 담겨있는 세부자료들을 바탕으로, 그는 전체 강간사건의 19%가 피해자유발 사건이었다고 주장하였다.

아미르에 따르면(1971: 266), 피해자유발 강간사건은 다음과 같은 상황으로 인해 발생한다.

> 실제 피해여성들은 성관계에 동의하거나 동의하는 것처럼 행동하지만 상대방이 성관계를 시도하려고 할 때 이를 취소하거나, 그러한 시도에 대해 강력한 거부반응을 보이지 않는다. 특히 피해여성들이 음란하게 해석될 수 있는 말이나 행동을 하거나, 성관계를 요구하는 것처럼 보이는 등 피해자유발 강간사건에서 피해여성들의 특정 용어들이 위험한 상황을 유발하기도 한다.

그는 범죄행동을 유발하게 만드는 몇 가지 요소들을 제시하였다. 볼프강이 제시한 살인요소들과 유사하게, 그 역시 피해자의 음주가 강간을 유발하는 주요한 요소라고 주장한다. 피해자와 가해가 모두 술을 마셨을 경우에는 강간의 위험성이 더욱 증폭된다.

또 다른 중요한 요소로는 피해 여성이 맨살을 드러내거나 야릇한 언어를 사용하거나 나쁜평판을 가지고 있거나, 적합하지 않은 때에 적합하지 않은 장소에 나타나 상대방을 유혹하는 듯한 행동을 하는 것이다. 아미르는 피해여성들의 그러한 행동들이 범죄자들을 '오해' 하게 하여 감질맛나게 만든다고 주장한다. 한 때 그는 일부 피해여성들이 강간을 통해 성적으로 거칠게 다루어지는 것을 무의식적으로 원한다고 주장하기도 하였다.

아미르는 피해자유발에 대해 다음과 같이 결론을 내리고 있다(1971: 275-276).

> 이러한 결과는 범행의 원인과 이유가 전적으로 범죄자에게만 있다고 볼 수 없으며, 우리가 '무고한' 피해자라고 보는 당사자가 항상 결백하고 수동적인 존재만은 아니라는 사실을 보여준다. 따라서, 범죄사건에 있어서 피해자의 역할 및 그들의 기여는 피해자학의 출현에 있어 주요한 관심사 중의 하나가 되었다.

비판 및 반응 Criticisms and Reactions

아미르가 강간에 대해 주장한 피해자유발 개념은 즉각적인 공격을 받았다. 예를 들어, 바이스와 보르게스(Weis & Borges, 1973; Weis, 1976)는 아미르의 결론은 강간사건에 있어 경찰의 보고에만 의존하는 결점과, 절차적 오류, 잘못된 이론적 개념으로 인해 도출된 것이라고 보았다. 이를테면, 아미르는 피해여성이 심리적으로 자극을 받거나, 기존의 행동규범에 대한 반발의 수단으로써 강간을 당하기를 원하는 반면, 남성은 단순히 여성이 주는 사회적 자극에 반응한다고 주장하고 있다. 흥미로운 것은 아미르는 왜 여성의 행동은 심리적 요소에 의해 이루어지는데 비해, 남성의 행동은 사회적 요소에 의해 이루어지는지에 대한 어떠한 정당한 설명을 하지 못했다는 것이다. 그의 연구는 여성단체 및 피해여성 대변인들의 격분을 받음과 동시에, 학계의 반발을 일으켰다. 많은 피해자학 연구자들은 강간 피해자유발에 대한 논쟁 자체를 확대하는 반응에 대해 오히려 불만을 가졌다.

이러한 사태는 곧 냉정을 찾았고, 일부 학자들은 피해자유발 관념을 폐기하기보다 좀 더 세밀한 조사를 진행하기 시작하였다. 그 중의 한 명인 커티스(Curtis, 1974)는 여기에서 필요한 것은 피해자유발에 대한 보다 분명한 개념이라고 보았다. 예를 들어, 일부 연구자들은 피해자유발의 요소로써 히치하이킹(hitchhiking)을 규정하고 있는데, 다른 연구자들은 그렇게 포괄적인 가정(blanket assumption)은 할 수 없으며, 히치하이킹은 다른 유발 요소들과 달리 독립적으로 이루어지는 행위라고 규정하고 있다.

피해자유발 논쟁에 대한 실증연구를 통한 비판적 검토들은 이보다 좀 더 생산적인 접근을 가능케 했다. 프랭클린과 프랭클린(Franklin & Franklin, 1976)은 이러한 피해자학적 접근에 있어 4가지 주요 가정을 제시하였다(표 1-4 참고).

첫째, 피해자유발은 피해자의 행동이 곧 범죄행동을 설명할 수 있음을 가정하고 있다.

표 1-4 피해자 유발의 가정

- 피해자의 행동은 곧 범죄행동을 설명할 수 있다.
- 범죄자는 피해자가 어떤 신호를 보냈을 때에만 범죄를 실행한다.
- 피해자의 행동은 범행을 발생시키기 위한 필수불가결하고 필요 충분한 요소이다.
- 피해자의 의도는 피해자가 당한 피해로 측정할 수 있다.

출처: Compiled by authors from Franklin II, C. W., & Franklin, A. P. (1976). *Victimology Revisited: A Critique and Suggestions for Future Direction. Criminology,* 14, 177-214.

그러나 몇 가지 피해자유발 요소들은 범죄가 발생하지 않는 때에도 무모한 행동을 나타내기도 한다. 예를 들어, 많은 사람들은 밤에 술집에 가고, 때로는 지나치게 술을 많이 먹고 고주망태가 돼서 집에 혼자 찾아가지만 범죄피해를 당하지 않는다. 따라서 유발행위가 범죄행위를 일으킨다는 가정 자체만 가지고는 충분치 않다.

둘째, 피해자 유발은 범죄자는 오직 피해자가 어떤 신호를 보냈을 때에만 범죄를 실행할 수 있다고 가정한다. 이러한 사고는 많은 범죄자들이 사전에 범행을 계획하고, 타인의 행동에 단순히 반응하지 않는다는 사실을 간과한 것이다. 이러한 범죄자들로 인해 범죄는 합리적이고 계획적인 행위라고 보게 된다.

셋째, 프랭클린과 프랭클린(1976)은 피해자의 행동이 범죄행위를 촉발하는데 필수불가결하고 필요충분한 요소라는 가정에 동의하지 않는다. 사실상, 그 반대의 경우가 사실에 더 가까울 것이다. 많은 범죄자들은 피해자들의 어떤 구체적인 행동에도 불구하고 범죄를 저지르지 않는다. 또한 어떤 사람들은 잠재적 피해자가 어떤 행동을 했음에도 불구하고 그 이유가 무엇이든 범죄를 저지르지 않는다.

마지막으로, 피해자유발 논쟁은 피해자의 의도는 피해자가 당한 피해로 측정할 수 있다고 가정한다. 만일 의도와 행동이 동일하다면, 범죄자를 가려내기 위한 형사법원 절차는 필요하지 않을 것이다. 그러나 우리의 형사사법 시스템은 행동과는 상관없이, 의도의 가능한 변화들을 명백히 고려하고 있다.

이러한 가정들이 피해자유발 논쟁이 얼마나 약화되고 있는지를 보여주고 있음에도 불구하고, 관심이 요구되는 더 많은 문제들이 남아있다. 피해자관련 연구들은 근시안적이기 쉽다. 즉 이러한 연구들은 범죄자에 대해 설명하지 않고, 모든 범죄자들은 일탈행위를 하기 위한 동기와 욕망을 가지고 있다고 동일시시켜 버리는데 이것은 사실이 아니다. 어떤 범죄자들은 범행을 저지르는데 적합한 환경을 찾아다니지만, 어떤 범죄자들은 그러한 의도를 거의 가지고 있지 않는 경우가 있다. 여기에서 필요한 것은 피해자와 범죄자 모두를 설명할 수 있는 통합적 접근법이다.

커티스(1974)는 다양한 피해자유발의 정도에 따른 단순 표를 만들어서 이러한 시도를

표 1-5 피해자 유발의 정도에 따른 피해자와 범죄자의 상대적 책임성 개관 표

범죄자 의도의 정도	피해자 유발의 정도		
	명백한 유발	일정 부분 유발	거의 또는 전혀 유발하지 않음
계획된 범행	피해자 = 범죄자	피해자 < 범죄자	완전한 범죄자 책임
일정 부분 범행의도	피해자 > 범죄자	피해자 = 범죄자	피해자 < 범죄자
거의 또는 전혀 범죄의도 없음	완전한 피해자 유발	피해자 > 범죄자	피해자 = 범죄자

출처: Adapted from Curtis, L. A., *Criminal Violence: National Patterns and Behavior*, p. 95, Copyright @ 1974 Jossey-Bass Inc., Publishers. First published by Lexington Books. Reprinted with permission. All rights reserved.

한 바 있다. 표 1-5와 같이, 커티스는 피해자 유발과 범죄자의 의도를 통합시켰다. 여기에서는 피해자 유발의 정도를 순전한 피해자 유발에서부터 전적인 범죄자 책임에 이르기까지 5단계로 구분하고 있다. 이러한 표는 피해자가 명백하게 피해를 유발한 경우라 하더라도, 범죄자는 결과적으로 피해와 동등한 책임이 있다는 점을 보여준다. 여기에서 기억해야 할 중요한 사실은 피해자 유발은 범죄에 있어 하나의 요소일 뿐이지, 이것이 주요한 원인은 아니라는 점이다.

새로운 접근법 : 일반 피해자학 GENERAL VICTIMOLOGY

피해자유발에 대한 집착과 의견의 분열 등은 피해자학의 신생 영역의 침체를 가져왔다. 학계에서는 이론적 발전이 결핍된 피해자학이 학문적 수렁에 빠지는 것에 대한 심각한 우려를 표명하였다(Bruinsma & Fiselier, 1982; Levine, 1878). 이러한 우려에 대응하여 멘델존은 피해자학은 범죄학의 지엽적인 영역에서 벗어나 고유의 영역을 찾아나가고 있는 것이라고 해명하였다. 그는 **일반 피해자학**(*general victimology*)라는 용어를 고안하여 범죄학으로부터 독립된 피해자학의 영역을 구축하고자 하였다.

멘델존에 따르면(1982: 59), 피해자학 연구자들은 "범죄에 대한 효과적인 해결책을 찾기 위해 피해의 원인을 규명하는 것"을 목적으로 한다. 인간은 다양한 범죄 원인 요소들로부터 위협을 받기 때문에, 범죄피해에 초점을 맞추는 것은 지나치게 협소한 시각이라는 것이다. '**일반 피해자학**'과 같은 포괄적인 용어는 이러한 부분에서 진정한 의미를 전달해 주기 위해 필요하다.

멘델존에 따르면(1976), 일반 피해자학은 다음과 같은 5가지 유형의 피해자를 포함한다.

- 범죄자에 의한 피해자
- 자신에 의한 피해자
- 사회환경에 의한 피해자
- 기술에 의한 피해자
- 자연환경에 의한 피해자

첫 번째 범주인 범죄피해자는 이름 그대로이다. 피해자학 연구자들이 기존의 범죄학 주제들에 대해 연구하는데 익숙해지는 것과 관련이 있다. 자기 피해자화(self-victimization)는 자살을 비롯하여 피해자 스스로가 유발하여 피해를 입게 되는 경우들을 포함한다. 사회환경에 의한 피해자는 개인, 계급, 집단에 대한 억압을 포함한다. 일반적인 예로써 인종차별, 카스트제도, 인종학살, 전쟁 잔학행위 등을 들 수 있다. 기술에 의한 피해자는 과학적 혁신기술에 의존하는 사회에서 피해를 입는 사람들을 말하며, 핵유출사고, 부적합한 임상실험, 산업 환경오염, 교통사고 등이 여기에 해당된다. 마지막으로, 자연환경에 의한 피해자는 홍수, 지진, 허리케인, 기아 등에 시달리는 사람들을 포함한다.

멘델존의 연구에 대한 연장선상에서, 스미스와 바이스(Smith & Weis, 1976)는 일반 피해자학을 포괄하는 영역에 대해 광범위한 개관을 제시하였다. 그림 1-1에서 보듯이, 여기에는 4개의 주요 영역이 존재한다. 이들은 이 도식을 통해 피해자에 대한 개념 규정에서부터 그러한 개념의 응용, 피해이후 피해자의 반응 및 피해자에 대한 사회적 반응을 포함시키고 있다.

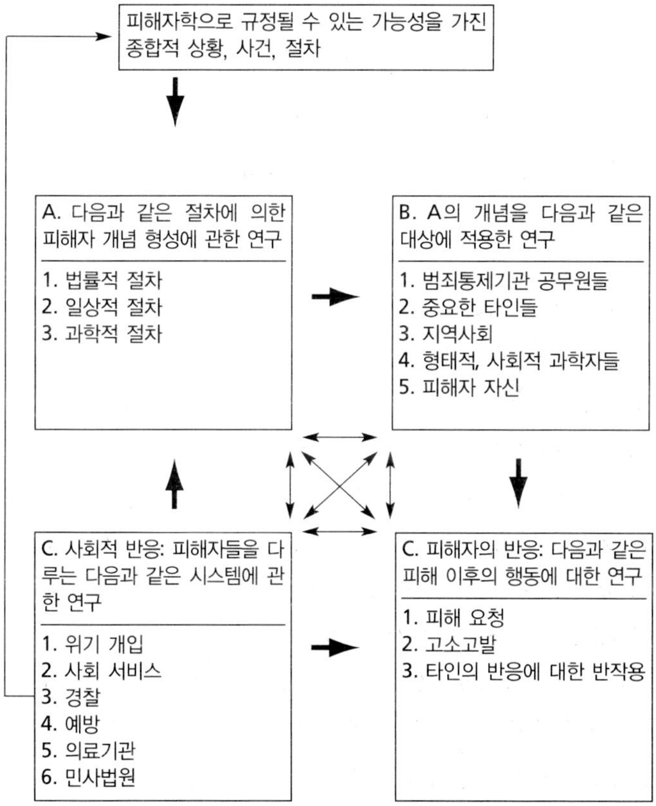

그림 1-1 피해자학의 연구 및 응용 영역에 대한 일반적 모델

출처: Smith, D. L., & Weis, K. (1976). Toward an open-system approach to studies in the field of victimology. In E. C. Viano (Ed.), *Victims & Society*. Washington, DC: Visage Press Inc., p. 45.

이러한 모델을 고려할 때, 일반 피해자학은 매우 광범위한 체제를 갖게 된다. 이에 대해 멘델존은 다음과 같이 언급하고 있다(1976: 21).

> 의학이 모든 환자와 모든 질병을 포괄하듯이, 범죄학은 모든 범죄자와 모든 형태의 범죄를 고려한다. 따라서 피해자학은 모든 피해자와 사회가 관심을 갖는 모든 형태의 피해(victimity)에 대해 관심을 갖어야 한다.

비판 피해자학 CRITICAL VICTIMOLOGY

1990년대 이후 피해자학의 경향은 앞에서 서술한 일반 피해자학에서 **비판적 피해자학**(*critical victimology*)으로 옮겨가게 된다. 이러한 움직임의 지지자들은 피해자학이 범죄가 무엇인지에 대한 근본적인 답을 찾지 못했고, 왜 어떤 행위는 제재를 받는지에 대한 물음을 간과하여, 결론적으로 잘못된 방향으로 가고 있다고 주장한다. 모비와 워크레이트(Mawby & Walklate, 1994: 21)는 비판 피해자학에 대해 다음과 같이 규정하고 있다.

> 비판 피해자학은 좀 더 넓은 사회적 범주에서 어떤 피해자학적 논리가 더욱 설명이 잘 될 것인지를 검증하고, 그러한 피해자학적 논리가 범죄 피해자에 대한 정책 대응 및 서비스 제공과 어떻게 맞물려있는지를 이해하기 위한 시도이다.

따라서 비판 피해자학의 중심은 특정 행동이 왜 그리고 어떻게 해서 범죄로 규정되었는지, 그리고 결과적으로 피해자학의 전체 영역 가운데 어떻게 해서 일련의 행동들에 관심의 초점이 맞추어지게 되었는지에 있다. 이러한 개념은 멘델존이 주장한 "사회환경에 의한 피해자" 범주와 크게 차이가 없다. 모비와 워크레이트(1994)는 한 사회에서 힘있는 세력에 의해 저질러지는 많은 범죄는 형법의 대상이 아니라고 지적한다. 다른 학자들도 범죄학의 보수적 성격의 증거로써, 인종학살(Day & Vandiver, 2000; Friedrichs, 2000; Yacoubian, 2000), 전쟁범죄(Hoffman, 2000), 선거법 위반(Levine, 1997; Liddick, 2000; Taylor, 2000), 무기 밀거래 및 대량살상무기(Berryman, 2000; Phythian, 2000; Whitby, 2001), 밀수(Beare, 2002; Bruinsma & Bernasco, 2004; Naylor, 2004; van Duyne, 2003), 인간노예계약(Mameli, 2002; Schloenhardt, 1999; Shelley, 2003; Taylor & Jamieson, 1999), 강제 추방(Chan, 2005), 금융사기(Holtfreter, 2004; Holtfreter, van Slyke, & Blomberg, 2005; Naylor, 2007; Pontell, 2005)에 대한 범죄학적 간과를 지적하고 있다. 결과적으로, 이러한 범죄의 피해자들은 전형적인 피해자학의 고려대상에 들어가지 못한다.

비판 피해자학 하에서도, 대부분의 피해자지향적 연구들은 특정 행동과 반응의 원인이 되는 사회적 요소들에 대한 의문을 제시하는데 실패함으로써, 기존의 범죄 개념을 그대로 고수하고 있다(Elias, 1990). 이러한 실패의 이유에는 여러 가지가 있다. 한 가지 이유는 피해자 문제에 대한 대다수의 분석들이 공식 개념과 자료에 의존했다는 것이다. 이것은 기존의 사회체계에 의문을 갖지 못하는 해결방식으로 불가피하게 피해자학을 만들었다. 또 다른 이유는 아동의 권리 등을 위한 권리 운동에 앞장서야 하는 국가기관들이 기존의 사회통제체제에 머물러있기 때문이다. 이보다 좀 더 진보적인 이유는 형사사법 통제 및 피해자학이 이러한 비판적 접근을 현 권력체계를 위협하는 것으로 간주하는 소수 권력자들의 손에 달려있기 때문이라는 것이다.

비판 피해자학은 피해자학에 대한 흥미로운 관점을 제시하고 많은 잠재적 영향력을 가져온 한편, 그 실익에 대한 논쟁 역시 여기에서 다루기 어려울만큼 활발하게 진행중이다. 그러나 본 서에서는 다양한 관점에서 비판적 접근과 관련된 문제들을 제시할 것이다. 그 예로써 폭력이 발생하는 이유와 피해자 프로그램의 장애물에 대한 사회문화적 논의를 포함시킬 것이다. 비판 피해자학에 대한 더욱 심층적이고 집중적인 검증은 다른 기회를 통해 이루어지기를 기대해 본다.

피해자 운동 THE VICTIM MOVEMENT

학계에서 피해자유발에 대한 논쟁을 펼치고 있는 동안, 실무계에서는 피해자를 사회 및 형사사법 시스템에서 지원을 받아야하는 당사자로써 조명하기 시작했다. 피해자의 권리에 대한 이러한 풀뿌리 운동은 피해자를 공범으로 기소하는 것에 대한 반작용이 어느 정도 작용했다고 할 수 있다. 몇 가지 다른 피해자 운동들이 동시에 일어나서, 피해자 권리에 대한 관심을 새롭게 부상시키는데 기여하였다. 그러한 운동들 가운데에는 (1) 여성 운동, (2) 아동 인권 운동, (3) 범죄문제 증가에 대한 관심, (4) 피해자 보상 운동, (5) 입법 개혁, (6) 기타 몇 가지 요소들이 포함된다.

여성 운동 The Women's Movement

1960년대 중후반의 여성 운동은 피해여성들을 매우 중요한 문제로 다루었다. 피해자비난 논쟁에서 때로 강간 및 성폭력 문제가 다루어졌다. 피해 여성들은 가해자가 체포될 때마다 법정에 서야 했는데, 여성운동가들은 피해여성들이 형사사법 시스템에서 범죄자처럼 다루어지는 것에 대해 이의를 제기했고, 변호사들은 당사자들의 동등한 처우를 요구했다. 여성운동가들은 형사사법 시스템이 피해자비난 논쟁에서 강력한 공격 수단이 되고 있음을 깨달았다. 여성운동은 단순히 공식적 사법체계의 변화를 촉구하는 것 이상의 수확을 거두게 되었다. 강간 위기 센터, 학대여성을 위한 쉼터, 가정폭력 여성 및 아동을 위한 상담 및 그 밖의 다른 형태의 지원들을 받을 수 있게 되었던 것이다. 더 나아가 피해 여성들이 사회에서 동등한 위치에 설 수 있도록 요청하는 동시에, 형사사법 시스템에서의 불이익을 극복할 수 있도록 노력해 나갔다.

아동 권리 운동 Children's Rights

1960년대는 청소년의 욕구 및 권리에 대한 관심을 증폭시킨 시기였다. 1960년대 중반 아동학대 문제가 '드러나면서', 사회 문제 가운데 하나로써 아동 학대가 규정되게 되었다. 그러나 이것이 아동학대 문제가 새로운 사회 현상으로 대두했다는 것을 의미하는 것은 아니다. 아동 학대는 이미 오래 전부터 발생해 온 문제이며, 사실상 오늘날보다 과거에 더욱 심각했을 수 있다. 단지 1960년대 아동학대 문제가 차이가 있다면, 아동에게 가해지는 많은 신체적 · 심리적 행위들이 문제시되었고, 이를 학대(abuse)라고 규정짓게 되었다는 것이다. 주정부는 아동에게 물리적인 '훈육'을 가할 수 있는 한계를 규정한 법률을 제정하였다. 형사사법기관내에서도 아동전담 부서가 신설되거나, 아동 학대를 처리할 수 있도록 확장되었다. 학대상황에서 아동들을 보호하기 위한 쉼터들도 구축되었다.

1960년대 후반에는 가출도 심각한 사회문제로써 공론화되었다. 당시 미국에서 청소년들의 일반적인 반항심은 많은 청소년들이 권위로부터 자유를 찾아 도피하도록 부추기는 역할을 했다. 결과적으로, 가출 청소년들을 집으로 돌려보내는 것보다 이들을 지원하기 위한 목적으로 미국 대부분 대도시에 가출청소년 쉼터가 구축되었다. 아동은 일반적인 가정과 사회에서 새로운 계층의 피해자로 부상하게 되었다.

범죄문제의 증가 The Growing Crime Problem

1960~1970년대는 미국에서 범죄율이 엄청난 속도로 증가하기 시작한 시기였다. 미국 범죄백서(Uniform Crime Report : UCR) 통계자료에 따르면, 1960~1980년대 사이 범죄가 두 배 이상 증가했다. 당시 베트남 전쟁과 함께 범죄는 사회적으로 가장 중요한 문제였다. 대통령선거 및 지방선거에서도 법률 및 질서문제가 주요 관심대상이었다. 범죄의 증가 원인과 해결책을 찾기 위해, 존슨 대통령은 범죄 및 형사사법 시스템 담당 위원회에 임무를 내리기도 했다. 피해자 문제는 1967년 법집행 및 사법행정을 위한 대통령 위원회의 주요 관심사안이었다. 대통령위원회의 보고서(1967)에는 체계적인 피해자 조사의 실시, 피해자의 고통과 손실을 경감시킬 수 있는 방안, 피해자 지원서비스를 제공하기 위한 지역사회 프로그램의 실시, 형사사법 시스템에 피해자를 포함시킬 것을 촉구하는 등의 내용이 담겨있다.

이 보고서가 발표된 후 약 15년 후, 또 다른 국가기관에서는 피해자가 여전히 충족되지 않은 실질적인 욕구를 가지고 있다는 결론을 내리고 있다. 여기에서 파악된 많은 문제들은 15년 전의 보고서에서 제기된 것과 거의 유사하다.

피해자 보상 Victim Compensation

대통령 위원회(1967)에서 제시된 방안 중의 하나는 범죄피해자의 손실을 보상하기 위한 제도를 실시하는 것이었다. 그러한 방법으로써 배상(restitution) 및 피해자 보상제도(*victim compensation*)가 거론되었다. 그러나 이러한 구상은 대통령 위원회가 처음으로 고안한 것은 아니다. 앞에서 서술한 바와 같이, 배상은 인류 역사에서 범죄를 다루는 일반적인 방법이었다. 피해자 보상제도는 주정부가 범죄 피해자에게 보상금을 지원해주는 것으로, 1957년 영국의 마제리 프라이(Margery Fry) 여사가 처음 도입한 제도이다. 비록 초기 당시에는 이 제도가 실패했지만, 이후 피해자 보상제도는 빠른 속도로 전세계에 전파되었다.

1963년 뉴질랜드에서 처음으로 피해자 보상 법안을 통과시켰고, 1964년 영국이 이어서 법안을 통과시켰다. 미국 캘리포니아 주는 1965년, 뉴욕주는 1966년, 하와이는 1967년, 매사추세츠 주는 1968년에 이 법안을 잇달아 통과시켰다. 미 연방정부는 연방범죄 사건에서 피해자 보상문제가 강조되자 1984년 관련 법안을 통과시켰다. 연방 법률에서도 피해자 보상 프로그램을 가진 주정부들이 피해자에게 금전적 지원을 해주도록 규정하고 있다. 1989년 무렵에는 미국의 45개 주가 피해자 보상 법률을 제정하게 되었다. 호주, 핀란드 등과 같은 외국에서도 피해자 보상 프로그램이 확립되었는데, 국가마다 프로그램의 구체적인 내용은 다를 수 있지만 범죄피해자를 지원하는 것에 대한 기본적 가정은 동일하다.

법률 개혁 Legal Reforms

피해자 보상 법률의 제정과 더불어, 1960년대에는 범죄 피해자를 보호하고 지원하기 위한 목적으로 다양한 법률 개혁이 이루어졌다. 소송 절차에서 강간 피해자의 신상배경 및 특징 등을 보호할 수 있도록 법률이 개정되었다. 가정폭력을 당하는 여성 및 아동들을 보호하기 위한 법률들도 신설되었다. 의사 및 교사들이 아동학대가 의심되는 사건을 발견하면 관계기관에 신고하도록 규정한 법안도 제시되었다. 소송절차 및 사법체계에 대해 피해자에게 고지하는 가이드라인과 함께, 양형 및 가석방 결정 단계에서 피해자 영향 진술서(victim impact statements)를 채택하도록 하는 조항도 실현되기 시작했다. 몇 가지 사건을 통해서, 주정부들은 "피해자 권리법(Victim' s Bill of Rights)"을 통과시켰다. 이러한 조항들은 미국의 권리법에서 피의자의 권리를 보호하도록 강조한 것과 유사한 방법으로 피해자의 권리를 규정하고 있다(표 1-6 참조).

표 1-6 21C에 제정된 획기적인 연방 피해자 권리 법률의 사례들

1980	위스콘신 주에서 최초로 범죄피해자 권리법안 통과
1981	최초로 피해자 권리 주간 선정
1983	범죄피해자실(The Office for Victims of Crime) 창설
1984	범죄피해자법 제정 : 연방 범죄피해자 기금 설립

(계속)

표 1-6 21C에 제정된 획기적인 연방 피해자 권리 법률의 사례들 (계속)

1990 아동학대 피해자법(Victims of Child Abuse Act) 제정
: 법정에서 아동피해자 및 증인 보호를 위한 연방 개혁 실시

1990 피해자권리 및 배상법(Victim's Rights and Restitution Act) 제정
: 범죄피해자 권리에 대한 연방법 제정

1993 아동성학대 등록법(Child Sexual Abuse Registry Act) 제정
: 아동성범죄자 등록 및 국가 데이터베이스 구축

1994 여성대상 폭력법(Violence against Women Act) 제정
: 가정폭력 해결을 위해 100만 달러 지원 승인

1996 지역사회 통지법(Community Notification Act) 제정(Megan's Law)
: 성범죄자가 출소했을 때 주정부가 지역 주민들에게 그 사실을 통지

1998 아동 보호 및 성범죄자 처벌법(Child Protection and Sexual Predator Punishment Act) 제정
: 아동대상 성범죄 처벌을 강화하고, 아동성범죄자의 인터넷 사용을 파악

1998 신원 도용 및 제지법(Identity Theft and Deterrence Act)
: 신원 도용을 범죄화하고, 그 피해자에 대한 신원을 인정

2001 항공수송 안전 및 시스템 안전법(air transportation safety and system stabilization act)
: 9.11 테러 피해자들을 위한 연방 피해자보상 프로그램 신설
이 프로그램은 고통과 고난, 인생에 대한 손실, 삶의 기쁨에 대한 손실 등과 같이 민사소송을 통해서만 보상이 가능한 여러 가지 유형의 손상을 포함

2003 프로텍트 법(PROTECT Act) 제정("Amber Alert" Law)[1)]
: 유괴 아동에 대한 법집행기관 및 지역사회의 신속한 대응을 촉구하기 위한 전국 앰버 경고 발령 네트워크 구축

2003 공정 • 정확 신용거래법(Fair and Accurate Credit Transactions Act)
: 신원 도용에 대한 새로운 보호방안을 제공하고, 그 피해자들의 재정적 손실을 회복

2004 만인을 위한 정의법(Justice for All Act)
: 피해자와 검사에게 피해자 권리를 주장하기 위한 법적 지위를 부여하고, 직무집행영장 제출을 승인하며, 법무부장관에게 사법부내 피해자권리 준수프로그램을 확립하도록 요청하는 등 범죄피해자의 권리를 보호하기 위한 연방 차원의 방법을 제공

2006 애덤 월쉬 아동보호 및 안전법(Adam Walsh Child Protection and Safety Act)
: 성범죄자에 대한 감독을 강화하고, 주단위에서 발생한 성범죄 또는 아동유괴 범죄에 대한 연방 기소를 제한하는 법률을 폐지하여 주단위 범죄자에 대해 연방에서 인신보호영장(habeas corpus)을 신청할 수 있도록 범죄피해자 권리법을 확대하며, 아동성폭력피해를 당했으나 성인이 될 때까지 그 상해가 표면에 드러나지는 않은 피해자에 대해서도 민사적 구제방안을 확대

2008 아동보호법(Protect Our Childeren Act)
: 아동범죄자를 기소하기 위한 법집행기관의 역량 강화

출처: Compiled from Department of Justice (2006). National Crime Victims' Rights Week Resource Guide, Crime Victims' Rights in America: A Historical Overview. Washington, DC: National Center for Victims of Crime. Retrieved on August 17, 2007, from http://www.ncjrs.gov/ovc_archives/ncvrw/1997/histry.htm; and Fisher and Lab (2010).

기타 요소들 Other Factors

그 밖에 다른 요소들도 피해자의 권리를 강조하는데 직 · 간접적으로 작용했다. 그러한 영향을 미친 요소들 가운데 하나는 대중매체였다. "한 주간의 범죄(crime of the week)"가 특선 영화나 시리즈물로 편성되지 않고 지나가는 주는 드물었다. "America' s Most Wanted"와 같은 프로그램은 피해자 또는 피해자 가족들과의 인터뷰를 통해 범죄자의 인상착의 뿐만 아니라 피해자가 당한 피해사실을 생생하게 전달했다. 그러한 매체를 통해서 피해자에 대한 관심이 자연스럽게 시청자들에게 영향을 미쳤다.

또 다른 요소로써 피해자에 대한 학계의 관심이 증가했다는 점을 들 수 있다. 40여년 전만 해도, 피해자에 초점을 맞춘 눈에 띄는 서적이 거의 없었다. 셰이퍼의 저서, **피해자와 그의 범죄자**(*The Victim and His Criminal*) (1968)는 피해자학에 대한 관심이 증가한 시대가 도래했음을 알리는 신호탄이었다. 이후 피해자를 다룬 많은 서적들이 출간되었다. 이러한 책들은 일반적인 피해자 문제에서부터 피해자 보상, 동거인(intimate partner) 폭력, 아동학대, 피해자 서비스, 기타 관심사안 등의 구체적인 문제들에 이르기까지 다양한 주제들을 다루고 있다. 피해자학에 있어서 최초의 국제 심포지움은 1973년 예루살렘에서 개최되었다. 그 이후로, 수십차례의 국제 세미나가 개최되었고, 범죄피해자와 관련있는 학자 및 전문가들의 모임이 전국, 주단위, 지역 단위로 셀 수없을 만큼 진행되고 있다. 이러한 노력들로 인해 2003년 마침내 미국 피해자학회(American Society of Victimology)가 결성될 수 있었다. 피해자학 또는 특정 피해자 문제를 다룬 대학 강의들이 활발하게 진행되었다. 현재

표 1-7 피해자 문제에 공헌한 저널들

아동학대 및 방임(Child Abuse & Neglect)
아동 학대(Child Maltreatment)
살인 연구(Homicide Studies)
국제 피해자학 연구(International Review of Victimology)
아동 성학대 저널(Journal of Child Sexual Abuse)
노인 학대 및 방임 저널(Journal of Elder Abuse & Neglect)
가정폭력 저널(Journal of Family Violence)
대인폭력 저널(Journal of Interpersonal Violence)
여성대상 폭력(Violence Against Women)
폭력 및 학대 초록집(Violence & Abuse Abstracts)
폭력과 피해자(Violence and Victims)

1) 번역자 주: 프로텍트 법(PROTECT Act)은 "현대 아동착취 종식을 위한 사법조치 및 기타 수단(Prosecutorial Remedies and Other Tools to end the Exploitation of Children Today) 법"의 축약어로써, 18세 이하 아동 • 청소년에 대한 성적 착취를 금지하기 위해 제정된 것이다.

일부 대학 캠퍼스들(캘리포니아 주립대학의 프레스노 캠퍼스, 샘 휴스톤 주립대학, 뉴헤이븐 대학)은 피해자 지원에 대한 특수화된 프로그램을 실시하고 있다. 표 1-7에서 보는 것처럼, 현재 피해자 문제에 공헌하고 있는 수많은 저널들도 있다. 요약컨대, 피해자 운동은 상대적으로 짧은 기간동안 피해자학을 진일보시켰으며, 계속해서 그 추진력을 얻고 있다.

요약 및 본 서의 개관 summary and overview of this book

앞에서 서술한 바와 같이, 멘델존(1976)은 5가지 유형의 피해자를 소개하면서 일반 피해자학을 제시하였다. 그는 범죄피해자와 더불어, 자기 피해자화, 사회환경에 의한 피해자, 기술에 의한 피해자, 자연환경에 의한 피해자가 피해자학의 적합한 관심 대상이 될 수 있다고 보았다. 이러한 피해자들은 모두 사회적 · 물리적 고통 및 손실을 어느 정도 겪는 대상들이다. 이들은 각각 피해사건으로 영향을 받은 손실을 복구하기 위한 지원을 받아야 한다.

멘델존의 일반 피해자학은 매우 인상적인 한편, 광범위한 영역을 포괄하고 있다. 따라서 감당할 수 있는 영역으로 한정할 수 있어야 하기 때문에, 본 서에서는 멘델존의 첫 번째 범주인 범죄피해자에 대해서만 다루고자 한다. 독자들이 본 서를 다 읽을 무렵쯤이면, 아마도 저자의 의도를 이해할 수 있을 것이다. 피해자학은 매우 방대하고 복잡하므로 주제를 세부적으로 구분하여 살펴봐야 이해할 수 있을 것이다.

지금부터는 본 서에서 다루고 있는 주제들을 간단히 소개함으로써 그 범위를 제시하고자 한다. 제1장은 이 후의 장에서 세부적으로 설명하고자 하는 피해자학에 관한 다양한 문제와 관념들의 기본적 내용들을 서술하였다. 본 서에서는 하나의 주제보다는 가급적 다양한 주제들을 소개하고자 하였다. 제2장에서는 피해자화를 측정하는 방법, 특히 피해자 조사의 발전과정에 대해 소개하였다. 피해자 조사는 범죄를 측정할 수 있는 주요 방법 가운데 하나이며, 피해자 연구에 있어 매우 중요한 정보들을 제공하고 있다. 제3장과 제4장은 형사사법 영역에서 전형적으로 많은 관심을 받아 온 재산범죄 및 대인범죄에 대해 검토하였다. 이들 장에서는 이러한 범주에 해당되는 다양한 유형의 범죄에 대해 논의하고, 그러한 범죄들이 범죄피해자 및 사회에 미치는 영향에 대해 고찰해 보도록 한다. 제5장에서는 범죄피해자에게 발생하는 비용과 형사사법 시스템에 들어가면서 감당해야 하는 부가적 부담들에 대해 검토하고자 한다. 앞으로 살펴보겠지만, 일반적으로 사람들은 피해자가 무관심하기 때문에 정부기관과 협력하지 못한다고 잘못 생각하고 있다. 5장에서는 피해자들이 정부기관과 협력하지 못하는 진정한 이유가 매우 민감한 비용효과 분석에 반영되어 있음을 강조할 것이다. 때로 "모범적인 시민(model citizen)"이 된다는 것은 매우 큰 비용과 고통을 감수해야 하는 일이다. 제6장에서는 형사사법 시스템이 피해자에게 반응하는 방식과 그러한 반응으로 인한 영향, 피해자들의 지속적인 욕구에 대해 검토할 것이다. 제7장에서는 회복적 사법(restorative justice)을 통해 범죄자와 피해자간의 간극을 연결하기 위한 최근의 노력들을 소개함으로써, 피해자에 대한 통합적 시각의 관심을 계속 이어가도록 한다.

제8장에서 12장까지는 특정 형태의 범죄피해자 문제에 대해 논의하도록 한다. 이러한 주제들로써 성폭력, 동거인 폭력, 아동 학대, 노인 학대가 포함될 것이다. 또한 대학 캠퍼스나 직장에서 발생하는 피해자화에 대해서도 논의할 것이다. 이러한 구체적인 피해자 집단에 관해서는 각각의 주제를 다룬 저서들을 통해 그 원인과 대응책들이 소개되어 있다. 마지막으로, 본 서는 범죄피해자의 법률적 권리의 변화를 조망하는 것으로 마무리지었다.

본 서에서는 각 장의 마지막 부분에 그 장의 내용에 해당되는 다양한 피해자학적 주제들을 다루고 있는 인터넷 사이트를 선별하여 소개하였다. 범죄학 및 형사사법 분야에 종사하고 있는 사람들은 이러한 매체들을 통해 방대한 양의 유용한 정보들을 좀 더 손쉽게 접근할 수 있게 되었다. 이러한 기술적 수단들을 이용할 수 있도록, 표 1-8에서는 독자들이 참고할 수 있는 사이트 목록을 수록하였다.

표 1-8 일반적 피해자 문제에 관한 선별된 인터넷 사이트

미국 피해자학회(American Society of Victimology)	http://american-society-victimology.us
국제 엠네스티(Amnesty International)	http://www.amnesty.org
미국 피해자학(International Victimology)	http://www.tilburguniversity.nl/intervict/
미국 범죄피해자센터(National Center for Victims of Crime)	http://www.ncvc.org
미국 범죄피해 연구 및 치료센터 (National Crime Victims Research and Treatment Center)	http://colleges.musc.edu/ncvc/index.htm
미국 형사사법 참고문헌 서비스 (National Criminal Justice Reference Service)	http://www.ncjrs.org
미국 피해자지원단체 (National Organization for Victim Assistance)	http://www.try-nova.org
UN (United Nations)	http://www.un.org
미국 사법부내 범죄피해실 (U.S. Department of Justice, Office for Victims of Crime)	http://www.ojp.usdoj.gov/ovc/welcovc/welcome.html
세계 피해자학학회(World Society of Victimology)	http://www.worldsocietyofvictimology.org/

제1장의 핵심 용어

- 공작원(*agent provocateur*)
- 범죄자-피해자의 양자 관계(criminal-victim dyad)
- 비판 피해자학(critical victimology)
- 억제(deterrence)
- 단순 공동체(*gemeinschaft*)
- 일반 피해자학(general victimology)
- 이익사회(*gesellschaft*)
- 탈리오법칙(*lex talionis*)
- 범죄 구성요건(*mala in se*)
- 배상(restitution)
- 응보(retribution)
- 유형론(typology)
- 피해자 보상(victim compensation)
- 피해자 유발(victim precipitation)

2

범죄피해의 측정

Measuring Criminal Victimization

학습목표

본 2장을 읽고, 아래의 질문에 답해보시기 바랍니다.

- 범죄를 측정하는 3가지 주요 자료원(data sources)을 설명하라.
- UCR이 무엇인지에 대해 설명하라.
- UCR의 3가지 장점에 대해 개관하라.
- UCR의 3가지 단점에 대해 설명하라.
- 지표 범죄의 종류를 열거하라.
- 대인범죄와 대물범죄의 차이를 설명하라.
- 암수범죄의 개념을 설명하라.
- NIBRS에 대해 토론하라.
- UCR보다 더 나은 NIBRS의 장점을 제시하라.
- 피해자조사가 무엇인지 구체적으로 설명하라.
- 총 4기의 피해자조사에 대해 개관하라.
- 1967년 NORC 조사에서 도출된 결과를 요약하고 비판을 제시하라.
- 시간단축(telescoping)의 사례를 제시하라.
- 기억 쇠퇴(memory decay)가 피해자 조사에 어떠한 영향을 미치는지 설명하라.
- 역방향 및 정방향(reverse and forward) 기록 확인을 비교 • 대조하라.
- 기록 확인 전략의 3가지 가정을 파악하라.
- **패널 설계**(*panel design*)라는 개념을 정의하라.
- 피해자 조사가 정기적으로(bounding) 실시되어야 하는 중요한 이유를 제시하라.
- 자기응답식 조사가 가구 응답식 조사와 어떻게 다른지를 설명하라.
- 제2기 피해자 조사의 공헌을 설명하라.
- NCS의 발전이 왜 중요한지를 언급하라.
- NCS에서 이주자-체류자의 문제점을 설명하라.

- 기업피해조사에서 겪는 기본적인 어려움을 설명하라.
- 제4기 피해자 조사를 재설계하려는 노력에 대해 토론하라.
- 피해자 조사에서 탐색 질문(screen question)의 사례를 제시하라.
- 최초 NCVS에서 제시한 것을 설명하라.
- NCVS의 목표 및 목적을 제시하라.
- 다른 나라의 피해자 조사(BCS 및 ICVS)에 대해 토론하라.
- 피해자 조사 재설계가 피해자 추산에 어떠한 영향을 미칠 것인지를 설명하라.
- NCVS의 결과와 UCR의 결과를 비교 • 대조하라.
- NCVS에서 나타난 피해자와 범죄자간의 관계에 대해 토론하라.
- 경찰의 피해신고율에 대해 설명하라.
- 반복피해가 무엇인지 설명하라.
- 반복피해의 범위에 대해 설명하라.
- 왜 반복피해의 정보가 중요한지에 대해 설명하라.

서론 INTRODUCTION

범죄피해의 범위를 측정하는 것은 형사사법체계 및 범죄 연구자들의 목표가 된지 오래이다. 범죄 연구자들 및 정책가들은 범죄를 측정하는데 있어서 전형적으로 다음과 같은 3가지 자료들에 의존해왔다(O' Brien, 1985). 첫째, 경찰기관의 공식통계는 전통적인 범죄정보의 보고(depository)였다. 그러나 이러한 경찰 통계에 대한 불만족으로 인해 연구자들은 다른 정보원으로 눈을 돌리게 되었다. 둘째, 범죄를 저지른 경험이 있는 사람들에게 실시하는 설문조사는 기존의 범죄정보를 대체하는 일반적인 방법이 되었다. 불행히도, 이러한 설문조사는 매년 그리고 전국적 단위에서 실시되지 못했고, 응답자들이 피해자에 대한 정보를 거의 제공해주지 않는다는 문제가 있다. 셋째, 피해를 당한 경험이 있는 사람들을 대상으로 개별 질문을 하는 방법이다. 이 장에서 살펴볼 피해자조사 방법은 다른 방법들보다 훨씬 큰 기대를 해 볼 수 있다.

범죄를 측정하는 일반적인 목적에도 불구하고, 이러한 조사방법들 중 어떤 것도 우리 사회에서 발생하는 범죄 피해가 어느 정도인지에 대한 명확한 답변을 해주지 못한다. 이러한 각각의 조사방법들은 범죄문제를 바라보는 각도가 조금씩 다르다. 또한 각각의 방법마다 차별적인 장점과 본질적인 결함을 가지고 있다.

이 장에서는 피해자화를 측정하는데 포함된 몇 가지 문제들을 검토하고, 피해조사의 발전과정과 활용에 대해 설명할 것이다. 또한 경찰의 **공식 범죄통계** 및 **국가범죄피해조사**(*National Crime Victimization Survey*)에서 측정된 범죄 및 피해의 정도를 살펴볼 것이다. 이를 통해 피해 조사는 피해자 및 관련 주제들을 연구하는데 매우 유용하고 풍부한 정보들을 제공한다는 것을 알게 될 것이다.

경찰의 공식 통계 OFFICIAL POLICE PEPORTS

범죄 통계에서 가장 광범위하게 인용되고 있는 것은 연방범죄수사국(FBI)에서 제공하고 있는 **미국 범죄 백서**(*Uniform Crime Report*: UCR)이다. UCR은 미국경찰장협회(International Association of Chiefs of Police)에서 처음 개발하여, 1931년 FBI에 이관한 것이다(Chilton, 2010). UCR은 미국 전역의 경찰기관들이 범죄정보와 관련된 정보를 교환할 수 있는 메커니즘을 통해 제공되고 있다. 각 경찰기관의 장들은 UCR을 통해 제공되는 정보들이 중요한 범죄문제 및 수정된 지도를 파악하고, 범죄 요소들을 제거하기 위한 활동들을 제시하는데 도움을 준다고 생각하기 때문에, 정보 교환 노력을 크게 장려하고 있다. 이러한 범죄정보시스템은 미국 전역의 법집행기관들을 위한 좋은 수단으로 간주되고 있다.

UCR은 여러 가지 흥미롭고 유리한 특징들을 가지고 있다. 첫째, 범죄정보는 매년 미국 각 경찰의 관할구역별로 축적된다. 그러한 일관성 및 지리학적 광범위성은 범죄를 연도별, 지역별로 비교하는 것을 가능하게 한다. 1931년부터 운용되어 온 UCR은 사회과학분야에 존재하는 최장기 시스템 정보수집 체계 가운데 하나라는 의미를 갖는다.

둘째, UCR은 표준화된 범죄 개념을 제공하는데 영향을 미쳐왔다. 범죄에 대한 일반적 개념은 다른 시간 및 관할구역에서의 범죄를 비교하는 것을 가능하게 한다. 이러한 목적을 달성하기 위해, FBI는 심각한 범죄들을 이른바 **지표**(*Index*) 또는 *1*부(*Part I*)라는 이름으로 소개하고 있다. FBI는 이러한 심각한 범죄들을 두 집단으로 구분한다. **대인 범죄**(*personal offenses*)에는 살인, 강간, 강도, 가중 폭행(aggravated assaults)이 포함되고, **재산 범죄**(*property offenses*)에는 침입절도(burglary), 절도(larceny-theft), 차량 절도, 방화가 포함된다. 주정부 법률 및 지방 법률에서는 이러한 개념이 제한되지만, UCR은 50개 주정부에 범죄의 공통 측정방법을 제공한다.

셋째, UCR은 광범위한 범죄정보를 수집하고, 지표범죄에 대한 세부 정보를 제공한다. 특히 이러한 자료들은 범죄 및 범죄자들에 대한 양상과 추세를 파악할 때 매우 유용하다. 게다가, UCR은 *2*부(*Part II*) 범죄에서 신고된 범죄 및 부가적인 21개 범주의 범죄들에 대한 정보를 수집한다. 이러한 범주에는 성범죄(강간 포함), 가구 범죄, 반달리즘(vandalism)이 포함된다. 그러나 2부 범죄에서 제공하고 있는 것과 같은 정도의 세부 정보는 수집되지 않는다.

UCR은 특별한 문제점이나 단점은 크게 없다. 다만, UCR에서 가장 크게 우려되고 있는 것은 **암수범죄**(*dark figure of crime*)에 대한 간과일 것이다. 다시 말해, 암수범죄는 경찰에 신고되는 범죄에 대해서만 영향을 미칠 것이다. 피해자나 목격자가 경찰에 신고하지 않는 범죄사건들은 UCR 통계에 집계되지 않는다. 이러한 문제점은 UCR이 미국 사회의 실제 범죄율의 상당 수를 과소보고(underreport)하고 있다는 비판을 제공한다. 즉 UCR은 범죄자의 실질적인 범죄행위보다는 경찰의 활동을 반영할 뿐이라는 것이다.

UCR의 두 번째 한계는 "**계층적 규칙**(*hierarchy rule*)"에 의존하고 있다는 점이다. 계층적 규칙이란 한 사람이 동시에 여러 건의 범죄를 저질렀을 때, 전형적으로 가장 심각한 범죄 한 건만 기록하는 방식이다(Chilton, 2010). 예를 들어, 어떤 범죄자가 무기를 가지고 은행에 들어가 돈을 털면서 고객들을 억류하고 그들의 돈을 빼앗았다면, 그 범죄자는 강도, 절도, 폭력, 납치 등의 다수의 범죄를 저질렀지만, 강도 한 건으로만 집계되는 것이다. 이러한 규칙으로 인해, 다수의 범죄가 실제 발생한 범죄의 수보다 적게 기록되는 것이다.

UCR의 또 다른 한계점은 피해자와 범죄자에 대한 정보가 매우 적다는 것이다. UCR은 주로 심각한 대인범죄(살인, 강간, 강도, 가중 폭행)에 대해서만 세부적인 정보를 수집하기 때문이다. 또한 그러한 정보들의 대다수조차 범죄자가 체포되었을 경우로만 한정된다. 피해자 에 대한 정보 역시 피해자의 환경, 범죄발생 배경, 기타 잠재적으로 가치있는 정보들에 대한 제공이 매우 부족하다. 이러한 점들은 경찰이 피해자보다는 범죄자를 체포하는데 더 주력하기 때문에 당연히 나타날 수밖에 없는 현상이다.

피해자에 대한 관심과 개별적인 범죄사건에 대한 정보의 필요성은 지난 수 십년동안 UCR 시스템의 변화를 이끌어왔다. '**살인 통계 보충판**(*Supplemental Homicide Reports*: SHR)'은 1976년 시작되어 피해자의 특징, 거주지, 범죄자의 특징, 피해자와 범죄자의 관계, 무기 사용 여부, 살인사건 주변 환경 등에 대한 정보를 수록하고 있다. SHR에서 제공하는 정보들은 주로 UCR 통계에서는 집계되지 않는 살인 피해자 및 피해자화에 대한 것들이다. 이를 통해, 살인사건이 상업지역에서는 거의 발생하지 않고, 주말에 자주 발생하며, 지인이나 동거인들에 의해 사전계획없이 발생하는 경우가 많다는 사실을 발견할 수 있게 되었다(Schwartz & Gertseva, 2010). SHR의 이러한 가치에도 불구하고, 결측값과 범행장소에 대한 정보 부족이라는 한계점은 여전히 존재한다(Schwartz & Gertseva, 2010).

최근 UCR에 나타난 대부분의 변화는 **전국 범죄사건 보고시스템**(*National Incident-Based Reporting System*: NIBRS)의 등장으로 인한 것이다. NIBRS는 UCR에 비해 몇 가지 장점들을 가지고 있다. 첫째, NIBRS는 8개의 지표범죄보다 더 많은 22개 범주의 범죄에 대한 세부 정보들을 수집했다(표 2-1 참고).

표 2-1 NIBRS 범죄의 범주

방화(arson)	살인(homicide offenses)
폭행(assault offenses)	납치/유괴(kidnapping/abduction)
뇌물(bribery)	절도(larceny/theft offenses)
침입절도/무단침입(burglary/breaking and entering)	차량 절도(motor vehicle theft)
화폐위조/위조(counterfeiting/forgery)	포르노/음란물(pornography/obscene material)
파괴/손괴/반달리즘(destruction/damage/vandalism)	성매매(prostitution offenses)
약물/마약범죄(drug/narcotic offenses)	강도(robbery)
횡령(embezzlement)	강압적 성범죄(sex offenses, forcible)
공갈/협박(extortion/blackmail)	비강압적 성범죄(sex offenses, non-forcible)
사기(fraud offenses)	장물범죄(stolen property offenses)
도박(gambling offenses)	불법 무기 소지(weapon law violations)

출처: FBI (2010). http://www.fbi.gov/hq/cjisd/nibrscat.pdf.

이러한 범죄가 수집되기 위해서는 24개의 하위범주들이 생성된다(Chilton, 2010). 둘째, NIBRS는 계층적 규칙에 따라 가장 심각한 범죄 한 건만 집계하기보다는, 범죄사건이 진행되는 동안 발생한 모든 범죄를 집계한다. 셋째, NIBRS는 개별 사건마다 가지고 있는 53개의 정보 요소들을 수집한다(Addington, 2010). 이렇게 확장된 정보수집 프로세스를 통해 피해자, 피해자와 범죄자와의 관계, 상해, 재산 손실 등에 대한 정보들이 수록된다(표 2-2 참고). 그밖에 범행 장소, 무기 소지 여부, 재산적 손실, 피해자 및 범죄자 수, 체포된 용의자에 대한 정보 등도 수집된다(Addington, 2010).

표 2-2 NIBRS에 의해 수집된 정보

범죄 정보	피해자의 인종
사건발생 일시	피해자의 거주형태
사건발생 장소 유형	폭력 및 살인 발생 상황
공범의 수	정당한 살인 발생 정황
침입 방법	상해 유형
범행 유형/범죄집단(Gang) 정보	피해자와 범죄자의 관계
무기 및 범행도구 유형	범죄자 부문
재산 부문	범죄자의 연령
재산 손실 유형	범죄자의 성별
손실된 재산의 세부정보	범죄자의 인종
재산의 가치	체포자 부문
재산 복구일	체포일
절도 차량의 수	체포 유형
절도 차량 회수 일	체포경력자 측정 지표

(계속)

표 2-2 NIBRS에 의해 수집된 정보 (계속)

혐의를 받은 약물의 유형	무기소지 여부
혐의를 받은 약물의 양	체포자의 연령
약물 측정 방법	체포자의 성별
피해자 부문	체포자의 인종
피해자의 유형	체포자의 민족
피해자의 연령	체포자의 거주 형태
피해자의 성별	18세 미만 체포자의 성향
피해자의 인종	

출처: FBI (2000). *National Incident-Based Reporting System*, Volume 1: Data collection guidelines.

NIBRS의 가장 큰 장점은 법집행기관 및 연구자들이 범죄문제에 대한 보다 심층적인 조망을 해볼 수 있고, 적합한 대응책을 결정하기 위한 정보들을 얻을 수 있다는 점이다. 그러나, NIBRS는 지역 법집행기관의 일부로써 정보시스템에 대한 접근 허용 및 정보처리 능력이 날로 까다로워지고 있는 실정이다. 법집행기관들조차도 NIBRS를 활용하기 위해서는 엄격한 지침을 따라야 한다. 그렇기 때문에, NIBRS는 전국적으로 실시되고 있지 못하며, 미국 전역의 범죄통계를 대표할 수 있는 자료가 아니므로 연구자료로써도 크게 유용하지 못하다. 그러나 NIBRS를 활용하는 지역 기관들은 범죄문제를 보다 정밀하게 분석하는 작업을 수행할 수 있다.

UCR의 문제점에도 불구하고, 이러한 통계 자료들은 오랜 역사를 가지고 있고, 다양한 범죄문제들에 대한 해답을 얻는데 도움을 주고 있다. NIBRS 시스템에 대한 활용도가 높아짐에 따라, 경찰의 공식범죄통계에 대한 가치도 강조될 것이다. 더불어, NIBRS는 아동기의 범죄피해, 동거인 폭력, 증오 범죄 등을 검증하는 데에도 활용되어 왔다(Addiongton, 2010).

피해자 조사 VICTIMIZATION SURVEYS

UCR은 역사가 오래된 반면, **피해자 조사**(*victimization survey*)의 역사는 40여년에 불과하다. 피해자 조사는 1960년대 중반 대통령 위원회에 의해 처음 시작된 것이다. 대통령 위원회는 당시 범죄 및 시민들의 불안이 높아지는 문제를 해결하기 위해 설치된 기구였다. 조사를 시작하면서 대통령위원회(1967)는 범죄문제에 대한 상세한 정보가 부족하다는 점을 인식하고, 관련 정보를 수집하기 위해 엄청난 수의 프로젝트들을 승인하였다.

표 2-3 피해자 조사의 발전 과정

제1기 피해자조사
- 1960년대 중반
- 1967년 대통령 위원회 발족
- 피해자조사의 실행가능성에 대한 예비조사
- 경찰통계자료보다 훨씬 더 높은 피해율 보고

제2기 피해자조사
- 1960년대 말부터 1970년대 초반까지
- 제1기 피해자조사에서 나타난 문제점들을 해결하기 위한 방법 조사
- 특정 도시 조사

제3기 피해자조사
- 1970년대 초반부터 1980년대 말까지
- 1972년 전국범죄조사(NCS) 실시
- 1972~1977년 기업피해자 조사 실시
- 1972~1975년 도시 조사 실시

제4기 피해자조사
- 1988년부터 현재까지
- 1992년 NCS를 개칭하여 전국 범죄피해자조사(NCVS)로 실시

정보 수집이 추진되면서, 피해자 조사가 매우 귀중한 자료로 부각되기 시작하였다. 피해자 조사는 경찰의 통계나 공식 정보에 의존하지 않고, 범죄피해를 당한 경험이 있는 사람들을 대상으로 설문조사를 실시하는 방법이다. 피해자 조사의 발전 과정을 살펴보면, 그것은 몇 가지의 단계 또는 "시기(generations)"로 구분될 수 있다(Hindelang, 1976). 각각의 시기는 그 이전 시기에서 발생한 방법론적 문제점들을 해결하기 위해 고민한 끝에 나오게 된 것이다. 표 2-3은 1960년대 중반 피해자 조사가 시작된 이후 그 시기를 4기로 나누어 요약한 내용이다.

제1기 피해자 조사 First-Generation Victim Surveys

피해자 조사는 대통령위원회의 명령에 의해 처음 실시되었으나, 당시에는 그저 엄청난 가능성이 있는 연구에 지나지 않았다. 단지 이러한 조사를 통해 일반 시민들로부터 범죄피해에 관한 민감한 정보를 얻어낼 수 있는지를 시험해 보는 수준이었다. 연구자들 또한 형사사법체계에서 이러한 피해자를 기반으로 한 정보들을 활용할 수 있을 것인지를 확인해 보기를 원하는 정도였다.

NORC 조사

그동안 실행된 예비 연구(pilot study)들 가운데 가장 잘 알려진 것이 국립여론조사센터(National Opinion Research Center: NORC)가 후원하고 에니스(Ennis, 1967)가 실시한 사전 여론조사일 것이다. 이것은 미국 전역의 1만 가구를 대상으로 실시된 최초의 전국 피해자 조사이다. 처음에 조사자는 응답자에게 지난 12개월동안 경험한 범죄피해사건에 대해 질문을 한다. 응답자가 범죄피해 경험이 있다면, 조사자는 가장 최근에 가장 심각하게 당했던 범죄피해 사건 2가지에 대해서 세부적인 질문을 하게 된다.

이 조사를 통해 가장 잘 알려진 사실은 UCR의 범죄통계가 이 조사에서 집계된 범죄율의 50%밖에 미치지 못한다는 점이었다. 표 2-4는 NORC와 UCR의 범죄율을 비교한 것이다. NORC의 통계는 UCR의 통계와 비교할 때, 강간사건에 있어서는 4배, 침입절도사건에 있어서는 3배나 많은 수치를 기록하고 있다. UCR과 NORC의 통계상 큰 차이를 보이지 않는 유일한 범죄는 차량절도이다. 그 이유는 자동차 보험회사에서 피해자가 차량 도난사실을 경찰에 신고하지 않을 경우 배상을 해주지 않기 때문인 것으로 보인다. 이러한 범죄들을 좀 더 큰 범주로 묶어보면 그 차이를 더 확실하게 알 수 있다. NORC 통계는 공식 범죄통계보다 폭력범죄에 있어서는 1.9배가 많고, 재산범죄에 있어서는 2.2배가 많은 것으로 집계되었다. 이에 대해 NORC 통계 결과는 공식 범죄통계가 암수범죄를 간과하여 부정확하고 신뢰할 수 없다는 점을 극명하게 보여주고 있다는 지적들이 나왔다(Biderman & Reiss, 1967).

표 2-4 NORC 피해율과 UCR 피해율의 비교

범죄의 범주	NORC	UCR	NORC : UCR 비율
살인	3.0	5.1	0.6
강간	42.5	11.6	3.7
강도	94.0	61.4	1.5
폭력	218.3	106.6	2.0
침입절도	949.1	299.6	3.2
50달러 이상의 절도	606.5	267.4	2.3
차량 절도	206.2	226.0	0.9
폭력범죄	357.8	184.7	1.9
재산범죄	1,761.8	793.0	2.2

출처: The President's Commission on Law Enforcement and Administration of Justice (1967). *Task Force Report: Crime and its Impact?An Assessment.* Washington, DC: U.S. Government Printing Office

몇 가지 방법론적 고려사항

NORC 조사결과는 획기적이었으나, 이를 활용하는 데에는 몇 가지 고려사항이 있다. 첫째, NORC는 경찰이 집계한 피해자 수보다 2배 이상 많은 수치를 보이고 있지만, 이러한 수치도 피해자 조사를 하는 연구자라면 전체 강간 및 강도사건의 일부분에 지나지 않는 것임을 예측할 수 있다. 따라서 일부의 관측치를 가지고 전체의 규모를 추산하는 데에는 다소 무리가 있다.

둘째, 피해자 조사를 통해서 응답자들이 보고한 범죄사건들이 과연 진정한 범죄사건에 해당되는지를 검토하기 위해 전문 패널을 구성하는데, 이들은 이러한 사건의 1/3 이상을 범죄사건에서 제외시킨다. 오분류(misclassification)의 한 사례를 살펴보면, 어떤 응답자가 집에 돌아와보니 가구가 모두 사라진 것을 보고, "강도야! 도와주세요!"라고 소리쳤던 경험이 있다고 했을 때, 이 사건은 강도(robbery)가 아니라 침입절도(burglary)에 해당된다. 전문 패널은 피해자 조사를 검토하여 보다 타당하고 확실한 결과가 전달되도록 도움을 주고 있으나, 다른 한편으로는 이들이 응답을 오분류 사례로 볼 때, 설문지 설계시 질문 용어와 관련된 중요한 결함이 있음을 시사해주기도 한다.

세 번째, 고려사항은 응답대상자의 회상에 있다. 일부 응답자들은 **시간단축**(*telescoping*) 오류를 범한다. 시간단축이란 응답자가 조사 기간동안 발생하지 않은 범죄사건을 발생한 것으로 잘못 인식할 때 발생한다. 예를 들어, 여러분이 피해자 조사에 참여했다고 가정해 보자. 조사자가 지난 12개월동안 차량절도를 당한 경험이 있는지 질문을 했고, 사실 여러분이 차량 절도를 당한 것은 14개월 전인데, '그렇다' 라고 응답했다면, 여러분은 시간단축 오류를 범한 것이다.

이와 관련된 것으로 잘못된 기억(faulty memory)이 있다. **기억 쇠퇴**(*memory decay*)는 응답자가 조사기간동안 피해를 당한 경험이 있음에도 불구하고, 그 사실을 기억하지 못해서 잘못된 응답을 하게 되는 경우를 말한다. 응답자의 피로도 역시 응답 결과에 영향을 미칠 수 있다. 예를 들어, 설문조사 시간이 길어질수록 응답의 충실도도 감소된다. 시간단축과 기억 쇠퇴의 오류를 상쇄시키지 않는다면, 범죄규모를 추산한 조사 결과는 부정확해 질 수밖에 없다(Schneider et al., 1978: 18-19).

또 다른 고려사항으로써 응답자의 선별이 있다. 피해자 조사는 가구를 대상으로 하는데 이 때 응답자를 무작위로 선별할 수 없다. 18세 미만의 미혼자는 조사 대상에서 제외되며, 가구 범죄 피해에 있어 응답대상은 가장으로 한정하기 때문에, 이러한 응답자 선별 자체에 이미 그 결과에 대한 편견이 개입되게 된다.

이러한 고려사항들과 함께, 피해자 조사의 수많은 결함들이 조사 결과를 불명확하게 만들게 된다. 그 결함들로써 조사 질문의 개념적 문제, 실제 범행이 발생한 장소의 혼선 문제, 피해자 수를 파악하는 문제, 제1기 피해자 조사 과정에서 나타난 문제 등이 있다. 이와 같이 피해자 조사의 결함이 많은 것은 사실이지만, 그 중요성은 날로 커져갔다. 피해자학자 및 범죄학자들은 피해자 조사를 통해 시민들이 자신들의 피해 경험을 보고하고자 한다는 점을 확인할 수 있었다. 이러한 초기 예비 연구들을 통해 좀 더 정제된 피해자 조사에 대한 필요성과 그 방법을 명확하게 파악할 수 있게 되었다.

제2기 피해자 조사 Second-Generation Victim Surveys

제2기 피해자 조사에 대한 준비작업은 1970~1971년 사이 수행된 몇 개의 실험 연구들을 통해 시작되었다. 이러한 예비 연구들(preliminary studies)은 제1기 조사에서 나타난 문제점들을 해결하기 위한 다양한 방법들을 검증하는 과정이었다. 이러한 과정을 거치고 나면, 바로 조사에 착수하게 된다.

회상의 문제

응답자 회상의 정확성을 시험하기 위해, 연구자들은 2곳의 장소(워싱턴 DC, 발티모어)에서 기록 확인에 들어갔다. 이 전략은 경찰 기록과 피해자 조사 자료에 나타난 정보들을 비교하는 것이었다. 기록 확인 방법에는 **역방향 기록 확인**(*reverse record check*)과 **정방향 기록 확인**(*forward record check*) 2가지가 있다.

역방향 기록 확인은 경찰 수사자료에서 피해자의 이름을 찾는 것으로 시작된다. 다음 단계는 해당인에게 연락을 해서 그 사람을 피해자 조사에 참여시키는 것이다.

역방향 기록 확인을 통해 정보를 비교해 본 결과, 응답자의 기억력 쇠퇴는 조사 기간을 길게 잡을수록 높게 나타난다는 점을 확인할 수 있었다. 응답자들이 가장 회상을 잘 한 기간은 보통 피해를 당한지 최근 3개월 이내였다. 이 기간 이후에는 응답자들이 그 사건 자체나 세부사항들을 잊어버리는 경우가 많았다. 또한, 응답자들이 다른 범죄들보다 회상을 더 잘 하는 범죄가 있는가하면, 눈에 띄게 시간단축 오류를 범하는 범죄들도 있었다. 게다가, 질문할 때의 용어 및 표현 방식이 응답자의 응답에 영향을 미치는 것으로 나타났다(Hindelang, 1976: 46-53).

슈나이더와 동료들(Schneider et al., 1978)은 정확히 반대되는 방법론을 가지고 똑같은 문제에 접근했다. 그들은 정방향 기록 확인법을 채택하여, 응답자에게 피해 사건을 경찰에게 신고한 적이 있는지를 물어본 후, 연구자들이 경찰의 사건 기록을 모두 찾아 해당 사건의 정보를 확인하였다. 확인 결과, 경찰에 신고한 적이 있다고 응답한 피해자의 1/3은 경찰 기록에서 확인할 수 없었다. 사건 기록이 확인되었을 경우, 경찰의 기록과 피해자 조사 결과의 정보는 거의 일치했다.

이러한 기록 확인 연구를 통해 의미있는 결과를 얻었음에도 불구하고, 이러한 방법을 사용할 때에는 여전히 주의를 기울여야 할 필요가 있다. 스코간(Skogan, 1981: 13-14)은 이러한 전략에는 다음과 같은 3가지 가정이 깔려있음을 경고하였다. 첫째, 이 방법은 경찰의 사건 기록이 피해자 수를 파악하는데 있어 적합한 기준이 된다고 가정하고 있다. 경찰은 단순히 신고를 받고 대응한 것이기 때문에, 공식 통계가 경찰에 의해 수집된 것을 의미하는 것은 아니라는 것이다. 둘째, 기록 확인 연구는 해당 기록을 한 사람의 관심을 받은 상황만을 다룰 수 있다는 점이다. 셋째, 범죄피해자는 매우 유동적인 집단이어서 이들의 주소지가 자주 변경될 경우 다시 연락을 하기 어렵다는 점이다. 따라서 나중에 기록을 다시 확인할 때에는 문제가 발생할 수 있다.

시간단축의 문제는 1971년 인구통계국이 수행한 가구패널 조사(panel study of households)에서 더 큰 관심을 받은 바 있다. **패널 설계**(*panel design*)는 동일한 가구 또는 응답자들을 대상으로 몇 차례에 걸쳐 정기적인 기간마다 조사를 실시하는 것이다. 반복적인 인터뷰 또는 설문조사는 **정기적으로**(*bounding*) 실시된다. 즉 첫 피해자 조사가 실시된 날짜의 차후 년도에 두 번째 조사가 실시되고, 그 날짜의 차후 년도에 세 번째 조사가 실시되는 식이다. 이전에 실시된 인터뷰 결과는 다음 시기에 실시되는 인터뷰 응답자들에게 하나의 기준을 제공하게 된다.

응답자 고려사항

초기의 실험적 예비조사들을 통해 얻은 교훈을 가지고, 캘리포니아주의 산 조세(San Jose, CA)와 오하이오주의 데이튼(Dayton, OH)에서 실시된 연구들은 자기응답식 조사와 가구응답식 조사로 수집된 정보들을 비교하였다. **자기응답자**(*self-respondent*)는 자신이 경험한 피해사건에 대해 응답하는 사람이다. 한편, **가구응답자**(*household respondent*)는 한 가구의 모든 구성원들이 경험한 피해에 대한 정보를 제공하는 것이다. 산 조세와 데이튼의 연구에서는 가구응답자보다는 자기응답자가 대인범죄를 더 많이 경험했고, 회상의 오류도 적었다는 사실을 발견하였다(Hindelang, 1976: 57-68).

일반 시민들을 대상으로 한 피해자 조사와 더불어, 같은 시기에 기업 및 상업 시설들을 대상으로 피해 조사가 개발되었다. 여기에서도 역시 시간단축, 기억 쇠퇴, 질문 용어, 정기조사 등과 같은 문제점들이 발생하였다. 때로 특정 문제에 있어서는 일반시민들을 대상으로 한 피해자 조사보다 더 크게 나타나기도 했다. 또한 최초 응답자와 다시 연락을 하려고 했을 때 이미 이직을 한 경우도 많았다. 따라서 기업 및 상업시설들을 대상으로 기록 확인법의 질을 담보하기 위해서는 응답자와의 연락을 지속할 수 있는가가 관건이 된다.

제2기 피해자 조사는 후속 조사에서 활용할 수 있는 다음과 같은 몇 가지 요소들을 파악했다는 점에서 의미가 있다. 첫째, 이 조사에서는 앞서 진행된 조사에서 사용했던 일반적인 질문들보다 더 정확한 정보를 획득하는 한편, 회상의 오류도 적은 특정 질문들을 발굴할 수 있었다. 둘째, 좀 더 짧은 회상기간(6개월 미만)은 시간단축 및 기억 쇠퇴와 같은 문제점들을 확실히 줄여줄 수 있었다. 셋째, 패널 설계에서 최근 실시한 인터뷰와 같이 어떤 고정된 사건을 정기적으로 실시하는 것은 응답자의 시간단축 문제를 어느 정도 해결해 줄 수 있었다. 넷째, 개인이 자신의 피해경험에 대해 응답하는 것이 가족 구성원들의 피해경험에 대해 응답하는 가구 조사보다 더 선호되었다. 다섯째, 질문을 할 때 용어를 조심스럽게 선택해야 하기는 하나, 피해자 조사와 경찰 기록 정보를 비교하기 위해서 UCR에서 사용하는 범죄 개념을 차용해 볼 수 있다.

제3기 피해자 조사 THIRD-GENERATION VICTIM SURVEYS

제3기부터는 좀 더 야심찬 피해자 조사가 실시되었다. 연방 정부가 전국 피해자조사, 상업적 기업들을 대상으로 한 피해자 조사, 미국 26개 도시를 대상으로 특정피해 조사를 실시한 것이다. 이하에서는 이에 대한 간략한 개요를 소개하였다.

전국범죄조사

전국범죄조사(*National Crime Survey*: NCS)는 패널 설계를 통해 확정된 72,000 가구를 표본으로 1972년 처음 실시되었다. 표본 대상이 된 가구의 각 구성원들에게 인터뷰를 진행하였으며, 응답 거부 및 주소지 변경 등과 같은 문제점을 제거한 후 약 10만 명의 연구집단을 생성하였다.

조사원들은 이러한 표본 대상에게 3년에 걸쳐 6개월마다 조사를 실시하여 총 7번의 인터뷰를 진행하였다. 3년동안 전체 표본이 바뀌는 것을 피하기 위해, NCS는 각 주기마다 인터뷰를 하는 처음과 끝 시기를 지정하였다. 6개월마다 보통 전체 표본의 1/6이 인터뷰를 포기했으며, 다시 다른 표본집단으로 대체되었다. 약 12,000 가구가 1년동안 매달 인터뷰를 받았다.

NCS는 이전의 탐색 연구들에서 발견된 많은 특징들을 통합시켰다. 예를 들어, 패널 설계 조사는 6개월마다 정기적으로 인터뷰를 진행하였는데, 첫 인터뷰를 통해 범죄율을 추산하지 않고, 인터뷰 시작 시기 또는 경계(boundary) 시기를 지정하였다. 또한 시간 단축 및 기억 쇠퇴 오류를 보완하고자 각각의 인터뷰에서 이전의 인터뷰 내용을 확인하도록 하였다.

NCS가 직면한 한 가지 문제는 **이주자-체류자**(*mover-stayer*) 문제였다. 응답자 표본은 개인이 아닌 주거지를 중심으로 결정된다. 최초 조사 대상자가 이사를 가서 다른 사람이 들어왔다면, 새로운 입주자는 연구의 균형을 맞추기 위해 자동적으로 표본대상이 된다. 따라서 새로운 입주자들의 응답은 정기적으로 이루어지기 어렵다. NCS는 최초 응답자를 추적하기보다, 응답자의 재배치가 범죄피해 추정에 미치는 영향과, 거주지의 안정성과 불안정성의 비교가능성을 확인하였다.

제1기 피해자조사와는 달리, 이 조사에서는 가구의 대표자 한 명에게만 질문을 하지 않고 각 구성원들 모두에게 질문을 하는 방식을 택했다. 연락을 받은 사람이 아동이거나, 부모가 자녀의 인터뷰에 반대하거나, 여러번 연락을 시도하였으나 가족들이 이를 무시하는 경우에만 이러한 규칙이 예외되었다. 이러한 경우에는 가구의 한 사람이 전체를 대표하는 것으로 간주하였다.

가구를 대상으로 하는 범죄에 대해서는 각 가구의 대표자 한 사람에게만 질문을 했는데, 이러한 절차는 인터뷰 시간을 줄이고 같은 사실에 대해 여러 사람이 중복된 응답을 하는 것을 피하기 위한 것이었다. 그러나 불행히도, 선별된 가구의 응답자가 가구에서 발생한 모든 범죄에 대해 알고 있지 못하거나, 세부적인 사항에 대해 모르는 경우도 있을 수 있다.

기업피해조사

NCS는 일반 시민들을 대상으로 전국 조사를 실시함과 동시에, 상업적 피해에 대한 조사도 실시하였다. 이러한 조사는 기업체들이 자사의 위험 수준을 평가하기 위해 수집한 정보들을 바탕으로 실시되었다. 그러나 상업적 피해 조사는 1977년 이후 2가지 주요한 이유로 인해 중단되었다. 첫째, 15,000여개의 사업체 표본은 신뢰성있는 피해 추정을 하기에는 그 수가 너무 적다는 것이다. 둘째, 조사 비용이 충분치 않았다는 것이다.

도시 조사

거주지와 사업체를 대상으로 특정피해 조사를 하기 위해 26개 도시를 선별하여, 총 12,000 가구 및 2,000개의 사업체가 각 도시에서 표본으로 선정되었다. 단일 도시에서 발견된 조사 결과들은 매우 흥미로울 뿐만 아니라, 전국 피해조사의 결과와도 일치하는 부분이 많았다. 그러나 여러 도시에서 진행되는 이러한 조사 프로젝트를 진행하기 위한 비용은 가히 천문학적이어서, 결국 이 조사는 실시된지 3년만인 1975년에 중단되었다.

제4기 피해자 조사 Fourth-Generation Victim Surveys

현재 피해자 조사는 제4기에 이르렀다. 피해자 조사의 변화를 강조하기 위해, 그 명칭과 형식이 바뀌어서, 오늘날은 **전국 범죄피해자 조사**(*National Crime Victimization Survey*: NCVS)로 지칭되고 있다.

피해자 조사는 국립과학 아카데미의 보고서(Penick & Owens, 1976)에서 제기된 문제점들을 해소하고자 1979년 재설계를 시작하였다. 이러한 재실계가 적합한시를 검증하기 위해 여러 차례의 탐색적 분석들이 수행되었다. 이를 통해 재설계가 정확한 답변을 얻을 수 있도록 향상되었는지, 하위집단에서 수집한 정보들을 파악했는지, 다른 차원의 범죄 및 피해 응답을 얻어낼 수 있는 새로운 질문들을 추가하였는지, 그리고 그러한 정보들이 연구자들에게 유용한지 등을 검토하였다(Skogan, 1990; Whitaker, 1989).

응답자의 회상의 정확성을 고려하는 것은 결국 질문 용어, 정기적 조사, 기억 쇠퇴, 시간단축의 문제로 귀결되었다. 응답자의 가능한 피해 경험을 묻는 질문법을 의미하는 **탐색 질문**(*screen questions*)은 오해의 소지가 있어서 수정해야 할 필요가 있다는 우려가 제기되고 있었다(Dodge, 1985). 피해자 조사의 재설계는 응답자들의 기억을 환기시키고 범죄 피해의 개념을 보다 분명하게 제시함으로써 범죄에 대한 신고를 증가시키게 할 수 있다고 보았다. NCVS가 어떻게 이것을 가능하게 하는지는 표 2-5의 개인과 가구를 대상으로 한 탐색 질문을 통해 확인해 볼 수 있다. 응답자들은 과거 6개월동안의 피해경험을 조사하기 위해 이와 같은 질문들을 받게 된다. 그리고나서 특정 피해경험에 대한 심층 질문(in-depth questions)을 받게 된다.

표 2-5 NCVS 탐색 질문

36a. 귀하에게 조사하고자 하는 범죄 유형과 관련된 정보를 드리기 위해 지금부터 몇 가지 예시를 읽어드리겠습니다.

예시를 들으시고, 만약 귀하께서 20___년 ____월 ____일 이후로 최근 6개월 동안 그와 같은 경험을 한 적이 있으시다면, 말씀해주시기 바랍니다.

귀하의 물건 가운데 다음과 같은 것을 도둑맞은 적이 있습니까?
a) 들고다니는 가방, 지갑, 서류가방, 책 등
b) 옷, 보석, 계산기 등
c) 자전거 또는 운동 기구 등
d) 집 안에 있는 TV, 음향기기, 기타 가구시설 등
e) 집 밖에 있는 정원 또는 잔디밭 시설기구 등
f) 집에 있는 아동용품 등
g) 자동차 안의 짐, 잡화, 카메라, 카세트 테이프 등
h) 누군가 귀하의 물건을 훔쳐가려고 시도한 적이 있습니까?

36b. 귀하는 이런 비슷한 사건을 겪은 적이 있습니까?

36c. 있다면, 몇 번이나 있습니까?

37a. 귀하는 위와 같은 사건 이외에, 다음과 같은 경험을 한 적이 있습니까?
a) 누군가 문이나 창문, 방충망을 쇠지렛대 등을 이용해 강제로 뜯거나 또는 열려있는 문이나 창문을 통해 들어왔거나 들어오려고 시도한 적
b) 누군가 귀하의 차고, 창고, 저장고 등에 불법적으로 들어왔거나 들어오려고 시도한 적
c) 누군가 귀하가 묵고 있는 호텔, 모텔, 숙박시설에 불법적으로 들어왔거나 들어오려고 시도한 적

(계속)

표 2-5 NCVS 탐색 질문 (계속)

37b. 귀하는 이런 비슷한 사건을 겪은 적이 있습니까?

37c. 있다면, 몇 번이나 있습니까?

40a. 귀하는 위와 같은 사건 이외에, 20___년 ____월 ____일 이후로 다음과 같은 장소에서 누군가로부터 공격이나 협박을 당하거나, 물건을 빼앗겨본 적이 있습니까?
a) 현관이나 마당을 포함하여 집에서
b) 친구, 친지, 이웃의 집 또는 근처에서
c) 직장 또는 학교에서
d) 창고, 빨래방, 쇼핑몰, 식당, 은행, 공항 등의 장소에서
e) 교통수단 안에서
f) 길거리나 주차장에서
g) 연회장, 영화관, 체육관, 피크닉 시설, 볼링장, 낚시터, 사냥터 등에서
h) 귀하는 그 밖의 다른 장소에서 누군가 귀하의 물건을 빼앗거나 훔치려고 시도한 적이 있습니까?

40b. 귀하는 이런 비슷한 사건을 겪은 적이 있습니까?

41c. 있다면, 몇 번이나 있습니까?

*응답자들은 이러한 각각의 질문들에 대해 “간단하게 응답하도록” 요청받음.

출처: Bureau of Justice Statistics (2004). *National Crime Victimization Survey 1992-2002* [computer file]. Ann Arbor, MI: ICPSR.

수정된 탐색 질문의 효과를 평가하기 위해, 1992년 표본 대상자의 절반에게는 수정전 탐색 질문을 제시하고, 나머지 절반에게는 수정후 탐색 질문을 제시해보았다. 이 두 가지 양식의 질문에 대한 응답을 분석한 결과, 수정후 탐색 질문을 받은 표본대상들이 대인범죄 피해경험을 44%이상, 재산범죄 피해경험을 49%이상 더 많이 응답하였다(Kindermann, Lynch, & Cantor, 1997). 예상했던 것처럼, 강도, 대인 절도, 차량 절도에서는 응답률의 변화가 없었다. 그러나 강간은 157%, 폭력은 57%, 침입절도는 20%, 일반 절도는 27%나 응답률이 증가했다. 연구자들은 이러한 결과를 통해 피해자 조사의 새로운 도구가 **회색지대 사건**(*grey-area events*)에 영향을 미쳤다고 보았다. 회색지대 사건은 일반적인 고정관념을 따르지 않는 피해사건에 해당된다. 예를 들어, 범죄자가 낯선 사람이 아닌 경우라고 응답한 비율이 수정된 질문을 통해 더욱 많이 나타났다. 이것은 수정된 탐색 질문들이 효과가 있다는 것을 의미한다.

피해 기준 시기(reference period)를 더 단축한 것 역시 응답자들의 회상을 향상시키기 위한 수단으로써 검증되었다. 그러나 이 방법은 조사 비용이 엄청나게 높아졌기 때문에 결국 배제되었다.

정기적인 조사를 하는 문제는 이주자-체류자의 문제와 관련이 있다. NCVS 조사에 포함

된 주소지에 입주한 새로운 응답자는 이미 최초의 인터뷰를 다른 사람이 했기 때문에, 정기적으로 정보를 제공하기 어려운 상황에 처하게 된다. 그러나 이들은 어찌되었든 조사에 참여하도록 요구받는다. 이러한 방법 역시 조사 비용이 엄청나게 뛰기 때문에 실현가능성이 적다.

피해자 조사에서 계속 나타나는 또 다른 문제점은 조사 자료내의 하위 집단을 검증할 방법이 없다는 것이다. 응답자 신원보호에 관한 법률적 제한 때문에, 국가에서 수집한 정보 이외에는 어떠한 것도 범죄피해를 분석하기 위해 활용될 수 없다. 피해자 조사의 재설계는 응답자의 신원정보 보호법규를 위반하지 않고 시나 주단위에서 정보를 제공해주는 것이 가능하다는 점을 강조하였다. 이러한 방법을 통해서 UCR과 기타 다른 통계 자료들을 보다 직접적이고 의미있게 비교해 볼 수 있게 된다.

피해자 조사 재설계의 주요 목표 가운데 하나는 조사의 분석적 가치를 강화시키는 것이다. NCVS에 포함된 풍부한 자료들에도 불구하고, 많은 연구자들은 연구주제와 관련된 자료들을 더 수집하느라 바빴다. 피해자 조사 재설계팀은 선별된 주제들에 대한 자료들을 특별히 보충하는 것에 대한 실현가능성을 고민하였다. NCVS 재설계가 1993년 완료된 이후, 수많은 보충조사들이 실시되었다(표 2-6 참고). 이것은 주로 응답자들에게 범죄의 가혹성(offense severity), 학교 폭력, 직장 폭력, 신원 도용(identity theft) 등에 대한 인식을 보충조사한 것이다.

표 2-6 NCVS 보충조사

전국 범죄 가혹성 조사(1977)
- 응답자에게 범죄유형별 가혹성의 정도를 조사

피해자 위험성조사 보충판(1984)
- 피해자의 안전 및 범죄예방 행동의 정도를 평가

학교범죄조사 보충판(1989, 1995, 1999, 이후 매년 2회 실시)
- 12-18세 응답자들에게 학교 안전에 대해 조사

시민-경찰 접촉 조사(1996, 이후 3년마다 실시)
- 시민에 대한 경찰의 강제력 사용 조사

직장 위험성조사 보충판(2004)
- 직장 폭력 및 예방 대책 평가

특정 피해자 조사(2006)
- 스토킹에 초점을 맞춘 조사

신원 도용 조사(2008)
- 신원 도용의 범위 및 특징 평가

출처: Rand(2010), National crime victimization survey, supplements. In B. S. Fisher & S. P. Lab (Eds.), *Encyclopedia of victimology and crime prevention*. Los Angeles: Sage.

피해자 조사 재설계에 있어서 고려해야 할 또 다른 점은 종단 분석을 수행하는 것이다. 지금까지 피해자 연구들은 교차분석 접근에 제한을 받아왔다. 한 응답자의 정보를 선행된 인터뷰 정보와 일치시키는 작업이 거의 불가능했다. 이를 위해 피해자 조사 재설계팀은 종단분석 절차를 채택하였다.

또한 피해자 조사 재설계는 **컴퓨터지원 전화인터뷰 방식**(*Computer-assisted telephone interview*: CATI)으로의 전환을 제시하였다. 이 기법은 조사자가 적합한 질문을 좀 더 신속하게 제시하기 위해 컴퓨터를 활용하는 것이다. 이를 통해 인터뷰를 진행하는 동안 적합한 조건에 해당되면 질문을 자동적으로 건너뛸 수 있고, 적합한 반응만 응답으로 채택하여 결측치를 제거할 수 있게 되었다.

NCVS는 1988년 재설계에 착수하여 1992년 말경 정비를 마쳤다. 현재 NCVS는 전국적으로 43,000 가구의 86,000명의 표본집단을 대상으로 조사를 실시하고 있다(Rennison, 2010). 보편적으로 표본집단의 90% 이상이 설문조사에 응하고 있으며, 표본집단의 크기에 있어서도 오류가 거의 나타나지 않고 있다(Rennison, 2010). 의심할 여지없이, NCVS는 피해자 조사를 계속 발전시키고 다른 종류의 정보들을 계속 제공하기 위해, 더욱 더 향상된 수정을 가할 것이다. 피해자 조사는 매우 짧은 기간동안 미국을 비롯한 다른 국가들에서도 가치있는 도구가 되었다.

외국의 범죄 조사 CRIME SURVEYS OUTSIDE THE UNITED STATES

미국이 피해자 조사에 있어서 선구적인 역할을 하는 동안, 피해자 조사의 중요성은 전세계적으로 확산되었다. 유럽 국가들 가운데에서는 1973년에 네덜란드, 스위스(취리히), 독일(슈투트가르트)에서 초기 피해자 조사가 실시되었다(Killias, 2010). 영국에서는 1982년 영국범죄조사(British Crime Survey: BCS)가 처음 실시되있고(Mayhew, 2010), 독일에서는 1983년, 스위스에서는 1984년에 실시되었다(Killias, 2010). 이러한 개별적 국가들을 바탕으로 한 조사들을 넘어서, 국제범죄피해자조사(International Crime Victim Survey: ICVS)가 1989년 처음 실시된 이후, 1996년, 2000년, 2005년에 잇달아 실시되었다(Killias, 2010).

BCS는 NCVS와 유사하지만 다른 면을 가지고 있다. 첫째, BCS는 2001년 이후 매년 실시되었다. 둘째, BCS는 가구당 16세 이상의 구성원 한 명을 대상으로 조사를 실시하였다. 셋째, BCS의 응답 회상 기간은 1년으로, NCVS가 6개월을 잡는 것과는 비교된다(Mayhew, 2010). BCS의 매우 중요한 차이점 중의 하나는 BCS 조사와 영국 인구통계조사를 연동시킨다는 것이다. 이러한 점은 NCVS에서는 찾아볼 수 없는 풍부한 자료와 지역사회단위로 발생하는 범죄피해에 대한 심층적인 분석을 할 수 있는 가능성을 제공해준다. 그러나 NCVS와 유사한 점은 BCS가 해마다 컴퓨터시스템을 활용하여 특정한 주제와 질문들을 추가하고 있다는 것이다(Mayhew, 2010).

1989년 ICVS의 출현은 피해자 조사의 새로운 지평이 열리게 되었다. NCVS와 BCS가 주로 민생범죄(street crimes)를 집중적으로 조사한 것에 비해, ICVS는 정치적 부패, 증오범죄, 인신 매매(slave trade), 기타 이와 유사한 주제들에 대해 조사하였다(Killias, 2010). 이 조사를 통해 국가간 범죄피해를 비교할 수 있게 된 것도 주요한 성과 가운데 하나이다. 그러나 유감스러운 것은 전 세계의 78개국이 이 조사에 참여하고 있으나, 미국은 그렇지 않다는 것이다. ICVS에도 여러 가지 문제점들이 나타나고 있다. 조사에 참여하는 국가들의 표본크기가 너무 작고(2,000명 미만), 조사실시 주기가 5년이며, 극빈국 또는 개발도상국에서의 컴퓨터지원 전화인터뷰 방식(CATI)의 현실성이 거의 없으며, 조사 내용에 민족성 및 기타 잠재적 탐색 요소들에 대한 정보가 결여되어 있다는 점 등이 주된 문제점으로 꼽히고 있다(Killias, 2010). 그럼에도 불구하고, ICVS는 다른 피해자 조사들에서는 불가능한 통찰력을 제시해주고 있다.

NCVS와 UCR의 비교 COMPARING THE NCVS AND THE UCR

오늘날 범죄문제를 평가할 때 피해자 조사에 의존하는 비중이 점점 더 높아지고 있다. 이러한 변화의 가장 큰 이유는 UCR의 시스템적 한계가 인식되었기 때문이라고 하겠다. 범죄학자들은 공식 범죄통계가 실제 발생하는 범죄율보다 과소추정되고 있다는 사실을 안지 오래되었다. 초기 피해자 조사에서조차 UCR보다 훨씬 더 많은 범죄피해가 집계되었다. 게다가 피해자 조사는 피해자에 대한 정보 및 범죄사건의 주변환경에 대한 정보도 수집할 수

표 2-7 경찰에 신고된 범죄신고율(%) (NCVS, 2008)

범죄	피해율
폭력범죄(Violent crime):	47.1
강간/성폭력(Rape/Sexual assault)	41.4
강도(Robbery)	60.5
가중폭행(Aggravated assault)	62.0
단순폭행(Simple assault)	41.3
재산범죄(Property crime):	40.3
침입절도(Burglary)	56.2
차량절도(Motor vehicle theft)	79.6
절도(Theft)	33.6

출처: NCVS 자료.

있다. 결과적으로 피해자 조사는 범죄 측정에 있어서 매우 중요한 위치를 차지하게 되었다.

NCVS에 따르면(Rand, 2009), 2008년 2,100만 여건의 범죄사건이 발생한 것으로 나타났다. 이와 대조적으로, 같은 해 UCR은 지표범죄 발생이 이에 절반에도 미치지 않는 것으로 집계하고 있다(FBI, 2009). 이 두 통계자료들이 나타내는 수치의 차이는 매우 크다. 그러나 분명한 것은, 피해자들은 경찰이 관심을 두지 않는 범죄사건들까지도 조사를 통해 밝히고 있다는 점이다. 표 2-7은 대다수 범죄에서 응답자들의 경찰 신고율이 절반수준 이하라는 점을 보여주고 있다. 폭력(60%)과 차량절도(80%)가 가장 높은 신고율을 보이고 있는 반면, 가구를 대상으로 한 절도(34%)는 가장 낮은 신고율을 보이고 있다.

그림 2-1은 2008년 UCR과 NCVS에 집계된 범죄율을 비교한 것이다. 각 범죄의 범주를 단순 비교한 것이기는 하나, 침입절도와 차량 절도가 가장 극명한 차이를 보이는 가운데, NCVS의 범죄율이 훨씬 더 높게 나타나고 있다.

피해자조사는 또한 UCR에서는 보고되지 않은 부가적인 정보를 제공한다. 예를 들어, 남성이 여성보다 폭력범죄의 피해자가 될 가능성이 크고, 흑인이 백인보다 강도 및 가중폭행 피해를 더 많이 당할 가능성이 크며, 미혼자가 기혼자보다 범죄피해를 당할 가능성이 더 크고, 소득이 낮은 사람이 소득이 높은 사람들보다 모든 범죄 종류에서 범죄 피해자가 될 가능성이 더 높다는 점 등이다.

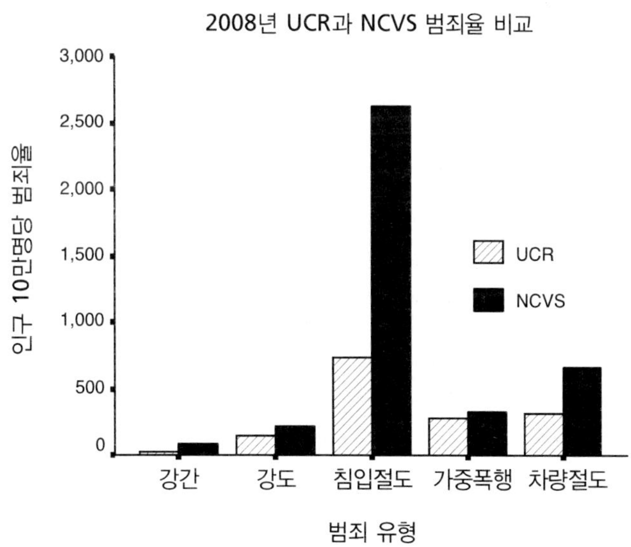

그림 2-1 2008년 UCR와 NCVS 범죄율 비교

출처: UCR과 NCVS 사료 재구성.

표 2-8 폭력범죄에서 피해자-가해자 관계(NCVS, 2008)

범죄	피해율
배우자(Spouse)	3.6%
전 배우자(Ex-spouse)	1.5
부모(Parent)	0.2
자녀(Child)	1.3
기타 친족(Other relative)	4.1
지인(Acquaintance)	23.4
우연히 만난 사람(Casual acquaintance)	14.0
낯선 사람(Stranger)	40.0
미확인(Don't know)	8.7

출처: Compiled by authors from Maguire, K. (2010). *Sourcebook of Criminal Justice Statistics* [Online]. Retrieved August 4, 2010 from http://www.albany.edu/sourcebook/

피해자 조사 자료는 피해자-범죄자간의 관계에 대한 다양한 정보를 제공할 수 있다(표 2-8 참고). 그러나 이러한 정보는 기본적으로 피해자와 범죄자가 대면 접촉을 한 범죄에 한한다. 2008년 통계에 따르면, 전체 폭력범죄의 10.7%가 가족구성원들에 의해 발생했으며, 40%이상이 낯선 사람에 의해 발생했다(Maguire, 2010). 또한 전체 성폭력의 31% 정도가 강도에 의해 발생했다(Bureau of Justice Statistics, 2006). NCVS에 따르면, 범죄자의 37%가 아는 사람의 소행으로 나타나고 있다.

반복 피해 REPEAT VICTIMIZATION

피해자 조사 및 새로운 자료 분석 기술의 발전, 특히 컴퓨터 지도(computer mapping)의 사용은 **반복 피해**(*repeat victimization*) 또는 재피해(revictimization)에 대한 관심을 증대시켰다. 반복 피해란 동일 피해자에게 또는 동일 지역에서 범죄가 반복하여 발생하는 것이라고 규정할 수 있다. 일반적인 범죄측정 결과에서도 반복 피해는 보편적으로 나타나고 있다. 일례로, 가정폭력 피해자에 대한 폭력이 계속 반복됨에도 불구하고, 피해자들이 가해자에 대한 고소를 취하하거나 기소를 거부하는 일은 매우 일반적인 현상이다. 셔먼(Sherman, 1995)은 경찰이 동일 주소지에서의 가정폭력 구조 요청을 반복적으로 접수하는 일이 잦다는 점을 지적하였다.

반복 피해에 대한 초창기 조사 중의 하나인 폴비 등(Polvi et al., 1990)의 연구에서는, 침입절도의 반복피해 위험성이 예상했던 것보다 12배 이상 높다는 점과, 이러한 위험성이 최초의 침입절도 피해이후 즉각적으로 나타난다는 점을 밝힌 바 있다. 이러한 위험성은 피해이후 3개월동안 가장 높다가 이후 정상 수치로 낮아진다고 한다.

표 2-9 ICVS의 반복피해사건 추정

범죄	반복 피해(%)
성폭력	46
폭행	41
강도	27
차량에 대한 반달리즘	25
차량으로부터의 절도	21
차량절도	20
침입절도	17

출처: Weisel, D. L. (2005). Analyzing Repeat Victimization. ProblemOriented Guides for Police. Washington, DC: U.S. Department of Justice, Office of Community Oriented Policing Services.

NCVS, BCS, ICVS와 같은 주요 피해자 조사는 반복피해의 발생 사실을 강조하였다. NCVS는 연속 피해(series victimization)를 묻는 몇 가지 질문들을 제시함으로써, 그 개념을 소개하고 있다. "연속 피해란 일정 기간동안 6번 이상의 유사한 범죄피해를 당했으나 피해자가 개개의 사건을 조사자에게 세부적으로 설명하거나 회상할 수 없는 피해사건들을 말한다"(사법통계국, 2003). 2005년 NCVS는 전체 폭력사건의 4.1%가 연속 피해사건이었다는 결과를 나타냈다. 다른 조사에서도 이와 유사하게, 전체 대인범죄의 3.9%와 전체 대물범죄의 0.5%가 연속 피해사건 범주에 해당된다는 결과가 나타났다(사법통계국, 2006). BCS에서도, 다중 피해사건들이 상대적으로 소수 피해자들에게 집중되어 있다는 조사분석 결과가 나타난 바 있다. 1982~1992년동안의 BCS 자료를 분석한 엘링워스 등(Ellingworth, Farrell, Pease, 1995)은 전체 재산범죄의 약 1/4~1/3 정도가 1년 이내에 대인범죄가 될 위험성이 5배 이상 된다는 결과를 나타냈다. 이것은 전체 피해자의 약 2/3가 반복 피해자가 됨을 의미한다. 또한 대인범죄의 약 50%가 반복 피해로 나타났다(Ellingworth et al., 1995). 표 2-9에서 보는 것처럼, 2000년 ICVS 조사 자료에서는 성폭력의 46%, 폭행의 41%가 반복피해사건으로 나타나고 있다(표 2-9 참고). 범죄의 반복성이 가장 낮은 침입절도조차도 17%를 기록하고 있다. 피해조사 자료를 사용하여 반복피해를 강조하는 또 다른 방법은 발생 자료와 사건 자료를 비교하는 것이다. **발생 자료**(*prevalence data*)는 여러 차례 피해를 경험한 사람의 수를 나타낸 것인 반면, **사건 자료**(*incidence data*)는 동일 기간동안 보고된 범죄 사건의 수를 나타낸 것이다. 사건의 수가 피해자 수보다 많으면 그것은 반복피해를 나타내는 것일 수 있다. 조사 자료들에 대한 다양한 분석은 집중화된 피해자화의 성질을 강조할 수 있다. 피스(Pease, 1998)는 전체 응답자의 2%가 전체 재산범죄의 41%를 경험했고, 전체 응답자의 1%가 전체 대인범죄의 59%를 경험한 것으로 분석하였다. 파렐과 피스(Farrell & Pease, 2003)는 노스캐롤라이나주 샬롯

(Charlotte)에서 발생한 전체 침입절도의 25%가 반복 피해사건이었다고 분석하였다. ICVS 자료를 통해 19개 국가의 범죄피해를 분석한 파렐과 불루코스(Farrell & Bouloukos, 2001)는 전체 성폭력의 40%이상, 전체 폭행 및 침입절도의 30%이상이 반복적으로 저질러지고 있다는 결과를 나타냈다.

지금까지, 반복피해에 대한 논의들은 동일한 피해자만을 포함하는 것으로 간주하였다. 그러나 반복피해는 그 제한이 없다. 파렐(2005, 2010)은 피해의 반복성이 다양한 형태로 나타날 수 있음을 언급하고 있다. 근접 반복피해(near repeat)는 이웃사람이 최초 피해자와 동일한 또는 유사한 방식으로 피해를 당할 수 있음을 의미하는 것이다(Johnson & Bowers, 2005). 가상 반복피해(virtual repeat)는 반드시 피해대상 근처에 있지는 않더라도, 피해대상과 유사한 사람, 장소, 물건에 대한 후속 피해를 의미한다(Farrell, 2010; Pease, 1998). 가상 반복피해에서 강조되는 것은 범행 방법 또는 피해대상의 유사성이다. 반복 피해 또는 근접 반복피해 또는 가상 반복피해로써 범죄를 재인식하는 것은 피해자를 지원하는데 있어 중요한 정보를 제공한다.

반복피해를 파악하는데 있어서 한 가지 문제점은 반복피해 발생 주기를 짧게 잡는 것(short time frames)에 대한 영향이다. 엘링워스 등(Ellingworth et al., 1995)은 BCS의 대다수 반복 피해율은 발생 주기를 1년으로 잡고 있어, 조사 시점 전후에 발생했을 수 있는 반복피해사건을 최소화시키고 있기 때문에 과소보고되고 있다고 지적하였다. 반복피해에 있어 짧은 발생주기 문제점은 NCVS를 보면 더욱 확실히 나타난다. NCVS는 ICVS와 비교할 때, 성범죄(23%:51%), 폭행 및 협박(26%:46%), 침입절도(18%:40%)를 포함한 모든 피해자화 범주에 있어서 반복피해율이 현저히 낮게 나타나고 있다(Farrell, Tseloni, & Pease, 2005). 그 이유는 NCVS는 6개월의 발생 주기를 사용하는 반면, ICVS는 12개월의 발생주기를 사용하고 있기 때문이다. 클리만스(Kleemans, 2001)는 반복 침입절도의 9%가 1개월 이내, 30%가 6개월 이내에, 약 50%가 1년 이내에 발생한다고 언급하였다. 따라서, 반복피해의 발생주기를 어떻게 잡느냐에 따라 반복피해율의 결과가 달라질 수 있다.

반복피해의 주기를 정해서 조사하는 것보다, 피해조사들을 통해 반복피해의 주기에 대한 정보를 파악할 수 있다. 피스(1998)는 대다수의 반복피해가 최초 피해 이후 짧은 주기동안에 나타난다고 언급하였다. 이와 유사한 결과로써, 보우어스 등(Bowers, Hirschfield, Johnson, 1998)의 비거주지역에서의 반복피해 조사와, 존슨 등(Johnson, Bowers, Hirschfield, 1997)의 침입절도 연구가 있다. 이 두 가지 조사분석 결과에서, 반복피해의 위험성은 최초 피해자화 이후 상대적으로 짧은 주기동안에 높게 나타나는 것으로 보인다.

위젤(Weisel, 2005)은 많은 사건에 있어서 범죄피해의 반복 주기(time frame)가 짧다는 점을 강조하였다(표 2-10 참고). 예를 들어, 가정폭력의 15%는 하루 사이에 다시 반복되고, 35%는 5주 이내에 반복된다(Lloyd, Farrell & Pease, 1994). 다른 연구에서도 이와

표 2-10 반복피해의 주기

범죄	일정주기동안의 반복피해율	조사 지역
가정폭력	24시간 이내에 15% 5주 이내에 5%	영국 잉글랜드의 머지사이드주
은행 강도	3달 이내에 33%	영국 잉글랜드
침입절도	1주일 이내에 25% 1달 이내에 51% 1달 이내에 33%	미국 플로리다주의 탤러해시 영국 잉글랜드의 머지사이드주
비주거지 침입 절도	1주일 이내에 17% 1달 이내에 43%	영국 잉글랜드의 머지사이드주
학교내 재산범죄	1달 이내에 70%	영국 잉글랜드의 머지사이드주

출처: Weisel, D. L. (2005). *Analyzing Repeat Victimization.* Washington, DC: U.S. Department of Justice, Office of Community Oriented Policing Services.

유사한 결과가 나타났는데, 반복 침입절도의 25%는 1주일 이내에, 51%는 1개월 이내에 발생한 것으로 분석되었다(Robinson, 1998). 반복피해 주기에 대한 정보는 범죄피해 예방 정책을 실시하는 데에도 유용할 수 있다.

조사 자료의 다양한 분석은 피해의 성격을 말해줄 수 있다. 메이휴(P. Mayhew)와 그의 동료들은 전체 침입절도절도 사건의 17%가 단지 6%의 피해자들에 의해 보고된 사건이었으며, 전체 폭력사건의 절반가량은 17%의 피해자들에 의한 것이었음을 밝혀내었다. 이와 유사하게, 갇프레드슨(M. R. Gottfredson)은 1982년 BCS 자료에서 2번 이상 피해를 입은 것으로 응답한 14%의 사람들이 전체 범죄에 시달린 비율은 70%에 이르렀음을 밝혀냈다. 1988년 BCS 자료에서는 응답자의 20%가 신고된 범죄 중 80%이상의 피해를 당한 반복피해자였음을 나타내고 있다.

반복 피해, 상습적 피해(victim recidivism), 또는 만성적 피해(chronic victimization)의 증거는 조사 자료나 개인의 경험에 한정되지 않는다. 경찰의 효과성과 효율성을 향상시키기 위해서는 범죄 빈발지역(hot spots)을 파악하는 다양한 기술을 신속하게 개발해야 한다. 범죄 빈발지역이란 "범죄의 발생이 매우 빈번하여 그 가능성이 매우 높은 소규모 지역"을 가리킨다(Sherman, 1995: 36). 컴퓨터 지도의 사용은 그러한 지역을 파악하고자 하는 경찰기관의 능력을 강화시킬 수 있다. 셔먼 등(Sherman, Garten, Buerger, 1989)은 미네아폴리스에서 가정 불화로 경찰에 구조를 요청한 전체 사건 중 9%가 읍(town)의 특정 장소에서 발생하였고, 전체 폭행사건의 7%가 특정 주소지(location)에서 발생했으며, 침입절도의 11%가 특정 장소(place)에서 발생했다고 분석하였다. 파렐과 피스(Farrell & Pease, 2003)는 샬롯지역 전체 주소지의 1%가 신고된 침입절도사건의 39%에 해당된다는 분석결과를 보여주었다(예를 들어, Block & Block, 1995; Spelman, 1995의 연구를 참고하라). 범죄발생 및 경찰 출동 요청에 있어서 이와 유사한 결과들이 여러 다른 지역에서도 나타났다. 경찰 출동 요청이 언제나 동일한 피해자에 의해 이루어지는 것은 아니다. 동일한 주소지에서 발생하는 가정폭력에 대한 구조 요청은 동일한 피해자와 가해자에 의한 것일 수 있지만(Farrell, Phillips, & Pease, 1995), 한 술집에서 발생하는 반복된 폭력사건에 대한 경찰 출동신고는 매번 다른 사람에 의한 것일 수 있다. 이러한 사건들에서, 정보의 가치는 피해를 신고하는 능력에 달려 있다.

반복피해에 대한 설명은 일반적으로 위험 이질성(risk heterogeneity 또는 flag explana tion)과 상태 의존성(state dependence 또는 flag explanation)이라는 2가지 범주로 구분될 수 있다(Farrell et al., 1995). 위험 이질성(Gill & Pease, 1998)은 특정 대상이 가지고 있는 이전의 피해 또는 몇 가지 다른 요소들이 해당 피해자 또는 장소를 후속 피해자화에 적합한 대상으로써 파악하는 것이다. 이에 따라, 일부 피해대상에게는 범죄자에게 항상 매력적으로 보이거나 특히 범죄에 취약한 요소들이 존재하여, 이러한 특징들이 계속 지속되는 경향때문에 후속적인 피해를 당하게 된다는 것이다. 파렐(Farrell, 1995)은 위험 이질성의 척도로써 술집에서의 반복적인 폭력을 예로 들면서, 위험한 상황에 흥미를 느끼거나 폭력을 좋아하는 사람은 싸움으로 평판을 얻기를 원해서 술집에서 반복적인 폭력을 일으키기 쉽다고 보았다. 따라서 술집 및 이러한 장소에서 일하는 사람들은 반복 피해를 당할 위험성이 훨씬 더 높아진다는 것이다.

사건 의존성(Gill & Pease, 1998)은 일반적으로 동일한 범죄자가 과거에 저질렀던 범죄의 피해자 또는 장소를 바탕으로 또 다른 범죄를 저지르는 상황과 연관된다. 과거의 성공적인 범행은 동일 대상에 대한 또 다른 범죄를 시도하도록 만든다. 이러한 상황에서는 새로운 범죄자가 다른 범죄자들과 정보를 공유하여 동일 대상에게 후속 범행을 저지르는 것이 가능해진다. 이러한 경우, 과거 범행 대상에 대한 구체적인 정보는 후속 범행의 핵심이 된다.

반복피해에 대한 정보는 잠재적 피해자 및 지역사회 기관들의 대응력을 개발하는 데에도 유용할 수 있다. 피스(1998)는 반복피해 연구에 근거하여 다음과 같은 3가지 결과를 제시하였다. 첫째, "피해자화는 피해자화를 예측할 수 있는 최상의 단일 척도이다." 둘째, "피해자화가 일단 발생하면, 그것은 매우 빨리 진행되는 경향을 갖는다." 셋째, "범죄자는 최초 범죄에 나타나는 기회를 이용한다."

이러한 결과들은 모든 피해자가 장래에 다시 피해를 입을 것이라는 것을 의미하지는 않는다. 그보다는 오히려 피해자는 그의 환경이나 생활양식(lifestyle)으로 인해 좀 더 피해를 당하기 쉽다는 것을 의미한다. 과거의 피해는 피해자들에게 어떠한 요소가 범죄를 발생시키기 쉽고 어떠한 행동이 장래 범죄에 대한 취약성을 약화시킬 수 있는지를 파악하는데

표 2-11 피해자 통계관련 인터넷 사이트

사법통계국(Bureau of Justice Statistics)	http://www.ojp.usdoj.gov/bjs/
FBI 범죄백서(FBI Uniform Crime Reports)	http://www.fbi.gov/ucr/ucr.htm#cius
범죄피해실(Office for Victims of Crime)	http://www.ojp.usdoj.gov/ovc
형사사법통계 자료집 (Sourcebook of Criminal Justice Statistics)	http://www.albany.edu/sourcebook/

사용될 수 있다. 사람들은 타인의 피해에 대한 지식을 타산지석으로 삼음으로써 피해에 주의할 수 있다. 그러나 불행히도, 많은 피해자들은 "피해를 다시 당하고 있다.(Lightening does strike twice!)"

반복피해에 대한 관심이 높아지고 있음에도 불구하고, 관심이 더욱 촉구되는 몇 가지 사안들이 있다. 그 중 가장 시급한 사안은 반복피해 행위의 범위를 파악하는 것이다. 반복피해에 대한 많은 증거들이 제시되고 있지만, 모든 범죄자들이 동일 장소나 동일 피해자를 대상으로 또 다른 범죄를 저지르지는 않는다. 후속적인 범죄행위가 반복피해를 야기하게 되었는가를 파악하는 것은 규명하기 어려운 작업이다. 모든 연구조사들은 문제의 범위에 대한 사후분석(after-the-fact)을 제공한다. 따라서, 과거 피해를 경험한 피해자들을 대상으로 한 개입들이 불필요한 수많은 노력을 야기할 수 있다. 그러나 한편으로는 그러한 특정 대상을 중심으로 한 개입이 한번도 피해를 당한 적이 없는 일반 대중들을 대상으로 한 개입보다는 더 효과적일 수 있다.

요약하기 SUMMARY

우리 사회에서는 얼마나 많은 범죄 피해가 발생하고 있을까? 이 장을 통해서 여러분들은 범죄학자나 피해자학자들도 여기에 대해 정확한 답변을 할 수 없다는 사실을 확인할 수 있을 것이다. 그러나 이들은 여러 가지 정보 자료들을 활용하여, 범죄피해의 성격과 범위를 어느 정도 추정할 수 있다.

그러나 범죄피해를 추정하기 위한 접근법이 무엇이든 간에, 측정시스템상의 문제점은 상존하기 마련이다. 이 장에서는 그러한 여러 가지 문제점들이 피해자 정보에 어떠한 영향을 미치는지, 그리고 어떻게 해야 그러한 문제를 최소화할 수 있는지에 대해 조명해 보았다. 여러분들이 살펴본 바와 같이, 피해자 조사는 일반 상품과 비슷하다. 유용한 최신 기술들을 이용하기 위해서는 사람들이 이러한 도구를 지속적으로 수리하고 갱신하고 개선시켜야 할 것이다.

제2장의 핵심 용어

- 정기 조사(bounding)
- 영국 범죄조사(BCS)
- 컴퓨터지원 전화인터뷰 방식(CATI)
- 암수범죄(dark figure of crime)
- 사건 의존성(event dependency)
- 정방향 기록 확인(forward record check)
- 회색지대 사건(gray-area events)
- 범죄다발지역(hot spots)
- 가구 응답자(household respondent)
- 사건 자료(incidence data)
- 지표 범죄(Index Offenses)
- 국제범죄피해자조사(ICVS)
- 기억 쇠퇴(memory decay)
- 이주자-체류자(mover-stayer) 문제
- 근접 반복피해(near repeat)
- 전국범죄조사(NCS)
- 전국범죄피해자조사(NCVS)
- 전국 범죄사건 보고시스템(NIBRS)
- 국립여론조사센터(NORC)조사
- 패널 설계(panel design)
- 1부 범죄(Part I Offenses)
- 2부 범죄(Part II Offenses)
- 대인 범죄(personal offenses)
- 발생 자료(prevalence data)
- 대물 범죄(property offenses)
- 반복 피해(repeat victimization)
- 역방향 기록 확인(reverse record check)
- 위험 이질성(risk heterogeneity)
- 탐색 질문(screen questions)
- 자기 응답자(self-respondent)
- 연속 피해(series victimizations)
- 살인 통계 보충판(SHR)
- 시간 단축(telescoping)
- 미국 범죄 백서(UCR)
- 가상 반복피해(virtual repeat)
- 피해자 조사(victimization survey)

3

재산범죄와 피해

Property Victimization

학습목표

본 3장을 읽고, 아래의 질문에 답해보시기 바랍니다.

- Part 1에 나타난 4가지 재산 범죄의 목록을 제시하라
- 강도를 정의하고 정의의 요소에 대한 논의하라
- 침입절도 피해의 범위와 요소를 논의해 보라
- 절도/도난의 정의는 무엇인가
- 절도/도난의 범위는 어디까지인가
- 절도 범죄가 미치는 경제적 피해를 설명하라
- 자동차 도난보다 차량 절도가 얼마나 더 포괄적인지 설명하시오
- 차량 절도의 범위와 영향을 논의하라
- 방화를 정의하고 그 범위를 논의하라
- 재산범죄의 유형과 범죄의 결과 논의하라
- 사기의 정의는 무엇인가
- 전통적인 사기의 수법을 정의하라
- 사기의 범위는 무엇인가
- 신원 도용을 정의하라
- 신원 도용의 방법과 왜 오늘날 신원 도용이 유행하는지 논의하라
- 신원 도용의 유형은 무엇이 있는가
- 신원 도용의 범위와 영향을 설명하라
- 대량 마케팅 사기는 무엇인지 답하라
- 미 법무부에 의해 명시된 대량 마케팅 사기의 세분류는 무엇인가
- 대량 마케팅 사기의 범위는 무엇인가

- 사이버 범죄와 그 다양한 유형을 정의해 보라
- 사이버 범죄의 범위, 피해자, 범죄자에 대해 알려진 것을 논의하라
- 피해자와 사회에 재산적 피해비용 대해 논의하라

서론 INTRODUCTION

범죄 또는 범죄피해를 논의할 때, 대부분 사람들의 마음에 떠오르는 첫 번째 이미지는 살인, 강간, 강도, 절도의 피해자 또는 일반적으로 경찰에 의해 처리되는 사건의 피해자 등일 것이다. 이는 정부에 의해 보고하는 연간 범죄 수치를 구성하는 사건들이며, 또한 우리를 즐겁게해주는 TV 쇼 및 영화의 소재가 되는 것들이다. 3장과 4장에서는 전형적으로 형사사법 시스템의 활동을 구성하는 범죄피해의 유형을 고찰해 볼 것이다. 이 장에서는 재산범죄를 검토한다. 구체적으로 범죄 분류 체계상 재산범죄 분류에 해당하는 4가지 범죄는 강도, 절도, 자동차 절도 그리고 방화를 말한다. 범죄 가해자 및 피해자의 수, 그리고 피해자와 사회에 미치는 범죄의 영향에 대한 구체적인 내용을 포함하여 이러한 범죄와 관련한 많은 내용을 담고 있다. 이러한 범죄 외에도, 이 장에서는 최근 증가하고 있는 사기, 신원도용, 대량 마케팅 사기 및 사이버에 대해서도 살펴보고 있다. 이어서 제 4 장에서는 살인, 폭행, 강도 등 개인적 범익에 대한 범죄를 살펴볼 것이다.

재산범죄 피해의 유형 TYPES OF PROTERTY VICTIMIZATION

사람들이 고통을 겪게 되는 재산 피해는 다양하게 나타날 수 있다. 어떤 사람은 책이나 마당의 휴식의자의 도난과 같은 절도사건에 작은 두려움이나 우려를 제기하는 경향이 있는 반면에, 어떤 사람은 피해 물품에 대해서 커다란 걱정과 두려움을 보이기도 한다. 사람이 있는 상황에서 가정집에 강도가 들었을 때를 연상하면 가장 적절한 예라고 볼 수 있을 것이다. 재산 피해의 어떤 유형은 실질적인 두려움은 작은 반면에 커다란 재정적 고난을 발생시키기도 하는데, 자동차 절도와 같은 사건이 그 예일 수 있다. 위와 같은 모든 범죄의 공통 분모는 피해자가 직면하게 되는 재정적 손실이다.

침입절도 Burglary

재산 범죄중에서 가장 걱정스러운 범죄는 아마도 침입절도일 것이다. 실제로, 2009년 한 여론조사에서 응한 사람중에서 절반은 빈집에 강도가 침입할 것을 우려했으며, 1/3은 집에 사람이 있을 때 강도가 들 경우에 대해 우려했다(Maguire, 2010). 이러한 우려 수준

은 성별과 인종을 불문하고 공통적이며, 이것은 사람들이 외부 세계의 위험에서 자유로울 것으로 기대하는 장소가 바로 집이라는 것을 감안하면, 이해하는데 도움이 된다. 침입절도 행위는 바로 사람들이 의지하는 안전하고 신성한 장소를 파괴하는 행위인 것이다.

침입절도는 드문 사건이 아니다. FBI의 UCR에 따르면, 2009년 거의 2,200,000건의 침입절도가 있었다. 이들 중 1,393,152은 사업장을 포함한 주거지에서 발생했다(FBI, 2010a). 또한 NCVS에서는 2008년에 약 3,200,000 주거 침입절도가 발생했다고 발표했다(Rand, 2009). 여기서 중요한 점은 피해사건 데이터가 전체 100만 건이 차이가나며, 주거 침입절도는 거의 두 배 가량 차이가 난다는 것이다.

범죄의 데이터를 살펴볼 때 범죄 발생율을 고려하는 것이 좋은 방법이 될 수 있다. 범죄 발생율은 특정 인구수 당 몇 건의 범죄가 발생했는지를 반영한다. FBI는 일반적으로 인구 1만명 당 범죄발생건수를 계산한다. 이와 대조적으로 NCVS는 인구 1000명당 또는 세대 당 발생건수를 제공한다. FBI(2010a)에 따르면 2009 UCR 침입절도발생 비율은 인구 100,000명당 726.9건이었다. 반면, NCVS에서는 100,000가구당 2,360건이 발생한 것이다. 불행하게도, 한 기관에서는 사람의 숫자에 의존하고 다른 기관에서는 세대의 숫자를 사용하기 때문에 이러한 수치를 비교할 방법이 없다. 두 경우 모두에서, 각각의 수치는 침입절도사건이 미국 사람의 상당수에게 실질적으로 영향을 끼쳤다는 것을 보여주고 있다.

도난의 발생시기는 일반인에게는 놀라운 사실이다. 대략, 모든 주거 침입절도의 약 3 분의 2가 낮 동안에 발생한다. 한편, 사업장에서의 침입절도는 낮과 밤에 균등하게 나눠져 있다(FBI, 2010a). 이에 대한 이유는 실제로 아주 간단하다. 그것은 대부분의 주택이 비어 있어서 잠재적인 범죄자에는 낮시간이 더 유리하다는 것이다. 그러나, 사업장에서는 낮 시간(종종 저녁시간에도)에는 고객과 직원들이 있어서 범죄에 덜 유리하므로, 범죄자가 사람들과의 접촉을 피하기 위해서는 더욱 늦은 시간에 침입을 해야 한다.

침입절도로 인한 직접적인 경제적 손실이 매우 크다. 2009 UCR에 따르면, 침입절도로 인한 피해액은 460억 달러에 달한다(FBI, 2010a). 이것은 단위당(10만명) 평균 2,096달러의 피해로 나타난다. 한편, 이러한 수치는 사업장 침입절도 유형을 포함한 것인 반면 NCVS는 주거 침입절도에 대한 자료만을 제공한다. 2007년의 피해 데이터 보고에서는 해당 가구의 83% 재정적 손실을 입었으며, 총 450억 달러이상의 손실이 집계되고, 거주 당 1천4백11달러의 평균 피해가 있다고 보고했다(Bureau of Justice Statistics, 2010). 해당 가구의 20%는 250달러에서 1,000달러 사이 피해를 입었다고 하며, 다른 26%의 가구에서는 1,000달러 이상의 피해를 입었다고 한다(Bureau of Justice Statistics, 2010). 이 수치는 침입절도라는 단일 범죄로 인한 엄청난 경제적 영향을 보여주고 있다.

절도/도난 Larceny/Theft

절도는 "불법적으로 다른 사람이나 집단의 소유물을 절취, 이동하거나 타고가는 것' 이라고 정의한다(FBI, 2010a). 이 정의는 어떤 장소(예: 마당이나 책상 등)에 방치된 소유물을 단순히 가져가는 것을 포함해서, 자동차 부품의 도난, 상점에서 절도, 심지어 다른 사람의 주머니나 지갑 따기 등 절도 행위의 넓은 범위를 포함하고 있다. 전반적으로 이러한 행위에서는 피해자와의 대면하지 않고 소유물을 절취한다. 이 범주에 적용되지 않는 재산 범죄에는 사기, 위조, 횡령 및 이와 유사한 행위 등이 있다. 대부분의 피해자들은 피해사실을 즉시 인식하지 못한다. 실제로, 피해자들은 소지품이 도난당한 것이 아니라 단지 분실했다고 여기기도 한다.

절도는 매우 흔한 범죄이다. FBI(2010a)에 따르면, 2009년도에 630만 건 이상의 절도가 있었고, 이는 재산범죄의 2/3에 해당한다(표 3-1 참조). 가장 일반적인 형태는 자동차 절도(36.3%)와 좀도둑질(18.1%)이다. 전체적인 발생비율을 보면, 10만 명당 2,061건의 절도사건이 발생한다. NCVS에서는 두 가지 절도 유형을 제시하는데, 개인절도(주머니 빼기, 소매치기 등)와 일반절도이다. 2008년에는 1,230만 건의 절도 중에서 13만 8천 건의 개인 절도가 발생했다(Rand, 2009). 다시 보면, 피해 수치는 경찰의 공식 자료보다 두 배나 많다. 피해 비율은 NCVS에서와 비슷하게 인구 10만 명당 50건의 개인절도(연령은 12세 이상)이며, 일반 절도는 10만 가구당 10,180건이다. 이 후자의 수치는 매년 10가구 중 하나 이상의 가구가 절도 피해를 당했다는 것을 보여준다.

도난의 영향 또한 상당히 크다. UCR에 의하면 절도의 평균 손실이 864달러이다(FBI, 2010a). 미국 인구에 따라 추정하면, 55억달러 이상이 2009년에 절도로 인해 손실된 것이

표 3-1 절도(2009)

Type	Frequency
소매치기	22,952
지갑 날치기	26,281
들치기	990,636
차량 절도	1,488,948
차량부품 절도	494,083
자전거 절도	83,028
건물 침입 절도	606,913
자판기 절도	22,482
기타	1,627,275
합계	5,462,598

출처: FBI (2010a). Crime in the United States 2009. Washington, DC: U.S. http://www.fbi.gov/ucr/cius2009/index.html.

다. NCVS는 손실에 대한 객관적인 통계를 제공한다.

2007년 자료에 따르면, 소매치기(지갑) 피해는 평균 523달러이며, 주머니 따기 피해액은 199달러이다. 두 가지의 손실을 종합하면 5,100만 달러에 달한다(Bureau of Justice Statistics, 2010). 절도 피해는 평균 403달러이며, 2007년 전체적으로 53억 달러에 달한다(Bureau of Justice Statistics, 2010). 절도/도난이 개인과 사회 중요한 경제적 영향을 끼친다는 것에 의심의 여지가 없다.

자동차 절도 Motor Vehicle Theft

대부분 사람들은 자동차를 타고 출퇴근 및 등하교, 쇼핑, 여가, 사회생활을 하기 때문에 자동차의 손실은 중대한 스트레스의 원천이 된다. 사람들이 개인 교통수단을 통하지 않고도, 일상 업무를 할 수 있는 교통 인프라를 갖추고 있는 도시는 소수이다. 출근길에 고장난 차는 많은 사람에게 큰 걱정을 초래한다. 도난으로 인한 차량의 손실 또한 마찬가지로 불안과 분노를 일으킨다.

FBI(2010a)에 따르면, 차량 절도는 "자동차의 절취행위 또는 그 시도를 포함하는 것을 말한다. 반면 대부분 사람들은 차에 대해서 생각할 때, 차량 절도에는 차량은 자동차, 트럭, 오토바이, 버스, SUV, 스노우모빌 등 지상에서 타고 다니는 다양한 탈 것을 포함하여 생각한다. 이 분류에서 다루지 않는 것에는 농장 기계, 보트, 비행기, 기차, 건설 장비 등이 있다.

많은 다른 범죄의 범주와는 달리, 자동차 절도 데이터는 공식자료와 피해자 제공자료가 매우 비슷하다. 2009년에는 FBI(2010a)에 따르면 794,616건의 자동차 절도가 발생했고, NCVS (Rand 2009)에 따르면 979,640건이 보고되었다. 자동차 절도의 발생비율은 인구 10만 명당 258.8건이며(UCR), 10만 세대당 660건이다(NCVS).

공식자료와 피해자 집계에서 보고된 자동차 도난의 높은 수준을 설명하는 것은 간단하고 쉽다. 차량은 대부분의 가구에서 중요한 지출을 차지하고 있으며, 따라서 대부분의 손실에 대해 보험을 가입한다. 어떤 경우에는, 보험이 의무적인데, 차량대금이 할부이거나, 해당 주(State)에서 일정 보험을 요구하는 경우 특히 그렇다. 대부분의 보험 정책은 보험금 지급전에 당국에 도난을 보고하도록 하고 있다. 위와 같은 사실은 공식 보고와 비공식 보고가 매우 비슷하게 되는 이유이다.

한편, 차량 절도의 실제 수치는 다른 재산 범죄만큼 높지는 않지만, 재정적인 영향은 매우 크다. 차량 절도로 인한 평균 손실은 2009년에 6,505달러 이상이었다. 국가적으로는 전체 52억 달러 이상의 손실이다(FBI, 2009). 절도/도난 피해액의 약 4분의 3은 차량사건이다. 피해자에 의한 자료에서도 마찬가지로 건당 6,286달러의 평균 손실과 총 국내 61억 달러의 손실로 염려되는 수치를 제시한다(Bureau of Justice Statistics, 2010)

표 3-2 방화 범죄

피해 재산	건수	비율	제외 비율	평균 손실($)
단독 주거	10,859	21.1	17.6	31,000
기타 주거	3,621	7.1	13.4	30,442
창고	1,525	3.0	20.4	29,885
산업/공업시설	209	0.4	23.9	93,287
기타 상가	2,009	3.2	16.1	78,249
공공 건물	2,481	4.8	16.6	26,313
기타 구조물	2,155	4.2	19.6	10,512
차량	13,846	26.9		7,292
차량 기타	731	1.4		15,709
그외 기타	13,945	27.1		1,791
합계	51,389	100.0		17,411

출처: FBI (2010a). Crime in the United States 2009. Washington, DC: U.S. http://www.fbi.gov/ucr/cius2009/index.html.

방화 Arson

UCR 제1부 재산 범죄의 마지막은 방화이다. FBI(2010a)에 따르면, 방화는 "사취여부와 관계없이 어떠한 고의 또는 악의를 가지고 주거, 공공건물, 자동차 또는 항공기, 타인의 소유물 등에 불을 지르거나 불을 지르려고 시도하는 것"을 말한다. 다른 범죄 분류와는 달리, UCR은 경찰에서 보고되는 사례의 다양성으로 인해서, 따로 방화의 범위를 설정하고 있지 않다. 게다가 방화는 피해자 설문 조사에서도 대개 진술되지 않는다.

표 3-2는 UCR에서 보고된 방화 사건에 대한 자료이다. 거의 59,000건의 방화 사건이 15,000개의 법 집행 기관에 의해 2009년에 보고되었다(FBI, 2010a). 50% 미만은 구조물이었고, 1/4 이상은 차량방화의 유형이었다. 구조의 측면에서, 약 83%의 사건이 범죄와 함께 발생했다. 경제적 손실에 대한 우려는 방화에서도 마찬가지이다. 2009년, 건당 평균 17,411달러의 손해가 발생하였다. 피해액은 개인 소유물의 경우 1,791달러에서부터, 산업시설 화재의 경우 93,287달러에 이르기 까지 다양하다. 전체적으로는 방화로 인해 총 8억 9천 5백만 달러의 손실이 발생했다.

재산범죄의 동향 TRENDS IN PROPERTY CRIME

제2장에서 UCR과 NCVS 모두 시간이 지남에 따라 피해자에 대해서도 검사를 허용한다는 사실을 논의했다. 1989년부터 2008년(방화가 데이터에 결함으로 제외)에 미국내 재산범죄 발생율을 그림 3-1에서 그래프로 보여주고 있다. 이러한 수치에서, 침입절도는

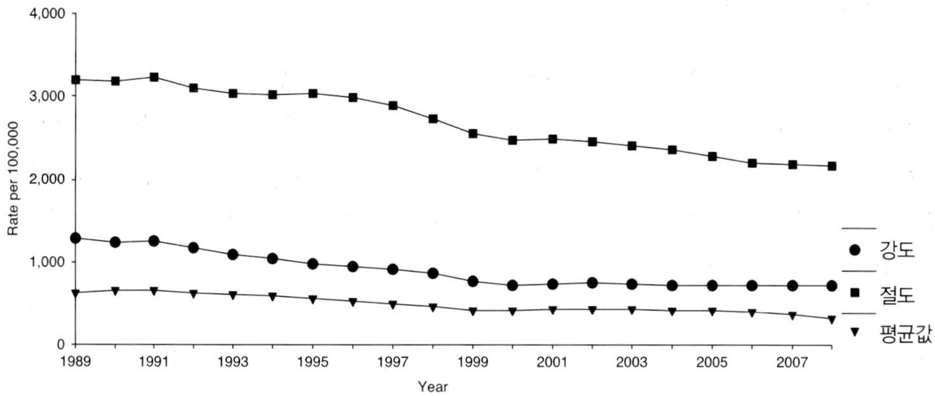

그림 3-1 재산 범죄 발생 비율, UCR, (1989-2008)

출처: Constructed by authors from UCR data.

1989년부터 상당히 지속적인 감소를 보여주고 있다. 절도 및 자동차 절도는 급격하지는 않지만, 최근들어 감소하는 경향을 보여주고 있다.

NCVS 현재 수년 동안의 피해자 데이터를 수집하고 있다. 이 연구는 범죄동향에 대한 검사도 포함하고 있다. 그림 3-2은 1992년 NCVS 재설계 이후 재산 피해 발생율을 그래프로 나타내고 있다. 얼핏봐도 절도의 수치는 크게 감소하는데, 침입절도 및 차량절도에서만 경미한 감소를 하고 있다. 이러한 패턴은 UCR 범죄발생율에 대한 시험에서 파생된 결론과 일치하는 것이다

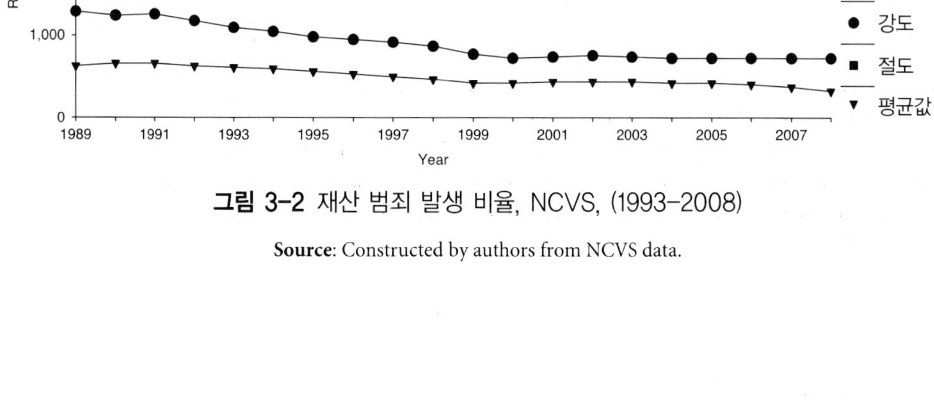

그림 3-2 재산 범죄 발생 비율, NCVS, (1993-2008)

Source: Constructed by authors from NCVS data.

재산 범죄 지수의 결과 THE CONSEQUENCES OF INDEX PROPERTY CRIME

제2장에서 언급한 바와 같이, NCVS에서는 경찰의 공식 보고서에 사용할 수 없는 풍부한 데이터를 제공하고 있다. 이 자료 중에서도 핵심은 범죄 피해의 영향에 대한 자료이다. 2008 국가 범죄 피해 조사는 피해자의 범죄피해 비용에 대해 많은 자료를 제공한다(표 3-3참조). 2008년 재산범죄 피해와 관련하여 총 160억 달러이상의 엄청난 손실이 발생했다(Bureau of Justice Statistics, 2010)

대량의 손실이 차량절도에서 비롯되었고, 주거절도와 주거침입절도가 뒤를 잇고 있다. 이러한 재정적 피해에서 파급되는 것이 직장에서의 시간적인 손실이다. 이와 관련하여 모든 재산범죄 피해자의 6%는 결근을 했고, 약 11%는 일주일 이상, 5%는 2주 이상을 손실했다고 보고했다(Bureau of Justice Statistics, 2010). 물론, 범죄 피해자가 직장에 복귀했을 때 노동력 생산성의 손실에 미치는 영향은 측정하기 어렵거나 불가능한 부분이다.

표 3-3 범죄피해로 인한 피해 유형

죄종별	경제적 손실율 (%)	총 피해액 (단위: 백만 $)	평균 피해금액$	피해액 중간값($)	100$ 이하 피해(%)	100-499$ 피해(%)	500$ 이상 피해(%)	시간적 피해율($)	1일 이하(%)	1-10일 (%)	10일 이상(%)
주거침입 강도	83.0	$4,536	$1,411	$220	14.4	32.0	41.1	7.1	28.6	64.8	4.5
차량 절도	92.3	$6,158	$6,286	$2,500	0.5	3.2	78.3	21.5	22.1	69.2	5.8
주거침입 절도	97.2	$5,362	$403	$100	33.7	35.2	14.1	4.8	42.8	48.6	4.9

출처: Constructed by authors from Bureau of Justice Statistics (2010).

표 3-4 1987-1990년 범죄로 인한 여간 손실 금액[a] (단위: 백만)

범죄유형	의료손실	기타 유형재산[b]	삶의 질	합계
방화	$160	$2,500	$2,400	$5,000
절도(미수)	$150	$9,000	$0	$9,000
강도(미수)	$30	$7,000	$1,800	$9,000
차량절도(미수)	$9	$6,300	$500	$7,000
합계	$349	$24,800	$2,910	$30,000

[a] Totals may appear not to add up due to rounding.

[b] Other tangible items include Property Damage and Loss, Mental Health Care, Police and Fire Services, Victim Services, and Productivity. Source: Adapted from Miller, T. R., Cohen, M. A., & Wiersema, B. (1996). Victim Costs and Consequences: A New Look. Washington, DC: National Institute of Justice, p. 17.

밀러와 그의 동료들은(1996) 범죄 피해의 비용과 결과의 전체적인 그림을 얻기 위해, NCVS를 포함한 다양한 데이터를 결합하였다. 그들은 피해자의 경험에 의해 추출된 기다란 비용 목록을 편집하기 시작했다. 표 3-4에서 보여주는 바와 같이, 단지 침입절도, 절도, 자동차 절도와 방화로 인한 연간 손실이 1987년부터 1990년까지 기간 동안 3억4천9백만 달러에 달했다. 이러한 비용은 의료 비용 및 재산 손실뿐만 아니라, 시간 손실, 정신 건강 및 형사사법 시스템 비용으로 인한 손실을 포함하고 있다.

매번 범죄 사건에서 완벽한 정보를 수집할 수 있다면 이러한 금전적 추정치는 상당히 상승할 것이다. 동시에, 우리는 이러한 수치는 범죄의 일부만을 참조한 걸 지각해야 한다. 좀더 포괄적인 평가에 도달하기 위해서 기타 위법행위(탈세, 화이트 칼라 범죄, 기업 범죄 등)가 고려되어야 한다. 이제부터는 피해자 및 사회에 폐를 끼치는 세가지 재산범죄의 유형으로 사기, 신원 도용 및 사이버 범죄를 살펴보겠다.

기타 경제 범죄 OTHER ECONOMIC CRIMES

지금까지 논의한 재산 범죄는 흔히 '노상 범죄'의 표제에 해당하는 것으로 간주된다. 이는 연간 많은 피해자들이 직면하고 있는 일반적인 사건이다. 그렇다고 피해자들에게 있어서 이들이 덜 중요한 문제라는 것은 아니다. 이러한 범죄 행위유형에서 누락된 것은 더 미묘하고도 종종 은밀한 방법을 통해 피해자를 공격하는 경제범죄가 증가하고 있다는 것이다.

이러한 경제범죄는 일부 전통적인 재산 범죄의 흔적인 반면, 새로운 전자 기술을 이용하여 피해를 일으키고 있다. 이러한 범죄에 대한 일반적인 기초는 사기종류이다. 사기를 다른 재산범죄로부터 분류하는 것은 활동에 관련된 비밀과 속임수이다. 종종 피해자는 피해를 입은 사실을 즉각 알아차리지 못한다. 사기는 새로운 범죄 분류와는 거리가 멀고, UCR에서는 PART 2의 범죄에 해당하고 있다. 오늘날에 있어서 차이점이라면, 사기를 실행하는 방법에 있다. 이 섹션에서는 사기, 신원 도용, 대량 마케팅 사기, 그리고 기업에 대한 사이버 범죄를 살펴보겠다.

보통 사기 Traditional Fraud

사기는(범죄피해국, 1998) 존재하지 않거나, 제공할 의지가 없거나, 잘못 전해진 상품, 서비스, 금융 혜택의 제공을 약속하고 약속을 기만하는 행위와 그 시도라고 정의된다. 이 정의의 핵심 구성 요소는 범죄의 완성에 속임수를 사용하는 것이다. 종종 피해자는 뭔가를 제공받거나, 매력적인 수익을 약속하는 무언가에 참여하도록 초대 되었으나, 정보 또는 비용을 수익에 앞서 제공해야 한다. 불행히도 피해자는 결코 약속된 수익을 실현하지 못하고, 처음에 제공했던 것을 손실하게 된다.

보통 사기가 실시되는 방법은 매우 다양하다. 사기의 일반적인 유형은 다음과 같다.

- 집수리 사기: 피해자는 초기 계약금 또는 "자재"에 대한 "선금"을 요구하지만, 가해자는 대개 작업을 완료하지 못함. 노인을 대상으로 종종 발생함.
- 수리 핑계 사기: 집수리 사기와 마찬가지로, 처음부터 수리가 필요하지 않았거나, 수리가 완료되지도 않았음에도 대금을 요구
- 보험 사기: 약속한 의료 또는 생명보험의 내용을 제공하지 않음
- 수상 사기: 피해자는 콘테스트에서 우승하여 수상을 하지만, 그 과정에 대한 대가를 지불해야 함. 또는 경연 및 수상이 아예 존재하지 않거나 지불한 대가가 수상의 가치보다 훨씬 더 큼
- 회원 사기: 개인이 존재하지 않거나, 판매 후 폐기되는 클럽이나 비즈니스에 회원권을 구매하는 것(때로는 평생 회원)
- 금융 또는 투자 사기: 재정 고문이 피해자의 손실로 이어지는 허위 정보를 제공, 대출 수수료가 필요하며 일단 대금을 지급했으나 회수되지 않음
- 자선 사기: 범죄자는 자선의 명목으로 자금을 요구하지만, 자선자체가 없거나, 자선단체에 기금을 넘겨주지 않음
- 900 번호 전화 사기: 피해자에게 전화를 걸도록 유도하여 비정상적인 전화요금을 청구함. 피해자는 일반 전화번호로 접속하여 다른 사람과 통화를 하는 것에 동의를 하지만, 사실 프리미엄 전화선으로 전환된다는 것을 알지 못함. 위에 나열된 바 이외에도 다양한 사기의 다른 형태가 있다. 이러한 사기피해를 당하고도 피해자는 당일에는 물론, 일주일, 심지어 한 달이 지나도록 모를때도 있다. 사기의 범위를 한정짓는 것은 매우 어렵다. 이것은 주로 사기행태 초반의 은밀함 때문이다. 사기에 대한 정보가 부족한 이유는 피해자가 범죄피해를 밝히는 것을 꺼리기 때문인데, 피해자가 느끼는 수치심은 상당한 것으로 보인다. 실질적으로 UCR에서는 사기에 대한 체계적인 자료를 수집조차 하지 못했다. UCR이 제공하는 자료는 사기범죄 체포자의 수치인데, 2009년도에 총 210,255명이 체포되었다. 이는 67.6%의 체포율에 해당한다(FBI, 2010a). 범죄 피해자 대책국(The Office for Victims of Crime, 1998)에서는 사기피해자의 대략 85%는 경찰에 신고를 하지 않는 것으로 추정한다. 이 외에 사기에 대한 다른 공식 자료는 없으며, 피해자 조사에 대한 설문에서 일반적으로 이러한 유

형의 질문은 포함이 되지 않고 있다. 설문 조사 방법을 사용하여 사기의 범위를 측정하기 위해 시도된 설문조사방법 중에 1991년에 시행되어 1995년에 출간된 자료가 있다. 티투스와 그 동료(1995)는 1246세대를 대상으로 전국 전화 설문 조사를 실시했다. 응답자들에게 22가지 유형의 사기피해에 대한 경험을 답하도록 하였던 바, 그 결과 응답자 의 58%가 적어도 한번 이상 사기피해를 당해 본적이 있다고 응답했다. 대략 1/3에 해당하는 사기범죄가 지난해에 발생했으며, 이러한 사건의 48%는 사기가 성공했다. 가장 일반적이고, 성공적인 사기 유형은 수리 관련 사기, 900번 전화사기, 기부사기 그리고 보증사기인 것으로 나타났다(Titus 외, 1995)

신원(도용)사기 Identity Theft

신원 사기라는 용어는 등장한지 얼마 안되었지만, 오늘날 현대 사회에서는 일반적인 용어가 되었다. 맥낼리와 뉴먼(2008)은 1980년대 후반에 발표된 신문 기사에서 용어의 근원을 찾는다. 신원사기에 대해 단일하게 정의 된 바는 없으며, 1998년에 '연방 신원 절도 및 방지에 관한법률'이 통과하기 전까지는 법적으로도 정의되지 않았었다. 위 법률 이후 허위문서의 생산과 사용 등부터 시작하여 상대적으로 광의의 정의를 갖기 되었다. 좀더, 일반적이고 간결한 정의는 개개인의 정보가 사기행각을 용이하게 하기 위해서 다른 사람에 의해서 사용되는 것(McNally & Newman, 2008)이라고 한다.

다른 사람의 ID를 도용하는데 필요한 정보는 다양한 방법으로 구할 수 있다. 뉴먼은 공공 기록, 상거래 자료, 취업/학업 기록, 가족 기록을 크게 4가지 정보의 원천으로 제시한다

표 3-5 미국 연방 신원도용방지에 관한 법

미국법전 Title 18, Section 1028 에서는 신원도용에 대해 다음과 같이 정의하고 있다

1. 고의로 권한없이 신분증(서)를 만들거나 가짜 신분증(서)을 만드는 행위
2. 도난당한 것이라거나 불법제작된 신분증(서)임을 알면서 이전하는 행위
3. 다섯 개 이상의 신분증(서)를 불법하게 사용하거나 이전하기 위해 소지한 경우
4. 당국을 속이기 위한 목적으로 가짜 신분증(서)이나 추가 신분증을 소지한 경우
5. 가짜 신분증(서)등의 제작을 위해 신분증(서)을 고의로 제작, 이전 및 소유
6. 도난당했거나 불법제작된 신분증(서)임을 알면서 소지한 경우
7. 미 연방이나 주법에 위배되는 불법을 행하기 위해 다른 사람의 신분증(서)를 불법적으로 이용하거나 이전한 경우

출처: Title 18 United States Code, Section 1028.

(2008). 다양한 자료들이 이들 원천으로부터 구할 수 있다. 이러한 자료에는 출생 증명서, 사망 증명서, 사회보장번호, 여권, 신용카드, 외상매출계정, 혼인 증명서, 학교 기록, 공공요금 고지서, 전화번호부 및 주소록, 세금 기록 등이 있다. 이러한 항목들은 모두 사기꾼들에 의해서 가짜 명의 또는 계좌로 사용될 수 있다.

주요 문제점은 잠재적인 범죄자들이 다른 사람의 ID를 도용하기 위해 이러한 기록 및 문서에 접근하는 방법이다. 인터넷의 발달로 접근방법이 전자적인 영역으로 이동하였음에도 불구하고, 위의 방법은 다양하다. 단순하게 사용되어 왔던 방법으로는 주소, 계좌번호, 개인정보 그리고 개인의 신상에 대해 접근하는데 유용한 다양한 항목을 포함하고 있는 메일함을 훔치는 방법이다. 다른 고전적인 수법으로는 지갑, 손가방, 여권들을 절취하여 정보를 도용하는 방법이 있다. 이 외에 가해자가 합법적으로 제공되는 개인의 정보를 복사하거나, 나중에 개인정보를 다시 사용하는 수법이 있다. 많은 경우에 정보 도난은 피해자가 아는 사람에 의해서 자행되고 있다.

오늘날, 신원 도용은 인터넷 및 전자 기록과 밀접한 관련이 있다. 종이가 없는 사회 및 컴퓨터에 정보를 저장하는 사회로 이동하면서, 사기꾼은 더 이상 물리적인 수단으로 기록에 접근할 필요가 없다. 대신에 이들은 인터넷을 통해 합법적으로 접근할 수 있음을 물론, 컴퓨터를 해킹하여 불법적으로도 접근을 할 수 있다.

피싱은 사기꾼이 합법적인 일을 가장하여 피해자에게 자신의 정보를 제공할 것을 요구함으로써 전자적으로 정보를 획득하는 또 다른 방법이다. 이러한 수법은 바로 이웃에서 뿐 아니라 전 세계적으로 사용된다. 2006년에 성인 5,000명을 대상으로 실시된 국가조사 결

표 3-6 개인정보가 도난되는 방법

정보가 도용되는 방법	비율(%)
절취자를 알고 있음	16
구매 또는 거래 행위	7
지갑절취	5
회사정보	5
메일	2
컴퓨터 해킹	1
피싱사기	1
기타 다른 방법	7
모른다	56

출처: Constructed by authors from Synovate (2007). Federal Trade Commission-2006 Identity Theft Survey Report. McLean, VA: Synovate.

과에 따르면, 대부분의 피해자는 심지어 그들이 피해를 당한 사실조차 알지 못했고, 56%는 어떻게 당했는지 또한 알지 못했다(Synovate, 2007). 16%만이 가해자가 누군지 알고 있었고, 7%는 신원 절도가 과거의 구매내역 또는 금융거래 때문이라고 지적했다(표 3-6).

신원 도용은 다양한 방법으로 이뤄진다. NCVS에서는 2004년 이후 신원 도용에 대한 질문을 포함했다(Baum, 2007). 연방 통상위원회(FTC)는 2003년 이후 신원 도용에 대한 공공조사를 하여왔다(Synovate, 2007). NCVS에 따르면, 2007년도에 790만 가구에서 신원 도용의 피해를 입었다(표 3-7). FTC의 조사는 가구가 아닌 개인조사에 기반하고 있으며, 2005년도에 830만 명으로 피해자를 집계하고 있다(Synovate, 2007). 기존 신용카드 및 계좌를 이용한 절도는 가장 일반적인 신원 도용의 형태이다. 새로운 계좌의 발급이나 개인정보의 절취 또한 신원 절도의 주요 유형이다. 두 개의 자료에서 나타나는 수치의 차이는 사건을 계산하는 방법이나, 분석 단위 등 설문의 설계에 기인한다.

신원 도용은 그 외에도 많은 정보를 누설한다. FTC의 자료는 현재 신원 도용과 관련하여 개설된 계좌의 61%는 신용 카드 계좌라고 밝히고 있으며, 33%는 당좌 및 저축 계좌, 11%는 전화 계좌, 5%의 인터넷 지급계좌라고 밝히고 있다(Synovate, 2007).

NCVS는 신원 도용 피해자의 대부분이 75,000달러 이상의 수입을 가진 가구라고 밝히고 있다(Langton & Baum, 2010). NCVS 자료는 또한 범죄의 유형이 2003년도에 첫 설문이 있은 뒤에 증가하였음을 보여준다. 많은 피해자들은 사건 발생 후 오랜 시간 동안 도난 피해가 발생한 것을 알지 못한다. 피해자가 대부분 도난을 발견하게 되는 경위로는 계좌에서 자금이 분실된 것을 지각하거나 의심스러운 청구서가 발행된 것을 발견(30.8%)했을

표 3-7 신원절도의 유형과 건수

	NCVS	FTC
발급된 신용카드	3,894,300	3,200,000
기타 현존 은행계좌	1,917,000	3,300,000
개인 정보	1,031,200	–
복합 정보	1,086,100	–
신규 계좌 및 기타	–	1,800,000
합계	7,928,500	8,300,000

출처: Constructed by authors from Langton, L., & Baum, K. (2010). Identity Theft Reported by Households, 2007—Statistical Tables. Washington, DC: Bureau of Justice Statistics; and Synovate (2007). Federal Trade Commission?2006 Identity Theft Survey Report. McLean, VA: Synovate.

때, 미지급된 청구로 인해 연락을 받을 때(20.6%), 은행 업무에 문제점이 생길 때(13.1%) 등이다(Baum, 2007).

다른 재산 범죄와 마찬가지로 신원 도용은 여러 면에서 피해자에게 영향을 미친다. 개인과 사회에 있어서 직접적인 영향은 범죄의 비용이다. NCVS는 개인에 대한 평균손실은 1,830달러라고 한다(Langton & Baum, 2010). 연방회계감사원(GAO)은 마스터카드 및 비자카드 사기로 인한 손실은 2000년도에 10억 달러 이상이고, 현금사기로 인한 직접적 손실은 6조7천9백억 달러 이상이라고 밝혔다(2002).

실제 달러 손실 외에도, 피해자는 문제를 해결하기 위해 상당한 시간적 손실을 겪게 되는데, 18%의 가구는 현재도 피해가 진행중이며, 17.2%는 문제를 해결하기 위해 한 달 이상이 소요되었고, 9.6%의 가구는 일주일에서 한 달 간의 해결시간이 필요하다고 한다(Baum, 2007). 피해자가 이외에도 많은 다른 문제를 겪게 된다. FTC 조사 보고서에 따르면, 피해자는 수금원에게 시달리고, 카드 발급과 대출이 거절되며, 계좌 동결이 되고, 보험에도 문제가 생기며, 범죄 수사 또는 민사 소송(Synovate, 2007)을 받게 될 수도 있다.

대량 마케팅 사기 Mass-Marketing Fraud

최근에는 사기 대량 마케팅 기법의 사용을 통해 사기의 범주가 크게 확장되었다. FBI(2010, a)는 대량 마케팅 사기를 다음과 같이 정의한다.

> 사기는 전화, 인터넷, 대량 메일링, 텔레비전, 라디오 그리고 개별적 접촉과 같은 대량 광고 기법을 사용하여 다중의 피해자로부터 금품, 예금, 기타 가치있는 재산을 사취해 가는 것을 말한다.

미 사법부에서는 대량 마케팅 사기를 크게 두 가지로 분류하는데, 첫째는 다수의 피해자로부터 상대적으로 소액을 사취하기 위한 기법이다. 이 경우에는 피해자들 각각에게서 매우 작은 금액을 편취하게 된다. 두 번째 유형은 소수의 피해자를 대상으로 최대의 이익을 취하는 방법이며, 주로 부자들을 대상으로 하게 된다.

사기범죄의 특이점은 범죄가가 전 세계의 피해자들을 대상으로 범죄를 저지를 수가 있다는 점이다. 메일, 전화, 인터넷 그리고 매스 미디어는 물리적, 상징적인 경계를 허물어 뜨린다. 한편, 다양한 대량 마케팅 사기의 기법이 있지만 접근 방식에서 몇 가지 공통점이 있다. 첫째는, 지리적으로 넓은 지역(보통 전 세계적임)에 걸쳐 잠재적인 피해자들에게 닿을 수 있는 매스 미디어 방식을 다용한다는 점이다. 두 번째 공통점은 서비스나 혜택을 제공한다는 명목하에, 피해자들이 자신의 자산을 스스로 제공하거나, 자산에 접근할 수 있는 권한을 제공하도록 설득하는 시도이다. 이러한 기법들은 앞서 신원 도용에서 살펴본 것과 매우 유사하다고 볼 수 있다.

미 사법부에서는 대량 마케팅 사기를 크게 표3-8에서와 같이 크게 3가지 기법 11종류로 구별하고 있다. 사전 대금 사취 기법(advance fee fraud scheme)은 모두 피해자들에게 이익이 되는 매혹적인 물품이나 서비스에 대한 제공을 약속하여 피해자들이 대금을 미리 지급하도록 한다는 점이 공통적이다. 그리고 피해자들은 약속 받은 물품이나 서비스를 제공받지 못하거나, 매우 열악한 품질을 제공받는 피해를 입게 된다. 은행 및 금융계좌를 이용한 수법은 범죄자가 피해자의 예금이나 자산에 접근할 수 있는 피해자의 개인정보 및 금융정보를 유출하도록 하는 방법이다. 이러한 수법은 인터넷이나 전화와 같은 전자매체를 통한 접촉을 이용한다. 마지막으로 투자 기회 사기 기법(investment opportunities schemes)은 주식 또는 유가증권을 조작하여 가격이 오르거나 내리게 하는 수법을 사용한다. 범죄자는 가격 변동에 대한 정보가 거짓임을 알고 있기 때문에, 거짓 정보에 반응하는 피해자들의 지출행위를 이용하여 진정한 가격에 매수, 매도를 함으로써 이익을 취할 수 있다. 대량 시장 사기 계획의 범위를 계측하는 것은 쉽지 않다. 이와 관련한 3가지의 주요 이유는 범죄자에 대한 결정적인 데이터의 부족에 기인한다. 첫째, 이러한 범죄의 대부분이 상대적으로 새로운 유형의 범죄이므로, 공공 및 형사사법 시스템이 이들을 모두 파악하고 따라잡기에도 급급한 실정이다. 둘째, 대량 마케팅 범죄에 대한 정보를 수집하고 전파하는 체계적인 방법의 부재이다. FBI 및 다른 기관들이 이러한 데이터를 수집하기 위해 노력하고 있지만, 작업의 초기 단계에 머물고 있다. 셋째, 많은 사람들이 자신들이 피해를 당했는지도 모르고 있고, 또한 당황과 수치로 인해 당국에 신고를 하지 않기 때문이다. 하지만, 이러한 실정에도 불구하고, 우리는 대량 마케팅 사기의 범위와 영향에 대한 정보들을 꾸준히 수집하고 있다.

유용한 정보의 대부분은 피해자 조사 또는 피해자가 제기한 불만사항을 통해 알 수 있다. 영국 공정무역거래소(2006)에서는 설문 응답자의 거의 절반이 사기꾼들에 의해서 어떤 식으로든 접촉된 적이 있다고 한다. 이들 중 8%는 사기 범죄의 피해자가 된 적이 있다

표 3-8 대량 마케팅 사기의 유형

사전 대금 편취 사기
● 경매와 소매 수법: 높은 가치의 물품 제공에 대하여 피해자에게 사전 대금 청구한 후, 물품 미지급이나 저급한 물품을 보내는 수법임
● 온라인 사업 기회(재택사업 기회)제공 사기: 피해자들이 돈을 많이 벌 수 있는 기회를 부여받거나 참가하기 위해서 먼저, 물품이나 정보를 구매해야 함.
● 신용 카드이자 할인 사기: 선불 요금을 대가로 신용 카드 채무를 낮게 해주는 수법
● 상속 사기: 피해자는 유산의 상속인으로 지명되었다는 말과 함께, 상속이 되기 전에 요금 및 세금을 사전에 지불해야 한다고 요구받음.

(계속)

표 3-8 대량 마케팅 사기의 유형 (계속)

- 복권/수상/경품 사기: 피해자 수상자로 지명되었으므로, 상을 받기 전에 비용이나 세금을 내야 한다고 요구 받음
- 온라인 판매 사기: 물품의 구매자는 판매 가격보다 더 많은 지급을 하게 되고, 초과분은 판매자에게 돌려달라고 요청함
- "로맨스"사기: 피해자가 가해자에게 돈이나, 귀중품을 주게 되는 온라인 사기

은행 및 금융 계좌 사기

- 피싱: 피해자의 개인 및 금융 데이터를 공개되도록 유인하는 이메일이나 웹사이트를 이용
- 비싱(Vishing): 전화만 사용하며 피싱과 유사

투자 기회 사기

- 펌프 앤 덤프(Pump-and-Dump) 수법: 가해자가 헐값인 자신의 소유를 처분하기 위해 거짓으로 주가가치를 구축함
- 단기 판매(스캘핑) 수법: 주가를 하락시키기 위해서 거짓 정보를 제공한다는 점에서 펌프 앤 덤프와 비슷함.

출처: 미 법무부(2010) 제공, 대량 마케팅 사기. http://www.justice.gov/criminal/fraud/internet/.

고 한다. 조사 보고서는 이상 320만명(영국 성인 인구의 6.5%)이 매년 피해를 입고 있다고 추정하고 있다.

미국 연방 무역위원회 조사에 따르면, 미국 성인 인구의 13.5%가 2005년도에 사기피해를 당한 적이 있다고 한다(Anderson, 2007). 인터넷 범죄 신고 센터에서 제공하는 또 다른 자료에 따르면, 2009년도에 이 센터는 336,655건의 불만신고를 받았다고 한다(Internet Crime Complaint Center, 2010). 이는 2008년도에 비해 6만 건이 증가한 것으로 22%의 증가율에 달한다. 한편, 이러한 수치는 조사 자료에 비해서 매우 작게 나타난 것이라고 보이지만, 다른 기관은 배제하고 정부에 보고된 사건에 한정된 자료라는 점이 중요하다.

피해건수에 대한 조사와 마찬가지로, 대량 마케팅 사기가 미치는 재정적인 영향을 추정하는 것 또한 매우 어려운 일이다. 영국에서의 조사에 따르면, 연간 540억 달러 이상의 손실이 발생한다고 한다(U.K. Office of Fair Trading, 2006). 불행히도, 미국 연방 통상 위원회에서 제공하는 자료에는 달러 손실을 제공하지 않지만, FBI(2010,a)에서는 연간 미국 성인의 손실금액이 230억 달러에서 250억 달러에 달한 것이라고 추산했다. 위의 모든 수치는 범죄 자체에 기인한 직접적인 손실액만 반영한 것이며, 사건 처리에 따른 시간적 손실, 안전감의 훼손이나 기타 무형의 손실을 반영하지 않은 자료이다.

기업 사이버 범죄 Cybercrime Against Business

사이버 범죄는 "컴퓨터 또는 컴퓨터 네트워크를 범죄의 도구, 장소, 대상으로 활용하여 발생하는 범죄"로 정의할 수 있다(Newman, 2010). 지난 20년간 인터넷의 성장은 범죄자가 새롭고 다양한 범죄피해를 발생시키는데 기여했다. 더 이상은 범죄를 저지하기 위해 피해자에게 지리적으로 인접하게 될 필요가 없게 되었다. 이 장에서 논의된 사기의 몇몇 유형 또한 컴퓨터 및 인터넷 기술을 사용하고 있다. 뉴먼은 사이버범죄를 컴퓨터 시스템의 해킹, 개인 정보 보호 위반, 신원 도용, 피싱, 정보 도용, 서비스 거부, 바이러스 공격 등 7가지 유형으로 분류했다. 아동 포르노 또는 기타 성적 행위 등의 기형적인 활동에 인터넷을 활용하는 범죄는 이 목록에서 빠져있다. 위의 범죄 행위들은 어떤 경우에는 금전적인 이익을 취하기 위해 발생하기도 하고, 때로는 단순히 피해자의 활동을 방해하기 위한 목적에서 발생하기도 한다.

이 장의 초반에서 컴퓨터와 인터넷을 통한 사기와 절도에 대한 여러 유형을 살펴보았으며, 이번에는 기업에 대한 사이버 범죄에 초점을 두고 검토하기로 한다. 개인과 가정만이 사기와 절도의 피해자가 되는 것은 아니다. 기업 또한 다양한 재산 범죄의 주요 대상이 되며, 컴퓨터와 인터넷의 발달은 사업을 개척하는 새로운 통로를 열어주었다. 컴퓨터 범죄의 잠재적인 위협을 인식한 미 법무부 및 국토 안보부에서는 2005년도에 국가 컴퓨터 보안 설문을 실시하였다(Rantala, 2008). 세 가지 유형의 사이버 범죄가 설문에서 제시되었는데, 이는 사이버 공격(컴퓨터 바이러스, 서비스 거부, 데이터 파괴), 사이버 절도(사이버 머니 절도, 횡령, 지적 재산의 절취, 사기, 데이터 절취), 기타(애드웨어, 스파이웨어, 해킹, 피싱 등)으로 분류된다.

2005년 설문 조사에서 전체, 7,818개의 기업 가운데 3분의 2가 사이버 공격의 피해를 당했다고 응답했다(Rantala, 2008). 사이버 공격은 약 60%인 반면, 사이버 절도는 11%가 응답 되었으며, 4분의 1가량은 기타 다른 유형의 사이버 피해를 입었다고 응답했다. 가장 일반적인 사이버 공격의 유형은 바이러스 감염이었으며, 대부분의 기업들이 한 번이상 피해를 당했다. 전체적으로 2200만건의 사이버 범죄가 설문조사를 통해 밝혀졌고, 이 중에서 4분의 3은 인터넷과 관련이 있었다(Rantala, 2008).

기업에서 사이버 범죄가 미치는 경제적 영향은 적지 않다. 총 5,081건의 기업 피해사건에서 총 8억6천7백만 달러가 손실되었다. 이것은 기업당 평균 17만 6백 36달러의 손실에 해당한다. 물론, 모든 피해자는 손실이 똑같을 수는 없다. 25% 이상은 1만 달러에서 9만 9천달러 사이의 금전적 손실을 입었고, 13% 가량은 10만 달러 이상의 피해를 입었다. 금전적인 손실 외에도, 기업은 예상치 못한 작업중단으로 인해서 시간적 손실을 입었다.

기업은 사이버 범죄로 인한 작업중단 손실이 거의 324,000시간에 달한다고 발표했으며, 이 중에서 사이버 공격으로 인한 시간 손실이 3분의 2에 해당한다(Rantala, 2008).

위 조사는 통해 사이버 범죄에 대한 몇 가지 통찰을 제공하였다. 용의자의 대다수(71%)가 사건 유형과 관계없이 기업의 외부인이었다(Rantala, 2008). 마찬가지로 사이버 공격의 3분의2, 기타 사이버 범죄의 72%가 외부에 의해서 발생했다. 반대로, 횡령사건과 같은 사이버 절도 용의자의 74%는 내부인 이었다. 사건발생 건수에 불구하고, 내부인이 범인으로 의심될 때, 단지 15%만이 법집행 기관에 이를 신고하였다. 기업은 이러한 사건을 다른 사기업 조직에 의뢰하는 경향이 있었다.

범죄피해를 논의함에 있어서 기업을 대상으로 한 사이버범죄를 간과하기 쉽다. 실제로, 범죄 피해에 대한 많은 논의가 개인과 가족에 집중하고 있으며, 피해자로서의 기업에 대한 논의는 실패하고 있다. 기업에 대한 위험은 개인과 사회에 함의를 갖고 있기 때문에 이것은 불행한 일이다. 사회적으로, 기업의 손실은 기업의 경영과 생존에 부정적인 영향을 끼치게 되므로, 지역사회와 직원에게 영향을 끼칠 수 있다. 개인적으로는, 기업이 사이버 범죄로 인한 손실을 구매자에게 전가함으로써, 제품의 비용과 가격이 높아지게 된다. 또한 개인은 기업이 피해를 보전하는 과정에서 작업 시간을 줄이거나, 해고를 하게 됨으로써 고통을 겪게 된다. 그렇기 때문에 개인과 사회는 기업의 피해로부터 직접적인 고통을 겪는다는 점에 유의하는 것이 중요하다.

재산 범죄 유형의 요약 Summary of Property Crime Types

재산 범죄는 침입절도, 절도/도난, 자동차 절도와 방화 등 UCR과 피해 보고서에 묘사된 것보다 훨씬 많다. 최근 몇 년 동안은 컴퓨터, 인터넷 및 기타 전자 매체를 사용한 사기 범죄가 크게 증가하였다. 이러한 범죄는 새로운 유형이라기보다는, 오래된 사기 범죄의 현대적인 버전이라고 볼 수 있다. 이러한 새로운 사기 범죄로부터 개인들은 점점 취약해지고 있으며, 이로 인한 피해는 천문학적인 수준에 달한다. 이러한 범죄의 해결 방법은 아직도 개발 단계에 있다. 이와 더불어 연구되어야 할 사항은 재산 범죄에 의해 피해를 받은 사람들에 대한 지원책이다.

재산 피해자화와 관련된 추가 비용 FURTHER COSTS OF PROPERTY VICTIMIZATION

지금까지의 논의는 재산범죄를 정의하고, 범죄 유형과 범위의 분류 및 피해자와 사회에 미치는 경제적인 결과에 대해 알아보는데 주력했다. 충분히 논의되지 않은 사항은 재산 범죄로 인한 다른 결과들이다. 재산 범죄의 피해자들은 피해로 파생되는 다양한 폐해로 인해 고통 받게 된다.

첫째, 그들은 직접적인 금전 손실이나 재산 피해 등 손실을 입게 된다. 대부분의 피해자들은 손해를 보상해 주는 보험에 가입하지 않거나, 그들의 보험은 이러한 유형의 손실에 대해 변상하지 않는다. 물론, 대량 마케팅, 상속 사기의 피해는 보험에서 보장하는 유형이 아니다. 이러한 경우에 손실은 오로지 피해자에 의해 생겨나는 것이기 때문이다. 재산 보험에 없는 내용이기 때문에, 피해자는 침입절도, 방화, 차량 절도의 피해를 당해도 보상이 없이 오로지 자신이 비용을 지불하게 되는 것이다.

둘째, 재산 피해의 결과로 인한 다양한 심적 피해가 있다. 범죄 피해자 대책국(The Office for Victims of Crime, 1998)에서는 피해자가 대개 피해사건으로 인해 수치심, 죄책감, 그리고 자기비난을 경험한다고 지적했다. 대부분의 피해자들은 죄책감이나 수치심 등으로 인해서 사건에 대해서 아무에게도 말하지 않기로 선택한다. 그들은 자신들이 판단력 부족으로 인해 범죄 피해를 당했고, 이에 대해서 남들이 비웃을 것이라고 여겨 다른 사람들로부터 자신을 고립시킨다. 실제로, 일부 관계자들은 피해자에게 "피해를 당할만 했다"고 비난하기도한다. 이러한 심적 피해로 인한 비용은 재정적인 손실보다 피해자에게 더 심각할 수도 있다.

셋째, 다양한 재산 범죄의 피해로 인한 결과는 가정과 사회에서의 안정감에 대한 상실이다. 침입절도 피해의 경우에, 피해자들은 범죄발생으로 인해서 가정이 안전하다는 믿음을 상실하게 된다. 집안에 사람이 있던, 없건 간에 범죄가 발생하면, 불안감과 걱정이 커져서 모든 일상생활에 영향을 끼치게 된다. 가정에서 안심하지 못한다면 대체 어디에서 안심할 수 있겠는가? 신뢰의 상실로 인한 걱정, 염려는 사기범죄의 피해로도 나타난다. 피해자들은 은행, 금융기관, 자선 단체, 신용카드 사용 등 그들이 피해를 입었던 것과 연상되는 모든 곳에서 신뢰를 잃을 수 있다.

범죄의 결과로 형사사법 시스템에 대한 실망과 무관심의 등장 또한 나타날 수 있다. 재산 범죄는 소탕하기 매우 어렵다. 실제로 범죄를 처벌하는 비율(즉, 범죄자를 체포해서, 피해를 청구하고, 기소하는 경우 대비 범죄자를 밝혔으나 처벌하지 못하는 경우의 비율)은 재산범죄에 있어서 매우 낮게 나타난다. UCR 1부에 나타는 재산범죄의 처벌율을 보면 절도 21.5%, 침입절도 12.5%, 차량 절도 12.4% 에 불과하다(FBI, 2009). 이는 대다수의 재산 범죄가 미해결되고 있다는 것이며, 피해자들은 당국에 연락하는 것을 시간낭비라고 여기게 된다. 많은 피해자들이 당국에 문의하는 유일한 이유는 보험 청구를 지불하기 전에 보고서 제출이 필요하기 때문이다. 많은 피해자들이 경찰신고를 무익하다고 여기고 있다.

요약하기 SUMMARY

재산 범죄 피해는 사회의 전반적인 문제이다. 흥미롭게도, 개인 범죄에 비해 비교적 적은 관심을 받고 있다. 이는 개인 범죄가 더 극악하고, 종종 심각한 신체 상해 또는 죽음을 초래하기 때문이다. 이 때문에, 개인 범죄는 국민들에게 큰 경계와 두려움을 일으키며, 또한 뉴스와 미디어에서 흥미로운 자료를 제공하기도 한다. 하지만, 재산범죄는 훨씬 더 일반적이며, 개인과 사회 모두에 큰 영향을 끼치고 있다.

재산 범죄의 범위와 영향을 작지 않다. 매년 많은 사람들이 개인 범죄의 피해자보다 재산범죄의 피해자가 되고 있다. 재산 범죄에 따른 경제적 손실은 범죄 피해건수에 피해 만만하지 않다. 매년 피해금액은 수십억 달러에 이르고 있다. 재산 범죄 피해자들이 스스로 곤경을 이해하고, 사후 피해를 해결하기 위해서라도 재산 범죄 피해에 대한 추가적인 관심이 분명히 필요하다. 재산 범죄 피해에 대한 요구는 개인 범죄에 대한 것과 일부 다르긴 하지만, 큰 맥락에서는 다르지 않다. 이러한 요구를 해결하기 전에, 다음 장에서 개인 범죄에 대한 피해에 대해서 논의해 보기로 한다.

표 3-9 범죄 피해 통계 관련 사이트

Bureau of Justice Statistics: NCVS	http://bjs.ojp.usdoj.gov/content/pub/pdf/cvus07.pdf
FBI Uniform Crime Reports	http://www.fbi.gov/about-us/cjis/ucr/crime-in-the-u.s/2009
Federal Trade Commission	http://www.ftc.gov/bcp/edu/microsites/idtheft/
Office for Victims of Crime	http://www.ojp.usdoj.gov/ovc
U.K. Office of Fair Trading	http://www.oft.gov.uk/
U.S. Department of Justice	http://www.justice.gov/criminal/fraud/internet/

제3장의 핵심용어

- 사전 대금 사기(advanced fee fraud scheme)
- 방화(arson)
- 은행 및 금융 계좌 사기(bank and financial account scheme)
- 침입절도(burglary)
- 처벌율(clearance rate)
- 사이버 공격(cyber attacks)
- 사이버 범죄(cybercrime)
- 사이버 절도(cyber theft)
- Federal Identity Theft and Assumption Deterrence Act
- 사기(fraud)
- 신원 도용(identity theft)
- 투자 사기(investment opportunities scheme)
- 절도/도난(larceny/theft)
- 대량 마케팅 사기(mass-marketing fraud)
- 피싱(phishing)
- 자동차 절도(motor vehicle theft)

4

대인범죄와 피해

Personal Victimization

학습목표

- 살인 범죄를 정의하라.
- UCR 통계에 기초한 살인 사건 희생자 모형을 만들어라.
- 살인사건 통계에서 아프리카계 미국인이 과도하게 많이 나타나는 이유를 설명해라.
- 미국에서 젊은층 폭력의 개요를 제공하라.
- 일생의 살인 피해자율에 기초한 몇 가지 통찰력을 제공하라.
- 국가 폭력 사망보고 시스템의 개발을 설명해라.
- 비주요 살인사건으로부터 주요 살인 사건을 구분하라.
- 가중폭행(aggravated assault)을 정의하라.
- 가중폭행과 단순폭행의 차이를 토론해라.
- 폭행을 측정하는 문제점을 설명해라.
- 강도를 정의하라.
- 어떻게 강도가 대물범죄와 대인범죄 모두에 해당하는지를 토론해라.
- 폭행 및 강도 피해의 범위를 논의해라.
- 피해자와 사회에 대한 대인범죄의 영향을 설명하라.
- 긴장이론을 폭력 범죄에 적용할 수 있는 방법을 보여준다.
- 피해자유발과 상황적 대응(situated transaction)을 연결하라.
- 일상적인 활동이나 생활이 살인의 희생에 영향을 미칠 수있는 방법을 설명하라.
- 살인 사건 대립에 Luckenbill의 상황적 대응(situated transaction)의 단계를 설명하라.
- 대중매체가 어떻게 폭력에 영향을 미치는지 보여준다.
- 폭력 범죄 피해자율의 차등분배가 무엇을 의미하는지 조사해라.
- "폭력의 지역 문화"이론을 토론해라.
- "폭력의 지역 문화"이론에의 두가지 도전(문제)을 설명하라.
- 용어 "외상(trauma)"을 소개하고 그 관련성을 설명하라.
- 외상과 의료 공급 간의 연결을 증명해라.

- 의료 공급이 살인통계 산출에 어떻게 영향을 미치는지에 대한 설명을 제공하라.
- 의료 공급 논쟁에 남겨진 문제를 설명하라.
- 사망 통지 절차의 세부 사항은 무엇인가.
- 슬픔의 과정과 그 다른 단계를 논의해라.
- 살인 사건 피해자의 유족들이 직면한 적응 중 일부를 설명하라.
- 다섯가지 살인사건 유족 패턴을 설명하고, 그것들이 살인사건에 어떻게 다르게 대응하는지를 보여준다.

서론 INTRODUCTION

여러 선진국 중에서 미국을 대상으로 선정한 이유 중 하나는 지속적으로 증가하는 폭력범죄로 인한 사망자 수 때문이다. 살인과 폭행은 도시에서 흔히 발생하는 범죄이다. 예를 들어, 살인은 미국에서 젊은 아프리카계 미국인들의 사망의 주된 원인이다. 이와 더불어, 강도는 피해자의 재산을 뺏는 동시에 지속적으로 신체를 위협한다. 이 장에서는 살인, 폭행, 그리고 강도뿐만 아니라, 이러한 범죄 행위에 깔려진 역학관계를 살펴본다. 살인과 폭행 대부분의 행위는 오히려 낯선 사람 사이에서 보다 서로를 아는 사이에서 발생한다. 피해 유발과 알코올 소비는 이런 심각한 대립관계에서 거의 대부분 필수적인 요소로 여겨진다. 살인 및 폭행에 대한 치료는 고인의 가족과 생존자 등 침묵하거나 숨겨진 피해자를 고려하지 않고서는 완성될 수 없다. 이 장에서는, 우리는 사망 통지 절차와 희생자 가족과의 사별 절차를 접하게 된다.

대물범죄 PERSONAL CRIMES

살인 피해 Homicide Victimization

FBI의 **통일 범죄 보고서**(*Uniform Crime Report*, UCR 2010)에 따르면, 2009년에 미국에서 15,241건의 살인사건이 발생했다. 대부분의 범죄 보고서와는 달리, FBI는 보고된 살인 사건에 대한 자세한 데이터를 수집하려고 시도하였고, 이 정보를 **보충 살인 보고서**(*Supplementary Homicide Reports*)를 통하여 이용할 수 있게 하였다. 이 보고서는 사건을 둘러싼 상황뿐만 아니라 피해자와 가해자 모두의 정보를 찾을 수 있다. 하지만, 사건의 자세한 정보가 모든 사망자에게 유용할 수는 없다. 그 결과, UCR 데이터는 알려진 피해자 사망의 89%에서 파생된 정보를 기반으로 개요를 제공한다.

FBI(미연방 수사국, 2010a)는 **범죄살인**을 다음과 같이 정의했다. "다른 사람에 의해 자행되는 한 사람의 고의적인(nonnegligent, 과실없는) 살인을 뜻하며, UCR 프로그램은 이런 범죄 분류에서 다음과 같은 상황을 포함하지 않는다. 과실에 의한 죽음, 자살 또는 사고, 정당 방위 살인, 살인 미수, 폭행 치사." 또한, FBI는 도표에서 교통 사망 및 중과실로 인한 사망을 생략했다.

살인 사건 피해자는 여성보다 남성이 될 가능성이 더 높다. 2010년, 피해자의 77%는 남성이었다. 인종 별로 살펴보면, 피해자의 49%가 흑인이고, 나머지 49%는 백인이다(FBI, 2010a). 이러한 인종구성은 살인사건 피해자에서 흑인이 과도하게 많이 나타난다는 것을 의미한다. 흑인들이 미국인구의 약 12%를 차지하는 것을 고려해보면, 다른 조건이 모두 같을 경우 그들이 모두 살인 희생자의 12%를 차지한다고 예상한다. 참여자의 49%는 명백히 12%를 초과하기 때문에, 피해자학자들은 흑인이 살인 통계에서 과도한 비중을 차지한다고 여기고 있다.

표 4-1은 2009년 살인 피해자의 연령 분포를 나타내고 있다. 아동살해(*infanticide*)가 491명이며, 5세 미만의 피해자는 살인 사건 희생자의 3.6%를 차지한다. 만약 아이들의 상

표 4-1 미국 살인 피해자의 연령별 분포

나이	수(명)	비율	누적비율
1세 이하	193	1.4	1.4
1-4	298	2.2	3.6
5-8	72	0.5	4.1
9-12	71	0.5	4.6
13-16	400	2.9	7.5
17-19	1,246	9.1	16.6
20-24	2,426	17.8	34.4
25-29	1,941	14.2	48.6
30-34	1,534	11.2	59.8
35-39	1,205	8.8	68.6
40-44	1,006	7.4	49.0
45-49	926	6.8	82.8
50-54	701	5.1	87.9
55-59	455	3.3	91.2
60-64	312	2.3	93.5
65-69	227	1.7	95.2
70-74	134	1.0	96.2
75세 이상	296	2.2	98.4
미상	193	1.4	99.8
총계	13,636	99.8	99.8

출처: Federal Bureau of Investigation (2010b). *Crime in the United States 2009: Expanded Homicide Data Table 2: Murder Victims by Age, Sex, and Race, 2008.*Washington,DC: U.S.Government Printing Office. Retrieved September 14, 2010, from http://www.fbi.gov/ucr/cius2009/offenses/expanded_information /data/shrtable_02.html.

한을 12세로 높이면, 아이들은 모든 사건 희생자의 4.6%를 차지하게 된다. 이러한 경우의 대부분에서 가장 가능성이 있는 용의자는 부모 또는 부모의 보호자이다. 노인 피해자를 포함한 노인층 살인(Eldercide)은 비교적 덜 자주 발생한다.

표 4-1을 자세히 살펴보면, 살인 사건의 희생자가 사회의 젊은층 사이에 집중되어 있는 것을 알 수 있다. 전체 피해자의 반 이상(52%)이 17세와 34세 사이이다. 사실 1969년 이래, 젊은 흑인 남성 사이에서 주요 사망 원인은 살인이다(Bilchik, 1999). 표 4-2에서 보여주는 이 끔찍한 사실에 대해서, 일부 평론가들은 특히 총기 사용과 관련한 폭력이 불우한 처지에 있는 도시 흑인 남성들 사이에서 급속히 확산되고 있다고 결론짓고 있다. (Kellerman, 1994; Snyder & Sickmund, 2006; Sorenson, Richardson, & Peterson, 1993).

한 평론가(Kellerman, 1994;591)은 "1990년에 총으로 사망한 15세와 19세사이의 아프리카계 미국인 남자의 수는 면역 결핍 증후군, 겸상 적혈구 빈혈증, 기타 모든 자연적인 사망 숫자보다 4.7 배나 더 많다"고 밝혔다. 표 4-3은 미국의 젊은 흑인 남성 사이에서 주요 사망 원인이 살인이라는 것을 강조한다. 이 자료는 살인이 젊은 흑인 남성의 불시의 죽음에 대한 책임이 있다는 것을 보여준다. 한편, 이 수치는 연령 그룹별로 조기에 사망한 경우가 반영되지 못한 채, 연도별로 사망원인만을 더함으로써, 전제적인 사망원인 수치를 전달하는데 실패하고 있다.

연간 살인 사건을 측정하여 더하는 방법은 피해자를 연구하는데 정확한 방법이 아니다. 예를 들어, 미국의 전반적인 살인률은 지난 몇 년 동안 감소했다. 매년 감소하는 것은 분명히,

표 4-2 미국에서 청소년 폭력 개요

- 2007년, 10세부터 24세 사이 5,764명의 젊은이들이 살해되었다-매일 평균 16명
- 살인은 10세부터 24세 사이 젊은이들 사망의 두 번째 주요 원인이다.
- 10세부터 24세 사이 살인 사건 피해자 중, 84%가 총기로 사망했다.
- 10세부터 24세 사이 중, 살인은 아프리카계 미국인 사망 원인 중 큰 비중이며, 라틴아메리카인의 두 번째 주요 원인이다. 그리고 아시아/태평양 계 거주자와 미국의 인디언, 알레스카 원주민의에 있어서는 세 번째 원인이다.
- 비 라틴아메리카 사람들 사이의 살인률은, 10세부터 24세의 아프리카계 미국인 남성(10만 명당 60.7명)은 같은 연령의 라틴 아메리카 남성(10만 명당 20.6명)과 같은 나이 그룹에 비 라틴계 백인 남성(10만 명당 3.5명)을 초과한다.
- 2008년 10세부터 24세의 656,000명 이상의 젊은이들은 거듭된 폭력에 의한 상처로 응급실에서 치료를 받았다.
- 2009년 9-12학년 학생의 대표 표본 중, 조사가 진행되는 12개월 내에 32%가 실제 싸움을 하였고, 일반적으로 여성(23%)보다 남성(39%)이 많았다.
- 2009년 9-12학년 학생의 대표 표본 중, 18%가 조사가 진행되는 30일 중 하루 이상을 무기(총, 칼 또는 클럽)를 소지한 것으로 보고되었다.
- 2009년 9-12학년 학생의 대표 표본 중 조사가 진행되는 30일 중, 6%는 하루 이상 총을 소지하였다.

출처: National Center for Injury Prevention and Control (2010a). *Youth Violence: Facts at a Glance.* Atlanta, GA: Centers for Disease Control and Prevention. http://www.cdc.gov/violenceprevention/pdf/YV-DataSheet-a.pdf.

표 4-3 2000-2007년 미국에서 흑인 남성의 사망의 주된 5가지 원인

순위	연령 그룹										전체 연령
	< 1	1 - 4	5 - 9	10 - 14	15 - 24	25 - 34	35 - 44	45 - 54	55 - 64	65 +	
1	짧은 임신기간 3,439	무과실상해 1,651	무과실상해 1,343	무과실상해 1,486	살인 21,584	살인 17,335	심장병 16,041	심장병 42,493	악성종양 59,147	심장병 168,539	심장병 292,780
2	선천적변이 4,533	살인 708	악성종양 339	살인 510	무과실상해 10,297	무과실상해 10,664	HIV 13,718	악성종양 34,845	심장병 58,049	악성종양 154,141	악성종양 26,359
3	SIDS 3,284	선천적변이 485	살인 195	악성종양 394	자살 3,034	심장병 4,857	무과실상해 12,714	무과실상해 13,963	뇌혈관증 11,030	뇌혈관증 38,622	무과실상해 70,870
4	어머니 임신문제 2,605	악성종양 271	선천적변이 161	자살 240	심장병 1,680	HIV 4,539	악성종양 8,720	HIV 13,577	진성당뇨병 9,371	만성하기도 호흡질환 23,971	뇌혈관증 61,763
5	탯줄막 1,423	심장병 221	만성하기도 호흡질환 120	만성하기도 호흡질환 202	악성종양 1,233	자살 3,367	살인 8,517	뇌혈관증 8,137	무과실상해 7,437	진성당뇨병 23,969	살인 56,753

출처: National Center for Injury Prevention and Control (2010b). *WISQARS Leading Causes of Death Reports, 1999-2007.* Atlanta, GA: Centers for Disease Control and Prevention. http://webappa.cdc.gov/cgi-bin/broker.exe.

표 4-4 1997년 미국에서 인종과 성별 평생 살해 피해자율

나이	전체	백인남성	백인여성	흑인남성	흑인여성
0-4	207	241	684	35	171
5-9	214	248	731	35	184
10-14	215	249	741	35	186
15-19	217	251	753	35	189
20-24	250	284	825	41	206
25-29	328	356	953	57	243
30-34	419	442	1,088	76	290
35-39	534	544	1,309	101	368
40-44	678	663	1,588	133	481
15-49	860	820	1,876	174	638
50-54	1,109	1,032	2,280	231	826
55-59	1,388	1,304	2,714	269	998
60-64	1,752	1,660	3,259	354	1,204
65-69	2,203	2,076	3,597	464	1,552
70-74	2,686	2,607	3,896	544	2,012
75-79	3,376	3,338	4,585	690	2,099
80+	4,009	3,774	5,228	856	2,375

출처: Federal Bureau of Investigation (2000). *Crime in the United States 1999: Uniform Crime Reports.* Washington, DC: U.S. http://www.fbi.gov/ucr/Cius_99/99crime/99cius5.pdf.

이 문제가 점점 덜 심각해진다는 인상을 나타낼 수 있다. 그 결과, 연구자들은 살인 데이터를 보는 새로운 방법을 설정하였다. 그들은 이 사회문제를 보다 정확하게 연구하기 위하여, 일생 살해 피해자율(lifetime murder victimization rates)-살인으로 죽을 확율-을 제안했다.

표 4-4는 1997년의 평생 살인 사건 피해자율을 제공한다. 표를 읽는 것은 반직관적이다-숫자가 클수록 살인피해자가 되는 확률은 적다. 예를 들어, 전체 인구에서 개인이 자신의 일생 동안 살인 사건의 피해자가 되는 확률 1/4,009이다. 흑인 남성이 1/856인 반면에, 백인 남성은 1/3,774이다. 그러므로, 살해될 확률이 가장 높은 사람은 흑인 남성이며 그 이후는 순서대로 흑인 여성, 백인 남성, 백인 여성순이다. 이 수치는 희생자가 될 확률은 젊은 나이에 최고이며, 10대 후반과 20대 초 이후 크게 감소하는 것을 보여준다.

무기, 특히 총기가 관련된 경우에는 치명적인 부상이 예측되기도 한다(Saltzman 외, 1992). 사실, 21세기를 기준으로 살인률의 최근 감소에도 불구하고, 총기는 미국에서 사망에 이르는 치명상의 두 번째 주요 원인으로 남아있다 (Gotsch 외, 2001;. 2006년 국립센터 건강 통계). 표 4-5의 정보는 총기가 모든 살인 사건의 2/3에 사용되는 것을 보여준다. 총기 관련 살인 사건의 3/4는 대부분 권총을 포함한다. 칼 및 기타 날카로운 물체에 관련된

표 4-5 2005-2009년 무기에 의한 살인 피해자

무기	2005	2006	2007	2008	2009
총기	68%	68%	68%	68%	67%
칼 또는 날카로운 물체	13	12	12	13	13
무딘 물체(클럽, 해머 등)	4	4	4	4	4
개인 무기(손, 주먹, 발 등)	6	6	6	6	6
독약	–	–	–	–	–
폭파물	–	–	–	–	–
불	1	1	1	1	1
마약	–	–	–	–	–
익사	–	–	–	–	–
교살	1	1	1	1	1
질식사	1	1	1	1	1
기타	6	8	7	7	7
총 %	101	100	101	100	100

출처: Federal Bureau of Investigation (2010b). *Crime in the United States 2009: Expanded Homicide Data Table 8: Murder Victims by Weapon, 2005-2009.* Washington, DC: U.S. Government http://www.fbi.gov/ucr/cius2009/offenses/expanded_information/data/shrtable_08.html.

살인 사건은 13%를 차지한다. 살인 사건의 단 6%만이 손, 발, 주먹 또는 다른 "개인 무기"가 사용된다. 가중 폭행의 무기 사용 (살인 사건에서와 같이, 범죄의 의도가 피해자에게 신체적 손해를 가하는데 있는 경우)에 비해 살인 사건은 총기를 포함할 확률이 세배나 크다.

한 가지 근본적인 우려는 미국이 변사(violent deaths)에 관련된 축적된 데이터로 포괄적인 국가 정보센터를 갖추지 않았다는 점이다. 2003년 질병통제 및 예방센터(CDC)는 국가 변사보고 시스템(NVDRS)을 시행했다. 거듭 노력하여 오늘날에는 18개 주를 포함하고 있으며, 궁극적인 목표는 모든 50개 주의 자살, 살인 사건 및 우발적인 총기 사망에 대한 정보를 수집하는 것이다. NVSRD는 보다 포괄적인 희생자, 범죄자와 주변 상황에 대한 정보를 축적하기 위하여, 다양한 출처(사망 증명서, 의료 검진 보고서, 경찰 파일, 범죄 연구소, 사망 검토 팀 등)로부터의 기록을 이용한다(질병통제 및 예방센터, 2007).

이 혁신적인 데이터 수집 시스템에서부터 조금씩 연구 결과가 나타나기 시작했다. 예를 들어, 친밀한 파트너가 죽은 이후 용의자의 절반 이상이 자살한다(국가 폭력 피해 통계 시스템, 2005a). 18세와 24세 사이 젊은이 사이에서, 연인사이에 결별하면 자살의 전조현상이 나타난다(국가 폭력 피해 통계 시스템, 2005b). 마이애미에서는, 그들의 아버지에게 살해당한 거의 절반 아이들은 엄마에 대한 폭력행사 중 사망했다(국가 폭력 피해 통계 시스템, 2004). NVDRS 가까운 장래에 모든 50개 주로의 확장되면 좀 더 흥미로운 결과를 추가하고 폭력 예방 정책 개발을 촉진할 것으로 예상된다.

FBI (2010)는 또한 살인 사건의 대부분이, 내부 인종 사건이라고 보고한다. 즉, 피해자와 범죄자 같은 인종적 배경을 공유하는 경향이 있다. 흑인 살인 사건 피해자의 91%는 흑인 가해자이고, 백인 가해자는 백인 살인 사건 피해자의 84 %를 살해했다. 마찬가지로, 남성은 남성 살인자 손에 죽을 가능성이 높다(그러나 여성 피해자도 있다).

문학에 등장한 하나의 중요한 구분은 **주요살인**(*primary homicide*)과 **비주요살인**(*non-primary homicide*)의 개념이다(Parker, 1989; Parker & Smith, 1979; Smith & Parker, 1980). 비주요살인은 피해자가 가해자를 잘 알지 못하거나, 전혀 모르는 상황이다. 주요살인은 피해자와 가해자가 면식이 있거나, 관계가 있는 경우를 의미한다. 주요살인은 다양한 관계에 걸쳐있다. 주된 관계의 일부 예는 배우자, 부모와 자식, 형제 그리고 매우 가까운 사람들이다. 자신의 부인이나 애인을 살해한 남자를 **친족여성살해범**(*intimate femicide*)이라 한다. 제9장에서 논의된 "매맞는 여성 증후군(battered woman syndrome)"의 인식은 여성들이 남편이나 애인을 살해함으로써, 보복하는 상황에서 나타난다. 부모를 죽인 아이와 같은 존속살해 행위도 주요살인에 해당한다. 존속살해는 부친살해와 모친살해로 나눌 수 있다. 2장에서 보았듯이, 대부분의 피해자는 범인을 알고 있다. 전혀 모르는 사람에게 살해를 당하는 것보다 안면이 있는 사람에게 살해를 당하는 경우가 더 많다.

폭행 피해 Assault Victimization

개인 범죄의 두 번째 형태는 폭행이다. UCR은 폭행을 가중 폭행과 단순 폭행의 두 가지로 나눈다. UCR은 가중 폭행을 "신체에 심각한 상해를 가할 목적으로 한 불법적인 공격"으로 정의한다(FBI, 2010). 이러한 정의가 의미하는 바는 폭행은 일반적으로 무기에 관련되어 있으며, 피해자의 사망 또는 심각한 신체적 손상을 초래할 가능성이 높다는 점이다. 둘 사이의 다른 점은 단순히 피해자의 사망이나 생존 그 이상도 이하도 아니다. 기타 모든 폭행은 단순한 폭행의 범주에 속한다.

UCR은 단순폭행으로 체포된 것뿐만이 아니라 가중 폭행의 신고 사건에 대해서도 그 자료를 수집하였다. 따라서 데이터는 두 가지 차이점을 반영하고 있다. 2009 UCR 보고서에 따르면 총 806,843건의 가중 폭행이 있었다(FBI, 2010). 이것은 인구 100,000명당 262.8명의 피해발생을 의미한다. 신고된 가중 폭행에 대하여, UCR은 100,000명당 138.2명에 해당하는 331.372 명만 체포된 것으로 보고하였다. 단순폭행의 경우 체포자 1,036,754명이 보고되었으며 이것은 100,000명당 432.3명에 해당한다(FBI, 2010).

살인 사건과 달리, UCR은 PART1에 해당하는 범죄에 대하여 매우 제한된 데이터를 수집하고, 가중 폭행에 대해서는 살인범죄 보충 자료(Supplementary Homicide Reports)와 같은 자료가 없다. 국립 사건 기반 신고 시스템(NIBRS)은 큰 잠재력을 가지고 있지만, 기관의 공격적인 행동에 대한 의미있는 평가를 허용하고 있지 않으므로 채택이 제한되어 있다. 더구나 NCVS는 추가 정보를 제공하지 않는다.

2008년 NCVS 응답자는 총 4,100,000건의 폭행을 보고하였다(Rand, 2009).

이러한 피해자들의 3분의2 이상(3,260,920)이 단순 폭행이었다. 이러한 수치는 100,000명당 1,630에 해당한다. 가중 폭행과 단순 폭행의 비율은 각각 330명과 1,290명이다. UCR 및 NCVS의 비교할 수 있는 사례에 있어서 가중 폭행에 대한 수치와 비율은 피해 데이터보다 많다.

NCVS 데이터의 조사는 공격적인 행동에 대한 통찰력을 제공한다. 표 4-6은 다양한 피해자 특성에 의한 폭행율에 대한 정보를 제공한다(Rand, 2009). 몇몇 사실은 분명하게 나타나는데, 첫째, 남성이 여성보다 더 많은 피해를 입는다는 사실이다. 둘째, 흑인은 가장 많은 피해를 입는 인종 그룹이다. 셋째, 히스패닉 응답자는 단순폭행의 피해자가 될 가능성이 적고 가중 폭행의 피해자가 될 가능성이 더 높다. 마지막으로, 폭행 희생자들의 연령이 일반적으로 낮아지고 있다(Rand, 2009).

표 4-6 피해자 특성별 폭행비율(인구 10만명당) NCVS, 2008

	합계	악화된 폭행	단순폭행
성별			
남성	1,830	390	1,450
여성	1,430	280	1,150
인종			
백인	1,590	300	1,280
흑인	1,850	520	1,330
기타	1,130	280	850
Hispanic 태생			
Hispanic	1,240	350	890
Non-Hispanic	1,690	330	1,360
연령			
12-15	3,520	610	2,900
16-19	3,000	560	2,450
20-24	3,030	870	2,150
25-34	2,050	400	1,650
35-49	1,410	270	1,140
50-64	970	200	770
65이상	270	40	230

출처: Rand, M. R(2009), *Criminal Victimization*, DC : Bureau of Justice Statistics.

표 4-7 폭행 피해자와 공격자간의 관계, NCVS, 2008

	악화된 폭행	단순 폭행
남성 피해자		
아는 사람	51%	50%
친분이 있는 사람	8	2
친척	5	3
친구	38	44
낯선 사람	43	42
모름	6	7
여성 피해자		
아는 사람	69%	73%
친분이 있는 사람	17	26
친척	8	9
친구	44	39
낯선 사람	29	23
모름	2	4

출처 : Compiled from Rand, M. R (2009). *Criminal Victimization, 2008*. Washington, DC : Bureau of Justice Statistics.

조사데이터에서 희생의 피해자와 가해자 사이의 관계를 보는 것도 가능하다. 먼저 살펴본 것 처럼, 대부분의 살인 사건 피해자들은 범인을 알고 있다. 여성 폭행 피해자의 경우에 가해자는 그들이 알고 있는 사람이다(표 4-7 참조). 실제로, 여성이 면식범에 의해 피해를 입는 경우가 가중 폭행의 69% 및 단순 폭행의 73%에 해당하였다. 남성 피해자는 약 50% 가량이 아는 공격자들에 의해 피해를 입었고 42~43%가 낯선 사람에게서 피해를 입었다.

강도 피해 Robbery Victimization

이번 장에서 마지막으로 알아볼 대인범죄는 강도이다. FBI는(2010년), 강도를 "점유나 보관중인 가치를 가지고 가려고 시도하거나 무력이나 폭력의 위협으로 사람을 통제 또는 공포의 상태에 놓는 것이다"라고 정의하고 있다. 많은 사람들은 강도를 범죄자가 절취행위 또는 그 시도를 하기 때문에 재산범죄라고 생각한다. FBI는 개인범죄로 분류하는데 왜냐하면 강도는 피해자와 공격자간에 무력 사용 가능성을 포함한 대면접촉이 필요한 범죄이기 때문이다. UCR 및 NCVS 모두 강도에 대한 데이터를 제공한다. UCR은 2009년에 경찰에 신고된 408,217건의 강도 사건이 있었다고한다(FBI, 2010).

이것은 인구 십만명마다 133건의 강도가 있었음을 보여준다. 최근 피해자 데이터에 따르면 2008년도에 551,830건의 강도가 있었고 인구 십만명당 220명의 피해비율이 있었다

표 4-8 강도 발생 위치, UCR, 2009

길거리	42.8%
주거지	16.9%
상가	13.7%
편의시설	5.4%
주유소	2.4%
은행	2.2%
기타	16.6%

출처 : Compiled by authors from FBI(2010a). *Crime on the United States 2009.* Washington D.C : U.S. http://www.fbi.gov/ucr/cius2009/index.html.

(Rand, 2009). 이러한 데이터는 여타 범죄의 공식자료 및 자체 보고서에서 나타나는 차이에서와 마찬가지로, 경찰의 공식기록에 포함되지 않은 범죄가 상당수 있다는 것을 보여준다. UCR보다 140,000건 더 많이 보고된 NCVS가 그 증거이며 공식적인 비율보다 60%이상 높다.

만약 누군가 우리사회에서 가장 두드러진 강도의 종류에 대해 궁금해 한다면, 대부분의 범죄는 은행이나 편의점에서 발생할 것이라고 추측하는 것이 가장 합리적일 것이다. 이것은 확실히 뉴스나 신문에서 나온 이미지에서 기인한다. 그러나 실제 대부분 강도의 발생위치는 이와 다르다(표 4-8참조). FBI에 따르면(2010), 10건의 강도 중에 4건 이상이 거리에서 발생하고, 2.2%의 강도만이 은행이며, 단 5.4%만이 목표가 편의점이다. 특이점 중에 하나는 강도 사건의 거의 17%가 주거지 내에서 발생한다는 점이다. 이들 피해 대부분이 피해자의 주거지에서 발생한다고 보면, 피해사건으로 인한 두려움과 걱정이 더욱 또렷해진다. 피해자들은 무력과 폭력으로부터 위협받고 그들의 재산을 잃을 뿐 아니라, 집으로부터 느끼는 안전감마저 상실된 것이다.

NCVS는 강도피해의 세부 사항에 대한 정보를 제공한다(표 4-9). 대부분의 거리 범죄에서와 마찬가지로 남성이 여성보다 많은 피해를 입는다(Rand, 2009). 흥미롭게도, 여자는 낯선 사람보다 아는 사람에 의해서 더 자주 강도를 당한다.

여성 강도 피해자 53%가 면식이었고, 16%가 친밀한 파트너, 15%가 다른 가족이라고 주장한다. 반대로, 단지 3분의 1에 해당하는 남성만이 아는 사람에 의해 피해를 당한다. 사실, 남성 강도 피해의 61%가 비면식범에 의해 발생했다(Rand, 2009). 흑인은 가장 큰 피해를 입은 인종 그룹이다. 흑인강도 피해율은 인구 십만명당 550명이고 이것은 거의 백인의 3.5배에 해당하는 높은 비율이며, 다른 인종에 비해 2배에 해당한다. 마찬가지로, 히스패닉 출신들은 비히스패닉 보다 더 많이 피해를 당하고 있다. 연령 분포는 다른 범죄들과 유사하게 젊을수록 많은 희생이 되고 나이가 증가할수록 거의 선형적으로 감소한다.

표 4-9 피해자 특성에 따른 강도율(십만명당), NCVS, 2008

합계	220
성별	
남	270
여	170
인종	
백인	160
흑인	5450
기타	300
Hispanic origin	
Hispanic	340
Non-hispanic	200
연령	
12-15	550
16-19	480
20-24	540
25-34	230
35-49	190
50-64	80
65이상	20

출처 : Rand, M. R.(2009). *Criminal Victimization. 2008*, Washington, DC : Bureau of Justice Statistics.

강도 사건에 대해 UCR과 NCVS의 자료에서 찾아낼 수 있는 마지막 정보는 사건이 발생하는 동안 무기의 사용이나 존재여부이다. 두 자료간에 엄격히 다른 결과가 있다(표 4-10 참조). UCR의 자료는 권총을 포함한 사건이 42.6%이며, 무기 없이 발생한 사건비율이 이 그 뒤를 바짝 따르고 있음을 보여준다. NCVS는 신고된 강도의 거의 절반이 모두 무기를 포함하지 않았으며 오직 24%가 무기를 소지하였음을 보여준다. 이러한 불일치를 어떻게 설명할 수 있을까가장 논리적인 설명은 다른 피해자들에 비해 무기와 관련된 피해자들은 대부분 경찰에 자신의 피해를 신고할 것이라는 설명이다. 왜냐하면 NCVS 데이터는 피해자료를 정부에 보고해야 하는 결정에 의존하지 않기 때문에, 그들은 무기가 있었다는 사건에 대해서 왜곡되지 않았을 것이다.

표 4-10 강도의 무기사용

	UCR	NCVS
총기	42.6%	24.0%
칼/도검류	7.7	11.0
폭력	41.1	49.0
기타	8.7	4.0

출처 : Compiled by authors from FBI(2010a). *Crime on the United States 2009.* Washington D.C : U.S. http://www.fbi.gov/ucr/cius2009/index.html; and Rand, M. R. (2009). *Criminal Victimization. 2008,* Washington, DC : Bureau of Justice Statistics.

대인범죄의 영향 THE IMPACT OF PERSONAL CRIME

대인범죄의 피해는 피해자, 피해자의 가족 및 사회에 큰 영향을 줄 수 있다. 밀러와 그의 동료들(1996)은 범죄 희생의 비용과 결과에 대한 전체적인 윤곽을 잡기 위해서 NCVS를 포함하여 다양한 자료를 수집하였고, 피해자의 경험에 의해서 추출된 비용 내역을 정리하였다. 표4-11에서와 같이 1987년부터 1990년 사이에 매년 살인, 폭행, 그리고 강도에 의한 피해금액은 거의 2000억 달러에 달한다. 이 비용은 의료비, 재산상 손실 뿐 아니라 시간, 심리적 피해, 형사 사법 시스템의 비용을 포함하고 있다. 이는 1993년도의 달러 기준임을 감안할 때, 오늘날의 피해는 더욱 클 것으로 예상된다.

Aos 및 동료 (2001)는 워싱턴주에서의 개별 범죄의 경제적 비용 계산하였다. 그들의 계산은 오직 형사사법 체계가 해당 범죄를 처리하는 것과 관련된 다양한 시스템의 운영과

표 4-11 1987-1990 범죄로 인한 연간 손실 금액(단위:백만$, 1993년 달러 기준)

범죄 유형	의료비	기타 유형 재산*	삶의 질	합계
치명적 범죄	$700	&32,700	$60,000	$93,000
기타 폭행 및 미수	5,000	10,000	77,000	92,000
강도 및 미수	600	2,500	8,000	11,100
합계	6,300	45,200	145,000	196,500

* **기타 유형 재산** : 재산의 피해 및 손실, 정신적 피해, 경찰 및 소방 서지스 비용, 피해자 서비스 비용, 생산성 감소 등

출처: Compiled by authors from Miller, T. R., Cohen, M. A., & Wiersema, B. (1996). *Victim Costs and Consequences: A New Look.* Washington, DC: National Institute of Justice, p. 17.

관련된 비용만을 반영한 것이었다. 여기에는 경찰, 법원, 그리고 교정 시스템의 비용 등이 포함되어 있다. 1990년대 중반의 비용 수치를 기준으로, 살인 사건의 예상 비용은 355,086달러이며, 가중 폭행의 비용은 56,790달러, 강도의 비용은 92,705달러이다(Aos 외, 2001). 이 계산은 한 개의 주를 대상으로 했지만, 다른 주들이 범죄를 처리하는 데 이와 유사하게 높은 비용을 소비할 것이라고 합리적으로 추측할 수 있다.

이를 통해서 전체적인 달러 손실 외에도, 개인적인 피해의 영향을 볼 수 있다. 예를 들어, UCR은 2009년에 강도에 의한 5억8백만달러의 총 손실을 보고하였다(FBI, 2010). 이는 범죄 당 평균 1천2백44달러 손실에 해당한다. 은행 강도는 사건당 4,029달러의 평균 손실이 발생한다. 불행히도, UCR 및 NCVS는 살인으로 인한 경제적 손실에 대한 정보를 제공하지 않으며, UCR은 폭행에 대해서는 아무런 자료도 제공하지 않고 있다. NCVS는 반면에, 폭행 및 강도에 대한 몇 가지 정보를 제공할 수 있다. 표 4-12 에서는 경제적 손실, 의료 비용, 그리고 폭행이나 강도 피해로 인한 시간 손실에 대한 전반적인 자료를 보여주고 있다. 표에서 나타나듯이, 폭행 및 강도 피해자의 대략 4분의 1 내지 3분의 1 가량은 사건중에 부상을 입으며, 상당수가 의료 조치를 요청하고 있다. 이러한 사건은 제공된 의료 지원과 관련한 비용이 발생하게 된다.

강도 피해는 엄청난 경제적 손실을 초래한다. 피해자의 4분의 3 이상은 경제적 손실을 호소하며, 국가적으로 연간 8억 8천 5백만 달러의 손실이 추산된다(법무부 통계, 2010). 피해자의 4분의 1은 500달러 초과 손실을 신고하며, 폭행 피해자의 경제적 손실에 대한 신고율은 (단 6.8%)낮지만, 총 손실은 10억달러 이상이다. 이처럼, 강도와 폭행간의 수치에 차이(강도 피해로 인한 경제적 손실이 클 것 같지만, 폭행 피해에 의한 손실이 더 큼)가 나는 것은 강도피해와 의료비용 대비 폭행의 건수가 월등히 많기 때문이다. 범죄의 피해를

표 4-12 범죄사건으로 인한 피해

범죄유형	부상(%)	치료요함(%)	의료비 지출(%)	입원치료(%)	경제적 손실(%)	총 금액 (백만$)	평균 손실 ($)	중간값($)
강도	35.7	17.3	10.4	8.3	77.0	$885	$1,482	$140
폭행	22.6	10.2	6.2	4.4	6.8	$1,022	$236	$100

범죄유형	100$이하 피해(%)	피해액 100 -499$ (%)	피해액500$ 이상(%)	작업시간 피해(%)	1일 이하(%)	1-10일(%)	10일 초과
강도	29.6	34.3	23.5	12.4	13.8	66.5	11.7
폭행	27.9	18.5	17.5	7.0	24.3	43.7	25.8

출처: Constructed by authors from Bureau of Justice Statistics (2010). *Criminal Victimization in the United States, 2007: Statistical tables.* Washington, DC: Bureau of Justice Statistics.

측정하는데 추가해야 할 사항은 피해로 인한 시간적 손실이다. 피해자는 범죄 피해로 인해서 종종 직장이나 학교에서 시간 손실을 보게 된다. 이들은 의사의 진료, 부상에서의 회복, 경찰 및 검찰, 법원에의 출석, 손상된 물건등에 대한 교체, 기타 범죄와 관련된 다른 일들을 처리하느라 시간을 허비하게 된다. 폭행 및 강도 피해자의 대략 70%이상이 범죄 피해로 인해서 최소한 1일 이상을 손해보고 있다고 한다(법무부 통계, 2010).

의료 전문가의 증가는 점점 대인 폭력에서 비롯되는 함의에 관심을 가지게 되었다. 한 연구 팀은 2000년 한 해 대인 폭력과 관련된 의료비용의 견적을 구축하기 위해 다양한 데이터를 결합하였다. 코르소와 그의 동료는(2007) 의료와 관련된 비용에 대한 정보를 축적하였고, 노동력의 생산성 부족, 및 기타 고려 사항으로 인한 임금 손실에 대한 자료를 수집하였다. 그들의 발견한 업적은 살인 사건으로 피해는 미국 경제에서 엄청난 부분인 2백21억달러를 손실한다는 점이다.

대인범죄로 인한 피해가 개인과 사회 모두에 높은 비용을 부과함은 의심의 여지가 없다. 이러한 수치에 포함되지 않은 무형의 피해들은 사건에 의한 두려움과 걱정의 증가이다. 이러한 문제점들은 증명하기가 매우 어렵지만, 많은 피해에 있어서 가장 문제가 되는 부분이다.

대인범죄피해 관련 이론 THEORIES OF PERSONAL VICTIMIZATION

대부분의 범죄학 이론은 왜 어떤 사람들은 범죄 행위로 나아가며, 다른 사람들은 그렇지 않은지에 대한 이해를 하고자 노력한다. 피해자학자들은 반면, 범죄와 피해 양쪽의 피해관련한 부분에 초점을 두고 약간 다른 접근을 한다. 우리가 제1장에서 본 바와 같이, 피해에 대한 집중은 초기에 '피해자 유발' 에 대한 개념(the notion of victim precipitation)에 관심을 두게 되었다. 무엇이 피해자가 이러한 피해를 당하도록 만들었는가?에 대한 고민이다. 반면, 이런 생각은 매우 현실적인 한계를 가지고 있었는데, 살인 피해에 있어서는 피해자의 참여가 몇 가지 유익한 성과를 내는데 도움이 된다는 점이다. 그 결과 사회적 상호작용과 문화적 관점에 기반을 둔 이론에 초점을 둔 몇 가지 설명 이론이 나타났다. 기타 이론에서는 특히, 강도에 대해서 사회적 긴장과 기회요인(social strain and opportunity)과 같은 요소를 고려하고 있다.

사회적 상호 작용 Social Interactionism

사회적 상호 작용의 접근 방식은 행위란 두 명 이상 사이의 상호 작용의 결과로 파악한다. 대부분의 사건 발생은 계획된 것이 아니며, 상호작용의 과정과 결과는 항상 불확실하다. 살인과 폭행은 대부분 계획되지 않은 행위의 대표적인 예라고 본다. 하지만, 이들은 한쪽이 사망하거나 상해를 입게 되는 불행한 결과를 초래한다.

피해자 유발(*Victim precipitation*)의 개념은 상호작용이론의 상징적인 전형이라고 볼 수 있다. 제1장에서 언급했듯이, 초기의 피해자학자들은 '피해자 유발'의 개념에 상당한 고민을 했다. 그들은 피해자의 어떤 요소가 폭력적인 반응을 촉발하는지에 대해서 연구하였다. 반면 Heitig 등은 범죄자와 피해자의 양쪽의 역동적 관계가 궁극적으로 피해자의 사망으로 이끄는 것이라고 주장했으며, 여기에 필요한 경험적인 근거를 제공한 것은 Wolfgang의 philadelphia 살인 연구이다.

Wolfgang(1958)는 필라델피아에서 1948부터 1952까지 5년 동안 발생한 경찰 기록 살인에 대한 광범위한 검토를 하였다. Wolfgang의 머릿속을 강타했던 깨달음은 이러한 살인 사건의 상당수에서 피해자의 참여가 있었다는 점이었다. Wolfgang는 150건의 사건(전체의 26%)을 피해자 참여 사건으로 분류하였다. 즉, 이러한 사건에서 피해자는 가해자의 공격을 일으켰다는 것이다. 피해자은 무기를 사용이나, 주먹의 사용, 또는 기타 다른 물리적인 공격행위를 일으키는 제 1당사자가 된다. 상대방이 여기에 보복하게 되면, 폭력은 치명적인 결과로 치닫게 되는 것이다.

Luckenbill(1977)은 살인은 "상황적 상호작용(situated transaction)"이라고 주장함으로써, 피해자의 행위에 대한 관심을 재발시켰다. 그가 의미했던 **상황적 상호작용**은 살인이라는 것은 행위에 참여한 사람들 간의 개별적인 작용과 반작용의 연쇄적인 작용의 절정에서 발생한다는 것이다. 두 행위자의 결합과, 아마도 주변의 관객은 폭력적인 상호작용의 발달에 기여를 했을 것이다. Luckenbill은 양 당사자가 어떻게 상호 대응을 하고, 여기에서의 역동성이 어떤 특정한 패턴으로 진행되고 있는지에 대해서 관심을 갖고 있었다.

참가자에 의한 움직임과 대응뿐 아니라 적대감을 추적하는 동안, Luckenbill은 이러한 치명적인 싸움은 일련의 예측가능한 단계를 거쳐 발달한다고 결론지었다. 이러한 싸움을 촉발하는 것은 일종의 모욕행위이다. 사건의 최종 피해자는 여기서 무례한 말을 하고, 언짢은 발언을 하며, 상대방을 행해서 기분 나쁜 제스처를 취하기도 한다. 두 번째 단계는 상대방(응답자)이 이러한 행위에 대해서 평가하고 받아들이는 단계이다. 다음 단계에서는 응답자는 이런 갈등의 최종 결의에 대해서 매우 비판적이며, 받는 사람의 응답은 명백한 모욕을 무시하는 대응을 하고, 상대방을 하찮게 취급하거나, 즉시 문제를 제기할 수도 있다. 예를 들어, 직접 대응은 모욕에 대하여 취소하라고 요구하거나, 보복 발언이나, 보복 행위를 하거나, 육체적인 도전을 할 수도 있다. 여기서 목표는 얼굴을 인식하고, 상대방을 위축시키며, 자신의 우수성을 입증하는 것이다.

자기의 사회적인 외관을 구하기 위한 시도가 실패하면, 상황은 네 번째 단계로 확대된다. 이 시점에서는 양 당사자는 자신의 주장을 완화하거나 철회하지 않는다. 사소한 움직임 또는 추가적인 모욕과 함께 언어적인 도전이 있을 수 있다. 어느 한 쪽 당사자가 불만을 끊지 않으면, 싸움은 일촉즉발에 달한다. 이 시점에서 공통적인 전략은 권투선수라도 되는

듯 위협적인 자세를 취하거나, 전술적으로 유리하도록 무기를 들어 보이는 것이다. 이와 같은 경고 마저도 실패하면, 어느 한쪽 당사자의 비극으로 결말이 나게 된다. 그래서, Luckenbill은 살인을 당사자들의 협상과정에서 일련의 행위와 대응전략의 결과물로 발생하는 것이라고 보았다.

Luckenbill(1977)의 뒤를 이어 따라 Felson 과 Steadman(1983)은 살인 및 가중 폭행죄혐의로 징역에 처해진 범죄사건을 복원하였다. Luckenbill의 단계를 다듬어 분석을 명확히 하였으며, '피해자 유발' 은 살인사건에 있어서 두드러진 특성이 되었다. 무기를 들고, 취했거나, 공격적인 성향의 사람이 침착한 사람보다 살해될 가능성이 높았다. Luckenbill이 설명했듯이 폭력사건은 대개 언어적인 대립에서 시작된다. 그리고 점차 위협을 가하고 회피동작을 취하는 단계에 접어든다. 심각한 결과를 피하기 위해서 필요한 것은 문제의 긴장을 완화할 수 있는 시간이다. 그러나 사건이 계속되게 되면 육체적이 공격이 따르게 된다.

피해자 유발은 심각한 폭력을 유발하는 주요 요소이다. 이러한 폭력 발생의 주요 특징은 일방의 '명예' 에 대한 공격에 의해서 촉발되고, 체계적으로 치명적인 '성격 대결(character contest)' 로 발달한다. 본질적으로, 자극 행위 자체는 최종 결과에 비해 매우 사소한 것이다. 이러한 개념화가 올바른 것인지에 대하여, Savits 등(1991)은 1978년에 필라델피아에서 발생한 살인사건 381건을 조사하였다. 각각의 살인을 쪼개서 싸움이 어떻게 시작되고, 누가 대결을 촉발했는지 주의 깊게 살폈다. 살인사건의 거의 3분의 2는 Luckenbill의 '상황적 상호작용' 의 설명과 일치했으며, 이중 절반은 피해자가 유발한 배경에 기인한 것이었다.

Luckenbill "상황적 상호작용" 접근법을 응용한 다른 이론은 친밀한 동료간 살인의 이해를 하는데 있어 유용하였으며(Swatt & He, 2006), 거리의 코드가 폭행의 빈발에 어떤 영향을 끼치는지에 대한 연구에도 응용되었다(Rich & Grey, 2005)

일상활동 THE ROUTINE ACTIVITIES /생활양식 Lifestyle Model 이론

살인 사건의 설명을 위해 다른 접근 방법은 일상적인 활동을 검사하는 것이다. 일상활동은 개인이 매일 일상의 행동을 통해 스스로를 범죄 피해의 위험에 노출할 수 있다는 사실을 말한다. Cohen과 Felson(1979)은 사회 변화가 재산 범죄의 증가를 유발한다는 것을 조사함으로써, 이러한 가능성을 증명했다. 그들은 맞벌이 가구로의 변화로 인해 주간에 가정이 방치되며, 귀중품이나 휴대품의 도난에 무방비라고 지적하였다. 동시에 이동성의 증가로 인해 범죄자들의 대상이 매우 커지게 되었다. 이와 함께, 적당한 목표, 보호의 부재, 범죄자의 범죄 동기의 증가 등이 결합하여 절도가 엄청나게 증가하였다. Hindelang, Gottfredson과 Garofalo(1978) 등은 이러한 현상을 당사자의 생활양식의 기능에 따른 것이라고 보았다. 즉, 개인의 행동의 선택(Lifestyle)이 피해자가 될 수 있는 가능성에 영향을 준다는 것이며, 이러한 접근법을 **일상활동/생활양식 모델**이라고 한다.

비슷한 설명이 개인 범죄에도 적용될 수 있다. 살인, 폭행, 강도의 경우에도 범죄를 저지르려면, 가해자와 피해자가 보호자 없이 같은 장소에서 있는 상황이 필요하다. 한 가지 예를 들자면 다음과 같다.

> 두 사람이 싸움이 자주 일어나는 바에 들렀다. 이들은 스포츠 경기에서 상대팀을 응원하면서, 내기를 걸고 있다. 접전을 펼친 끝에, 공무상 미심쩍은 전화가 걸려와 경기의 결과를 결정한다. 술을 한껏 마신 상태에서 양 당사자들은 폭력을 휘두르고, 한 사람이 칼을 꺼내서 다른 사람을 찌른다.

비슷한 시나리오는 강도 사건에도 적용이 가능하다.

> 잠재적인 범죄자는 자금이 필요하다. 지역의 바에는 혼자서 술에 취해서 남겨진 대학생들이 종종 발견되는데, 이 사실을 아는 범죄자는 학생이 캠퍼스로 돌아가는 주요 산책로에서 한 블록 떨어진 위치를 찾는다. 금요일 저녁 이곳에서 밤 11시까지 기다리다가 학생이 기숙사로 돌아가는 도중에 나타나게 되면, 범죄자는 보호해 주는 척 하면서 강도를 저지른다.

일상활동의 관점에서 볼 때, 이러한 범죄의 원인은 부분적으로 당사자의 일상생활에 기인하고 있다. 일상생활/생활양식 이론의 가치는 폭력적 행위가 발생하는 사회적 상황을 잘 이해하고 있다. 이러한 관점에서 보면 어디로 갈지, 무엇을 할지, 어떻게 나아갈지에 대한 선택이 피해자가 될 가능성에 영향을 주고 있다. 이러한 과정을 인식함으로써, 살인 사건에 대한 통찰력이 생길 수 있다.

긴장이론 Strain Theory

긴장이론을 성공하는 합법적인 수단에 대한 접근을 제공하는데 실패하면서도, 성취에 가치를 두고 있는 사회적 상황에서 비롯되는 결과를 일종의 편차로서 고려하는 이론이다. 긴장이론을 이해하기 위해서 인간은 본래 이기적 존재(Durkheim, 1933)라는 개념이 선행되어야 한다. 오늘날 세계에서는, 성공에 따르는 보상이 무엇을 소유하고 있는지에 따라서 확실하게 나타나고, 사회에서 다른 사람과 비교평가를 하는 방법이 분명하다. 누군가가 다른 사람보다 적은 노력으로 더 많이 소유하거나, 재산을 더 빨리 축적하는 것은 이들에게 단지 운이 없었다는 것을 넘어 배신감이나, 질투, 심지어 좌절을 느끼도록 만든다.

긴장에 대한 한 가지 반응은 성공이나 부를 이룩하기 위한 대안을 찾는 것이다. Agnew(1992)는 일반적 긴장이론에서 긴장상태는 여러 원천에서 비롯될 수 있다고 제시하였다. 첫째, 앞서 언급된 바와 같이 사회적 목표를 성취하지 못하는 무능력, 둘째, 바람직하고 가치있는 자극제의 상실(가정을 잃거나 실직한 경우) 셋째, 부정적인 자극에 직면한 경우이다. 각각의 경우에 개인은 범죄행위로 대응을 하게 될 수가 있다. Rosenfeld와

Fornago(2007)은 최근에 대중의 경제에 대한 인식과, 경제가 대중에 미치는 영향이 강도 및 재산범죄와 관련이 있음을 증명하였다.

학습이론 Learning Theory

사회 학습 이론은 일탈 행동의 연구에서 오랜 역사를 가지고 있다. 기본적으로 이러한 주장에서는 개인은 주변 사람들과 이를 둘러싼 환경에서 지지를 받은 행동과 태도를 배운다는 가정을 하고 있다. 다양한 학습이론 중에서 개인적 범죄에 적용가능한 이론은 첫째, 모델링(modeling)(Bandura & Walters, 1963), 둘째, 차별적 교제(diffrential association)(Sutherland,193), 셋째, 차별적 동일시(differential identificatoin)(Glaser,1956)이론이 있다.

모델링은 학습이론의 가장 간단한 형태이다. 이는 사람들은 다른 사람의 행동을 복사하거나 모방하여 학습한다고 주장한다. 대부분의 사람들은 중요한 다른 사람의 행동을 따라하려고 한다는 가정인 반면, 일부 시청자들은 미디어에 나오는 인물의 행동을 무차별적으로 따라할 가능성도 있다.

Sutherland(1939)의 **차별적 교제 이론**에서는 대부분의 사람들은 빈도, 기간, 우선순위, 강도(intensity)등이 다양하게 나타나는 대인관계를 통한 접촉으로부터 학습한다 주장한다. 개인들은 자신과 직접적인 접촉을 하고 있는 사람들 중에 형성된 지배적인 의견에 부합하도록 행동을 할 것이다. 한편, Sutherland는 미디어의 영향을 간과했는데, 이 당시에는 텔레비전이 없었기 때문이다.

Glaser(1956)은 미디어가 행동에 미치는 영향력의 잠재 가능성을 인식하였다. **차별적 동일시 이론**에서는 개별적인 접촉은 행동의 지침을 제공하는데 굳이 필요하지 않다. 미디어 특히 텔레비전을 통한 현실과 허구에 대한 방송을 통해 허용되거나 허용되지 않는 행동들에 대해서 판단지침을 제공할 수 있다. 본질적으로, 차별적 동일시는 시청자가 스크린에서 시청한 것을 모델로 삼거나 모방할 수 있다는 분명한 인식을 말한다. 이러한 전이는 미디어가 폭력성에 노출되었을 때 문제가 되기도 한다.

오늘날 매스 미디어의 영향력에 대한 가장 큰 논쟁거리는 그 폭력성에 있다. 매스 미디어가 이미 범죄와 폭력성에 중독되어 있다는 것은 논쟁의 여지가 없다. 폭력적 범죄는 뉴스와 픽션에서 모두 주요한 방송주제이며, TV 방송시간의 20%이상을 범죄와 관련된 주제에 할애하고 있다(예를 들어, Dominick, 1978; Graber,1977; Hofstetter, 1976). 심지어 우연히 TV를 보게 되더라도 범죄관련 방송에서 벗어나기 힘들다. 최근 몇 년 동안 "America' s most Wanted", "Unsolved Mysteries", "Law and Order","CSI:Crime Scene Investigation)"등 꾸준히 범죄를 다루는 정규 프로그램이 쇄도하고 있고, 법정 TV마저 등장하고 있다.

범죄관련 프로그램의 확산에 가장 방해가 되는 부분은 아마도 방송이 현실과 괴리가 있다는 점일 것이다. 단지 매우 자극적이고 끔찍한 범죄만이 방송에서 다뤄진다. 폭력범죄, 특히 살인은 현실에서의 실제 발생에 비해서 과도하게 방송되고 있다. 그리고 세부사항은 종종 왜곡되고 만다. 게다가, 방송은 단지 범죄의 결과에 초점을 맞춘 짧은 스토리에 불과하다. 범죄는 단순하고 장악력 있는 스토리로 다루기에 좋아 보이지만, 이러한 폭력 범죄에 대한 노출은 대중을 둔감하게 한다.

여러 연구자들이 미디어가 행동에 미치는 영향을 조사하였다. 가장 간단한 수준부터 보면, Gerbner 등(1978,1980)과 Barrile(1980)은 일반 대중은 범죄에 대해 답변을 할 때, 실제로 발생했던 내용보다, 오히려 미디어에서 방송된 것에 부합하는 답변을 한다고 증명했다. 그러나, 보다 중요한 점은 미디어가 시청자들에게 동일한 행동을 유발할 수 있느냐 하는 점이다. Belson(1978)은 매우 높은 수준에서 폭력의 실질적인 묘사에 노출된 사람은 좀 더 심각한 폭력행위를 저지를 경향이 있다고 보고했다. 이와 유사하게, 격투기나 각색된 자살에 대한 연구는 이러한 방송이 있은 후에 살인이나 자살이 매우 증가하였음을 발견하였다.

비디오 게임에의 노출과 폭력적인 행동사이의 관계도 학술적인 관심대상이 되었다. 일부 연구가 상당한 연관 관계를 보고한 반면, 이러한 효과가 존재하지 않는다는 주장도 있다. 의견이 갈림에도 불구하고, 어떤 연구자는 극도로 폭력적인 비디오 게임에 빠져 13명을 살해하고 24명의 중상자를 발생시킨 컬럼바인 고등학교 총기사건(1999)과 32명을 살해하고 25명을 부상케 한 버지니아 테크 캠퍼스 학살사건(2007)을 지적하기도 하였다(Ferguson, 2007a). Ferguson(2007b)에 따르면, 비디오 게임 노출에 관련한 문헌은 결점이 너무 많아서 현재로서는 최종적인 결론을 내리기 불가능하다고 한다.

그 이유 중 한가지는, 연구자들은 일반적으로 공격적인 행동과 폭력범죄를 연결짓는 방법을 사용하지 않았다는 점이다. 또 다른 우려는 전형적인 연구대상으로 연구풀을 대학생, 고등으로 구성함으로써, 폭력에 노출된 사람을 대상으로 해야 한다는 점을 간과했다는 점이다. 마지막으로, 출판사의 기조가 영향을 끼쳤다. 즉, 출판사의 편집자는 중대한 발견이 있는 연구를 출판하고 싶어하며, 중대한 관계를 밝혀내는데 실패한 원고는 거절하는 경향이 있다. 이러한 편집자의 경향이 당연히, 지식이 소비될 것인지를 사전 결정하게 된다. 이러한 모든 문제와 함께 새로운 연구결과를 검토하여, Ferguson(2007a)는 "비디오 게임 분야의 연구자들은 방법론적으로 명확한 방식에 의해서 이론을 증명하기 보다는 결과를 증명하는데만 관심이 있을 뿐이다"라고 꺼림찍한 결론을 내기에 이른다.

공격적/폭력적인 포르노에 노출되면 폭력적인 범죄행위로 연결될 수 있다는 주장이 있다. (Donnerstein, 1980; Donnerstein & Hallam, 1978; Meyer, 1972; Shope, 2004; U.S.

Attorney General's Commission on Pornography, 1986; Zillman, Bryant, & Carveth, 1981). 예를 들어, 처형되기 전 연쇄살인범 Ted Bundy는 그의 폭력성의 분출에 대해서 포르노를 탓했다. 게다가, Andison(1977)의 텔레비전의 폭력성에 대한 연구에서는 미디어와 폭력성사이에 양의 상관관계가 있다고 결론지었다. 이러한 관계는 최근 몇 년간, 더욱 강해졌으며, 이는 시간이 지날수록 미디어 폭력에 대한 노출정도가 더욱 축적되었기 때문일 것이라 여겨진다.

미디어와 행동간의 관계를 설명하기 위한 거시적인 수준의 연구외에도, 개인들이 텔레비전의 폭력행위를 모방한다거나, 미디어에 의해서 폭력성이 증가했다는 사례를 설명하기 위한 개별적 연구들은 매우 많다. 반면에 미디어와 폭력성의 연관성에 대한 증거는 결정적이지 못하며, 인과관계를 지지할 수 있는 수준의 연구를 극소수에 불과하다. Huesmann과 Malamuth(1986)은 미디어의 폭력에 과도한 노출은 적어도 시청자를 더욱 공격적이 되도록 영향을 줄 수 있다고 주장한다. 그러나, 이러한 인과적 매커니즘이 실제로 어떻게 작동되는지에 대해서는 불분명하다. 매스 미디어에서 묘사하는 폭력이 개인의 폭력적이 되도록 자극한다는 주장이 논리적이긴 하지만, 반대로 공격적인 행위를 저지르는 사람이라도 TV의 폭력을 단순히 방송상에서 즐기는 것 뿐이라는 주장도 그럴듯하다. 연구자들이 확실하게 이 관계의 방향을 정립하지 못했음에도 불구하고, 매스 미디어가 사회의 폭력수위가 높아진데 주요한 역할을 했다는 것에는 의심의 여지가 없다.

"폭력의 지역문화" 이론 The 'Regional Culture of Violence' Thesis

하위문화 이론(Subcultural theories)은 사회 내의 단체와 개인은, 더 큰 문화의 규칙과 규정을 위반할 수 있는 일련의 하위조직의 규범에 따라 행동한다는 입장을 취한다. 하위문화를 규정하는 것은 쉽지 않다. 일반적으로 하위문화는 가치, 신념, 아이디어, 전망 및 어느 정도 큰 문화와 차이가 나게 다른 의미를 지닌 개인의 집합이다. Cohen(1955)과 Miller (1958)의 초기 하위문화이론은 비행청소년과 하위층 남자가 공격적이고 범죄적인 행동에 더 영향을 받기 쉽다는 것을 보여주는 시도를 했다. Wolfgang과 Ferracuti (1967)는 문제있는 폭력의 하위문화는 폭력의 이용을 통해 해결된다고 단언했다. 이 하위문화의 회원들은 폭력의 이용으로 갈등을 해결한다는 믿음을 가지고 있다.

하위문화이론 생각은 살인과 가중폭행 행동이 행동의 지역문화와 연관이 있다는 토론을 갖게 했다. 수년간 미국의 남부지방은 살인과 폭행의 증가 속에서 국가주도의 의심스러운 구분을 하였다. 사실 남부지방은 여전히 높은 살인과 폭행의 증가로 유명하다(표 4-13 참조). 상상적으로 폭력범죄율의 차등 분포는 상당한 학술적 관심을 모으고 있다. '폭력범죄율의 차등분배'는 사실 시간과 공간에 걸쳐 균일하게 분산되지 않는다. 다시 말해, 모든

표 4-13 살인과 가중폭행의 지역 비교

가중폭행	지역 비율	지역 증가율	살인 비율	살인 증가율
북동부	13.9	3.8	14.2	207.5
중서부	20.0	4.6	18.9	227.8
남부	44.8	6.0	44.5	316.5
서부	21.3	4.5	22.5	253.2

출처: Compiled by authors from FBI (2010b). *Crime in the United States 2009: Expanded Homicide Data Table 2: Murder Victims by Age, Sex, and Race, 2008.* Washington, DC: U.S. Government Printing Office. Retrieved September 14, 2010, from http://www.fbi.gov/ucr/cius2009/offenses/expanded_information/data/shrtable_02.html.

조건이 동일하다면 지역별 희생자율은 서로 동등해야 한다. 불균형한 관찰은 이러한 차이를 측정하는 방법에 대한 의문을 야기시킨다.

Gastil (1971)는 몇 년 간 살인율을 검토한 후, 안정되고 흥미로운 패턴(유형)을 발견했다. 살인율을 남부에서 꽤 두드러졌고, 이 지역에서 멀어짐에 따라 그 비율이 감소하였다. 남부지방의 경계에 있는 주는 살인율이 상승했지만, 이 수치는 남부지방에서 발견했던 것만큼 높지는 않았다. 남부에서 멀리 떨어져있는 주일수록, 지속적으로 살인피해자율이 감소하였다. 이러한 관찰을 통하여 Gastil(1971: 414)는 계속된 살인율의 차이는 지역문화의 차이에 의하여 가장 잘 설명된다는 의심을 품게 했다.

Gastil(1971)에 따르면, 폭력을 허용한 남북 전쟁 이전에 독특한 남부문화가 존재한다. Gastil는 폭력에 향한 이 지역의 경향을 지지하는 다양한 문화 흔적들을 지적했다. 이것에는 노예, 총기소유, 결투, 강력한 군사전통, 개척지생활과 남성간의 과도한 명예심 표출 등이 포함된다. 이러한 폭력적인 유산은 남부지방 사람들을 다른 미국인들과 구별하게 한다. 이러한 문화의 자취 영향으로 용인될 수 있는 행동반응으로써 폭력의 이용에 민감성이 줄어든다.

남부에서 태어나 자란 사람들은 이 "남부다운(Southernness)"문화의 전파자가 된다. 남부사람들은 자신들의 자손이 이 규범시스템에 들어오도록 되풀이하여 가르치는 것은 물론, 그들이 가는 곳마다 이 폭력적인 성향을 전파한다. 이 감염모델을 규정하는 것은, 남부사람들이 정착한 지역은 점점 감염되고, 차례로 살인 피해자율에 있어 증가하는 특징이 있다는 점이다.

Gastil (1971)는 어떻게 정착기원에 다라 살인율이 반응하는지를 보기위하여 남부지방의 이주를 추적했다. 이 인구이동의 추적을 돕기 위하여 Gastil는 남부스러움의 색인을 규정했다. 남부지방에서 태어난 사람은 이 측정에서 최고점수를 받는다. 남부사람들의 정착이 희박한 지역은 이 모형의 하단에 위치한다. 따라서, Gastil의 남부스러움 색인은 이주유형에 따라 문화적 확산을 추적하는 시도이다.

1960년의 살인 희생율과 인구조사의 경험적인 분석은 남부스러움의 색인과 살인 사이의 놀라운 경험적 관계를 보여줬다. 그 결과 Gastil(1971)은 남부스러움이 미 전역에 걸쳐 살인 희생율의 차등분포에 이유가 된다고 결론내렸다. 폭력의 지역문화 이론이라고 불리우는 이 발표는 결국 경험적 연구의 큰 실체를 양산했다.

문화적 과제

"폭력의 지역 문화"이론은 Loftin와 Hill(1974)에게 즉각적인 도전을 받았다. 그들은 문화를 직접 측정하는 대신에, Gastil(1971)은 대리로 지리적 위치를 선택했다고 밝혔다. 이 연구자들은 해당 주의 살인율에 그들의 구조적 빈곤 색인(지수)-높은 유아 사망률, 낮은 교육, 저소득과 같은 다양한 변수를 반영함-를 더하여 다시 분석했다. 그들은 또한 소득불평등의 측정을 분석에 추가했다. Loftin와 Hill (1974)은 Gastil의 남부스러움 색인의 통계적 효과가 실제적으로 아무것도 아닌 것을 밝혀냈다. 그 대신에 구조적 빈곤 지수와 소득불평등의 측정이 살인수준의 강력한 예측 기준이 되었다. 즉 기본적으로, 이 연구자들은 남부스러움이 살인 희생률의 차등 분포를 이해하는 중요한 요소가 된다는 것에 심각한 의문을 제기하였다.

또 다른 반대의견은 연구자들이 거시적인 기준에서 이동하여 미시적인 수준에 집중하였다. 여기에는 Gastil의 "폭력 문화"라는 개념이 다른 규범적 가치체계의 존재에 달려있다는 것이다. 다시 말해, 하위문화의 회원은 폭력을 합법적인 행동 반응으로 허용하는 독특한 태도 시스템을 준수한다는 것이다. 지배적인 문화와 다른 이 개인적 믿음 체계는 직접적으로 남부사람들 사이의 대인 폭력의 높은 발생율의 원인이 된다.

반복된 시도에도 불구하고, 연구자들은 폭력과 연관된 남부전통을 식별할 수 없었다(Doerner, 1978c, 1979; Erlanger, 1974, 1975). 사실 남부사람과 비남부사람 간, 비남부사람과 지역을 떠난 이민자간의 폭력에 대한 어떠한 태도적 차이도 나타나지 않았다. 이러한 조건 하에서, 다른 지역적 태도 구조의 존재를 뒷받침하는 어떠한 내용도 나타나지 않았다. 따라서 Gastil의 **감염이론**(남부사람들이 폭력전통을 전파한다)은 기초가 부족하다.

지역적 과제

과제의 두 번째 문제는 거시적인 수준에 머물러 있다. 초점은 살인 희생율의 생태학적 분포에 있다. Gastil의 남부스러움 색을 자세히 살펴보면, 모든 남부지방은 같은 점수를 받는다는 것을 알 수 있다. 이 관찰은 남부스러움은 전체 남부지방에 걸쳐 균일하게 분포해야한다는 것을 의미한다. 결과적으로, 만약 남부스러움이 살인율의 차등에 이유가 된다면, 남부지방은 전체 남부 주에 걸쳐 유사하거나 비슷한 살인희생율이 나타나야 한다.

1940년부터 1970년 까지 10년 간격으로 살인율을 살펴보면, 중요한 비지역적인(intraregional) 차이를 알 수 있다. 다시말하면, 무덤은 같지 않다(grave dissimilarities abound 살인율이 같지 않다). Gastil이 연구하였던 같은 데이터 공급을 이용한 장기적인 분석은, Gastil이 설명하였던 당시 같은 시간과 공간의 관점에서 지역균등의 가정을 입증하지 못하였다. 지역살인율의 이전 연구와 결합하면(Doerner, 1975), 다음과 같은 결론을 얻는다(Doerner, 1978b: 93).

> 만약 "폭력의 지역문화"가 존재한다면, 그것은 1940년 이전에 존재할 것이다. 따라서 "폭력의 지역문화"용어는 같은 시대의 남부지역에 적용하였을 때 잘못된 개념인 반면에, "남부스러움"이 한 시대에 존재할 가능성과, 이민자들이 남부지역에 걸쳐 흩어져 존재할 가능성을 배제하지 않는다면 가능하다.

신흥이론 차원의 의료공급 Medical Resources as an Emerging Theoritical Dimension

Gastil의 지역 문화 이론을 지원하는 경험적 증거의 실패는 살인과 폭력이 지역별로 다르게 배포하는 이유의 질문을 남긴다. 또 다른 방법은 단순한 위협 또는 말로 빈정거리는 것에서 경미한 부상(단순 구타)이나, 매우 심각한 신체적 상해(가중된 폭력)로 사망결과가 발생하게 되는 것에 이르기 까지 불법적 폭행을 사실에 비추어 질문을 하는 것이다.

이러한 맥락에서 볼 때, 하나는 연속에서 폭력적인 행동을 찾을 수 있다. 앞서 이 장에서 언급한 가중된 폭행은 일반적으로 "죽음 또는 큰 신체 상해를 위한 무기의 사용"과 함께 "심각한 또는 가중 신체 부상을 가하기 위한 불법적인 공격"을 말한다. 어떤 의미에서, 살인은 성공적인 가중된 폭행에 불과하고, 반면 가중된 폭행은 살인미수가 될 수도 있다.

사건의 결과에 전적으로 관심을 집중하게 되면 폭력은 과정이며 사망이 하나의 가능한 결과라는 사실을 무시한다. 무기 소지 여부와 상관없이 육체적인 충돌에 한 두 당사자가 있다고 해서, 이러한 충돌이 자동적으로 사망이라는 결과로 이어지는 것은 아니다. 상처를 입게되더라도 치명적이지 않은 부상으로 유지된다(Weaver 등, 2004). 게다가, 이들이 생명을 위협하는 중대한 피해를 입더라도 사망이라는 결과가 당장 발생하는 것은 아니다. 신속하고 적절한 의료 조치는 생명을 유지하는데 중요한 역할을 하며, 살인 통계로 이어지는 것을 막아준다. 총기는 2009년도 발생한 살인사건 세 건 중 두 번에서 등장했으나, 가중폭행에서는 다섯 건 중 한번 꼴로 나타났다(FBI,2010a). 이러한 규칙성은 총기 사건이 다른 부상에 비해서 의료적 관심을 더 받게 된다는 사실 때문일 것이다. 따라서, 의료 공급이 치명상의 발생율에 미치는 잠재적인 영향을 폭력범죄를 더 조사함으로써 알 수 있다고 생각된다.

의료 공급의 영향 The Impact of Medical Resources

의료에 대한 연구에서 한가지 전문 영역은 외상(外傷, Trauma) 관리이다. 의료연구에서 하나의 전문 영역이며, 의학적 관점에서, 외상은 손상의 원인과 상관없이 모든 신체 상해를 말한다. 외상의 예를 들면 교통사고 부상, 산업 사고, 자살, 중독, 익사, 심장 마비, 화상, 상처, 그리고 총소리가 있다. 외상 관리의 중요한 한 가지 목표는 외상 유발 사망률을 줄이는 것이다.

외상 관리 연구 분야에서, Doerner(1983)는 응급 환자 수송, 현장 치료, 병원 응급 치료 및 수술 후 회복을 살펴보았다. 여기서 도출된 한 가지 일반화는 특수 교육을 받은 구급대의 배치와 결합되는 빠른 구급차 응답 시간으로 환자 생존의 확률이 증가한다는 것이었다.

의료 전문가들은 중상을 입은 사람이 살아남기 위해서 의료 조치를 받는데 필요한 시간대 즉, 황금시간(golden hour)에 대해서 언급한다. 두 번째로 발견한 것은 응급환자의 빠른 후송이 생존을 보장하지 않는다는 것이다. 대부분의 병원은 심각한 외상 사건을 충분히 처리할 능력을 갖추고 있지 않다. 그들은 적절한 기술 시설이 부족하고 특별히 교육받은 직원이 없다. 대신, 중요한 부상 사건의 구급차는 더욱더 특별히 지정된 외상 센터로 향하는 것이 좋다. 이곳에서 환자는 최신 기술을 갖춘 전문 의료팀으로부터 집중적인 치료를 받게 될 것이다. 그러나, 이러한 모든 조치가 여전히 죽음에서 자동으로 '구제'를 보장하지 않는다. 부정확한 환자 평가, 사후 수술 감염 및 기타 장기적인 합병증 등 지속적인 위험이 존재하고 있다.

살인율과 같은 의료 지원은 시간과 공간에 따라 다르게 분포되는 것을 지각하는 것이 중요하다. 내과의사의 집중과 분포는 도시화의 정도, 공동체의 크기, 삶의 질, 그리고 병원 시설의 가용성의 영향을 받는다. (Anderson, 1977; Begun1977; Eyels & Woods, 1983; Frenz주, 1991; Marden 1966; Reskin & Campbell, 1976; Rushing, 1975; Rushong & Wade, 1973). 커다란 의료전문화의 알려진 결과 중 하나는 영아사망률의 감소와 사망률 또는 질병 패턴의 변화이다(Anderson, 1977; Begun, 1977; Friedman, 1973). 이 증거를 감안할 때, 상대적으로 적은 의료지원을 받는 지역이, 그로 인해 범죄 폭행에 따른 치명상의 발생율이 높을 것이라는 예측은 타당하지 않다. 또한 이는 남부성의 영향 때문이 아니라, 충분한 응급 의료가 제한되어 있기 때문이다.

경험적인 증거 Empirical Evidence

이상의 상황을 감안할 때, Doerner(1983)는 국내 살인 발생율을 조사함에 있어서 의료상의 여러 가지 지표에 대하여 남부지역에 나타나는 특성을 제외하였다. 결론이 완전히 결정되지 않았지만, 그들은 추론의 방향을 지지하는 몇 가지 고무적인 지지를 제공하였다.

이러한 결과에 자극받아, 두 번째 연구는 플로리다 카운티에서 시행되었다(Doerner & Speir, 1986). 다시 한번, 의료공급의 겸허한 지원에 대한 논의가 발생했다. 이러한 결과에 힘입어, 세 번째 연구는 좀 더 세밀한 의료 공급 조치가 도입되었다(Doerner,1988) 그러나, 역시 의료공급, 특히 응급 수송은 부분적으로 이미 치명적인 범죄이기 때문에 어쩔 수 없이 사망률을 유도하는 일부 표시가 발생했다.

누적 증거가 플로리다의 특유의 상태로 인한 것일지 모른다고 우려하여 Long-Onnen and Cheatwood (1992)는 델라웨어, 메릴랜드, 펜실베니아, 버지니아 및 웨스트 버지니아 다섯 개 주에서 의료 공급 실태를 살펴보게 된다. 그들의 데이터는 의료 공급이 살인율의 변동에 기여하는 개념에 대해서 제한된 지지를 보여주었다. 유사한 사례로, Alabama의 여성 살인 범죄자 기록의 사례에서는 피해자의 사망과 관련하여 응급의료서비스에서 인종적 차별대우가 있었다고 한다(Hanke & Gundlach, 1995). 또한, Giacopassi 및 Sparge (1992)는 1935년, 1960년 및 1985년의 멤피스 경찰 살인사건 파일을 통해 구조 불가능한 사건의 상황에 대해서, 다음과 같이 결론지었다.

> 현재의 데이터는 다양하게 해석될 수 있으며, 의료 지원이 있은 후에 이전 같았으면 살인 통계에 많은 생명을 구했다는 것을 증명할 수는 없지만, 증거들은 확연히 이런 주장에 무게를 실어주고 있다. 점점 더 효율적인 구급 서비스, 더 나은 도로와 고속도로, 더 나은 훈련을 받은 의료진, 향상된 통신 시스템, 더 많은 병원과 외상 센터, 더 숙련된 의사, 그리고 의학 및 의료의 진보를 총동원 하여 모든 America'의 살인율을 억제해야 하는 것이 논리이다.

마침내, Harris와 그의 동료들 (2002)은 1960년부터 1999년까지의 기간 동안 살인과 가중폭행에 대해서 광대한 분석을 하였다. 그들의 결과는 의료 공급이 살인과 가중 폭행죄 통계의 생산에 극적인 영향을 미쳤다는 개념에 더 신빙성을 부여한다. 해리스와 그의 연구팀의 결론은 다음과 같다(2002:130).

> 1960년과 비교하여, 우리의 의료 기술이 발전하지 않았다고 한다면 지난 5년간 마다 45,000명에서 70,000명 사이에 살인 피해가 생겼을 것이라고 예측하였지만, 실제로는 그 대신에 15,000명에서 20,000명의 살인 사망자가 발생했다.

기타 문제들 Some Remaning Issues

이러한 연구 활동의 초기 흐름 단계에는 의료 공급 주장이 타당하며 더욱 더 고려해 보아야 할 사안이라고 제안한다. 사실, 저널 "살인 연구"(Homicide Studies)의 편집 위원회에 의해 제안된 이른바 "Wish List"에서는 이러한 결합에 대한 연구의 진전을 요청하고 있다(Smith, 2000). 어떤 보람 있는 이론적 발전이 실현되기 전에 더 많은 작업이 남아있다.

몇 가지 방향을 살펴보자면, 알코올의 역할에 대한 근접 관찰, "검시 방법"의 응용, "부상의 심각성에 대한 인덱스"등이 있다.

피해자학 및 응급의료 연구의 지식에서 알코올은 외상(trauma) 사건의 공통적 요소이다. 범죄학자들은 일반적으로 알코올의 특징은 사회적 윤활제라고 한다. 그들은 알코올의 섭취가 사람들을 진정시키고, 사회적인 억제를 내려놓으며, 강제력의 사용에 대한 제한을 완화하고, 억제된 적대감을 느슨하게 한다고 주장한다(Hepburn, 1973; Kantor & Straus, 1987; Wolfgang, 1958). 또한 알코올의 섭취는 반사작용, 육체적인 민첩성을 둔화시킨다는 추론도 있다. 이는 개인의 인식을 왜곡하고, 반응시간을 지연시키며, 폭력적 공격의 경우 충분한 자기 방어를 할 수 없도록 만든다.

알코올 섭취에서 자주 간과되는 한 가지는 이것이 적시의 의료개입을 방해할 수 있다는 것이다. 음주는 심장순환계 시스템을 방해하고 중추 신경계를 침체시킬 수 있다. 가끔, 시간문제가 본질적으로 중요한 경우에, 이러한 육체적인 반응은 정확하고 결정적인 진단을 하는데 장애가 된다. 예를 들어, 학생의 경우 음주 후의 통상적인 신체 반응은 이완 현상이다. 주치의는 폐쇄성두부손상(closed-head injury)의 가능성을 염두하여 알코올이 환자의 진정한 신체상태를 가리고 있는 것은 아닌지 판단해야 하며, 또한 신체상태가 뇌손상과 관련하여 상당한 증상을 보이는지 판단해야 한다(Horton, 1986; Jurkovich et al., 1993; Stone et al., 1986; Woolf et al., 1991).

추가적인 정보가 없을 경우, 의사는 좀더 결정적인 혈액 검사가 나올 때까지 치료를 연기하거나, 위험을 무릅쓰고 한 가지 치료를 택할 수도 있다. 실제로 응급 의료 연구에 있어서 전반적으로 일치하는 사항은 모든 병원내에서 20-30%에 해당하는 외상관련 사망자 발생은 피할 수 없다는 것이다(Chan, Ainscow, & Sikorski, 1980; Davis et al., 1991; Dove, Stahl, & Delbuircio, 1980; Hayward & Hofer, 2001; Kreis et al., 1986). 이러한 효과가 인식되지 않은 중에, 일부 범죄학 연구는 동일하게 취약한 상황에서 생존자에 비하여 사망피해자의 알코올 및 약물 수준이 높다는 것을 보여주었다.

일반적인 병원 관리의 기법은 환자가 적절한 치료를 받고 있는지 확인하기 위해 정기적인 사후 리뷰를 실시하는 것이다. 이 도구는 의학 연구에서 '부검 방법'이라고 불리며, 병원내에서 피할 수 있는 사망자를 감소시키는데 사용된다. 만약 체계상의 문제가 떠오르면, 병원이 이러한 경우에 표준 운영 절차로서 다른 치료 프로토콜을 받아들일 것이 제안될 수 있다(Enderson et al., 1990; Ivatury et al., 1991). 이렇게 지속적인 모니터링을 통해서 외상 센터(trauma center)는 의학적 발전과 새로운 장비를 이용할 수 있게 된다.

응급실에 입실하게 되면 일반적으로 '먼저 도착하면 먼저 치료한다'는 원칙이 있어, 일반적인 의사의 진료를 받을 수 없다. 보통, 응급실에 입장하는 중에 병원 관계자는 환자의 심각성을 선별하게 된다. 즉, 입장하는 환자는 부상의 정도 및 심각성에 따라 등급을 부여받게 된다. 이러한 전략은 더 심각한 부상을 입은 사람이 덜 심각한 사람보다 우선순위에 서게 되는 순서를 만들게 된다(Thayer, 1997).

폭력 범죄 피해자에 의해 발생한 신체 상해의 정도를 측정함에 있어서 피해자학적인 노력은 거의 없었다. 한 연구자는 "약식 부상 진단"응용 프로그램과 "부상 심각도 점수"가 일련의 조사에 엄청난 편의를 제공할 수 있다고 제안하였다. Allen(1996)은 이러한 외상 측정 척도가 개발되면 차량사고 조사요원이 자동차의 안전도 기준을 결정하는데 도움을 줄 수 있다고 설명하였다. 그의 제안은 이러한 지수들을 이용하면 범죄 피해자의 유형과 부상정도에 등급을 매기고, 생존자의 패턴을 모니터할 수 있다는 것이다. 반면, 다른 연구자들은 이러한 측정법이 의료적 기록으로 적용되는 것에 대하여 염려를 나타내고 있다(Giacopassi & Sparger, 1992). 이러한 비판은 극복하기 어려운 것이다(Safarik & Jarvis, 2005). 적당한 훈련과 적절한 서류작성을 통해, 이 도구는 지속적인 환자 등록 절차에 통합될 수 있다. 실제로 보다시피, 여기서 설명된 바와 같은 다학제적인 노력이 유지된다면 꽤 가능성이 있다고 보이며, 살인 피해자의 통계 산출에 대한 이해도를 높여줄 것이다.

피해자 지원 ASSISTING THE VICTIM

개인 피해의 영향은 다양한 형태로 나타날 수 있다. 강도로 인한 재산피해 또는 살인 및 폭행과 관련한 의료비용과 관련한 경제적인 충격뿐만 아니라, 범죄로 인한 심리적, 감정적인 피해도 있다. 국립범죄피해센터(NCVS,2008)는 심리적/정서적인 문제의 영역에서 피해자의 응답 유형을 나열하였다. 이는 충격, 불안, 분노, 불신, 절망, 공포, 우울증, 무기력, 수치심, 죄책감 등이 포함되어 있다. 그러한 범죄 피해를 겪은 사람들이 스스로를 가두고 고통받는 것은 드문 일이 아니다. 불행히도, 폭력 피해자의 지원책은 주로 범죄의 신고 방법, 형사사법시스템의 이용 방법, 보상을 청구하는 법을 알려주는 쪽으로 확대되어 있다. 위에서 나열되었던 문제들의 대처에 대한 도움은 거의 없다. 이 장에서는 균형상 가장 심각한 개인적 범죄인 살인에 대한 대응을 살펴보도록 한다.

죽음은 많은 사람들이 논의를 피하는 주제이다. 사실, 죽음은 금기 대상이기도 하다. 죽음에 대해 생각할수록 수 많은 걱정이 떠올라 많은 사람들은 이 이야기를 피한다. 누군가 사망할 때마다 누군가는 사망자의 가족 및 친지, 주변인에게 이를 알려야 한다. 사망 소식을 전하는 통지자는 다양한 반응에 대한 대처를 미리 준비해야 한다. 이 소식을 듣는 사람은 즉시 소식을 전달하는 과정을 시작한다. 초기에 통지를 만드는 방식이 슬픔의 과정에 영향을 줄 수가 있다. 이하에서는 사망 통지 절차를 논의하고, 이후에는 고인과의 사별과정을 다루도록 한다.

사망 통지 Death Notification

사망 소식을 알리는 것은 유쾌한 일은 아니다. 이 일은 종종 법집행 공무원, 피해자의 변호사, 의료기관이나 검시기관의 대표에게 주어진다. 많은 기관에서 표 4-14에서와 같은 공식적인 정책을 택하여, 사망소식을 통지하는 직원을 활용하도록 하고 있다. 명시적인 정책이 없는 경우에도, 사망 통지는 통상 다음의 4단계를 거치게 된다(Byers, 1991; Hendricks, 1984). (1) 정보 수집 (2) 제어 및 방향 (3) 평가 (4) 추천(소개)

사망 통지의 첫 단계는 관련 정보를 수집하는 단계이다. 소식을 전달하는 사람은 전달받는 사람이 궁금해 하는 질문에 대해 준비하고, 적당한 대응을 미리 결정해야 한다. 여기서 가장 중요한 요소는 고인의 신분에 대한 정보를 수집하고 검증하는 것이다. 이름, 성별, 나이, 주소, 그리고 기타 개인적인 신원정보는 매우 중요한 사항들이다. 생존자에 대한 유사한 정보 수집 또한 필수적이다. 사망을 둘러싼 시간과 장소 등 배경에 대한 정보 역시 중요하다. 실제 통지를 만들기 전에 전달자는 적절한 통지의 대상이 있는 곳에 찾아왔으며 대상자가 맞는지 확인해야 한다.

사망 통지 절차의 2단계는 제어 및 방향설정이다. 이 역시 유족 또는 가족에게 불행한 소식을 알려 상황을 정리해야 하는 통지자의 책임이다. 전달자는 사실적이고, 솔직하고, 신중한 단어의 선택을 해야 한다. 전문가는 '그는 더 좋은 곳으로 가셨다' 또는 '그녀는 하늘에서 우리를 내려다보고 있다'와 같은 완곡한 표현을 피하는 것을 오히려 조언한다(Byers, 1991; Hendricks, 1984).

표 4-14 사망 통지 절차에 관한 법 집행 기관 정책

A. 관내의 사망 통지

1. 관내에 사는 사망자의 근친자가 심각한 부상을 입거나, 병환이 있는 경우, 경찰관(담당 공무원)이 직접 모든 통지를 한다. 그러나 여건이 안 될 때에는 해당 경찰관은 커뮤니케이션 센터에 연락하고, 다른 직원에게 파견하여 통지를 하도록 한다.
2. 통지를 하는 경찰관은 전문적이고 사려 깊은 방식으로 소식을 알리기 위해서 가능한 많은 정보를 가지고 있어야 한다. 가능하면 다른 직원간 또는 커뮤케이션 센터와의 연락은 전화를 사용한다.
3. 경찰관은 자신의 임무를 처리하는 동안 인척에게 소식을 통지하는데 모든 합당한 노력을 다해야 한다.
   a. 경찰관은 병원이나 다른 기관에 통지를 하러 자리를 뜨지 않는다.
   b. 경찰관은 범죄 기록을 참조하여 통지를 받을 사람의 이름과 관계, 사망 시각 등을 참고한다.
4. 경찰관은 가능하면 통지 후에는 대기를 하고, 필요하면 친인척에게 추가적인 지원을 제공한다.
   a. 성직자 연락
   b. 의료지원 연락
   c. 다른 가족들에 연락

출처: Tallahassee Police Department (2007). *Policy Manual: Death Notification.* Tallahassee, FL: City of Tallahassee.

유족(인척)에게 영향이 미치기 시작하면 세 번째 단계에 도입한다. 평가 단계에서 통지자의 임무는 유족이 혼란스러운 소식에 어떻게 반응하는지 살피는 것이다. 소식을 듣는 사람이 자책을 하는지, 자살과 같은 자멸행위를 하는지를 살피는 등 통지자는 관심을 갖고 안내를 하며 이러한 마음에서 벗어날 수 있도록 도와주어야 한다. 만약 상황이 악화되는 경우, 다른 지원자(종교인, 의사, 피해자의 변호사, 다른 유족이나 이웃 등)가 더욱 도움을 줄 수 있도록 조치한다. 이 단계의 목표는 유족들의 안녕을 지키기 위한 것이다.

마지막 단계는 추천(referral)이라고 한다. 유족은 많은 슬픔에 휩싸이게 될 것이다. 그들은 당장 장례식을 어떻게 치러야 하는지, 의료 검사 기관에서 사체를 옮길지 여부, 경찰 절차는 무엇인지와 같은 정보가 당장 필요하게 된다. 현장을 떠나면 통지자의 모든 상황이 종료되는 것이 아니라는 점이 중요하다. 응급 조치자는 때로는 이러한 사건에 깊게 관여하여 공식적인 절차가 끝난 이후에도 개별적인 감정으로 살펴보곤 한다(Hendricks, 1984; McCarroll et al., 1993; Walker, 1990). 많은 기관에서는 거대한 재난이나 참사가 있은 후에는 직원들에 대해 사후 보고 회의(Debriefing session)를 갖는다. 이 목적은 위기동안에 직원들이 겪은 스트레스 반응을 완화하기 위한 것이다. 이러한 세션을 통해서 근무자들은 감정을 환기하고 사건 중에 부족했던 업무정보를 받으며, 일상으로 다시 돌아가게 된다.

사별 과정 The Bereavement Process

제8장에서 다루게 될 내용으로, 재앙(재난)을 겪는 사람들은 필연적으로 위기속에서 자신을 찾게 된다. 특히, 살인으로 인한 중요한 사람의 죽음과 같이 갑작스럽고 감정이 무너지는 사건은 순식간에 유족을 위기속으로 몰아넣는다. 전문가의 위기 대응 및 회복 주기에 대한 지식을 바탕으로 회복은 보통 매우 예측 가능한 방식으로 진행된다.

대부분 살인사건과 관련하여 경고의 부재는 유족이 끔찍한 뉴스를 미리 준비할 수 있는 기회를 주지 않는다. 죽음이 임박하여 곧 발생할 것 같을 때와 같이 충격을 흡수 할 수 있는 준비에 대하여 살인사건의 유족은 슬픔을 준비할 수 있는 호사를 누리지 못한다. 예를 들어 노인에 대한 불치병의 진단에 대해 유족은 불가피한 상황에 대해서 준비를 할 수 있다. 이러한 사전 경고는 사람들에게 앞으로 발생할 일을 일깨워 주고, 적절한 대응기제를 찾을 시간을 준다. 살인 사건의 유족은 이러한 준비가 없다. 그들은 어떤 사전 경고나 준비할 기회없이 갑작스런 위기상황에 던져지는 것이다.

대부분의 살인 사건 피해자가 40세 미만의 남성이다. 이러한 인구 통계학 자료가 의미하는 것은 살인사건의 유족은 앞으로 더 많은 시련에 직면하게 될 것이라는 점이다. 일반적으로 사고 당시에 대처하는 것이 오히려 사후에 있을 일보다 더 쉽다(Detmer & Lamberti, 1991; Parry & Thornwall, 1992). 인생주기의 관점에서 보면, 대부분 남성들은 가정을 이뤘을 것이고, 그들의 자녀는 아버지 없이 자라게 된다. 미망인은 재정적인 부담을 포함해서 모든 가족의 책임을 떠맡게 된다. 사회보장과 보험이 일부 도움이 될 수 있지만, 핵가족 구성원의 역할은 대개 바뀌게 된다. 성숙한 자녀는 어린 동생을 돌보는 역할을 맡아야 한다. 일부 여성들은 좀더 안정적인 기반을 얻기 위해서 고용시장의 문을 두드려야 한다. 즉, 유족들은 사랑하는 사람을 상실하고도, 이를 메우기 위해서 많은 적응을 해야 한다.

사랑하는 사람을 상실한 살인피해자 유족의 대응에 대한 연구는 상대적으로 거의 없는 실정이다. Ku¨bler-Ross (1969)는 슬픔을 겪는 과정을 4단계로 구분하였다. (1) 충격과 부정 (2)분노 (3)고립 (4)수용/회복.

첫 번째 단계는 충격과 부정이다. 사망 소식을 접한 후, 유족은 사실을 거부하고 이와 관련한 일체의 정보를 차단한다. 이러한 반응은 짧게 나타나며, 이는 충격을 완화하기 위한 자기부정의 메커니즘이다. 두 번째 단계는 분노이다. 유족은 그의 분노와 좌절 등을 누군가(사물도 해당)에게라도 분출하게 된다. 이는 소식을 전달해 주는 사람, 피해자를 살리지 못한 의사, 가해자, 사회, 때로는 자기자신을 향하기도 한다. 세 번째로, 유족은 자신을 다른 사람으로부터 고립시킨다. 절연은 유족의 다양한 감정을 반영하는데, 다른 사람을 어떻게 대해야 할지에 대한 불확실함에서부터 유족이 의지할 사람이 아무도 없게 되었다는 감정에 이르기까지 다양하다. 마지막으로, 유족은 수용과 회복의 단계로 나아가 정상적인 생활을 점차 재개하게 된다. 죽음은 개인에게는 남아있지만, 사건은 개인이 생활을 계속해 나가야 한다는 것을 깨달으면서 일상에 묻히게 된다.

제8장에서 다룰 내용으로, 슬픔을 해결하는 데 미리 정해진 시간표는 없다. 유족이 사건을 뒤로하기에는 몇 년이 걸릴수도 있다. 해당자가 초기 단계로 돌아갈 수도 있기 때문에, 사별하는 과정은 지속적이며 유동적이다. 회복은 형사 사법 시스템의 절차를 거치게 되므로 느리게 진행될 것이다. 살인 사건의 유족에 관한 연구가 거의 없기는 하지만, 이러한 격렬한 감정들은 시간이 지나면서 사그라들고, 치료는 결국 전형적인 회복패턴을 따르게 된다는 주장이 있다(Horne, 2003; Kitsonet al., 1991; Range & Niss, 1990).

유족들마다 각자 다양한 방법으로 살인사건에 대처한다는 증거가 있다. Key(1992)는 살인 피해자 유족에 대한 치료경험을 바탕으로 다섯 가지 유형을 제안하였다. 이러한 패턴은 피해자와 유족의 생활방식 및 사회적 배경과 매우 관련이 있다. 다섯 가지 반응은 (1) 알코올 및 약물관련 살인 (2) 가정폭력 살인 (3) 조직폭력 관련 살인 (4) 절연 후 갑작스런 살인 (5) 연쇄 살인으로 구분된다. 각각의 경우에 유족은 다르게 반응한다.

예를 들어, 알코올이나 약물관련 살인의 경우에, 유족은 대개 희생자의 행태를 알고 있다. 유족은 사전에 피해자가 위험한 상황에 처할 수 있다는 것을 경고 받은 셈이며, 결과적으로 피해자의 죽음에 대한 준비를 다소 할 수 있다. 유족은 심지어 사건이 발생한 후에 일종의 안도감을 느끼기도 한다. 가정 폭력 살인의 유족의 경우에, 유족은 학대/다툼이나 문제가 발생했던 초기에 개입하지 못한 것에 대해서 개인적인 죄책감을 느낀다. 유족은 그가 관여했다면, 피해자가 아직 살아있을 수 있다고 생각한다. 폭력조직관련 살인은 일반적으로 유족들이 예측을 하고 있으며, 이 사건에 대해 손을 쓸 수 없다고 느낀다. 많은 경우에 생존자는 피해자 또한 살인 범죄자였으며, 희생자가 되는 것은 시간 문제일 뿐이었다고 생각한다. 마지막 두 가지 분류를 절연 후 갑작스런 살인과 연쇄살인에 따른 유족의 유형인데, 두 가지 모두 사망을 전혀 예측하지 못하는 상황이다. 이들은 예기치 못한 살인 피해의 고전적인 이미지에 해당하는 반응 시나리오를 보이게 된다. 유족은 앞서 언급되었던 전형적인 슬픔의 형태를 겪게 된다. 이는 부정, 분노, 자기 비난, 죄책감, 고립 그리고 결국 일상으로의 회복을 말한다. Key(1992)는 이러한 유족의 유형들이 모두 망라되지는 않았다고 언급했다. 그는 수 많은 사람들이 각자 처한 환경에 따라 다양한 방법으로 살인사건에 대응하는 유형의 실례로서 다섯가지 유형을 제시한 것이다.

사별 과정에 중요한 것은 유족에 대한 지원이다. 이러한 지원은 대부분 사망을 통지하는 경찰관이나 의사로부터 시작되며, 오랫동안 지속된다. 이상적인 지원 네트워크는 유족이 직면한 다양한 문제들을 도울 수 있고 개인이나 그룹단위로 상담활동을 제공하기도 한다. 혹자는 이러한 서비스가 우리 사회에서 일반적인 것이라고 생각하기도 하지만, 이러한 지원은 피해 유족들에게는 대개 알려지지 않는다. 최근 몇 년간 많은 지역사회에서 등장한 한가지 방법은 살인 피해자 지원 단체이다. 이 단체들은 당면한 것부터 살인으로 충격받은 아이들의 교육에 이르기까지 장기적인 도움까지도 제공한다(Johnson & Young, 1992). 불가피하게, 살인피해 유족들은 자신의 일상으로 돌아가게 된다. 그러나 유족이 이 과정에서 지원을 받는 정도는 상황에 따라서 크게 다르다.

표 4-15 폭력피해와 관련한 인터넷 사이트

Bad News Bearers: The Most Difficult Assignment in Law Enforcement	http://www.csa.com/discoveryguides/death/review2.php
Bureau of Justice Statistics	http://www.ojp.usdoj.gov/bjs
Centers for Disease Control and Prevention	http://www.cdc.gov
David Baldwin's Trauma Information Page	http://www.trauma-pages.com
Death Notification and Survivor Care Program	http://www.ucsf.edu/deathnotification
Doctors Against Handgun Injury	http://www.doctorsagainsthandguninjury.org
Firearm Injury Center, Medical College of Wisconsin	http://www.mcw.edu/display/router.asp?docid=186
Grief and the Homicide Survivor	http://www.ohiocops.com/grief/index.html
Harvard Injury Control Research Center	http://www.hsph.harvard.edu/research/hicrc
Homicide Research Working Group	http://homicideworkinggroup.cos.ucf.edu/
Parents of Murdered Children	http://www.pomc.org

요약하기 SUMMARY

살인, "한 인간을 고의적으로 죽이는 행위"는 매년 수 천명의 목숨을 가져가고 있다. 사회의 한 단면으로, 살인은 유행병의 수준에 도달했다. 예를 들어, 미국 내 도시에서 살인은 젊은 아프리카계 미국인 남자의 주요한 사망원인이다. 게다가 폭행의 확산과 더불어 염려되는 것이 이러한 유혈사태가 조만간 사라질 것 같지 않다는 점이다. 따라서 우리의 이론과 개입에 대한 대대적인 수정 및 정제가 필요하다. 지금까지 피해자의 자료 접근은 몇 가지 심각한 제한이 있었고, 정책은 발달수준이 미미했다. 가장 감정적인 상처를 받는 사람은 살인 피해 유족(특히 어린자녀)이다. 그들은 산산조각이 난 삶을 복구하고, 살인사건의 여파에서 벗어나도록 한편으로 강요당하고 있다.

제4장의 핵심 용어

• aggravated assault	• 가중 폭행
• anticipatory grief	• 예상 슬픔
• autopsy method	• 검시 방법
• criminal homicide	• 범죄 살인 사건
• death notification	• 사망 통지
• differential association	• 차별적 교제
• differential distribution of violent crime rates	• 폭력 범죄율의 차등 분배
• differential identification	• 차별적 자기 동일시
• eldercide	• 노인 살해
• general strain theory	• 일반 긴장이론
• golden hour	• 황금 시간
• grief process	• 슬픔 과정
• homicide survivor patterns	• 살인 피해 유족 패턴
• Index of Southernness	• 남부지역의 지수
• infanticide	• 유아 살해
• injury-severity index	• 상해-심각도 지수
• intimate femicide	• 동료 살해
• lifetime murder victimization rate	• 평생 살인 비율
• matricide	• 모친 살해

(계속)

제4장의 핵심 용어 (계속)

• modeling	• 모델링
• non-primary homicide	• 비주요 살인
• parricide	• 존속 살해범
• patricide	• 부친 살해
• primary homicide	• 주요 살인
• regional culture of violence thesis	• 폭력의 지역 문화 이론
• robbery	• 강도
• routine activities/lifestyle model	• 일상적인 활동/생활 모델
• simple assault	• 단순 폭행
• situated transaction	• 상황적 대응
• strain theory	• 긴장이론
• Structural Poverty Index	• 구조 빈곤 지수
• subculture of violence	• 폭력 하위문화
• trauma	• 외상
• victim precipitation	• 피해자 유발

5

범죄피해의 비용

The Cost of Being a Victim

학습목표

본 5장을 읽고 아래의 질문에 답해보시기 바랍니다.

- 어떤 사람들은 범죄 피해 후 경찰신고를 원하지 않는데, 그 이유에 대하여 설명하라.
- “양형에 대한 불신(no truth in sentencing)”이 어떻게 생겨나는지 설명하라.
- 피해자가 범죄피해의 결과로 인하여 입게 되는 비용을 분류하라.
- “두번째 피해(insult)”가 의미하는 바를 설명하라.
- 피해자-증인 관리 프로젝트의 발전과정을 기술하라.
- 「새로운 방향(New Direction)」 프로젝트에서 발간한 권고사항들 중 검찰과 경찰, 판사 및 교정을 대상으로 한 부분을 설명하라.
- 피해자-증인 프로젝트(victim-witness project)에서 제공된 서비스의 목록을 작성하라.
- 피해자-증인 프로그램이 “검찰식 조립 라인(prosecutory assembly line)”을 얼마나 약화시켰는지에 대하여 설명하라.
- 피해자-증인 서비스 프로젝트의 기저를 이루는 두 가지 가정에 대하여 설명하라.
- 이차적인 피해자들(derivative victims)이 어떻게 피해자 서비스의 보호 아래 들어가게 되었는가를 설명하라.
- 직원의 자질 향상과 윤리적 사항에 관한 인식이 피해자 활동가(victim advocate)들의 전문화에 미치는 영향에 대해 설명하라.
- 피해자-증인 프로젝트의 효과성에 대하여 평가하라.
- 피해자-증인 관리가 단순히 그들을 조종하기 위한 도구라는 비판적 의견에 대하여 자신의 생각을 논하라.

서론 INTRODUCTION

이 장에서는 범죄피해와 관련된 비용에 대하여 다루고자 한다. 모두 알다시피, 피해자들은 범죄자로부터 직접적인 고통을 겪는다. 피해자 중 일부는 신체 상해를 입기도 하고 또 일부는 범죄로 인한 재산 피해를 입기도 한다. 모든 범죄피해자들은 어느 정도의 두려움과 정신적 고통을 받게 된다. 이와같은 범죄피해 경험은 범죄피해자의 삶의 질에 영향을 미칠수 있으며, 이는 쉽게 진정되지 않을 것이다.

그러나 형사사법 시스템을 의지하고 이를 통해 위로를 받고자 한 피해자들은 머지않아 그들이 부당하게 이용당한다는 사실을 깨닫게 된다. 비인간적이고 격리된 사건분류는 형사사법 시스템하에서 피해자의 상황을 더욱 악화시킨다. 예를 들어 몇몇 피해자들은 사건의 심리가 시작될 때까지 법원 복도에서 기다리다가 뒤늦게서야 해당심리가 취소되었다는 사실을 알게 된다. 형사사법 시스템 종사자 중 어느 누구도 그들에게 심리가 취소되었음을 알려주는 수고스러운 일을 하지 않는다. 또 다른 피해자들의 경우, 해당사건에 대해 어떠한 일이 일어나고 있는지 또는 왜 그러한 일이 일어나는지에 대해 설명해주는 사람이 아무도 없어 당혹스러워 한다. 아무도 피해자들에게 해당 사건에서 어떠한 일이 일어나고 있는지 또는 왜 그러한 일이 일어나는지에 대하여 설명하는데 시간을 할애하지 않는다. 그 대신, 피해자들은 형사사법 시스템에 종사하는 공무원들이 "고맙습니다"와 같은 매우 간단한 인사도 없이 그들을 법원 밖으로 재빨리 몰아내고자 하는 걸 알게 될 뿐이다.

피해자들의 불만이 점차 심화되면서 형사사법 시스템 종사자들은 이와같은 피해자들에 대한 부당한 취급이 재판단계로까지 이어져 그들의 역할을 위태롭게 할 수 있다는 점에 대해 우려를 나타내었다. 검찰은 용의자의 혐의를 확고히 하기 위하여 피해자의 증언이 필요한데, 그 결과로 피해자-증인 원조 프로그램이 구체화되기 시작하였다. 이 프로그램의 목적은, 증인의 형사사법 시스템 참여가 미치는 영향을 완화시켜 피해자가 재판단계에서 훌륭한 증인이 되도록 하는데 있다.

이 장에서는, 피해자와 증인이 형사사법 시스템에 참여함으로써 직면하게 되는 문제들을 다루고자 한다. 그리고나서 형사사법 시스템이 이러한 문제를 완화시키기 위하여 어떠한 일을 하고 있는지에 대해 조명하고자 한다.

피해자화의 결과 THE CONSEQUENCES OF VICTIMIZATION

범죄피해자가 된다는 것은, 피해자를 비롯한 피해자의 가족, 지역사회, 형사사법 시스템에 수많은 직•간접적인 비용을 발생시킨다. 범죄피해 조사(victimization surveys)는 범죄와 관련된 비용을 파악할 수 있도록 한다. 범죄사건으로부터 발생하는 직접적인 비용 이외에 피해자와 증인은 형사사법 당국을 상대하면서 추가적인 손해를 입게 된다. 표 5-1과 표 5-2는 범죄로 인하여 발생하는 비용에 대하여 설명하고 있다. 바로 여기에 형사사법 시스템이 비용발생 문제를 다뤄야 할 필요성이 있다.

첫 번째 피해: 범죄피해 The First Insult: Criminal Victimization

초기의 피해자 연구는 범죄피해를 경험하면서 동반되는 재앙과 괴로움을 증명하는데 집중하였다. 예를 들어 밀워키의 피해자/증인 프로젝트(The Milwaukee Victim/Witness Project)는 범죄로 인하여 발생하는 어려움을 평가하는 작업을 수행하였다(Knudten et al., 1976, 1977; Knudten & Knudten, 1981). 신체부상과 재산의 손실 및 손상에 더불어, 피해자들의 상당수가 근무시간과 일상 활동의 손실을 토로하였다. 또한 그들은 감정적 분노와 함께 가족 및 친구들과의 대인관계에서 문제가 발생하고 있다는 점을 시인하였다. 그러나 이처럼 문제가 심각하다는 피해자들의 인식에도 불구하고, 대부분의 피해자들은 문제를 혼자서 감당하고 있었다. 많은 사회복지기관들이 운영되고 있음에도 불구하고, 피해자의 대부분은 그들이 이용할 수 있는 서비스에 대하여 무지한 상태였다. 그 결과 상대적으로 극소수의 피해자만이 범죄로 인하여 발생한 문제를 다루는데 도움을 받았다(Doerner et al., 1976a).

앞서 제3장과 제4장에서 살펴보았듯이 미국의 전국범죄피해조사(The National Crime Victimization Survey, NCVS)는 범죄피해비용에 대한 방대한 정보를 제공한다. 2007년의 경우, 대인범죄와 재산범죄 피해자에게 180억 달러 이상의 어마어마한 손실이 있었다. 이러한 손실액 가운데 89%는 재산범죄가 차지하고 있다. 또한 신체적 상해에서 비롯된 고통은 그 비용을 헤아릴 수조차 없다. 강도범죄 피해자 중 36%와 폭력범죄 피해자 중 23%가 지속적인 신체 상해를 겪고 있는 것으로 추정되는데, 이로 인한 비용모두가 보험에 의해 처리되는 것은 아니다(Bureau of Justice Statistics, 2010). 또한 근무시간의 손실과 같은 2차적인 비용도 발생한다. 피해자가 업무에 복귀한 후에는 노동생산성에도 손실을 미칠 수 있다. 또한 이러한 수치는 살인, 아동학대, 사이버범죄, 방화, 테러, 사기, 스토킹과 관련된 재앙을 포함하지 않았

표 5-1 범죄와 관련된 비용의 목록

범죄로 인한 비용	비용 직접부담 대상
직접적인 재산 손실	
보험에 의해 변상되지 않는 손실	피해자
보험에 의해 변상되는 손실	사회
보험변상에 대한 행정비용	사회
경찰에 의한 재산 회복	사회
의료 및 정신과 상담	
보험에 의해 보장되지 않는 비용	피해자/가족/사회
보험에 의해 보장되는 비용	사회
보험청구로 인한 행정 경비	사회
피해자 서비스	
피해자 부담 경비	피해자

(계속)

표 5-1 범죄와 관련된 비용의 목록 (계속)

범죄로 인한 비용	비용 직접부담 대상
기관 부담 경비	사회
피해자 대체인력의 임시노동 및 훈련	사회
근무일 손실	
무급휴가로 인한 임금손실	피해자
생산성 손실	회사/고용주
학교출석 손실	
교육 부족으로 인한 임금의 저하	피해자
교육 부족으로 인한 비 재정적 수익의 저하	피해자
교육 부족으로 인한 사회적 소득의 저하	사회
가사일 손실	피해자
고통 및 삶의 질	피해자
애착 및 즐거움의 손실	가족
사망	
삶의 질 상실	피해자
애착 및 즐거움의 손실	가족
장례비용	가족
심리적 상해 및 치료	가족
불법행위 청구에 따른 법적 비용	피해자 또는 가족
"2세대 비용"	
앞세대 피해자가 겪은 범죄의 미래의 피해자	미래의 피해자
위와 관련된 미래의 사회적 비용	사회/피해자

출처: Miller, T.R., Cohen, M.A., & Wiersema, B. (1996), Victim Costs and Consequences: A New Look. Washington DC : National Institute of Justice, p. 11.

다는 점을 명심해야 한다. 간략히 말하자면, 우리가 전국범죄피해조사를 통해 범죄로 인한 손실에 대하여 아는 바는 단지 빙산의 일각에 지나지 않는다는 것이다.

Miller와 동료들(1996)은 전국범죄피해조사를 포함한 다양한 자료를 철저히 조사하여 범죄피해로 인한 결과와 그 비용에 대하여 보다 완전한 그림을 그리고자 하였다. 이를 위하여 Miller와 동료들은 범죄피해로 인해 발생한 비용에 대하여 장대한 목록을 수집하기 시작하였다.

표 5-2 범죄에 대한 사회의 대응과 관련된 비용 목록

범죄에 대한 사회의 대응 비용	직접적인 비용부담 대상
예방경비/활동	잠재적 피해자
범죄에 대한 두려움	잠재적 피해자

(계속)

표 5-2 범죄에 대한 사회의 대응과 관련된 비용 목록 (계속)

범죄에 대한 사회의 대응 비용	직접적인 비용부담 대상
형사사법 시스템	
경찰 및 수사비용	사회
검찰	사회
법원	사회
법적 비용	
국선 변호인	사회
사선 변호인	범죄자
구금 비용	사회
비구금적인 제재	사회
피해자의 시간	피해자
배심원 및 증인의 시간	배심원/증인
피해자 서비스	
피해자 서비스 기관	사회
피해자 서비스 자원봉사 시간	자원봉사자
피해자 배상 프로그램	사회/범죄자
피해자 시간	피해자
기타 비형사적 프로그램	
핫라인 및 공공서비스 공고	사회
지역사회 치료 프로그램	사회
민간 치료요법 및 상담	사회/범죄자
구금된 범죄자로 인한 비용	
임금 상실	범죄자/가족
소득세 및 생산성 상실	사회
구금으로 인해 상실된 자유의 가치	범죄자
가족의 심리적 비용/배우자권의 손실	범죄자의 가족
"과잉억제" 비용	
범죄 혐의로 기소된 무고한 개인	무고한 개인
정당한 행위의 제한	무고한 개인
발각되지 않기 위해 범죄자가 취한 행동	피해자
"사법" 비용	
부당한 기소를 피하기 위한 헌법적 보호	사회
차별적 처벌을 피하기 위한 감시비용의 증가	사회

출처: Miller, T.R., Cohen, M.A., & Wiersema, B. (1996), Victim Costs and Consequences: A New Look. Washington DC : National Institute of Justice, p. 11.

표 5-3 1987~1990년간 범죄로 인한 연간 손실 단위: 백만 달러a

범죄 유형	의료	기타 유형비용b	삶의 질	합계
살인	$700	$32,700	$60,000	$93,000
아동학대	$3,600	$3,700	$48,000	$56,000
강간 및 성폭력	$4,000	$3,500	$119,000	$127,000
기타 폭력 및 폭력미수	$5,000	$10,000	$77,000	$93,000
강도 및 강도미수	$600	$2,500	$8,000	$11,000
음주운전	$3,400	$10,000	$27,000	$41,000
방화	$160	$2,500	$2,400	$5,000
절도 및 절도미수	$150	$9,000	$0	$9,000
주거침입절도 및 주거침입절도미수	$30	$7,000	$1,800	$9,000
차량절도 및 차량절도미수	$9	$6,300	$500	$7,000
합계	$18,000	$87,000	$345,000	$450,000

a: 반올림 값.
b: "기타 유형(有形)"은 재산 손해 및 손실, 정신과 상담, 경찰과 소방 서비스, 피해자 서비스, 생산성을 포함.
출처: Miller, T.R., Cohen, M.A., & Wiersema, B. (1996). Victim Costs and Consequences: A New Look. Washington, DC: National Institute of Justice, p. 17.

표 5-3에서 나타나듯이, 10가지 유형으로 분류된 범죄만으로 인해 발생한 연간 손실액은 1987년~1990년 사이에 4,500억 달러에 이른다. 이러한 비용은 병원비와 재산손실액은 물론, 시간손실, 정신과 상담, 형사사법비용을 포함하고 있다. 각각의 범죄사건에 대한 완전한 정보를 입수할 수 있다면 이렇게 추정된 금액은 상당히 증가할 것이다. 또한 이 수치는 단지 노상범죄 일부분에 해당한다는 점을 알아야 한다. 사기, 대량구매사기, 신원도용, 화이트칼라 범죄 및 기업범죄와 같은 기타 법률 위반 또한 보다 포괄적인 평가사항으로 포함될 필요가 있다.

범죄피해로 인한 비용의 규모를 파악하기 위하여, 다음의 사항을 고려해야 한다(Miller, Cohen, & Wiersema, 1996: 1).

- 폭력범죄는 전미 의료비용의 3%를 차지하는 원인이며, 부상관련 의료비용의 14%를 야기한다.
- 폭력범죄로 인한 임금 손실은 전미 소득액의 1%에 해당된다.
- 폭력범죄는 정신과 상담 이용의 중요한 요소이다. 미국의 정신과 상담에 소비되는 경비 가운데 10~20%는 범죄로 인한 것이며, 범죄피해로 인한 피해자 치료가 대부분이다.

부상, 의료비용, 근무일 손실 및 경제적 손실과 같이 분명한 비용 외에도, 범죄피해는 대중에게 더 광범위한 영향을 미친다. 범죄피해의 유무와 관계없이 많은 시민들은 범죄에 대한 두려움을 보고하고 있다. 그리고 범죄에 대한 두려움은 시민이 무엇에 연루되어 있는가와 그 불안에 대한 근거가 무엇인지에 따라 다양한 방식으로 나타난다. 누군가는 동네의 길거리를 걸으면서 두려움을 느끼는 반면, 다른 누군가는 집안에 머무는 동안 물리적 공격을 받을까 두려워할 수 있다. 이에 따라 혈압이 높아지거나 심장박동이 빨라지는 것과 같은 신체 기능의 변화가 올 수 있으며 또는 특정 장소에서의 행동을 수정하거나 다양한 행위를 회피하는 것과 같은 개인적 변화가 나타나기도 한다. 이러한 대응방식은 대부분 개인의 두려움에 의해 결정된다.

설문조사 결과, 일반 대중의 40% 이상이 범죄를 두려워한다고 응답하였다(Gallup, 1992; Skogan & Maxfield, 1981; Toseland, 1982). 조사 결과, 대중의 3분의 1이 밤에 홀로 걷기 두려운 장소가 집 근처에 있다고 응답한 사실이 나타났다(Gallup, 2009; Maguire, 2010). Maguire(2010)는 응답자 가운데 19%는 종종 또는 때때로 살해당할까 우려하고, 46%는 집을 비운 사이 침입절도를 당할까 걱정하며, 23%는 집에 있을 때 침입절도 피해를 당할까 걱정한다고 보고하였다(표 5-4 참조). 고등학교 3학년 가운데 3분의 2 이상이 범죄와 폭력에 대한 염려를 보고하였다(Maguire, 2010). 2007년 갤럽의 설문조사는 응답자의 48%가 특정 장소를 피하였으며, 31%가 보호 목적으로 개를 소유하고, 23%는 자기방어를 위하여 총기를 구입하였으며, 31%가 절도경보시스템을 설치하였으며, 14%가 후추스프레이를 소지하고, 12%가 방어목적의 총기 또는 칼을 소지한다고 나타났다(Maguire, 2010). 분명한 것은 범죄에 대한 두려움은 범죄피해자와 일반대중 모두에게 영향을 미치는 추가적인 부담이 된다는 것이다.

이러한 수치들은 일반 대중뿐만 아니라 많은 피해자들이 "걸어다니는 부상자(walking wounded)"가 된다는 점을 지적한다. 피해자들은 외부자원의 도움 없이 그들의 문제와 고난을 묵묵히 견뎌내고 있다. 범죄와 관련된 손실 외에도 피해자의 사건이 형사사법 시스템으로 편입된 순간, 보다 많은 어려움들이 등장하게 된다. 다음에서 설명하겠지만, 이에 따른 비용은 상당하다.

두 번째 피해: 시스템 참여 The Second Insult: System Participation

형사사법 시스템을 통하여 사건이 진행된다면 피해자 한 개인의 문제는 이제 갓 시작된 것이나 다름없다. 형사사법 시스템은 피해자와 증인들이 정의의 전당에 들어서자마자 그들로부터 더 많은 비용을 짜낸다. 사실 피해자들과 증인들이 겪는 고통은 적어도 한 검사가 그 후견인을 희생양으로 만드는 시스템에 대한 혹독한 비판을 이끌어 냈다. Ash(1972: 390)는 형사사법 시스템에서 일어나는 전형적인 일들을 다음과 같이 묘사했다.

> 증인들은 보통은 법정이라는 지정된 장소로 수차례 출두명령을 받는다. 몇 번이고 그는 법원의 음침한 복도나, 다른 음울한 환경에서 터무니없이 긴 시간을 기다려야 한다. 바쁜 공무원

표 5-4 범죄피해에 대한 염려 (단위: %)

염려(concern)	응답비율*
차량 절도하거나 차량 부속품 절도	47
부재중 주거침입절도	46
집에 있을 때 주거침입절도	33
강도피해	31
차량을 운전 중 공격피해	23
성폭력	19
살해	19

* '종종/때때로' 에 응답한 사람의 비율임

출처: Maguire, K. (2010), Sourcebook of Criminal Justice Statistics [Online] 재구성. (http://www.albany.edu/sourcebook 2010. 8. 4. 검색)

들에게 무시당하는 경우도 다반사이고, 자신과 관련해 어떠한 일이 진행 중이며, 앞으로 일어날지 모르는 데 따른 당혹감과 고통스러운 불안감을 느끼게 된다. 산만한 재판정에서 벌어지는 판사석의 엉성한 회의 결과 막판에 휴정이 선언되는 경우가 많기 때문에 증인은 증언 또는 어떠한 정보제공에 대한 요청도 받지 못하는 경우가 대부분이다. 증인은 직장 또는 학교에서의 많은 시간을 잃게 되며, 이로 인한 소득 손실도 있게 된다. 그러나 빼앗긴 시간과 수고에 대한 대가로 받는 것은 터무니없을 정도로 적은 증언비용이다.

밀워키의 피해자/증인 프로젝트의 두 번째 특징은 형사사법 시스템이 피해자와 증인에게 유발한 문제를 규명하는데 있다(Doerner et al., 1976a; Knudten et al., 1976; Knudten&Knudten, 1981). 면접 조사자들은 시스템 참여로 인하여 시간의 손실과 이로 인한 소득 감소, 불필요한 대기시간으로 허비한 시간, 법원을 들락거리며 발생하는 문제들과 같은 공통된 문제점들이 있다는 사실을 발견하였다. 게다가 소환된 증인의 법정 출두는 증인의 소득 손실로 연결된다. 바로 이점이 많은 이들이 심각하게 우려하는 점이다. 대기상황 또한 심각한 문제이다. 밀워키 프로젝트가 시행될 당시, 모든 피해자들과 증인들은 법원의 커다란 대기실에 대하여 언급하였다. 증언시간이 되면, 법정 경위(bailiff)가 증인을 찾으러 오곤 하였다. 어떤 사건에서는, 성폭력 피해자가 재판이 시작되기 전 많은 사람들이 돌아다니는 대기실에 앉아있었는데 얼마 지나지 않아 자신의 가해자가 자신의 옆에 앉아있다는 사실을 깨닫기도 했다. 가해자가 협박이라도 한다면 이는 매우 불편한 상황이다. 많은 경우에, 수많은 재판 연기와 휴정으로 인해 해당 사건이 해결되기까지 최소 1년 이상이 걸린다(Cassell, 1997). 말할 것도 없이, 위에서 묘사한 상황은 시스템 참여로 인한 스트레스와 불안을 완화시키는데 아무런 역할도 하지 못한다.

법원에서의 경험이 피해자와 증인을 당황시키고, 절망적인 상태로 내버려둔다는 사실은 피해자와 증인의 반응을 특징적으로 기술할 수 있는 최선의 방법일 수도 있다. 피해자들이 시민의 의무를 이행하기 위하여 법원에 출두하였음에도 불구하고, 그들은 형사사법 시스템이 자신의 선의를 부적절하게 이용한다는 사실을 알게 될 뿐이다. 피해자들은 근무지를 이탈하여 시간을 허비하고, 금전적인 손해를 보며, 정중한 대접도 받지 못한다(Norton, 1983: 146-147). 한 연구팀은 다음과 같이 설명하고 있다.

> 범죄피해자들이 직면한 문제와 이용할 수 있는 원조 사이에 심각한 괴리가 있다. 이러한 격차가 좁혀지지 않는 한, 피해자들은 그들이 형사사법 시스템에 참여한다면 더 큰 재정적 손실을 초래할 수도 있다는 점을 깨닫게 될지 모른다. 시스템 참여에 따른 예상되는 재정적 손실은 시민의 참여를 억제하기에 충분하다. 범죄자의 헌법적 권리를 보호하기 위하여 고안된 체계가 피해자의 지위를 인식하는데 실패할 뿐만 아니라 왜 시민들이 그 체계에 냉담한지에 대하여 의아해한다는 점은 아이러니이다(Doerner et al., 1976a: 489).

피해자들의 형사사법 시스템의 참여부족에 대한 원인을 그들이 냉담하기 때문이라고 주장하는 것보다, 이를 하나의 합리적 선택으로 여기는 것이 보다 현실적일 수 있다. 즉 피해자들은 비용–편익 분석(cost-benefit analysis)을 하며, 시스템 참여로 인하여 악화되는 비용을 목격하게 된다. 그 결과 미국의 형사사법 시스템은 시민의 신뢰와 지지를 잃게 되는 상황에 직면하게 되었다.

2007년 전국범죄피해조사 결과, 폭력범죄 피해의 절반 이상과 재산범죄 피해 10건 중 6건이 경찰에 미신고된다는 것이 나타났다(Bureau of Justice Statistics, 2010: 표 91). 면접조사원들이 경찰에 신고하지 않는 이유를 묻자 신고를 꺼려하는 몇몇 요인이 일관되게 나타났다. 가장 빈번하게 응답한 요인은 범죄피해자들이 범죄 용의자 또는 가해자가 범죄행위에 성공하지 않았으며, 잃어버린 물건은 아무 것도 없기 때문이라고 하였다. 다른 이들은 경찰이 아무런 조치를 취하지 않을 것이라고 주장하거나, 경찰이 이 문제와 연관되길 꺼려한다고 느꼈기 때문이라고 답했다. 그 결과 피해자들은 경찰을 제외한 다른 공무원들이나 개인들에게 의지하게 된다(Bureau of Justice Statistics, 2010). 기타 이유로는 상황을 해결하기 위하여 할 수 있는 일이 아무것도 없다는 불만이 제시되었다. 요약하자면 많은 피해자들이 형사사법 시스템을 대표하는 이들과 접촉을 시작할 때 얻을 수 있는 이익이 아무것도 없다고 간주하는 것이다(표 5-5 참고).

이러한 감정은 경찰에 국한된 것은 아니다. 많은 사람들은 법원이 일단 용의자가 체포되고 기소된 다음, 효과적으로 처벌을 할 것인지에 대한 근본적인 의구심을 가지고 있다(Maguire & Pastore, 1996; Schneider, Burcart, & Wilson, 1976). 그들은 유죄가 확정된 범죄자들에 대한 "양형에 대한 신뢰"가 없다는 것을 깨닫는다. 예를 들어 살인범의 경우 법원으로부터 주 교도소에 16년의 수감명령을 받는다. 그러나 그들은 보통 이 형기의 절반만 채운다. 판사는 강간범에게 10년의 징역형을 선고하지만, 그들은 종종 7년 이하의 형

표 5-5 경찰에 범죄피해를 신고하지 않는 이유 (단위: %)

	대인범죄	재산범죄
다른 공무원에게 신고하였기 때문	15.1	7.5
개인적인 문제이기 때문	20.4	6.3
대상물을 회수/범행이 실패하였기 때문	17.1	25.8
충분히 중요한 일이 아니기 때문	5.5	4.1
보험처리가 되지 않을 것이기 때문	0.2	2.2
범죄발생을 인지하지 못하였기 때문	0.1	4.8
재물을 회복하기 어렵기 때문	0.0	5.6
신뢰가 부족하기 때문	2.6	8.6
경찰이 신경을 쓰지 않을 것이기 때문	9.0	14.8
경찰의 비효율/비효과성/ 또는 편견 때문	3.8	5.4
보복의 두려움 때문	4.8	0.6
지나치게 불편하거나 시간을 낭비하기 때문	5.8	4.4
기타	15.6	9.8

출처: Bureau of Justice Statistics (2010). Criminal Victimization in the United States, 2007: Statistical Tables. Washimgton, DC: Bureau of Justice Statistics 재구성.

기를 채울 뿐이다. 강도범은 8년의 징역형 기간 중 4년 반에 달하는 기간의 형기를 채운다고 예상할 수 있다. 가중폭행범의 경우 공식적인 양형기간은 8년에 달하지만, 보통 3년의 형기를 채운다(Magurie & Pastore, 2006). 이러한 현상의 원인은 형사사법 시스템이 범죄자를 그 죗값에 따라 처벌하겠다는 약속마저 제대로 지키려하지 않는데 있다.

이러한 분위기가 팽배한 가운데, 갤럽의 조사에서 응답자의 27%만이 형사사법 시스템에 대한 상당한 신뢰를 보였다는 것은 전혀 놀라운 일이 아니다(Maguire, 2010). 형사사사법시스템에 대한 시민들의 참여 거부는 전염병 창궐과 같은 분위기에 달하고 있다. 형사사법 시스템을 경험한 피해자와 증인의 상당수는 앞으로 되도록 형사사법 시스템과 연관되고 싶지 않다고 털어놓았다(Cannavale & Falcon, 1976; Finn & Lee, 1987; Knudten et al., 1976; Norton, 1983). 형사사법 시스템에 종사하는 공무원들은 시민들이 점차 냉담해지고 있다고 불평한다. 시민의 시스템 참여 거부에 대한 이유를 이처럼 자기만족적 묘사로 설명하는 것은 납득하기 어렵다. 그 대신 피해자들이 현행 체계에 환멸을 느꼈으며, 앞으로 시스템에서 피해자에게 가하는 학대를 거부하기 시작했다고 설명할 수 있다. 과거 형사사법 시스템에서 피해자들을 잘못 대우하였기 때문에 피해자들은 시스템을 피하고자 하는 신중하고도 합리적인 결정을 내리기 시작한 것이다.

피해자들은 범죄자로부터 발생한 피해비용과 형사사법 시스템 참여로 인한 피해비용 모두를 부담하게 된다. 이러한 면에서 그들은 '이중피해(double-victimization)' 를 입게 된다. 범죄피해자들은 범죄로 인한 최초의 피해를 피할 수 없을지 몰라도, 형사사법 시스템 참여 거부를 선택함으로써 손실을 최소화할 수 있다. 한 피해자의 어머니는 다음과 같이 언급하였다.

> 당신은 이미 범죄로 인하여 피해를 입었고, 결국 당신이 관련된 시스템으로부터 피해를 또다시 입게 될 뿐입니다. 이러한 선택들 가운데, 당신은 진실이 밝혀지고, 그 결과에 만족할 수 있으리라는 희망 속에 진실성과 안전, 그리고 분별력을 유지하려고 노력하는 것이 현재 일어나는 일이지요. 매우 힘든 일입니다. 우리가 또다시 이러한 일을 견뎌낼 수 있을지는 의문입니다(Cassell, 1997)

이러한 재정적 필요와 시스템 비용 및 결과가 다루어지지 않는 한, 피해자와 증인들은 형사사법 시스템을 지속적으로 거부할 것이다.

검찰중심의 피해자-증인 프로젝트 PROSECUTORIAL-BASED VICTIM-WITNESS PROJECT

형사사법 사회에서는 시스템의 붕괴를 막기 위하여, 시민의 비협조라는 새롭게 대두된 문제를 다룰 필요성을 인정하고 있다. 1970년대 중반부터 연방정부는 검찰 주도의 피해자-증인 프로젝트를 위한 기금을 제공하였다. 1970년대 말에는 265개 이상의 유사한 프로그램이 시행 중이었다(Viano, 1979).

이러한 활동들은 피해자-증인(victim-witness) 또는 피해자/증인 프로젝트(victim/witness projects)라고 언급된다. 이러한 표현의 기저에는 증인 관리(witness management)라는 이데올로기적 신념이 있다. 검찰이 피해자에게 이러한 서비스를 제공하는 이유는 피해자에 대한 연민이 아니라, 피해자를 국가에게 부여된 형벌권을 실현하기 위한 재판의 증인으로서의 가치를 개발 또는 보존하는데 있다(Chelimsky, 1981). 따라서 증언의 가치를 유지하기 위해서라도, 증인이 갖는 형사사법 시스템의 대우에 대한 불만을 최소화하는데 중점을 둘 필요가 있다.

1980년대 초반, 연방예산의 우선순위의 수정과 기금의 변화로 피해자-증인 프로젝트에 할당된 연방기금은 고갈되어갔다. 프로젝트의 할당된 연방기금은 처음부터 시간이 지나면 감소되도록 기획되었는데, 즉 연방정부는 프로젝트를 위한 종자돈을 제공하고자 한 것이다. 이 종자돈은 지역단위의 피해자-증인 활동을 이끌어내고, 운영하는데 쓰인다. 이후 해당 프로젝트가 진행되는 3~4년 동안 기금은 구체적인 소비를 통하여 소모된다. 연방기금의 미리 의도된 삭감에는 새롭게 생겨난 프로그램들의 수입원을 연방기금에만 의존하는 것을 방지하고자하는 숨겨진 목적이 있었다. 새로운 프로젝트의 조기 성공을 통해 지역의 재정적 지원을 이끌어내며, 궁극적으로는 프로젝트의 자립이 가능하게 되리라고 기대되었다.

연방정부에서는 피해자-증인 프로그램을 확대하기 위하여 몇 가지 지침을 개발하였다.

이러한 지침이 담긴 책자들은 피해자-증인 프로그램에 관심를 가진 공무원이 지역적 사정에 적합하게 프로그램을 적용할 수 있게 하는 청사진의 역할을 하였다. 이를 통하여 정부는 새로운 프로그램을 개발해야 하는 수고를 덜었으며, 기존에 프로그램을 운영하면서 나타난 장애물을 피할 수 있게 되었고, 이러한 프로그램들의 지체가 최소화 되면서 완전히 운영될 수 있도록 하였다.

그러나 이러한 소소한 성공에도 불구하고, 지역단위의 피해자-증인 프로그램은 연방기금이 모두 소모되자 시들해졌다. 피해자-증인 프로그램은 지역의 형사사법 시스템 예산에서 영구적으로 기금이 분배되는 제도로 자리잡지 못했다. 그러나 1982년 범죄피해자에 대한 대통령 특별위원회(President' s Task Force on Victims of Crime)의 보고서가 출간되면서 정치적 지평에서의 중요한 변화를 겪게 되었다.

대통령 특별위원회는 미국의 전 지역을 다니며, 공청회 등을 개최하였다. 그들은 때때로 형사사법 시스템이 얼마나 피해자와 증인을 제대로 다루지 못하는지에 대한 충격적인 설명을 듣게 되었다. 시민들은 자신이 겪은 범죄피해 경험의 비극적인 세부사항과, 형사사법 시스템에 안정을 구하고자 의지하였을 때 어떻게 자신의 불행이 더욱 증대되었는가에 대하여 연달아 제보하였다. 피해자들은 형사사법 시스템에 종사하는 공무원들이 어떻게 그들을 멀리하였으며, 어떻게 시스템 참여가 그들의 고통을 강조하였는지, 그리고 정의의 전당이라는 형사사법 시스템이 피해자들이 견뎌야만 하는 또다른 시련이 되었는지에 대하여 털어놓았다.

특별위원회 구성원들은 형사사법 시스템이 즉각적인 개혁이 필요한 끔찍한 운영체라고 결론을 내렸다. 피해자와 증인들이 겪는 곤경이 시정되기를 바란다면, 시스템은 개선되어야 할 것이다. 이러한 이유로 인하여, 특별위원회는 피해자와 증인이 우려하는 점을 직접적으로 목표로 한 수많은 권고사항을 발행하였다. 구체적으로 살펴본다면, 권고사항에서는 피해자와 보다 밀접하게 의사소통을 하며, 피해자가 참여할 수 있는 부분을 보다 확대하며, 어떠한 가혹행위로부터 피해자를 보호하고, 정해진 사건 출두일을 존중하며, 재물을 즉각적으로 환수해주고, 전반적인 고객 서비스의 질을 개선하도록 검찰에게 촉구하였다.

1986년, 법무부는 「4년 후: 범죄피해자에 대한 대통령 특별위원회 보고서(*Four Years Later: A Report on the President' s Task Force on Victims of Crime*)」를 발행하였다. 이 보고서는 특별위원회에서 제시한 권고사항의 이행 정도를 감독한 것이다. 보고서의 전반적인 분위기는 긍정적이었으며, 자신감에 차 있었다. 피해자와 증인은 매우 중요한 발걸음을 내딛고 있었다. 특별위원회에서 제기한 염려들을 다루기 위하여 많은 활동들이 이루어지고 있었다. 법무부 차관인 Lois Herrington(U.S. Department of Justice, 1986: ii-iii)은 대통령에게 보내는 의견서에 다음과 같이 적었다.

각하께서 범죄피해자 관련 특별위원회를 조직하셨을 때, 전국이 귀를 기울이고 응답하기 시작하였습니다. 오늘에 이르러, 권고사항 중 약 75%에 달하는 활동이 특별위원회가 제시한 개혁을 시행하기 위하여 만들어진 법무부의 범죄피해자국의 주도로 실시되고 있습니다. 우리는 이 문서로 인해 범죄피해자가 형사사법 시스템의 필수적인 한 부분으로서 자리잡는데 도움이 되었으면 합니다.

피해자-증인 서비스에 대한 주목은 위와 같은 사실이 발표되었다 해서 사라진 것은 아니다. 관련 공무원들은 이러한 활동들을 지속적으로 감독하고 필요시 조정을 가하기도 하였다. 1998년, 범죄피해자국(the Office for Victims of Crime)에서 「현장으로부터의 새로운 방향: 21세기를 위한 피해자 권리와 서비스(*New Directions from the Field: Victim's Rights and Services for the 21st Century*)」라는 개정된 보고서를 발행하였다. 이 보고서는 미 전역에서 다양한 배경과 전문성을 지닌 1,000명 이상이 참여한 3년 프로젝트의 정점이었다. 이 보고서에서는 1982년 특별위원에서 제시한 권고사항과 활동들이 이루어지고 있

표 5-6 검사를 위한 권고사항

1. 검찰은 다음과 같은 사항에 대하여 일시 및 장소를 정중하게 피해자에게 고지하여야 한다: 피고의 기소, 재판전 심리, 형량 협상, 재판, 모든 재판관련 일시의 변경 및 양형 심리
2. 검찰은 범죄피해자에게 최소한 기본적 수준의 서비스를 제공할 수 있도록 피해자-증인 원조 부서를 설치하여야 한다. 서비스에는 정보, 고지 및 상담과 참여를 포함한다.
3. 검찰은 범죄피해자를 협박 및 가혹행위로부터 보호하기 위하여 이용가능한 모든 수단을 활용하여야 한다. 이러한 수단에는 범죄피해자에게 안전 예방에 대하여 정보제공을 보장하며, 범죄자의 보석 절차에 앞서 피해자의 두려움과 안전에 대한 염려에 대하여 법원에 조언을 제공하는 것을 포함한다.
4. 검찰은 보석 결정, 소송의 연기, 양형거래, 기각, 양형 및 배상에 대하여 판사에게 피해자의 관점이 반영될 수 있도록 피해자의 권리를 옹호한다. 또한 모든 검찰기관에 피해자가 그들이 이해할 수 있는 형태로 이와 같이 중요한 권리에 대하여 고지받을 수 있도록 정책 및 절차가 집행되어야 한다.
5. 피해자가 현 주거지 및 전화번호를 제공하였다면, 검찰은 유죄협상 또는 불항쟁의 답변(nolocon tendere) 수용을 포함하는 어떠한 형량 협상에 대하여 피해자와 상의하도록 모든 노력을 기울여야 한다.
6. 검찰은 성폭력, 가정폭력, 노인 및 아동학대, 그리고 특히 민감한 사건의 기소와 관련하여 체포 및 처리에 걸리는 시간을 단축하기 위한 "조기 달성(fast track)"을 위한 정책을 마련하여야 한다.
7. 검찰은 가정폭력, 성폭력, 아동학대 사건에 관한 수직적 기소(vertical prosecution)를 적용하여야 한다.
8. 검찰은 법정에서 실제 증거로 쓰이는 경우를 제외하고 피해자의 재산을 즉시 환수할 수 있도록 하는 절차를 마련하여야 한다.

출처: Office for Victims of Crime(1998b), New Directions from the Field: Victims' Rights and Services for the 21st Century. Washington, DC: U.S. Department of Justice.

음에도 불구하고, 미 전역의 3,800만 명에 달하는 것으로 추정되는 범죄피해자 중 일부만이 필요한 서비스를 받으며, 이러한 서비스는 긴급재정원조, 위기 및 정신건강 상담, 쉼터, 형사사법 및 소년사법체계 내 정보 및 지원 등을 포함하고 있다고 언급하였다(Office for Victims of Crime, 1998b: vii). 이렇게 공표된 사실에 기초하여, 이 보고서는 범죄피해자 원조의 중요성에 대해 재조명할 것을 요청하였다.

피해자와 증인을 대신하여 획득된 초기의 성과들이 상실되지 않는다는 점을 보장하고, 앞으로의 변화를 위하여 필요한 추진력을 제공하기 위하여 「새로운 방향」 보고서에서는 250 가지의 권고지침을 제공하고 있다. 이는 보건 및 정신건강, 교육, 종교기관, 비즈니스 지역사회, 미디어와 같은 관련분야 뿐만 아니라 형사사법 시스템의 모든 부분을 아우르고 있다. 구체적으로 검찰 대상의 권고사항은 표 5-6에 나타나있다. 이러한 권고사항 중 대다수는 1982년 특별위원회 보고서에서 언급된 것과 동일한 염려와 필요성을 반영하고 있다.

프로젝트 개발 Project Development

기획을 준비할 때, 한 가지 중요한 단계는 해당 프로그램의 실현 가능성을 결정하는 데 있다. 이를 위하여 세 가지 방향의 접근법이 추천되고 있다. 첫 번째 우선순위는 프로그램의 적절한 대상 집단을 파악하는데 있다. 두 번째 단계는 프로그램의 대상 집단이 가지고 있는 욕구와 기대가 어떠한 것인지 아는 것이다. 마지막 단계는 준비한 계획을 실행하기 위하여 직원을 배치하는데 있다(Finn & Lee, 1987l Tomz & McGillis, 1997).

욕구 평가에서 가장 중요한 업무는 해당 분야의 고객 집단의 크기 및 특성에 대하여 파악하는 것이다. 많은 경우, 중요한 시작점은 전체 모집단에 대한 인구사회학적 예상치를 구성하는데 있다. 집단의 경향을 분석하는 것은 인종, 연령, 성별에 따른 프로파일링을 가능하게 한다. 다양한 연령대의 변화에 주목하는 것은 중요하다. 예를 들어, 은퇴자 커뮤니티에 기반을 둔 기관에서는 노인범죄에 집중하는 것이 보다 적절할 수 있다. 이런 기관에서 노인을 대상으로 하는 서비스를 제외하고, 아동학대 피해자를 대상으로 하는 서비스를 개시하는 것은 분명 피해자 관리에 대한 제대로 된 감을 잡고 있다고 보기 어려울 것이다.

다른 지역적 자원들도 풍부한 정보를 제공할 수 있다. 예를 들어 범죄통계는 빈번히 발생하고, 당면한 문제 중 일부를 지적해낼 수 있다. 형사사법 시스템 전문가, 범죄피해자, 그리고 현재 사회복지 서비스를 제공하는 이들과의 대화를 통하여 현재 이루어진 바와 고객들이 원하는 바 사이의 괴리를 좁혀나갈 수 있다. 이와 같은 예비적 노력을 통하여 서비스의 불필요한 중복을 예방할 수 있다.

프로젝트에서 무엇을 제공할 것인가를 다루는 결정은 반드시 현존 모델에 대한 개관으로부터 시작하여야 한다. 대부분의 피해자-증인 지원 프로그램에서는 유사한 서비스를 제

표 5-7 피해자-증인 원조 프로그램을 위한 필수 요소

응급서비스
- 쉼터/식량
- 안전복구
- 재정지원
- 현장안정
- 의료치료

상담
- 24시간 핫라인
- 위기 개입
- 후속 상담
- 중재

지지 및 지원 서비스
- 개인적 지지
- 고용주 개입
- 집주인 개입
- 재산 환수
- 협박 개입
- 피해자 영향 보고서
- 법률/준법률 상담
- 위탁

보상 청구 지원
- 보험청구 원조
- 보상 지원
- 배상 지원
- 증언비용 지원

법원관련 서비스
- 증인 리셉션
- 법원 오리엔테이션
- 고지
- 증인 경보
- 수송
- 아동 관리
- 법원출두 에스코트

양형선고 후 서비스
- 오리엔테이션
- 고지
- 피해자-가해자 화해 프로그램
- 보상

시스템 차원적 서비스
- 대중 교육
- 입법적 지지
- 훈련

공하고 있다(Finn & Lee, 1987; Tomz & McGills, 1997; U.S. Department of Justice, 1986; Webster, 1988). 표 5-7은 대부분의 프로그램에서 나타나는 필수적인 요소를 간략히 다루고 있다.

프로젝트 수행 Project Performance

다른 사회복지기관과 마찬가지로 피해자-증인 프로젝트는 업무 추적 및 프로젝트의 존치를 정당화하기 위하여 통계자료를 구축해오고 있다. 보고서는 서로 다른 프로젝트의 이용자 수, 고객만족도 측정, 직원의 노고를 치하하는 개인적 증언, 형사사법 공무원의 찬사 등과 같은 소재를 포함하고 있다. 이와 같은 과정 중심의 수치는 서비스의 전달 정도와 직원이 관계된 활동 유형을 기술할 때 유용하다.

이러한 설명이 지속적으로, 그리고 다양한 지역에서 계속될 때, 피해자-증인 프로젝트가 향하는 방향에 대하여 보다 좋은 아이디어를 제공할 수 있다. 많은 주(州)에서 검찰이 피해자와 증인이 이용할 수 있는 서비스를 제공하도록 요구하고 있다. 이러한 서비스는 고지 및 경보, 오리엔테이션과 교육, 경호 서비스, 상담 및 지원을 포함하고 있다(DeFrances, Smith & Does, 1996). 서비스 제공을 바라보는 또다른 방식은 서비스를 제공받을 피해자의 수를 고려하는 것이다. 표 5-8에서는 범죄피해자법(Victim of Crime Act)에 따라 기금을 지원받은 프로그램에서 2005~2006년간 서로 다른 프로그램을 수탁한 피해자의 수를 나타내고 있다. 이러한 자료에 반영되지는 않았지만, 훨씬 더 많은 수의 피해자들이 지역, 주 별 및 민영 프로그램에서 원조를 제공받았다는 점을 알아두는 것은 중요하다.

피해자-증인 프로젝트에 관한 보고서들에서 나타난 한 가지 두드러지는 사실은 이러한 프로그램들에의 위탁이 쇄도하고 있다는 점이다. 경찰과 검찰 모두 점점 더 많은 피해자를 이들 프로젝트에 보내고 있으며, 피해자 자기위탁도 급격한 증가 추세에 있다. 프로젝트 문의수가 너무나 극적으로 증가하였기 때문에 일부 관리자들은 서비스 제공을 담당할 직원을 충원해야만 했다. 요약하자면, 이러한 프로그램들은 형사사법 시스템 내 제도로 자리잡은 것으로 보인다.

표 5-8 2005~2006년간 VOCA 원조 프로그램의 서비스를 받은 피해자 및 추정비

원조	피해자의 수	피해자 추정비(%)
전화 안내 및 위탁	5,318,441	77
형사사법 지원 및 지지	4,995,603	72
현장 안내 및 위탁	4,365,225	63
후속 조치	4,329,397	63
위기 상담	4,236,821	61
개인적 지지	3,106,861	45
배상 청구 지원	1,682,884	24
쉼터 및 안전가옥	1,180,696	17
집단 치료 및 지원	965,970	14
긴급 법률 지원	829,830	12
치료요법	688,942	10
긴급 재정 원조	593,638	8
기타	3,963,620	57
합계	36,257,928	

출처: Office for Victims of Crime (2008). Report to the Nation, 2007. (http://www.ojp.usdoj.gov/ovc/welcovc/reporttonation2007/welcome.html.)

프로젝트 평가 Project Evaluation

과거 일부 검찰은 증인을 다루는 방식에 대하여 너무나 냉담하여 이러한 검찰의 운영이 "검찰식 조립라인"이라는 평을 받기도 하였다(Cannavale & Falson, 1976). 이와 대조적으로, 피해자–증인 프로젝트는 오늘날 형사사법 시스템이 보다 친화적이 될 수 있도록 주력하고 있다. 예를 들어 검찰은 대기실이 보다 편안한 곳이 되도록 재설계하였으며, 원 소유주에게 재산을 신속히 돌려주고, 피해자 배상 신청서를 접수하고 증언비 지불을 위하여 시스템 참여자를 등록하며, 궁금한 사람들을 대상으로 법원의 절차에 대하여 설명을 하는데 노력을 기울이고 있다. 재판 휴정에 대하여 피해자와 증인에게 고지하는 것은 불필요한 법원 출두 및 이로 인한 절망감을 방지할 수 있다.

이와 같은 증인 서비스 제공 시도에는 두 가지 가정이 지배적이다(Davis, 1983; Weigend, 1983). 첫째, 검찰은 증인의 협조가 승소에 필수적이라고 여기기 때문에 증인의 상황이 개선되기를 원한다는 것이다. 둘째, 예상되는 비용이 너무 높기 때문에 피해자와 증인은 형사사법 체계에 종사하는 사람들과 협력을 거부한다는 것이다. 후자의 가정은 일반적인 견해이기도 하다. 따라서 피해자–증인 프로그램에 대한 평가는 이 두 가지 가정 중 어떠한 가정을 경험적으로 지지하는지 여부를 알아보기 위한 목적을 가지고 자료를 수집하고 있다.

이러한 가정들이 얼핏 보기엔 매우 설득력이 있어 보임에도 불구하고, 이러한 활동이 실제로 이에 상응하는 결과를 가져오는가에 대해서 일부 의문이 제기된다. 한 관할구역에서는 아동 성학대 사건만을 다루는 피해자–증인 부서를 신설하고, 피해자 협조가 검찰의 업무수행을 개선하였는가에 대한 평가가 이루어졌다(Dible & Teske, 1993). 이 부서에 배치받은 피해자 상담가는 형사절차가 진행되는 동안 한 사건을 담당한다. 피해자 상담가는 피해자와의 유대 형성 및 기소장의 타당도 평가를 위하여 피해자와 몇 차례 접촉한다. 아동에게 어떠한 일이 일어났는가를 아동이 설명할 수 있도록 해부학적 인형이 사용된다. 사건이 대배심으로 넘어가면, 판사는 피해자 상담가가 피해아동을 대신하여 증인석에 서서, 사건의 세부사항에 대하여 설명할 수 있도록 하였다. 마지막으로, 상담가는 재판에 아동이 출석할 경우 동참하며 무엇이든 필요한 방식으로 지원을 제공한다. 연구자들은 이 프로그램의 수행을 사전–사후 개입 기법을 이용하여 평가하였다. 그 결과, 프로그램이 시행되자 유죄평결은 시행 전 38%였던 것이 72%로 증가되었으며, 유죄판결을 받은 혐의의 엄중성 또한 증가하였고, 징역형과 관련된 양형의 수 또한 증가하였다. 간략하게 말하자면, 프로그램은 성공적인 검찰활동을 가져왔다.

배우자 폭력에 대한 최근의 대응은 강력한 피해자 지원/서비스 요소를 포함하고 있다(Harrell et al., 2007). 이 프로그램은 피해자를 보호하고, 재범률을 감소시키며, 법원의 감시 아래 지역사회 서비스와 형사사법직 행위를 조직화하여 가해자에게 그 책임을 묻는데 목적을 두고 있다. 피해자 서비스는 피해자와 함께 일하는 피해자 활동가와 피해자 개개인에게 안전계획을 수립하고, 그들에게 필요한 개입을 제공하는 것을 포함하고 있다. 이 프로젝트는 매사추세츠 주의 도체스터와 미시건주의 워시트너 카운티에서 평가되었다. 평가결과 피해자들은 피해자 서비스와 피해자 활동가와 더 많이 접촉했다고 응답하였다(Harrell et al., 2007). 또한 피해자들은 서비스의 질과 형사사법 시스템 종사자의 대응에 대하여 만족을 나타냈다. 불행히도 재범률 감소는 도체스터에서만 나타났으며, 이는 이 프로그램이 재범률에 명백한 영향을 미치지 않음을 의미한다(Harrell et al., 2007). 이 경우, 프로그램은 혼재된 결과를 나타냈다.

프로그램이 성공하기 위하여 어떠한 점이 성공의 열쇠인가? 왜 일부 프로그램은 다른 프로그램보다 훨씬 더 효과적으로 나타나는가? 이에 대한 가능한 설명은 피해자와 증인은 단지 인간적인 대우를 추구하며, 피해자와 증인에게 인간적인 대우를 제공하는 것이 프로그램의 효과성을 높일 것이라는 점이다. 정의의 전당 내에서 편안한 경험을 한 고객은 이에 만족하여, 다시 형사사법 시스템과 연관된 일이 생기더라도 참여를 망설이지 않을 것이다(Kelly, 1984; Norton, 1983; O' Grady et al., 1992).

검찰을 넘어서 BEYOND THE PROSECUTOR'S OFFICE

검찰활동의 효과성에 대한 증거와 연구는 기타 요소와 형사사법 시스템의 다른 행위자 그리고 피해자에 대한 사회관습적 대응에 의해 영향을 받을 수 있다. 피해자 원조는 검찰 이외의 다양한 개인과 기관을 고려할 필요가 있다. 경찰과 법원, 그리고 교정기관이 이에 해당된다. 검찰을 제외한 형사사법 시스템의 다른 행위자들은 1982년 특별위원회와 같은 초기 활동들에서는 철저히 간과되었던 반면, 검찰의 경우 주목의 대상이었으며 이에 따른 활동들도 검찰단계에서 주로 이루어져왔다. 경찰과 법원은 새로운 방향 보고서에서 상당한 주목을 받고 있다.

표 5-9는 피해자 관련 경찰 정책 및 절차에 대한 권고사항을 나타낸다. 흥미롭게도 「새로운 방향」보고서에서 제시된 경찰을 위한 최초의 권고사항은 피해자와의 접촉 초기에 구두 및 서면 고지를 통하여 그들의 권리에 대한 정보를 제공하는 것이다(Office for Victims of Crime, 1998b). 그 자체만으로도, 이 권고사항은 대부분의 경찰기관을 운영하는데 있어 중요한 변화를 가져올 뿐만 아니라 오늘날 체포과정에서 확립된 가해자의 권리에 대한 염려를 반영하고 있다.

두 번째 권고사항은 경찰은 피해자의 욕구를 다루는 데 있어 반드시 지역사회 기관과 자원을 활용해야 한다는 것이다. 피해자들이 일상적으로 필요로 하는 것에는 긴급 서비스, 쉼터, 재정적 원조, 정보 등이 있다. 기타 권고사항으로는 수사, 체포, 재판의 준비에 가능

표 5-9 범죄피해자에 대한 통합적 경찰대응을 위한 정책, 규칙 및 절차

피해자가 법집행기관과 최초 접촉을 하면, 피해자를 상대하는 경찰관은 반드시 주(州) 법 또는 연방법에 따라 피해자의 권리에 대한 구두 및 서면 통보를 제공하여야 한다.

경찰기관은 피해자가 다음의 긴급 서비스, 재정적 원조, 정보 및 지역사회 프로그램에 대한 접근을 보장받을 수 있도록 지역사회 협력관계를 활용할 수 있어야 한다:

- 현장 위기 개입, 원조 및 지원;
- 지역사회 기관으로의 즉각적 위탁;
- 응급의료서비스기관으로 이송 및 동참;
- 특정범죄 피해자에게 예상되는 반응을 설명하는 서면 자료 및 책자;
- 피해자 보상 및 신청방법에 관한 서면 정보
- 피해자들은 증거 수집 및 보존 필요로 인하여 발생하는 비용이나 특정 의료비용이 청구되지 않아야 한다.

협박 및 위해로부터 보호:

- 피해자 보호를 위해 이용할 수 있는 절차와 자원에 대한 통보
- 반-스토킹 권리와 긴급보호명령 이용에 대한 설명
- 용의자의 석방에 대한 피해자 통보 및 석방 조건으로 피해자 비접촉 포함

수사:

- 수사과정에 대한 구두 및 서면 오리엔테이션
- 피해자가 조사에 대동할 사람을 선택할 수 있도록 하는 절차
- 사건을 수사하는 경찰관의 이름과 연락처
- 사건 및 체포 보고서의 무료 복사본

체포가 이뤄지면, 피해자는 다음의 사항에 대하여 통보를 받아야 한다:

- 가해자의 체포
- 최초 출두를 위해 예정된 일시 및 장소
- 가해자의 재판전 석방
- 형사사법 및 소년사법 과정 속 그들의 권리
- 범죄혐의가 있는 가해자의 석방에 관해 다음 법정 출두 관련 일시 및 장소 고지

만약 체포가 7일 내 이루어지지 않을 경우:

- 피해자의 현재 주소를 유지할 수 있도록 하는, 체포에 대한 통보를 받을 권리에 대한 안내

만약 사건이 기소를 담당하는 검사 사무실로 제출된 경우:

- 사건 담당 검사의 이름, 주소, 연락처의 통보
- 즉각적인 재물의 환수

출처: Office for Victims of Crime (1998b), New Directions from the Field: Victims' Rights and Service for the 21st Century. Washington, DC: U.S. Department of Justice.

한 한 피해자를 포함시키는 것이다. 피해자들은 경찰이 취하는 모든 행위에 대하여 통지를 받아야 하며, 경찰은 피해자에게 사건수사 시작 및 수사가 진행되어 가는 과정에 대하여 설명해야 한다. 본질적으로, 경찰은 피해자를 필요시에만 소환되는 잠재적인 증인으로 대

표 5-10 법원을 위한 권고사항

- 판사는 피고의 권리에 대한 조언을 고지하는 것과 같이 피해자에게도 피해자의 권리를 고지하여야 한다.
- 판사를 비롯한 법원에 근무하는 모든 직원은 피해자와 권련된 법률 및 범죄가 피해자와 그 가족에 미치는 영향, 그리고 법원이 피해자의 권리를 어떻게 제대로 실현시킬 수 있을 것인가에 대한 교육을 지속적으로 이수하여야 한다.
- 판사는 피고가 피해자와 그 가족의 재판 출석이 공정한 재판을 받을 권리를 침해한다고 주장하지 않는 한 피해자와 그 가족의 재판 출석권을 활용하여야 한다.
- 판사는 석방 전/석방 후 결정을 내릴시 피해자와 지역사회의 안전을 고려하여야 한다.
- 양형을 선고하기 전, 판사는 반드시 피해자, 피해자측 대리인, 또는 적절하다고 여겨질 때 지역사회 대표를 합석시켜 피해자영향진술을 하도록 허용해야 한다.
- 판사는 형량 합의와 양형 선고에 피해자의 의견을 활용하여야 하며, 사건을 담당하는 검사가 피해자와 상의하는데 합당한 노력을 기울였다는 점을 증명하도록 요구하여야 한다.
- 판사는 해당 사건과 피해자의 참여가 최대한 가능하도록 일정을 관리할 책임이 있다.
- 판사는 반드시 피해자가 입은 고통에 대한 보상을 지원하기 위하여 가해자에게 배상 명령을 내려야 한다.
- 판사는 반드시 사법체계가 단지 전통적 판결 및 처벌할 뿐만 아니라 가해자-피해자를 위한 치료와 전체적인 문제 해결을 아우르는 기관이라는 점을 개념화하고 지지하는데 주도적인 역할을 취해야한다.

출처: Office for Victims of Crime (1998b), New Directions from the Field: Victims' Rights and Services for the 21st Century. Washington, DC: U.S. Department of Justice.

하기보다는 형사사법 시스템의 중요한 이해관계자로 대우하여야 한다는 것이다.

법원을 대상으로 하는 권고사항은 종종 검찰에 제공된 권고사항을 반영한다. 이러한 권고사항은 피해자의 욕구를 인정하는데 판사의 중요성을 강조하기 위하여 분리되어 있는 것이다. 이러한 권고사항 중 많은 수는 법원단계의 다양한 수준에서 피해자를 포함하고 있다. 법원단계는 석방 전-후 결정(pre-and post-release decisions), 재판, 양형거래, 그리고 양형(표 5-10 참조)을 포함하고 있다. 경찰의 경우, 권고사항은 피고에게 피고의 권리를 고지하는 것처럼 피해자에게도 그들의 권리를 알릴 필요성을 나타내고 있다. 판사들은 피해자 관련 이슈에 대한 훈련과 교육을 이수하고, 피해자의 욕구를 다룰 때 주도적인 역할을 취하도록 요구된다.

범죄피해자를 원조하는데 있어 교정기관의 역할 또한 「새로운 방향」보고서에서 다루어지고 있다. 경찰, 검찰, 그리고 법원과 마찬가지로 권고사항의 요지는 피해자의 욕구와 염려를 인식하는 것이다. 정보 제공은 권고사항의 기본적인 토대이며, 이러한 정보 제공은 가

표 5-11 교정기관을 위한 권고사항

- 교정기관은 범죄피해자에게 정보, 원조, 위탁을 제공하는 직원을 지정해야 한다.
- 교정기관은 피해자가 요청할 경우, 가해자의 지위에 변화가 생기면 통보하여야 한다. 가해자의 지위 변화는 지역사회나 피해자에게 접근이 가능한 사면을 포함한다.
- 교정기관은 감독 하에 있는 재소자의 협박, 위협, 또는 어떠한 위해로부터 피해자의 보호를 보장하는데 우선순위를 두어야 한다.
- 교정기관은 피해자가 구금되거나 보호관찰 및 가석방으로 풀려난 가해자로부터 공평한 보상을 받을 수 있도록 보장하는 법원명령에 따라 배상액을 수집 및 배분하여야 한다.
- 피해자는 성인 및 소년범죄자의 석방에 영향을 미치는 모든 결정에 의견을 제시하여야 한다.
- 범죄자가 자신이 저지른 행동이 피해자의 삶에 미치는 영향을 일깨우기 위하여, 성인 및 소년범죄자 대상 교정기관에서는 피해자영향패널을 반드시 이용하고, 범죄가 인간의 생활에 미치는 영향에 대한 코스를 수강토록 한다.
- 범죄피해자는 범죄자의 보호관찰 및 가석방 조건의 어떠한 위반사항이라도 통보받아야 하며, 보호관찰 및 가석방 위반 심리 전 및 심리기간 동안 의견을 제공할 수 있어야 한다.
- 성 범죄자가 출소한 경우, 통일된 형식의 지역사회 통보 관례가 개발되어야 하며 이는, 주 경계를 넘어서 시민들에게 지속적인 보호를 제공하고 시민의 인식을 증진하기 위하여 실행되어야 한다.

출처: Office for Victims of Crime (1998b), New Directions from the Field: Victims' Rights and Services for the 21st Century. Washington, DC: U.S. Department of Justice.

해자의 지위 변화에 대한 피해자 통지에서부터 가해자의 출소에까지 이른다(표 5-11 참조). 또한 교정기관은, 배상을 위한 징수 및 분배에 적극적인 역할을 하고, 가해자 관련 업무시 피해자 영향 패널을 활용하도록 요구된다. 마지막으로 피해자를 협박으로부터 보호하고, 피해자와 지역사회에 성 범죄자의 출소를 통보하는 등 피해자의 안전을 담보해야 한다.

형사사법 시스템의 다양한 부분을 대상으로 한 권고대상의 기반에는 몇가지 분명한 테마가 있다. 첫째, 피해자의 권리를 인정하고 피해자들이 이러한 권리에 대하여 확실히 알 수 있도록 해야 한다. 둘째, 피해자들이 범죄자로부터 입을지 모르는 미래의 위해로부터 피해자를 보호해야 한다. 셋째, 피해자들은 그들이 원한다면, 모든 형사사법 단계에서 가시적으로 참여할 수 있어야 한다. 형사사법 시스템은 피해자의 권리를 통보하고, 피해자의 시스템 참여가 보다 용이하고 의미있는 일이 되도록 방법을 모색하여야 한다. 마지막으로 형사사법 시스템에 종사하는 이들은 피해자의 욕구와 권리에 대한 지속적인 교육을 이수할 필요가 있다. 만약 형사사법 시스템에 종사하는 공무원이 지시사항에 대하여 제대로 숙지하고 있지 못하다면 단순히 피해자의 권리를 나열하는 것만으로는 충분하지 않다.

이러한 주제들 중 마지막 주제가 상당한 분량의 업무가 필요한 부분이다. 형사사법 시스템에 종사하는 공무원들은 종종 제한된 자원 안에서 다양한 각기 다른 업무를 수행하도록 요구받는다. 만약 자원이 충분히 제공되지 않는다면, 새롭게 내려온 지시사항은 그저 열광적인 환호를 받는데 그칠것이다. 실제로 피해자-증인 프로그램을 담당하는 직원들은 엄청난 담당 건수와 산더미 같은 서류작업에 보조를 맞추기 위하여 고군분투하고 있다. 피해자 운동이 점차 성장하고, 추가적인 업무가 형사사법 시스템에 부과되면서 공무원들은 그들의 전문성을 비전통적인 고객으로까지 적용하기를 요구하는, 부쩍 늘어난 요청을 처리하는 자신들을 발견하게 되었다.

게다가 많은 서비스 제공자들은 범죄피해 경험과 그 영향이 피해자 이외에도 영향을 미치는 파생력을 가지고 있음을 인정한다. 피해자 가족과 친구를 대상으로 하는 피해자 지원체계 또한 영향을 받는다. 가족과 친구가 피해자의 필수적인 지원 기반을 이루기 때문에, 이러한 경우 서비스의 확대는 합리적이다. 가해자와 피해자를 넘어서는 서비스의 제공은 형사사법 시스템의 추가적인 확대를 요구하게 된다.

많은 형사사법기관과 피해자 활동가들은 자신들의 전문성을 비전통적인 피해자들에게까지 제공하도록 요청받고 있다. 범죄의 직접적인 피해자와는 다른 **'이차적인 피해자**(*Derivative victims*)' 는 몇몇 떠들썩한 사건에 영향을 받은 사람들을 포함한다(Tomz & McGillis, 1997). 자살을 기도한 사람들이 겪는 정신적 외상1) 또는 젊은 사람의 예상치 못한 죽음에 의해 촉발된 감정적 격변은 사람들을 감정적 난국으로 몰고가기에 충분하다. 정신과 상담을 제공하는 이들과 긴급구조원들이 **'대리적인 정신적 외상**(*vicarious trauma*)' 또는 **'연민 피로감**(*compassion fatigue*)' 을 경험하는 것은 이상한 일이 아니다(Pearlman & Saakvitne, 1995; Way et al., 2004). 연민 피로감은 다음을 의미한다.

> 연민 피로감은 한 사람을 장악하고, 그가 기쁨을 경험하거나 느끼고 타인을 돌볼 수 있는 능력을 떨어뜨리는 신체적, 감정적, 그리고 정신적 피로 또는 탈진을 말한다. 연민 피로감은 한 사람이 타인들에게 장기간에 걸쳐 상당량의 에너지와 연민을 소모하면서 발생하는, 이 세상이 희망이 있는 곳이라는 점을 스스로 확신할 수 없기에 돌아오기 어려운 일방향의 길이다. 바로 이와 같은 장기간의 연민과 보살핌의 지속적인 배출이 이러한 감정을 이끌어 낸다(저자미상, 2009).

치명적인 사건에 노출된 개인들은 그들이 자신의 감정을 분류하고 다스리려 할수록 보고 의식(debriefing exercise)이 도움이 된다는 점을 깨달을지 모른다. 그러나 이러한 보고가 제대로 행해지지 않는다면 역반응을 촉발할 수 있다(Regehr et al., 2003). 요약하자면, 피해자 활동가들은 그들의 기술이 필요한 사람이 매우 많다는 것을 알게 되는 것이다.

---

1) 대단히 충격적인 사건을 목격한 후 일어나는 과정임.

피해자 활동가(*victim advocate*)는 피해자(고객)에게 서비스를 제공하는 사람으로, 그들이 구호 활동을 시작하기 전 적절한 학업적 배경과 훈련이 필요하다. 피해자 서비스가 최초에 시작되었을 때, 많은 서비스 제공자들은 타인에 대한 관심을 가진 단순히 선한 의도를 가진 사람들이었다. 특히 피해자학이 발전 초기 단계였을 때, 공식 자격증은 존재하지 않았다. 그럼에도 불구하고 오늘날 형사사법 시스템에 종사하는 직원과 피해자와 접촉하는 기관에 종사하는 직원을 위한 활동 전 또는 활동 중의 공식 훈련프로그램에 대한 관심이 점차 증가하고 있다. 1995년 이래로 약 1,800명의 실무자들이 선별된 대학 캠퍼스에 위치한 전국 피해자 원조 아카데미(National Victim Assistance Academies)에서 40시간의 코스를 수강했다(Caliber Associates, 2004). 게다가 많은 주에서는 피해자 활동가들이 받는 훈련을 개선하기 위하여 자체적인 프로그램을 도입해오고 있다. 아카데미에 대한 국립평가에서는 해당 과정을 수강한 학생들이 그들이 원하는 기법을 획득하였으며 수강하는 훈련 내용에 대하여 만족한다고 나타났다. 나아가 학생들은 수업내용이 현재 업무에 적용 가능하다고 응답하였다(Caliber Associates, 2004). 직원 준비과정은 원조가 필요한 피해자에게 양질의 서비스가 제공된다는 것을 보장하기 위한 하나의 메커니즘으로서 인정되고 있다. 이러한 노력은 「새로운 방향」보고서에서 나타난 더 강조된 인적자원 개발, 교육, 훈련에 관련한 권고사항을 따라하는 것이다.

비판점 DISSENTING VOICES

시스템에 기초한 피해자-증인 프로젝트가 취하고 있는 방향에 대하여 모두가 만족하는 것은 아니다. 비판가들은 고객의 욕구보다 조직적 생존에 관심을 가지는 관료들이 열성적인 활동가들을 대체하고 있다고 주장한다. 그들은 피해자-증인 프로젝트가 너무나 변하여 더 이상 피해자-중심적이지 않다고 주장한다. 달리 말하자면, 이 장에서 "일차적 피해"라고 명명한 것을 다루기 위하여 어떠한 가시적인 노력도 행해지지 않았다. 대신에, 이러한 프로젝트들은 형사사법체계에 연관되면서 발생하는 문제들인 "이차적 피해"에만 집중하고 있다.

Shapland(1983)는 많은 피해자-증인 프로그램이 실제 피해자들이 원하거나 필요한 바가 아닌, 공무원들이 생각하는 고객의 욕구에 맞춰져 있다는 점을 지적하고 있다. 대기조건의 개선, 증인 통보 서비스의 제공, 형사사법절차에 대한 간략한 책자 배포 및 이와 유사한 전략들은 피해자들에게 지엽적인 것으로 여겨질 수 있다. 숨겨져 있는 목적을 위하여 사람들을 달래고 조종하도록 고안된 소도구로써 말이다.

"이상적인" 조건 아래, 피해자 프로그램은 모든 피해자들에게 도달할 수 있다(Weigend, 1983). 그러나 현재 프로그램의 운영은 미리 선정된 범죄유형의 피해자에게만 주목하고 있다. 나아가 이러한 고객집단은 범죄사건을 당국에 신고한 피해자들에게 한정된다. 우리가 제2장

표 5-12 피해자/증인 서비스를 다루는 인터넷 사이트

클라크 카운티 피해자-증인 서비스	http://www.clarkprosecutor.org/html/victim/victim.htm
주 법원 행정가 회의	http://cosca.ncsc.dni.us
연방사법센터	http://www.fjc.gov
플로리다 피해자-증인 서비스 네트워크	http://www.fnvws.org
녹십자 재단	http://www.greencorss.org
전미 지방검사협회	http://www.ndaa.org
범죄피해 사무국	http://www.ojp.usdoj.gov/ovc
심리적 외상: 치료 및 자원 그리고 생물학	http://www.psychinnovations.com/sitetrau.htm
전미 양형위원회	http://www.ussc.gov

에서 다루었듯이, 소모율(attrition rate)이 상당하다. 그러나 이용할 수 있는 자원은 점차 줄어들고 있다. 경찰에게 신고되고, 용의자를 체포한 사건에 한해 프로그램이 제공되고 있다. 궁극적으로 자신의 사건이 정의의 전당에 이르게 되는 피해자만이 서비스를 제공받게 될 것이다.

회의적인 시각에서는 형사사법체계 공무원들에게 있어 피해자가 갖는 가치는 피해자가 그들을 얼마나 잘 도와줄 수 있는가에 달려있을 뿐이라고 지적한다. McShane과 Williams(1992:264)는 "실제로 피해자 원조로써 행해지는 일들은 피해자의 욕구에 맞춰 있다기보다는 기소의 필요성에 근거를 두고 있다"라고 설명한다. 피고측과의 입씨름은 이러한 우려를 강화한다. 피고측 변호사들의 공통된 불만은 피해자들에게 원조 제공과 같은 특권을 보장하는 것은 검사에게 불공평한 이익을 제공할 것이라는데 있다(Kelly, 1987, 1991). 비록 오늘날 이러한 주장을 지지하는 증거는 없지만, 이와 같은 언급은 피해자-증인 서비스로 인한 갈등에 대하여 계속되는 증거역할을 하게 될 것이다.

요약하기 SUMMARY

피해자들이 어떠한 이유로 형사사법체계에 마지못해 참여하고, 다시 관련되는 것을 꺼려하는지에 대해 살펴보는 일은 어렵지 않다. 처음에 피해자는 자신의 손실을 최소화할 수 있으리라는 희망 속에 정의의 전당에 들어선다. 그러나 피해자가 관련된 사건의 형사절차가 모두 끝나면, 피해자는 기대했던 바 대신에 오히려 자신의 손실이 최대화되었다는 것을 깨닫곤 한다. 이것만으로도 형사사법 공무원들은 피해자들이 앞으로는 가능한 한 시스템을 회피할 것이라는 사실을 어렵지 않게 추측할 수 있다. 법체계를 거부하고자 하는 결정은 냉담한 시민정신의 산물은 아니다. 그것은 조용한 저항이라고 할 수 있는, 계산되고 합리적인 평가에 의한 것이다. 시스템 참여 거부는 앞으로 피해자가 겪게될 곤경과 법적책임을 최소화 시켜준다.

형사사법 시스템 공무원들은 형사사법 시스템에 피해자-증인 관리 프로젝트를 도입함으로써 이러한 추세에 맞서고자 하였다. 그럼에도 불구하고 이러한 노력들은 자신의 사건 용의자들에 대하여 증언을 하는 소수의 피해자들에게만 해당될 뿐이다. 게다가 시스템 참여로 인해 피해자가 겪는 경제적 손실에 대해서는 거의 다루지 않고 있다. 다음 장에서 다루겠지만 형사사법 시스템은 피해자들을 다시 참여시키기 위하여 다양한 재정적 유인책을 고안해냈다. 이러한 노력들이 현 체계 운영에 있어 피해자의 관심을 충분히 유지할 수 있을지는 두고봐야 할 것이다.

제5장의 핵심 용어

- 연민피로감(compassion fatigue)
- 비용-편익 분석(cost-benefit analysis)
- 파생된 피해자들(derivative victims)
- 이중 피해(double-victimization)
- 두 번째 피해(second insult)
- 대리적인 정신적 외상(vicarious trauma)
- 피해자 활동가(victim advocate)
- 피해자-증인(피해자/증인) 프로젝트 (victim-witness project)

6

피해자 고통의 구제

Remedying the Plight of Victims

학습목표

본 6장을 읽고, 아래의 질문에 답해보시기 바랍니다.

- 범죄자 배상(offender restitution)에 대하여 정의하라
- 민사배상(civil restitution)이 무엇인지 설명하라.
- 배상의 이론적 근거에 대하여 설명하라.
- 배상의 네가지 유형에 대하여 설명하라.
- 배상의 영향에 대하여 평가하라.
- 배상의 단점에 대하여 설명하라.
- 배상을 개선시키기 위한 방법을 설명하라.
- 민사소송(civil litigation)이 인기를 얻고 있는 이유에 대하여 설명하라.
- 민사소송의 장점에 대해서 설명하라.
- 민사소송의 한계에 대하여 설명하라.
- 민사적 구제(civil remedies)를 개선시키기 위한 방법을 설명하라.
- 개인보험(private insurance)의 역할에 대하여 설명하라.
- 피해자 보상(victim compensation)이 무엇인지 설명하라.
- 피해자 보상의 역사에서 중요한 부분을 설명하라.
- 보상의 철학적 기초에 대하여 이해하라.
- 어떤 행동이 보상가능한 것인지 이해하라.
- "착한 사마리안(Good Samaritan)"규정에 대하여 정의하라.
- "부당 이득(unjust enrichment)"과 "기여적 비행(contributory misconduct)"에 대하여 설명하라.
- 보상의 지급과 자금제공 체계에 대하여 설명하라.
- 피해자 보상의 효과성에 대하여 논하라.
- 거시적 수준(macro-level)과 미시적 수준(micro-level)의 효과에 대하여 구분하라.
- 프로그램의 운영에 대하여 설명하라.

서론 INTRODUCTION

피해자들은 범죄행위로 인한 결과뿐 아니라 형사사법절차에 참여함으로써 손해를 입는다. 형사사법 시스템은 피해자를 범죄와 형사사법 시스템 모두에서 이방인처럼 느끼게 만듦으로써 그들을 소외시킨다. 피해자는 국가를 위한 증인에 불과하다. 형사사법 시스템의 중점은 피해자가 아니며 오히려 그것은 범죄자를 위한 절차이다. 형사사법 시스템에 대한 시민들의 환멸은 피해자의 고통을 개선하기 위한 어떠한 조치가 취해질 필요가 있음을 의미한다. 최근 피해자-증인 원조 프로젝트(victim-witness assistance project)가 확산되는 것은 형사사법 시스템에서 피해자의 불리한 경험을 줄이려는 시도를 의미한다. 이 프로젝트는 상담, 법원이동시 운송수단제공, 대기실, 재판연기에 관한 신속한 통지, 재산회복에 대한 원조, 법정 증언에 대한 통지, 형사사법절차에 대한 오리엔테이션, 사건의 성향에 대한 통지 등을 제공할 것이다. 이러한 프로젝트는 피해자들이 법적 시스템 안에서 마주치는 불공정한 대우를 줄이거나 완화하기 위해서 노력한다. 그러나 피해자-증인 원조 프로그램은 피해자의 경제적 고통을 줄여주기 위해 만들어진 것은 아니다. 만약 피해자가 합리적인 비용-편익 평가에 근거하여 형사사법 시스템과 공식적인 접촉을 꺼려한다면, 형사사법 시스템은 피해자를 경제적 유인책으로 시스템 안으로 끌어들일 필요가 있다.

범죄로 인한 금전적 손실을 되찾기 위한 다양한 방법들이 있으며 여기에는 배상, 민사소송, 보험금 그리고 피해자 보상 등이 포함된다. 이러한 수단들은 피해자를 범죄이전의 상태로 되돌려줄 수 있지만 피해자가 이들을 이용할 때 새로운 난관에 부딪히기도 한다. 또한 각각의 수단은 피해자를 형사사법 시스템으로 끌어들이기 위한 가능성을 가지고 있다. 본 장에서는 피해자의 손실을 회복하고 피해자를 형사사법 시스템에 끌어들이는 수단으로서 배상, 민사소송, 보험금, 그리고 피해자 보상에 대해서 살펴볼 것이다.

범죄자 배상 OFFENDER RESTITUTION

범죄자 배상은 범죄자에 의해 야기된 손해를 회복하기위해, 범죄자로부터 피해자에게 서비스나 금전을 이전하는 것을 뜻한다. 배상은 공식적인 형사사법 시스템보다 먼저 등장한 것이다. 공식적인 사회통제 시스템이 출현하기 이전에는 피해자들이 범죄자를 체포하고 손해에 대한 가혹한 보복을 할 책임을 가지고 있었다. 배상은 함무라비 법전이나 유스티니아누스 법전과 같은 다양한 초기의 법에 명확히 명시되어 있었다. 그러나 범죄자가 피해자에 대한 배상을 한다는 사상은 범죄자에 대한 체포와 기소에 대한 책임이 국가에 있다는 가정아래 대부분 사라져갔다. 이 새로운 사법시스템은 배상을 금지하지 않았지만 실무에서 배상은 점차 쓰이지 않고 무시되어져 갔다.

1960년대에는 범죄자 배상에 대한 관심이 새롭게 대두되었다. 다양한 요소들이 이 흐름에 영향을 미쳤다. 이러한 요소에는 1967년 대통령 위원회 보고서(The 1967 President`s Commission reports)에서의 피해자에 대한 인식, 범죄자를 다루는 대안적 수단에 대한 관심의 증가, 그리고 범죄피해자에 관한 사회운동이 포함되었다. 그러나 그 당시엔 배상에 대한 인식은 수많은 새로운 법률을 만들어 내지는 못했다. 오히려 배상이 법원에서 극히 드물게 실시했던 양형의 선택사항에 이미 존재한다고 지적되었다.

1982년 범죄피해자를 위한 대통령 특별 위원회(The 1982 President`s Task Force on Victims of Crime)에서는 배상이 형사사건에서 일반적인 것이 되도록 권고했다. 1982년 말, 피해자/증인 보호법(Victim/Witness Protection Act)은 연방판사들이 사건에서 충분한 배상을 요구하지 않은 이유에 대해 서면 설명을 해줄 것을 요구하는 상황에까지 이르렀다. 1990년까지 48개의 주(州)에서는 독립된 양형(sentence)으로써 또는 다른 양형의 부가적인 형태로서 배상을 다루는 구체적인 법률을 만들었다(Shapiro, 1990). 오늘날 3분의 1이상의 주(州)에서 피해자에게 배상의 권리를 주도록 헌법개정을 하였다(Office for Victims of Crime, 2002b).

연방에서는 판사가 특별한 사정이 없다면, 범죄자 배상을 양형의 의무적인 부분으로 만드는 것을 요구하고 있는데 일부 주(州)에서는 이에 따르고 있다(Office for Victims of Crime, 2002b). 현재, 최소한 하나의 주(州)에서 유죄판결을 받은 형사범에게 민사배상명령(civil restitution order)을 부과하고 있다. 민사배상명령은 법원이 피해자의 요구에 의해서 유죄가 확정된 범죄자가 현재 소유하거나 소유하게 될 재산에 대한 청구를 부과하는 것을 의미한다(Florida..., Statutes, 2009, § 960.29-960.297). 이것은 범죄자로 인해 생기는 어떠한 재산의 손해나 손실을 피해자가 회복할 수 있다는 것을 의미한다.

배상의 이론적 근거 The Rationale for Restitution

배상의 이론적 근거는 피해자의 욕구와 관련된다. 피해자가 입은 손실은 배상관련 법률의 성장과 법원 배상명령의 뒤에 있는 주요한 추진력이다. 펜실베니아에서의 연구에 의하면 배상의 가장 중요한 이유는 피해자에 대한 보상이라는 것이 밝혀졌다(Ruback & Shaffer, 2005). 그러나 양형의 대안으로서 배상을 선택하는 것 또한 틀림없다(표 6-1).

많은 배상 프로그램이 범죄자를 위한 이익이라는 견지에서 표현된다. 교화개선

표 6-1 배상의 이론적 근거 비교

- 피해자를 피해자화 이전(pre-victimization) 상태로 복구
- 범죄자의 교화개선
- 구금보다 덜 제약적인(restrictive) 대안의 제공
- 범죄자의 미래의 범행 억제

(rehabilitation)은 배상의 가장 설득력 있는 성과로서 받아들여진다(Barnett, 1981; Galaway, 1981; Hofrichter, 1980; Hudson & Galaway, 1980). 범죄자가 피해자에게 금전을 지불하거나 서비스를 제공하도록 촉구하는 것은 범죄자에게 그들이 초래한 고통을 깨닫게 한다. 배상은 단순히 개인을 처벌하기 보다는 일탈행위에 대한 치료적 혹은 교화개선적인 대응을 제공한다. 교화개선적(rehabilitation) 주장은 특히 배상이 취업이나 직업훈련 프로그램과 연계될 때 호소력이 있다(Hillenbrand, 1990). 이러한 경우에 범죄자들은 스스로를 합법적인 기회에 둠으로써 미래의 피해자들을 돕는다.

배상의 지지자들은 배상을 대체로 구금의 형태로 취해지는 보통의 절차보다 덜 제약적(restrictive)인 대안으로서 간주하는 경향이 있다. 낙인론자들은 형사사법시스템의 개입이 보다 심각한 일탈의 원인이라고 비난하기 때문에, 미래의 범죄를 감소시키는 수단이라는 측면에서 배상을 지지한다. 배상은 일탈을 유도하기 보다는 그 이후의 범죄행동을 억제하는데 도움이 된다.

배상은 또한 억제효과(deterrence effect)를 가져온다(Tittle, 1978). 억제이론에서는 분명한 이익이 있다면 사람들은 일탈행동을 지속할 것이라고 가정한다. 배상은 가해자가 피해자에게 손해를 되갚도록 하기 때문에 가해자를 적어도 재정적으로는 범죄행동 이전과 정확히 같은 상태로 되돌려 놓는다. 배상은 벌금이나 구금처럼 기쁨(범죄의 성과)과 고통(시스템의 대응)사이에 부정적인 균형을 낳을 수 있다.

쾌락주의자의 주장에 따르면 범죄자들은 처음부터 범죄를 저지르지 않는 편이 더 좋을 것이다. 따라서 배상은 처벌된 범죄자에게는 특별억제효과를, 일반인들에게는 일반억제효과를 낳을 수 있다.

배상의 유형 Types of Restitution

Galaway(1981)는 배상의 4가지 유형을 제시했다(표 6-2 참고).

첫째, '금전적-피해자 배상(monetary-victim restituition)' 으로 일반적으로 대중이 가지고 있는 배상의 이미지에 가장 가깝다. 이 유형의 배상은 범죄자가 자신이 야기한 손해나 손실의 실제적인 양을 피해자에게 직접 되갚는 것이다. 이는 직접적인 되갚음으로 고려되지만 실무적으로는 법원이나 교정당국을 통하여 피해자에게 금전이 전달된다. 특히, 이 절차는 피해자가 더 이상 범죄자와의 접촉을 원하지 않을 경우에 유용하다.

두 번째는 '금전적-지역사회 배상(monetary-community restitution)' 이다. 이 유형의 배상은 범죄자가 피해자가 아니라 지역사회에 되갚는 것을 의미한다. 이 유형의 배상이 이용되는 데에는 몇가지 이유가 있다. 예를 들어, 공공재산에 대한 반달리즘과 같이 피해자를 확인할 수 없을 경우이다. 이 경우 피해자가 배상 프로그램에 참여하기를 원하지 않거

표 6-2 배상의 유형(Types of Restitution)

- 피해자에 대한 금전적 배상
- 지역사회에 대한 금전적 배상
- 피해자에 대한 서비스 수행
- 지역사회에 대한 서비스 수행

나 법원이 범죄자의 양형에 있어서 피해자에 대한 배상을 이용하는 것을 꺼릴 수 있다.

이와 같은 금전적 지역사회 배상은 지역사회에 의해서 피해자가 이용할 수 있게 만들었던 재원을 간단히 되찾는 방법이 될 것이다. 한마디로 지역사회는 피해자에게 선불(up-front)적 배상을 제공했던 것이며 그것이 지금은 범죄자에 의해 대체 된 것이다.

나머지 두 개의 배상유형은 금전 대신에 서비스로 대체된다는 것을 제외하고는 위의 두 개의 유형과 유사하다. '서비스-피해자 배상(service-victim restitution)'과 '서비스-지역사회 배상(service-community restitution)' 모두 금전적 배상 대신에 범죄자가 특정된 서비스 시간이나 유형(또는 둘 다)을 피해자나 지역사회에 수행할 것을 요구한다. 이러한 형태의 배상은 실업자나 청소년들의 경우처럼 금전적 능력을 가지고 있지 않은 범죄자에게 흔히 이용된다. 지역사회에 대한 서비스는 지역사회가 범죄자를 대신하여 한 배상이나 법원비용, 일반 대중에게 입힌 손해를 위해 지불하는 방법이 될 것이다. 어찌되었든 중요한 특징은 범죄자는 범죄행위를 통해서 생긴 채무를 다 갚아야 한다는 것이다.

배상의 영향에 대한 평가 Evaluating the Impact of Restitution

배상의 평가는 재범율, 비용절감, 다이버전과 같은 성과를 연구하기 위한 간단한 조사로부터 발달해 왔다. 일반적으로 배상은 피해자, 범죄자, 일반대중, 형사사법 시스템 종사자로부터 따뜻한 환대를 받아왔다(Gandy, 1978; Gandy & Galaway, 1980; Hudson & Galaway, 1980; Keldgord, 1978; Kigin & Novack, 1980; Novack, Galaway & Hudson, 1980).

그러나 배상의 일반적 수용에도 불구하고 상대적으로 범죄자들이 법원에 의해 배상을 요구받는 경우는 거의 없다. 표 6-3에 의하면 오로지 주(州) 중죄 사건의 18%와 연방지역법원(Federal District Court) 사건의 12%만이 양형의 일부로서 배상명령을 내렸다. 일반적으로 손실의 양을 문서화하기 손쉬운 재산범죄의 경우 10개의 중죄 가운데 3개 이하로 주(州) 법원에서 배상명령이 내려졌다. 배상명령은 확실히 범죄의 유형에 따라 차이가 난다. 연방법원에서 부과된 배상의 평균치는 상대적으로 낮으며 최고액은 절도 8,157달러에서 화재와 무기 범죄 1,500달러에 이른다.

최초의 배상평가는 주로 과정 평가(process evaluation)였다. 즉, 다루어지는 범죄자의

표 6-3 배상명령이 내려진 중범죄 비율

유죄판결 받은 범죄	주 법원(%)	연방법원	평균($)
모든 범죄	18	12	
폭력범죄			
살인	13	31	6,423
성폭력	18	7	2,412
강도	18	51	6,020
가중폭행	18	20	2,000
재산범죄			
주거침입절도	27	64	2,100
절도	26	63	8,157
약물범죄	14	1	1,500
무기 범죄	8	9	1,500
기타 범죄	13		

출처: Rosenmerkel, S., Dorose, M., & Farole, D. (2009). Felony Sentences in State Courts, 2006-Statistical Tables. Retrieved from http://bjs.ojp.us.doj.gov/content/pub/pdf/fssc06st/pdf; and Maguire, K. (2010). Sorcebook of Criminal Justice Statistics(Online). Retrieved August 4, 2010 from http://www.albany.edu/sourcebook/.

수, 참여자들이 배상을 하는데 걸리는 시간, 배상명령의 완수률, 다른 유사한 프로그램의 성과이다. 범죄피해자뿐만 아니라 그들의 가족, 보험회사, 피해자 지원 기관과 피해자를 돕는 정부기관이 배상을 받을 자격이 있다(Office for Victims of Crime, 2002b). 다루어지는 손실 또한 폭넓다. 배상은 재산적인 손실이나 손해를 넘어서 의료비용, 임금손실, 장례비용, 정신건강 상담비용 및 범죄와 그 영향과 관련된 기타 비용을 포함한다(Office for Victims of Crime, 2002b).

대부분의 프로그램들은 배상명령에 대한 범죄자의 순응비율(compliance rate)이 높다고 보고하였다(Kigin & Novack, 1980; Lawrence, 1990; Schneider & Schneider, 1984). 그러나 성공확률은 제공된 감독의 유형과 수준에 따라 다르다(Ruback & Shaffer, 2005; Schneider & Schneider, 1984). 예를 들어 법원 외부에 있는 단체는 법원 내부의 프로그램과 비교하여 자금을 모으는 것에 덜 효과적이라고 나타났다(Ruback, Shaffer & Logue, 2004; Ruback & Shaffer, 2005). 벌금 및 구금과 같이 다른 제재수단을 동시에 부과하는 것은 배상을 방해하거나 지체시킬 수도 있다. 범죄피해자국(Office for Victims of Crime, 2002a)은 이 문제를 다루기 위해 지불과 관련된 모든 법원명령이 하나의 시스템으로 통합되어야 한다고 제안했다. 결국, 배상 프로그램은 꽤 경제적이라는 것이 밝혀지고 있다. 그들은 수많은 개인들을 상대적으로 싼 비용으로 처리할 수 있다(Hudson & Galaway, 1980).

결과평가(outcome evaluations)는 피해자와 범죄자에게 미치는 배상의 영향과 관련된 연구들이다. 피해자를 위해 모금되고 지급된 돈의 양은 주요한 평가결과이다. 그러나 배상명령의 양에 대한 체계적인 정보는 이용할 수 없다. 중죄 보호관찰의 한 분석에서는 배상명령의 평균이 3,368달러라고 보고했다(Cohen, 1995).

또 다른 주요한 결과는 범죄자의 재범율을 평가하는 것이다. Challeen와 Heinlen(1978)은 구금형을 선고받은 유사한 범죄자들의 재범율이 27%인 반면, 배상명령을 받은 사람의 재범율은 2.7%로 나타났다고 보고했다. 재범율은 4개의 프로그램 중 3개에서 하락하였는데 그 비율은 소년 100명당 10건 이하였다(Schneider, 1986). 또한 배상명령으로 전환된 범죄자들을 6년간 추적조사한 결과, 상당히 낮은 재범율을 나타냈다(Rowley, 1990). 보다 최근에 Ruback과 동료들(2004)은 펜실베니아에서 행해진 배상전후의 영향 조사를 통해 배상으로 더 많은 부분을 지불했던 범죄자들이 그렇지 않은 사람들보다 재범율이 더 낮은 것을 발견했다.

그러나 Schneider와 Schneider(1984)는 배상의 가치는 얼마나 잘 프로그램이 관리되는가에 달려있다고 경고했다. 결과평가는 배상이 기관의 우선순위가 될 때는 유망하다. 그러나 결과평가는 배상이 부가적인 조건으로서 다루어지거나 기관의 우선적 관심이 아닐 경우에 뒤쳐진다. 적극적으로 배상을 목표로 하는 프로그램들은 더 성공적인 수행과 낮은 재범율을 나타낸다(Ervin & Schneider, 1990; Ruback, Ruth & Shaffer, 2005; Ruback & Shaffer, 2005).

배상과 관련된 문제들 Problems and Concerns with Restitution

배상은 이론적인 매력과 긍정적인 결과를 나타내고 있지만 실무에서는 다양한 문제들에 직면하고 있다. 그것은 처음부터 범죄자를 체포하고 판결을 내릴 필요가 있다는 것이다(Galaway, 1981; Hillenbrand, 1990). 공식범죄보고(The Uniform Crime Reports)에서는 대략 20%의 범죄가 체포에 의해 해결되며 배상을 받을 여지가 가장 많은 재산범죄는 해결율이 더 낮다고 나타난다. 이에 따르면 배상은 최대한 5분의 1만이 가능하다. 체포통계 이상으로 다수의 범죄자들은 유죄가 선고되지 않으며 이에 따라 배상의 가능성이 낮아진다.

범죄피해자국(Office for Victims of Crime, 2002b)은 배상의 중요한 문제는 피해자가 그런 보상을 요구하는데 실패하는 것이라고 말했다. 많은 주(州)정부에서는, 검찰이나 법원에 피해자가 배상을 요구할 권리가 있음을 통지하라고 요구하지만 그러한 통지가 실제로 일어나는지에 대한 보증은 없다. 또한 통지는 곧 피해자가 요구를 해야한다는 것을 의미하지 않는다는 점이다. 이러한 문제에 대한 하나의 해결책은 모든 형사사건에서 배상을 양형의 의무직인 부분으로 만드는 것이다(Office for Victims of Crime, 2002b; Ruback et al., 2005).

세 번째 문제는 범죄자들의 무능력이다(Office for Victims of Crime, 2002b). 대부분의 범죄자들은 사회의 하류층이기 때문에 이들이 배상을 하는데 필요한 수단을 가지고 있을 것이라고 생각하기는 어렵다. 경우에 따라서 법률에 의해 배상명령이 내려지긴 하지만 배상이 개시되는 것은 범죄가가 갚을 능력이 생기게 되는 미래의 어느 날이다(Office for Victims of Crime, 2002b). 다른 가능한 해결책은 범죄자들이 직업을 찾는 것을 돕는 것이다. 범죄자들에게 직업을 제공하는 것은 공적 자금이나 민간부문의 필수적인 협력을 요구하는데 이 모두는 어떤 문제에 직면하게 된다. 첫째, 직업들이 도움이 되지 않을 수도 있다. 둘째, 반대자들은 법을 준수하는 보다 훌륭한 시민들은 직업이 거부된다고 주장한다.

네 번째 주요한 문제는 손실과 배상의 정확한 수준을 입증하고 계산하는 것이다(Office for Victims of Crime, 2002a). 도난당하거나 손상된 재산은 쉽게 계산될 수 있겠지만 사용된 재산의 가치하락과 금전적인 보상을 결정하기 어려운 정서적 물품의 가치와 관련되어서는 문제가 생긴다. 어떤 범죄는 피해자에게 돈으로 환산하기 어려운 심리적인 손해를 끼칠수도 있다. 또한 배상을 위한 서비스의 수준을 결정할 때도 어려움이 있다(Harland & Rosen, 1990). 금전적 손실, 물리적 상처, 정신적 상처를 얼마만큼의 업무와 시간으로 상쇄해야 하는가? 배상명령을 내릴때에 법원은 그것의 법적인 기술이외의 것이 요구되고 의사, 정신과의사, 경제학자, 회계사에 의해 만들어지는게 더 나을 결정들을 하게 된다.

또 다른 주요한 문제는 형사법원의 적절한 철학이다. Thorvaldson(1990)은 배상은 형사사법 시스템의 중점을 사회에서 피해자로 이동한다고 주장한다. 배상에서는 피해자가 사회를 위해 행동하기보다는 개인적인 보상을 추구한다. 결과적으로 배상은 형사사법절차와 양형의 중요성을 감소시킨다(Thorvaldson, 1990). 또한 많은 사람들은 구금형을 받은 범죄자들의 사건의 경우, 배상이 부적절하다고 생각한다(Office for Victims of Crime, 2002b). 비평가들은 배상은 법원을 형사적 대응에서 민사적 대응으로 바꾼다고 주장한다. 범죄자에게 초점을 두는 것 대신에 피해자가 절차의 초점이 된다.

또한 몇 가지 다른 이슈들이 배상의 잠재적인 문제들을 보여준다. 현재의 형사사법 시스템이 그러한 프로그램을 관리할 채비를 갖추지 않았다는 것이다(Shapiro, 1990). 실제

표 6-4 배상프로그램을 위한 권고사항

- 배상명령은 의무적이고 전국적으로 일관되어야 한다.
- 사법시스템의 통합된 대응은 배상의 효과적인 징수를 위하여 필수적이다.
- 피해자들은 사법절차에서 가해자로부터 배상받을 권리가 있다는 것을 가능한 빨리 통지받아야 한다.
- 법원은 양형시에 배상의 양과 지급 일정을 결정하기 위해 피해자와 범죄자에 관한 충분한 정보를 가져야 한다.

(계속)

표 6-4 배상프로그램을 위한 권고사항 (계속)

- 기술(technology)의 사용은 배상명령의 추적과 지불을 크게 강화시킬 수 있다.
- 주(州) 법률은 벌금이나 수수료 등 범죄자 때문에 생기는 다른 무엇보다 배상 지불을 우선순위로 만들어야 한다.
- 배상명령 따르지 않는 것은 범죄자의 지역사회 감독이라는 이차적인 양형으로 이어져야 한다.
- 민사적 구제는 배상을 징수하는데 있어서 범죄피해자들을 돕는 일상적이고 일관된 원리로 적용되어야 한다.
- 피해자들은 배상의 지불일정, 배상의 양, 배상명령의 어떠한 실패에 대해서라도 정정신청 권리를 가져야 한다.

출처: Office for Victims of Crime data

로 배상명령을 감시하거나 이에 따르는 것에 대한 정보를 분배하는 것에 있어서 기관들 간의 협력이 거의 없다(Office for Victims of Crime, 1998b). 게다가 배상이 억제효과를 가질 것이라는 데 대한 증거가 거의 없다(Barnett, 1981). 배상의 유효성에 대한 의문은 여전히 많이 남아있다.

이처럼 몇가지 배상의 단점들이 있지만, 많은 사람들은 배상을 개선시키기 위해서, 형사사법절차에서의 관행을 제도화하는 조치를 취할 필요가 있다고 생각한다. 표 6-4는 새로운 방향(New Directions) 프로젝트에 의해 만들어진 몇 가지 권고사항들을 나타내고 있다(Office for Victims of Crime, 1998b). 이들 권고사항들은 배상을 전국적으로 의무화하고 피해자들이 배상에 대한 그들의 권리를 인식하도록 만든다. 마찬가지로, 배상명령을 감독하고 시행하기 위해 수단, 기술과 절차를 만드는 것 또한 중요하다. 마지막으로 권고사항들은 피해자들이 법원신청과 민사적 조치를 통하여 배상지급을 강요할 수 있는 방법들을 포함한다.

민사소송 CIVIL LITIGATION

범죄피해자의 구제를 위한 또 다른 방법은 민사소송이다. 민사소송은 배상과 배상실무의 현대적 버전이다. 피해자나 피해자의 가족들은 손실을 되찾거나 처벌적 손해배상(punitive damages)을 요구하기 위해 범죄자에 대한 민사적 조치를 취할 권리를 가진다. 사람들은 때때로 민사소송을 불법행위에 대한 책임추궁(tort action)이라고 한다. 'tort' 는 형사사건의 피고가 피해자인 원고에 대해 저지른 잘못된 행동이다. 이러한 행동은 보통 상처나 손상과 같은 어떤 종류의 손실을 낳는다. 불법행위에 대한 책임추궁이나 민사소송의 목적은 범죄자에 의해 가해진 물리적 또는 정신적 손상에 대하여 원고가 피고(범죄자)로부터 금전적인 보상을 받는 것이다(Berliner, 1989). 따라서 민사소송은 피고의 책임과 손해의 회복을 둘러싼 문제에 관심을 기울여야 한다(Office for Victims of Crime, 1997).

민사소송에는 몇 가지 중요한 이점이 있다(Dawson, 1989). 아마도 가장 중요한 것은 법정소송에서 피해자가 통제권을 되찾는다는 것이다. 형사법원에서 사건이 기소되는 한, 검사가 모든 주요한 결정권을 가지고 있다. 피해자가 아니라 검사가 그 사건을 재판 받을 것인지를 결정하고 소송의 화해(plea settlement)를 협상할 수 있다. 피해자가 아니라 검사가 법정에서 어떤 증거를 사용할지를 결정한다. 일단 재판 장소가 형사법원에서 민사절차로 바뀐다면 더 이상 피해자는 사건의 이방인이 아니며, 법원의 중요한 관심사는 피해자와 그들의 문제들이다. 피해자는 절차의 진행시 법원에 머무를 권리를 가지며 결정에서 마지막 발언을 할 권리도 가진다(National Center for Victims of Crime, 2001).

또 다른 이점은 형사소송에서 요구되는 증거의 수준은 "합리적 의심을 뛰어넘는 증거(proof beyond a reasonable doubt)"인 반면 민사소송에서 요구되는 증거의 수준은 "우월적 증거(preponderance of evidence)"라는 점이다(National Center for Victims of Crime, 2001). 피고가 형사소송에서 유죄로 판명되지 않더라도 또는 검사가 기소하지 않더라도 민사적 조치는 가능한 대안이 될 수 있다. 게다가 민사절차에서는 만장일치의 배심원 결정이 필수적이지 않다. 다수 또는 3분의 2의 결정이면 유리한 평결을 내리기에 충분하다. Berliner(1989)는 배심원이 민사사건에서 피해자에게 동정적인 경향이 있다는 것에 주목했다. 게다가 피고(범죄자)는 더 이상 불이익 진술거부권에 의해 증언을 거부할 수 없다(Brien, 1992; Dawson, 1989; Office for Victims of Crime, 1997). 헌법상의 불이익 진술거부권은 민사절차가 아닌 형사절차에 적합하기 때문이다.

이러한 이점에도 불구하고 민사적 구제에는 몇 가지의 단점이 있다. 첫째, 많은 피해자들이 민사소송의 선택이나 적절한 변호사를 찾는 방법에 대해 인식하지 못하고 있다. 이러한 문제들은 변호사들이 범죄피해자를 위한 지불방안을 인식하지 않는다는 사실에 의해 악화되고 있다. 이 문제들은 점차적으로 후원기관이나 단체의 설립과 민사적 조치에 대한 피해자의 권리를 강조하는 법률제정을 통하여 다루어지고 있다(Office for Victims of Crime, 1998). 둘째, 배상과 마찬가지로 범죄자가 확인되고 밝혀져야 한다. 만약 범죄자가 누구인지 모른다면 민사적 구제의 가능성이 없다. 셋째, 민사사건은 피해자가 변호사를 고용하고 절차가 시작되기 전에 일정한 비용을 지불해야 한다(Barbieri, 1989). 따라서 사실상 낮은 수입의 피해자들은 민사시스템으로부터 배제되게 된다. 만약 피해자가 충분한 돈을 받지 않는다면 실제로 변호사에게 비용을 지불한 후에 돈을 잃을 수도 있다. 많은 액수를 받았다고 하더라도 대체로 변호사들은 최소한 받은 돈의 3분의 1을 비용으로 확보한다.

넷째, 소송으로 인하여 더 많은 고통을 받는 피해자도 있다. 정밀조사를 위하여 피해자들의 과거 행동, 성격, 개인적 상황에 대한 정보가 모두 공개된다. 이러한 유형의 조사는 피해자에게 더 심각한 심리적이고 정서적인 손상을 입힐 수도 있다(Barbieri, 1989). 다섯째, 민사소송은 시간이 많이 소요되며 해결하는데 수년이 걸릴 수도 있다. 이 기간 동안 피해자는 범죄자와 지속적으로 접촉해야 하고 그것은 더 심한 고통을 가져올 수 있다.

마지막으로 대부분의 범죄자들은 수입이 없기 때문에 피해자가 소송에서 이긴다고 하더라도 회복의 가능성이 매우 적다. 하나의 혁신은 다수의 주(州)에서는 "Son of Sam" 이라고 불리는 규정을 통해, 범죄자의 자산을 압류시키는 피해자의 능력을 향상시키려는 시도를 해왔다는 것이다. 뉴욕의 연쇄 살인범인 David Berkowitz(그의 별명이 "Son of Sam")가 체포된 후 그는 자서전과 자신의 이야기에 대한 미디어상의 권리로 인해 수백만 달러를 벌게 되었지만, 피해자와 피해자 가족들은 아무것도 받지 못했다. 범죄자가 그들의 흉악한 행동으로 돈을 벌 수 있다는 이 사고는 새로운 법률의 통과를 자극하였는데 그것은 정부가 저작권료 등을 몰수하고 그 돈을 보상 기금으로 사용하는 것을 허용하는 것이었다.

일련의 유사한 법률의 증가에도 불구하고 이들 규정들은 표현의 자유 침해와 관련된, 검열에 대한 수정헌법에 위반된다고 선고되었다(Simon & Schuster v. Members of the New York State Crime Victims Board et al., 1991).

결과적으로 이들 자금들은 더 이상 몰수되고 범죄피해자에게 지급되지 않는다. 그러나 최근의 "Son of Sam" 법은 피해자가 범죄자의 범행의 결과로 얻은 수익을 징수하는 민사소송을 용이하게 만들었다(표 6-5 참고).

피해자를 위한 또 다른 방법은 제3자에 대한 민사소송(third-party civil suit)이다

표 6-5 민사 소송시에 고려 가능한 피고의 자원

수입의 원천
임금
수당(연금 등)
불로소득
신탁자금 수입
세금환급
정부의 사회보장금
재산과 소유물
개인 재산(차, 보석 등)
부동산(집, 땅 등)
은행 예금
피고에게 지불되어야 하는 채무
금융 자산(주식, 채권 등)
합작 수익(partnership interest)
부동산과 개인적 재산을 통한 미래의 수익

출처: Office for Victims of Crime(1997). Civil Legal Remedies for Crime Victims(2nd ed.). Washington, DC: U.S. Department of Justice, URL http:// www. ncjrs.org.txtfiles/clr.txt

(Carrington, 1981; Castillo, et al., 1979). 이러한 소송에서 피해자는 정부기관이나 소유주, 쇼핑센터의 관리업자 등을 상대로 소송을 제기한다.

제3자에 대한 소송의 진행 동안 피고의 태만이 안전하고 보호적인 환경을 유지하거나 만드는 것에 실패하였는지에 대한 문제가 논쟁된다. 여기에서 피해자는 두가지를 증명해야 한다. 첫째, 범죄가 반드시 예견가능한 사건이어야 한다. 다른 범죄들이 그 전제아래 발생되어 왔음을 증명하거나 그 지역이 높은 위험 지역이라는 평판을 받았다는 것을 보여줌으로써 이 요구를 만족시킬 수 있다. 둘째, 제3자는 앞으로 다가올 범죄사건을 줄이기 위한 적절한 조치를 취하는 것에 실패해 왔거나 그러한 노력들이 매우 불충분하게 이루어져 왔어야 한다. 예를 들어 낯선 범죄자가 아파트 단지에서 집으로 가고 있는 거주자를 폭행하고 물건을 훔쳤다고 가정해 보자. 주민들은 현관 등이 고장났고 낯선 자가 그 지역을 배회하였다는 등의 불평을 집주인에게 말해왔으며, 과거에도 유사한 다른 범죄사건이 발생했었다. 이러한 정보에도 불구하고 집주인이 어떠한 조치도 취하지 않았다면 피해자는 알려진 위험을 무시한 것(태만)에 대하여 집주인에게 책임이 있다고 주장할 수 있다.

피해자들은 범죄자 또는 제3자에 대한 민사구제에 관계없이 이 수단에 대하여 더 많은 인식이 필요하다. 범죄피해자국은 민사소송을 실시하기 위한 몇가지 권고사항들을 제공했다(표 6-6 참고). 권고사항에는 이러한 대응을 피해자들에게 단순히 알리는 것에서부터 민사소송을 도울 수 있는 상담 네트워크의 개발, 피해자들이 더 많이 민사법정에서 소송을 제기하도록 법을 변화시키는 것 등이 포함되어 있다.

표 6-6 민사소송을 위한 권고사항

- 민사적 구제에 대한 범죄피해자의 법적인 권리가 충분히 통보되어야 한다.
- 범죄피해자에 대한 대리 경험이 있는 변호사들의 주(州)와 지방 네트워크가 확대되어야 한다.
- 민사와 형사사건에서 피해자화와 관련된 문제를 입증하기 위하여 기술을 가진 상담자를 확인하기 위한 노력들이 증가되어야 한다.
- 변호사들은 범죄피해자를 위한 민사구제에 있어서 피해자 서비스 제공자에게 훈련을 제공해야 한다.
- 아동학대사건와 관련된 민사적 조치에 대한 법령의 한계가 확대되어야 한다.
- 정부는 범죄피해자를 위한 중요한 기회를 제공하는 것을 확대시켜야하는지 결정하기 위해, 민사적 조치에 대한 법률의 한계를 조사해야 한다.

출처: Office for Victims of Crime data

개인보험 PRIVATE INSURANCE

범죄로 인한 손실을 줄이기 위한 또 다른 수단은 개인 보험이다. 대부분의 주택소유자 종합보험(homeowner insurance)은 잃어버리고 손상된 재산의 회복에 대하여 규정하고 있다. 마찬가지로 의료보험(health insurance)도 대체로 범죄로 인한 상처에 대한 지급을 허용하고 있다. 범죄로 인한 피해를 상쇄하기 위하여 보험을 이용하는 것은 몇 가지 단점이 있다. 무엇보다도 시민들은 보험을 들어야 한다는 점이다. 사실 사람들은 그들의 지각범위를 넘어선 그러한 보호에 보험료를 효과적으로 투자할 여유가 없다. 물론 이것도 우선적으로 보험을 구입할 수 있다는 것을 전제로 한다. 많은 도심은 범죄가 들끓는 지역에 있고 개인 보험회사는 그곳에서 사업을 하려고 하지 않는다. 이 문제는 막대한 결과를 야기한다. 보험의 부족은 고급 주택화를 촉진하고 황폐한 지역에서는 도시가 쇠락한다. 이 상황은 매우 심각해졌고 연방 정부는 현재 높은 범죄위험 지역의 상업 기업과 거주민을 위한 범죄 보험을 인수하고 있다.

어떤 사람들은 개인보험을 범죄 손실의 상쇄 수단으로 보는것은 범죄를 피해자의 책임이라고 가정하기 때문에 그들을 더욱 곤란하게 만든다고 주장한다. 다른 문제는 대부분의 보험은 공제금액이 있기 때문에 피해자에게 주는 현금이 줄어든다는 것이다. 대체로 범죄로 인한 보험금에서 200-500달러가 공제금액이 된다. 일반적으로 보험은 손실을 되찾는 가능한 수단이긴 하지만 그다지 매력적인 수단은 아니다.

피해자 보상 VICTIM COMPENSATION

피해자 보상은 정부가 범죄로 인한 손실을 피해자에게 되갚는 것을 의미한다. 피해자 보상이 범죄자 배상으로부터 유래한 것도 사실이지만 여기에서는 정부가 피해자와 직접적인 접촉을 한다.

피해자 보상은 새로운 개념이 아니다. 이것은 고대 그리스와 로마, 성서속의 이스라엘, 게르만 독일, 색슨 잉글랜드의 역사에 존재했었다(Jacob, 1976; Schafer, 1970). 그러나 다양한 이유들로 인해 중세시대에는 사용되지 않았다. 피해자 보상의 현대적 관심은 Margery Fry로 인해 발생했다. 영국의 치안판사인 Fly는 뉴질랜드(1963년)와 영국(1964년)에서 피해자 보상 법률이 통과하는데 중요한 역할을 했다(Edelhertz & Geis, 1974, 표 6-7). 미국에서는 1966년에 캘리포니아에서 피해자 보상프로그램을 시작했고 뉴욕과 하와이가 그 뒤를 따랐다. 영국의 법률과 미국 프로그램들은 상당히 유사하다(Greer, 1994).

피해자 보상을 위한 연방정부의 노력은 1964년에 시작되었지만 범죄피해자 법(The Victims of Crime Act, VOCA, 1984)이 통과된 것은 1984년이었다. VOCA는 연방정부가

표 6-7 범죄피해자 보상과 관련된 주요사건

1963	뉴질랜드에서 처음으로 피해자 보상 법률이 통과
1964	영국에서 피해자 보상 법률이 통과
1966	미국 캘리포니아에서 처음으로 피해자 보상 프로그램이 실시
1977	국제 범죄피해자 보상 위원회 연합이 설립
1984	연방 범죄피해자 법이 통과
1986	최초로 주(州)정부가 범죄피해자 법에 의해 기금을 받음
1988	주(州)정부가 가정폭력과 음주운전 피해에 대한 보상금을 지급하도록 VOCA 개정
2002	50개의 주(州), 컬럼비아 특별구, 버진 아일랜드, 푸에르토 리코, 괌에서 보상 프로그램들이 설립

연방범죄로 인한 피해자 보상과 주(州)정부 보상프로그램을 위한 연방자금을 제공하는 것으로 절차를 개시하였다. 이러한 기금은 유죄가 확정된 개인과 기업에게 부과된 벌금, 몰수금, 그리고 특별 부과금으로 이루어졌다.

VOCA는 상당한 양의 자금을 보상 프로그램에 공급해야 하는 책임이 있었다. 범죄피해기금은 1984년 이후 90억 달러 이상의 자금을 받아왔다. 2008년 범죄피해기금은 17억 달러에 달한다(Office for Victims of Crime, 2009).

1990년대 후반 이후부터는 법인에 의해 지불된 대규모의 벌금으로 인하여 기금의 변동이 있었다(Derene, 2005). 기금은 몇 몇 우선순위의 카테고리로 분배된다(Office for Victims of Crime, 2009). 첫째, 아동 학대 사건의 수사와 기소를 위해 2000만 달러가 할당된다. 둘째, 불특정 기금이 연방사건으로 인한 피해자 서비스를 향상시키기 위해 할당된다. 셋째, 500만 달러는 연방 피해자 통지 시스템에 할당되었다. 넷째, 남아있는 자금의 5%는 범죄피해자국이 받는다. 남아있는 기금의 대부분은 피해자 보상 프로그램들과 피해자 원조(assistance) 프로그램으로 나누어진다(Office for Victims of Crime, 2009). 50개의 주(州), 컬럼비아 특별구, 버진 아일랜드가 이들 기금의 혜택을 받았다. 2008년 회계연도에 4억 3천 백만달러 이상이 보상으로 지급되었으며 152,000명의 청구자가 청구 당 평균 약 3,000달러를 받았다(Office for Victims of Crime, 2009).

자금의 제공뿐만 아니라 VOCA는 주(州) 정부의 범죄 보상 법률을 표준화하는 것에도 도움을 주었다. 수많은 보상 법률의 통과는 주(州)마다 서로 다른 다양한 규칙과 규정을 낳게 했다. 그러나 연방 VOCA의 기금을 받기 위해 주(州)정부들은 일련의 프로그램 가이드라인을 따라야 했다. 예를 들어 어떤 주(州)는 거기에 거주하는 피해자들에게만 보상을 하였는데 VOCA 규정들은 주(州) 거주 요건을 삭제할 것을 요구했다.

철학적 기초 Philosophical Bases

피해자 보상의 지지자들은 정부가 두 개의 서로 다른 이유로 인해 피해자 보상을 해야 할 의무가 있다고 생각한다. 첫 번째는 사회계약(social contract)의 관점이다. 이 관점에서는 정부는 과세시스템과 서비스의 제공을 통해서 시민의 안전과 행복을 돌보아 주어야 하는 계약을 맺었다고 한다. 이 관점에 따르면 시민들은 정부가 자신들을 보호하는 대신 정부에 법집행의 권한을 양도해 왔다고 한다. 범죄 피해는 시민의 잘못이 아니며 정부가 시민과의 약속을 지키는데 실패했기 때문에 발생한 것이다. 따라서 피해를 입은 시민들을 이전의 상태로 복구시키는 것은 정부의 의무이다.

두 번째 철학적 기초는 사회복지(social welfare)의 관점이다. 정부는 장애를 입고 가난하고 불운한 시민들을 위한 최소한의 삶을 제공하기 위해 노력한다. 이 논거는 무고한 피해자를 이 범주에 포함시킬 것을 지지한다. 왜냐하면 그들은 스스로 자초하지 않은 손해로 인하여 고통받기 때문이다. 피해자들은 사실상 불우하기 때문에 정부는 그들의 복지를 확대시키고 피해자를 구조해야한다.

이 두 관점은 피해자 보상에 대한 서로 다른 결과를 낳는다. 예를 들어 만약 한 사람이 사회복지의 개념을 고수한다면 그는 재정적 수단의 평가(financial means test)를 인정할 것이다. 이에 따르면 오직 가난한 사람들만이 보상을 받을 자격이 있다. 그러나 한사람이 사회계약의 개념을 받아들인다면 피해자의 재정적 상태와 상관없이 보상은 모두가 이용 가능한 것이어야 한다.

세 번째는 피해자 보상을 형사사법 시스템에 피해자를 유인하는 수단으로 다루는 것이다. 앞서 언급한 것처럼 다수의 피해자들은 추가적인 비용으로 인해서 당국과 접촉하는 것을 꺼린다. 그들은 단순한 비용편익 분석으로 대응한다. 그러나 보상은 범죄와 관련된 많은 금전적 손실을 완화해 줄 수 있다. 따라서 보상은 비용편익에 있어서 균형을 제공할 수 있고 시스템 내에 피해자를 끌어들일 수 있다. 보상은 형사사법 시스템과 피해자 사이의 호의를 촉진시킬 수 있으며 이는 더 많은 범죄자를 체포하도록 하여 범죄해결율을 높이고 범죄를 줄이게 하는 결과를 가져올 수 있다.

보상의 대상이 되는 행위 Compensable Acts

대부분의 프로그램은 세 개의 피해자 카테고리로 피해자 보상을 제한한다. 첫 번째 대상은 범죄로 인해 신체적 손상을 입은 피해자와 살해된 피해자의 가족이 포함된다. 정신건강 서비스와 상담, 임금 등을 포함한 물리적 상처와 관련된 모든 비용을 보상한다 (National Association of Crime Victim Compensation Board, 2007). 보상은 대개 의료적 지출, 직장을 잃음으로써 생긴 손실과 피해자와 피해자의 사망시 가족의 정신건강 치료를 포함한다. 대조적으로 피해자가 재산범죄로 인한 손해를 보상받는 경우는 드물다. 단지 몇 개의 주(州)에서 재산의 손해나 손실을 위한 보상금 지급 규정이 있다(Parent, Auerbach & Carlson, 1992).

두 번째 대상은 "착한 사마리안(Good Samaritans)들이다. "착한 사마리안" 규정에 의하면 현장에서 범죄가 발생하는 것을 막거나 용의자를 잡기위하여 다치거나 죽은 사람들이 보상의 대상이 된다. 이는 이타주의는 격려되어야 할 것이기 때문에 사회는 보통의 의무 이상을 한 시민에게는 특별한 의무를 져야 한다는 사상에서 비롯되었다.

마지막 유형은 특히 법집행가를 도우려다 다친 사람들을 포함한다. 주(州)에 따라서는 경찰관이 원조를 요청할 때 도와주지 않는 사람들의 행위를 경범죄로 규정하고 있는 곳도 있다. 따라서 경찰관을 위하여 행동하는 시민들을 보상하는 것은 당연하다.

특별히 보상을 받을 자격이 없는 사람들도 있다. 예를 들어 대부분의 주(州)에서는 법집행 공무원이나 소방관을 위한 보상을 금지하고 있다. 그들의 행동은 직업의 일부이고 이들에게는 직장인 보상과 같이 다른 보상 프로그램이 더 적절하다고 한다(Parent et al., 1992). 또한 구금된 재소자나 조직범죄에 관련된 사람들도 제외하고 있다.

자격의 제한 Eligibility Restrictions

보상은 범죄자의 "부당이득(unjust enrichment)"을 제한하고 있다. 이것은 대체로 피해자가 사건 이후에도 여전히 범죄자와 함께 살고 있는 가정폭력 사건에서 중요한 관심사이다. 단순히 가정폭력 피해자가 보상 받는 것을 배제하기보다는, VOCA와 1988년 개정법은 주(州) 정부에 보상이 범죄자에 의해 사용되거나 그들을 지원하는데 사용되는 실질적인 방법이 되는지를 결정하기 위한 가이드 라인을 제정하도록 요구했다(National Association of Crime Victim Compensation Boards, 2007). 주(州) 정부는 가정폭력 범죄뿐 아니라 모든 범죄에 적용되는 성문의 가이드라인을 제정하도록 요구되었다. 이와 같은 우려를 덜어주는 한가지 방법은 미네소타의 규정처럼 가정폭력 피해자가 상대편을 고소하거나 이혼절차를 진행하고 있는 중에만 보상을 허용하는 것이다.

다수의 주(州)에서는 재정적 수단의 평가가 기록되어 있다. 즉 보상금을 받기 전에 피해자는 심각한 재정적 곤란을 겪어야 한다. 앞서 말한 것과 같이 피해자 보상 프로그램의 철학적 기초중의 하나는 사회복지이다. 재정적 곤란을 평가하는 것이 이러한 관점에서 나온 것이긴 하지만 그것은 또한 프로그램 경비의 상한을 정하는 메커니즘이기도 하다. 흥미로운 것은 만약 주(州) 정부의 보상 프로그램이 재정적 곤란이라는 제한아래 운영된다면 그것은 연방 피해자 보상 기금을 받을 자격이 없다는 것이다.

보상받을 자격에 영향을 미치는 또 다른 조건은 피해자의 참여나 비행에의 기여이다.

피해자는 사건과 관련하여 어떠한 형사책임도 공유하지 않아야 한다. 즉, 피해자의(범죄) 촉진은 보상을 받을 피해자의 지위를 감소시킨다. 예를 들어 존이 피터에게 싸움을 걸고 피터가 대응하여 존의 코를 부러지게 했다고 가정해 보자. 보상 위원회는 존의 청구를 완전히 부정하거나 형사사건에서 피해자의 기여 정도에 비례하여 보상액의 규모를 줄일 것이다.

또 다른 자격의 제한은 다른 형태의 지원의 가능성이다. 피해자 보상은 보통 마지막 수단으로서 간주된다. 즉, 보상 전에 보상을 위한 다른 모든 수단을 다 써야 한다(National Association of Crime Victim Compensation Boards, 2007). 다른 모든 대안적 기금을 다 써버린 다음에야 보상금이 피해자에게 미친다. 다른 수단은 노동자 보상, 장애 수당, 보험금, 범죄자 배상, 개인적 기부금, 정부 의료보조, 사회보장, 민사소송으로 얻어진 돈을 포함한다. 이러한 대안으로부터 받는 자금에 상응하여 보상금이 감소된다. 피해자의 곤란한 사항을 해소시켜주기 위하여 프로그램들은 대체로 먼저 보상을 하고 그 뒤에 이용가능한 다른 자원으로부터 자금을 되찾는다.

보상금 Awards

보상금은 주(州)마다 최고한도액이 다르거나 청구당 지불할 수 있는 금액에 제한이 있다. 일반적으로 10,000달러부터 25,000달러에 이르며 워싱턴 주(州)는 최고 150,000달러를 지급하는 반면 뉴욕은 의료적 손실을 위한 보상금지급에 상한이 없다. 일부 주(州)에서는 조사에 비용이 드는 사소한 청구가 프로그램에 쇄도하는 것을 막기 위하여 최소한의 손실을 요구하기도 한다. 많은 주(州)에서는 피해자들이 당장의 재정적 곤란에 직면할 때를 위하여 긴급 보상금을 마련한다(Office for Victims of Crime, 1998b).

범죄피해자 보상은 임금손실, 의료비용, 보철비용, 장례비와 정신건강 상담 등을 포함한다. 대부분의 프로그램은 고통이나 재산 손실을 위한 비용을 마련해 두지 않는다. 실제로, 단지 5개의 프로그램만이 고통과 괴로움에 대한 비용을 허용하고 8개의 프로그램은 재산 손실을 위한 비용만을 허용하고 있다(Parent et al., 1992).

최근에 추가된 피해자 보상이 지불할 수 있는 항목은 법의학적인 조사로 인해 생기는 비용이다. 일반적으로 경찰 수사 실무에서는 신체적 조사를 위하여 성폭행 피해자를 의료시설에 보낸다. 8장에서 설명할 내용에 의하면 이 조사는 두 개의 부분으로 구성되는데 피해자로부터 물리적 증거를 수집하는 것과 피해자에게 의료적 치료를 제공하는 것이다. 보상 위원회는 신청자에게 조사의 의료적 부분을 보상하지만 증거구성요소 측면을 위한 지불은 거절한다. 법무부(U.S. Department of Justice, 1986: 17) 보고서는 "성폭행 피해자에게 이 비용을 부담하게 하는 것은 절도 피해자에게 지문채취를 부담시키는 것과 동등하다"고 언급했다. 1984년 범죄피해자 법(The Victims of Crime Act of 1984)은 법의학적 조사를 위하여 피해자 보상프로그램이 이용가능한 자금을 마련하였다. 보상금은 여러 가지 형태를 취할 수 있다. 지불금은 일시불로 하거나 주기적으로 나누어 주는 것도 가능하다. 어떤 주(州)에서는 완전한 수사의 결과를 기다리는 동안 절실히 필요로 하는 피해자에게 긴급 보상금을 허용한다.

자금제공 Funding

많은 사람들에게 중요한 정치적인 사안은 자금의 출처에 대한 것이다. 어떤 주(州)는 일반적인 세금에서 자금을 끌어오지만 보다 인기있는 자금제공의 메커니즘은 범죄자이다. 국가 범죄피해자 보상 위원회 연합회(National Association of Crime Victim Compensation Boards, 2007)에 의하면 대부분의 주(州) 보상 프로그램은 대체로 범죄자로부터 징수한 벌금 등으로 자금을 받으며 3분의 1은 범죄 피해기금으로부터 나온다. 또한 자금은 범죄자 배상금을 통해 주(州) 정부가 되찾은 돈으로부터 나오기도 한다. 대부분의 프로그램들은 주정부로부터 일반기금을 수령하지 못한다.

범죄신고와 보상의 신청 Reporting Crime and Applying for Compensation

피해자 보상의 한 가지 두드러진 특징은 보상의 종결이 형사사법 시스템과 연합되어 있다는 것이다. 사실상 모든 주(州)에서 비교적 빠른 시간내에 범죄를 경찰에 신고할 것을 요구한다(보통 72시간). 피해자들은 또한 경찰에 충분히 협력해야 하며 주검사나 지방검사가 추구하는 사건의 기소에 완전하게 협력해야 한다. 또한 피해자가 보상 신청을 해야하는 기간이 있다. 이러한 요구조건을 준수하지 못하면, 자동적으로 보상청구가 부정되거나 피해자가 이미 받았던 보상금을 되갚아야 한다. 범죄피해자국의 '새로운 방향' 프로젝트(1998)는 신고와 청구 기간의 완화 및 최초의 신고가 상담사나 의료진과 같은 법집행기관이 아닌 다른 기관에 행해지는 것을 허용할 것을 요청하였다. 현재의 요구사항들은 피해자를 형사사법 시스템에 편입시키기 위한 잘 계산된 시도를 보여준다.

피해자 보상이 효과가 있는가? DOES VICTIM COMPENSATION WORK?

앞서 언급한 것처럼 대다수의 피해자들은 경찰에 그들의 피해상황을 보고하지 않는다. 경찰과 접촉하는 피해자들도 기소를 선택하지 않을지도 모른다. 형사사법절차에 참여가 부족한 것은 피해자가 법적 시스템을 피하는 것이 손실을 최소화할 수 있다고 생각한다는 것을 보여준다. 만약 시스템과 협력하지 않겠다는 결정이 경제적인 평가로부터 비롯된 것이라면, 형사사법 시스템은 금전적인 혜택으로 피해자를 유인할 필요가 있다.

어떤 사람들은 피해자 보상이 이에 적합하다고 주장한다. 피해자가 경찰에 범죄신고, 경찰 수사의 도움, 범죄자 기소를 위한 충분한 협력에 실패한다면 자동적으로 보상 청구가 부정된다. 보상 프로그램의 관리자들은 보상 프로그램이 피해자가 사법기관에 협력하는 것을 더욱 촉진시킨다고 선전한다.

거시적 수준의 효과 Macro-Level Effect

피해자 보상 프로그램의 관리자들은 대체로 보상 프로그램들이 형사사법 시스템에 대한 피해자의 협력을 증가시킨다고 생각한다. 만약 이러한 가정이 맞는다면 어떠한 거시적 수준의 효과가 나타나야 한다. 거시적 수준의 효과(macro-level effect)는 어떤 단체나 조직 특성의 변화를 의미한다. 피해자 보상법이 범죄신고, 당국에의 협력, 법원 사건에의 참여를 강제하기 때문에 어떤 체계적인 효과가 드러나야 한다. 즉, 피해자 보상 프로그램은 폭력범죄에 대한 경찰 신고율의 증가, 경찰에 의한 폭력범죄 해결율의 증가라는 결과를 낳아야 한다.

네 개의 주(州)에서 실시된 피해자 보상 프로그램에 관한 조사는 이러한 가정들을 지지하지 않는 것으로 나타났다(Doerner et al., 1976). 캐나다 일부 지방의 피해자 보상 프로그램은 제안된 효과에 관련한 어떠한 증거도 나타나지 않았다(Doerner, 1978a). 물론 이러한 연구들은 모두 공식적인 데이터를 사용했기 때문에 결과에 영향을 미치는 데이터 자체의 단점이 존재하고 있을 가능성이 있다. 결과적으로 자기 보고식 피해자 데이터(self-reported victimization data)를 이용한 또 다른 분석이 실시되었다(Doerner, 1978b). 26개 도시의 국가 범죄 패널 조사(National Crime Panel Surveys)의 이용은 두 개의 가설을 테스트할 수 있게 만들었다. 첫째, 보상프로그램이 실시되는 지역은 그렇지 않은 지역보다 폭력범죄의 신고율이 더 높을 것이라고 예상된다. 둘째, 재산범죄는 보상받을 수 없기 때문에 재산범죄의 신고율은 보상프로그램의 실시지역과 그렇지 않은 지역이 유사할 것이라고 예측된다. 연구결과, 보상 프로그램을 실시한 지역에서는 폭력범죄와 재산범죄의 신고율이 유사하다고 나타났다. 따라서 이들 연구에서는 피해자 보상 프로그램이 범죄신고를 증가시키는데 도움이 되지는 않는 것으로 나타났다.

이와 같은 연구들이 식별가능한 효과를 보여주는데 실패했지만 여전히 피해자 보상 프로그램이 유죄선고율에 영향을 미칠 가능성은 존재한다. 그러나 캐나다 지역을 대상으로 한 분석에서는 보상 프로그램이 있는 지역과 그렇지 않은 지역에서 모두 폭력범죄와 재산범죄의 유죄선고율이 유사한 것으로 나타났다(Silverman & Doerner, 1979). 결국 연구자들은 피해자 보상이 유죄선고율에 영향을 미치지 않는다고 결론지었다.

요약하자면 이와 같은 연구에서는 피해자 보상이 형사사법 시스템에 긍정적으로 영향을 미친다는 주장을 뒷받침할 경험적 증거를 제공하지 않았다. 이와 같은 결과는 서로 다른 나라에서, 공식적/비공식적 데이터를 대상으로 실시된 것에서 유래한 증거이기 때문에 훨씬 더 의미가 있다. 거시적 수준이나 조직적 효과가 없다는 결론에도 불구하고 피해자 보상 프로그램이 미시 수준이나 개인적 효과를 낳을 것인가의 문제는 여전히 남아있다.

미시적 수준의 효과 Micro-Level Effects

몇 몇 연구자들은 어떤 미시적 수준의 효과가 실현되어야 한다고 지적한다. 미시적 수준의 효과(micro-level effect)는 어떤 사람이 보상을 받음으로써 형사사법시스템에 더 만족하게 되는 것과 같은 개인적 변화를 말한다. 이 가정을 시험하기 위해 Doerner와 Lab (1980)은 플로리다에서 범죄피해자 보상을 신청한 피해자에게 설문지를 메일로 발송했다. 프로그램 관리들의 조언에 따라 그들은 연구참여자를 보상을 받은 집단과 보상을 거부당한 집단으로 나누었다. 그들은 보상을 받은 피해자들이 그렇지 않은 피해자들보다 형사사법 종사자들에게 더 호의적인 태도를 취하고 향후에 형사사법 종사자들에게 더욱 협력할 것이라고 예상했다.

연구결과, 보상을 받지 않은 피해자보다 받은 피해자들이 피해자 보상 프로그램의 관리들에게 더 큰 만족감을 나타내었다. 그러나 이와 같은 만족이 경찰, 주(州) 검사, 판사에게는 나타나지 않았다. 보상을 받은 피해자들은 향후에 범죄피해를 당한다면 보상 프로그램을 신청할 것이라고 말했지만 다른 형사사법 종사자(경찰 • 검사 • 판사 등)와 협조할 생각은 없었다. 따라서 이 연구에 의하면, 피해자 보상 프로그램이 형사사법 시스템으로의 파급효과(spillover)나 후광효과(halo effect)는 발생시키지 않는다는 것을 알 수 있다.

앞서 언급한 결과들은 피해자 보상 프로그램들이 형사사법 시스템에 대한 대중의 태도와 견해에 미치는 영향이 거의 없다는 것을 나타낸다. 이것은 향후의 보상은 그것이 형사사법 시스템이나 사회에 이익을 가져온다는 주장에 의존하지 말아야 한다는 것을 제안한다. 오히려 사회복지나 사회계약 주장에 호소하는 것이 훨씬 더 전망이 있다는 것을 지지한다.

보상과 관련된 문제들 Problems and Concerns with Compensation

형사사법 시스템에 대한 보상의 잠재적인 영향 외에, 서비스를 받은 피해자의 수와 제공된 서비스 정도의 측면에서 프로그램 운용을 평가할 수 있다. 초기의 프로그램 평가에서는 쉽사리 확인할 수 있는 부족한 점들이 발견되었다(Brooks, 1975; Dorner, 1977; Meiners, 1978). 거의 모든 프로그램에 보상청구가 밀려들었다. 직원의 수가 적었기 때문에 어떤 보상 청구는 진행을 하는데 일년 이상이 걸렸다. 보상지급 거절율이 50%를 초과

표 6-8 피해자의 재정적 어려움을 다루는 인터넷 사이트

아동 지원 집행을 위한 연방 사무소	http://www.acf.hhs.gov/programs/cse/
전미 범죄 피해자 보상 위원회 협회	http://www.nacvcb.org
전미 VOCA 원조 관리자들 협회	http://www.navaa.org
범죄피해자를 위한 국립센터	http://www.ncvc.org
전미 피해자 원조 기관	http://www.trynova.org
범죄피해자국	http://www.ojp.usdoj.gov/ovc/
피해자-가해자 중재 협회	http://www.igc.org/voma/

하고 피해자 보상의 이용가능성은 비밀로 부쳐졌다. 한 연구자는 이러한 문제들이 바로잡히지 않는다면 피해자 보상 프로그램은 우리사회에서 피해자의 고통을 감소시켜줄 수 없을 것이며 잘못된 사회 프로그램의 주요한 예로 남을 것이라고 예상했다(Doerner, 1977: 109). 보다 최근에 Newmark와 동료들(2003)은 87%의 보상청구가 지급을 승인받았다고 보고했다.

이러한 문제들은 프로그램이 발달해갈수록 감소했다. 여섯 개의 주(州)에서 실시된 전화 피해자 조사에서는 청구를 위한 평균 진행시간이 단지 10주라고 나타났다(Newmark, et al., 2003). 동시에 거의 4분의 1의 피해자들은 이 진행 시간이 너무 길다고 생각한다. 범죄피해자국(The Office for Victims of Crime, 1998b)은 보상에 걸리는 속도만이 아니라 보상의 수도 증가시킬 수 있는 몇가지 권고사항을 제공했다. 여기에는 청구신청을 위한 새로운 기술의 사용, 청구절차에 있어서의 기관들 사이의 보다 많은 협력, 유사한 다른 피해자 지원 기능 및 프로그램과 피해자 보상 프로그램의 통합이 포함된다.

최근 보상금의 수치가 인상적이라고 나타난 반면 보상 프로그램의 서비스를 받을 자격이 있는 피해자의 범죄에 대해서 설명하는 것은 실패했다.

피해자에게 과실이 있던, 보험으로 손실을 보상할 가능성이 있던지 간에 경찰에 보고된 보상가능한 범죄의 수를 고려해보면 1987년에 대략 168,000명의 피해자들이 보상을 받을 자격이 있었다(Parent et al., 1992). 그러나 이들 범죄의 반도 채 안되는 보상이 청구되었다. 많은 피해자들이 보상을 신청하거나 받지 않는다. 이러한 차이가 나타나는 이유는 많은 보상 프로그램들의 익명성 때문이다(Newmark et al., 2003). 즉 대부분의 피해자들은 보상 프로그램에 대해서 모른다(MacCormack, 1991). 피해자들이 보상 프로그램을 인식하도록 하기위해 보다 많은 활동이 필요하다(Office for Victims of Crime, 1998b).

요약하기 SUMMARY

범죄피해자들은 범죄로 인해 발생하는 적지 않은 비용과 같은 수많은 문제에 직면하게 된다. 이 장은 피해자들이 그들의 손실을 회복하는데 사용할 수 있는 몇 가지 수단들에 대

하여 연구하였다. 지난 몇 십년동안 배상에 대한 많은 관심이 있었고 이러한 배상의 문제들은 보상의 다른 형태들을 촉진시켜왔다. 민사소송과 보험 모두 피해자가 적극적인 역할을 하는 수단이다. 그러나 이러한 수단들은 범죄로 인한 손실을 넘어 피해자의 금전적인 지출을 요구한다. 많은 피해자들은 단순히 이러한 대안들을 생각할 여유가 없다. 마지막 가능성은 피해자 보상의 이용이다. 이 제도아래 정부가 범죄피해자에게 보상을 한다. 형사사법 시스템에 협력한 무고한 피해자들은 그들의 범죄와 관련된 손실을 보상 받는다. 그러나 많은 피해자들은 이러한 프로그램에 대해서 알지 못하고 이 기금을 이용하는 것에 실패한다. 최근 연방 참여자와 피해자 보상 기금이 증가하는 것은 이 제도가 가까운 장래에 범죄피해자를 돕는 주요한 금전적 자원이 될 것을 암시하는 것이다.

제6장의 핵심 용어

- 민사배상(civil restitution lien)
- 기여적 비행(contributory misconduct)
- 피고(defendant)
- "착한 사마리안" 규정("Good Samaritan" provision)
- 거시적 수준 효과(macro-level effects)
- 미시적 수준 효과(micro-level effects)
- 금전적-지역사회 배상(monetary-community restitution)
- 금전적-피해자 배상(monetary-victim restitution)
- 망의 확대(net-widening)
- 가해자 배상(offender restitution)
- 결과평가(outcome evaluations)
- 원고/고소인(plaintiff)
- 과정평가(process evaluations)
- 서비스-지역사회 배상(service-community restitution)
- 서비스-피해자 배상(service-victim restitution)
- 사회계약(social contract)
- 사회복지(social welfare)
- "샘의 아들" 규정("Son of Sam" provisions
- 최후의 수단(source of last resort)
- 제 3자에 대한 민사소송(third-party civil suit)
- 불법행위(tort)
- 부당이득(unjust enrichment)
- 피해자 보상(victim compensation)
- 범죄피해자법(Victims of Crime Act: VOCA)

7
회복적 사법
Restorative Justice

학습목표

본 7장을 읽고, 아래의 질문에 답해보시기 바랍니다.

- 분쟁해결(dispute resolution)의 기본 개념에 대해 설명하라.
- 분쟁해결 프로그램의 기본 원리에 대해 설명하라.
- 분쟁해결의 기본 요소들을 요약하여 설명하라.
- 분쟁해결의 영향력과 관련된 실질적인 증거들을 제시하라.
- 회복적 사법(restorative justice)의 개념을 정의하라.
- 응복적 사법(retributie justice)과 회복적 사법의 기본 전제를 비교 • 설명하라.
- 피해자, 가해자, 지역사회에 미칠 수 있는 회복적 사법의 장점을 논하라.
- 회복적 사법의 역사적 배경에 대해 간략하게 설명하라.
- 재통합적 수치심(reintegrative shaming)이론에 대해 설명하라.
- 회복적 사법이 가지고 있는 세 가지 기본 형태에 대해 언급하라.
- 회복적 사법 프로그램의 여섯 가지 목표에 대해 설명하라.
- 회복적 프로그램이 공통적으로 갖고 있는 세 가지 차원(dimensions)을 언급하라.
- 피해자-가해자 조정(victim-offender mediation)의 개념을 설명하라.
- 가족집단 회합(family group conferencing)에 대해 설명하라.
- 가족집단 회합의 참석 대상과 제도 운영 목표에 대해 설명하라.
- 써클양형(circle sentencing)의 기본개념과 절차에 대해 설명하라.
- 가해자-피해자 조정, 가족집단회합, 써클양형의 차이점을 설명하라.
- 써클양형(circle sentencing)과 치료양형(healing sentencing)의 차이점을 설명하라.
- 회복적 사법의 효과를 참가자 만족도와 이행조건 순응 정도를 가지고 설명하라.
- 회복적 사법이 재범에 미치는 영향에 대해 설명하라.
- 회복직 사법이 가지고 있는 다섯 가지 핵심 이슈들에 대해 설명하리.

서론 INTRODUCTION

범죄피해자의 고통을 덜어주기 위한 가장 손쉬운 방법은 경제적으로 피해자를 지원해 주는 것일지도 모른다. 실제 재정적 지원이 가장 대표적인 피해자 원호 방법이기는 하나, 항상 그것만으로 충분한 것은 아니라고 하겠다. 왜냐하면 경제적인 어려움 외에도 피해자는 여러 가지 측면에서 범죄로 인한 사후 심리적 불안으로 고통 받게 되고, 그에 대한 장기간의 피해자 지원 및 지지가 필요하기 때문이다. 구체적으로 보면 피해자는 범죄피해 이후 자기 자신에 대한 자신감을 완전히 잃게 될 수도 있고, 스스로를 보호하는 자신의 기본 능력에 강한 의구심을 표출하게 될지도 모른다. 결국 자기 자신과 사랑하는 자기 주변사람들을 계속 걱정하면서 다시 피해자가 될지도 모른다는 두려움 때문에 해결할 수 없는 큰 고통을 짊어질 수도 있는 것이다. 결국 두려움(fear)이란 감정은 한 개인의 일상을 완전히 바꾸어 놓을 만큼 강력한 행동변화 유발요인이 될 수 있다. 피해자는 다시 누군가로부터 공격받을지도 모른다는 두려움에 외출을 삼갈 수도 있고 외출을 포기한 채 그저 집에 머물 수도 있고, 자신을 잠재적인 위험으로부터 보호하기 위해 스스로를 안전한 곳에 가둬 둘지도 모른다. 심한 경우 낯선 사람이 다시 범죄를 저지를지도 모른다고 생각하여 새로운 사람과 만나게 되는 상황 자체를 피할 수도 있다. 만약의 상황에 대비하여 불필요한 안전장치나 무기를 구입하는데 많은 돈을 쓸 수도 있다.

그러나 범죄피해 문제는 사실 이보다 더 심각하다. 직접적인 범죄피해 경험으로 한 개인의 습관과 행동양식이 바뀌는 것 이외에도 범죄로 인해 우리 사회 전체가 간접적인 측면에서 범죄피해 후유증을 앓게 되기 때문이다. 앞의 제 2장에서 언급했듯이, 2차 피해경험을 당하지 않기 위해 범죄피해자는 형사사법 시스템과의 접촉 자체를 회피할 수도 있고 이렇게 되면, 범죄를 저지른 가해자는 국가 형사사법 기관에 잡히지 않게 되어 국가에 의한 정의실현은 사라지게 되고, 사회에서 계속 범죄를 저지르게 될지 모른다. 피해자가 적극적으로 국가 형사사법기관의 기본적인 역할에 참여하여 도움을 주지 않으려고 하는 것은 곧 한 개인이 가진 능력과 재능이 지역사회에서 제대로 발현되지 않는다는 것을 의미한다. 가해자를 잡기 위하여 적극적으로 범죄피해 사실을 털어놓거나 보다 자발적으로 형사사법 기관의 활동에 동참해야 함에도 불구하고 피해자들은 범죄이후의 상황에 대하여 더욱 소극적으로 대처하게 되는 것이다. 더 나아가 한 개인의 범죄피해 경험은 타인들로 하여금 범죄 피해 두려움을 느끼게 만들고, 그 개인이 반응했던 수동적인 방식으로 잠재적 피해자들이 똑같이 소극적으로 반응하게 만든다. 즉, 이런 상황을 가리켜 "대체 피해자화(vicarious victimization)"라고 부르는데, 결국 이런 방식은 우리 사회 전체를 잠재적인 범죄 피해자로 만들고, 사후 범인체포에 큰 방해요인으로 작용한다.

이런 맥락에서 범죄피해자 지원은 피해자 본인 또는 그 가족, 주변인들에 대한 물질적

지원에 한정되어서는 안 될 것이다. 중요한 것은 피해 경험 이후에 피해자가 느끼게 되는 심각한 상황을 모든 사회 구성원이 진심으로 이해하는 것이다. 피해자 자신과, 그 관계인, 전체 지역사회가 어떻게 범죄발생에 반응하고 느꼈는가에 따라 사후 피해지원이 보다 실질적으로 이루어질 수 있다. 따라서 광의의 사후 지원 대책은 피해자 자신과 가족 구성원, 그리고 지역사회 전체의 요구를 포함하고 있어야 할 것이다. 회복적 사법(restorative justice)은 범죄에 영향을 받은 전체 구성원-피해자, 피해자 가족, 지역사회, 범죄자 자신-의 종합적인 기본 욕구를 충족시키고자 시작된 새로운 움직임이라 할 수 있다.

본 장에서 우리는 범죄피해자에 속하는 모든 사람들의 기본 욕구에 대해 살펴볼 것이다. 회복적 사법의 기본개념에 대해 논의하기에 앞서, 먼저 전통적인 형사사법 시스템의 문제점과 그를 해결하기 위한 전통적인 노력들에 대해서도 살펴볼 것이고, 분쟁조정/해결(dispute mediation or dispute resolution) 프로그램들에 대해서도 검토해 볼 것이다. 회복적 사법에서 사용하는 기술은 다양한 문화 집단에서 역사적으로 오랜 시간에 걸쳐 전래된 것이기도 하지만, 한편으로는 직접적으로 보면 근래에 시작된 분쟁/조정 해결 프로그램에서 파생된 것이기도 하다. 따라서 회복적 사법 관련 프로그램에는 피해자-가해자 조절, 가족집단 회합, 써클양형 등이 모두 포함된다고 볼 수 있다. 본 7장에서 우리는 피해자, 지역사회, 범죄자 모두의 기본 욕구를 만족시키는 새로운 대안으로써 회복적 사법이 가진 의의에 대해 보다 자세히 살펴볼 것이다.

분쟁해결 DISPUTE RESOLUTION

미국에서 회복적 사법 운동을 가장 선도적으로 이끌었던 분야는 분쟁해결(또는 분쟁조정) 프로그램이라고 할 수 있다. 현대의 분쟁해결 프로그램은 1970년대 초반 시작된 것으로 볼 수 있는데, 이 프로그램은 주로 사법부가 미성년자의 갈등을 공식적인 형사사법 시스템에서 비공식적인 영역으로 바꾸게 되면서 일어난 운동이었다. 대다수의 분쟁해결 프로그램들이 검사나 법원 주도하에 이루어졌으나, 몇몇 프로그램은 독립된 외부 조직, 혹은 집단들에 의해서 운영되었다. 초기 프로그램들은 피해자와 가해자가 함께 만나는 기회를 갖게 되면서 분쟁해결 모임으로 인식되었고, 상호 동의를 기본 전제조건으로 피해자에 대한 사후지원 해결방법이 제시되면서 본격적인 분쟁해결 전략으로 활용되기 시작하였다. 초기의 기본적인 핵심 목표는 당사자들이 법원에 가는 것을 피하고, 비공식적인 방법으로 문제를 보다 신속히 해결하는데 있었다.

분쟁해결이란 수많은 목표들을 일련의 절차를 통해 보다 손쉽게 달성하려는 일종의 커다란 메커니즘을 의미한다고 볼 수 있다. 커다란 메커니즘 안에는 수많은 목표들이 포함되는데, 첫 번째 목표는 관련 당사자가 국가기관의 힘을 빌리지 않고 자신들 스스로 문제를 해결하는 것이다. 두 번째 목표는 합의에 이르는 사건이 공식적인 형사사법 시스템 다툼보다 덜 심각한 경우이어야 한다는 것이다. 세 번째 목표는 비공식적인 상호합의가 피해자로 하여금 더 큰 목소리를 낼 수 있는 기회로 작용하여 그들에게 힘을 부여하는 수단이 되는 것이다. 피해자는 최종 결정에 대해 거부권을 행사할 수 있다. 마지막 목표는 분쟁해결이 피해자에게 가해자와의 직접적인 대면접촉 기회를 제공하는 것이다. 이 면담기회를 통해 피해자는 분노 감정을 표출할 수 있고, 왜 자신을 피해자로 선택했는지에 대해 가해자로부터 직접 이유를 듣게 된다. 많은 경우, 피해자는 자신이 이유 없이 당한 피해의 억울함에 대해 이야기하고 싶어 하고, 자신이 피해자가 된 진짜 이유를 알고 싶어 한다는 공통점이 있다.

이러한 분쟁해결 프로그램의 원리는 다양한 참가자들을 만족시킬 수 있다는 장점에 있다. 결국, 분쟁해결은 곤경에 처한 많은 사람들로부터 큰 지지를 얻어 그 영향력이 빠르게 확대되었다. 검사와 판사들 입장에서는 분쟁해결이 교도소 과밀수용 문제를 해결해주는 이점으로 작용하였고, 피해자 옹호단체 입장에서는 실질적인 피해자 지원방법이 실현될 수 있다는 장점으로 작용하였다. 1980년 미국에서 80개 이상의 도시에서 분쟁해결 프로그램이 진행되었고, 약 4,000명의 전문 중재자(mediator)가 직접 개별 프로그램을 운영했다(Ray, Kestner, & Freedman, 1986). 정확히 6년 뒤에 그 수치는 20,000명의 전문 중재자와 350개의 프로그램이라는 결과로 나타났고, 엄청난 속도의 양적 성장을 보여주었다(Ray Et al., 1986). 현재 캐나다, 영국, 호주, 덴마크, 핀란드, 독일 등의 많은 나라에서 유사한 형태의 프로그램을 운영하고 있어 전 세계적으로 회복적 사법이 큰 인기를 끌고 있다고 하겠다.

분쟁해결 프로그램 대상 사건들은 매우 다양한 형태를 띠고 있는데, 주로 가족 구성원 간에 있었던 폭력사건이나 친구들 사이에 있었던 폭력문제가 대다수를 차지하고 있다. 그리고 가정폭력, 성추행, 이웃 간의 소란행위, 집주인과 세입자 사이의 크고 작은 갈등 문제도 분쟁해결 대상 사건에 포함되는 핵심 사건들이다. 물건 판매자와 손님 간의 소소한 갈등도 검사의 위탁처분을 통해 분쟁해결 대상이 될 수 있다. 소년범 중재 프로그램도 소년을 공식적인 형사사법 시스템 내에서 처벌하지 않는다는 의미에서 분쟁해결 분야에 해당한다고 볼 수 있다. 특히 소년범의 경우, 분쟁해결을 통해 범죄학습, 낙인과 같은 공식처벌의 부정적인 영향력을 초반에 해소할 수 있다는 점에서 정책적 의의가 있다(Veevers, 1989).

분쟁해결의 일반적 요소 Common Elements in Dispute Resolution Programs

분쟁해결의 핵심 아이디어는 당사자들을 한데 모이게 해서 그들 모두가 만족할만한 합의점을 도출해 낸다는데 있다. 물론, 분쟁해결 프로그램이 담당하는 사건 특성에 따라 그 절차와 방법이 매우 다르다고 할 수 있지만, 모든 분쟁해결 프로그램은 공통적으로 아래와 같은 다섯 가지 요인을 갖는다(Garofalo & Connelly, 1980a).

표 7-1 분쟁해결 프로그램의 일반적 특징

- 제 3자에 해당하는 중재자(mediator)가 있어야 한다.
- 분쟁에 참여하는 당사자들은 서로 안면 있는 친숙한 사람들(familiarity)이어야 한다.
- 분쟁해결 참여여부는 반드시 자발적(voluntary)으로 이루어져야 한다.
- 분쟁해결 과정은 비공식적(informal)으로 이루어져야 한다.
- 공식 형사사법 기관이 분쟁해결 절차로 특정 사건을 위탁(referral)한다는 결정을 내려야 분쟁해결 프로그램이 시작된다.

첫째, 분쟁해결에는 반드시 제 3자로서 중재자(mediator) 역할을 하는 사람이 존재해야 한다. 중재자는 전 분쟁해결 과정을 감독하고 참가자들 상호간의 의사교환을 원활하게 이끌 수 있는 사람을 말한다. 필요한 경우 중재자는 논의의 초점이 문제해결과 배상내용에 맞춰지도록 모임의 대화 주제를 주도적으로 이끌어 나가야 하고, 적절한 대안을 제시하는 역할을 해야 한다. 대부분의 중재자는 자원봉사자로서 공식적인 형사사법 시스템과는 관계가 없는 사람들이다. 중재자는 공식적인 법 절차와는 별개로 일하고, 대부분 독립된 신분을 갖고 있기 때문에 이들이 참가하는 프로그램을 가리켜 "이웃 갈등 해결"프로그램이라고 부르기도 한다.

둘째, 분쟁해결 참가자들은 대부분 관련자들이 서로를 어느 정도 알고 있는 사람들이어야 한다. 프로그램 참가 대상은 갈등 관계에 놓인 이웃일 수도 있고, 가족 구성원일 수도 있다. 서로 알고 지내던 사람들은 분쟁해결 프로그램을 통해 문제를 빠르게 해결할 수 있으나, 한편으로는 분쟁 원인이 오랜 시간에 걸쳐 서로 진행되어 왔거나, 갈등의 골이 매우 깊은 상황이라면 단시간 내에 문제가 해결되지 않을 수 있다는 문제도 있다.

셋째, 대부분의 분쟁해결 프로그램에서 참가자들은 100% 자발적이어야 한다. 가해자와 피해자 양방이 모두 해결방안에 자발적으로 동의해야 한다는 말이다. 만약 한 쪽이라도 해결책에 동의하지 않는다면, 문제는 다시 공식적인 형사사법 절차로 돌아가 전통적인 방법으로 해결할 수밖에 없다.

넷째, 분쟁해결은 비공식적인 절차에 의해서만 이루어져야 한다. 형사소송법 내의 증거법 원칙이나 변호사 지원 등은 분쟁해결 과정에서 전혀 필요하지 않다. 분쟁해결에서 필요한 것은 "실체적 진실발견"이 아닌 진정한 "범죄자-피해자 간의 대화 과정"이라고 볼 수 있다. 중재자는 이런 측면에서 분쟁해결 중 언제라도 필요하다고 판단되는 경우 양쪽 관련자를 불러 서로의 의견을 개진하는 자리를 마련할 수 있어야 한다.

마지막 요건은 분쟁해결이 공식적인 형사정책 시스템 내의 요구나 위탁에 의해 시작되어야 한다는 점이다. 모든 사건이 분쟁해결에 적합하다고 볼 수는 없는바, 때로는 사건 담당 검사에 의해 특정 케이스가 전통적인 형사사법 체계 내에서 다루어지는 편이 더 낫다고 평가될 수도 있다. 이 경우 사건은 일반 형사정책 체계 내에서 공식적인 절차를 통해 해결되게 된다. 반대로 특정 사건이 비전통적인 방식, 즉 분쟁해결 프로그램으로 다루어지는 것이 더 낫다고 판단되면 바로 공식 형사사법 시스템 담당자는 사건을 분쟁해결 절차로 보내야 한다.

분쟁해결 프로그램 평가결과 Evaluation of Dispute Resolution

기본적으로 분쟁해결 프로그램은 대인관계 속에서 발생한 문제나 갈등을 해결하는데 매우 효과적인 것으로 알려져 있다. 이런 낙관적인 견해로 인해 분쟁해결 평가결과에 대한 기대는 매우 높은 편이다. 그러나 불행히도 그 실증적인 결과들은 항상 밝지만도 않고 동시에 항상 일관되지도 못하다.

먼저 우리가 분명히 예측할 수 있는 것은 일반적으로 사람들이 분쟁해결 프로그램들이 범죄 피해자들의 욕구를 가장 잘 만족시켜 줄 것이라는 과도한 수준의 긍정적 기대를 갖고 있다는 점이다. 분쟁해결이 피해자가 만족할 만한 특정 합의점을 도출시켜 준다는 것은 분명 대단히 환영할 만한 일이다. 평가 결과를 살펴보면, 실제로 프로그램 참가자의 약 3분의 2가 결과도출 내용에 만족하고, 대부분 쌍방이 합의점을 잘 준수하려고 노력했으며, 대다수의 참가자들이 그 결과에 만족했다는 연구 결과가 발표되기도 하였다(Anderson, 1982; Coates & Geham, 1989; Cook, Roehl, & Sheppard, 1980; Felstiner & Williams, 1982; McGillis & Mullem, 1977; Roehl & Cook, 1982). 이러한 긍정적인 결과는 비행청소년에 대한 분쟁해결 프로그램에서도 동일하게 적용되는 것으로 나타났다(Bridenback, Imhoff, & Blanchard, 1980; Reichel & Seyfrit, 1984; Umbreit & Coates, 1993).

그러나 공식 데이터를 분석한 일부 실증 연구에서는 분쟁해결 효과성이 항상 긍정적이지만은 않았던 것으로 나타났다. 분쟁해결 프로그램에 참가했던 범죄자와 일반 형사정책 시스템을 경험한 범죄자의 재범율을 비교하는 방식으로 연구를 진행했는데, 먼저 성인범죄자와 청소년범죄자에 대한 비교 연구 일부에서는 분쟁해결 범죄자가 더 낮은 재범율을 보인 경우도 있었지만, 두 집단 사이에 재범률 차이가 전혀 존재하지 않았던 연구 결과도 있었다.

따라서 프로그램 효과성을 분석할 때 향후 두 가지 요인을 특히 주의해서 이해할 필요가 있다. 앞에서 이미 언급했듯이 이는 첫째, 프로그램 효과성이 참가자의 자발성에 영향을 받아 왜곡된 형태로 나타날 수 있다는 점과 깊은 관련을 맺고 있다. 즉, 분쟁해결 프로그램 참가 자체가 "자발적"이라는 특징을 갖고 있어서 처음부터 프로그램에 참가하기로 한 사람들이 일반적으로 자신의 문제를 해결하고자 하는 욕구가 비참가자들보다 강한 사람이었다고 볼 수 있어, 긍정적인 효과성 자체를 그대로 받아들여서는 안된다는 것이다. 처음부터 분쟁해결 집단에 참가한 사람들은 그렇지 않은 사람들보다 법을 준수하려는 의사가 더 강하며 문제행동을 억제하려는 동기도 더 강하다고 볼 수 있다.

두 번째 관련 요인은 분쟁해결 평가들이 전형적으로 성공적인 사건들만을 중심으로 그 결과를 사정하고 평가했다는 점이다. 사후에 이루어졌던 프로그램 평가들이 결국 "문제해결에 동의하기로 한 당사자들"의 의견과 재범률 관련 정보를 분석해서 만들어진 것이므로, 이 결과들은 매우 주의해서 해석될 필요가 있다. 평가 데이터 내 근본적으로 프로그램 탈락자에 대한 정보가 전혀 들어가 있지 않다는 것은 치명적인 평가 결과 오류를 보여주는 증거다. 분쟁해결 프로그램에서 이탈했다는 말은 결국 당사자들이 상호 합의점에 도달하지 못해 프로그램 운영 자체가 와해되었다는 것을 의미한다. 따라서 중간에 빠져나간 이탈자들을 제외하고 프로그램 자체를 평가하게 되면, 항상 긍정적인 결과만 나올 수밖에 없다.

피해자 입장에서 봤을 때도 분쟁해결 프로그램이 활용된다는 것은 결코 쉬운 일은 아니다. 왜냐하면 분쟁해결이란 양 당사자가 그 참여를 원해야 가능한 일인데, 많은 경우 가해자가 참가 자체를 거부하는 경우가 많기 때문이다. 가해자가 원하지 않으면, 피해자로서는 분쟁해결 서비스 자체를 이용할 기회마저 박탈당하게 된다. 많은 사건들이 당사자-피해자 모임으로 연결되지 않고 중간에서 사라져 버리는 것이 사실이다. 달리 말하면, 일부 피해자에게는 피해를 회복하고, 자신의 고통을 치유할 기회 자체가 처음부터 완전히 차단된다. 단지 "피해자-가해자 화해조정 프로그램"등에 강제 참여 명령이 내려진 일부 케이스에서만 피해자가 가해자를 만나 문제를 해결할 기회를 가지게 된다.

또 다른 분쟁해결의 문제점은 그것이 결국 재정적인 방식, 즉 돈으로 모든 문제를 해결하려고 하는 습성을 가졌다는 점이다. 재산문제 관련 갈등이라면, 그것을 해결하기 위해 경제적인 방식으로 문제를 해결하는 것이 바람직하고, 일단 재정적 갈등이 양 당사자 사이에서 해결되면 더 이상 부차적인 문제가 계속될 여지가 없지만 대인범죄의 경우에 있어서는 그 양상이 조금 다르다. 폭력범죄의 경우에는 피해자가 매우 심각한 정신적 충격을 받았을 수도 있다. 많은 경우 피해자와 가해자는 이미 안면 있는 사이일 가능성이 높고, 오랫동안 알고 지내온 사이일 수도 있으며, 혹은 서로 친족관계 하에 있는 사람들일 수 있다. 분쟁해결 방식이 보통 즉각적이고(immediate), 단기적인(short-term) 시각의 문제해결 전략을 사용하기 때문에 이 경우에는 오랜 세월 동안 계속되어온 갈등을 쉽게 근본적으로 해결할 수 없다는 한계가 있다. 따라서 분쟁해결 프로그램이 모든 범죄사건에 적용될 수 있는 만병통치약은 결코 아니라는 것이다. 따라서 분쟁해결 효과성에 대해 항상 주의 깊은 해석 및 적용이 요구된다고 하겠다. 많은 한계점에도 불구하고, 한 가지 계속되는 주장은 아직까지 분쟁해결 프로그램에 대한 전반적인 평가결과가 학계에서 매우 긍정적인 점이라는 것이다.

회복적 사법 RESTORATIVE JUSTICE

지난 30여 년 동안 기존의 전통적인 응보적 시스템(retributive justice)이 법률 위반자 한 사람에만 초점을 두고 범죄억제, 처벌 등을 목적으로 특정 처벌과 양형을 결정하는데 모든 에너지를 쏟은 반면, 회복적 사법(restorative justice)은 범죄로 인해 발생한 피해 회복을 가장 중요하게 다루면서 그 피해가 직접적인 피해자 한 사람뿐만 아니라 전체 지역사회 전반에 걸쳐 있다고 해석한 것으로 볼 수 있다.

그러나 회복적 사법이 순전히 피해자와 지역사회의 피해 회복만을 강조한 것은 아니었다. 범죄행동을 일으킨 범죄자를 바라보는 방식에도 큰 변화를 초래했는데, 회복적 사법은 가해자를 처벌받아야 할 사람으로만 보는 것이 아니라, 도움이 절실히 필요한 사람으로 보고, 범죄자의 문제행동 반복을 예방하기 위해 사회가 어떤 조치들을 해야 할지에 대해 고민하는데 주력하였다. 따라서 회복적 사법은 범죄자의 행동변화와 재범방지를 강조하면서 동시에 피해를 입은 지역사회와 피해자의 피해회복에 초점을 둔 새로운 형사사법 시스템이라고 할 수 있다(Doerner & Lab, 2011).

이런 맥락에서 회복적 사법의 가장 큰 의의는 기존 형사사법 체계와 달리 피해자의 역할이 문제해결 전 과정에서 매우 중요하게 다루어졌다는데 있다. 기존에는 검사와 같은 법률 적용가가 피해자를 대신해서 범죄피해 회복과 처벌 내용 등을 법원에 요청하고, 1차 피해자는 단지 피해를 신고하거나 국가 기관에 증거를 제출하는 등의 주변인 역할밖에 하지 못했으나, 회복적 사법에서는 직접적인 피해자의 목소리와 감정, 문제해결 욕구 등이 전면에서 중요하게 다루어져 결국 범죄피해자의 만족도가 훨씬 더 높아지게 된 것이다. 다시말해, 형사정책의 패러다임이 국가가 범죄피해 문제를 해결하고 사후 대안을 범죄자에게 대신 보여주는 것에서 가해자가 피해자와 지역사회에 끼친 해를 직접 말하고 보여주며 해결하는 회복접 사법으로 바뀌었다고 볼 수 있다(Zehr & Mika, 2003).

그러나 이러한 장점에도 불구하고 여전히 미국에서 회복적 사법은 하나의 커다란 접근방법(approach), 철학(philosophy), 또는 가치(values)로 간주될 뿐, 특정 교정 프로그램을 지칭하는 구체적인 용어로 다루어지지 않고 있다(Umbreit, Coates, & Vos, 2004). 따라서 회복적 사법이 무엇이냐는 질문에 '이것이 회복적 사법이다' 라고 단정 지어 말하기는 어려운 상황이다.[1] 그럼에도 불구하고 공통된 프로그램 운영 원리를 활용하여 회복적 사법을 구체적으로 이해하고 규정하려는 노력이 계속되어져 왔는바, Cormier(2002)에 따르면 "회복적 사법은 범죄발생과 사후 문제에 관여된 가해자, 피해자, 지역사회의 기본 욕구

1) 회복적 사법에 대한 명확한 개념정의가 없어 지금까지 다양한 정의가 가능했으나, 점차 소년범죄자 회복적 사법 프로그램에서 공통된 가치와 접근방법, 원리 등이 일관성 있게 묶이면서 그 개념이 점차 뚜렷해지고 있다(Stahlkoph, 2009).

를 확인하여 치료, 배상, 재통합 과정을 통해 문제를 해결하고, 재범을 예방하도록 하는 새로운 접근법"으로 정의된다.

표 7-2에서 보는 바와 같이, 회복적 사법, 특히 소년범죄자에 대한 회복적 사법은 그것이 하나의 커다란 철학이고, 일종의 거시적 접근방법이라는 특성으로 말미암아 소년경찰

표 7-2 응보적 사법과 회복적 사법 핵심 내용 비교

응보적 사법(Retributive Justice)	회복적 사법(Restorative Justice)
범죄란 법률위반 행위로써 추상적인 법규내용을 개인이 위반하여 궁극적으로 **국가권위에 도전**했음을 의미한다.	범죄란 **직접적으로 타인과 지역사회에 해를 끼친 행위**이다.
국가 **형사사법 체계**가 범죄를 통제한다.	범죄통제 문제는 **지역사회**에 달려있다.
범죄자가 자신의 범죄에 책임을 진다는 것은 공식적인 **처벌**을 받는다는 것이다.	범죄자가 책임진다는 말은 자신이 끼친 피해를 배상하고 어떤 특정 행동을 취해 사후 **문제를 구체적으로 해결**한다는 것이다.
범죄란 결국 **개인이 책임**을 지면 종결되는 개인적인 문제유발 행위에 불과하다.	범죄란 개인이 지어야 할 책임인 동시에 **사회가 지어야 할 책임**이기도 하다.
처벌이란 범죄 억제력이 있고, 동시에 인간의 행동도 변화시키는 힘이 있다.	처벌만으로는 절대 인간행동을 변화시킬 수 없고, 오히려 **처벌이 지역사회 조화와 원만한 인간관계를 파괴시킬** 우려가 있다.
피해자는 형사절차 내 주변인에 불과하다.	**피해자는 문제 해결의 핵심**이다.
범죄자는 무언가가 **부족한 사람**이다.	범죄자에게는 **배상 능력이 충분하다**고 볼 수 있다.
형사사법 절차는 범죄자의 **과거 문제행동**을 비난하고 유무죄를 명확히 가려 **처벌**하는 것이 관건이다.	과거의 행동보다 **장래 문제 해결에 초점**을 두고, 당사자들의 능력과 의무감이 어느 정도인지를 가장 중요하게 다룬다.
당사자주의 형사사법 시스템을 강조한다.	**대화와 타협**을 가장 중요하게 생각한다.
처벌의 고통과 위하력이 범죄를 예방한다.	양 당사자가 문제해결을 위해 제시한 **배상과 화해, 조정** 내용이 중요하다.
지역사회는 처벌 과정에서 핵심 참가자로 작용하지 않고, 단지 국가에 의해 규정된 **관념적, 상징적 존재**에 불과하다.	지역사회는 매우 **중요한 중개자** 역할을 담당한다.
처벌 절차는 범죄자 **과거 행동, 그 자체**에 초점을 두고 있다.	범죄자가 야기한 **피해 결과**에 초점을 두고, 장래에 그 문제가 어떻게 해결될 것인가를 강조한다.
모든 절차는 **형사정책 전문가(변호사 또는 검사)**가 가해자와 피해자를 대신하여 처리한다.	특정 법률 전문가의 참여 없이 당사자들이 직접 모여 이야기하고 논의하면서 문제를 해결한다.

의 단계에서부터 소년법원의 처분결정, 소년범 교정단계까지 매우 다양한 단계에서 탄력적으로 활용되고 있다. 다시 말하면 소년범죄자가 경찰에 체포되기 이전(pre-arrest)에 학교나 가정 등의 위탁으로 회복적 사법이 이루어질 수도 있고, 소년법원에 위탁되기 이전(pre-court referral)에도 가능하며, 심지어 소년분류심사원 등의 분류심사 및 상담조사 단계나 법원 양형결정 이전(pre-sentencing), 양형 이후(post-sentencing), 또는 구금(incarceration) 중에도 그 활용이 가능하다(Umbreit, Vos, & Coates, 2006).

회복적 사법의 기본 가정과 내용 등을 기존 응보적 시스템과 비교해 보면, 전반적으로 회복적 사법은 단순히 범죄자 한 명의 처벌에 관심을 갖는 시스템이 아니라, 지역사회에서 범죄로 인해 깨져버린 신뢰와 불균형, 특히 인간관계 내에서 발생한 문제점을 피해자, 가해자 및 관련자들이 함께 모여 해결방안을 모색하고 그러한 불균형을 회복 시키는데 관심이 있는 대안적 사법절차라고 하겠다(Abrams, Umbret, & Gordon, 2006).

회복적 사법 발달과정 The Development of Restorative Justice

초기 가해자와 피해자간의 분쟁해결(dispute resolution)로 시작되었던 회복적 사법 운동이 미국에서 점차 강화된 "피해자 권리 및 직위에 대한 인식"으로 발전되어 가면서, 가해자와 피해자뿐만 아니라 일반 지역사회 시민참여라는 확대된 범위의 새로운 회복적 사법 운동이 펼쳐지게 되었다(Doerner & Lab, 2011).

미국의 회복적 사법은 사실 그다지 새로운 것이 아니라고 볼 수 있다. 1970년대 회복적 사법이 새로운 형사정책 대안으로 떠오르기 훨씬 이전부터 인류 역사가 시작된 이래 회복적 사법 정신은 계속되어져 왔고, 구체적으로 일부 기록에 따르면 토착 북미 원주민들은 오래 전부터 회복적 사법 정신을 부족의 문제해결 전략으로 사용해 왔다. 실제 뉴질랜드의 마오리족이나 호주의 토착 원주민들, 알라스카의 이뉴잇족, 캐나다 초기 원주민들이 회복적 사법 원리들을 활용했다는 기록을 확인할 수 있다(Crawford & Newburn, 2003).

최근 미국에서 증가하는 소년범죄에 회복적 사법을 적용하면서, 교도소 과밀화, 교도소 내에서의 범죄학습, 증가하는 국가 교정비용 등의 문제를 어느 정도 해결할 수 있게 되었다. 경찰단계, 검찰단계, 법원단계, 교정/보호관찰 단계 등에서 탄력적으로 적용할 수 있는 회복적 사법은 증가하는 수용시설 문제, 교정경비 증가 등의 문제뿐만 아니라 초범 또는 경미한 폭력사범 소년에게 새로운 전환 프로그램을 제공할 수 있다는 이점을 제공하였다고 볼 수 있다.

회복적 사법의 이론적 기초 Theoretical Basis of Restorative Practices

회복적 사법은 범죄 문제에 대해 피해자 개인 차원뿐만 아니라 전체 지역사회 차원에서 자발적으로 보다 많은 구성원들이 만족할만한 수준에서 상호 합의점을 도출할 것을 강조한다. 범죄자 측면에서 보면, 가해자의 문제행동이 다시 반복되지 않도록 범죄자가 가진 문제점이나 욕구도 지역사회에서 해결되어야 할 것이고, 사회적응 상에 나타난 문제들이 다시 반복되지 않아야 범죄자가 사회에 성공적으로 재통합되었다고 말할 수 있다. 이러한 측면에서 회복적 사법을 설명할 수 있는 가장 유력한 이론은 Braithwait(1989)의 재통합적 수치심(reintegrative shaming)이론이다(Doerner & Lab, 2011).

구체적으로 재통합적 수치심이론은 전통적인 응보적 시스템이 범죄자를 비난하고 처벌함으로써 오히려 범죄자를 사회로부터 고립시키고, 나쁜 오명을 씌워 문제를 더 크게 만들었다고 주장한다. 형사사법 체계는 범죄자의 잘못된 행동에 대해 명확하게 처벌의 메시지를 전달하되, 범죄자 개인을 비난하는데 초점을 두는 것이 아니라, 범죄자 행동 자체에 초점을 두어 가해자로 하여금 긍정적인 재통합적 수치심을 갖도록 만들어야 한다는 것이다. 즉, 재통합적 수치심이론이 가장 강조하는 것은 처벌을 통한 범죄자에 대한 사회적 "낙인"이 아니라 형벌을 통한 범죄자에 대한 사회 "재통합"이라고 볼 수 있다(Braithwaite, 1989).

이 이론에서 보면, 기존의 전통적 형사사법 체계는 범죄자를 처벌함으로써 이후의 행동을 억제시키고 변화시키는 것이 아니라, 오히려 원래부터 소외되었던 범죄자의 사회적 위치를 더 어렵게 만들고, 결국 범죄자의 문제행동을 악화시킬 우려가 매우 크다. 따라서 재통합적 수치심이론은 "수치심"이라는 감정이 범죄자의 문제를 수정시키고, 범죄자를 사회로 다시 재적응하게 만들어 주어야 한다고 주장한다. 즉, 형사사법 시스템이 범죄자 스스로 자신의 잘못된 행동을 깨닫도록 하고 범죄자가 변화하고자 하는 긍정적인 의지를 보일 수 있도록 격려해줘야 하며, 결국 범죄자가 자발적으로 피해를 배상할 수 있도록 동기부여를 해줘야 한다는 것이다.

회복적 사법이 재통합적 수치심이론을 그 근본 배경이론으로 삼는 이유는 이 이론이 범죄자 하나(offender)에 초점을 두고 범죄자를 비난하는 것이 아니라, 객관적인 범죄행동(offender behavior)에 관심을 갖고, 가족, 친구, 지역사회 시민들 전체가 자발적 참여와 문제해결 전략에 관심을 두어 회복적 사법 이념과 유사한 실천방안을 제시하기 때문이다.

결국 피해자와 지역사회가 원하는 것이 무엇인지 논의하고, 가해자에게 그 메시지를 명확히 전달하여 가해자로 하여금 재통합적 수치심을 느끼게 하고, 가해자가 피해자의 욕구를 받아들임으로써 궁극적으로는 지역사회의 회복적 사법을 통해 재범을 예방해야 한다(Harris, 2003; Doerner & Lab, 2011).

회복적 사법 유형 Types of Restorative Justice

회복적 사법은 특정 모델이나 프로그램을 지칭하는 것이 아니기에 그 형태 역시 다양하고, 핵심적 이념에 관한 논의도 매우 다양한 편이다. 현재 미국에서는 매우 다양한 형태로 회복적 사법 원리가 소년사법 실무 분야에서 활용되고 있다.[2] 심지어 회복적 사법이란 용어가 미국에서 변형적 사법(transformative justice), 사회적 사법(social justice), 균형적 회복적 사법(balanced and restorative justice), 화해(peacemaking) 프로그램 등으로 사용되기도 한다. 유사한 관련 용어들이 많음에도 불구하고 기저에 흐르는 하나의 공통된 아이디어와 철학은 회복적 사법 내에 임파워먼트와 치유, 만족감, 통합이 존재한다는 것이다(Braithwaite, 2002). 회복적 사법의 효과성을 판단하기 위해 프로그램 내에 존재하는 몇 가지 기본 이념들을 분석할 수 있는데, 그 내용에는 절차적 사법(procedural justice), 당사자의 만족감(satisfactory outcomes), 회복(restoration), 재통합(reintegration), 임파워먼트(empowerment), 감정적 • 사회적 치유(emotional and social healing)가 주로 포함된다(Harris, 2003). 이하 회복적 사법의 핵심 이념으로써 임파워먼트와 회복, 재통합, 치유에 대해 간략히 살펴보도록 하겠다.

임파워먼트

임파워먼트(empowerment)란 권한부여라는 의미로써 참가자 모두에게 회복적 사법 절차 참여에 대한 개별 욕구와 권리가 있음을 뜻한다(Stahlkopf, 2009). 이것은 모든 회복적 사법 프로그램 참가자들에게 스스로 피해배상 내용을 결정하고 문제를 해결할 능력이 있음을 의미한다. 회복적 사법 절차가 가해자, 피해자, 지역사회 모두에게 권한을 부여함으로써 회복적 사법 참가자 모두가 일종의 합법적 정체성(sense of legitimacy)을 부여받았음을 인정하고 존중한다는 뜻이기도 하다.

여기에서 중요한 것은 가해자의 임파워먼트인데, 가해자에게도 동일한 수준의 참여 욕구를 인정하는 것은 범죄자를 단순히 처벌받아야 할 대상으로 인식하는 것이 아니라 자신의 입장을 표시하고 스스로 문제를 해결 할 능력이 있는 사람으로 인정한다는 것을 의미한다. 비록 가해자가 타인과의 관계균형을 깨뜨린 문제 유발자이기는 하지만, 임파워먼트는 결국 권한부여 이념을 통해 피해자, 기해자, 기타 범죄해결 관계자 모두가 보다 적극적으로 서로 대화를 나누고, 합의점을 찾도록 하는 회복적 사법의 의의를 강조한다.

---

2) 소년범죄자에 대한 프로그램은 성인범의 경우와 마찬가지로 회복적 사법(RJ)이란 이름 아래 "사회봉사(community service)," "피해자-가해자 조정(victim-offender mediation)," "지역사회 배상위원회(community reparative boards)," "가족집단 회합(family group conferencing)," "양형써클(circle sentencing)" 등이 다양하게 시행되고 있다(Bonta, Wallance-Capretta, & Rooney, 1998).

회복

회복(restoration)이란 참가자 모두가 경험한 범죄피해를 함께 치유하고, 문제해결 방안을 함께 논의하여 회복적 사법 절차 내에서 그 실질적인 피해들을 수정해 가는 것이다. 회복적 사법은 문제를 일으킨 범죄자에 대한 처벌에 관심이 있는 것이 아니라, 사후에 범죄 피해배상을 위해 가해자가 무슨 조치를 할 수 있는가에 더 큰 관심을 가진다고 하겠다(Crawford & Newburn, 2003).

피해자가 어떤 사후 배상을 요구하고, 국가가 어떤 보상체계를 제공하고, 지역사회가 범죄자에게 문제해결 방법으로써 어떤 타당한 조치를 제시하느냐에 따라 회복 전략은 달라질 수 있다. 먼저 재정적인 피해배상 조치(financial reparation)가 이루어질 수 있고, 사회봉사명령 등을 통한 물리적인 신체적 배상조치(physical reparation)도 가능하며, 상황에 따라서는 사과편지 낭독 등의 상징적 피해배상도 가능하다. 회복적 사법 절차 내에서 가해자와 피해자, 지역사회가 회복 전략에 대한 합의를 도출해낼 수 있다면 더욱 다양한 회복방안이 마련될 수 있을 것이다(Stahlkopf, 2009).

재통합

회복적 사법에서는 응보 대신 재통합 이념(reintegratioin)이 강조된다. 재통합이란 단순히 범죄자를 위한 사회 재통합이 아니라 가해자, 지역사회 모두를 아우르는 광범위한 수준의 사회 재통합을 의미한다. 따라서 재통합 이념에서 범죄자나 피해자에 대한 특정 낙인, 오명 씌우기 등의 부정적인 효과가 발생하지 않도록 각별히 주의해야 할 것이다.

이러한 맥락에서 회복적 사법은 범죄자에게도 고유한 "통제감(a sense of control)"을 인정함으로써 자신이 저지른 범죄행동 결과에 책임을 지도록 권고한다(Morris & Young, 2000). 따라서 회복적 사법의 재통합은 피해자와 지역사회뿐만 아니라 범죄자의 재통합도 강조함으로써 가해자 자신이 피해 배상 결정에 보다 책임있는 행동을 보이도록 한다.

감정적 • 사회적 치유

마지막으로 감정적 • 사회적 치유(emotional/social healing)도 중요한 회복적 사법 이념에 속한다. 범죄자는 자신이 저지른 행동에 대해 돌아보고, 그 이유와 피해 배상방법 등에 대해 솔직히 이야기함으로써 자신의 잘못을 정확히 인식할 수 있다. 또한 이 과정을 통해 가해자는 피해자가 감정적으로 어떤 고통을 겪었고, 고통의 치유를 위해 어떤 도움을 줄 수 있는지에 대해 이해하게 된다. 피해자 역시 궁극적으로는 가해자의 사과를 받아들여 지역사회 관계자들과 함께 범죄자의 피해배상 내용들을 보다 구체화시키는 일에 적극적으로 참여해야 한다. 이 과정을 통해 피해자는 사회적으로 고통을 치유하고 다시 재통합할 수 있다는 자기 자신에 대한 확신을 갖게 된다. 결국, 회복적 사법 절차를 통해 가해자, 피해자 모두의 감정적 • 사회적 치유가 가능해진다고 하겠다.

임파워먼트와 회복, 재통합, 그리고 사회적 • 감정적 치유라는 이념을 실현시키기 위해서는 두 가지 추가 이념이 더 필요한데, 그것은 절차적 공정성(procedural fairness)과 참가자의 만족적 결과(satisfactory outcomes)이다.

절차적 공정성과 만족적 결과

절차적 공정성이란 회복적 사법 과정이 참가자 모두를 존중해야한다는 것을 의미한다. 법적인 측면과 인간애적인 측면 양쪽에서 가해자, 피해자, 관계자 모두의 의사가 진심으로 존중되어야 하고, 합법적인 각각의 지위가 보장되어야 할 것이다.

그리고 참가자의 만족적 결과는 회복적 사법 결과 내용에 대한 모든 당사자들의 동의를 의미하는 것으로, 그 합의 내용을 완수하기 위해서는 회복적 사법 참가자 모두의 의지가 필요하다. 만약, 회복적 사법 내에서 절차적 공정성이 완벽히 구현되지 않고, 참가자들의 만족결과가 실현되지 않는다면 회복적 사법의 궁극적인 목적은 달성될 수 없을것이다(Harris, 2003). 이런 회복적 사법 이념들을 도식화하여 표현하면 그림 7-1과 같다.

회복적 사법이 위에서 설명한 기본 이념을 얼마만큼 실현시킬 수 있느냐는 사례 특성과

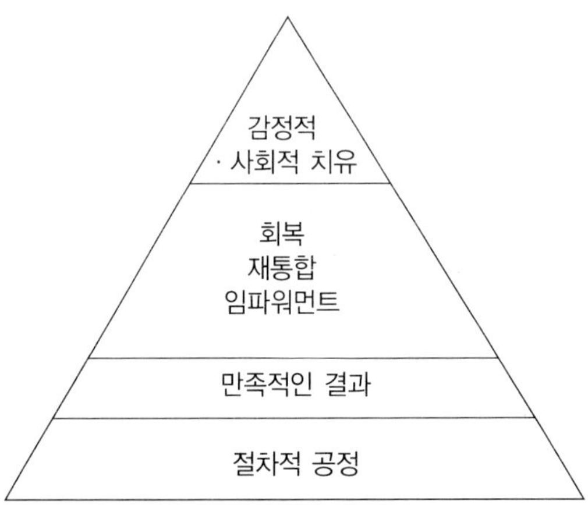

그림 7-1 회복적 사법 평가 기본모델

출처: Harris, N. (2003). Evaluation the Practice of Restorative Justice; The Case of Family Group Conferencing. In L. Walgrave (Ed.), Repositioning Restorative Justice. Portland, OR: Willan.

각 프로그램 운영 실정에 따라 매우 다양하게 나타날 수 있다. 실제로 회복적 사법의 개별 목적과 참가자들의 특징은 프로그램마다 조금씩 다르기 때문에 회복적 사법의 형태를 모두 나열하는 것은 매우 어려운 일이다. 따라서 회복적 사법의 형태는 그 강조점이 어디에 있느냐에 따라 세 가지 차원에서 다음과 같이 유형화 될 수 있다(McCold & Wachtel, 2002).

구체적으로 McCold와 Wachtel(2002)이 주장한 회복적 사법 형태를 세 가지 차원에서 도식으로 정리하면 그림 7-2와 같다. 첫 번째 차원은 피해자 배상(victim reparation) 측면이고, 두 번째는 가해자 책임준수(offender responsibility) 측면이고, 세 번째는 지역사회 화해(communities of care reconciliation) 차원이다. 각각의 문제가 매우 중요한 개별 회복적 사법 목적에 해당하나, 단독적 활용만으로는 진정한 회복적 사법 실현에 한계가 있다고 하겠다. 따라서 세 가지 차원의 공통영역을 차지하는 부분이 진정한 회복적 사법영역에 해당한다 . 예를 들면, 피해자 배상 차원은 지역사회 이슈나 범죄자 부분은 전혀 고려하지

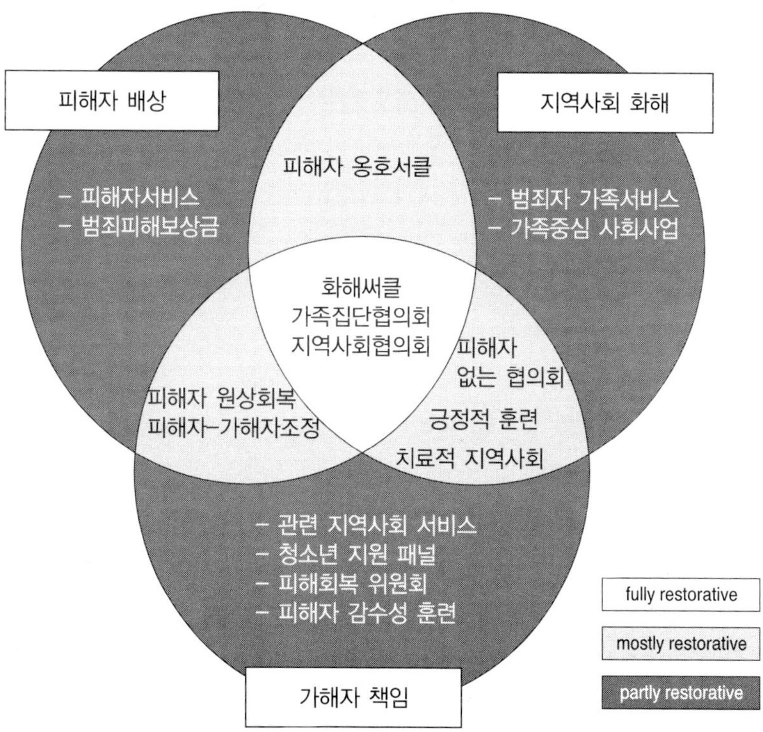

그림 7–2 회복적 사법 형태

출처· P. McCold and Wachtel, T. (2002). Restorative justice theory validation. In E. G. M. Weitekamp and H. Kernere (Eds.), Restorative Justice: Theoretical Foundations. Portland, OR: Willan.

않고 순수하게 피해자에게 범죄발생 피해에 대해 어떤 지원과 배상을 해주느냐에 초점을 두는 반면, 가해자 책임 차원은 범죄자가 문제를 해결하기 위해 구체적으로 어떤 행동을 취하느냐에 관심을 둔다.

세 가지 차원이 교차하는 공통영역에 결국 가장 대표적인 회복적 사법이 존재하고, 어디에 더 큰 강조점을 두느냐에 따라 그 운영 형태가 조금씩 달라진다고 볼 수 있다. 세 가지 영역이 골고루 강조되는 공통영역이 바로 근본적인 회복적 사법 이념이 가장 균형적으로 실현되는 영역이라고 볼 수 있다. 이하 가장 오래된 역사를 가지고 있는 피해자-가해자 조정 프로그램을 중심으로 미국의 소년범죄자 회복적 사법 내용을 살펴보도록 하겠다.

피해자–가해자 조정 Victim-Offender Mediation

1970년대 중반 본격적으로 본 프로그램이 소개되었을 때, "mediation"이란 용어 대신 "피해자–가해자 화해(*Victim-Offender Reconciliation*)," "피해자–가해자 만남(Victim-Offender Meeting)" 또는 "피해자–가해자 협의(Victim-Offender Conference)"라는 용어들이 사용되었다. 그러나 분명한 것은 분쟁해결(dispute resolution) 프로그램에서 시작된 피해자-가해자 조정(Victim-Offender Mediation, 이하 VOM) 프로그램이 오늘날 가장 오래된 형태의 회복적 사법으로 지금까지도 가장 활발히 사용되고 있는 회복적 사법 프로그램의 하나라는 점이다(Umbreit, 1999). 원래 미국의 VOM은 캐나다 Ontario, Kitchener에서 1973년에 시작된 프로그램을 도입한 것이었는데, 초기 미국이 캐나다의 프로그램을 받아들일 당시에는 그 실효성에 대해서는 전반적으로 매우 회의적인 분위기였다(Doerner & Lab, 2011). 특히 범죄사건 이후에 다시 피해자가 가해자와 직접 대면한다는 VOM의 기본 원리에 반대하는 세력도 많았다.

명칭의 변천과 관계없이 VOM은 전문 중재자(mediator)의 개입을 통해 가해자로 하여금 범죄결과가 어떤 치명적인 상처를 피해자에게 남겼는지 정확히 인식하게 만드는데 초점을 둔다. 피해자 역시 자신이 하고 싶은 질문을 가해자에게 직접 할 수 있고, 자신이 만족할만한 수준의 합의점을 가해자와 직접 도출해냄으로써 그 만족도를 높일 수 있다는 장점이 있다. 가해자 측면에서는 피해자와 직접적인 대면을 통해 피해배상 방안을 도출하고, 자신의 태도변화와 책임감을 직접 피해자와 프로그램 참가자들에게 보여줄 수 있다는 장점이 있다. 특히 미국의 소년범죄 사건에 있어서 공식적인 소년사법 절차를 따르지 않고, 신속하게 소년이 자신이 저지른 범죄행동 결과에 대해 피해자와 지역사회가 만족할만한 배상 전략을 제시하고, 그것을 직접적인 행동으로 이행한다는 점에서 VOM은 피해자와 가해자, 그리고 가족 구성원 및 관계자가 모두 만족할 수 있는 최고의 소년사법 대안책으로 인식되고 있다(Abrams, Umbreit, & Gordon, 2006).

VOM이 모든 범죄 피해자에게 적합하다고 말할 수는 없다. 일부 피해자에게는 범죄 발생 이후에 가해자를 다시 대면한다는 것이 피해자의 안전을 위협할 수도 있고, 피해자에게 더 심한 고통을 안겨줄 우려도 있다. 가해자와 피해자 중 어느 한쪽이라도 VOM 프로그램 참가 자체를 편하게 느끼지 않는다면, 그 프로그램 집행을 절대 강요할 수 없다. 따라서 VOM이 그 효과성을 인정받기 위해서는 반드시 가해자와 피해자 모두의 "진정한 자발성"이 전제되어야 할 것이다.

오늘날 거의 미국 모든 州가 회복적 사법, VOM 프로그램, 또는 그와 유사한 관련 프로그램 등을 소년범죄자에게 적용하고 있다(Morris & Maxwell, 2001). 초기의 우려와 달리 오늘날 미국에서 VOM 프로그램에 의해 연간 수천 건의 형사사건이 처리되고 있는 것으로 나타났고, 거의 미국 모든 주에서 VOM 관련 프로그램을 운영한 결과, 참가자들의 만족도가 매우 높은 것으로 나타났다(Morris & Maxwell, 2001). 실제 미국에서 VOM 기본법을 갖고있는 주는 29개 주에 달하고, 이 중 14개 주는 VOM과 관련된 구체적 문제들과 절차들에 대해 규정하고 있으며, 15개 주는 VOM 위탁과 관련된 절차를 규정하고 있는 것으로 나타났다(Umbriet, Coates, & Vos, 2004).

사실 미국에서 초기의 우려를 불식시키고, 가장 대중적인 소년범죄자 회복적 사법 프로그램으로 VOM이 자리매김하게 된 배경에는 미국변호사협회(The American Bar Association)의 역할이 매우 컸다. 1994년에 미국변호사협회가 VOM을 민사사건 관련 분쟁해결 수단으로 적극 권장하기 전까지는 미국에서 VOM에 대한 전국적인 활용은 그다지 활발하지 않았다. VOM에 대한 1년간의 분석결과를 토대로 1994년에 미국변호사협회에서 VOM 활용 가이드라인과 변천 과정을 소개하였고, 그 이후부터 VOM이 소년범죄자와 일부 성인범죄자에게 적극 활용되기 시작한 것이다.

VOM의 발전에 기여한 또 다른 결정적인 국가기구는 미국의 국가피해자 지원기구(National Organization for Victim Assistance)이다. 미국변호사협회와 같이 VOM 초기 도입 당시 국가피해자 지원기구는 프로그램 원리와 운영방식에 대해 매우 회의적이었으나, 점차 VOM의 장점을 받아들이게 되면서 오늘날 많은 피해자 지원 기구들이 미국에서 적극적으로 VOM을 활용하게 되었다(Umbriet, Coates, & Vos, 2007).

피해자-가해자 조정 프로그램에서는 기본적으로 범죄발생과 그 피해 회복 문제가 매우 복잡하여 형법 규정 하나만으로는 절대 피해자가 만족할만한 수준의 합의점을 도출할 수 없다(Nicholl, 1999). 형법이나 형사소송법 등을 기반으로 전통적인 형사사법 시스템이 범죄자를 처벌하는데 주력하는 반면, VOM은 피해자와 가해자 쌍방의 기본 문제 및 욕구(needs)에 초점을 두고 문제를 해결한다는 점에서 두 시스템의 가장 큰 차이점이 있다. 다시 말해 VOM 내용에서 가상 충요하게 다루어지는 것은 범죄발생으로 인해 피해자가 경험한 고통과 다시금 회복되고 싶어 하는 배상부분을 가해자에게 명확히 인식시키는 것이라고 하겠다(Abraims, Umbreit, & Gordon, 2006).

피해자는 자신이 범죄로 인해 입은 손실과 고통, 느낌 등을 자유롭게 표현할 수 있는 기회를 갖게 되고, 가해자 역시 왜 자신이 피해자에게 그런 행동을 저질렀는지 설명할 기회를 갖게 된다. VOM의 대화과정은 자칫 가해자가 자신의 행동을 합리화하는 기회로 악용될지도 모르나, 프로그램의 목적은 가해자의 자기 합리화가 아니라 쌍방이 진정으로 상대방의 행동과 느낌을 이해하도록 만드는데 있다. 범죄문제의 근원을 해결하는 첫 단추는 분명 양 당사자가 상대방의 처지를 이해하는 것이라고 볼 수 있다. 그리고 그 이해를 기반으로 가해자가 피해자에게 저지른 행동과 피해결과를 배상하는 절차가 뒤따라야 할 것이다. 상호 이해 없는 일방적인 합의나 일방적인 처벌은 오히려 가해자의 반성 정도를 약화시키고, 피해자의 소외감을 증가시키는 역효과만 낳을 뿐이다. 재정적으로, 물리적으로, 또는 감정적으로 피해자가 만족할만한 수준의 배상을 해야 진정한 상호 이해가 가능하고 이것이 재범방지로 연결되는 고리가 된다 하겠다.

미국에서 진행된 VOM 설문조사 연구에 따르면, 전체 VOM의 2/3가 경미한 범죄(misdemeanors)를 대상으로 한 것이었고, 나머지 1/3이 중범죄(felony)를 대상으로 한 것으로 나타났다. 이 중 경미한 범죄에서는 반달리즘이 가장 높은 비율을 차지했고, 단순 폭력, 절도, 강도가 그 다음으로 많았다. 형사사법 단계에서 VOM이 가장 많이 활용된 기관은 보호관찰이었고 다음으로 소년법원, 그리고 검찰 순이었다(Umbriet, Coates, & Vos, 2004; Umbreit, 2006).

VOM의 중요한 특징은 모든 참가자가 자발적으로 그 절차에 관여해야 한다는 것이다. 물론 대부분의 소년범죄자들은 법원 등의 위탁결정에 의해서 어느 정도 권고형태로 VOM을 경험하게 되지만, 때로는 공식적인 소년법원 진행 과정의 하나로 프로그램에 참가하게 되기도 한다. 이 때 중요한 것은 프로그램 운영 과정에서 VOM 핵심 기본 원리로 자발성이 인정되어야 한다는 것이다(Umbreit, 1999). 비록 일부 VOM이 공식적인 형사사법 시스템의 한 부분으로 운영되기도 하고, 일부는 형사사법 시스템과 별개로 지역사회 내에서 독립된 에이전시 하에서 운영되더라도 참가자들의 "자발성"은 항상 유지되어야 할 특징이라고 하겠다.

일부 州에서는 판사가 양형 내용 중의 하나로 VOM을 명하기도 하는데, 이 경우 가해자의 자발성은 원래 처벌 내용이 삭제되거나 형의 선고가 실효되는 결과로 이어진다. 만약 VOM에서 가해자가 쌍방이 합의할만한 해결점을 도출하지 못하거나, 그 참여를 가해자가 거절한다면, VOM 프로그램에 위탁되었던 사건은 다시 기존의 형사재판 시스템으로 넘어가게 되고, 원래의 재판 절차에 따르거나, 처음의 형량을 다시 받아야 할 상황에 놓이게 되는 것이다(Doerner & Lab, 2011).

자발성과 관련하여 2001년의 여섯 개 Oregon 카운티에서 실시했던 VOM 평가 연구결과를 보면, 약 91%의 참가자가 자신의 관여가 순수한 자발적 판단에 의한 것으로 표시했다. 반면, 가해자는 거의 절반 이상이 자신에게 별 다른 선택 사항이 없었기 때문에 어쩔 수 없이 VOM에 참가했던 것으로 보고해, 가해자와 피해자 사이의 자발성 입장 차이가 명확함을 보여주었다(Umbreit, Coates, & Vos, 2001). 분명한 것은 VOM 운영의 초기 위탁 주체나 경로는 매우 다양하더라도 참가자들의 자발성은 그 과정 중에서 반드시 전제되어야 한다는 점이다.[3)]

VOM 특징과 관련하여 또 한 가지 중요한 점은 가해자와 피해자가 VOM을 위해 직접 대면하기 이전에 중재자가 이들을 개별적으로 각각 따로 만나 사전에 준비하는 작업(preparation)이다. 중재자와의 대면접촉으로 가해자와 피해자가 처음부터 자신의 감정과 생각을 정리해 볼 수 있고, 피해배상 방향 등을 사전에 모색해 볼 수 있다. 경우에 따라서는 전화통화만으로 참가자와 중개자와의 준비과정 이행이 가능하기도 하다. 미국 VOM에서 전체 프로그램의 약 78% 정도가 한 번 이상의 준비 섹션을 사전에 이행했던 것으로 나타났다(Umbreit & Greewood, 1999).

가족집단 회합 Family Group Conferencing

가족집단 회합(FGC)은 그 기원을 뉴질랜드 원주민 마오리(Maori) 족에서 찾을 수 있다. 1989년 뉴질랜드에서 공식적인 형사사법 체계 대다수 범죄자가 어린 마오리족 출신 원주민이라는 사실이 밝혀지면서, 문제해결 방식으로 원래 마오리족이 쓰던 전통적인 방법을 범죄자에게 적용하게 된 것이다. 뉴질랜드에서 마오리족 출신 청소년범죄자가 늘게 된 것은 사실 1989년 "아동, 소년, 및 관계 가족법(Children, Young Persons and Their Families Act)"제정과 관련이 깊은데, 구체적으로 그 법은 14세-17세의 소년범죄자를 전통적인 법원 시스템에서 다루는 것을 금지하고, 대신 그들을 가족집단 회합으로 의무적으로 넘기도록 규정하고 있다. 단, 소년범죄자 중에서도 그 죄질이 매우 흉악하다고 판단되는 경우에는 뉴질랜드에서 가족집단 회합이 아니라 예외적으로 정식 법원 시스템 내에서 재판을 받도록 하고 있다. 1989년 이 법이 만들어진 이후, FGC는 호주로까지 펴져갔고 이후 미국과 유럽 등 다른 나라에도 영향을 미치게 되었다.

3) 미국에서 VOM 프로그램들은 대다수가 비영리 지역사회 중심 에이전시들에 의해 집행되고 있다. 약 43%의 VOM 프로그램이 이들에 의한 것이고, 나머지는 국가 사법기구들이 관여하여 VOM의 감독을 책임지고 있다. VOM을 운영하는 국가기구들을 구체적으로 들여다보면, 전체의 약 16%는 보호관찰소에서 책임지고 있고, 약 8%는 시설내 교징이 담낭하고 있으며, 검찰은 약 전체 프로그램의 4%만을 관리하고 있다. 그리고 미국의 피해자 지원기구들은 전체 VOM의 3%를, 경찰조직은 약 2%를 담당하고 있다. 나머지 약 23%의 VOM 프로그램들은 교회나 종교 단체 관련 기구들에 의해서 운영되고 있다(Umbriet, Coates, & Vos, 2004; Umbreit, 2006).

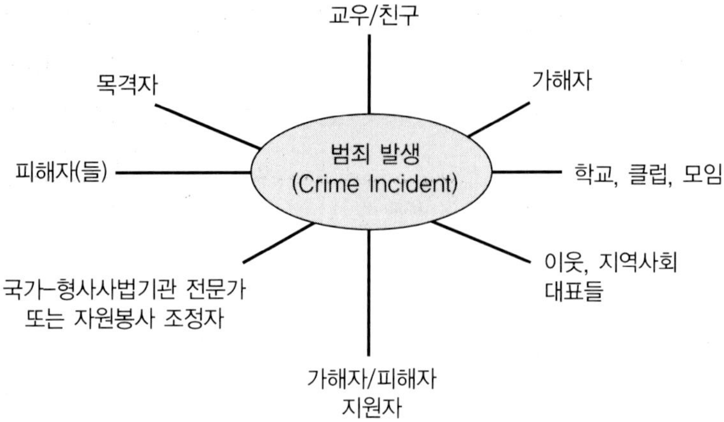

그림 7-3 회합 참가 대상들

출처: Nicholl, C. G. (1999). Community Policing, Community Justice, and Restorative Justice: Exploring the Links for the Delivery of a Balanced Approach to Public Safety. Washington, DC: Office of Community Oriented Policing Services.

FGC와 VOM의 가장 큰 차이점은 가족 구성원과 가까운 친구들, 혹은 기타 피해자 및 가해자 지원세력들이 모임에 포함되어 있다는 점이다. 물론 이 차이점에는 모임에 형사사법 담당자나 사회사업가, 경찰관, 가해자, 변호사 등이 참여할 수 있다는 것도 포함된다 (Van Ness & Strong, 2006). FGC의 기본 정신은 1991년 호주 와가와가(Wagga-Wagga) 경찰서에 의해 약간 변형되었는데, 그것은 일명 "**지역사회 그룹 회합**(*community group conferencing*)" 프로그램으로 볼 수 있다. FGC와 CGC의 차이점은 모임에 참가하는 사람들의 범위가 CGC에서 더 넓은 형태로 인정되며, 다양한 지지집단과 지역사회 관련자들이 매우 폭넓게 모임에 포함될 수 있다는 점이다. 그림 7-3을 보면, FGC와 CGC에 참가할 수 있는 잠재적인 대상들의 차이점을 시각적으로 쉽게 이해할 수 있을 것이다. VOM에 있는 피해자, 가해자, 중재자들이 관계인들과 지역사회 대표들을 돕기 위해 그 범위를 더욱 확장시킨다는 것은 매우 의미 있는 일이라 하겠다.

가족집단 회합은 전문 훈련과정을 이수한 중재자가 중추적인 역할을 하게 되는데, 이들은 여러 가지 면에서 다양한 기능을 한다고 볼 수 있다. 보통 대부분의 경우에 회합이 있기 전, 중재자는 각각의 참가자들과 개별 접촉을 시도하여 사전면담 시간을 갖는다. 사전면담 기회를 통해 중재자는 가족집단 회합이 가진 의미와 과정, 절차에 대해 미리 참가자들에게 자세히 설명하는 기회를 가지게 된다. 이 기회를 통해 중재자는 사람들에게 회합이 참가자 전체가 만족할 만한 합의사항을 도출하기 위한 것임을 명확히 주지시킨다.

일단 회합이 시작되면, 중재자는 모든 참가자들에게 구체적으로 범죄사실과 관련된 사항, 피해자화 과정에서 발생한 일들과 관련 결과들, 범죄자와 범죄행위에 대해 참가자들이 생각하고 느끼는 감정, 해결방안으로써 참가자들이 생각하고 있는 것들을 솔직하게 털어놓게 한다(Nicholl, 1999). 이런 과정에서 특히 중요한 역할을 하는 사람들은 가족들과 지원세력 역할을 맡을 사람들이다. 이들을 통해 피해자가 느꼈을 고통을 보다 진솔하게 듣고, 실질적인 범죄피해 정도를 알게 되며, 범죄자의 행동으로 인해 많은 사람들이 느낀 괴로움과 실망감에 대해 정확하게 인식하게 된다. 또한, 이들의 목소리를 통해 가해자는 많은 사람들이 어떤 내용의 피해배상을 요구하고 기대하는지도 알게 된다. 무엇보다도 가족 및 지원세력들의 역할이 중요한 이유는 나중에 이들이 결국 가해자의 피해배상을 직접 감독하고, 확인하는 역할을 하기 때문이다. 회합 이후에 그 의무사항을 가해자가 실제 이행하는지 가족구성원과 지원세력들이 그 사실여부를 확인하는 기능을 해야만 진정한 가족집단 회합이 있었다고 볼 수 있다.

대부분의 회합이 경미한 사건의 청소년 범죄를 다루지만, 몇 몇 사건에서는 간혹 심각한 범죄사건과 상습범죄자 케이스를 회합에서 논의하기도 한다(Kurki, 2000). VOM의 경우와 마찬가지로, 회합에서도 "실제 무슨 일이 일어났는가에 초점을 두고, 왜 그 사건이 일어날 수밖에 없었으며, 앞으로 그 피해를 어떻게 해결해 나갈 것인가"라는 문제를 가장 중점적으로 다룬다. FGC는 VOM과 가장 큰 차이점이 있다고 할 수 있는데, 그것은 회합에서 해결방안을 적극적으로 탐색하고 제안하는 중재자의 역할을 기대하지 않는다는 점이다. FGC에서는 중재자가 단지 참가자들로 하여금 솔직히 의견을 표명할 수 있도록 격려만 할 뿐 절대 종국적인 해결방안을 직접 제안하고 감독하지는 않는다. 즉, 중재자는 분위기를 조성하고 격려하는 "분위기 메이커"로서의 역할만 다할 뿐이다. 대화 내용이 의도했던 방향으로 흘러가도록 노력하되, 중재자는 회합에서 본인이 적극적으로 해결방안을 제시하거나 도출하여 참가자들에게 알려줘서는 안 된다. 가족집단 회합은 재판 이전 단계에서도 가능하고, 재판 이후 단계에서도 가능하다. 또한 회합은 경찰단계에 있어 중요한 역할을 차지하는데, 오늘날 많은 국가에서 특히 재판 전 경찰 다이버전 프로그램의 하나로 활용되고 있는 추세이다(McGarrell et al., 2000; Moore & O' Connell, 1994).

써클양형 Circle Sentencing

세 번째 회복적 사법 프로그램은 "써클양형(Circle Sentencing)"이다. 써클양형이란 말은 서구에서 가끔 치유써클(healing circles) 또는 중재써클(peacemaking circles)이란 표현으로도 사용된다(Bazemore & Umbreit, 2001). 그런데 이런 표현은 캐나다 원주민 단체(First Nation)가 사용한 모임 방식을 기반으로 한 것이었고, 점차 1990년대 초부터 "써클양형"이란 말을 공식적으로 형사사법 시스템 내에서 활용하기 시작하였다. 기본적으루 써클양형이란 지역사회 전반의 다양한 사람들이 한 자리에 모여 범죄자에게 적합한 처벌 수준이 무엇이라고 생각하는지 함께 논의하는 과정을 말한다(Van Ness & Strong, 2006). 그래도 말 양형 단계에서 이루어지는 일이므로, 써클양형이 일어나기 위해서는 먼저 가해자가 범죄를 저질러 유죄 확정 판결을 받았다는 전제조건이 필요하다. 전형적으로 써클에 참가하는 사람들은 FGC에서 논의했던 사람들을 말하고, 이와 함께 자발적으로 양형 단계에 관여하기를 원하는 많은 사람들이 참가한다.

써클을 구성하여 양형을 정하는 일은 법원의 한 부분으로 작용하여 일어날 수도 있고, 때로는 법원과 상관없이 독자적으로 일어날 수도 있다. 많은 법원 관할 지역 내에서, 써클양형은 정상적인 법원 중심 양형 과정의 대안으로써 판사의 재량에 의해 이루어질 수 있는 일이며, 공식적인 법률 근거를 가지고 이루어지는 일은 아니라고 하겠다(Crawford & Newburn, 2003). 따라서 대부분의 써클양형 사건들은 경미한 범죄사건이고, 심각한 범죄가 그 대상이 되는 경우는 매우 드물다고 할 수 있다(Stuart, 1996). 써클양형이 다른 기타 회복적 사법 프로그램과 가장 큰 차이점을 보이는 점은 바로 소년범죄자 뿐만 아니라 일반 성인범에게도 써클양형이 매우 일반적으로 적용된다는 것이다(Kurki, 2000).

써클양형이 유죄 확정 이후에 이루어지고 다른 어떤 프로그램보다 다수의 관계자 참가를 허용하고 있기 때문에, 써클양형은 매우 광범위한 수준의 준비과정을 요하고, 실제 써클이 이루어지기 전에 많은 논의사항을 더 세심히 살피게 된다(Kurki, 2000). 여기서 가장 기본적인 필요항목은 범죄자가 적극적으로 써클양형 참여에 동의해야 한다는 점인데, 경우에 따라서는 범죄자가 직접 써클양형을 요구할 수도 있다. 모임을 계획하고 준비하는 중재자(facilitator)는 써클양형에 참여하는 모든 사람들과 미리 써클양형 전에 만나야 할 책임이 있다. 사전에 중재자에 의해 진행되는 개별 미팅에서는 써클양형에서 자세히 다루어진다, 어떤 절차를 거치는지 등에 대하여 상세히 설명해야 한다. 그리고 중재자는 그 사전 미팅을 통해 범죄사건 개요에 대해 설명하고, 상세정보가 필요한 참가자에게 자세히 범죄사건을 설명하며, 참가자들이 궁금해 하는 사항에 대해 친절히 설명하고, 앞으로의 향후 모임 계획에 대해서도 알려줘야 한다. 많은 경우, 범죄자는 최초 계획 단계에서부터 모임에 가담하여 자기 역할을 이행해 가게 되는데, 여기에는 주로 범죄자가 저지른 피해행동 내용을 기술하는 것이 포함되고, 나중에 그 범죄피해 내용 등은 사후 써클양형에서 자세히 다루어진다(Nicholl, 1999). 이런 광범위한 수준의 준비과정을 보면, 써클양형이 범죄 발생과 법원의 확정 판결이 끝나고 수개월이 지난 후에야 가능한 일임을 알 수 있다.

일단 써클양형이 시작되고 나면, 모든 관계자들은 모임에서 자신의 의견을 자유롭게 말할 기회를 부여받게 된다. 여기에서 참가자들이 말하는 의견은 주로 범죄발생에 대한 자신의 주관적인 감정에 관한 것이며, 여기에 덧붙여 모임에서 논의되는 전반적인 내용들에 대한 자신의 생각이다. 써클이 의도하는 궁극적인 목적은 사후에 취해져야 할 행동들에 대해 모든 참가자들이 합의를 하는데 있다. 사후에 취해져야 할 행동이란 구체적으로 앞으로 가해자와 피해자가 직접 대면해야 할 만남 계획을 말하고, 동시에 범죄자가 제시하는 사과내용, 배상, 사회봉사, 치료 및 사회복귀 프로그램 등을 폭넓게 포함하는 것이다. 치료 및 사회복귀 프로그램에는 범죄자 상담, 알코올 또는 관련 약물 프로그램 치료, 교육내용이 포함되고 판사가 권고하는 명백한 양형조건 등도 포함된다(Nocholl, 1999; Van Ness & Strong, 2002). 때로는 써클양형의 권고 및 합의사항에 가해자에 대한 교도소 구금 및 구치소 구금기간이 포함되기도 한다(Studart, 1996). 써클양형의 최종 합의사항이 범죄자에게 법적 구속력을 부과할 수도 있는데, 이 경우에는 공식 전과기록으로 써클양형 기록이 남게 된다. 때로는 범죄자가 최종 결정내용을 제대로 이행하지 않는 경우도 있는데, 이때에는 추가적인 공식 형사사법 시스템이 작용할 수도 있고, 경우에 따라서는 다시 처음 써클양형 모임으로 범죄자 사건이 되돌아오기도 한다. 기본적인 양형 모임 절차를 간략히 표로 나타내면 표 7-3과 같다.

써클모임을 통해 양형 수준을 결정한다는 것은 가해자가 취해야 할 행동뿐만 아니라, 모임 참가자 전원이 취해야 할 행동 계획들을 함께 구체적으로 논의한다는 말이다. 피해자

표 7-3 써클모임을 이용한 양형결정(Sentencing Circle) 절차

단계	활동
준비	모임에 누가 올 것인지 확인하고, 참가자들이 이후에 당황할 만한 일들을 사전에 면밀히 살펴 미리 제거해 두기
개시	써클 모임 참가자들을 환영하고, 반드시 모든 참가자들이 따라야 할 기본 준수사항들을 고지하고, 모임의 의미와 목적을 소개하고, 모든 사람들이 편하게 느낄 분위기를 조성하기
법적용	범죄사건, 지금까지의 상황변동 내용, 보호관찰관 보고서 발표하기
사실 확인	참가자 중 부가하고 싶은 사항이 있는 경우 자유롭게 발표하고, 관계자들의 현재 느낌과 생각, 고민거리 등을 솔직하게 공유하기
공통점 찾기	범죄 원인으로 파악되는 기본 문제들을 확인하기: 알코올 문제, 결손가족, 학교이탈, 조직범죄 갱 관여 등 논의하기
의견 탐색	피해자를 지원하기 위한 사후 조치, 배상방안 검토하기, 가해자가 반드시 해야 할 일들 적시하기, 지역사회가 할 수 있는 일들 검토하기
관심사항 개발	써클 참가자 모두가 앞으로의 향후 계획을 이해했는지 확인하고, 명확히 그 내용에 대한 이해정도와 개인적인 의견을 교환하고, 어떤 점이 현실적이고, 비현실적인지, 서로 공유된 책무 확인하기
종결	모든 회의내용을 요약하고, 설사 합의사항이 도출되지 않았더라도 상황을 정리하면서 참가자 전원이 감정적으로 안정감을 갖게하기

출처: Nicholl, C. G. (1999). Community Policing, Community Justice, and Restorative Justice: Exploring the Links for the Delivery of a Balanced Approach to Public Safety. Washington, DC: Office of Community Oriented Policing Services.

는 다양한 수준의 지원, 보상을 받게 되고, 동시에 스스로 보다 적극적으로 자신의 고통을 치유하고 상처를 추스르기 위해 행동해야 할 책임을 갖게 된다. 반면 지역사회의 역할은 가해자가 범죄를 저지르게 된 원인을 명확히 파악하여, 그 근본적인 문제 사항 해결에 책임을 지는 것이다. 범죄유발 원인으로 파악된 사항들은 미시적일 수도 있고, 때로는 거시적인 것일 수도 있는데 이 경우 미시적인 원인에는 범죄자 개인이 가진 역기능적 상황으로써의 부모의 감독 부재, 범죄자의 약물중독이 포함되고, 거시적인 원인에는 사회-구조적 원인으로써 실업, 조직범죄, 갱의 압력이 포함된다.

모든 써클모임이 다 동일한 원칙의 적용을 받는 것은 아니다. 일부 모임에서는 사전에 준비과정 없이 바로 써클양형이 시작될 수도 있다. 이는 모든 써클이 반드시 가해자 양형을 최종적으로 결정내려야 하는 것은 아니라는 사실과도 깊은 관련이 있는데, 이로 인해 단지 써클양형에서 참가자(범죄자, 피해자, 지역사회)들의 기본적인 욕구를 언급해 주는 것만으로도 큰 의미가 있다고 볼 수 있다. 예를 들면, 써클양형에서 오직 참가자 한 사람의 문제에만 초점을 두어, 그 모임을 진행해 갈 수도 있는데, 이 경우 그 모임을 가리켜 전형적인 "치유써클(healing circle)"이라고 부를 수 있다(Nicholl, 1999).

회복적 사법 형태 요약 Summary of Resotorative Justice Types

지금까지 우리가 위에서 검토한 세 가지 형태의 회복적 사법 프로그램은 비록 그 접근방법이나 피해자 피해배상 방법에서 약간씩 차이를 보이지만, 기본적으로 모두 피해자, 가해자, 지역사회의 욕구를 중심으로 한다는 점에서 모두 "회복적" 철학을 지향하고 있다고 하겠다. 세 가지 방법이 지닌 접근방법 상의 다양성을 표 7-4에서 정리하였고, 이것을 통해 각 관련자들 사이의 상호이해와 문제유발 원인, 향후 문제해결을 위한 전략수립을 보다

표 7-4 회복적 정의 모임 모델(Restorative Conferencing Models)

	피해자-가해자 조정 (Victim-Offender Mediation)	가족집단 회합 (Family Group Conferencing)	써클양형 (Circle Sentencing)
누가 참석하는가?	중재자, 피해자, 가해자 (기본)	코디네이터(조정자) 핵심 참석자 선별, 피해자와 가해자의 가까운 친족 참가 원칙, 경찰, 사회사업기관, 기타 지원집단 참석 가능(단, 넓은 의미의 지역사회 관계자 참여는 제외)	판사, 검사, 변호사 참가(심각한 범죄에 한함), 기본적으로 피해자, 가해자, 서비스 제공자, 지원그룹이 참가, 전체 지역사회 관계자 모두 참가 가능, 사법위원회(justice committee)가 핵심 참가자 확정

(계속)

표 7-4 회복적 정의 모임 모델(Restorative Conferencing Models) (계속)

	피해자-가해자 조정 (Victim-Offender Mediation)	가족집단 회합 (Family Group Conferencing)	써클양형 (Circle Sentencing)
피해자의 역할은?	피해자 자신의 범죄피해 경험 표현 가능, 가해자 이행사항과 피해배상 계획 결정 업무 담당, 최종 거부는 피해자의 핵심 권리, 최종내용 합의가 종국적 목표	범죄에 대한 피해자 자신의 느낌 표현, 가해자 피해배상을 위한 유용한 정보 및 충고 제안	피해자는 써클모임에서 의사결정 절차에 참가, 범죄자 적격성에 정보제공, 지원세력 선택 또는 치유써클 참가 가능
위탁결정은 누가하는가?	법원과 기타 관련 외부 단체 위탁 가능	법원, 사법정의 조정관(코디네이터), 경찰, 학교 관계자 위탁 가능	지역사회 사법위원회(community justice committee)
공식절차와의 관계는?	다이버전 프로그램 또는 공식 법원 소속 일부 사건 할당 프로그램(다양한 활용도 인정, 그러나 업무량 감소 효과 미비)	일부에서 사전 공판심리로 사용(뉴질랜드), 공식 법원통제력 전이효과, 일부에서는 경찰중심 활용 가능, 사법망의 확대 문제와 미미한 정도의 업무량 감소 효과 발생	판사, 검사, 법원이 지역사회와 범죄통제력을 공유(사건 선택, 처벌, 사후관리 측면), 현재 업무량 감소 효과 미비
준비과정은?	피해자와 가해자 보통 대면접촉 시도	모임 참가 독려를 위한 관계자 전화 접촉(단, 피해자, 가해자, 가족은 대면접촉 가능)	광범위한 수준에서 써클모임 전에 가해자와 피해자 사전 모임 실시, 써클양형 절차 및 원칙 설명
사후 추가과정은?	중재자에 의한 사후지도 가능, 보호관찰과 기타 프로그램 담당자가 사후지도 책임	담당자 불확실(단, 경찰, 조정자, 기타 관계자 가능)	지역사회 사법위원회, 판사는 가해자 준수사항 이행 독려하기 위해 구금형 보류 가능
주요 목표는?	범죄피해 결과 가해자에게 전달, 피해자 목소리, 만족도 증가, 가해자 피해발생 인식증가, 피해자 감정이입 증대, 배상계획 합의	범죄사실 확인 파악, 범죄자 책임사항 명확화, 피해자 손해배상, 복구, 범죄자 재통합(범죄행위(deed)욕구(needs))	지역사회 문제해결 자체 능력 및 강점 증대, 회복적•사회복귀적 목표, 사회 안전 및 피해자 지원, 지원세력 능력 및 자원

효과적으로 실시할 수 있게 되었다고 본다. 다양한 회복적 사법 프로그램들이 어떻게 실제 성공적인 프로그램으로 연결될 수 있는가는 다음 항목에서 언급할 "회복적 사법의 영향력"에서 검토해 보도록 한다.

회복적 사법의 영향력 THE IMPACT OF RESTORATIVE JUSTICE

만족도와 이행사항 준수 Satisfaction and Compliance

VOM에서 참가자들이 특정 피해배상 합의사항을 도출하고, 그 내용을 가해자가 맹목적으로 이행만 하면 되는 것으로 생각하기 쉽다. 그렇지만 실제로 피해배상은 VOM에서 매우 부차적인 목적에 지나지 않는다. 어찌 보면, 가장 중요한 목적은 VOM을 통해 피해자의 진정한 욕구가 사람들에게 알려지게 되고, 가해자와 지역사회가 그것을 경청하여 그 고통을 치유하려고 함께 노력했다는 사실에 달려있다(Abrams, Umbreit, & Gordon, 2006).

이것은 VOM 프로그램 운영 과정에서 피해자가 자신의 감정을 표출할 수 있는 기회를 가졌다는 사실과 관련이 있다. 가해자는 VOM을 통해 자기합리화를 하는것이 아니라 자신이 저지른 범죄행동에 대해 사람들로부터 감정이입의 기회와 지역사회의 용서를 받을 수 있으며 사람들에게 자발적인 문제해결의 의지도 보여줄 수 있다.

실제 연구 결과, VOM에서 범죄피해자에게 더 중요하게 느껴졌던 것은 피해배상 합의(restitution agreement) 자체가 아니라 피해자가 범죄자에게 직접 자신이 경험한 범죄 피해 고통을 표현할 기회를 가졌느냐에 달려 있었던 것으로 나타났다(Umbreit & Coates, 1993).

주로 소년범죄자에 대한 VOM 프로그램 효과성은 피해자의 주관적 만족도(satisfaction), 피해자의 프로그램 공정성(fairness) 인식수준, 피해배상 이행여부(completion of reparations) 등으로 요약된다. 많은 경우, 거의 예외 없이 피해자와 가해자 양방이 VOM이나 회복적 사법 프로그램 참여에 대체적으로 만족하는 것으로 보고되고 있다(Braithwaite, 1999). 실제 긍정적인 평가 연구는 VOM뿐만 아니라 써클양형(circle sentencing)이나 가족집단 협의회 등의 다른 프로그램 평가에서도 동일하게 나타나고 있다.

특히 VOM 소년 프로그램에 대한 평가 결과는 참가자의 약 75%에서 100%가 프로그램에 대부분 만족한다는 놀라운 긍정적 결과를 보여주었다(Kurki, 2000). 가족집단 협의회도 이와 유사한데 매우 높은 수준에서 참가자 만족도 점수를 보여주었다(Bazemore & Umbreit, 2001). 전반적으로 VOM의 운영 절차가 충분히 공정했다고 생각하느냐는 질문에 대해서는 참가자들이 만족도와 마찬가지로 매우 긍정적인 반응을 보여주었다(McCold, 2003; Umbreit & Coates, 1993). McCold(2003) 연구에서는 VOM에 참가할 기회가 주어지면, 프로그램에 참가하겠냐는 질문에 참가자들 대다수가 그렇게 하겠다는 태도를 보여주어 그 효과성이 일관성 있게 높게 나타났다. 이러한 결과는 전통적인 형사사법 시스템 경험에 대해 가해자나 피해자가 모두 상대적으로 불만족스런 태도를 보인다는 사실과 비교했을 때, 매우 놀라운 수준의 긍정적인 결과라 하겠다(Doerner & Lab, 2011).

그러나 이러한 결과에 대해 주의해야 할 점은 VOM이나 기타 회복적 사법 프로그램들이 그 운영 형태면에서 매우 다양하고, 성공적인 프로그램이었다고 결론내릴 수 있는 일관된 기준이 없다는 점이다. 그리고 만족도나 성공률을 높이기 위해 의도적으로 처음부터 프로그램 운영 기준과 절차를 변화시키거나 수정할 수도 있다. 따라서 그 결과는 평가 방법에 따라서 혹은 평가 대상에 따라서 천차만별로 다양하게 나올 수 있다.

이러한 문제점에 착안하여, McCold와 Wachtel(2002)은 다양한 프로그램들을 "100% 완벽한 회복적 사법," "부분적 회복적 사법," "회복적 사법 전혀 아님"이라는 세 가지로 유형화하여 프로그램을 구분하고 그 결과를 비교 • 평가하였다. 이 연구에서 종속변수는 피해자와 가해자가 인식한 프로그램 만족도와 공정성이었다. 분석 결과는 VOM과 기타 회복적 사법 관련 프로그램들의 효과성을 보다 분명하게 이해시켜 주는 좋은 사례가 되었는데, 100% 회복적 사법 성격을 띤 프로그램들이 가장 높은 만족도와 공정성 인식을 보이는 것으로 나타났다. 그리고 다음으로 뒤를 이어 부분적 회복적 사법 프로그램이 2위를 달렸다. 회복적 사법 성격이 전혀 없는 프로그램들이 결국 가장 낮은 만족도와 공정성 인식률을 보여 기존의 긍정적인 VOM 효과성 평가가 사실인 것으로 확인되었다(McCold & Wachtel, 2002).

그러나 참가자 만족도와 함께 평가문제에서 중요하게 다루어져야 할 것은 VOM 프로그램이 해결방안을 얼마나 잘 도출했고, 참가자들이 어떻게 그 합의안을 실제 이행했느냐의 문제이다. 연구 결과, 대부분의 VOM 프로그램들이 최종 합의사안을 이행한 것으로 나타났고, 해결방안으로 약속한 사항들을 대부분 만족할만한 수준에서 준수한 것으로 확인되었다(Braithwaite, 1999; Umbreit & Coates, 1993). 특히 피해배상은 많은 합의안에서 중요하게 다루어지는 내용인데, 평가 결과 약 91% 이상의 가해자가 그 배상내용을 지킨 것으로 나타났다(Wachtel, 1995). 한편, McGarrell과 동료들(2000)은 다른 일반적인 형태의 다이버전 프로그램보다 협의체 형태의 회복적 사법 프로그램들이 높은 프로그램 이행 완수율을 보인 것으로 보고했다.

여기에서 기억해야 할 점은 VOM 프로그램 평가 결과가 "자발성"을 전제로 하기에 프로그램 자체 효과와 상관없이 항상 긍정적일 수 있다는 점이다. 가해자에게 어느 정도 VOM 위탁여부에 대한 강제성이 존재하나, 피해자는 순수한 자발성이 매우 강조되므로 특히 그 긍정적 평가결과는 VOM 자체의 특성이 아니라 참가자의 자발성에서 기인했을 가능성이 매우 크다. VOM 참가가 자발적이란 말은 참가를 결심한 개인이 VOM 결과에 더욱 수용적이고 긍정적일 수밖에 없음을 의미한다. 이미 어느 정도 긍정적인 결과가 예측될 수밖에 없는 상황에서 그 결과를 평가하였기에 근본적인 오류(built-in bias)가 존재한다고 하겠다. 실제 Umbreit와 동료들의 연구 결과(2003)에 따르면, 처음부터 VOM에 참가 의사 여부를 묻는 질문에 가해자와 피해자가 "그렇다"라고 말한 비율은 전체의

40%-60%에 지나지 않는 것으로 나타났다. 즉, 참가에 긍정적인 태도를 보인 사람들만을 가지고 만족도 결과를 평가하는 것은 진정한 프로그램 평가가 아니라고 말할 수 있다. McCold와 Wachtel(1998)에 따르면 가족집단 협의회의 경우, 그 프로그램 참가 자체를 거부한 범죄자가 열 명 중 무려 여섯 명에 해당한 것으로 나타났다. 미국뿐만 아니라 영국에서도 비슷한 결과가 나타났는데, 잉글랜드와 웨일즈 지역의 소년범죄자 협의회 패널에서 피해자의 단 1/5만 참가 희망의사를 보인 것으로 나타났다(Crawford & Newburn, 2003). 따라서 실제 VOM 관련 프로그램에 대한 긍정적인 평가 결과가 프로그램 자체 영향력에 의한 것인지, 혹은 참가자들이 원래부터 갖고 있던 참여 자발성에 의한 것인지 명확하게 알 수 없다.

재범 Recidivism

VOM에 대한 만족도나 공정성 인식도 중요한 요인이지만, 범죄 문제에서 가장 중요한 척도는 역시 "재범율"이라고 하겠다. 재범억제가 당장 직접적으로 피해자에게 특정 영향을 미친다고 볼 수는 없지만, 분명 장기적인 측면에서 지역사회나 피해자에게 낮은 재범률은 사회의 안정과 치안을 제공한다는 이점이 있다. 미국에서 VOM에 대한 재범률 평가 논문은 양적으로 많지 않은 상황이나, 다른 회복적 사법 프로그램 평가 수치와 비교하면 가장 많은 양을 자랑하고 있다.

분명한 것은 전반적으로 아직까지 VOM이나 다른 회복적 사법 효과성과 관련된 재범률 추적연구 결과가 그다지 많지 않다는 점이다. 어쩌면 그 이유 역시 VOM이 강조하는 "자발성"이라는 특징 때문인지도 모르겠다. 즉, 회복적 사법에 참가하는 가해자가 어느 정도 처음부터 자신의 변화의지와 자발성을 근거로 그 프로그램 참가 여부를 결심한 것이기에, 일반 비교집단과 재범률을 비교하는 것이 "샘플링 오류"를 야기하여 순수한 재범률 비교를 원천적으로 불가능하게 할 수 있다는 것이다. 프로그램에 참가하기를 원하고, 행동을 변화시키고자 하는 자발적인 욕구가 큰 가해자일수록 실제 VOM을 경험하고 종료할 가능성이 커지므로, VOM 자체의 영향력은 알 수 없고 오직 처음부터 재범 가능성이 낮은 사람들이 참가자로 선발되어 당연히 낮은 재범률 수치를 보여준다 하겠다(Doerner & Lab, 2011). 이러한 단점에도 불구하고 회복적 사법이나 VOM이 재범률을 낮추는 효과가 있다는 연구 결과도 일부 보고되고 있다. 또한 반드시 회복적 사법 평가는 재범률을 가지고 평가되어야 한다는 강한 주장도 제기되고 있다.

대부분의 재범률 기준 회복적 사법 평가는 VOM을 중심으로 이루어졌는데, 대표적인 것이 1993년에 전형적인 소년사법 시스템을 경험한 세 州의 소년범죄자들과 VOM 프로그램을 경험한 소년범죄자들을 재범률 측면에서 비교 • 분석한 것이다(Umbret & Coates,

1993). 연구 결과, VOM 소년범죄자들의 재범률이 일반 소년사법시스템상의 범죄자들보다 유의미하게 낮게 나타났다. 또한, 일반 형사사법 절차보다 회복적 사법 프로그램을 경험한 소년들이 재범률에서 무려 40% 가량의 감소를 보인 연구도 있다(McGarrell et al., 2000). 두 곳의 Oregon카운티에서 행해진 연구에서는 VOM에 참가했던 소년범죄자들의 프로그램 전후를 비교한 결과 약 68% 가량의 범죄율이 감소하였다(Umbreit, Coataes, & Vos, 2001). 재범횟수와 재범유형을 종합해서 비교한 연구 결과를 보면, VOM 프로그램을 무사히 종료한 집단이 비교집단보다 훨씬 더 낮은 재범률을 보이고, 동시에 그 재범 유형에서도 훨씬 더 경미한 수준의 범죄를 저지르는 것을 알 수 있다(Nugent et al., 1999).

참고로 소년범죄자에 대한 협의회 프로그램의 재범률 조사 연구를 살펴보면, 역시 그 결과 측면에서 매우 긍정적인 프로그램 성공률을 보여줌을 알 수 있다. 한 예로 호주에서 소년범죄자에게 실시했던 협의회 평가결과를 보면 프로그램이 재범률 감소에 긍정적인 영향을 미친 것으로 나타났는데, 소년범죄자에 대한 협의회 프로그램들이 회복적 사법 원리나 이념을 많이 갖고 있으면 있을수록 그 재범률도 감소한다고 볼 수 있다(Daly, 2003). Hayes와 Daly(2004) 역시 협의회 프로그램 참가 이후 재범률이 감소한다는 긍정적 결과를 발표했다. 이 결과는 특히 가해자가 초범일 때 더욱 확실하게 나타나는 것으로 밝혀졌다. 그러나 VOM 관련 프로그램들의 긍정적인 결과가 항상 모든 범죄자에게 동일하게 적용되는 것은 아니라는 연구도 발표되었는데, 여기에서는 참가자의 인구사회학적 기본 특성과 범죄 사례 특성에 따라 재범률 결과가 상이하게 나오는 것으로 확인되었다(Hayes & Daly, 2004). 반면, McCold(2003)는 협의회 프로그램에 참가했던 범죄자의 재범률이 전통적인 형사사법 시스템이후 재범률과 유사하게 나온다는 주장을 제기하기도 했다. 비록 공식적인 법원 절차보다 회복적 정의 프로그램에 대해 더 바람직한 태도를 나타냈더라도 재범률 측면에서는 특별한 효과가 없다는 것이다.

이와 같은 모순되는 재범률 평가는 오직 미국에만 한정된 것이 아니다. 소년범죄자를 상대로 재통합적 수치심 이론을 테스트한 호주의 한 연구에서도 프로그램에 대한 평가가 상반되게 나타났는데, Sherman과 Strang(2003)에 따르면 폭력 소년범죄자에게 협의회 프로그램은 약 38% 정도 재범률을 감소시키는 것으로 나타났다. 반면, 상점절도나 재산범죄 소년에게는 그 회복적 사법 프로그램이 어떠한 긍정적인 효과도 야기하지 않는 것으로 나타났다. 음주운전 소년에게는 어느 정도 기대할 만한(promising) 결과가 나타났으나, 낮은 재범 횟수가 실질적인 프로그램 효과를 측정하는데 충분치 않은 데이터를 제공했던 것으로 평가받았다(Sherman & Strang, 2000). 결국 이 연구에서 RISE 프로그램이 소년범죄자에게 미치는 영향은 중재자가 어떤 능력을 갖고 있느냐에 따라 달라진다는 식으로 전개되었고, 중재자 훈련과 사전준비 과정이 프로그렘의 가장 중요한 성공요소임이 밝혀지게 되었다(Sherman &

Strang, 2003).

비록 미국의 많은 연구 결과들이 VOM 관련 회복적 사법 프로그램에 대해 전반적으로 긍정적인 결과를 보고하고 있지만, 그 영향력에 대해서는 더 많은 논의가 필요한 상황이다. VOM이 어느 정도 긍정적인 연구 결과를 보여주고 있으나, 상대적으로 회복적 사법 내 가족집단 협의체나 써클양형 프로그램들은 평가 결과 자체가 부족하여 더 많은 연구가 필요하다. 위에서 언급한 대부분의 연구가 소년범죄자를 상대로 한 프로그램이므로, 향후 소년에 대한 프로그램을 성인범죄자에게 적용했을 때 어떤 결과가 나올지도 구분하여 분석해 볼 필요가 있다. 소년범죄자에게 시행되었던 VOM 프로그램이 성인범죄자에게 시도될 때 어떤 다른 대안적 접근법이 필요한지도 함께 진지하게 고민해 봐야 할 문제이다. 무엇보다도 중요한 것은 장래 연구에서 회복적 사법 내의 많은 프로그램 중 어떤 프로그램이 소년범죄자에게 가장 효과적인 것인지, 그리고 프로그램들을 실증적으로 비교하여 프로그램 간의 효과성을 정확히 이해하는 것도 향후 연구과제로써 매우 중요한 일이라 하겠다(Braithwaite, 2002).

회복적 사법 관련 문제점 PROBLEMS AND ISSUES WITH RESOTRATIVE JUSTICE

근래들어 미국에서는 소년범죄자에 대한 VOM 프로그램과 기타 회복적 사법프로그램이 새로운 대안으로서 큰 관심을 받고 있지만, 아직도 VOM 프로그램은 해결해야 할 많은 문제점을 갖고 있다. VOM에서 반드시 고려해야 할 중점 이슈들을 Doerner와 Lab(2011)은 표 7-5와 같이 정리하였고, 이것을 아래와 같이 일곱 가지로 요약해 볼 수 있다.

표 7-5 회복적 사법(VOM)의 쟁점사항

피해자의 자발적 프로그램 참여율 저조문제
범죄자 수치심에 초점을 두어 궁극적으로 재통합/화해 목표달성 불충분 문제
부적절한 사전준비 과정 문제
운영 중 참여 동기부여 부족 문제
적절한 참가자 선발의 어려움 문제
프로그램 운영 대표 패널구성원 모집의 문제
가해자에 대한 프로그램 강제성 문제
형사사법 망의 확대 문제
적절 사례 선정 기준에 대한 부적절성 문제
가족구성원, 지역사회 등 참가자들의 기본적인 자질 부족 문제
참가자나 중재자의 가치중립성 부족 문제
심각한 폭력범죄자 적용불가능 문제
장기간 지속된 대인갈등 적용 불가능 문제
한쪽으로 치우친 피해자 중심 운영 문제
범죄자의 헌법적 권리보장 미비 문제
부적절한 평가 결과 문제

소년범죄 문제 해결의 단순화 우려

회복적 사법 관련 프로그램 및 VOM의 가장 큰 문제점은 그것이 처음부터 너무 달성하기 어려운 목표를 설정하여 목표를 단번에 성취하려고 한다는데 있다. 소년범죄의 근본 원인이 단순히 가해자 혼자만의 이슈가 아니라, 가정이나 학교, 우리 교육 시스템 전체 및 사회 부조리 등으로 인해 발생한 것일 수 있는데, VOM에서는 복잡한 사회문제를 매우 단순화시켜 한 번에 가해자와 피해자가 그것을 해결할 수 있다고 가정한다(Kurki, 2000). 즉, VOM이 프로그램 자체 효과를 지나치게 과대평가하여 결코 이룰 수 없는 목표를 설정하고 있다는 것이다.

지역사회에서 일반 시민의 참여를 독려하고 범죄 관계자들을 한 자리에 모이게 한다고 해서 결코 쉽게 그 근본적인 사회범죄 및 청소년 비행을 해결할 수는 없다. 오히려 범죄를 야기한 진짜 이유들이 커다란 사회 맥락 속에서 더 크게 부각되고, 그 상황이 쉽게 바뀌지 않을 것이라는 사실을 참가자 모두가 더 크게 통감하게 될지도 모른다. 따라서 VOM이나 회복적 사법 프로그램들은 우리 사회가 안고 있는 구조적 문제를 외면하고, 소년범죄 문제를 단순화시킬 우려가 있다. 특히, 근본적인 문제가 매우 오랜 기간 지속되어 왔거나, 장기간의 대인관계 갈등에서 비롯된 것이라면 그 문제는 단순한 조정제도나 협의회 구성 등의 해결방안으로는 쉽게 해결될 수 없다. 즉, 몇 번의 만남과 대화만으로 가해자와 피해자가 서로를 쉽게 용서하고 이해하기 어려운 복잡한 상황이 실제로 많이 존재하므로, 문제를 단순화시키는 것이 진정한 해결방안이 될 수 없다는데 그 한계가 있다.

경미한 소년범죄자 및 초범 소년 한정의 문제

기본적으로 VOM과 다양한 회복적 사법 관련 프로그램들은 경미한 비폭력 범죄나 소년범죄자를 상대로 운영되어져 왔다. 따라서 초범인 경우나, 재산범죄 등을 저지른 소년이 프로그램 핵심 대상이었다고 볼 수 있다. 이와 관련하여 VOM이 갖고 있는 두 번째 문제는 바로 심각한 폭력사범에게는 본 프로그램 적용이 불가능하다는 점이다. VOM 등의 회복적 사법 관련 프로그램이 만약 아내학대, 성폭력, 가중처벌 폭력행위, 살인 등의 흉악범에게 적용된다면, 어떠한 결과가 도출될 것인가에 대해서 아직까지 충분한 논의가 이루어지지 못했다. 이 문제에 대한 직접적인 평가 결과는 아직 제시되지 않았으나, 회복적 사법 원리가 강력범에게도 적용될 수 있다는 몇 몇 주장들이 제기되기도 한다.

실제로 Umbreit와 동료들(2003)은 살인자와 살인 피해 가족들이 함께 모여 VOM 프로그램을 실시하였는데, 그 결과 매우 성공적인 결과를 보여주었다고 주장했다. 또한, Corrado, Cohen, 그리고 Odgers(2003) 연구는 만족도 측면에서 강력범에게 VOM을 적용한 결과, 심각한 범죄와 폭력범죄를 저지른 대상에게 VOM을 운영했을 때 매우 긍정적인 결과가 나왔다고 보고했다. 긍정적인 결과를 얻기 위해서는 반드시 프로그램 시작 전에 충분한 기간의 사전준비 작업과 광범위한 수준의 개입 전략이 제공될 필요가 있다는 것도 앞의 연구에서 함께 제시되었다.

범죄자에 대한 형사절차 기본 권리보장 의문

VOM 프로그램의 자발성과 관련하여 세 번째 문제는 VOM 프로그램의 강제성을 들 수 있다. 이것은 VOM의 많은 프로그램들이 가해자에게 변호사를 대동할 권리를 인정하지 않는다는 점과도 관련되어 있다. 즉, 피고인이 당연히 누려야 할 헌법적 권리와 형사소송법적 보호 규정이 VOM에서 제대로 이루어지고 있지 않다는 것이다(Feld, 1999). 구체적인 예를 들면, VOM 시작부터 프로그램 위탁 여부는 가해자의 자발성을 근거로 하는 것이 아니라, 외부 보호관찰관, 검찰, 소년법원 판사 등의 기관 담당자에 의해 결정되고, 결국 가해자는 응보적 시스템의 불이익을 면하기 위해 어쩔 수 없이 VOM을 선택하는 "강제적" 상황아래 놓이게 된다. VOM 과정에서 더욱 심각한 문제는 이러한 절차로 인해 가해자가 특정 배상행동도 어쩔 수 없이 받아들일 수밖에 없다는 것이다. 소년범죄자의 절차적 권리가 구현되지 않기에, VOM이나 기타 회복적 사법 프로그램에서 배상 행동이 강제될 우려가 매우 크다. 만약 VOM이 법원 판결 선고 이전에 진행된다면, 이러한 문제점은 더욱 극명하게 나타날 수 있다. 왜냐하면 판결 이전에 피고인으로서 소년범죄자는 어쩔 수 없이 모든 VOM의 요구사항을 받아들여 자신의 공식적인 처벌 수준을 낮추려 할 것이기 때문이다. 형사절차 내 기본권으로 보장된 헌법적 권리가 VOM에서 제대로 지켜지지 못한다는 문제에 대해 보다 진지하게 고민할 필요가 있다.

지역사회 범위 및 개념정의 곤란

VOM 및 기타 소년범죄자 회복적 사법 프로그램이 고려해야 할 네 번째 문제는 바로 "community"와 관련된 것이다. 계속적으로 VOM 프로그램이 지역사회를 핵심 참가자로 지목하고 있으나, 실제 어디까지를 지역사회로 봐야 하는가에 대한 명확한 개념정의가 부족하다(Kurki, 2000). VOM이 참가자들에 의해 피해배상 내용을 정하고, 감정적인 치유과정을 피해자에게 제공한다는 점에서 지역사회 참여자를 어떻게 정의하느냐의 문제는 매우 중요한 일이다. 지역사회 범위 정도에 따라 VOM 프로그램의 효과성 자체가 완전히 바뀔 수도 있다. 그리고 지역사회가 VOM 대화 과정에서 무엇을 기대하고 목표로 하느냐에 따라 그 효과성과 결과도 전혀 달라진다 하겠다.

회복적 사법 이념이 시작되었던 원시 시대나 초기 서구 부족사회에서는 지역사회 자체의 범위가 매우 한정되고 작았기 때문에 그 참가자 범위가 크게 문제될 일이 없었다. 즉,

마오리 족이나 미국 원주민들을 위한 회복적 사법 프로그램은 지역사회 개념과 범위가 비교적 명확하였으나, 오늘날 우리사회에서의 그 범위의 확정이 프로그램을 운영하는데 큰 장애요인이 될 수도 있다.

소년범죄자 권한 불균형의 문제

VOM 프로그램 운영 속에서 "권한 불균형(imbalance of power)" 문제는 보다 진지하게 생각해 봐야 할 문제이다. 이는 가해자가 소년범죄자일 때 더욱 극명하게 나타나는바, 소년이 직접적인 범죄 피해자뿐만 아니라 지역사회 관계인까지 모두 만나 그들을 혼자서 전부 상대해야 하는 상황에서 더욱 큰 문제를 야기한다. 자신을 법적으로 변호해 주는 변호사도 없이 어린 소년이 피해자 지원 기구 담당자들이나 형사사법 기구 전문가들, 혹은 범죄사건과 직접적 관련이 없는 타인들까지도 만나 지역사회라는 이름 하에서 모두 대면해야 하므로, 심각한 권한 불균형이 초래될 수 있다.

따라서 VOM이나 기타 회복적 사법 프로그램을 운영함에 있어서 소년범죄자의 권한 불균형을 보완해 줄 수 있는 방안이 마련되어야 할 것이다. 진정한 자발성을 기초로 가해자의 반성과 피해배상이 이루어져야 하므로, 권한 불균형으로 인해 가해자의 근본적 문제나 욕구와 전혀 관계없는 배상방안이 나오는 상황을 사전에 경계해야 할 것이다.

형사사법 망의 확대 문제

형사사법 망의 확대(net-widening)는 새로운 처우나 개입 프로그램으로 인해 기존에는 국가의 사회적 통제를 전혀 받지 않거나 받을 필요가 없었던 범죄자들이 새롭게 처우 대상으로 포함되는 상황을 의미한다. 새로운 개입 프로그램이 이미 특정 서비스를 제공받고 있는 사람을 대상으로 하면서 그들을 새로운 처우로 전환시킬 의도로 만들어진 것이라면, 불필요한 형사사법 망의 확대 문제가 제기될 수 있다.

비록 VOM이나 기타 회복적 사법 프로그램의 의도가 소년범죄자들을 기존의 전통적인 형사사사법 시스템 대신 새로운 VOM 등으로 처우해 보자는데 있지만, 실제로는 국가 형사사법 시스템과의 접촉이 전혀 필요치 않은 소년들이 대거 VOM에 포함될 수 있기 때문에 이를 유의해야 한다. 경미한 범죄를 저질렀거나 초범으로서 전혀 특정 개입이 필요치 않았던 범죄자가 프로그램을 성공적으로 완수할 확률이 높다는 이유만으로 그 대상이 되는 일은 없도록 해야 할 것이다.

원래 VOM 프로그램의 의도는 기존 공식 시스템의 업무 부담을 줄여주고, 동시에 소년범죄자에게 보다 합리적인 문제해결 방안을 제시하려는 것이었다(Weitekamp, 2010). VOM이 형사사법 망 확대에 어느정도의 영향을 미쳤는지 아직 정확히 알 수는 없지만, 이것이 발생할 수도 있다는 잠재적 가능성을 인식하여, 향후 이에대한 보다 철저한 대비가 필요할 것이다.

기존 형사사법 시스템과의 충돌

마지막으로 VOM 프로그램이 경계해야 할 문제점은 기존 전통 형사사법 시스템과의 충돌이다. 특히 피해자 측면에서 봤을 때, 잊혀진 존재였던 피해자가 시스템 전면에 등장하게 됨으로써 가해자 중심의 전통 형사사법 체계나 사회 전체를 피해자로만 인식했던 기존 가치가 크게 위협 받을 수 있다. 범죄자에 대한 강한 처벌이나 범죄자 사회복귀 및 처우를 주장하는 사람들은 특히 피해자가 전면에 등장하는 것이 굉장한 부담으로 느껴질 수 있는데 그 이유는 피해자의 개별 욕구에 의해 엄격한 처벌도 어려워지고, 전면적인 범죄자 치료 및 사회복귀 지원도 어려워질 수 있기 때문이다.

피해자가 가해자에게 무조건적으로 처벌보다는 범죄 피해배상을 강력히 요구할 수 있고, 어쩌면 사회봉사명령 등을 요구할 수도 있는 일이다. 피해자가 처벌이라는 이름으로 피해배상을 요구하거나, 범죄자 치료보다는 오히려 강력한 처벌만을 요구한다면 진정한 처벌 또는 진정한 치료는 모두 불가능하게 된다. 분명 소년범죄 사건에 대한 회복적 사법 적용과 VOM 프로그램 운영이 혁신적인 형사사법 이념과 철학을 제공하는 것은 맞지만, 특히 이러한 사례를 주의해서 살펴야 할 것이다. 특히 범죄자 교정 측면에서 기존의 가해자-중심 사고방식이 VOM 프로그램 등을 통해 다양화된 참가자 욕구 만족 중심 체계로 그 축을 이동하게 될 때, 기존 체계와의 충돌로 인해 매우 위험한 상황이 발생할 수도 있다.

VOM과 관련된 회복적 사법 프로그램은 비교적 짧은 기간 내에 무서운 속도로 성장하여 미국뿐만 아니라 전세계로 확대되었고, 매우 다양한 문제와 사례에서 활발히 적용, 발전되어 왔다. 그리고 비록 위에서 언급한 많은 문제들이 산재해 있음에도 불구하고, 그 활용의 증가추세는 계속될 전망이다. 이와 관련하여 Weitekamp(2010)는 회복적 사법이 나아가야 할 방향을 구체적으로 표 7-6과 같이 제시하기도 했다. 그 지적사항들은 대부분 과

표 7-6 회복적 사법 관련 프로그램 개선 사항

기존 형사사법 체계보다 회복적 사법이 더 효과적이라는 진정한 실험연구 필요
회복적 사법이 재범률에 미치는 영향에 대한 연구/분석 방법 개선 필요
호주, 뉴질랜드, 북미 이외에 나라에서 만족감 기준의 회복적 사법 평가 시도
회복적 사범의 장기 효과 측정
회복적 사법 프로그램을 지원, 감독, 조절하는 국제적 협력 기구 창설
회복적 사법 프로그램 질적 통제 시스템 마련

출처: Adapted by authors from E. G. M. Weitekamp (2010). Restorative justice in B. S. Fisher and S. P. Lab (Eds.), Encyclopedia of Victimology and Crime Prenvention. Los Angeles: Sage.

표 7-7 회복적 사법 관련 인터넷 참조 사이트

영국 내무성	http://www.homeoffice.gov.uk/crime-victims/victims/restorative-justice/
회복적 사법 및 중재 센터	http://www.cehd.umn.edu/ssw/rjp/
국제 회복적 사법 연구소	http://www.iirp.org/Nacro http://www.nacro.org.uk
회복적 사법	http://www.restorativejustice.org/
회복적 사법 콘솔티엄	http://www.restorativejustice.org.uk
싸이먼 프레이저 회복적 사법 센터	http://www.sfu.ca/cfrj/
피해자-가해자 조정 협회	http://www.voma.org/

거의 회복적 사법 프로그램 평가 결과에서 문제점으로 밝혀진 사항이나 초기 프로그램들 내부에서 간과된 것들을 모두 포함하여 만들어진 것이다.

요약하기 SUMMARY

회복적 사법 프로그램은 범죄 발생 이후에 소년 가해자를 어떻게 기존과는 다른 방식으로 처우할 것인가를 보여주는 새로운 대안적 소년사법 체계에 해당한다. 그리고 회복적 사법이 가진 복합적인 의의는 피해자 측면에서 보면, 분명 범죄발생 이전의 원래 온전한 그 상태로 피해자를 되돌려 놓겠다는 목적에서 찾을 수 있고, 지역사회 입장에서 보면, 범죄가 야기한 직간접적 문제를 수정하여 범죄가 우리 사회에 야기한 피해 결과를 최소화시키겠다는 의도에서 그 의의를 찾을 수 있다. 또한 범죄자 입장에서 보면, 회복적 사법을 통해 성공적인 사회복귀를 이뤄 더이상 장래에 유사한 문제행동을 일으키지 않도록 하는데 그 의의가 있다.

회복적 사법의 가장 큰 특징은 프로그램 운영 내에 다양한 참가자들이 관여한다는 것이다(Bazemore & Umbreit, 2001). 따라서 피해자는 문제해결에 자신의 고유한 입장과 목소리를 낼 수 있고, 특정 피해배상 방식을 요청할 수 있으며, 범죄자 치료 및 개입 전략의 중요한 한 부분이 될 수도 있다. 이 상황에서 소년범죄자는 범죄에 대한 책임을 인식하고 문제해결을 위한 행동을 취해야 하며, 특정 개입 치료를 받아야 할지도 모른다.

지역사회 역시 범죄자의 벌금이나 사회봉사명령을 통해 간접적으로나마 범죄피해를 회복 받을 수 있게 된다. 또한 지역사회는 단순히 가해자의 피해배상 행동을 관찰하는데 그치는 것이 아니라, VOM 또는 회복적 사법 프로그램 내에서 가해자의 행동변화를 돕고, 피해자를 지원하고, 근본적인 범죄원인을 말소하는데 적극적인 역할을 함께 수행하게 된다. 또한 기존의 국가 형사사법 기관들도 회복적 사법 프로그램 내에서 모든 참가자들에게 공정한 VOM 절차를 제공해야 할 의무를 갖게 된다. 이 때 지역사회 내 다양한 피해자, 가해

자 관련 기관들의 지원과 관심이 큰 힘이 될 수 있다.

오늘날 소년범죄자에 대해 회복적 사법 이념을 중심으로 한 새로운 정책적 처우를 한다는데 반대를 제기할 사람은 많지 않을 것이다. 회복적 사법이 제대로 운영될 수만 있다면, 피해자와 가해자, 그리고 지역사회가 모두 만족할 만한 결과를 얻을 수 있을 것이므로, 오히려 그것은 더 많은 사람의 지지와 옹호를 받는 일이 되어야 할 것이다. 회복적 사법이 소년 사건에서 중요하게 다루어지는 이유는 그것이 참가자들의 각기 다양한 욕구를 모두 수용하여 문제해결 방안을 마련할 수 있다는 점 때문이다. 이처럼 피해자 옹호 집단의 관심과 이익을 대변해 준다는 점 외에, 회복적 사법은 소년범죄자의 권리나 처우 치료에 관심있는 사람들에게도 어느 정도 범죄자의 이익을 옹호해 줄 수 있는 새로운 수단으로 인식되고 있다. 즉, 미국에서 회복적 사법은 소년범죄자의 이익뿐만 아니라 피해자의 이익을 충족시켜주는 혁신적인 대안이기에 향후 회복적 사법에 적극 활용할 이유는 충분하다고 하겠다.

마지막으로 회복적 사법은 피해자의 역할을 구체화시킬 수 있는 새로운 대안으로 더욱 발전되어야 하고, 이러한 발전은 단순히 프로그램의 양적 증가를 가져가져오는데 그치지 않고 명확한 프로그램 가입 효과성에 대한 평가로 연결되어야 할 것이다.

제7장의 핵심 용어

- 써클양형
- 지역사회 그룹 회합
- 분쟁해결
- 가족집단 회합
- 치유써클
- 사법망의 확대
- 재통합적 수치심
- 배상적 사법
- 회복적 사법
- 응보적 사법
- 재통합적 수치심 실험
- 대체 피해자화
- 피해자-가해자 조정
- 피해자-가해자 화해 프로그램

8

성폭행
sexual battery

학습목표

본 8장을 읽고, 아래의 질문에 답해보시기 바랍니다.

- 강간에 대한 관습법상의 정의를 제시하라.
- 강간과 성폭행의 차이를 비교하라.
- 배우자 면제를 남성의 권력(지배)개념과 관련지어 설명하라.
- 지인강간과 낯선 사람에 의한 강간의 차이를 설명하라.
- 아동 강간과 사형에 관련된 대법원 판례에 대하여 논하라.
- FBI UCR 통계에 근거하여 강간의 특징을 설명하라.
- 피해조사 결과를 토대로 성폭행의 특징을 설명하라.
- 강간에 관한 UCR과 NCVS 통계를 비교하고 차이점을 설명하라.
- UCR과 NCVS의 결점에 대하여 논하라.
- NCVS 재설계가 성폭행 통계에 대해 어떤 의미가 있는지 설명하라.
- 여성을 대상으로 성폭행을 측정하기 위한 독자적인 노력에 대해 비판하라.
- 성폭행의 피해 건수와 피해자 수의 차이를 설명하라.
- 미국여대생성적피해조사 결과를 요약하라.
- 미국여성폭력조사를 개략적으로 설명하라.
- 미국사관학교의 성폭력 문제를 상세히 설명하라.
- 성폭력 통계에 대해서 주의가 필요한 이유를 제시하라.
- 성폭행을 설명하는데 정신병리학이 인기있는 이유를 설명하라.
- 성폭행에 대한 생리학적 관점을 설명하라.
- 성폭행과 남성 지배(권력)의 관계를 설명하라.
- 강간신화의 의미와 역할에 대하여 설명하라.
- 성폭행에 대한 유형화 작업을 통해 만들어진 범주에 대하여 평가하라.
- 위기의 의미에 대하여 설명하라.
- 위기반응회복순환과정의 각 단계를 설명하라.

- 강간 외상 증후군을 분석하라.
- 성폭행 용의자의 HIV검사 의무화에 관련된 쟁점을 상세히 설명하라.
- 동의와 보강증거를 설명하라.
- 피해자 보호 규정의 목적을 간략하게 설명하라.
- 성범죄자 등록법에 대하여 설명하라.
- 거시적 수준의 효과와 미시적 수준의 효과를 구별하여 설명하라.
- 성폭행 관련 개혁 조치가 의도대로 작동하였는지 평가하라.
- SART 접근방식의 필요성을 평가하라.
- 성폭행 간호 검사관의 역할을 간략하게 설명하라.
- 일반 의학적 진료와 법의학적 진료를 구별하여 설명하라.
- 강간키트 사용에 관련된 몇 가지 쟁점을 제기하라.

서론 INTRODUCTION

성폭행은 파괴적이며 비인간적인 경험이다. 성폭행이 잔인한 것은 인간의 자아를 직접 공격하기 때문이다. 가해자로 인하여 많은 피해자들은 엄청난 굴욕감과 모멸감으로 고통을 겪는다. 나중에 피해자가 위안과 지원을 기대하면서 형사사법 시스템에 들어갔을 때 이러한 감정은 또 다시 되살아난다.

본 장은 강간과 성폭행의 구성 요소와 법률적 쟁점에 대한 설명으로부터 시작한다. 미국사회에서 성폭행 확산을 잘 이해하기 위해서 공식적 자료와 비공식적 자료를 고찰할 것이다. UCR에 포함된 정보와 NCVS 자료의 비교를 통하여 2장에서의 논의를 재확인할 수 있다. 성폭행 범죄에 관련된 가장 큰 결점은 신고율이 미미하다는 것이다.

성폭행을 신고하여 관계기관에 연루되기를 꺼리는 경향이 널리 퍼져있다는 것을 형사사법 시스템이 모르는 것은 아니다. 이에따라 많은 주에서는 피해자의 협조를 가로막는 전통적인 장애물을 제거하기 위하여 법을 개정하였다. 예를 들어 강간은 성폭력이나 성폭행으로 다시 규정되었으며, 피해자의 동의 여부 및 성폭력 주장을 입증하는데 필요한 증거의 유형 그리고 법정에서 피해자의 증언을 믿지 못하게 만드는 인격 말살 수법 등에 대하여 주의를 기울이게 되었다. 이러한 개혁이 어떻게 작용했는지는 우리가 탐구해야 할 경험적 과제다. 표 8-1에서 볼 수 있듯이 이제 미국사회에서는 성폭력을 국가차원의 문제로 인식하고 있다.

성폭행에 대한 논의에서는 피해자가 경험하는 개인적인 비극과 그들이 접하는 치유과정 그리고 일반적인 대처 전략에 대하여 탐구하게 될 것이다. 탐구내용은 경찰과 병원 관계자 및 검사가 피해자에게 어떻게 대응하는지를 논의하는 배경이 될 것이다.

표 8-1 오바마 대통령의 선언문(2010년 4월을 성폭행 인지의 달로 선언)

매일 미국 전역에서 여성과 남성 및 아동이 성폭행으로 인하여 고통과 외상에 시달리고 있다. 성희롱과 협박에서 학대와 강간에 이르는 범죄가 빈번하게 발생하고 있으며, 신고되지 않으며, 장기간 지속되는 육체적 심리적 상처를 남기고 있다. 성폭행의 인지의 달로 지정된 기간 동안 우리는 성폭력을 둘러싸고 있는 비밀스런 베일과 수치심을 걷어 올려 그에 대한 우리의 인식을 제고하고 피해자에 대한 지지를 확대하고 대응을 강화할 것이다.

성폭력은 우리의 국가적 양심을 욕보이는 것으로 결코 좌시할 수 없는 것이다. 성폭력은 여성에게 주로 영향을 미친다. 미국 여성의 6명 중 한명이 일생동안 한번은 강간(미수포함)을 경험하는 것으로 추정된다. 또한 많은 남성과 소년도 영향을 받는다.

이러한 사실은 심각하며, 지금까지 성폭력은 나이, 배경, 상황을 불문하고 미국인들에게 영향을 미치고 있다. 여학생들이 다니는 대학에서 많은 성폭력이 발생하고 있으며, 알코올과 약물이 피해자를 무력화시키기 위해서 빈번하게 사용되고 있다. 장애를 갖거나 고립된 사람들이 반복적으로 피해를 당하고 있으며, 도움을 받지 못하고 있다. 아메리카 원주민 여성들은 일반 인구층에 비해서 성적으로 공격을 당할 가능성이 두 배 이상 높다. 한 국가의 국민으로서 우리는 성폭행으로부터 서로를 보호하고 피해자를 지원하고, 가해자를 정의의 심판대에 올리는데 함께 힘을 합쳐야 한다.

우리는 성폭력을 계속적으로 발생하게 만드는 무감각한 태도에 대처하고 변화시킴으로 이 같은 책무를 선도해야 한다. 피해자들은 또 다른 공격을 받을까 봐 두렵고 또 다른 수치심을 경험하고 싶지 않고 형사사법 시스템를 믿을 수가 없어서 침묵한 채 고통을 겪고 있다. 이러한 고립감은 종종 자살충동, 우울증, 외상 후 스트레스 장애 등과 결합되어 피해자를 더욱더 무기력하게 만든다. 어느 누구도 이러한 고통을 혼자서 감당해서는 안 되며, 우리는 그들의 가족, 친구, 멘토로서 피해자가 필요한 지원을 받을 수 있도록 할 것이다.

연방정부, 주정부, 지역 차원에서 의료적 배려, 정신보건서비스, 주거관련 지원 그리고 법률적 지원 등 피해자에게 필요한 자원을 제공하기 위해 노력해야 한다. Biden 부통령의 지도하에 2005년 여성폭력법안에 성폭행에 대한 서비스 프로그램을 포함하였으며, 성폭행을 당한 피해자에게 직접적인 서비스를 제공하는데 기금을 항상 최우선적으로 지출하였다. 성폭력에 맞서기 위해서 2011년 예산안에는 이 프로그램의 기금을 두 배로 배정하였다. 법무부와 질병통제센터를 통하여 대학캠퍼스의 성폭행을 해결하기 위한 서비스 지원은 물론 예방과 홍보캠페인을 위한 기금조성을 하고 있다. 아울러 법무부는 아메리카 원주민 여성에 대한 폭력에 맞서기 위해 기금과 자원을 늘려왔다.

성범죄에 계속해서 대처하면서 이번 달을 맞이하여 지역사회의 대응조치와 성범죄 발생 전 학대방지에 더욱더 헌신할 것을 약속하자. 우리 모두 함께 성폭력에 대한 인식을 증대시키고 발생을 줄이고 가해자를 처벌하고 피해자를 돕고 치료하는데 동참하자.

따라서 지금 나 버락 오바마는 미국의 대통령으로서 미국의 헌법과 법률이 부여하는 권한에 의거하여 2010년 4월을 전국가적인 차원에서 성폭행 인지의 달로 선언한다. 나는 모든 미국인에게 피해자에 대한 도움의 손길을 내밀고, 이 범죄에 대해 더 많이 깨우치고, 그것에 반대하라고 촉구한다.

이상을 증명하기 위하여, 나는 미국 독립 234년, 서기 2010년 4월 1일에 이 문서에 서명한다.

BARACK OBAMA

출처: Office of the Press Secretary(April 1, 2010). Presidential Proclamation - National Sexual Assault Awareness Month Proclamation, 2010, Washington, DC: The White House.

성폭행의 정의 DEFINING SEXUAL BATTERY

강간에 대한 정의는 전통적으로 매우 큰 관심사이다. 강간에 대한 관습법적 관점은 1970년대까지 거의 대부분의 주의 법령을 지배하였다. *Black's Law Dictionary*(Garner, 2004: 1288)에 따르면, 강간은 '아내가 아닌 여성에게 물리적 힘을 이용하고 여성의 의지에 반하여 이루어지는 남성의 불법적인 성교'이다. 이러한 정의에 주목해야 하는 이유는 다음과 같다. 첫째, 피해자 신분이 여자로 제한된다. 즉 오로지 남자만이 가해자가 될 수 있다. 둘째, 이러한 접근방식에 따르면, 남자 성기의 침투만이 유일하게 통제되는 행위이다. 셋째, 남편은 가해자의 신분에서 자동적으로 면제되는 혜택을 누린다. 넷째, 피해자가 그러한 행위에 대해서 자발적으로 굴복하지 않아야 한다는 것이다.

여러 해에 걸쳐 입법자들은 강간에 관련된 법적 용어를 다양한 방식으로 변경하여 왔다. 많은 주에서는 강간(rape)이라는 용어를 성폭행(sexual battery), 일탈적인 성행위(deviant sexual conduct), 성폭행(sexual assault)이라는 표현으로 대체하였다. 이러한 변화는 단순한 의미 변화 그 이상이다. 첫째, 이러한 변화는 기존의 관습법적 관점에 내재하는 성별 편견을 제거한 것이다. 오늘날에는 남자가 피해자가 되고 여자가 가해자가 되는 것이 가능하다. 게다가 이제는 다른 형태의 성적 학대가 형사사건의 범위에 포함되게 되었다. 그러한 행위에는 피해자의 몸을 만지고 피해자의 몸에 이물질을 넣는 것 뿐만 아니라 구강성교, 항문성교 및 손가락 삽입 등이 포함된다. 끝으로 모든 형태의 행위를 강간이라는 하나의 카테고리에 포함하던 것을 다양한 차원의 성폭행 개념을 통하여 대체하게 되었다. 표 8-2에서 볼 수 있듯이 범죄 행위의 정도는 가해의 정도, 무기의 사용, 삽입의 여부, 가해자 수 및 기타 요소 등에 따라서 구별될 수 있다. 이러한 상황의 심각성은 형량의 증가

표 8-2 상황의 심각성에 관한 규정을 포함하는 성폭행 법령의 사례

아래와 같은 상황에서 동의 없이 12세 이상을 성폭행한 사람은 s. 775.084, s. 775.803의 규정대로 처벌할 수 있는 1급 중죄를 저지른 것이다.

(a) 피해자가 신체적으로 무기력해서 저항할 수 없는 경우
(b) 피해자에게 물리적인 힘이나 폭력을 사용하여 크게 다치게 할 것이라고 협박하여 굴복을 강요하고, 그러한 위협이 현실화 될 것이라고 피해자가 믿을 만한 경우
(c) 피해자나 다른 사람에게 보복하겠다고 협박하여 굴복을 강요하였으며, 그러한 협박이 현실화 될 것이라고 피해자가 믿을 만한 경우
(d) 피해자의 사전지식이나 동의없이 피해자를 정신적으로 또는 육체적으로 무능화시키는 진정제, 마취제, 기타 취하게 하는 약물을 복용시키거나, 누군가가 복용시켰다는 것을 아는 경우.
(e) 피해자가 정신적으로 결함이 있으며 가해자가 그것을 알고 있거나 알고 있을만한 상당한 이유가 있는 경우.
(f) 피해자가 신체적으로 무능력한 경우.

출처: Folrida Statutes(2009), § 794.011(4).

에 기여한다. 다시 말해서 만약 이러한 조건에 부합된다면, 판사는 양형 기준표에 따라서 가능한 수준까지 처벌을 끌어 올릴 수 있다.

배우자 강간 Spousal Rape

관습법적 관점 하에서 아내는 법적으로 결혼 상태에서 남편을 강간으로 고소할 수 없다. 여기에는 다음과 같은 가정이 깔려 있다. 즉 결혼서약이라는 것은 요구에 따라서 독점적으로 성적 서비스를 제공하도록 하는 철회할 수 없는 계약(계약상의 합의)이라는 것이다. 결혼식은 여성을 아버지의 소유에서 남편의 소유로 공식적으로 양도하는 표식이다. 처녀성에 대해서 프리미엄을 부여하는 관행, 신부의 혼인 지참금 제도, 처녀 때 이름을 버리고 남편의 성을 따르는 전통 등은 남자가 사고 거래할 수 있는 상품이라는 여성의 이미지를 강화시킨다. 이러한 태도는 "남편은 자신의 '재산'을 자기가 적절하다고 생각하는 방식대로 자유롭게 처리할 수 있다"는 관념을 지속시킨다(Ryan, 1995).

법률적 장벽에도 불구하고, 일각에서는 일부 비양심적인 남편들이 자신의 배우자에게 원치 않는 성적 행위를 강요한다는 것을 인식하기 시작했다. 결혼한 부부 10쌍 중에서 최소한 1쌍에게서 강요된 성적 행위가 발생한다는 것은 놀라운 일이 아니다(Finkelhor & Yllo, 1983; Russel, 1982). 2008년 NCVS 자료에 따르면(Rand, 2009: 5), 여성에 대한 강간과 성폭행의 18%는 친밀한 사람(현재 또는 과거의 배우자나 의미있는 타자)이 저지른 것이었다. 친구나 지인이 저지른 비율은 42%였다. Ferro 등(2008: 765)의 설명에 따르면, "강간범은 어두운 골목길이나 수풀 뒤에 숨어서 피해자를 기다리는 낯선 사람이 아니며, 오히려 강간 사건의 대부분은 강간이 발생하기 이전부터 관계를 유지해 온 사람들 사이에서 발생한다."

일반적으로 남편의 성폭행은 전혀 모르는 사람의 공격만큼 심각하지 않다고 생각한다(Ferro, Cernele, & Saltzman, 2008; Frese, Moya, & Megias, 2004). 그러나 Yllo(1990: 1060)는 다음과 같이 기술하였다. "당신이 낯선 사람에게 강간을 당한다면 당신은 무서운 기억을 안고 살아가지만, 당신이 남편에게 강간을 당한다면 당신은 강간범과 함께 살아간다."

앞서 언급했듯이 배우자 면제라는 관습적 해석에 따르면, 남편은 자신의 아내에 대한 강간범이 될 수 없다. 이러한 사고방식에 따르면, 남편은 **절대적인 면제권**을 누리게 되고 어떠한 상황에서도 배우자 강간으로 기소되지 않는다. 배우자 강간이 존재하며 피해자에게 깊은 상처를 줄 수 있다는 인식이 증가함에도 불구하고, 많은 주에서는 그러한 인식을 법에 반영하는데 있어서 소극적이었다. 부부가 별거중이거나 이혼 소송 중이거나 혼인 무효 절차를 밟고 있는 경우에만 기소를 허락하였다. 이는 소위 말하는 **부분적인 면제권**을 부여한 것이다. 이러한 변화가 진일보한 것으로 보일 수 있지만, 그것은 제한적이다. 강간 관련 법률의 개정에 대한 전국적인 여론조사에서는 "배우자의 전통적인 면제권을 없애는 대신에 유죄 판결시 비교적 소액의 벌금을 부과함으로써 이러한 변화를 상쇄시켰다"고 경고하였다(Berger, Searles, & Neuman, 1988: 342). 따라서 일견 의미 있는 성과처럼 보이지만 실상은 매우 작은 양보에 불과하다.

데이트강간과 지인강간 Date or Acquaintance Rape

대표적인 연구주제로 등장하는 또 다른 형태의 성폭행은 데이트강간과 지인강간이다. 이 범죄는 강간에 대한 고정관념과 들어맞지 않기 때문에 관심을 끌었다. 대다수의 사람들은 성폭행이 서로 알지 못하는 사이에서 발생한다고 생각한다. 가해자가 희생자에게 몰래 접근하였거나 우연히 피해자가 된 사람을 난폭하게 공격하였다고 생각한다. 그러나 데이트강간은 이러한 편의적인 틀에 맞지 않는다. 오히려 피해자와 가해자는 서로 아는 사이이며, 공격행동이 있기 전까지 우호적이며 비경쟁적인 상호작용을 한다. 많은 연구에서는 비록 물리적인 폭력이나 위협이 없을지라도, 피해자가 원치 않는 성관계를 받아들이도록 하거나, 술에 취한 상태에서 받아들이도록 하거나, 거부하면 죄의식을 느끼도록 하거나, 거짓 약속(예를 들어 결혼)으로 받아들이도록 하는 것도 성폭력의 범주에 포함하고 있다. 일부 사람들은 데이트강간과 지인강간의 경우 낯선 사이가 아니고 물리적인 폭력이 없기 때문에 일정 부분 동의가 있었다고 믿는 경향이 있으며 따라서 강간의 범주에 포함시키는 것을 반대한다.

성폭행에 대한 처벌 PUNISHING SEXUAL BATTERY

과거에 일부 배심원들이 피고인을 강간죄나 성폭행죄로 유죄선고하기 꺼렸던 이유는 크게 두 가지 때문이다. 첫째, 성교의 물리적 증거가 존재하지만 배심원들은 동의 여부라는 쟁점과 씨름해야 하기 때문이다. 때때로 사건들은 "그가 ○○라고 말했다/그녀가 ○○라고 말했다"라는 식의 진술로 귀착되어 버린다. 둘째, 어떤 경우에는 피고인에 대한 사형 분위기가 형성되기도 한다. 따라서 배심원들은 그러한 처벌의 결말을 생각하여 증거가 명백하지 않을 경우에는 유죄 선언을 망설이게 된다.

연방대법원은 Georgia주와 Furman사건(1972)에서 사형제도에 대하여 일격을 가하였다. 위헌판결을 내린 이유는 사형이 잔혹하고 자의적이며 일정치 않는 방식으로 집행되기 때문이었다. 주 의회에서는 즉각적으로 사형관련 법률의 개정에 착수하였다. 1976년에 연방대법원은 그러한 개정 노력이 헌법상의 검열을 통과했다고 판결했다(Georgia주와 Gregg사건). 그러나 성폭행에 관계된 많은 쟁점은 여전히 미해결 상태이다. 따라서 이에 관련된 대법원의 판결 두 개를 살펴볼 필요가 있다.

Georgia주와 Coker사건(1977) Coker v. Georgia (1977)

일부 소수의 주와 마찬가지로 조지아주는 강간죄의 경우 심각한 상황에만 사형을 허용하였다. Coker의 경우 살인, 강간, 유괴 및 심각한 폭행 등으로 교도소에 복역하던 중 탈옥하였다. 탈옥 중 그는 주거침입 강도죄, 칼로 연인을 위협한 강도죄, 여성피해자에 대한 성폭행 및 납치죄, 자동차 절도죄 등을 저질렀다. 과거 범죄경력과 탈옥 중 다수의 중죄로 인하여 배심원들은 사형 평결을 내렸다.

Coker는 처벌이 범죄에 비례하지 않는다는 이유로 상고하였다. Coker의 변호인들은 생명을 해치지 않은 범죄에 사형이 적절한지 의문을 제기하였다. 사법부는 5대 4의 결정으로 Coker의 손을 들어 주었으며, 다음과 같이 판시하였다.

> 우리 앞에 성인 여성에 대한 강간에 관한 문제제기가 있다. 우리는 강간범죄에 대한 사형은 매우 부적절한 과잉 처벌이며, 수정헌법 8조에 따라서 잔인하고 이상한(과도한) 처벌이므로 금지해야 한다고 결정하였다.

Louisiana주와 Kennedy사건(2008) Kennedy v. Louisiana (2008)

법원은 피해자가 아동인 성폭행 사건의 경우 사형의 적절성 문제에 다시 접하게 되었다. Coker 사건의 결정에 있어서 성인 피해자라는 것을 구체적으로 지적했기 때문에 많은 관측통들은 법원이 아동 강간사건에 대한 사형은 유보해 둔 것이라고 생각하였다. 루이지애나주의 법은 성인이 12세 미만의 아동과 강제적으로 성교를 하는 것을 아동강간으로 규정하였다. 게다가 루이지애나는 아동강간을 사형에 처할 만한 요건을 갖추고 있다고 여기는 사형범죄로 처벌하고 있었다.

Kennedy 사건은 피고인이 8세인 양녀를 성폭행한 상황이다. 피해자는 성폭행으로 인하여 수차례 내상을 입었으며 즉각적인 응급 수술이 필요했다. 주치의는 자신이 지난 4년 동안 접한 성폭행 사건 중에서 가장 잔인한 성폭행이라고 진술했다. "이 범죄는 피해자에게 가해진 고통과 공포를 충분히 파악하여 사회에 혐오감을 전달하는데 있어서 어떠한 방법으로도 지면을 통해서 다시 표현 할 수 없는 범죄이다. 따라서 사회를 대표하는 배심원단은 청구인에게 사형을 부과하여 그것을 표현하고 싶다"는 평결문을 재판부도 주목하였다.

그러나 사건을 둘러싼 혐오 분위기에도 불구하고, 법원은 Coker사례가 성인 피해자에게만 적용되며 아동강간의 경우에는 사형을 부과할 수 있다는 배심원의 제안을 기각했다. 법원의 기각 논리는 "살인을 수반하지 않은 범죄에 사형을 끌어들이는 것은 막아야 한다는 것이 진화하고 있는 적절한 사형 기준이다"는 것이었다. 판결 이유를 통해서 설명했듯이, "사형에 대한 의존은 가장 극악한 범죄를 위해 유보해야 하며 그 적용도 제한적이어야 한다"고 했다. 결과적으로 사형은 무효가 되었으며, Kennedy는 종신형을 다시 선고받았다.

이러한 5대 4 결정은 예상대로 광범위한 반발을 불러 있으켰다. 사형 반대론자들은 그러한 판결 논리를 논리적 한계로 보았다. 반면에 비판론자들은 그 판결을 매우 경멸하였다. 한 저술자가 다음과 같이 기술하였다.

> 한 남자가 세 살짜리 소녀를 강간하면서 장기간에 걸쳐 아무리 많은 신체적 손상을 입혀도, 며칠이든 몇 시간이든 고문을 가해도, 흐느끼는 고통을 즐기고 필사적인 생리적 욕구에 냉담하게 무관심해도, 소녀가 아는 모든 것으로부터 몰래 빼내와서 어두운 굴 속에 발가벗긴 채 굶주리게 하며 공포에 떨게 해도, 다수의 피해자에게 짐승처럼 잔인한 짓을 하든, 공포에 질린 한 피해자에게 그런 잔인한 짓을 자주 반복하든, 그 여자가 그 고통을 견디고 살아있는 한, 그 남자는 헌법상의 권리를 누리며 처벌로 인해서 자신에게 죽음이 찾아 올 것이라는 위협을 느끼지 않고 타고난 수명을 누리고 살아갈 것이다(Hurd, 2008: 351).

강간의 실태 MEASURING THE EXTENT OF RAPE

2장에서 배웠듯이 범죄의 특성, 정도, 분포에 관한 추정은 정보의 출처에 따라서 상당한 차이가 있다. 강간과 성폭행 역시 예외가 아니다. 강간(forcible rape)과 성폭행(sexual battery) 발생에 관한 자료를 수집하는 대표적인 장치는 Uniform Crime Report(UCR)와 National Crime Victimization Survey(NCVS)이다. UCR과 NCVS 뿐만 아니라 다른 데이터베이스로부터의 정보는 다음과 같다.

UCR 정보 UCR Information

UCR은 강간(forcible rape)을 "강제적으로 여성의 의사에 반하여 이루어지는 성교"라고 정의한다(FBI. 2009). 따라서 여타 성범죄는 포함되지 않는다. 이 정의에 따르면, 2008년에 경찰에 인지된 강간범죄는 89,000건이라고 UCR은 발표하였다. 이를 범죄율로 환산하면 여성 인구 10만명당 약 58건이다.

NCVS 정보 NCVS Information

1960년대와 70년대에 여성운동이 출현하면서 공식적인 강간통계가 너무 적고 매우 부정확하다는 비난을 받게 된다. 이러한 주장은 초기 피해조사로부터 상당한 지지를 얻었다. 1967년 대통령 특별위원회의 요청으로 실시된 NORC(National Opinion Research Center)의 피해조사는 경찰발표보다 거의 네 배 이상 많은 강간이 보고되었다고 폭로하였다. 1세대 피해조사의 방법론상 문제점에도 불구하고, 공식통계의 과소보고라는 이슈는 공식통계의 신뢰도와 타당도에 대한 회의론에 불을 지폈다.

정교화 과정을 충분히 거치고 나서야 NCVS는 범죄 피해에 관한 공인된 정보가 되었다. 2장에서 알 수 있었듯이, 재설계된 NCVS는 성폭행을 포함한 여러 가지 범죄의 양상을 정확하게 측정할 수 있도록 스크린 질문을 수정하였다. 일반적인 질문을 통해서 성폭행을 단순하게 조사하기 보다는 구체적으로 강간, 강간시도(미수), 다른 형태의 성폭행 등으로 구분하여 질문하였다(Bachman & Saltzman, 1995). 따라서 새로운 조사가 과거조사보다 더 많은 강간과 성폭행을 실질적으로 밝혀 줄 것으로 기대하였다(Kindermann, Lynch, & Cantor, 1997).

기대했던 대로 새롭게 설계된 조사 결과에서는 성폭행이 증가한 것으로 나타났다. 1990년 NCVS에 따르면, 미국에서 강간미수는 67,430건이고 강간은 62,830건이 발생하였다. 이 수치는 1994년에 강간미수 148,610건, 강간 167,550건으로 뛰어 올랐고, 둘을 합하면 대략 243% 증가하였다(Bureau of Justice Statistics, 1997; 6). 이를 범죄율로 환산하면, 1994년에 강간과 성폭행 피해를 합한 수치는 12세 이상 인구 10 만 명당 200건으로 1990년의 약 60건과 대비된다. 그러나 보다 최근 통계수치에 따르면, 강간과 성폭행 피해는 극적으로 감소하고 있다. 2008년 NCVS에 강간과 성폭행은 203,830건으로 기록되어 있으며, 이를 범죄율로 환산하면 인구 10 만 명당 80건이다.

표 8-3은 NCVS에 나타난 강간사건 특성의 일부를 보여주고 있다. 자료에 따르면, 2008년에

표 8-3 강간 및 성폭행 피해자의 특징(2008년 NCVS)

피해자 연령 (1,000명당 비율)			
12~15세	1.6	35~49	0.8
16~19세	2.2	50~64	0.2
20~24세	2.1	65세 이상	0.2
25~34세	0.7		

피해자 인종 (1,000명당 비율)	
백인	0.6
흑인	1.9
기타	0.9
둘 또는 그 이상의 인종	1.9

가해자 피해자 관계별 분포(여성피해사건)		
낯설지 않는 사람	102,950명	63%
친밀한 동료	29,060명	18%
기타 친척	5,220명	3%
친구/지인	68,680명	42%
낯선 사람	52,890명	32%
모름	8,390명	5%
힙계	164,240명	100%

출처: Rand, M. R. (2009). Criminal Victimization, 2008. Washington, DC: Bureau of Justice Statistics.

강간(미수 포함)과 성폭행은 164,000건 이상으로 나타났다. 젊은 여자일수록 강간을 당할 가능성이 높고, 흑인은 백인보다 피해경험이 3배 이상 높았다. 낯선 사람이 아닌 사람으로부터의 강간(데이트강간, 지인강간 및 기타 친척을 포함)이 63%인 것으로 나타났다.

UCR과 NCVS의 시계열 비교 COMPARING THE UCR WITH THE NCVS OVER TIME

경찰기록을 통한 피해율과 피해조사를 통한 피해율의 유사점과 차이점을 설명하는 방법 중의 하나는 이들 자료를 시계열적으로 고찰하는 것이다. 만약 이들 두 자료가 같은 요인의 영향을 받는다면 결과도 비슷하게 움직일 것이다. 영향을 미치는 요인이 다르다면 서로 다른 추세를 고찰해야 한다. 첫 번째 요인은 1992년에 재설계된 NCVS의 실행으로 인하여 응답자가 보고한 강간 수치가 인위적으로 증가했다는 것이다. 따라서 연구자들은 1973년부터 1991년 자료를 이후 자료와 조화를 이루도록 조정하여 왔다(Kindermand et al., 1977; Rand, Lynch, & Cantor, 1977). 두 번째 요인은 2006년 NCVS에 도입된 몇 가지 기술적 변화이다. 따라서 2006년의 수치는 발표되지 않았다. 그림 8-1은 이러한 사항을 고려하여 1973년부터 2008년까지 UCR과 NCVS의 강간피해율을 보여주고 있다.

UCR의 강간범죄율은 1976년부터 1992년까지 비교적 꾸준히 상승하는 추세이다. 반면에 강간피해율은 조사 재설계로 인한 갑작스런 증가를 고려해도 전반적으로 감소하는 추세를 보인다. 즉 1976년부터 1991년 자료와 1992년부터 2008년 자료 모두 하락하는 양상

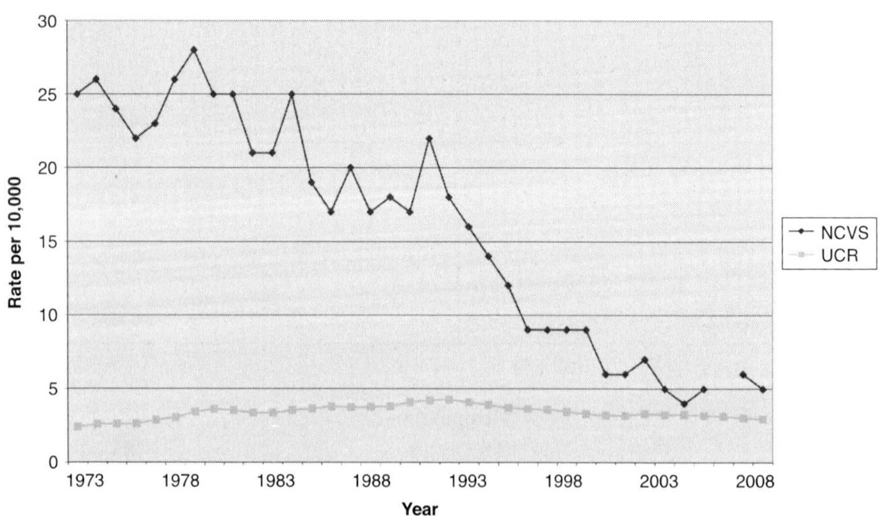

그림 8-1 NCVS와 UCR의 강간범죄율(1973~2008)

출처: No Author(2010). National Crime Victimization Survey Crime trends, 1973-2008. DC: Bureau of Justice Statistics.

을 보이며, 후자의 경우에 더 두드러진다. UCR 자료의 양상은 완만한 반면에 NCVS 자료는 급격한 변화를 보여준다.

경찰기록과 피해조사의 유사점과 차이점을 설명하는 다음 절차는 양 자료에 체계적인 영향을 미치는 요인을 탐색하는 것이다. 추세의 차이를 생생하게 설명하는 유익한 방법은 NCVS와 UCR의 차이를 범죄암수라는 측면에서 생각해 보는 것이다. 이와 관련하여 시기에 따른 변화를 설명하는 것이 우선 필요하다. 첫째, 전통적인 성역할 태도의 변화로 인하여 강간과 관련된 과거의 금기가 약화되었다고 볼 수 있다. 즉 자유주의적 사고가 강간과 관련된 신고의 증가에 길을 닦았다고 할 수 있다. 이러한 주장에 깔려 있는 것은 성역할 태도에 변화가 있기 전까지 여성들은 '전통적인 강간의 모양'에서 벗어난 사건을 신고하길 꺼렸다는 것이다. 예컨대 가해자가 흉기를 휘둘렀거나 완전히 낯선 사람이거나 폭력을 행사했을 경우에 피해자들은 상대적으로 신고하기 쉽다. 반면에 아는 사람이었거나 친척이거나 함께 술을 마신 사건에 대해서는 신고하기 꺼린다(Fisher et al., 2003a).

이러한 설명이 맞는지를 알아보기 위해 Orcutt와 Faison(1988)은 1973년부터 1985년까지 태도동향과 피해신고를 분석하였다. 그 결과 여성 행동에 대해서 관대하고 평등하게 인식하는 정도는 낯선 사람이 아닌 사람과 연루된 강간사건을 경찰에 신고하는 정도에 크게 영향을 미치는 것으로 나타났다. 이러한 결과를 바탕으로 Orcutt와 Faison(1988)는 사회적 관습의 변화가 작용하여 경찰에 알려진 강간이 증가했다고 주장했다. 다른 연구자들도 이러한 견해를 경험적으로 지지하였다(Bachman, 1993, 1995; Baumer, Felson, & Messner, 2003).

둘째, 성역할 태도의 변화라는 견해가 상당한 호소력을 가졌지만 또 다른 견해도 상당한 관심을 끌었다. 즉 범죄학자들은 경찰 내부의 조직 변화가 범죄통계의 양적 질적 변화에 영향을 미칠 수 있다는 것을 알고 있다. 이와 관련하여 Jensen과 Karpos(1993)는 법집행기관 종사자 중 여성의 증가는 피해자와 경찰의 상호작용에 질적인 변화를 일으킨다고 주장하였다. 그리고 이러한 변화는 통계기록의 실무에도 영향을 미친다. 다시 말해서 경찰관계자가 여성일 경우에는 성폭력 피해자에 대한 감수성이 더 높아진다. 여성 관계자들은 피해자가 필요로 하는 것을 파악하는데 보다 유리하다. 보다 수용적인 자세, 전문적인 조사부서와의 연결 및 성폭력 위기센터와의 연계 등은 시민들의 신고 증가와 경찰기록의 향상을 촉진하였다.

셋째, UCR과 NCVS의 1992년 이전 차이는 피해조사에 직접적으로 강간을 다루는 질문이 포함되지 않았다는 점에서 기인 할 수 있다(Bachman & Taylor, 1994; Eigenberg, 1990). 강간피해에 대한 응답을 이끌어내는 스크린 질문이 애매모호하고 우회적이었다. 조사 실행자가 미묘하고 민감한 부분으로 생각했기 때문일 것이다. 재설계된 NCVS에서는 강간, 강간미수 그리고 기타 성폭행을 묻는 스크린 질문을 사용함으로써 이러한 결함을 보완하였으며, 그 다음에 특정 사건에 대한 추가질문을 실시하였다. 새로운 방식을 적용한 결과 과거에 비해서 157% 증가하였다(Kindermann et al., 1997). 따라서 재설계 이후의 자료는 UCR 자료의 패턴을 비추어보는 좋은 기회를 제공하였다. 그러나 연구자들은 여성폭력을 정확하게 측정하기에 앞서 타당도와 신뢰도 측면에서 질문 배열을 철저하게 분류해 보아야 한다(Fisher et al., 2003b; Gelles, 2000; Gordon, 2000; Schwartz, 2000).

최근 조사 More Recent Efforts

이상과 같은 문제와 여타 쟁점으로 인하여 성폭력에 대한 보다 포괄적인 이해가 필요하였으며, 그에 따라 전국적인 표본을 활용한 두 가지 조사가 이루어졌다. 첫 번째 조사연구는 여대생으로부터 정확한 정보를 확보하기 위해서 실시되었으며, 두 번째 조사연구는 미국의 일반 여성에게 초점을 맞추어 실시되었다. 이들 조사 결과는 많은 쟁점을 이해하는데 도움이 된다. 사실 여대생조사는 "지난 10년간 실시된 조사 중에서 여대생 성적 피해의 질적 양적 측면에 관한 가장 체계적인 분석"이라는 찬사를 들었다(Fisher, Cullen, & Turner, 2000: 3). 끝으로 미국 사관학교의 성폭력 문제를 고찰할 것이다.

여대생 성적 피해 연구

앞 절에서 강조한 한계점을 인정하면서 Fisher와 동료들은 1996년 가을에 4,500명의 여대생 표본을 구성하였다. 미국 여대생의 성적 피해(National College Women Sexual Victimization, NCWSV)라고 불리는 이 조사에서는 스크린 질문과 사건관련 질문으로 구성된 NCVS의 이 단계 접근방식을 차용하였다. 그러나 연구자들은 더 많은 구체적인 스크린 질문을 추가하였다. 그리고 질문에서는 법률적 용어를 사용하지 않고 불법적인 행동을 기술한 표현을 이용하였다. 다시 말해서 응답자에게 강간을 당한 적이 있냐고 묻는 것이 아니라 조사하고자 하는 행동을 정확하게 기술한 질문을 이용하였다. 이러한 접근방식의 의도는 발생할 수 있는 오해를 피하고 응답자가 최대한 정확하게 대답할 수 있도록 하기 위한 것이다. 또한 불법행위의 시도, 폭력을 수반하거나 수반하지 않는 위협, 성폭행, 스토킹 및 기타 성적 강요 등에 관하여 정확한 자료를 수집하기 위한 것이다.

조사 결과 매년 약 5%의 여대생이 강간 또는 강간미수를 당하고 있는 것으로 추정되었다. 대학생 대다수가 학사과정을 마치는데 5년 정도 소요된다는 점을 고려하면 실제 위험은 20~25%에 이른다. NCWSV의 통계치를 다른 각도에서 보면 이해하는데 도움이 된다. 즉 어떤 대학에 1만 명의 여대생이 재학 중이라면, 매일 한 건의 성폭행이 발생하는 셈이다. 여기에는 성희롱, 음란전화, 성적 강요, 관음증 등과 같이 원치 않는 형태의 성적 강요

행위는 포함되지 않았다. 간단히 말해서 이러한 수치는 지식을 탐구하는 합리적인 곳이라고 많은 사람들이 순진하게 믿고 있는 캠퍼스의 실상을 적나라하게 보여주고 있다.

여성폭력조사

미국사법연구소(National Institute of Justice)와 질병통제 및 예방센터(Centers for Disease Control and Prevention)는 여성폭력조사(National Violence Against Women Survey, NVAW)를 후원하였으며, Tjaden과 Thoennes(2000)의 주도하에 남녀 각각 8,000명을 대상으로 1995년 11월부터 1996년 5월까지 실시되었다. 조사 목표는 여성폭력의 피해자수, 피해건수, 피해결과 등에 관한 자료를 제시하는 것이다.

'여대생의 성적 피해 조사'와 마찬가지로 피해에 관한 상세한 정보를 얻기 위하여 다중행동 질문에 의존하였다. 그 결과 여성의 17.6%와 남성의 3%가 생애기간 동안 최소 한번은 강간(미수포함)을 당한 것으로 나타났다. 다시 말해서 미국 여성 6명 중 1명과 미국 남성 33명 중 1명은 강간(미수포함) 피해자인 것이다(Tjaden & Thoennes, 2000: 13).

연구자들은 강간의 발생 정도(피해건수)와 강간의 확산 정도(피해자수)의 차이를 파악하였다. NVAW 자료에 따르면, 여성의 강간 피해건수는 총 876,064건이고 남성의 강간 피해건수는 총 111,298건으로 추정된다. 1994년 NCVS 통계수치에 따르면, 여성 피해건수는 432,100건이고 남성 피해건수는 32,900건 정도이다. NVAW 자료에 의하면, 여성 피해자는 302,000명 정도이고 남성 피해자는 93,000명 정도이다. 따라서 상당수의 피해자가 2회 이상의 피해를 당한 것을 알 수 있다. 게다가 강간 피해의 일정 부분은 친밀한 사람에 의해서 발생한 것으로 드러났다(여성 피해의 7.7%, 남성 피해의 0.3%). 이러한 사실과 육체적 공격과 스토킹에 대한 추가 정보에 의하면, 여성에 대한 폭력이 미국의 주요한 사회문제인 것은 확실하다.

사관학교의 성적 피해

전통적으로 미국의 군대는 남성 전유물이다. 여성들도 오랫동안 군복무를 했지만 비서요원이나 병원 간호사와 같은 전통적인 역할에 배치되었다. 여성에 대한 문호가 넓어졌지만, 여성이 전투병과에 들어가는 것은 여전히 제한적이고 고도로 위험한 병과에는 배치되지 않으며, 별도의 신체적 자격 기준을 유지하고 있다.

사관학교는 두 가지 역할을 하고 있다. 즉 미래의 군사지도자 양성이라는 임무와 더불어 생도들에게 대학교육을 실시하고 있다. 다시 말해서 사관학교는 고등교육기관이다. 사관학교가 여학생 입학을 허용한 것은 1970년대 중반 이후이다. 하지만 양성 통합 교육은 지항에 직면하게 되는데, 예를 들어 졸업반이 모두 남성이던 마지막 공군사관생도들은

"LCWB" 또는 "Last Class Without Broads(계집애 없는 마지막 동기생)"라는 완곡한 표현이 찍힌 티셔츠나 옷을 자랑스럽게 여겼다(Fowler, 2003: 59). 여타 관행 역시 여자 생도에게 적대적인 분위기를 조성하는데 일조했다. 2002년 공군사관학교에서 실시된 여론조사 결과에 따르면, 남자 생도의 1/4 이상이 사관학교 캠퍼스는 여성의 공간이 아니라고 생각하는 것으로 나타났다. 실제로 여자 생도들은 밤에 혼자 있을 때 불안감을 느낀다고 표현하였다(Fowler, 2003: 59). 밤에 잠잘 때 숙소 문을 잠그지 않는 관행이 이러한 두려움을 부채질한다.

이러한 배경에서 대학당국자들은 성폭행과 성적 괴롭힘이 문제거리라는 것을 인식하게 되었다. 1993년부터 2002년 사이에 공군사관학교에서는 성폭행에 관한 142건의 제보가 있었다. 물론 이 수치는 드러나지 않은 많은 건수에 견주어 보아야 한다. 2003년에 수행된 한 조사결과에 따르면, 성적으로 공격을 당한 적이 있다고 응답한 여자 생도의 80%가 사건을 신고하지 않았다(Fwler, 2003: 1). 여자 생도 5명 중 1명은 사관학교에 있는 동안 성폭행을 당했다고 말했다. 1996년 조사결과에 의하면, 나머지 4명도 성적 괴롭힘을 당했다(Fowler, 2003: 16).

Fowler이 보고서를 통하여 몇 가지 건의사항을 제시하였고, 그에 따라 미국 의회는 미국의 모든 사관학교에 대하여 확대 조사가 필요할 만큼 그 문제가 심각하다고 생각하게 되었다. 그 결과 태스크포스를 구성하였다. 태스크포스의 책무는 다음과 같은 간단한 질문으로 요약할 수 있다. 사관학교가 최상의 학생들만을 선발하고 있는데, "그런데 왜? 질적으로 우수한 젊은이들로 이루어져 있고 높은 기준의 훈육을 받고 있음에도 불구하고 여전히 성적 괴롭힘과 성폭행이 발생하고 있는가?"라는 문제를 제기하였다(Howeing & Rumburg, 2005: 8).

태스크포스는 무엇보다도 사관학교 캠퍼스에 성적으로 학대하는 풍토가 존재하고 있음을 발견하였다. 태스크포스는 사관학교의 문화를 직접적으로 지목하였다. 이러한 환경을 타파하기 위하여 사관학교에서 여성을 멸시하는 사회적 제도적 관행을 제거해야 한다(Houser, 2007; Suris & Lind, 2008). 다양한 개혁이 현재 실행되고 있지만, 한 가지 중요한 포인트는 여기에 있다. 즉 사관학교에서의 성폭력은 NCWSV와 NVAW의 조사에서 배제되었지만 성폭력을 당할 가능성이 높은 같은 연령층에서 발생하고 있다는 것이다.

주의할 점 A Word of Caution

그러나 이상의 정보를 평가하는데 있어서 유념해야 할 몇 가지 쟁점이 있다. 첫째, 조사에서 나타난 수치들은 생애 동안의 피해 건수나 14세 경 이후의 피해에 대한 조사 결과이므로 부풀려진 것이다. 따라서 지난 1년 동안의 자료인 공식통계나 NCVS 자료에 비해서 높게 나타난다.

둘째, 데이트강간 등에서 자주 볼 수 있는 행동 즉 성적 강요에 해당되는 행위가 더 많이 반영된다. 예를 들어 성폭행을 규정하는데 있어서, 성관계를 종용하거나 결혼을 약속하거나 성관계를 거부하면 죄의식을 느끼게 하는 등의 행위와 물리적인 힘으로 위협하거나 물리적인 힘을 직접 사용하는 행위를 똑같이 취급한다. 강요하는 행위지만 행위에 따른 피해의 정도와 가능성은 확실히 다르다.

셋째, 데이트강간 연구의 대부분은 대학생을 조사 대상으로 한다. 게다가 심리학이나 형사사법관련 수강생으로 한정되는 경우가 많다. 이러한 편의적인 표본은 사회를 대표하는 표본이 되지도 못할 뿐만 아니라 18세에서 22세 연령층의 인구를 대표하지도 못한다.

넷째, 질문의 구성이나 형태 및 용어가 응답을 만들어 내는 것을 조장한다는 증거도 약간 존재한다. 예를 들어 Fisher(2009)는 NCWSV와 NVACW의 조사 방식을 비교 검토한 후, 구체적인 행동을 포함하는 질문에 의존하면 응답자에게 더 많은 단서를 제공하게 되어 질문이 의도하는 바를 이해하는데 도움이 된다고 결론지었다. 법적 정의를 탈피하여 구체적인 사례와 표현을 제공함으로써 의미를 정확하게 활용할 수 있고, 많은 응답자들을 혼란스럽게 하지 않으며(Thoresen & Overlein, 2009), 성폭력의 구성요소를 파악하게 하여 강간사건을 정확하게 인식할 수 있게 한다(Fisher et al., 2003b).

다섯째, 면접방법에 따라서 입수되는 자료의 질과 형태가 달라질 수 있다. 면접자에 대한 사전훈련(성폭력 및 면접방법 교육), 면접자의 신분(전문가, 초보자, 대학생, 피해경험자, 피해자지원활동자), 면접 수행 방법(래포 형성, 청취 능력, 개방형 질문과 폐쇄형 질문) 등에 따라서 응답율과 설문완성율이 달라질 수 있다(Campbell et al., 2009). 사실 일부 연구자들은 의도적으로 **페미니스트 면접방식**(*Feminist Interviewing*)을 사용하기도 한다. 페미니스트 면접전략은 면접자가 응답자에게 감정이입을 통하여 공감하고, 응답자가 던지는 사적인 질문에 대답해 주고, 응답자의 감정을 타당하게 여기고, 안심할 수 있게 해 주고, 적극적으로 이야기를 들어줌으로써 면접자와 응답자간의 사회적 지위 격차를 줄이고자 하는 노력이다(Campbell, et al., 2010).

끝으로 특정 견해에 치우친 연구자들의 해석을 맹목적으로 수용해서는 안 된다. Gilbert(1993)는 데이트강간에 대한 조사연구 결과를 검토한 후, 한 연구에서는 연구자가 피해자로 분류했지만 그 응답자의 3/4이 자신은 피해자라고 생각하지 않았다는 점을 지적하였다. 또한 일부 강간 질문에서는 행위의 합의여부(매우 중요한 판단 기준임)가 불분명했다고 지적했다. 그와 같이 의문스러운 억측에 의존하여 얻은 피해율로 인하여 공식적인 자료는 무시당하게 되고 심지어는 성폭력 관련 단체의 실제 경험마저도 거짓이 되어 버린다(Gilbert, 1993). 우리가 공식적인 자료를 통해서 느끼는 것 이상으로 강간과 성폭행 문제가 심각한 것은 확실하다. 그렇지만 동시에 특정 견해에 치우진 자료는 문제를 측정하는데 있어서 무분별한 억측을 만들어냄으로써 문제를 바라보는 스펙트럼의 또 다른 극단의 오류를 범할 수 있다. 현 상태에서 신중하게 결론을 내리자면, 강간은 UCR과 NCVS가 보여주는 것 보다는 더 크고 광범위한 문제라는 것이다.

성폭행 이론 THEORIES OF SEXUAL BATTERY

성폭행의 발생을 이해하려면 그 행동의 원인을 파악해야 한다. 다른 비정상적 행동과 마찬가지로 성폭행의 정확한 원인에 대해서는 합의가 존재하지 않으며, 다양한 형태의 설명이 제시되어 왔다. 다음에 제시되는 내용은 가해자의 병리학적 측면과 생리학적 측면에 근거한 설명과 사회발달에 근거한 설명인데, 후자는 성폭행에 관련된 여성운동의 성장과 공중의 관심 증대에 도움을 주었다.

개인적 이론 Intraindividual Theories

대부분의 초기 설명은 강간과 성폭력을 가해자의 정신적 불균형이나 정신병질에서 유래한 것으로 묘사하였다. 가해자는 자신의 행동을 충분히 제어하는데 실패한 정신적 장애자나 부적응자로 간주되었다. 성폭행은 억압된 욕구나 여성에게 지배당한 과거 경험이나 자신의 통제범위 밖에 있는 요인에 따른 반응이다(Brownmiller, 1975; Lottes, 1988; Scully, 1990).

이러한 설명은 강간을 사회적 탈선으로 묘사하였기 때문에 빠르게 수용되었다. 그러한 행동을 소수 미치광이들 탓으로 돌리게 된다. 이러한 관점은 관심의 초점을 사회와 피해자로부터 빗나가게 하는데 유리하다. 그러한 소수의 미치광이들은 본질적으로 자신의 범행에 대해서 책임이 없다.

생리학적 설명 역시 강간의 원인을 범죄자 내부에서 찾는다. 생리학적 관점에 따르면, 통제할 수 없는 성적 욕구와 적절한 파트너의 부재가 결합되어 강간을 하게 된다는 것이다(Lottes, 1988). Ellis(1989)에 따르면, 강간은 사회에 널리 퍼져있는 자연 선택 과정의 결과이다. 여성이 임신한 기간 동안 남성은 대체 대상과의 주기적인 성교를 필요로 한다고 주장하는 진화론적 접근방식이다. 이 이론에 따르면, 여자가 임신을 통해 종에 기여하는 동안, 남자는 하나 이상의 파트너와 여러 성교를 통해 종에 기여한다는 것이다. 결국 이 모델에서는 강간이 남자의 독특한 생리적 욕구의 산물이라고 주장한다.

사회문화적 설명 Sociocultural Explanations

사회문화적 설명은 성폭행에 대한 실용적인 설명으로 명성을 얻고 있다. 사회문화적 설명은 전통적인 성 역할에 초점을 맞추는 페미니스트적 설명으로 불린다.

Brownmiller(1975)는 역사적 측면에서 여자의 위치는 복종의 위치였다고 지적하면서 선두에 서서 페미니스트적 설명을 주장하였다. 여자는 남편이나 아버지의 소유물이었다. 즉 소유자가 마음대로 할 수 있다. 이러한 맥락에서 여성에 대한 공격은 사실상 소유자에 대한 모욕이다. 소유자 모욕에 따르는 어떠한 보상이나 응보도 피해 여성이 아닌 소유자의 손에 넘어간다. 그것은 전쟁 중에 군인들이 적군을 공포에 질리게 하고 위협하고 조롱하기 위해서 강간을 무기처럼 사용하는 것과 같은 이치이다(Brownmiller, 1975).

최근 사회문화적 설명에 따르면, 이제 더 이상 여성에 대한 공식적인 소유권이 허용되지 않는 사회에서 강간은 남성의 지배권을 확인하고 조장하는 수단이 된다. 강간은 권력의 상층부를 차지한 남성과 여성의 성적 불평등에 대한 보증 수단이다. 사회문화적 접근에서는 강간이 성적인 범죄가 아니라 오히려 권력의 범죄(여성에대한 권력과 통제를 행사할 수 있게 해주는 도구)라는 점을 강조한다.

사회문화적 설명은 학습이론에서 많은 것을 빌어 왔다. 학습이론에 따르면, 인간의 행동은 공식적 비공식적 메커니즘 속에서 모방, 모델링, 강화, 훈련 등을 통하여 학습된다. 이 관점을 지지하는 사람들은 강간을 사회 속에 존재하는 고정관념적 역할기대의 결과로 파악한다(Brownmiller, 1975; Griffin, 1971; Makepeace, 1981; Sanders, 1980; Schwendinger & Schwendinger, 1983). 남자와 여자에게 각각 '어울리는 적절한' 태도에 대한 관념은 일상 활동과 기대를 통하여 한 세대에서 다음 세대로 전승된다. 강간은 남자들이 사회에서 학습한 태도를 행사한 결과이다.

예상한대로 사회문화적 설명은 여성운동으로부터 상당한 지지를 받았다. 그것은 남성 지배 구조에 대한 명백한 도전이 되었다. 또한 강간은 잘못된 전통적 성 역할 중에서 가장 극악무도한 사례로 인식되었다. 강간을 둘러싼 사회문화적 문제점은 형사사법 시스템가 피해자를 다루는 냉담한 태도(Brownmiller, 1975; Holmstrom & Burgess, 1978)와 많은 사람들이 믿고 있는 강간에 관한 신화(Koss & Leonard, 1984; Lottes, 1988)(표 8-4 참조)를 통해서 잘 드러났다.

사회문화적 접근은 대학생들의 데이트강간이나 지인강간에 관한 논의에서도 상당히 지지를 받았다. 많은 연구자들은 동료의 지지가 성폭행에 영향을 미친다고 하였다(DeKeseredy & Kelly, 1995; Koss & Cleveland, 1997; Koss & Gaines, 1993; Martin & Hummer, 1989). 성폭행에 연관되는 동료관계 네트웍 두 가지는 남녀사교클럽과 운동경기이다(Armestrong, Hamilton, & Sweeney, 2006; Boeringer, 1999; Gage, 2008;

표 8-4 강간에 관한 신화의 사례

신화: 강간은 그리 흔하게 일어나는 일이 아니다. **진실: 성인 여성 6명 중 1명이 강간 피해자가 된다.**
신화: 남자는 강간을 당할 수 없다. **진실: 미국 내에서 해마다 대략 92,700명의 남성이 강간을 당한다.**
신화: 강간은 낯선 사람만이 저지른다. **진실: 강간 피해자의 2/3가 이전부터 가해자와 아는 사이였다고 보고한다.**
신화: 여성들이 남성들을 유혹한다. 때때로 그들이 강간을 요구한다. **진실: 어느 누구도 강간을 요구한 적이 없다.** 상대방의 복장과 행동에 상관없이 상대방의 의사에 반하여 성적 행위를 강요하는 것은 성폭행이다.
신화: 강간은 별거 아니다. **진실: 강간이나 폭행을 당한 여성 세 명 중 한 명은 의학적 치료가 필요하다.** 강간은 피해자의 정신 건강에 부정적인 영향을 미치며, 피해자는 외상에 대처하기 위하여 음주, 흡연, 마약과 같은 해로운 행동을 할 가능성이 높다.
신화: 여성은 자신의 의사에 반해서 강간당할 수 없다. 마음만 먹으면 누구나 중지 시킬 수 있다. **진실: 언제든지 강제로 성적 행위를 할 수 있고, 그것이 바로 강간이다.** 음주상태나 약물복용 상태 및 심지어는 잠든 사이에도 강간 위협을 당할 수 있다. 상황에 상관없이 상대방 의사에 반하는 성관계는 강간이다.
신화: 성적으로 공격을 당한 사람은 히스테리 반응을 보일 것이다. **진실: 성폭행으로 인하여 나타나는 반응은 일정한 방식으로 나타나지 않는다.** 성폭행 피해자는 지나치게 가라앉거나 히스테리를 부리거나 위축되거나 화를 내거나 거부하거나 충격 상태에 빠질 수 있다.
신화: 나는 강간당했던 사람을 누구도 알지 못한다. **진실: 의사, 변호사, 간호사, 군인, 요리사, 회계원 등 누구든지 피해자가 될 수 있다.** 경찰에 신고된 강간과 성폭행은 전체의 1/3 미만이다.

출처: Center for Disease Control and Prevention, National Center for Injury Prevention and Control(n.d.). The Truth about Rape. Atlanta, GA: Centers for Disease Control and Prevention.

Humphrey & Kahn, 2000; Koss & Gaines, 1993; Martin & Hummer, 1989; Minow & Einolf, 2009; Stombler, 1994). 여기에서 가해자들은 자신의 남성다움을 입증하고 신임을 받고 동료들의 지지를 얻는데 실패하게 된다. 이렇게 꼬인 동료관계로 인하여 술을 마시게 된다. 알코올은 다양한 방식으로 성폭행의 발생에 기여한다. 알코올은 억제력을 떨어뜨리고, 유혹에 견디는 능력을 방해하고, 타인의 바람과 의도에 대한 오해 가능성을 높이고, 책임감을 떨어뜨리고, 잘못된 의사소통을 유발하고, 공격성을 증가시키고, "강간에 대한 신화"를 조장할 수 있다(Abbey et al., 1996; Armstrong et al.,2006; Benson, Gohm, &

Gross, 2007; Brecklin & Ullman, 2001; Corbin et al., 2001; Davis et al., 2006; Ehrhart & Sadler, 1985; Harrington & Leitenberg, 1994; Lundberg-Love & Geffner, 1989; Martin & Hummer, 1989; Pumphrey-Gordon & Gross, 2007; Ullman, Karabatsos, & Koss, 1999). 알코올이 피해자와 가해자 모두에게 영향을 미친다는 점에 주목하여야 한다. Harrington과 Leitenberg(1994)는 피해자가 성폭행을 당할 당시에 "다소 취한" 상태였다는 응답이 55%였다는 점과 성폭행이 발생하기 전에 알코올로 인하여 피해자 스스로 "용인할 수 있는 성적 접촉"이 증가하였다는 점을 발견하였다. 대부분의 가해자들이 의식적으로 피해자에게 술을 마시게 했을 것이라고 가정하는 것이 일반적이지만, 두 당사자가 자진해서 알코올을 음용했을 가능성이 더 높고 따라서 공격의 기회가 증가했다고 볼 수 있다. 대학생활이라는 사회적 상황과 보다 넓은 맥락인 남녀 행동에 대한 사회적 기대가 결합하여 성적 공격활동 가능성이 증가한다.

유형화 작업 Typological Efforts

1장에서 논의한 바와 같이, 유형화란 관찰대상이 가지는 특성과 공통점에 따라서 조직화하고 분류하는 시도이다. 유형화의 목표는 유사한 항목을 함께 묶어서 분류함으로써 연구하는 현상을 보다 잘 이해하고자 하는 것이다. 성폭행을 보다 잘 이해하기 위해서 유형화를 시도한 몇 가지 노력이 있었다. 가해자에 대한 임상 경험을 바탕으로 Groth와 Birnbaum(1980: 21)은 다음과 같이 경고하였다.

> 강간은 복잡하고 다양한 요인의 결정체이다. 그것은 여러 가지 심리적 목표과 의도를 채워준다. 강간을 저지르는데 어떠한 욕구와 요인이 작용하든, 분노와 권력 그리고 섹슈얼리티로 구성되어 있다는 사실을 발견하였다. 우리가 경험을 통하여 발견한 사실은 강간에 있어서 지배적인 구성요소는 분노나 권력이며, 강간이 성적 욕구의 표현이라기보다는 권력과 분노를 표현하기 위해서 섹슈얼리티를 사용한다는 것이다. 또한 강간은 성적 쾌락과 성적 만족보다는 지위확인, 적대감, 통제감, 지배감과 더 많이 관련되어 있는 성적 행동으로 유사성행위이다.

Schneider(1987)는 Groth와 Birnbaum(1980)이 개발한 것을 활용하여 강간의 종류를 설명하였다. **분노강간**(*anger rape*)은 전체 성폭행의 20% 정도를 차지한다. 피해자에게 손상을 입히고 굴욕감을 주기 위해서 일부러 시도하는 행위이다. **성적 지배강간**(*sexual conquest rape*)은 전체의 50% 이상으로 피해자를 지배하고 소유하려는 욕구를 수반한다. 가해자는 엄청나게 부적절감(inadequacy)을 느끼는 사람이다. **가학성 강간**(*sadistic rape*)은 5% 미만으로 흔하지 않지만, 피해자에게 고통을 느끼게 하여 성적 만족을 얻는 형태로서 피해자에게 심각한 신체적 손상을 가하고 심지어 죽음에 이르게 한다. **갱강간**(*gang* *rape*)은 동료들에게 자신을 과시하고자 하는 욕구에서 비롯된다. 발생 건수는 전체 건수의 5~10% 정도이다. 나머지 약 20%는 **충동적 강간**(*impulsive rape*)으로 분류되는데, 어떤 명백한 범행동기 요인이 보이지 않기 때문이다.

각기 다른 유형의 성폭행 위험성을 알려주는 유형화 작업은 매우 중요한 이론적 파급효과를 가진다. 예를 들어 Ellis는 강간을 이해하기 위하여 통합된 이론적 모델을 촉진하는 다음 단계로 나아갔다. Ellis(1989)는 단일 이론으로 모든 성폭행을 설명할 수 없으므로 사회과학자들은 설명력에 차이가 있는 다양한 요인을 결합하여야 한다고 주장했다. 핵심적인 구성요소에는 동기화요인, 학습요인, 생물학적 요인, 심리학적 요인, 사회적 요인들이 포함된다. 간단히 말해서 지식의 발달에도 불구하고 피해를 유발하는 요인을 설명하는데 있어서는 아직 더 연구해야 할 부분이 많다.

성폭행의 인과관계 요약 Summary of Sexual Assualt Causation

다른 행동과 마찬가지로 성폭행도 다양한 측면을 띠고 있다. 따라서 앞서 제시한 여러 설명 중 어느 하나도 성폭행을 설명하는데 충분하지 않다. 가장 그럴듯한 설명은 다양한 요소를 통합하는 것이다. 많은 사람들이 사회문화적 관점에 우호적일지라도 심리학적 관점이나 정신병질적 관점을 쉽게 버리지는 말아야 한다. 성범죄자의 화학적 거세를 위하여 약물 사용이 이루어지고 있고, 남성호르몬 과다로 인한 성폭행을 감소시키는 수단으로 지지를 받고 있다. 그러나 이러한 기법이 광범위하게 사용되기 전에 그러한 접근방식에 대해서 더 많은 주의가 요망된다.

강간 후유증 THE AFTERMATH OF RAPE

강간에 관한 통계, 자료출처의 우월성에 대한 논쟁, 성폭행 원인에 대한 이론적 고민 등이 기여한 바가 없진 않지만, 강간 문제의 심각성을 조망하는 데는 모두 헛수고일 수 있다. 그와 같은 주제에 초점을 맞추면 피해자의 개인적 감정과 경험에 대한 통찰력을 놓치게 된다. 중요한 관심 영역은 성폭력이 피해자에게 미치는 정서적 영향이다.

성폭행을 당한 이후에 피해자는 당황스럽고 복잡한 감정과 불안감에 직면하게 된다. 가장 먼저 나타나는 반응은 격변과 혼란상태일 것이다. 대부분의 피해자들은 무엇을 해야 할지 그리고 도움을 받기 위해 누구에게 가야 할지 모른다. 많은 피해자들은 곧장 경찰을 부르지 않는다. 특히 가해자가 아는 사람일 경우에는 더 그렇다. 만약 피해자들이 누군가에게 이야기를 한다면, 주로 가족 구성원이거나 친한 친구이며 그 다음은 성폭력지원센터 근무자이다.

이러한 초기 혼란 상태에 수반하여 엄청난 공포와 불안감이 밀려온다. 피해자는 사건 이전과 사건 과정에서 자신이 한 행동을 다시 생각해 본다. 또한 가해자가 보복을 할까 두려워한다. 그리고 사건을 아는 사람들로부터 거부당하고 심지어 비난을 받을지도 모른다는 상상을 한다. 많은 피해자들은 경찰과 형사사법기구가 개입해서 일어나게 될 일을 두려워하며, 추후에 사람들이 자신들에게 어떻게 반응할지 두려워한다.

위기반응 Crisis Reaction

이러한 반응이 정상적이며 일정한 패턴으로 나타난다는 것을 심리학자들은 오랫동안 알고 있었다. 다양한 형태의 사건들이 위기 상태를 일으킨다. 그러한 사건에는 사별이나 죽음에 관련된 깊은 슬픔, 실직, 원치 않는 임신, 생애 전 과정에 영향을 미치는 외상 사건 등이 있다(Bassuk, 1980; Lindemann, 1944; Rapoport, 1962). 성적 피해가 피해자를 혼란스럽게 만드는 것은 그것이 살인 다음가는 두 번째 범죄이기 때문이다. 심리학 전문가들이 설명했듯이, "살인을 제외하면, 성적 피해만큼 자아에 대한 더 큰 모욕은 없다"(Bard & Sangrey, 1986: 21).

어떤 상황이 개인에게 심각한 위험이나 위협이 될 때 위기가 발생한다. 그러한 위험이 너무나 엄청나기 때문에 위기의 중심에 있는 사람은 그러한 상황을 극복하는데 큰 어려움을 겪게 된다. 위기와 문제를 극복하고 해결하는데 필요한 자원과 실제 소유하고 있는 자원의 불균형으로 인하여 피해자는 그 상황에서 벗어나지 못한다. Bard와 Sangrey(1986: 33)는 다음과 같이 서술하였다.

> 예측할 수 없는 상황에서 갑작스럽게 가해자 멋대로 행해지는 자아에 대한 범죄로 인하여 피해자는 철저하게 파괴당했다는 감정을 갖게 된다. 따라서 피해자는 범죄 이전에 자신이 했던 방식대로 계속해서 생활하지 못한다. 모든 것들이 붕괴되어 피해자는 자신을 올바르게 되돌릴 수 없다.

위기의 심각성과 지속성은 세 가지 조건에 따라서 달라진다. 첫째 조건은 자아가 위협받은 정도이다. 하찮은 사건이라면 필요한 것이 거의 없고, 있더라도 주의와 감독 정도면 된다. 반면에 개인을 황폐화 시킬 만큼 심각한 침해가 있었다면 보다 많은 자원이 필요하다. 지속적인 주의가 필요하고 심신을 지치게 한다. 둘째 요인은 문제에 대처하는 순간의 개인능력이다. 어떤 사람들은 현재 직면한 문제 이전에 이미 과거에 여러 가지 문제에 대처하면서 지쳐 있을 수 있다. 또 어떤 사람들은 자신에 대한 도전에 맞서기 위해 원기를 회복하여 내적 역량을 집중하는 사람들이 있다. 끝으로 무기력 상태에서 벗어나고 회복하는데 소요되는 시간은 사건 이후에 즉각적으로 제공되는 개입과 지원의 종류에 따라서 달라질 수 있다.

위기반응회복 순환과정 The Crisis Reaction Repair Cycle

회복하는데 소요되는 시간은 개인에 따라서 차이가 있지만, 피해자들은 회복과정에서 일정한 과정을 거치게 된다. 위기반응회복순환과정은 세 가지 단계로 구성된다. 첫 번째 단계는 타격(impact)라고 하며, 두 번째 단계는 위축(recoil)시기이며, 마지막 단계는 재조직화(reorganization)이다. 일부 사람들은 이 모델이 피해자가 어떤 경험을 하게 되고 어떤 피해자가 보다 빨리 회복되는가를 설명하는데 소홀하다고 주장하지만(Resick, 1990), 곤경에 빠진 피해자의 처지를 이해하는데 도움을 준다.

타격

타격 단계를 한 마디로 요약하면 "충격(shock)"이며, "고통(distress)"이라는 말로 표현할 수 있다. 이 시기에 피해자는 있을 수 있는 모든 감정을 경험하게 된다. 일부는 거부감(denial)을 나타내는데, 흔히 "나에게 이런 일이 일어나다니 믿을 수가 없어"라는 식으로 표현한다. 또 다른 일부는 잘못을 자기 탓으로 돌리고, 자신이 굴욕을 당할 만한 잘못을 했는지 묻기도 한다. 때로는 분노하고, 복수심을 표현하고 난폭해지기도 한다. 피해자를 방치하게 되면, 혼동, 두려움, 무기력, 죄의식, 자기연민, 쓸모없는 존재라는 감정 등이 피해자를 황폐하게 만든다.

이러한 감정을 처리하고 해결하는 동안에 많은 피해자들은 안전을 확보하고 강한 정서적 지지를 얻으려 한다. 피해자들은 자신이 취약하다는 것을 느낀다. 피해자들은 스스로가 자신과 자신 주변에 대하여 통제력을 상실하였다는 것을 알게 된다. 때로는 민감하지 않은 발언이나 사실 판단에 관련된 발언에 대해서도 자신을 비난하는 것으로 해석한다. "당신이 거기에 갔다는 것을 믿을 수가 없어요", "무슨 일이 일어났는지 모른다는 것이 무슨 의미죠?"하는 식의 발언이 매우 사나운 부정적 반응을 유발할 수 있으며, 피해자를 곤혹스럽게 하여 동정적인 이해를 바라는 상태에 빠지게 한다.

피해자가 이 단계에서 경험하는 두려움, 불안, 수치심은 근거가 없는 것이 아니다. 성적으로 공격을 당한 피해자는 강간과 성폭행에 관련된 다양한 관념과 맞서 싸워야 한다. 앞서 1장에서 설명했듯이 피해자 촉발이라는 인식이 널리 퍼져 있는데, 성폭행의 경우에는 특히 더 그렇다. 흔히 나타나는 반응은 피해자가 부적절한 시간에 부적절한 장소에 있었기 때문에 피해자 잘못이라는 것이다. 또 가해자가 그런 생각을 하게 피해자가 은연중에 행동하였거나, 피해자가 도발적으로 옷을 입었거나, 여자가 처음에는 동의를 했다가 나중에 마음을 바꾸었다고 생각하기도 한다.

많은 피해자들은 강간에 관한 수많은 신화(사회적 통념)에 맞서 싸워야 한다. 강간에 관한 신화는 강간의 책임을 가해자에게서 피해자에게로 전가시킨다. 피해자의 감정과 문제를 완화시키기는 커녕 오히려 피해자를 격분시킨다. 강간에 관한 신화에는 "많은 여성들이 강간을 당하고 싶어 한다"(Burt & Estep, 1981), "경찰에 곧장 신고하지 않는 피해자는 정말로 강간을 당한 것이 아니다"(Costin & Schwarz, 1987; Ehrhart & Sandler, 1986), "강간을 당할 만한 사람들만 강간을 당하는 것이 마땅한 세상 이치이다"(Carmody & Washington, 2001; Lerner, 1980)와 같은 관념이 있다.

위축

두 번째 단계는 위축기이다. 이 시기에 피해자는 사건이 발생하였다는 사실에 적응하기 시작한다. 치유과정을 통하여 사건 초기에 보였던 날카로운 감정은 줄어든다. 날카로운 감정은 시간이 흘러 다시 나타날 수 있지만, 이전만큼 강렬하거나 파괴적이지 않다. 경우에 따라서 피해자는 타격단계와 위축단계를 오갈 수도 있다. 그러나 시간이 지나면서 줄어들고 약화된다.

강간 피해자들의 다수는 **외상 후 스트레스 장애**(*post-traumatic stress disorder, PTSD*)로 불리는 상황을 경험하게 된다. 성폭행 피해자를 다루는 임상의들은 이러한 징후를 **강간 외상 징후**(*rape trauma sysdrome*) 라고 한정하여 부르기도 한다(Bassuk, 1980; Burgess & Holmstrom, 1974; Frazier & Borgida, 1992; Giannelli, 1997). 어떤 사건에 의한 것이든, PTSD 상황이란 심각하고 갑작스런 비극에 대한 반응을 의미한다. 표 8-5는 PTSD에 관한 네 가지 핵심 기준을 제시하고 있다. 첫째 스트레스를 유발하는 사건이란 그것을 경험한 사람들 대부분에게 같은 결과를 초래하는 사건을 말한다. 둘째, 악몽을 꾸거나 환상 속에서 재현되거나 기타 회상을 통해서 최초 사건에 대한 경험이 되살아난다. PTSD를 가진 사람들은 반응성 결핍을 보이며 일상활동 참여가 줄어든다. 끝으로 불면증, 두통, 자책감, 두려움, 불안감 등 다양한 형태의 문제를 경험한다(Burgess, 1995). 피해자들은 최초 사건에 관련된 유사한 상황을 피하기 위해서 라이프스타일을 바꾸기도 한다.

성폭행은 피해자의 자존감에도 크게 영향을 미친다(Resick, 1987; Shapiro & Schwarz, 1977). 그 영향은 오랫동안 지속되며 시간이 흐르면서 천천히 줄어든다(Murphy et al., 1988; Resick, 1993). 우울증도 성폭행 피해자에게서 흔히 나타나는 문제이며(Atkeson et al., 1982; Marhoefer-Dvorak et al., 1988; Murphy et al., 1988; Norris & Feldman-Summers, 1981; Resick et al., 1981; Siegel et al., 1990; Ullman & Seigel, 1993), 강간으로 인한 우울증으로 자살을 할 수도 있다(Kilpatrick et al., 1985).

재조직화 Reorganization

재조직화는 마지막 단계이다. 피해자가 자신의 감정을 잘 수습하고 사건을 멀리서 조망

표 8-5 '외상 후 스트레스 장애' 진단 기준

A. 다음 두 가지에 해당되는 외상 사건에 노출된 사람
   1. 자신 또는 타인의 신체에 대한 위협이나 심각한 부상 또는 사망 위협을 경험하거나 목격하거나 직면하거나, 관련 사건을 경험하거나 목격하거나 직면한 사람
   2. 두려움, 무기력, 공포 등의 반응을 보이는 사람

B. 다음과 같은 방법(하나 이상)으로 외상사건을 반복적으로 재 경험
   1. 이미지, 생각, 인식 등을 통하여 고통스런 사건 기억이 반복적으로 나타남.
   2. 사건에 관한 악몽의 반복
   3. 외상사건이 재발하는 것처럼 행동하고 느낌(취했을 때나 깨어있을 때나 경험을 다시 체험하는 느낌, 환각, 환상, 과거회상 사건 등을 포함)
   4. 외상사건과 유사하거나 상징하는 내적 외적 단서에 노출시 강렬한 심리적 고통
   5. 외상사건과 유사하거나 상징하는 내적 외적 단서에 노출시 심리적 반발

C. 다음과 같은 방법(세 가지 이상)으로 외상사건과 관련된 자극의 지속적인 회피와 일반적인 반응 감각의 마비(외상사건 전에는 보이지 않았던).
   1. 외상사건과 관련된 대화, 느낌, 생각을 회피하기 위해 노력
   2. 외상사건을 떠오르게 하는 사람, 장소, 활동을 회피하기 위해 노력
   3. 외상사건의 중요한 측면을 기억하지 못 함
   4. 의미있는 활동에 대한 관심이나 참여가 현저하게 감소
   5. 타인으로부터 분리되거나 소외된 느낌
   6. 정서의 범위가 제한됨(예를 들어, 사랑하는 감정을 가질 수 없음)
   7. 미래 감각의 축소(예를 들어, 직업활동, 결혼, 자녀, 정상 수명에 대한 기대가 없음)

D. 다음과 같은 방법(두 가지 이상)으로 각성 상태(외상사건 전에는 보이지 않았던) 증상의 지속
   1. 수면상태를 유지하거나 잠에 들기 어려움
   2. 과민성 또는 분노의 폭발
   3. 집중하는데 어려움
   4. 과잉각성(내외의 자극에 지나치게 주의하고 초점을 맞추는 상태)
   5. 지나치게 깜짝 놀라는 반응
   6. 혼란(기준 B, C 및 D의 증상)이 한 달 이상 지속
   7. 혼란이 임상적으로 심각한 고통을 유발하거나, 사회적 기능 직업적 기능 기타 중요한 영역의 기능에 손상을 유발할 경우.

출처: American Psychiatric Association(2000). Diagnostic and Statistical Manual of Mental Disorders-Fourth Edition, Text Revision(DSM-Ⅳ-TR). Arlington, VA: American Psychiatric Association.

할 수 있게 되면 이 단계에 도달한 것이다. 반응의 강도가 약화되면서 다른 활동에 참여할 수 있게 된다. 시간이 흘러도 불행한 사건으로 회귀하여 자신에게 일어난 일을 떠올릴 수 있지만, 더 이상 과거의 기억에 압도당하지 않는다. 그러한 상황에 적절하게 대처하게 되고 적응력이 생기면서 위기로부터 완전히 벗어나게 된다.

그렇지만 피해자가 완치된 것은 아니며, 여생 동안 정서적 측면에서 상처를 안고 살아간다. 그러나 회복순환과정을 완수한 피해자들은 여생을 잘 꾸려갈 수 있다. 완수하지 못

한 피해자들은 "왜 내가?"라는 질문에 대한 답을 얻기 위해 끊임없이 허우적댄다.

법률 개정 LEGAL REFORMS

성폭력이 증가하고 관심이 커지면서 사회의 반응과 형사사법기구의 반응도 달라졌다. 강간에 관련된 용어 및 의미의 변화는 강간과 성폭행에 적용되는 법규의 변화를 양산하였다. 여기서는 법 개정과 관련하여 눈에 띄는 것을 다룰 것이다. 본 장의 초반부에서는 강간에 관한 개념 정의의 변화와 배우자 면제에 관하여 논의한다. 여기서는 가해자에 대한 에이즈검사 의무화, 보강증거 요구의 배제, 보호규정의 제정 등에 관하여 논의한다. 이러한 변화에 대해서 탐구하고 그것이 바람직한 결과를 가져왔는지 살필 것이다.

에이즈검사 의무화 COMPULSORY AIDS TESTING

건강에 대해서 피해자들이 걱정하는 것은 성을 통해서 전염되는 질병이다. HIV 바이러스에 의해서 유발되는 후천성면역결핍증(AIDS)과 파괴적인 결과는 관련 정책을 수립하는데 있어서 중요한 고려사항이 되었다. 형사사법 시스템이 성범죄자에게 HIV 검사를 명령해야 하는지 여부가 쟁점이다. 범죄피해자센터(National Center for Victims of Crime, 1999)에 따르면, 거의 모든 주가 성범죄자의 HIV검사를 의무화하는 형태의 법을 가지고 있다. 일부 주에서는 가해자가 재판 전에 의무적으로 검사받도록 법제화하였으며, 일부 주에서는 유죄가 선고된 범죄자만 검사를 받도록 제한하였다. 표 8-6은 관련 법령이다.

에이즈는 사람과 사람의 접촉을 통하여 퍼진다. 통상적인 전염 경로는 전염된 혈액의 수혈, 감염자와의 성교, 주사기 공동사용 등이다. 의학의 발달로 인하여 혈액 속의 HIV 존재 여부를 판정하는 것이 가능하다. 검사결과 양성혈청반응(*seropositive*)을 보이면 보균자이며 타인을 감염시킬 가능성이 있음을 의미한다.

그러나 의학의 발달에도 불구하고, HIV검사를 둘러싸고 몇 가지 애매모호한 점이 여전히 존재한다. 우선 HIV항체가 존재한다고 해서 양성혈청반응을 보인 사람이 이미 AIDS에 걸렸다는 것을 의미하지는 않는다. 마찬가지로 혈청음성반응을 보였다고 해서 확실한 것은 아니다. 일단 감염이 되면 바이러스는 잠복기를 갖기 때문이다. 이러한 창문기(window period, HIV감염으로부터 검사결과상 양성을 처음 보이게 되는 시간)가 의미하는 바는 보균자 혈액 속에 항체가 존재하는지를 탐지하는 의학적 감별을 하려면 몇 개월이 걸릴 수도 있다는 것이다(Wieczorek, 2010). 따라서 하나 또는 두 개의 특정시점에서 음성판정이 나왔다고 해서 병에 걸리지 않았다고 보장할 수도 없다.

그렇다면 성폭행을 당해서 감염될 가능성은 어느 정도인가? 이 질문에 답하기 위해서는

표 8-6 AIDS 검사 의무화 법령의 사례

(1) 다른 사람에게 체액이 전달되는 범죄 및 범죄의 시도[성폭행, 근친상간, 음란, 외설, 16세 미만자에게 외설적인 폭행이나 행동, 폭행, 아동 학대, 노인이나 장애자 학대, 18세 미만자에 의한 성적 행위, 매춘, 혈액 혈장 기관 피부 및 기타 장기조직의 기부]로 유죄선고를 받거나, 유죄를 인정했거나, 유죄를 인정 않지만 형벌을 받아들이겠다는 사람에게 판결보류 여부와 상관없이 법원은 HIV검사를 명령할 수 있다. 만약 거부하면, HIV검사를 규정한 다른 법률을 적용할 수 있다. 검사결과는 기소된 범죄 이외의 다른 형사절차에서 증거로 채택할 수 없다.
(2) HIV검사 결과는 보건부의 감독 하에 가해자와 사건이 발생한 카운티의 공중보건기구(거주지와 다르면, 가해자 거주 카운티의 공중보건기구), 피해자나 피해자 보호자, 피해자가 미성년자일 경우 부모나 법적 보호자에게 공개하여야 한다.
(3) (1)에 따라 HIV검사를 받고 양성판정이 나온 가해자가 (2)에 따라서 공개가 된 후 또 다시 (1)에 해당하는 범죄를 저지른 경우에는 3급 중죄인이 되어....
(4) 가해자는 본 규정에 따라서 수행된 HIV검사의 양성판정 결과에 대해서 이의를 제기할 수 있고, 자신의 비용으로 별도로 검사를 수행하여 검사결과를 제출할 수 있다.
(5) HIV를 불법적으로 전염시키는 행위의 성립에 있어서 HIV 감염의 발병을 요건으로 하지 않는다.
(6) 재판부는 불법적으로 HIV를 전염시킨 행위로 유죄선고를 받은 가해자에게 (1)에 해당하는 범죄에 따른 법적 처벌과는 별도로 일정기간 검역격리조치를 명령할 수 있다.

출처: Florida Statutes(2009), § 775.0877.

두 가지 측면을 살펴야 한다. 첫째, 가해자 집단 내 HIV환자 비율을 계산하는 것이다. 둘째, 단 한 번의 성교로 인하여 바이러스에 감염될 가능성을 측정하는 것이다.

질병통제 및 예방센터(The Center for Disease Control and Prevention, 2006)의 평가에 따르면, 상호동의하에 이루어진 성관계를 통하여 HIV에 감염될 가능성은 1회당 0.1%이다. 가능성이 매우 낮은 것으로 보이지만, 성폭행은 대부분의 경우 피해자에게 열상과 같은 상처를 남기기 때문에 감염되기 쉬운 상황을 유발한다. 하지만 질병통제 및 예방센터가 HIV에 감염된 피해자들을 확인한 결과 발병은 극히 드물었다(Wieczorek, 2010). 일반적으로 72시간 내 항체요법이나 약물요법을 실시하면 문제를 충분히 막을 수 있다. 그리고 1-2주 후에 추가검사와 재검진을 하는 것이 표준 관례이다.

따라서 일부 사람들은 HIV검사 의무화 정책이 헌법상의 권리 침해라고 이의를 제기한다. 예를 들어 성폭행 혐의자의 프라이버시권, 무죄추정의 원리, 유죄선고 전 HIV검사의 체포와 수색 원칙 위반여부 등과 관련하여 반대 의견이 나타났다(McGuire, 1991; Smotas, 1991). 동시에 절반 이상의 주에서는 성적 접촉을 통해서 고의로 HIV를 퍼뜨리는 것을 범죄로 규정하는 법을 제정하였다. 1996년 플로리다주에서는 HIV양성반응을 보인 남성이 세 명의 어린이에게 성행위를 강요했다는 이유로 살인미수죄 판결을 내렸다(Stine, 1996).

성폭행으로 인한 HIV 전염 가능성을 매스컴이 선정적으로 보도하거나 거짓으로 보도한 징후가 일부 있지만(Flavin, 2000), 앞으로 판례법이 어떻게 전개될지 예의주시할 필요가 있다.

동의와 보강증거 Consent and Corroboration

관습법에서는 강간 피해자라는 여성의 주장을 입증할 수 있는 보강증거와 보완증거를 조사한다. 본 장의 도입부에서 보았듯이, 관습법적 강간 정의에는 "극도의 저항"이라는 항목이 포함되어 있다. 대다수의 배심원들은 피해자의 증언에만 근거하여 유죄라고 평결하는 것을 망설인다. 사형이 관련될 때는 특히 더 그렇다. 배심원들은 고소인이 복수심을 품고 누명을 씌워 감옥에 보내려고 할 수도 있다고 생각한다(Ellis, 1992).

전형적인 보완증거는 경찰에 즉각 신고했거나, 정액이 존재하거나, 가해자가 무기를 사용했거나, 피해자의 신체적 손상이 있거나 하는 것이다(Bourke, 1989; Spears & Spohn, 1996). 여기에는 성폭행을 당하고 싶지 않으면 가능한 한 끝까지 저항을 해야 하며, 저항을 할 수 없는 경우는 오직 피해자가 사망에 이르렀을 경우라는 가정이 있다. 이러한 논리에 따르면, 완벽한 성폭행 사건이란 여성이 난폭하게 구타 당해 엄청난 신체적 손상이 나타난 사건을 의미한다. 사실 일부 사람들은 여성에게 신체적 손상이 없으면 강간이 발생하지 않았다는 명백한 증거라고 생각한다.

법률이 개정되어 강간 피해자가 모질게 싸워야 한다는 필요조건은 삭제되었다. 여기에 사용된 논리적 근거는 그와 같은 방어 기준이 적용되는 피해자는 사실상 없다는 것이다. 표 8-7을 통해서 알 수 있듯이, 귀중품을 포기하기 전에 강도에게 저항하라고 강도 피해자에게 기대하지 않는다. 그렇다면 성폭행을 당하는 피해자에게 추가 부담을 지우는 것은 공평하지 않다. 그에 따라 새로운 법률이 입안되면서 저항이라는 필요조건은 삭제되었다. 물론 이러한 변화는 아직껏 해결하지 못한 새로운 문제를 불러 일으킨다(Stitt & Lentz, 1996).

보강증거 요구의 변경은 피해자에 대한 반응의 변화를 나타낸다. 많은 재판부가 더 이상 강제적인 삽입과 저항의 증거를 요구하지 않게 되었다. Antioch 대학에서 시행되고 있는 규정(표 8-8)에서는 어느 한 당사자가 오해하는 것을 피하기 위해 성적 행위 각 단계마다 동의를 필수적인 요소로 정하였다. Winslett와 Gross(2008: 558)가 설명했듯이, "데이트 상대끼리 성적 행위에 관하여 사전 동의를 거치면 성적 의도에 대한 오해를 줄일 수 있다."

이러한 조항들은 형사적 책임에 대한 논쟁을 유발하고, 동의를 철회할 수 있는 최종 시점에 대한 논쟁을 유발할 수 있다. 성행위 진행 중에 피해자가 동의를 철회할 수 있는지 여부가 본질적인 문제이다. 여성이 동의하고 성교가 시작되었다면 강간이 성립될 수 없다는

표 8-7 Mr. Smith의 강간

강간 피해자에 대해서 법률은 상당히 차별적이다. 다른 범죄 피해자라면 견딜 수 없을만큼 차별적인 방식으로 피해자를 대한다.
다음 사례는 강간 피해자에게 흔히 하는 질문을 노상강도 피해자에게 비슷하게 질문한 것이다.

"Smith씨! 16번가 Locust 모퉁이에서 강도가 총부리를 들이대고 당신을 멈춰 세웠나요?
"네."
"당신은 강도와 맞서 싸웠나요?"
"아니오."
"왜 안했죠?"
"그는 무장하고 있었어요."
"그럼 당신은 저항보다는 그의 요구에 따르기로 스스로 결정했나요?"
"예."
"당신은 소리 쳤나요? 비명을 질렀어요?"
"아니오, 난 두려웠어요."
"알겠어요. 이전에도 강도를 당한 적이 있나요?"
"아니오."
"그때 당신은 돈을 주었죠?"
"예. 물론-"
"그리고 자진해서 그렇게 했죠?"
"뭘 말하고 싶은 거죠?"
"글쎄요, Smith씨 그럼 이렇게 합시다. 당신은 과거에 돈을 준 적이 있습니다. 사실 당신은 자선활동으로 상당한 명성을 가지고 있어요. 당신이 강제로 돈을 뺏긴 것처럼 꾸미지 않았다고 우리가 어떻게 확신할 수 있겠어요?
"들어봐요, 만약 내가 원해서 줬다면-"
"괜찮아요. Smith씨, 강도가 발생한 시간은 언제죠?"
"밤 11시 정도"
"밤 11시에 거리에 나가 있었던 거예요? 무슨 일로?"
"그냥 걸었어요."
"그냥 걸었다고요? 당신은 밤 늦은 시간에 거리에 나가는 것이 위험하다는 것을 알고 있어요. 당신이 노상강도를 당할 수도 있다는 것을 알지 않았나요?"
"난 그것에 대해 생각하지 않았어요."
"Smith씨, 당신은 그 시간에 무슨 옷을 입고 있었나요?"
"어디 보자. 정장. 네, 정장."
"비싼 정장?"
"음 - 네."
"다시 말해서 Smith씨, 당신은 밤 늦게 비싼 정장을 입고 거리를 배회하였고, 그 정장은 당신이 쉽게 돈을 벌 수 있는 좋은 표적이 될 수 있다는 것을 광고한 꼴입니다. 아닌가요? 내 말은 Smith씨, 만약 우리가 사정을 잘 모르면, 그런 일이 일어나기를 당신이 요청했다고 생각할 수 있다는 겁니다. 그렇지 않나요?
"이봐요, 나에게 그런 짓을 한 그 놈의 과거에 대해서는 말하지 않는 겁니까?
"괜찮아요, Smith씨. 난 당신이 그 사람의 권리를 침해하려 한다고 생각 안 해요. 지금 그렇죠?"

출처: Anonymous. The Rape of Mr. Smith http://www.holysmoke.org/fem/fem0235.htm

표 8-8 Antioch 대학의 성범죄 예방 정책

동의(consent)라 함은 구체적인 성적 행위에 들어가는 것에 대하여 자진해서 구두로 승낙하는 행위이다. 보다 구체적인 사항은 다음과 같다.

- 동의는 성적 활동 각각마다 매번 필요하다.
- 당사자들은 성적 활동을 정확하게 이해하고 있어야 한다.
- 성적 활동을 시작한 쪽에서 동의를 구할 책임이 있다.
- 요청을 받은 쪽은 구두로 응답할 책임이 있다.
- 새로운 단계의 성적 활동에 들어 갈 때마다 각각 동의가 필요하다.
- 몸짓이나 편안한 용어를 사용하여 승낙을 구하는 것도 가능하지만, 성적 행위가 발생 하기 전에 협의가 있어야 하고 구두로 승낙해야 한다.
- 당사자간 관계, 과거 성 전력이나 현재 행위(무도장에서 허리를 부여잡고 춤을 춘다고 해서 이후 성적 활동에 대한 승낙이 아니다)에 상관없이 동의가 필요하다.
- 동의를 철회하거나 구두로 승낙하지 않으면 어떤 경우든 언제든 성적 활동을 즉각 중지해야 한다.
- 침묵은 동의가 아니다.
- 신체의 움직임과 신음소리 같은 비언어적 반응은 동의가 아니다.
- 사람은 잠을 자면서 동의할 수 없다.
- 당사자들이 판단을 하는데 방해를 받아서는 안 된다(판단을 방해하는 것으로 술, 약물, 정신적 건강 상태, 신체적 건강 상태를 들 수 있으나, 방해요소는 그것에만 국 한 되는 것은 아니다)
- 당사자들은 안전한 성관계 수단을 사용하여야 한다.
- 당사자들은 개인적인 위험요소와 성병 감염 등을 밝혀야 한다. 개인은 자신의 성적 건강상태를 알고 있어야 한다.

출처: Antioch College(2005). Sexual Offense Prevention Policy. Yellow Springs, OH: Antioch College.

것이 관습법의 일반적인 입장이다. 그러나 일부 재판부에서는 성행위를 완료하는데 강제력을 이용한 경우에는 삽입 후 강간을 인정한다(Lyon, 2004). 이에 관한 논의가 전개되는 와중에 일리노이주에서는 성적 접촉 과정 중 언제든지 동의를 철회할 수 있다고 법제화하였다. 구체적으로 입법 내용을 다음과 같다. "애초에 삽입과 성행위에 동의했지만 삽입과 성행위 도중 동의를 철회하였다면, 애초의 동의가 동의 철회 이후의 삽입행위나 성행위까지 모두 동의한 것이라고 간주할 수 없다"[*Illinois Compiled Statutes*, 2010: 5/12-7(c)].

표 8-9를 통해 볼 수 있듯이, 피해자의 주장이 허위일지도 모른다는 우려 때문에 피해자 증언에만 의존하여 유죄판결을 내리는 것을 여전히 꺼리고 있다. 따라서 일부 주에서는 피해자의 진실을 확인하기 위하여 거짓말탐지기 검사를 실시하였다. 그러나 결과가 불일치하게 나타남에 따라 플로리다주(*Florida Statutes*, §2009: 960.001)를 포함한 많은 주에서는 피해자 주장의 진실성을 확인하기 위한 거짓말 탐지기 사용을 금지하였다. 또한 여성폭력법(Violence Against Women Act)의 위임사항을 담은 연방기금조성안에서는 성폭행 피해자에게 사건 장소에서 풀려나기 전에 돈이 제공되었는지 여부를 확인하는 거짓말탐지

표 8-9 피해자 주장을 보강하기 위한 거짓말 탐지기 사용

CLEVELAND, Ohio – 소년법원 판사는 성폭행을 당한 10대 소녀 3명에게 거짓말 탐지기 검사를 명령하여 검사와 피해자를 당황하게 만들었다. Cuyahoga 카운티의 소년법원 판사 Alison Floyd는 가해자들이 비행소년이라는 것을 발견했음에도 불구하고 피해자들에게 거짓말 탐지기 검사를 받으라고 명령하였다.

피해자의 어머니는 다음과 같이 기술하였다.
"피해자에게 거짓말 탐지기 검사를 명령했다는 것을 가해자들로 하여금 알게 한 판사로 인하여 더 큰 타격을 가했다. 가해자는 판사가 소녀의 말을 믿는 않는다는 의미로 파악하고, 친구들에게 판사가 소녀의 말을 믿지 않기 때문에 거짓말 탐지기 검사를 명령했다고 말했다." "소녀에게 비난이 되돌아오고, 가해자에게 피해(재피해)를 당할 뿐만 아니라 형사사법 시스템에 의해서도 피해를 당하는 느낌이었다."

출처: Dissell, R. & Atassi, L. (2010). Cuyahoga Juvenile Court Judge Alison Floyd order sex assault victims to take polygraphy tests. The Plain Dealer, March 19.

기 검사를 금지하였다[42 U.S.C. §3796gg-8(b)].

보호규정 Shield Provisions

관습법에서는 강간을 입증하는 부담을 피해자가 고스란히 짊어진다. 여성이 거부한 행위를 강제적으로 했다는 것을 입증해야 한다. 피고인을 공세적으로 방어하는 변호사들이 흔히 사용하는 수법은 피해자의 성 전력을 이슈화하여 피해자의 신뢰성을 공격하는 것이다. 피고인 이외의 다른 사람과 상호동의에 의한 성 생활을 거론함으로써 난잡한 성 생활을 암시하는 전형적인 전략이다. 그와 같은 정보는 피해자가 정숙하지 못하다는 것을 시사하여 피해자가 어떠한 강제력에 의하지 않고 자발적으로 성행위에 참여했다는 것을 입증하게 된다. 본질적으로 형사사법 시스템는 피해자를 재판에 올려놓고 냉담하게 취급한다.

이와 같이 편향된 조건하에서 많은 피해자들은 정식으로 고소하는 것을 꺼리게 된다. 다른 어떠한 형태의 범죄 피해자들도 이와 같이 강도 높은 조사를 받지 않는다. 예를 들어 침입절도범이나 강도를 변호하는 변호사의 경우, 피해자의 피해 전력을 들추어 피해자의 평판이나 피해자가 피해를 당할 가능성이 높은 성향을 가지고 있다는 것을 입증하지는 않는다. 따라서 성폭행을 당한 피해자가 더 이상 상처를 받지 않도록 보호할 수 있는 기준을 도입하려고 시도하였다. 그런데 매우 미묘한 균형의 문제가 발생한다. 균형의 문제에 대한 일부 전문가들의 설명은 다음과 같다(Call, Nice, & Talarico, 1991; 784-785).

강간피해자보호법에 대한 논쟁은 정책입안자들을 어려운 딜레마에 빠뜨린다. 즉 피해자에게 또 다른 상처를 줄 수 있는 전략, 즉 피해자의 평판을 파괴하는 방어 전략을 허용하게 되면,

피해자가 신고하는 것을 포기할 수 있고 가해자는 처벌을 면할 수 있을 것이다. 역으로 강력한 보호법은 피고인의 적절한 방어능력을 제한하므로 적정절차를 위반한다는 불만을 낳을 수 있다.

성폭력 법률에서 이 부분을 개정하는 접근 방식은 주에 따라서 차이가 있다. 세 가지 방식으로 나타나고 있는데, 첫 번째 일반적 쟁점은 피고인 외에 타인과 성 전력의 관련성 여부이다. 두 번째는 보다 구체적인 쟁점으로 피고인과의 성 전력을 증거로서 인정할 수 있는가의 문제이다. 마지막으로 법원이 피해자의 성 전력에 관한 증거의 관련성을 방청 금지 상태에서 비밀리에 판단하는 것이다. 이러한 개정의 목적은 피해자가 공중으로부터 불필요한 프라이버시 침해를 당하지 않도록 보호하는 것이다.

이상 세 가지 측면에서 보호규정이 강력한지 미약한지를 평가할 수 있다. 진보적인 주에서는 이러한 변화를 수용하면서 여성운동가들의 압력에 우호적으로 반응할 것이라고 예상할 수 있지만, 결과는 그렇지 않았다. 여성운동가들의 의제화 노력과 강력한 로비활동이 증거와 관련된 법 개정에 별다른 영향을 미치지 않았다. 대신에 이러한 변화는 1장에서 제시한 넓은 의미의 범죄통제전략에 대한 반성을 낳았다.

성범죄자 등록 Sex Offender Registration

마지막 법률 개정은 성범죄자등록법의 확산이다. Megan법(10장에서 구체적으로 논의)으로 불리는 성범죄자등록법은 대부분의 주가 채택하고 있으며, 지역사회에 존재하는 성범죄자에 관한 정보를 피해자뿐만 아니라 일반 대중에게 제공하기 위한 것이다. 이 법률에 깔려 있는 기본 전제는 두 가지이다. 첫째, 성범죄자에 대한 처분 규정만으로는 완벽하지 않다. 일반적으로 성범죄자의 재범율은 매우 높은 것으로 알려져 있다. 둘째, 성범죄자가 주변에 살고 있다는 경고는 거주민들에게 적절한 예방책을 강구하도록 하고 성범죄자들의 활동을 주의 깊게 살피도록 할 것이다.

표 8-10은 성범죄자등록법의 실제 사례 중 하나이다. 플로리다의 법은 여타 다른 주의 법과 동일한 특징을 가지고 있다. 해당되는 범죄가 반드시 폭력적인 강간만은 아니다. "성을 지향하는 범죄" 대다수가 등록대상이 될 수 있다. 강간, 성폭행, 음란행위, 외설행위, 음란한 노출, 성적 욕구 충족을 위한 여타 범죄(살인, 유괴), 아동에 대한 다양한 성범죄(유괴, 포주행위, 매춘강요) 등이 대상이 될 수 있다. 게다가 판사는 유죄선고를 받은 성범죄자가 미래에 범죄를 저지를 가능성이 있다면 등록 명령을 내릴 수 있다. 판사가 등록을 결정할 때 고려할 수 있는 요인으로는 과거 유죄 전력, 일탈적 성행위(반드시 범죄에 해당되지 않아도)의 증거, 과거 고문관련 가해행위, 과거 폭력행위 등이 있다.

이 법에서는 중요한 두 당사자인 가해자와 법집행기구가 취해야 할 조치를 담고 있다.

표 8-10 Florida의 성범죄자 등록 요건

(6) 등록

(a) 성범죄자는 보안관 사무실을 경유하여 해당 관서에 다음과 같은 정보를 제공하면서 등록하여야 한다:

1. 성명, 사회보장번호, 나이, 인종, 성별, 생년월일, 키, 체중, 머리카락과 눈 색깔, 사진, 임시 거주지 주소 및 법적 거주지 주소, 우체국사서함, 이메일 주소 및 메신저 ID, 고용 장소 및 기간, 유죄선고 장소와 날짜, 지문, 범행개요 등이다. 우체국 사서함이 실제 거주지 주소를 대신할 수 없다.

(f) 등록 후 48시간 아내에 성범죄자(감금되지 않고 지역사회에 거주하거나 교정 당국의 감독을 받는 자)는 운전면허부서에 직접 등록하여야 하며 등록증명서를 제출하여야 한다. 범죄자는 운전면허부서에서 다음을 행하여야 한다.

1. 자격이 부여되지 않으면, Florida 운전 면허증을 취득하거나 갱신하거나 신원증명카드를 취득하여야 한다. 성범죄자는 자신이 본 규정을 적용받는 성범죄자라는 것을 밝히고, 거주지 정보(임시 또는 영구 거주지, 거리 주소, 우체국 사서함)를 제공하고, 면허증 발급이나 갱신 및 신원증명카드 및 성범죄자 기록유지에 필요한 사진촬영에 응하여야 한다. 우체국 사서함이 실제 거주지 주소를 대신할 수 없다.
2. 영구 거주지를 떠나고 다른 거주지를 정하지 못한 경우에는 48시간 이내에 현지 카운티의 보안관 사무실에 직접 보고해야 하며, 현지를 떠날 날짜를 구체적으로 기술하여야 한다. 성범죄자는 (a)에서 요구한 등록정보를 제공하거나 최신 정보로 수정 등록하여야 한다. 성범죄자는 현지 거주지 주소나 거주지를 정하지 못하는 기간 중 거처하는 곳의 위치를 알려 주어야 한다.
3. 성범죄자는 이메일 주소나 메신저 ID를 사용 전에 해당 관서에 등록하여야 한다.

(7) 지역사회 및 일반 대중 공지

(a) 법 집행 기관은 성범죄자의 존재 사실을 지역사회와 일반 대중에게 공지하여야 한다. 성범죄자가 거주하는 카운티의 보안관이나 지자체의 경찰관서장은 적절하다고 생각되는 방식으로 성범죄자의 존재 사실을 지역사회와 일반 대중에게 공지하여야 한다. 보안관이나 경찰관서장은 성범죄자의 존재 사실을 통지 받은 후 48시간 이내에 성범죄자 거주지 반경 1 마일 이내에 있는 노약자주간케어센터, 초등학교, 중학교, 고등학교에 성범죄자의 존재 사실을 알려야 한다. 지역사회와 일반 대중에게 제공되는 성범죄자 정보에는 다음과 같은 것이 포함되어야 한다.

1. 성명
2. 성범죄자의 사진 및 특징
3. 현 거주지 주소
4. 범죄 및 범행 상황
5. 피해자의 성인 및 미성년자 여부

출처: Florida Statutes(2009) § 775.21

첫째, 가해자는 자신이 거주하려는 지역의 법 집행 기관에 등록해야 한다. 이 조항에서는 가해자의 영구 거주지를 관할하는 법 집행 기관과 일시 거주지를 관할하는 법 집행 기관을 모두 포괄한다. 구금상태에서 석방되거나 새로운 관할지로 이동하거나 주소변경이 발

생한 후 수일 내에 등록을 하여야 한다. 둘째, 등록을 받은 법 집행 기관은 가해자의 존재를 지역 주민들에게 널리 공고하여야 한다. 공고 대상에는 가해자의 이웃주민, 교육기관, 아동관련기관 및 여타 법 집행 기관이 포함된다. 공고 내용에는 가해자의 성명과 주소, 신체적 특징 및 범죄내용이 포함된다.

성범죄자 등록 움직임은 주 단위에 국한하여 이루어진 조치가 아니다. 연방정부는 1995년에 '아동에 대한 Jacob Wetterling 범죄와 성폭력범죄자 등록법(Jacob Wetterling Crimes Against Children and Sexually Violent Offender Registration Act)'을 통과시켰다. 이 법의 핵심적인 요구사항은 모든 주들이 유죄판결을 받은 성범죄자 등록제도를 확립하여야 하며, 그렇지 않으면 연방정부의 형사사법 기금지원을 삭감한다는 것이다. 부시대통령은 2006년 7월 27일에 'Adam Walsh 아동보호 및 안전법(Adam Walsh Child Protection and Safety Act)'에 서명하였다. 이 법안의 주요 내용은 국가적 차원에서 성범죄자 등록을 실시하고 각각의 주에서 가지고 있는 정보를 표준화하고 모든 주가 가지고 있는 파일을 하나로 통합하는 것이다(White House News Release, 2006). 그림 8-2는 미국 각 주의 등록자 수를 보여주고 있는데, 미국 전체 등록자 수는 약 718,000명에 달한다.

다른 새로운 법률과 마찬가지로 성범죄자등록법에 대해서도 몇 가지 문제가 제기되었

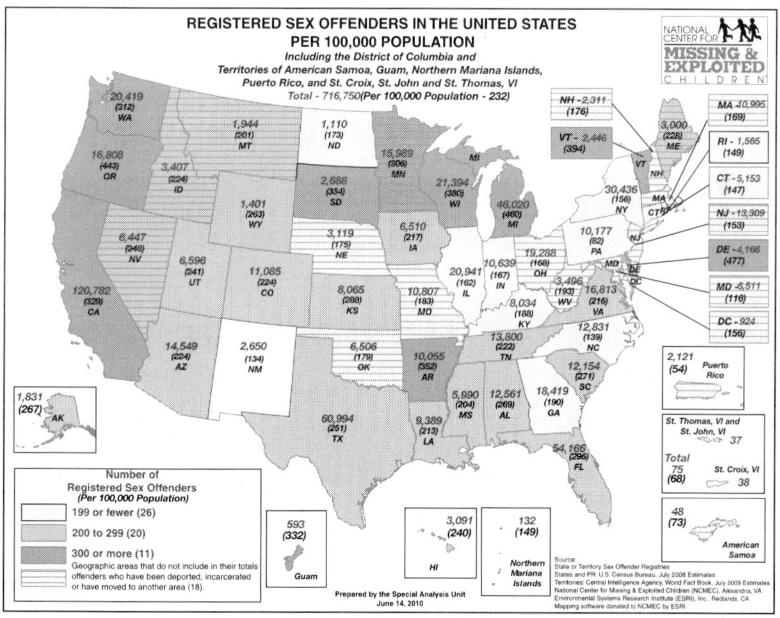

그림 8-2 미국의 성범죄자 등록 현황

출처: National Center for Missing & Exploited Children(2010). Registered Sex Offenders in the United States per 100,000 Population. Alexandria, VA: National Center for Missing & Exploited Children.

다. 법적 문제로서, 형을 마친 사람에게 또 다른 처벌을 부가할 우려가 있다는 것이다. 그러나 미 연방대법원이 Kansas주가 그러한 방식으로 시민을 보호할 권리를 가지고 있다고 판결하면서 이중 처벌의 위험성에 대한 우려는 묵살되었다(*Kansas v. Hendricks*, 1997). 또 다른 문제는 이미 유죄판결을 받고 형을 살고 있는 사람에게 새로운 법률을 적용할 수 있는가 하는 점이다. 또한 주거지나 일자리를 구하는데 타격을 받을 수 있고 협박이나 괴롭힘을 당할 수 있다는 문제가 제기되었다. 실제로 실직을 당하고 지역주민들의 반발로 인하여 이사를 간 사례가 있다(Levenson & Cotter, 2005; Tewksbury, 2005). 범죄자가 주거지를 정하고 일자리를 구할 수 있는 권리를 지역사회의 알 권리가 어느 정도까지 침해할 수 있는가? 이러한 문제에 대해서는 10장에서 구체적으로 논의하고자 한다.

성범죄에 대한 여러 가지 조치는 성범죄자가 공중의 안전을 심각하게 위협하고 높은 재범율로 인하여 더 많은 사람이 피해를 당한다는 가정에 근거하고 있다. 다음에 제시된 글은 '플로리다 성범죄자법'의 입법의도를 잘 보여주고 있다.

> 성범죄 재범자, 폭력을 사용하는 성범죄자 그리고 아동 성범죄자는 공공의 안전을 심각하게 위협하는 성적 약탈자이다. 성범죄자들은 폭력을 사용할 가능성과 재범 가능성이 매우 높다. 성범죄자 대부분은 많은 범죄를 저지르며, 신고된 것보다 더 많은 피해자가 있으며 그 중에서 일부분만이 기소된다. 따라서 성범죄로 인한 사회적 피해 비용은 계산할 수 없을 만큼 엄청나게 크다[Florida Statutes, 2009: § 775.21(3)(a)].

이러한 취지에서 연구를 시작한 Sample과 Bray(2003)는 그러한 가정이 경험적 근거가 있는지 의문을 가졌다. 그들은 일리노이주 경찰의 범죄경력자료(1990년-1997년)를 토대로 하여, 성범죄자가 다른 범죄자에 비해서 같은 범죄로든 다른 범죄로든 다시 검거되는 비율이 매우 낮다는 것을 폭로하였다. 이들 자료는 과거 몇 년 동안 이루어진 정책적 노력이 경험적 사실에 근거하고 있지 않다는 것을 보여주었지만, 다른 사람들은 근거 없이 감정에 치우친 입법적 차원의 대응을 포기하려고 하지 않았다(Pallone, 2003; Wright, 2003). 대신 효과를 극대화할 수 있는 다른 방법을 찾는 것이 유익하다고 하였다.

법률 변화 문제를 다루는데 있어서, 법률 개정의 근본 원인은 새로운 법률의 효과 만큼 중요하지 않을 수 있다. 정말 중요한 문제는 새로이 시행된 법률적 조치가 바람직한 성과를 달성했는지 여부이다. 다음에서는 법률 개정이 의도한대로 효과가 있었는지를 살필 것이다.

법률개정의 효과 THE IMPACT OF LEGAL REFORM

6장에서는 법률 개정이 바람직한 결과를 낳았는지를 평가하는 두 가지 개념을 소개하였다. 즉 피해자보상법이 거시적 수준과 미시적 수준에서 어떤 효과가 있었는지 설명하였다. 돌이켜 보면, 거시적 수준의 효과는 범죄 신고율, 처리율, 기소율, 유죄선고율과 같은 거시적 지표의 변화를 의미한다. 즉 보다 넓은 사회적 효과를 강조하는 것이다. 반면에 미시적 수준의 효과는 보다 작은 단위의 변화를 살피는 것으로, 태도나 만족도 등의 변화를 의미한다.

이상 두 가지 효과는 법률 개정의 효과를 평가하는데 도움이 된다. 다음에서는 성폭력 법률의 변화가 거시적 수준과 미시적 수준에서 기대했던 효과를 낳았는지 살펴 볼 것이다.

거시적 수준의 효과 Macro-Level Effects

법률개정의 목표는 형사사법 시스템를 보다 "피해자 친화적(victim-friendly)"으로 만들고자 하는 것이다. 성폭행을 구성하는 요소를 변경하고, 성폭행을 입증하는데 있어서 지나치게 제한적인 증거 관련 장벽을 제거하고, 피해자를 보호하는 규정을 확립함으로써 피해자가 사법절차에서 상처를 덜 받게 할 것이다. 성폭행 사건에 대한 과거의 편향된 시각을 없애려는 이와 같은 시도는 더 많은 사건이 형사사법 시스템에 들어오도록 조장할 것이다. 따라서 범죄 신고율, 검거율, 기소율이 높아지고, 유죄 선고율도 높아질 것으로 기대하였다.

그러한 전망에 대해 초기 연구결과는 희망적이었다. 예를 들어, Michigan에서는 검거율과 유죄 선고율이 상당히 증가하였다(Caringella-MacDonald, 1984; Marsh, Geist, & Caplan, 1982). 그러나 추후 평가에서는 결코 그렇게 나타나지 않았다(Bachman & Paternoster, 1993).

Spohn과 Horney(1990)는 성폭행 개념의 변화와 증거 관련 개정의 효과에 대하여 연구하였다. 그들은 일리노이주 쿡 카운티 순회 법정의 사건기록을 이용하여 검사의 기소내용, 유죄선고내용, 선고형량을 검토하였다. 그리하여 법률 개정의 직접적인 효과는 매우 제한적이라는 것을 발견하였다. 그들은 "1978년에 통과된 강간피해자보호법이 강간범죄의 신고와 강간사건의 처리과정에 아무런 영향을 미치지 않았다"고 설명했다. 그리고 1984년의 성폭행 개념 변화가 어떤 영향을 미쳤는지에 대해서는 결론을 내리지 못했다(Spohn & Horney, 1990; 14).

특정 지역을 관할하는 재판부 기록에 근거한 조사 결과를 다른 지역까지 일반화하기는 어렵다. 특이한 조사결과일수도 있고 전반적인 동향을 정확하게 반영하지 못할 수도 있다. 따라서 더 많은 지역을 포함하여 보다 다양한 차원의 개선 노력을 고찰할 필요가 있다.

Horney와 Spohn(1991)는 여러 주의 법률을 면밀하게 검토한 후에 애틀란타, 디트로이트, 시카고, 휴스턴, 필라델피아, 워싱턴 등 6개 평가지역을 선정하였다. 1970년부터 1984년까지 기록을 이용하여 신고, 기소, 유죄판결, 선고형량에 관한 정보를 수집하였다. 그럼에도 불구하고 어떤 체계적인 영향이나 두드러진 영향을 발견하지 못하였으며, 심지어는 지역 및 변화의 형태로 구분하였을 때에도 마찬가지였다. 캐나다의 법률 개정이 검거와 기소에 어떤 영향을 미쳤는가를 살펴 본 연구에서도 아무런 영향을 발견하지 못하였다(Schissel, 1996). 앞에서 소개한 여성폭력조사(NWAWS) 자료를 재분석한 연구에서도 신고행태에 있어서만 아주 미약한 변화를 발견하였을 뿐이다(Clay-Warner & Burt, 2005). 다시 말해서 강간에 관련된 법률의 개정은 형사사법 시스템의 작동에 어떠한 전면적인 변화도 이끌어내지 못했다.

미시적 수준의 효과 Micro-Level Effects

눈에 띄는 거시적 효과가 없다는 사실은 일부 사람들을 당혹스럽게 만들었다. 그러나 다른 사람들은 이런 우울한 성과를 이상하게 여기지 않았다. 형사사법 시스템가 결함을 개선하는데 오랫동안 실패한 역사를 가지고 있다는 점을 지적하였다. 외부에서 형사사법 시스템의 문제점을 개선하려고 할 때마다 형사사법 시스템의 관리들은 교묘하게 회피할 기회를 충분히 가지고 있다.

Horney와 Spohn(1991)은 법전 속에 있는 법과 실제 집행되는 법 사이의 괴리를 염두에 두고 그에 대한 실마리를 찾기 위하여 6개 지역의 판사 검사 변호사를 면담하였다. 그 결과 매우 중요한 사실을 발견하였다.

피해자 보호 규정은 어떠한 증거가 관련된 증거로 고려되어야 하고 비공개로 제출되어야 하는지에 대해서는 강조하고 있지만, 증거 이외의 부분에 대해서는 기술하고 있지 않다. 그런데 법정에서는 비공식적인 규범이 사건관련 당사자들을 지배하고 있다. 검사는 판사가 최종적으로 어떤 판결을 내릴지를 알고 있기 때문에 특정 증거의 제출을 묵인하며 봉쇄하려고 하지 않는다. Horney와 Spohn(1991; 155-156)은 다음과 같이 설명하였다.

> 판사가 법을 무시하고 증거로 인정하거나 법적으로 제출할 수 없는 증거를 변호사가 활용하는 것을 허용하여 피고인이 무죄가 되었더라도, 피해자는 무죄판결이나 판사의 결정에 대하여 상소할 수 없다. 반면에 판사가 법에 따라서 피해자의 그럴듯한 과거 성 전력을 관련 없는 증거로 거부하였다면, 피고인은 유죄판결에 대하여 상소할 수 있다. 다시 말해서 이러한 모든 과정은 판사와 검사로 하여금 피고인에게 유리한 과오를 범하게 만든다.

이러한 발견이 가리키는 것은 법정에서 핵심 당사자들이 법률 개정의 노력을 좌절시킬 수 있는 능력을 가지고 있다는 것이다. 이러한 결과는 책에 쓰여 있는 법과 작동 중인 법 사이에 거대한 괴리가 있다는 것을 보여주고 있다.

법률 개정에 관한 요약 Summary of Legal Reform

법률 개정이 피해자 처지의 개선이나 형사사법 시스템 활동의 향상을 보장하지는 않는다. 단순히 법률을 개정했다고 해서 관계자들이 그대로 따르거나 그 효과가 나타날 것이라고 보장할 수 없다. 경우에 따라서 형사사법 시스템는 최종적인 성과를 바꾸려고 하기 보다는 과정상의 절차를 바꾸는 식으로 변화에 적응할 수도 있다. 성범죄자등록법과 같은 최근 조치는 효과가 나타날 만큼 충분한 시간이 지나지 않았다. 또한 입법의 효과에 집중적으로 몰두한 체계적인 연구는 여전히 별로 없다.

성폭행 피해자에 대한 대응 RESPONDING TO SEXUAL ASSAULT VICTIMS

대부분의 지역에서는 성폭행 피해자에게 대응할 때 **성폭행 대응팀**(*sexual assault response team: SART*) 접근방식을 채택하고 있다. SART의 목적은 법집행 관련요원, 피해자지원인력, 법의학적 간호인력, 검찰요원 등으로 인력을 구성하여 사건을 빈틈없이 처리하는 노력을 함께 하는 것이다. 피해자들이 사건을 신고하고 형사사법절차에 들어오면서 경험하게 되는 고통을 완화시키자는 의도이다. SART는 형사사법 시스템의 요구가 아닌 피해자의 요구에 우선하여 부응하도록 설계되었다(표 8-11 참조). 다음은 SART 구성원의 역할에 대한 논의이다.

표 8-11 SART 활동에 관한 통신지령요원의 체크리스트

- 안전 확인(무기, 부상, 용의자 이동 방향 등).
- 특별한 언어의 필요성 확인.
- 피해자의 안전과 의료적 요구사항 확인; 필요시 응급의료서비스 작동.
- 용의자 정보 수집; 특징(인상착의), 이동 방향, 차량 등.
- 증거에 관련된 조언 – 샤워를 하거나 옷을 갈아입거나 머리를 빗거나 양치를 하거나 가해자가 만졌을 가능성이 있는 물건이나 가구를 만지지 말 것 등.
- SART 요원이 근무 중일 경우에는 그 요원을 현장에 파견하고, SART 요원이 비번일 경우에는 정복 경찰관을 현장에 파견한다.
- 가능하면 SART 요원(또는 정복 경찰관)이 현장에 도착할 때 까지 피해자와 통화 상태를 유지하여야 한다. 피해자와 혼자 있거나 현장이 안전하지 않을 때는 특히 그렇게 하여야 한다.
- 논의를 하여 민감한 범죄사건임이 분명하고 사건 장소가 확인되면, 순회 지휘관의 승인을 받아 즉각 SART(SART요원, 피해자지원인력, 간호검사관)가 움직이도록 지령을 내린다.

출처: Wisconsin Coalition Against Sexual Assistance(2009). Wisconsin Adult Sexual Assault Response Team Protocol. Madison: Wisconsin Office of Justice Assistance, p. 19.

경찰 The Police

경찰의 대응은 성폭행이 발생했다는 신고가 있으면 즉각적으로 동원된다. 신고접수요원과 통신지령요원은 경찰단계에서 문지기 또는 모니터 요원 역할을 수행한다(Doerner, 2007). 신고접수요원은 전달받은 정보를 검토한 후 사건을 분류하고 적절한 대응기관을 결정하고, 자원을 동원하기 시작한다. 표 8-11은 SART 대응을 시작할 때 통신지령요원이 고려해야 할 사항을 제시하고 있다.

사건 현장에 도착하면 대응요원은 피해자의 신체적 정서적 상태를 평가한 후 적절한 조치를 취해야 한다. 성폭력 사건의 경우 선임요원의 세 가지 책무는 다음과 같다.

- 피해자를 보호하고, 면담하고, 지지한다.
- 가해자를 체포하고 기소하는데 도움이 되는 증거를 수집하고 보존한다.
- 범죄를 수사하고 가해자를 체포한다(National Sheriffs' Association, 2008: 43).

이 단계가 종결되면, 사건에 관한 세부사항을 파악하고 피해자 지원을 요청한다. 보통 피해자들은 치료를 받기 위해 의료시설로 이동한다. 병원 뿐만 아니라 사건현장에서도 증거를 수집하게 되는데, 가능하면 DNA 표본을 추출하는 것이 특히 중요하다. 이 시점에서 초동수사는 사건과 가해자에 대하여 많은 정보를 얻기 위한 면담을 끝으로 종결된다.

강간 피해자에 대한 경찰관의 냉담하고 둔감한 태도가 만연되어 있으며, 경험적인 조사결과에서도 그러한 사실이 일부 확인되고 있다. 경찰관에 대한 전국적인 조사에 따르면, 강간피해자에 대해서 염려하는 태도는 없고 의심하는 태도가 지배적인 것으로 나타났다(LeDoux & Hazelwood, 1985). 상당수 경찰관은 일반 대중들처럼 강간신화에 찬동하고 있다. 종종 경찰관들은 가해자와 피해자에 대한 자신의 인식에 기초하여 강간사건을 사실무근인 것으로 분류하기도 한다(Sanders, 1980). 이러한 의사결정이 이루어지는 과정은 다른 사건과 별반 차이가 없지만, 경찰관이 일관되게 냉담한 태도를 보인다는 것을 시사한다.

강간 피해자에 대한 형사사법 시스템의 자세를 나타내는 요소 중의 하나는 피해자의 신고 수준이다. 앞서 지적한 바와 같이 2008년 NCVS에 따르면, 강간 및 성폭행을 당한 피해자의 절반 이상이 경찰서에 신고하지 않았다(Catalano et al., 2009). 미신고 이유 중의 하나는 신고에 대한 경찰의 반응 때문이다. 부적절하고 곤혹스런 질문으로 인하여 사건의 초점이 가해자의 행위에서 피해자의 행위로 옮겨갈 수 있다.

사건을 다루는 경찰관의 냉담한 태도에 대한 관심이 커지면서 많은 경찰관서에서는 성폭행 관련 사건의 처리에 변화를 꾀하기 시작했다. 많은 경찰관서에서는 성폭행 사건만을 전담하는 전문수사부서를 설치하게 되었다. 그리하여 위기상담기법을 사용하도록 직원을 훈련시키고, 강간위기센터와의 협력체계를 구축하고, 범죄현장에 피해자지원인력을 배치하고, 피해자 지원을 위하여 여성 순찰요원을 파견하고, 의사들과 관계를 구축하여 피해자가 보다 나은 의료 서비스를 받도록 하였다. 그 결과 피해자 입장에 대하여 보다 공감하게 되고 긍정적 태도를 취하게 되었다(Campbell, 1995; Campbell & Johnson, 1997; Kinney et al., 2007; Temkin, 1996).

병원 Hospital

성폭행 피해자를 다루는 표준 절차에는 치료에 관한 조항이 체계적으로 정리되어 있다. 표 8-12에 열거된 목표는 대다수 피해자에게 병원은 매우 중요한 연결고리라는 점을 뒷받침하고 있다. 피해자에 대한 응급 의료 처치의 목적은 두 가지로 나뉜다. 첫 번째 목표는 의료적 지원이며, 두 번째 목표는 증거 확보이다.

일반 의학적 진료

우선 피해자의 육체적 안녕에 주의를 기울이는 것이 시급하다. 일부 피해자들의 경우 문제가 겉으로 분명히 드러난다. 출혈, 구타로 생긴 혹, 골절, 눈에 보이는 외상 등으로 즉각적인 의료적 처치가 필요한 경우가 있다. 다른 피해자들의 경우에도 겉으로는 상처가 보이지 않는다 할지라도 상해를 입었을 수 있다.

대다수의 병원에서는 피해자들이 겪는 심리적 외상을 최소화하기 위해 구체적인 절차를 마련해 두고 있다. 피해자가 진료를 받는 동안 피해자지원인력이나 특수간호사가 피해자 곁에 머무른다. 또한 대다수 병원에서는 피해자가 일반적인 접수절차를 거치지 않도록

표 8-12 성폭행 간호 검사관(Sexual Assault Nurse Examiner, SANE)의 역할

임무

SANE 프로그램의 주된 임무는 훈련된 간호 전문가가 피해자를 세심하게 배려하면서 치료하고 포괄적으로 법의학적 평가를 함으로써 피해자의 욕구에 부응하는 것이다.

프로그램 목표

- 피해자가 추가적인 피해를 입지 않도록 보호한다.
- 위기 개입을 실시한다.
- 적시에 철저하게 전문적인 법의학적 증거를 수집하여 서류로 꾸미고 보존한다.
- 성병 가능성을 평가하고 예방 조치를 취한다.
- 임신 가능성을 평가하고 예방 조치를 취한다.
- 부상 정도를 판단하고 기록하고 치료한다.
- 피해자에 대한 즉각적인 진료와 사후 진료 및 상담을 의뢰한다.
- 법집행기관의 증거 수집 능력과 기소 가능성을 향상시킨다.

출처: Ledray, L. E. (1999). SANE: Sexual Assault Nurse Examiner: Development and Operation Guide. Washington, DC: Office for victims of Crime, pp. 8-9.

하고 있다. 대신 피해자의 당혹감을 줄이고 통제감의 회복을 돕기 위하여 의료진이 피해자를 에스코트하여 별도의 병실로 데려간다.

성폭행 간호 검사관(Sexual Assault Nurse Examiner, SANE)의 도입은 매우 의미 있는 발전이다. 성폭행 간호 검사관은 전문 교육과정을 수료한 후 등록된 간호사로서 성폭행을 당한 피해자들에게 전문적인 서비스를 제공할 수 있는 간호사이다. 이들은 법의학 간호사로 일하게 되며, 법의학 간호사는 의학적 치료 분야와 형사사법 분야의 교량 역할을 한다. 육체적 치료와 심리적 치료 뿐만 아니라 증거를 수집하여 수사와 기소에 도움을 준다.

이러한 접근 방식은 법률적 측면과 법의학적 측면에서 우려가 없지 않지만, 표 8-12에서 설명하는 바와 같이 피해자의 욕구에 대한 전체론적 관점을 취하고 있다.

성폭행 간호 검사관은 피해자에 대한 서비스 제공을 조정하고, 전 과정에 걸쳐 피해자의 길잡이 역할을 한다. SANE 프로그램이 최초로 운영되기 시작한 것은 1970년대 중반이다. 오늘날 수많은 프로그램이 운영되고 있으며 계속 확대되고 있다. 안타깝게도 이 프로그램이 소기의 목표를 얼마나 달성했는지 최종적인 결론을 내리기에는 시기상조이다(Campbell, Patterson, & Lichty, 2005). 그렇지만 SANE 프로그램이 사건 발생 후 회복을 촉진했으며 추후 기소 과정에서 중요한 역할을 했다는 징후가 발견되고 있다(Campbell et al., 2005; McLaren, Henson, & Stone, 2010).

일반 의학적 진료를 통하여 신체적 손상과 성병 치료 및 예방 그리고 임신 가능성 문제를 해결한다. 성폭행 후 임신 가능성은 5~30%이다(Shulman, Muran, & Speck, 1992). 표면적인 외상 이외에도 산부인과 계통의 손상을 받은 피해자도 적지 않다. 이 상태를 방치하면 장기적으로 합병증을 초래할 수 있다.

특히 파급효과가 큰 것은 성병 문제이다. 대부분의 가해자가 체포되지 않았거나 검사를 받지 않았기 때문에 성병 감염의 위험성을 알 수 없다. 임질, 매독, 기타 성병을 막기 위한 예방조치는 믿을 수 있다. 그런데 Baker 등(1990)이 지적했듯이, 강간 피해자의 절반 정도가 가장 큰 걱정거리로 AIDS를 꼽았다. 그러나 HIV 바이러스에 노출되었는지 탐지하는 검사는 시기적으로 맞지 않을 수 있고 결과를 신뢰할 수 없다는 우려가 존재하며, 그로 인하여 피해자의 심리적 회복을 방해할 수 있다(Bowleg & Stoll, 1991). 이 문제에 대한 불안감은 AIDS와 기타 성병의 발병이 증가함에 따라 상승할 것이다(Ledray, 1999).

법의학적 진료

증거 보존은 피해자가 병원에 도착하기 훨씬 전부터 시작된다. 때때로 피해자는 불결하고 더럽혀졌다고 느낄 수 있다. 병원에 가기 전에 손을 씻거나, 양치질을 하거나, 옷을 갈아입거나, 샤워를 하고 싶어 할 수 있다. 그렇게 하면 귀중한 증거를 훼손할 수 있다. 따라서 수사요원이나 피해자와 통화하는 요원은 피해자에게 그와 같은 행위를 늦추라고 조언한다. 또한 사건 당시 착용한 옷은 증거물로 압수하여 보관할 수 있으므로 병원에 갈 때 다른 옷을 가져가라고 말한다.

응급실 진료시 법의학적 분야의 장애물은 서투른 의사의 배치이다(Best, Dansky, & Kilpatrick, 1992). 일단 주치의가 치료를 마치면, 법의학적 진료가 진행된다(피해자가 인식 못할 수도 있지만). 대다수의 의사는 증거 수집에 관한 적절한 교육을 받지 않았거나(Campbell et al., 2005; Carrow, 1980; Hilberman, 1976; Martin & Powell, 1994; Sproles, 1985), 피해자에 대한 동정적인 태도를 거의 표현하지 않는다(Campbell, 2005; Martin & Powell, 1994; Temkin, 1996). 따라서 그 상황에서 무엇을 해야 하는지에 관한 지침을 경찰 수사관에게 의존하게 된다. 따라서 누구나 예상할 수 있듯이 그들의 행동은 체계적이지 못하고 무계획적이다. 이러한 결함으로 인하여 가해자를 기소하는데 실패할 수 있다. SANE 프로그램은 이러한 문제를 피하기 위해서 만들어진 것이다.

증거에 관련된 이와 같은 문제를 해결하기 위해 많은 주에서는 연방정부의 제안을 받아들여 **강간 키트**(*Rape kits*)를 공식화했다. 예를 들어 플로리다 검찰청(2007)에서는 표준키트안을 제정하였다. 이 표준키트에는 의사가 지켜야 할 지침서, 진료검사 종결보고서 양식, 머리카락 샘플과 손톱 조각 수집용기, 시료를 추출하기 위한 면봉과 쇠주걱, 혈액샘플 용기, 기타 증거수집 도구 등이 담겨 있다. 일단 주치의나 SANE이 법의학적 진료를 완료하면, 경찰 수사관은 이 키트를 압수하여 증거 분석실에 제출한다.

이와 관련된 쟁점은 누가 증거관련 검사나 법의학적 검사 비용을 지불하여야 하는가이다. '1982년 피해자 관련 대통령 특별위원회'에 대한 추적조사 결과 통상적으로 병원이 피해자에게 증거 수집비용을 청구하는 것으로 드러났다. 오늘날에는 각 주의 피해자보상 프로그램에서 이러한 증거수집 비용을 부담하고 있다. 예를 들어 플로리다는 병원이 피해자에게 의학적 검사 비용을 부담시키지 못하게 하고 있다. 대신 검찰청에서 검사비용으로 500달러까지 상환하고 있다(Florida Statutes, 2009: §960.28). 상환을 하지 못할 경우에는 수사기관이나 검사 사무실에서 지불하도록 한다.

검사 The Prosecutor

과거에 많은 검사들은 성폭행 사건을 재판에 회부하기 꺼렸다. 법률이 개정되기 전에 검사들은 피해자에게 가시적인 외상이 없는 사건을 계속 끌고 가는 것을 경계했다. 피해자 동의 여부라는 쟁점이 거대한 장애물이었는데, 특히 배심원 재판에서 그랬다. 종종 사건판결에 결정적 영향을 미치는 요인은 배심원단에게 비춰지는 피해자의 행실과 신뢰성이었다. Konradi(1996)의 보고에 따르면, 법정에 나온 피해자의 복장, 증언할 때 적절한 감정

표현, 증언 연습 및 재판 전 준비 등이 형사사법처리과정에 영향을 미치고 호의적인 반응을 이끌어 내는데 영향을 미친다. 게다가 앞서 기술한 바와 같이 배심원의 일부는 강간신화나 그릇된 신념을 가지고 있을 수 있으며, 그것이 그들의 인식에 영향을 미칠 수 있다(Long, 2007; Scalzo, 2007; Wisconsin Office of Justice Assistance, 2009).

비판가들은 검사의 결정과 기소된 사건의 감소에 의문을 제기하였다. 일반적인 비판은 검사가 기소를 거부하여 수많은 혐의자를 기소하는데 실패했다는 것이다. 더 넓게 말하면, 경찰에 신고된 피해의 절반 정도만 검거된다. 그리고 검거된 사람들 중에서 절반 정도만 기소되고, 그 중에서 훨씬 적은 사람이 유죄선고를 받는다.

기소와 유죄선고의 감소는 피해자의 행위 때문이라는 것을 보여주는 일부 연구도 있다(Horney & Spohn, 1991; Spears & Spohn, 1996; Spohn & Spears, 1996). 예를 들어 히치하이킹을 하거나 알코올이나 약물을 음용하거나 가해자 집에 가는 행위와 같이 위험을 감수하는 피해자는 다른 피해자에 비해서 사건이 기각될 가능성이 훨씬 크다. 어떤 의미에서 이런 피해자들은 소위 말하는 "진정한 피해자"의 일반적인 모양새와 맞지 않는 사람들이다. 한편 형사사법 시스템의 사건처리 측면에서 보면, 강간 사건도 다른 중범죄와 똑같이 형사사법 시스템의 진행 절차를 거치기 때문에 그러한 결과가 나타난다는 것이다(Galvin & Polk, 1983). 이러한 통상적인 접근방식에도 불구하고, 검사가 성폭행 관련 사건을 다루

표 8-13 성폭행 관련 인터넷 사이트

사이트 명칭	사이트 주소
American Academy of Experts in traumatic stress	http://www.aaets.org
AARDVARC(An Abuse, Rape and Domestic Violence Aid and Resource Collection)	http://www.aardvarc.org/
Feminist Majority Foundation	http://www.feminist.org
Florida Department of Law Enforcement, Sexual offenders and Predators Page	http://offender.fdle.state.fl.us/hompage.do
International Association of Forensic Nurse	http://www.iafn.org/index.cfm
Men Can Stop Rape	http://www.mecanstoprape.org
Minnesota Center Against Violence and Abuse	http://www.mincava.umn.edu
National Alliance to End Sexual Violence	http://naesv.org/2009/
National Center on Domestic and Sexual Violence	http://www.ncdsv.org
National Clearinghouse on Marital and Date Rape	http://ncmdr.org
National District Attorneys Association	http://www.ndaa.org/indes.html
National Online Resource Center on Violence Against Women	http://www.vawnet.org/
Sexual Assault Nurse Examiner Sexual Assault Response Team	http://www.sane-sart.com
Office on Violence Against Women	http://www.usdoj.gov/ovw

는 방식에는 여전히 개선할 점이 많다.

요약하기 SUMMARY

성폭력은 미국 피해자 운동의 성장에 있어서 효과적인 집합장소였다. 성폭력에 관련된 수많은 쟁점은 형사사법 시스템이 피해자를 더욱 더 보호할 수 있도록 하는 개혁을 이끌어 냈다. 성폭행 피해자들은 엄청난 심리적 외상을 입고 힘든 회복과정을 경험한다. 치유를 촉진하기 위하여 새로운 법률을 제정하고 새로운 개입 조치가 등장하였다. 이러한 개혁의 목표는 피해자를 비난 받는 위치에서 지원 받는 위치로 다시 자리매김 하는 것이다. 강간과 성폭행이 정책적으로 중요한 관심 사항으로 등장한 것은 시간적으로 오래되지 않았기 때문에 당연하겠지만, 이 분야에 대한 더 많은 연구가 필요하고, 형사사법 시스템 종사자에 대한 보다 나은 교육훈련이 필요하며, 비공식적 개입 시스템에 있어 더 많은 발전이 요구된다.

제8장의 핵심용어

- 절대적인 면제권
- 지인강간
- 분노강간
- 아동강간
- 위기
- 위기반응회복순환과정
- 데이트강간
- 법의학적 진료
- 법의학 간호사
- 갱 강간
- 타격
- 충동적 강간
- 공개금지
- 피해 건수
- 거시적 수준의 효과
- 미시적 수준의 효과
- 낯선 사람이 아닌 강간
- 부분적 면제권
- 생리학적 설명
- 외상 후 스트레스 장애(PTSD)
- 피해자수
- 정신병리학
- 강간키드
- 강간신화
- 강간 외상 징후군
- 위축
- 재조직화
- 가학성 강간
- 성폭행 간호 검사관(SANE)
- 선고형량 증가
- 양성혈청반응
- 성적 지배 강간
- 성범죄자 등록
- 성폭행 대응팀(SART)
- 성병(STD)
- 사회문화적 설명
- 배우자 면제권
- 창문기(잠복기)

9

친밀파트너 폭력

Intimate Partner Violence

학습목표

본 9장을 읽고, 아래의 질문에 답해보시기 바랍니다.

- 역사적으로 남성이 여성을 어떻게 지배해왔는지 설명하라.
- 친밀파트너 폭력(IPV)의 역사적 추세를 언급하라.
- IPV의 정도를 추산(estimate)하라.
- IPV의 여러 유형들을 인지(recognize)하라.
- 연구자들이 IPV를 측정하는 방법을 설명하라.
- IPV를 측정하는 방법이 갖는 일부 단점들을 열거하라.
- IPV를 정의하라.
- 치명성과 IPV를 관계지우기(tie in).
- 과거 12년 또는 그 쯤(or so years)에 걸친 IPV의 동향을 취급(address)하라.
- 매맞는 여성증후군의 의미에 대해 이해하라.
- 마조히즘을 IPV와 연계하라.
- 가부장제가 여성폭력에 미치는 영향을 탐구하라.
- 학습된 무기력 관점을 개관하라.
- 폭력의 순환(cycle of violence)이 어떻게 구축되는지 진술하라.
- IPV에 대한 알코올의 역할을 탐구하라.
- 힘과 통제 바퀴를 IPV와 연결하라.
- 과거의 체포관련 법률이 경찰의 IPV에 대한 개입을 어떻게 방해했는지 요약하라.
- 경찰에게 가능한 불체포 선택을 평가하라.
- 미니애폴리스 실험과 그 발견사항을 요약하라.
- 미니애폴리스 실험에 대한 세가지 비판을 나열하라.
- 적극체포와 의무적 체포정책을 미니애폴리스 실험과 결부하라.
- 입법부는 경범죄 법칙을 어떻게 완화시켰는지 설명하라.

- 피난 가옥이 왜 있는지 그리고 어떻게 기금이 조성되는지 언급하라.
- 내적 타당도와 외적 타당도를 비교하고 대조하라.
- 미니애폴리스 실험의 복제를 요약하라.
- IPV에 대한 기소측면의 대응을 탐구하라.
- 금지명령(injunction)의 의의와 조문, 그리고 효과에 대해 토론하라.
- "전건(全件 no-drop)"기소 정책의 득실(pros and cons)을 취급하라.
- 최근의 연방대법원 판결 및 "no-drop" 프로토콜에 미친 영향을 탐구하라.
- IPV 사안에서 위험 또는 치명성 평가의 필요성을 이해하라.
- 반스토킹 법을 정의내리고 토론하라.
- Lautenberg 수정안을 IPV 토론에 도입(incorporate into)하라.
- 구타자에 대한 법원의 의무적 상담명령과 관련된 우려를 조사하라.
- 상담이 피해자의 우려를 어떻게 악화시킬 수 있는지 상술(specify)하라.
- 매맞는 여성증후군을 사면(executive clemency)과 연계하라.
- 성 이론(castle doctrine)에 대해 언급하라.
- 치명성 검사팀의 역할을 공개하라.

서론 INTRODUCTION

범죄와 범죄자를 생각할 때 가장 흔히 떠오르는 이미지는 낯선이(stranger)가 낯선이에 대하여 폭력을 행사하는 것이다. 하지만 실제 전혀 모르는 사람보다는 면식있는 사람들에 의해 피살되거나 폭행당할 가능성이 더 크다. 더구나 폭력적 가해자는 그저 잡화점에서 지나치다가 고개를 끄덕이는 지인이나 다른 사람(somebody)은 필경 아니다. 그는 당신이 개인적으로 매우 친밀한 관계를 맺고 있는 가족 또는 어떤 사람(someone)일 가능성이 높다.

매일 수많은 사람들이 아내를 구타한다. 이 폭력의 많은 부분은 공공의 눈에 드러나지 않는다. 그것은 대개 굳게 닫힌 방안에서 은밀하게 발생하므로 아무도 신체적 가해를 볼 수 없고 살려달라는 고통스런 애원을 들을 수 없다. 더군다나 만일 사람을 때리는 숨죽인(muffled) 소리가 들린다 해도 "남성에게 있어 집은 그의 성(castle)"이라는 믿음에 기초하여 간섭을 하려들지 않을 것이다.

최근에야 비로소 집안에서 발생하는 엄청난 인간의 고통을 깨닫게 되었다. 점차 이러한 가정 내부의 갈등(strife)은 공공의 시야에 더욱 더 드러나고 있다. 사회는 친밀파트너 폭력(이하 IPV라 한다)문제를 공공의 건강에 대한 주요 위험요소(hazard)로 인식하기 시작했다. 2001년에서 2005년간 여성이 경험한 비치명적 폭력사건 중 22%는 친밀한 파트너와의 논쟁(altercation)이 결부되어 있는데, 이는 비슷한 남성의 피해자화가 4%인 것과 비교된다(Catalano, 2007).

이 장에서는 남편과 아내간 또는 다른 동거부부(conjugal cohabitants) 사이에 발생하는 폭력을 다룬다. 우리는 이 문제의 만연(pervasiveness)을 고찰하고 이러한 행위들을 규율하는 법률규정의 유형들을 살펴본다. 또한 학자들은 IPV를 어떻게 설명하는지 알아본다. 곧 알게 되겠지만, IPV문제는 법집행 경찰관들에게 굴러 들어갔고(drop into laps) 그들은 최초의 대응자로서의 책임을 맡았다(assume responsibility). 경찰이 IPV를 다루는 일차적 이유는 어떤 공적 기관도 주 7일간, 하루 24시간, 일년 365일 운영되지 않기 때문이다. 그들은 이들 업무를 예상하지 않았던 관계로 법집행기관은 흔히 이러한 형태의 폭력을 취급하기 위해요구되는 자원과 기술이 결여되어 있다. 이러한 단점에도 불구하고, 경찰국과 여타 형사사법 공동체는 계속해서 이 사회적 문제와 싸우는 길을 모색하고 있다.

친밀파트너 폭력의 역사 A BRIEF HISTORY OF IPV

남성의 여성지배는 강력한 역사적 뿌리가 있다. 초기 로마법은 여성들을 남편의 재산으로 취급하는 관습이 있었고, 이 제도는 성서의 구절, 기독교, 영국보통법 그리고 미국식민주의자의 풍습에 의해 강화되었다(Dobash & Dobash, 1977-78,1979; Edwards, 1989; Pleck, 1989). 재산으로서의 여성들은 자신들에 대한 생사여탈권을 가지고 있었던 아버지와 남편의 통제에 복종하여야 했다. 역사의 대부분에 걸쳐 여성들은 법적인 지위를 부여받지 못하였다. 여성에 대해 행해진 어떠한 손상도 아버지나 남편에 대한 범죄였지 그녀에 대한 것이 아니었다. 결과적으로 복수나 손해배상의 청구는 "소유자"인 남성이 하였다. 동시에 여성은 비난할만한(culpable) 당사자가 될 수 없었다. 여성이 저지른 어떠한 불법행위에 대해서도 책임의 주체는 그녀의 아버지나 남편이었다. Buzawa와 Buzawa(1990)가 지적하기를, 남편이나 아버지는 여성들을 처벌할 것을 요구받았다. 사실 많은 서양문화권의 법률상으로는 여성에 대한 공적인 처벌을 법률의 보호권역 밖에 두고(proscribe) 있었다.

미국에서 아내구타를 제한하는 법률의 동향은 대략 3단계로 나누어질 수 있다. 첫 번째 기간은 1600년대 중반에 발생하였는데, 이 시기에 메사추세츠 청교도들은 아내구타와 가족폭력을 금지하는 법률을 제정하였다(Pleck, 1989). 그렇지만 Pleck은 이들 법률이 거의 집행되지 않았음을 지적하고 있다. 이러한 불철저(laxity)의 아주 큰 원인은 가족의 프라이버시에 대한 강한 믿음, 그리고 남편의 물리력 행사를 유용한 훈육형태로서 용인하는 것에 있었다.

두 번째로 IPV에 대한 우려의 상승(upswing)은 1800년대 후반에 나타났고 주정부에서는 가정폭력을 제한하는 법률을 통과시키기 시작했다. 이민, 범죄증가, 알코올 소비 그리고 기타 요소들은 가정갈등을 통제하고 외부의 개입을 허용하는 법률의 통과를 촉진하였다(Pleck, 1989). 일부 주에서는 심지어 아내구타에 대한 처벌로써 공적인 태형(flogging, 笞刑)을 의무화시키기도 하였다. 하지만 이전의 동향과 마찬가지로 이러한 법률과 처벌은 거의 집행되지 못하였다(Pleck, 1989). 이러한 보호적 조치가 형성되어 가는 한편에, 일부 19세기 주의 대법원 판결은 아내구타를 계속 용납(condone)하였다. 그렇지만 남편들은 체벌(physical chastisement)의 수준을 좋은 취향(good taste)의 선을 넘어서지 못하도록 충고를 받았다(Dobash & Dobash, 1977-78; Pleck, 1979). 여기서 언급(note)해야 할 중요한 점은 20세기 초반부에 접어들어 비로소 미국 여성들에게 참정권(suffrage), 즉 선거할 권리가 부여된 것이다(표 9-1참조).

평등권 수정헌법(Equal Rights Amendment, ERA)의 운명은 여성의 지위가 축소된 또 다른 사례이다. 첫 번째 ERA는 1923년 12월 23일 제안되었다. 하지만 몇 년간 의회에서 시들(languish)해지더니 다시는 위원회에 상정되지 않았다. 다른 ERA안은 1971년 하원에서, 1972년 상원에서 승인되었다. 그러나 이러한 노력은 결과적으로 실패한 것인데 그 이유는 필요로 하는 38개 주 중에서 겨우 35개주만이 ERA를 비준하면서 검토기간이 만료되어 버렸기 때문이다. 근래에 ERA를 부활시킨 결의안(resolution)이 하원에 제출(introduce)되었고(H.J.Res.61)(표 9-2참조) 현재 검토중에 있다. 그럼에도 여성들은 남성에 비해 더 작은 지위를 가지고 있고 강력한 저항에 직면하였다는 문제는 남아있다(point remains).

표 9-1 여성참정권을 부여한 19차 수정헌법

수정 14

1919. 6.4 의회를 통과하고 1920. 8. 18 비준되었다.
미국시민의 선거권은 미국에 의해 또는 성별을 이유로 거부되거나 박탈당하지 아니한다.
의회는 적절한 입법을 통해 이 조항을 집행할 권한을 갖는다.

출처: 국가기록보관소 경험(n.d). 미국헌법 워싱턴 D.C: 국가 기록보관소. 2010. 7. 20 검색 http://www.archives.gov/national_archives_experience/charters/contitution_amendments_11-27.html

표 9-2 하원 결의안 61, 남성과 여성의 평등권에 관한 미국헌법의 수정발의, 2009. 7. 21.

양원의 각 3분의 2이상 동의(concurring)로 미국 의회에서 상원과 하원에 의해 결의되었다. 다음과 같이 미국헌법 수정조항이 제출되었고, 여러 주에 의해 4분의 3이상으로 비준되면 헌법의 일부로써 사실상(to all intents and purposes) 유효하게 된다.

1절. 법 앞의 평등권은 미국이나 어떠한 주정부에 의해서도 성별을 이유로 거부되거나 박탈당하지 않는다.
2절. 의회는 적절한 입법을 통해 이 규정을 집행할 권한이 있다.
3절. 이 수정은 비준일로부터 2년후에 발효된다.

출처: 의회 기록(2009. 7. 21). 하원 공동결의 61.111기 의회, 1회기. 2010. 7. 20검색
http://thomas.loc.gov/cgi-bin/query/z?c111:H.J.LES.61

IPV에 대한 3단계의 관심은 현재 진행형이다. 1960년대는 전반적인 사회적 불안과 평등 의 요구가 시작되는 시기였다. 강간, 친밀파트너 학대 그리고 가정폭력에 대한 걱정은 결집된 형태의 여성운동의 표출을 요망(cry for)하게 만들었다. 가정의 사생활 이슈는 경찰이 가정폭력에 더 많이 개입하길 요청하는 것으로 대체되었다. 의사와 사회사업가들이 가정폭력에 대해 소리를 높이고(become vocal) 이러한 문제들을 사회의 관심사로 끌어올린 것도 이 시기의 일이다. 주목할 것은 이 영역에서 최고의 학문적 발산인 **결혼과 가족학술지**(*Journal of Marriage and the Family*)에서 1969년 이전에 가정폭력을 주제로 다룬 연구논문이 단 한건도 없었다는 점이다(Wardell, Gillespie & Leffler, 1983). 다음은 Dobash와 Dobash가 IPV에 대한 관심의 결핍(paucity)을 역사적으로 고찰하면서 지적한 것이다(1977-78: 427).

> 아내구타는 이 단어가 갖는 가장 엄격한 의미에서 "일탈", "도리를 벗어난(aberrant)" 또는 "정신병질"의 행동은 아니다. 오히려 그것은 수 세기동안 용납될 수 있는 그리고 정말이지 가부장 사회 속에서 가부장적 가정체계의 바람직한 부분으로 여겨지며 존속되어 온 행위형태였다. 그리고 여성의 예속과 여성에 대한 지배, 통제를 통해 가부장제를 지지하고 있는 많은 이념과 여러 제도적 합의(arrangements)들은 여전히 우리 문화와 우리의 사회제도에 반영되어 있다.

IPV에 대한 관심에 아마도 가장 위대한 돌파구(breakthrough)가 된 것이 1984년에 공표된 미니애폴리스 실험인데, 여기서는 학대 남편을 체포하는 것의 효과성을 평가하였다. 후에 이 장에서 보다 상세히 다루겠지만, 이 연구는 대단히 많은 정책의 변화를 가져오고 학계의 광범위한 논쟁을 낳았으며 잇따른 복제실험을 촉진시켰다.

다시 불붙은 IPV에 대한 관심은 상대적으로 시들지 않은 채 지속되었다. 한편에서 일부 페미니스트 학자들이 여성폭력에 관련된 연구가 계속적으로 특수하고 분리된 훈육 저장고(silos)에 들어가는 걸 애통해하지만(Basile, 2009; Ford, 2009;Jordan, 2009), IPV는 더 큰 틀과 피해자학의 성장 울타리내에서 지속적으로 선도적인 이슈가 되고 있다. 형사사법시스템은 학대적 가해자와 피해자 처리의 정책과 절차를 다르게 만들면서 적응했다. 학문적 관심 또한 보조를 맞추었다. 대부분의 도서관 서고를 우연히 검색해보면 IPV를 다루고 있는 많은 자료들이 발견될 것이다.

IPV의 정도 The Extent of Intimate Partner Violence

IPV의 현황에 대해서는 각 연구마다 약간씩 다르게 추산(estimate)되고 있다. 이러한 차이는 때때로 연구자들이 사용하는 정의에서 비롯된다. 이러한 분명한 차이점에도 불구하고 피해자학자들은 IPV에는 몇 가지 유형이 있다는 것에 동의할 것이다. 표 9-3에서 보

표 9-3 가정폭력의 유형

가정폭력은 다른 사람에게 영향을 미치는 신체적, 성적, 정서적, 경제적 또는 심리적 행위나 그 위협이 될 수 있다. 이는 누군가를 위협, 조종, 모멸, 고립, 놀라게 하고, 공포에 떨게(terrorize)하고, 강요(coerce), 협박, 비난, 고통, 손상, 부상을 입히는 행위가 다 포함된다.

- 신체적 학대: 때리기, 뺨때리기, 밀기, 움켜잡기, 치기, 깨물기, 머리채 당기기 등. 신체적 학대에는 또한 파트너의 의료처치를 거부하거나 술이나 마약사용의 강요를 포함한다.
- 성적 학대: 동의없는 성적 접촉 또는 행위의 강요나 시도. 성적 학대에는 부부강간, 성적인 신체부위의 공격, 폭행후의 강간, 또는 성적으로 비하하는 방법으로 대우하는 것이 있으나 반드시 이에 한하는 것은 아니다.
- 정서적 학대: 개인의 가치감이나 자존감을 깎아내림. 이에는 지속적인 비난, 능력격하, 욕지거리, 또는 자녀간의 관계를 위태롭게 하는 것이 있으나 반드시 이에 한하지 않는다.
- 경제적 학대: 재정적 자원에 대해 완전한 통제를 유지한다든지 금전에 손대지 못하게 한다든지 학교나 직장생활을 금지함으로써 재정적으로 의존하게 만들거나 그러한 시도를 하는 것.
- 심리적 학대: 위협으로 두려움을 야기하는 것; 자신에 대해서나 파트너, 아이들, 파트너의 가족이나 친구들을 해코지하겠다는 협박; 애완동물과 재산의 파괴; 가족, 친구 또는 학교와 직장으로부터 고립시키는 것.

출처: 여성폭력실(2010). 워싱톤 DC: 가정폭력. 법무성,
2010. 7. 20 검색 http://www.ovw.usdoj.gov/domviolence.htm.

듯 IPV에는 최소한 다섯 가지의 주된 유형, 즉 신체적 학대, 성적 학대, 정서적 학대, 경제적 학대, 그리고 심리적 학대가 존재한다.

혼인폭력의 정도를 평가하기 위해 널리 알려진 조사 도구인 갈등방식척도(Conflict Tactics Scale, 이하 CTS라 한다)가 자주 사용되고 있다. CTS는 갈등에 대해 비폭력에서 폭력행위에 이르기까지 다양한 대응들을 나타내고 있다. 응답자들에게는 작년에 얼마나 각 대응에 호소했는지 표기하도록 요구했다. Straus와 그 동료들은(1980) 원판 CTS를 활용하여 대상자의 16%가 전년도에 최소한 한 번의 폭력사안을 보고한 것을 확인하였다. 이들 중 4분의 1이상은 혼인중 최소한 1회는 폭력을 행사한 것을 인정하였다.

CTS가 도입되어 널리 활용되긴 했지만 그것은 약간의 한계가 있었다(Dobash et al., 1992). 첫째, 가구에서 오직 한명만이 전형적으로 조사되었다. 이러한 결점은 대응을 측정할 비교 데이터가 없다는 것을 의미한다. 아내에 비해 남편은 폭력을 더 적게 본다는 점에서 타당도의 결여는 특히 문제이다(Browning & Dutton, 1986). 둘째, 이들 자료는 갈등의 정도를 측정한다는 점에서 한계를 지닌다. 다양한 카테고리에서 활용된 객체의 종류, 각각의 사건발생에서 행위의 횟수, 또는 투사의 힘에 관한 정보를 알 수가 없다(Frieze & Browne, 1989). 마지막으로, 결혼기간, 파트너의 연령, 가족의 사회경제적 상태 또는 다른 인구통계적 특성에 관해서는 정보가 거의 없다.

이러한 단점에도 불구하고 CTS는 최소한 세 가지의 장점을 지녔다(Schafer, 1996). 첫째, 표준화된 척도에 의존함으로써 하나의 프로젝트의 결과와 이후의 것을 비교하기가 쉬워지고 연속체로서의 정보를 개발하기가 용이하다. 둘째, 표준화된 질문지는 대상자의 기억 쇠약(decay)을 최소화하는 도구로서 기능할 수 있다. 제2장에서 논의한 바와 같이, 기억재생 문제는 조사연구자에게 지속적인 걱정의 원천이다. 마지막으로, 표준질문 세트를 수많은 다른 환경에서 활용함으로써 향상(refinements)과 개선이 가능해진다.

이러한 고찰은 Straus와 그 동료들로 하여금 보다 정제된 도구판(version) 개발을 촉진하였다. 수정척도에서는 학대관련 항목을 더 많이 담고, 심리적 학대를 서면화하고, 다른 유형의 성적 폭력을 조사하고, 부상과 같은 결과의 측정을 포함하고 있다. 이 수정척도의 신뢰도와 타당도를 밝히려는 작업이 현재 수행중에 있다.

Gelles와 Straus(1988)는 모든 쌍들의 대략 25%는 평생 학대를 경험할 것이라고 주장한다. 수적인 면에서 Langen과 Innes(1986)는 매년 대략 2백10만명의 여성이 학대로 고통받고 있다고 추정하는 반면, Sherman(1992)은 경찰기록상 매년 8백만이 반영되어 있다고 보고하고 있다. 어느 연구팀이 간결하게(succinctly) 설명했듯이 "여성이 파트너폭력의 피해를 겪게 될 비율은 유방암을 경험하는 여성의 비율보다 훨씬 더 많다"(Logan et al., 2006: 177).

IPV 현황은 공적이건 자기보고이건 실제의 학대수준을 밑돌고 또 대단히 많은 고찰이 요구된다. 부정확성을 야기하는 하나의 이유는 많은 연구들이 관계를 유지하는 중에 발생하는 폭력의 횟수를 기록하지 못한 대신 어떤 학대가 행해졌는지 여부만 계산하는 데에 있을 수 있다. 학대가 발생하는 횟수를 고찰한 Straus(1978)는 매년 평균 3건의 구타를 보고하였다.

또 다른 문제점으로는 많은 연구들이 오로지 결혼한 쌍들만을 조사한 점이다. 교제패턴에 대한 연구결과들은 교제중인 친밀한 파트너들의 폭력이 22%에서 3분의 2정도에 이르고 있음을 보여준다(Gelles & Cornell, 1985:65). 분명하게 일부 사람들은 이 기간을 결혼의 상호작용을 위한 "훈련의 영역(training ground)"으로 간주한다. 게다가 연구자들은 동성 커플간에 일어나는 폭력의 양을 간과하는 경향이 있다(Lockhart et al., 1994).

마지막으로, 연구결과의 불일치를 조화시키기 어려운 이유는 종종 연구설계의 차이 때문이다. 학대에 대한 정의를 서로 달리 사용할뿐만 아니라 자료원 또한 다양하다(예를 들어 경찰 기록, 사회봉사기관, 단일 도시 조사, 또는 "전문가"에 의한 추산). 그 결과 연구자들은 IPV사건의 실제 발생건수는 모든 커플들의 50%에 육박하는 것이 아닌가 의심한다(Feld & Straus, 1989). 이러한 것과 다른 프로젝트로부터 생기는 외면할 수 없는 결론은 IPV는 다반사로 일어나는(all-too frequent) 행위라는 점이다. 학대가 일어나는지 여부를 측정하는 방법은 표 9-4를 보라.

표 9-4 난 학대당하고 있는가

당신의 파트너가
- 깔아뭉개는 말(put-downs)로 상대방(the other person)을 당황하게 하는가?
- 두려움을 주는 방법으로 바라보거나 행동하는가?
- 상대방이 하는 일, 사람을 만나거나 이야기하는 일, 가려고 하는 장소를 통제하려 드는가?
- 친구나 가족들을 만나지 못하도록 방해하려 드는가?
- 상대방의 금전이나 사회보장수표(Social Security Check)를 빼앗으려 하는가?
- 원래 공유되어야 할 돈을 상대방이 요청하게 만들거나 안 주려고 하는가?
- 모든 결정을 독차지하는가?
- 애들을 데려가겠다거나 해치겠다고 협박하는가?
- 상대방이 취업하거나 학업하는 것을 방해하는가?
- 상대방이 학대를 당하는데도 학대같은 행위는 아무것도 아닌 것처럼 행동하고, 행위를 부인하고 또는 다른 사물이나 타인을 비난하는가?
- 상대방의 재산을 파괴하거나 애완동물을 죽이겠다고 협박하는가?
- 총, 칼 또는 다른 무기로 상대방을 위협하는가?
- 상대방을 밀치고, 뺨을 때리고, 목을 조르거나 때리는가?
- 상대방을 강제하여 고소를 해보고(try) 취하하도록 하는가?
- 자살하겠다고 협박하는가?
- 상대방을 죽이겠다고 협박하는가?

출처: 전국 가정폭력 핫라인 (n. d.). 이것이 학대인가? Austin, TX: 전국 가정폭력 핫라인. 2010. 7. 21 검색 http://www.ndvh.org/is-this-abuse/am-I-being-abused

제 2장에서 논의한 전국범죄피해조사(NCVS)를 재설계하면서 IPV에 관한 보다 상세한 정보가 들어갔다. **친밀파트너 폭력**이라는 용어에는 현재 및 전 배우자, 남자 및 여자친구를 아우르는 신체적 사건을 포함한다(Catalano, 2007). 그림 9-1은 1933년에서 2004년까지의 이러한 현황을 보여준다. 여성피해자화 비율은 해가 갈수록 감소하는 한편, 여성과 남성 피해자화 비율간의 간극은 여전히 확연하다(pronounced). 여성들은 그들의 친밀자로 인해 더 해를 입을 가능성이 많다. 여성들의 IPV 피해는 2004년 151,000건을 넘었다. IPV 피해자중 여성의 2분의 1, 남성의 3분의 1은 부상을 입었다(sustained). 부상의 대부분은 심각한 것은 아닌 반면, 피해자의 5%정도는 사살, 자창, 의식상실, 골절, 성적 구타 또는 다른 극심한 부상을 당했다.

IPV를 논하려면 이들 사건들이 잠재적으로는 치명적 갈등(confrontation)으로 진전될 수 있음을 인식해야 한다. FBI(2010a)는 2009년 전국에서 발생한 15,241건의 살인을 보고했다. 살인에 관한 보충 보고서는 풍부한 자료를 담고 있으며 이들 사례중 7,650건에 관한 유용한 정보가 있다. 이들 파일에 근거한 표작성(tabulation)을 보면 피해자의 78%는 가해자들과 안면이 있는 반면에 22%는 낯선 자에 의해 피살되었다. 더 깊게 들어가 보면(delving further), 소상하게 설명된 사건중 18%는 남편, 남자친구 또는 여자친구에 의한

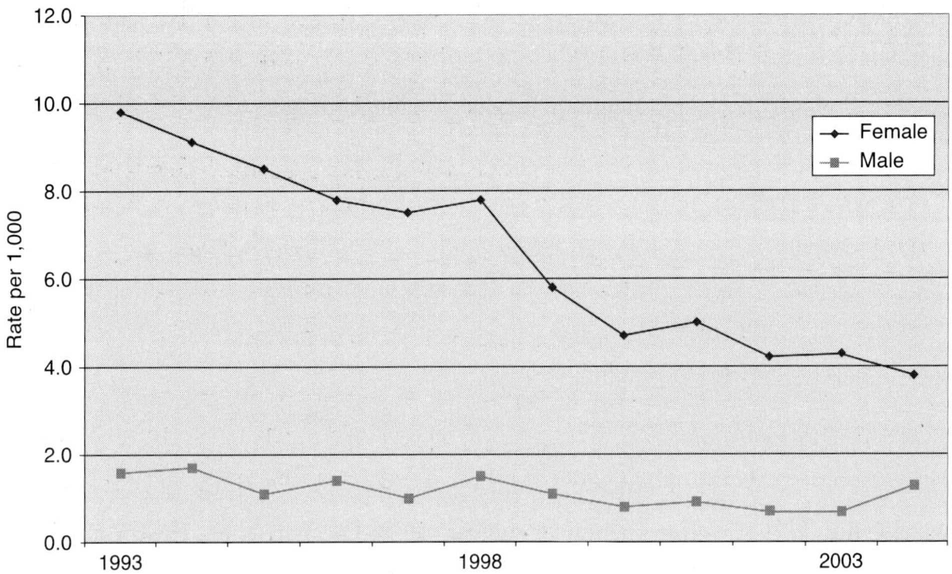

그림 9-1 1993~2004년 각 성별 인구 천명당 친밀파트너에 의한 비치명적 폭력의 피해율

Catalano, S. (2009). 미국의 친밀파트너폭력. 워싱턴 DC: 사법통계국, 2p. 2010.7.21 검색 http://bjs.usdoj.gov/content/pub/pdf/ipvus.pdf.)

살인이었다. 부모, 자식, 혈족 그리고 다른 가족구성원들은 이들 치명적 갈등속에 14%를 점하고 있다. 친구, 지인, 직장동료와 피고용자들이 나머지 46%를 차지하였다. 확보된 정보에 근거해볼 때, 이와 같이 살인피해자들은 생면부지의 사람보다는 지인들로 말미암아(at the hands of) 입은(sustain) 손상으로 사망할(expire) 가능성이 더 높다. 이런 재미있는 사실(tidbit)은 바로 우리가 제 1장에서 고전적인 Wolfgang(1958)의 필라델피아 살인 연구를 통해 알게 된 것이다.

IPV는 아내를 패는 남편에 국한되지 않는다. 때때로 여성들은 자신의 배필(mate)을 구타한다. 배우자를 패는 여성의 개념이 처음 소개되었을 때(Steinmetz, 1977-78, 1978a), 일부 평론가(commentator)들은 이 지적을 "훈제한 청어(red herring)[1]" 또는 실제의 문제를 오도하는 왜곡이라고 간단히 말했다(Field & Kirchner, 1978). 여성도 폭력적인 것은 남성파트너와 마찬가지라는 "**성적 균형**(*sexual symmetry*)"의 개념은 손상의 심각한 정도, 행위가 정당방위로 시작된 것인지 여부, 그리고 대응의 극단성을 간과하고 있다(Dobash et al., 1992). 가정폭력 관점에 집착하는 사람들은 이것과 이에 관련된 다른 주제에 더 주의를

1) 역자 주: red herring은 훈제한 청어의 뜻 외에 다른 의미로는 문제에서 주의를 돌리기 위한 물건, 사람을 기만하는 물건을 뜻한다. 원래 사냥개의 후각을 단련시킬 때 여우의 냄새를 없애기 위해 훈제 청어를 사용한다.

기울이는 것을 좋아한다. 하지만 엄격한 페미니스트 관점을 받아들이는 사람들은 성(gender)과 권력의 관계를 무시한다는 이유로 이렇게 부르는 것에 반대하고 있다. 이 상황을 가장 잘 요약한 것은 아마 Henning, Renauer와 Holdford(2006: 6)의 글일 것이다.

> IPV는 여성피해자와 남성가해자로 된 성별 범죄라고 주장하는 사람들은 표본을 볼 때 1차적인 피해자가 대부분 여성이라는 것을 강조할 것이다. 여성들도 남성만큼이나 폭력적이고 형사사법시스템이 남성에 대해 편견을 가지고 있다고 주장하는 사람들은 우리가 확인한 "여성구타자"를 지적할 것이다. 우리가 생각하는 것은 양쪽의 정보조각들 모두 중요하며, 가정폭력 제안(initiative)에 대한 반동에 계속 기름을 붓는 극단화된 논쟁을 넘어서는 현장의 진보를 인정하지 않으면 안된다는 점이다.

배우자 학대(*spouse abuse*)와 반대로 친밀한 파트너 폭력이라는 보다 확장적인 용어를 사용하는 이면의 부분적 이유(reason behind)는 폭력이 동성 관계에서도 발생한다는 인식이 점증하고 있기 때문이다(kuehnle & Sullivan, 2003; Lockhart et al., 1994; Younglove, Kerr & Vitello, 2002). 일부 저자들은 동성 커플간에 발생하는 폭력의 비율이 이성간의 그것과 거의 똑같다고 결론내렸다(Aulivola, 2004; McClennen, 2005; Stanley et al., 2006). 배우자 학대라는 논제를 여성은 피해자, 남성은 가해자라고 성별의 경계(line)를 따라 묘사하는 대신에, 이들 관찰자들의 제언내용은 그 논제를 친밀한 파트너 폭력의 관점으로 고쳐쓰고(recast) 주요한 관계속에서 이루어지는 폭력에 집중하는 것이다.

여성들은 때로 가해자들에게 반격을 한다. 과거 30년간을 조사한 바에 의하면 남성파트너 사망이 포함된 살인의 대략 4분의 3은 여성파트너에 대한 IPV 사건이 선행된 것들이었다(Campbell et al., 2007: 247). 이들 여성이 IPV의 피해자였다는 사실은 변호사들로 하여금 **매맞는 여성 증후군**(*battered woman syndrome*)을 정당방위로 원용하게 하였는데 이 개념은 이 장의 뒷 부분에서 논의할 것이다. 이는 이들 여성들이 외상(traumatized)을 입어서 단지 더 이상 당하지 않기 위해 가해자들을 살해할 기회를 잡았을 따름이라고 주장한다. 어떻든(in any event) 여기서 전형화된 상황들 때문에 한 작가는 "남자의 집은 그의 성일지 모르나 여성에게 집은 지하감옥(dungeon)이 되곤 한다(Costa, 1984: 8)."

친밀한 파트너폭력의 이론들 THEORIES OF INTIMATE PARTNER VIOLENCE

IPV와 관련해서 몇 가지의 이론적 설명이 있긴 하지만 이 행위의 근본원인에 대한 분명한 합의는 형성되지 않았다. 우리의 목적을 위해 이론적 논의는 3가지의 일반 범주-(1)개인내적 이론, (2)사회문화적 설명(가부장제도), (3)학습된 무기력 관점-로 나누어볼 수 있다. 개인내적 접근에서는 가해자의 행위의 이해에 도달하려고 노력한다. 그것은 왜 일부 사람들이 자기의 파트너를 때리는지에 의문을 갖고 학대를 견디는 피해자의 심리적 특질을 다룬다. 두 번째 사고의 길은 사회문화적 설명 또는 혹자가 칭하길 페미니스트 관점을 취급한다. 여기서는 사회의 남성지배 성향을 강조하고 있다. 마지막 접근방식인 학습된 무기력 또한 사회문화적 전통의 일부이다. 학습된 무기력은 피해자들이 구타자로부터 빠져나오면 피해를 방지할 수 있음에도 왜 그러한 학대환경에 머무르는지에 의문을 갖는다. 우리는 그 직관적 호소에도 불구하고 자기 파트너를 버리는 결정은 매맞는 관계로부터 도피하려는 단순한 욕구보다도 훨씬 복잡하다는 것을 보게 될 것이다.

IPV의 이론화상태는 여전히 무계획적이다. 어느 이론도 가장 유망한 것으로 증명된 바가 없다. 그 결과 다음의 토론들은 어떤 하나의 이론적 관점을 옹호하기보다는 정보제공의 의미가 더 크다.

개인내적 이론들 Intraindividual Theories

개인내적 이론들은 일탈행위의 원인을 개인의 내부에서 찾는다. 이러한 설명들은 빈번하게 정신병리학 이론으로 언급된다. 그들은 개인내적 문제에 초점을 맞추고 비정상적 행위를 야기한다고 생각되는 다양한 특수 논제들을 다룬다. 이들 목록(item)중에는 약물사용, 정신질환, 스트레스, 우울, 낮은 자존감, 그리고 세대간 학대의 전이가 포함된다.

IPV에 관한 최초의 이론들은 종종 구타자는 아프거나 장애가 있다는 일반 견해에 의존하고 있다. 본질적으로 가해자는 별난 사람이었고 사회의 규범을 반영하지 못하였다. 이 믿음은 IPV가 가정 밖에서 취급할 것이 아닌 개인적 문제일 것이라는 생각과 딱 맞아떨어진다. IPV가 공공의 주목을 받게 된 상황에서 이는 단일 사건(isolated incident)이고 오로지 직계가족의 관심사로 쉽게 기각할 것이었다.

일부에선 IPV를 가해자의 정신질환 탓으로 돌리긴 하였지만, 행위를 야기하거나 기여하는 개인적 요소를 직시함으로써 주제에 대하여 보다 정확한 정의를 내릴 수 있다. 양당사자 또는 일방이 알코올 및 다른 약물을 소비한다는 연구결과는 비일비재하다(Brookoff, 1997; Browne, 1987;Stuart et al., 2006). 그렇지만 IPV사건에서 약물사용이 흔하다는 사실이 원인으로 작동하는 메카니즘을 따로 떼어내지 못한다. 두 가지의 기초적 가능성이 존재한다. 하나는 알코올이나 다른 약물의 사용으로 가해자가 학대적으로 될 수 있다. 두 번째 대안은 알코올과 다른 약물이 탈(脫)억제제(disinhibitors)로서 기능한다. 그것들은 정상적으로 가해자의 행위를 저지해 줄 장벽들을 무너뜨린다. 연구자들은 이중에서 어떤 가능성이 정확한지를 아직 알아내지 못하였다.

스트레스, 우울, 낮은 자존감, 그리고 유사한 요인들은 종종 IPV의 원인으로 제시되고 있다(Hotaling & Straus, 1989;Pagelow, 1984). 기본 논의의 내용은 가해자가 중요한 타인에게 마구 주먹을 휘두를 때는 자기가 직접적으로 다룰 수 없는 다른 사람이나 사물에 대한 좌절이나 분노를 분출(vent)하고 있는 것이다. 예를 들어 사람은 직장에서의 스트레스를 풀기위해 상사를 공격할 수는 없다. 대신에 누군가에게 호소하기가 어려운(little recourse) 만만한 가족구성원에게 달려들 것이다. 학대자는 단지 감정을 쏟아낼 수용가능한 방법이 없을 따름이다. 종종 가족의 사회경제적 조건이 낮은 자존감이나 스트레스의 원인으로 지적된다.

또한 정신병리적 원인의 표제아래 고려되는 것이 일부 개인들은 과거의 경험을 통해 그렇게 하는 걸 배웠기 때문에 학대행위를 저지른다는 생각이다. 이 폭력의 세대 전이적 접근방식은 학습이론이다. 지지자들은 학대의 피해자였거나 학대를 목격한 개인들이 종종 성장하면서 학대자가 된다고 주장한다(Hotaling & Sugarman, 1986;Pagelow, 1984;Straus, Gelles, & Steinmetz, 1980). 폭력의 세대 전이적 접근방식을 지지하는 유용한 증거는 미약하고 많은 논쟁거리를 남기고 있다(Pagelow, 1984).

폭력을 가해자의 병리적 조건에 귀인시키는 것 외에, 일부 사람들은 그러한 행위를 인내하는 파트너들 역시 병리적이라고 반박할 것이다. 다른 말로 하면 만약 어떤 사람이 문제가 많은 관계를 지속하고, 파트너한테 폭행당한 후에 여전히 구타자를 사랑한다고 주장한다면 그 피해자는 아프거나 미쳤음에 틀림없다. 이 관점이 갖는 문제는 심리적 특질이 폭력적 관계의 유지를 촉진하는 것과 동일시(identification)하는 점이다. 일부 관찰자는 마조히즘 또는 고통의 욕망을 핵심 성분(key ingredient)으로 지적한다. 어떠한 이유에서건 매맞는 관계에 머무는 피해자들은 처벌을 환영하는 것으로 보이는 죄책감이나 다른 미해결의 심리적 문제를 품고 있다. 그 결과 마조히즘적 사람들은 상처를 입혀서 자신들의 요구를 도와주는(oblige) 짝들에게 동화(gravitate toward)된다. 다시 말하자면 이들 피해자들이 파트너들에게 구타를 유도하여 마음속에 깊게 자리 잡고 있는 매 맞고 아프고 싶은 충동을 채우는 것이다. 이 입장은 제1장에서 제시된 내용들을 환기시키는데, 우리는 Menachim Amir가 피해자 촉진(victim precipitation) 개념을 강간에 적응하던 방식에 대해 논한 바 있다.

독자들이 짐작하였을 테지만 모두가 이런 지향성을 명쾌하게 받아들이는 것은 아니다(Hamberge, 1993;Pagelow, 1992, 1993). 한 학자는 이 연구물들을 평가하면서 다음과 같이 언급한다:

> 여성들이 학대받기를 요청한다거나 단지 선택권도 없이 자신의 집에 갇혀있다고 주장할 사람은 거의 없다. 대부분이 일종의(some sort of) 도움을 얻으려고 하였던 것처럼 여성들은 소극적으로 학대를 받아들이고 있었던 것이 아니라 이를 바꾸지 못했던 것이다. 만일 그들이 마조히즘적이라면 그들은 학대를 위해 머무를 것이다. 대안은 학대에도 불구하고 또는 관계가 갖는 긍정적 측면 때문에 머무른다고 보는 것이다. 유력한 가능성은 비록 여성들이 선택권을 가지고 있지만 그렇게 느끼지 못하고 있다고 보는 것이다(Rounsaville, 1978: 17-18).

사회문화적 설명 가부장제, Patriarchy

사회문화적 또는 페미니스트 관점은 여성학대를 역사적 대우와 현재의 가부장적 사회 구조의 산물로 보고 있다(Brownmiller, 1975;Burgess & Draper, 1989;Dobash & Dobash, 1979). 환언하면 **가부장제**(*patriarchy*)가 만들어내는 남성특권 또는 구조적 불평등이 여성들을 열등하고 사회적 권력이 결여된 것으로 묘사하고 있다(Hunnicur, 2009). 이미 논한 바와 같이 수많은 역사를 통해 여성들은 아버지나 남편의 재산으로서 통제와 훈육에 따라야 했다. 오늘날의 사회는 뚜렷하게 가부장적이라서 많은 페미니스트 작가들은 여성의 관심사와 문제점은 거의 주목을 받지 못한다고 따지게(argue) 만들고 있다. 그래서 IPV는 남성이 지배적인 형사사법시스템과 사회 내부에서 대체로 무시되고 있다. "남자에게 집은 그의 성(城)이다"라는 관점은 공공을 외부로, 폭력을 내부로 유지시켜왔다.

가부장적 사회의 이런 관점과 연결된 것이 폭력은 현대 사회에서 필수적 부분이라는 인식(perception)이다. 폭력은 문제에 대한 해법으로서 사회적으로 용인되고 있다. 점증하는 개인범죄 특히 청소년들에게서 볼 수 있는 범죄는 이러한 동향의 증거라고 지적되고 있다. 논쟁을 다루는데 있어 폭력과 공격성이 용납되는 세계에서는 많은 페미니스트들로 하여금 남성들이 자신들의 권력적 지위를 행사(exert)하기 위해 그리고 현상(status quo)을 지탱하기 위해 폭력에 의존한다고 결론짓게 한다. 이 사회문화적 논의는 또한 성적 구타와 강간을 해설하면서 표면화된다(제7장 참조). 사회문화적 각도(viewpoint)에서의 지배라는 주제는 이러한 관점을 사회계층(상위계층의 지배)과 인종(백인의 지배) 이슈들에 적용할 수 있기 때문에 다양한 집단으로부터 지지를 받았다(Buzawa & Buzawa, 1990).

사회학습적 접근: 학습된 무기력 Learned Helplessness

사회문화적 설명이 갖는 역사적 구성요소를 가깝게 따른 것이 학습된 무기력의 개념이다. 일부 전문가들은 매 맞는 파트너들이 경제적 이유 때문에 파괴적 관계를 유지한다고 주장한다. IPV 피해자들은 떠나기 위해 필요한 금전이 부족할지 모른다. 갈 데가 없을 수도 있다. 재정적으로 자신을 부양할 능력이 없을지도 모른다. 어린 애들이 있어서 더 지원하기 어려울 수도 있다. 딱히 직업기술이 없다. 간단히 말하면, 상황이 그렇다보니 일부 피해자들은 자신을 통제하거나 환경을 좌우할 능력이 없다. 자신을 부양하거나 고용을 획득할 능력이 없는 현실 또는 없다는 인식은 역사상 여성의 사회적 역할이 만들어 낸 산물일지 모른다.

학습된 무기력(learned helplessness) 증후군을 확인한 Lenore Walker(1979)에 따르면, 매맞는 수많은 여성들이 이것으로 고통을 겪고있다. 첫째가 앞으로 무슨 일이 생길지(what is going to happen)에 대해 개인이 갖고 있는 정보이다. 두 번째 면은 무엇이 발생할 것인가(what will happen)에 대한 지식이나 인식이다. 이 구성요소는 대개 과거의 경험(또는 경험의 부족)에서 나온다. 세 번째 부분은 발생하는 사건에 대한 개인의 행동이다. 일부 사람들은 자신에게 곧 닥칠 일에 대해 영향을 미치거나 통제할 수 없다고 믿고 있다. 이러한 인식이 쌓이고 더욱 압도되면 피해자는 자신이 무력하여 환경을 바꾸지 못할 거라고 믿어버린다(come to believe). 환언하면, 그녀는 주변 환경에 대해 책임이 없으며 사건의 흐름을 변화시키지 못한다는 믿음을 키운다. 그 결과 피해자는 투쟁에서도 무력하게 되고 일부 사람들의 눈에는 무관심(apathetic)하다고 여겨질 수 있다.

폭력의 순환 The Cycle of Violence

이 무기력 개념에 기여하는 것은 매 맞는 여성이 온종일 맞는 것은 아니라는 현실이다. 대신에 **폭력의 순환**이 있어서 점차로 무기력하다는 느낌은 커지고 자신의 고난을 변화시키지 못한다. Walker는 이 순환이 3가지의 또렷한 단계—(1)긴장형성단계, (2)구타사건, (3)화해의 기간—로 구성된다고 본다.

긴장형성(*tension-building*)단계는 소소한 폭행들이 수반될 수 있다. 이 기간 여성은 남편의 괴롭힘을 모면(deflect)할 수 있다고 믿는다. 남편의 뜻에 양보하거나(concede to) 피하는(stay out of his way) 것으로 상황을 가라앉힐 수도 있다. 그녀의 목표는 폭력행위를 방지하는 것에 있는 것이 아니라 피하는 것이다. 작게 표현된 학대행위에 대해서는 생각만큼 심각하지 않은 것에(not as serious as what they could be) 감사하게 된다. 그녀는 일반적으로 이러한 사건들은 일단 자극원(irritant)이 제거되면 다 끝나버릴 단일한 사건들(events)이라고 인식하고 있다. 이처럼 그녀는 이들 감정폭발을 합리화할 수 있다.

순환의 두 번째 부분인 구타사건(battering episode)은 첫 단계에서 겪은 좌절이 극에 이른다. 이 지점에서 남자는 통제불능이 되고 홧김에 행동한다. Walker(1979:55)의 지적이다.

> 그는 딱히 상해를 입히려는 의도는 없이 여자를 혼내주려는(teach a lesson) 마음에서 시작하고 그녀가 따끔한 맛을 봤다고(learn her lesson) 느끼면 멈춘다. 그러나 이때쯤이면 대개 그녀는 매우 심하게 얻어터진 상태이다.

이러한 변덕스러운 폭발을 합리화하기 위해 남자는 보통 자신이 취했기 때문에 무슨 행동을 했는지 충분하게 알아차리지 못했다고 주장한다. 이 **탈억제**(*disinhibition*)를 통해 행위를 변명(account)하여 학대자의 책임을 이전시키고 알코올을 진범인(real culprit)으로 규정짓는다. 다른 말로 하면, 알코올이 남자의 정상적인 행위규제를 약화시킴으로써 비전형적이고 통제할 수 없는 폭력을 야기한다. 그러나 전에 언급한 바와 같이 IPV의 원인이 알코올인지는 분명하지 않다. 이러한 사실 때문에 일부 연구자들은 비록 "아내구타에 관한 술 취한 부랑자(drunken bum) 이론에는 '알맹이 진실(kernel of truth)' 이상의 것이 존재하지만, 연구결과는 또한 이러한 통념적인 고정관념을 깨는(demythologize stereotype) 기초를 제공하기도 한다"고 결론짓는다(Kentor & Straus, 1987:224). 이 상황을 아마도 가장 훌륭하게 다룬 한 상담가는 "음주가 가정폭력의 원인인지는 말할 수는 없지만, 그건 분명히 불에 휘발유를 붓는 것이다"고 말한다(Healey, Smith, & O' Sullivan, 1998:6).

마지막 단계는 화해(*reconciliation*) 기간이다. 여기서는 폭행자 스스로 매우 미안해하며 부드럽고 다정한 성격으로 변한다. 용서를 구하고 더 나은 미래를 약속하면 파트너로 인해(at the hands of) 겪었던 피해자의 분노와 두려움은 종종 흐려진다. Walker(1979:58)는 이를 이렇게 표현한다:

> 구타자는 사랑하는 여인을 다시는 아프게 하지 않을 거라고 진실로 믿는다; 이제부터는 자신을 통제할 수 있을 것으로 믿는다. 그는 또한 그렇게 혼내줬으니 그녀가 다시는 그런 식으로 행동하지 않을 것이고 따라서 그녀를 때리고 싶어지는 일은 없을 거라고 믿는다.

구타자가 이 기간에 애정의 증표로 피해자를 씻겨주는 일은 드문 일이 아니다. 꽃다발이 예고없이 등장할 수도 있다. 사랑한다는 표현이 넘친다. 사랑하는 관계의 강조를 증명하기 위해 지나가버린 연애시절을 연상시키는(reminiscent) 여러 정성어린 작은 물건들이 있을지 모른다. 하지만 폭력의 순환 관점은 이 기간 또한 흘러가버릴 운명임을 암시한다.

커플의 관계가 반복적으로 이러한 순환을 거쳐(proceed though) 가면서 아내의 신체와 심리적 안녕은 위태로워진다(compromised). 그림 9-2 힘과 통제 바퀴 내용들이 보여주듯 수많은 실행들이 피해자를 이 환경속에 가두어버린다. 그녀가 자신의 결혼을 실패라고 평가할지 모르겠으나 어떠한 개선행동을 취할 능력은 없다. 강력한 종교적 신념, 가족의 압력 그리고 사회적 고려사항들이 행동을 가로막을 수 있다. 구타에 대해 어떠한 단호한 결정을 미루는 것은 순환을 지속시켜 어떠한 가시적인 종말은 없게 된다(Eisikovits, 1996). 여성은 갇혀버린다; 그녀는 단지 관계를 특징짓는 난폭한 충동적 행동(spasm)을 감수하는(live with) 법을 배운다. 학습된 무기력 관점은 친밀한 관계 내내 발전해가는 정서적 의존성에 초점을 맞춘다. 사회에서 기대하듯 여성은 남편에게 더욱 예속된다. 동시에 경제적 의존성 또한 가정에 표면화된다. 한 작가(Pagelow, 1984:313)는 그 상황을 능란하게 평가(size up)한다.

> 여성이 자신의 학대자를 떠나면 생활의 경제적 수준은 급격히 떨어질 가능성이 매우 높다. 만일 그녀에게 딸린 애가 있으면 그녀는 자녀의 삶과 복지도 고려하지 않으면 안되는데, 대강 둘 중 하나는 (3분의 2는 소수집단 어린이) 빈곤 수준 이하로 떨어질 가능성이 있다(one chance out of two of dropping). 수많은 매 맞는 여성들이 수년간을, 때로는 애들이 성장하여 출가할 때까지 학대자에게 남아있는 것이 이상할 게 있는가?

그림 9-2 힘과 통제 바퀴

출처: 가정 학대 개입 프로그램(n.d.) 218-229 최종 2011.7.31

경찰 개입 POLICE INTERVENTION

사회가 전형적으로 집안싸움에 개입하는 첫 번째 지점은 경찰관이 학대 사건을 고지(summon)받을 때이다. 이 사건은 커플이 처음으로 상호간 폭력적 충돌에 엮인 것이 아닐 때가 더 많다. 역사적으로 IPV와 관련된 신고에 응하는 경찰관은 다양한 재량적 대안들—체포하기, 당사자 상담, 전문 상담가에 보내기, 체포할 수 있음의 고지, 격리 또는 피해자에게 정식으로 고소하라고 조언하기—을 가지고 있었다. 이장의 일부에서는 이러한 선택과 그 한계를 탐색한다.

체포의 선택 The Arrest Option

경찰관에게 위임된 막강한 권력의 하나가 체포인데 비해 그 유용성을 제한하는 여러 한계가 있다. 첫 번째 고려는 합리적 의심과 상당한 이유의 구분이다. 합리적 의심(reasonable suspicion)이 있으면 경찰관이 상황에 개입하여 범죄가 행해졌는지, 행해지고 있는지 또는 막 행해지려고 하는지 조사를 할 수 있다. 한편 상당한 이유(probable cause)는 보다 엄격하다. 상당한 이유가 뜻하는 바는 사실과 정황이 충분히 강력하여 피고인이 수사중인 사건의 범죄자라고 결정할 수 있다는 것이다. 만일 상당한 이유가 현존하면 경찰관은 합법적(legitimate) 또는 적법한(lawful) 체포를 할 수 있다. 만일 상당한 이유가 없다면 체포는 적정한 근거가 없게 된다. 합법적인 구금상황이 아니다. 악의적으로 규정을 위반하는 경찰관은 일련의 행정적, 형사적 그리고 민사적 제재를 받아야 한다.

두 번째의 주요 고려사항은 경범죄와 중범죄(felony)의 구분에 있다. 일반적 경험법칙(rule of thumb)상 경찰관은 상당한 이유가 있는 한, 체포영장을 소지하거나 또는 영장없이 중범죄자를 합법적으로 체포할 수 있다. 그러나 경범죄 사건에서는 위반이 현장에서 발생했을 경우에만 **영장없는 체포**가 가능하다. **경범죄 법칙**(*misdemeanor rule*)으로 불리는 이러한 제한은 경찰이 특히 IPV와 같이 경범죄가 많은 상황에 효과적으로 개입하는 것을 가로막는다.

미 법무부장관 가정폭력 대책위원회(1984)가 발행한 권고에서는 주정부가 가정폭력에서의 체포와 관련한 규정을 수정할 것을 요구했다. 대부분의 주가 IPV 상황에 대응할 때 경범죄 법칙을 완화하였다. 환언하면, 경찰관은 비록 현장에서 행해지는 범행을 목격하지 않았을지라도 영장없이 정당하게 체포할 수 있다. 그러나 상당한 이유 요소(element)는 변함이 없다. 그것은 여전히 개인을 구속하는 결정에 필수적 구성요소(ingredient)가 된다.

경찰이 가정소란에 어떻게 대응하는지 결정하는 또 다른 중요한 인자는 경찰이 도달하였을 때 피의자가 현장에 있느냐 여부이다. 만일 학대자가 주거지를 떠났다면 즉시 체포가 불가능할 수 있다. 이 지점에서 경찰관은 피해자의 손상정도를 측정해야 한다. 만일 부상이 심각하고 의료처치가 요구된다면 범죄는 대부분의 관할에서 중범죄에 해당되는 가중적 폭행(aggravated battery)이 될 가능성이 높다. 만일에 부상이 경미하거나 육안으로 안보이는 경우라면 범죄의 발생을 규명(establish)하기 어려워질지도 모른다. 상당한 이유가 결여되었거나 경범죄 법칙이 효력이 있다면 그때는 경찰관이 영장없는 합법적 체포를 할 권한이 없다. 경찰이 학대자를 체포할 수 있는 유일한 것은 만약 피해자가 자술서에 서명하는 경우이고 그 절차는 대개 시간이 걸린다.

자술서(*affidavit*)는 피해자가 사건의 세부적 내용에 대한 개요를 서술(outline)하고 거명된 개인이 가해자라고 선서를 하는 공식 고소장이다. 이 법적 서류의 작성과 판사의 영장발부에 의해 경찰은 적절한 권한아래 경범죄 피의자를 체포할 수 있게 된다.

경찰이 도착하였을 때 피의자가 현장에 있다면 체포 선택권의 평가는 적법하다(in order). 만일 주법으로 IPV에 대해 통상적인 경범죄 법칙의 예외를 규정하지 않았다면, 경찰관은 직접(firsthand) 위반은 아닌지 고려함이 없이 학대자를 경범죄로 체포할 수 없다는 점을 명심해야 한다. 그렇지만 만일 중범죄 요건에 맞아떨어지면 경찰관은 즉시 체포를 위한 상당한 이유를 가질 수 있다.

불체포 선택들 Nonarrest Options

만일 체포가 불가능하거나 또는 즉시 체포를 하지 않기로 택하였다면 경찰관은 다른 다양한 선택들을 재량으로 할 수 있다. 경찰관은 조정(mediation) 노력을 할 수도 있다. 이상적으로는 이 선택에는 각 당사자와 개인적으로 대화를 나누어 발생한 일을 어떻게 보고 있는지 알아내는 것도 포함된다. 경찰관은 미래의 이런 성질의 분쟁을 다루는 하나 또는 그 이상의 방법을 제시할 수도 있다. 대안적으로 경찰관은 자신이 떠난 후 그들이 또다시 대립하지 않겠다는 협상을 분쟁주체에게서 끌어내려고 노력할 수 있다. 그러면 경찰관은 합의(accord)가 재설정되었다는 믿음(또는 희망)을 품게 된다.

다른 경우에는 경찰관이 커플에게 공무원, 상담가 또는 다른 사회 봉사기관과 접촉하길 제안한다. 이러한 **위탁**(*referral*) 선택이 갖는 문제점으로는

> 시민이 자기가 보내진 기관과의 최초의 접촉을 위해 노력을 하는가에 달려있다. 가정적 장애(disturbances)를 가진 많은 사람들이 지원을 요청하지 못하도록 막는 것은 그들 자신들의 두려움, 무지 또는 동기결여이다(Parnas, 1967: 934-935).

어느 심리학자가 기민하게 인식한 것처럼, "잠재적 위험에 관계없이 당사자는 도움을 거절할 헌법상의 권리를 가지고 있다(Bard, 1980: 114)." 환언하면, 경찰은 개인들에게 가족상담요청을—설령 이 호소(recourse)가 커플에게 최고의 이익을 도모하는(in the interests of) 것일지라도—강제할 권능은 없다.

통상적인 또 다른 전략은 당사자를 위협하거나 구슬려서(cajole) 평화로운 행위를 하게 만드는 것이다. 어느 베테랑이 언급하였듯, "결혼한 지 20~25년 된 사람에게 경찰관이 무슨 말을 할 수 있겠어요! 당신이 선량한 사기꾼(just have to be a good con artist)이면 됩니다"(Parnas, 1967: 948). 대개 이 선택에는 경찰의 재방문이 일방 또는 양방의 체포를 야기할 것이라는 암시가 따라붙는다.

아마 가장 전형적인 대응이 싸움꾼을 격리시키는 것이다. 경찰관은 거주자가 자신의 집을 나오도록 명령할 법적 권한을 갖고 있지 않다. 하지만 통용되고 있는 하나의 전략은 가해자가 "냉각(cooling off)" 기간을 위해 떠나도록 요청하는 것이다. 간혹 요청이 묵살(unheeded)되거나 점유자가 건물에 남을 권리를 주장할지 모른다. 이런 상황에서 경찰관은 비협조적인 당사자에게 체포라는 엄청난 결과를 상기시키는 방법으로 우위를 되찾으려고 할지 모른다.

적대적인 주체와 합법적 대안의 결여에 직면하게 되면 경찰관은 여성의 협조를 요청(enlist)할 수 있다. 심지어 경찰관은 여성을 친척집에 데려다 주거나 그녀와 (아이들이 있으면) 아이들을 저녁동안 가정폭력 쉼터에 맡길 수 있다.

미니애폴리스 실험 THE MINNEAPOLIS EXPERIMENT

피해자 지원관(advocate)과 여성 집단은 경찰이 가정폭력의 상황을 처리함에 있어 보다 적극적인 역할을 할 필요가 있다고 오랫동안 주장해왔다. 특히 그들은 당국에게 가해자 불체포의 대안보다는 오히려 체포할 것을 요구해왔다. 이런 논의에는 체포가 앞으로의 IPV 행위를 효과적으로 억제(curb)할 것이라는 가정이 깔려있다.

미니애폴리스 경찰국은 경찰재단과 함께 일하면서, 체포가 IPV사건에 미치는 영향의 조사를 위한 시험장(testing site)으로 기능하는데 동의했다. 이 연구의 목적은 장래의 가정폭력을 방지하기 위한 다양한 경찰대응들이 얼마나 효과적인가를 결정하는 것이다(Sherman & Berk, 1984). 이 대응에는 (1)자동적 체포, (2)"냉각(cooling off)" 기간을 위해 일방을 떠나게 함, (3)상담 내지 사회봉사기관에의 위탁이 포함된다.

현장 실험에 참가중인 각 경찰관에게는 보고장(report pad)이 주어졌다. 이 보고장은 특별한 신고를 받고 어떤 대응을 적용했는지(invoke) 쓰게 하였다. 이러한 행동은 미리 무작위 방법을 통해 정해져 있는 것인 반면, 경찰관은 상황에 보다 적절한 대응이 필요한 때에는 언제든지 지침을 벗어날 수 있도록 했다. 지침일탈이 허용되는 상황은 가해행위가 명백한 중범죄일 때, 경찰관이 협박당했을 때, 그리고 피해자가 조치를 요구하였을 때이다. 참모직원들은 뒤이은 6개월 기간에 시민 진정인에게 격주로 전화를 걸어 각 개입전략이 얼마나 주효했는지 알아보았다. 이러한 전화접촉은 피의자가 또 다른 가정폭력이 있었는지 정보를 얻기 위한 목적으로 행해졌다.

피해자와 피의자의 신상을 보면 60%가 실직상태로 지역의 실업율이 5%인 것에 비하면 상당히 높은 수치임을 나타냈다. 피의자 5명중 3명은 과거 체포된 전력이 있었고 거의 3분의 2정도는 폭력의 체포 전과가 있었다. 학대자들의 80%는 이전 6개월간 적어도 1회 이상 여성을 폭행한 적이 있었다. 경찰관은 2분의 1 이상 이런 과거의 폭력적 대립에 대응한 적이 있었다. 연구가 행해지던 당시 커플들의 반수이상은 결혼하지 않은 상태였다. 요약하면, 이들 남성과 여성들은 고통에 시달리던(tormented) 쌍들이었다.

두 개의 산출평가가 분석되었다. 첫 번째 지표는 추수의 6개월 동안 또 다른 가정다툼(squabble) 때문에 경찰이 다시 주거지로 왔는지 여부를 이용(tap)한 것이다. 다른 평가는 전화 인터뷰에서 나왔다. 그것은 피해자가 동일 피의자에 의한 반복된 폭력을 신고한 색인표였다.

경찰사건기록부(blotter)를 보면 최초 전략이 경고장 발부와 간단한 "냉각기간"을 위해 격리하는 것이었던 사건중에서 경찰이 다시 찾은 가구는 26%였다. 재범 수치는 경찰이 상담접근을 택했던 상황에서 18%를 나타냈고 경찰관이 체포를 선택한 때는 13%를 기록했다. 전화해석 결과 최고(a high of) 37%의 재범자가 상담 전술에서 나왔다. 최저는 최초의 대응이 체포였던 사건에서 19%를 나타냈다. 요약하면 체포는 원래의 투사들(combatants) 사이에서 IPV를 더 방지하는 가장 효율적인 방법으로 보였다.

연구자들은 무능력화 효과가 결과를 흐렸는지 여부를 보려고 자료를 샅샅이 뒤졌다(combed). **무능력화**(*incapacitation*)란 가해자가 구금되어 있는 동안 재범을 할 수 없는 사실을 지칭한다. 만일 체포된 대부분의 개인이 이후의 6개월간을 유치장에서 보냈다면 결과는 그리 인상적이지 못할 것이다. 그러나 좀 더 분석한 결과 무능력화가 결과에 미친 영향이 매우 미미했다. 구금된 피의자의 거의 과반수는 체포 후 24시간 내에 석방되었다. 오로지 14%만이 체포후 1주일간 유치장에 구금되었다. 이와 같이 무능력화 효과는 결과를 오염시키거나 지장(impinge on)을 주지 않았던 것으로 보인다.

이러한 발견은 체포는 이미 긴장된 개인간 상황을 그저 악화시킬 따름이고 최선의 행동지침은 최소한의 경찰 개입이라는 믿음과 상치된다. 첫째, 체포되었다 돌아온 남성이 보복성의 폭력적 탈선행위를 했다는 징표가 없었다. 둘째, 격리조치가 이들 여성에게 경제적 어려움을 가져온 것은 아니었다. (일부 관찰자들은 많은 아내들이 살림을 하려면 남편의 안정적인 수입에 의존해야 하므로 남편의 체포를 꺼린다고 언급한 적이 있었다.) 셋째, 풍부한 체포전력을—특히 부인과의 폭력적 대치— 이들이 기록했음을(logged) 고려하면 결과는 훨씬 인상적이다.

지지자들이 이러한 결과를 기꺼이 수용하고 IPV 사안에서 경찰이 보다 지속된 조치를 하도록 영향력을 행사하는데 이를 활용한 반면, 연구자들 자신은 그리 정열적이지 않았다. 게다가 눈에 익은 반복 연구의 후렴(refrain)을 낭송(recite)하면서 Sherman과 Berk(1984: 270)은 약간 보수적인 발언을 내놓았다.

> 법원에서 그 사건을 어떻게 취급하는가와 상관없이 체포와 최초의(initial) 무능력화 하나만으로 억제효과를 낳을 수 있다. 따라서 미니애폴리스에서 써먹은 것과 유사한 방식으로 가정폭

력 가해자를 처리하는 관할권에서, 우리는 추정적 체포(presumption of arrest)를 선호한다(favor). 체포가 비생산적일 것이라는 점에 대해 분명한 선의의 이유가 있지 않다면 체포를 해야만 한다. 하지만 우리는 모든 경범의 가정폭력 사건에서 체포요구를 하는 것은 선호하지 않는다. 설사 우리의 연구결과가 수많은 관할에서 복제되었다해도, 체포는 다른 자보다 일부 부류의 가해자들에게 더 훌륭한 기능을 하고, 어떤 상황에서 보다 효과가 있을 가능성은 충분히 있다(there is a good chance).

미니애폴리스 실험에 대한 반응 REACTION TO THE MINNEAPOLIS EXPERIMENT

사회적 문제로서의 IPV 인식은 미니애폴리스 실험을 둘러싼 공표와 마찬가지로, 여러 영역(fronts)에서 반응을 예고했다. 예상할 수 있는 일이지만 학자들은 미니애폴리스 실험의 결점을 찾아냈다. 하지만 높아져 가는 공공의 압력은 학문적 논쟁으로 이 문제를 해결할 때까지 법적 시스템이 방관해서는 안된다는 것을 의미한다. 그 결과 경찰의 집행정책이 바뀌었고 입법부는 형법전을 개정(revamp)하였다. 이 절에서 우리가 다룰 것은 이들 파문들(ramifications)을 약간 고찰하는 것이다.

기관 지령 Agency Directives

한 때는 많은 경찰관서에서 IPV 장애(disturbances)에 대해 최소개입 전략을 고수했었다. 이러한 지령은 경찰관들이 가능하다면 체포하지 않으려는 것이나 마찬가지였다. 그러한 입장 때문에 경찰관들이 괴로워하지는 않았던 것 같았는데, 경찰관이 다루기에 가장 위험스러운 신고가 가정폭력이라는 잘못된 인식측면에서 보았을 때 특히 그러하다(Garner & Clemmer, 1986; Hirschel, Dean & Lumb, 1994; Standford & Mowry, 1990). 그렇지만 옹호(advocacy)노력과 소송 때문에 이러한 비공식적 "불체포" 정책을 폐지(rescind)해야만 했다. 미니애폴리스 실험결과는 법집행관들의 태도를 수정하게 만들었다. 일부 행정가들이 전면집행이라는 공적 이미지를 유지하고 있는 반면, 실제 현장실무는 이 수준(mark)에 미치지 못하고 있다. **전면집행**(*full enforcement*)이 의미하는 바는 경찰관은 가능하다면 모든 위법행위에 대해 모든 범법자를 체포하는 것이다. 그러한 목표는 종종 비현실적(impractical)이기에 경찰관들은 선별적 법집행을 한다. **선별적 법집행**(*selective enforcement*)은 경찰관이 오직 일부 행위에 대해 일부 범죄자를 어느 시간에(some of the time) 체포하는 것을 의미한다. 바꾸어 말하면 개개 경찰관들은 누굴 체포하고 누굴 체포하지 않을지를 자유롭게 재량껏 결정할 수 있다.

재량은 경찰관이 임무를 수행하는데 있어 상당한 자유(latitude)를 부여(vest)한다. 이는 또한 두 가지 주된 우려를 낳는다(Doerner, 2007:308). 첫째는 공식 정책이 어떻게 실천되는가를 결정하는 자는 기관의 최말단 직원이라는 점이다. 두 번째 종종 이들 의사결정자들은 기관에서 가장 책임을 적게 지는 구성원이라는 점이다. 말하자면, 그들의 결정은 거의 확인(review)되지 않는다. 따라서 일선에서의 실행이 정책지침과 일치한다는 보장이 없다.

경찰재량이 갖는 이 까다로운(thorny) 문제를 피하는 한 방법은 이를 제거하는 것이다. 그것은 바로 많은 관서에서 IPV 지침을 개정하면서 취한 방법이다. 그들은 선별적 법집행을 불법화하였다. 이들 새 지령은 때때로 **적극체포**(*pro-arrest*) 정책 또는 **의무적 체포**(*mandatory arrest*) 정책으로 불리며, 경찰관들이 IPV 상황에서는 가능할 때마다 체포를 하지 않으면 안되도록 고지하였다. **추정적 체포**(*presumptive arrest*) 정책이라고 알려진 다른 것은 모든 사건에서 체포가 이루어질 것으로 추정된다. 불체포 결정을 한 경찰관은 이를 정당화할 서류를 작성해야 한다. 상당한 이유(probable cause)의 필요조건은 이 새로운 정책을 고집한다. 기관의 규칙과 규제를 따르지 않으면 징계처분(disciplinary action)을 받을 수 있고 적절한 경우 고용관계가 끝날 수 있다. 사실 가정폭력 상황에 부적절하게 대처하다가는 또한 민사책임에 직면할 수도 있다(Blacwell & Vaughn, 2003). 이같이 경찰관과 기관은 법률과 정책의 지침을 고수할 동기를 가지고 있다.

이들 변화는 쉽게 오지 않았다. 첫째, 하위직(rank-and-file) 경찰관들은 이를 부당한 재량권 침해(unwarranted encroachment upon discretion)로 여기고 분개한다(Steinman, 1988). 의무적 체포제도가 효과가 있고 경찰관들은 이들 지령에 순응한다는 일부 조짐이 있긴 하지만(Balenovich, Grossi, & Hughes, 2008; Hirchel et al., 2008; Phillips & Sobol, 2010; Shmpson et al., 2006), 경찰관들이 의무적 체포정책을 따르지 않는다는 다른 증거도 있다(Ho, 2000). 예를 들어 Mignon과 Holmes(1995)는 메사추세츠에 있는 24개 지역에서 총 가정폭력 가해자의 3분의 2는 의무적 체포 법률이 있음에도 불구하고 체포되지 않았다고 지적한다. 법이 시행된 후 체포가 증가한 반면 순응률은 100% 미만에 머물고 있다(remain well). 둘째, 구금에 처해진 일부 피의자들은 의무적 체포정책이 불공정하게 남성을 차별한다고 주장하면서 소송을 제기했다. 환언하면 만일 남성이 아니었더라면 경찰관이 IPV를 이유로 체포하지 않았을 것이라는 것이다. 대부분의 이런 노력들은 흔들렸다(falter).

일부 경찰행정가들은 모든 당사자들을 만족시키기 위해 의무적 체포정책을 회피하였고(shy away from) 체포의 **선호**(*preference*)를 해결책으로 선택했다. 표 9-5는 마이애미 지역에서 IPV 상황에 대한 경찰조치를 규율하는 정책적 지령문서의 견본을 담고 있다.

표 9-5 가정폭력 체포에 관한 경찰정책의 지침사례

1. 상당한 근거들이 모아지면 경찰은 플로리다 주법 741.29.에 의거해 가정 폭력범을 체포할 수 있다. 가정 폭력과 관련된 만큼, 이때 직접적인 목격자는 없어도 된다.

2. 체포할 시 고려하지 않아야(should not) 하는 요소들
   a. 결혼 여부, 성적 기호, 인종, 종교, 나이, 장애, 직업, 문화 · 사회 · 정치적 지위, 일방의 사회경제적 지위
   b. 만약 피의자가 거주해오지 않았다면 소유권이나 차용권은 고려하지 않음.
   c. 피해자의 사건 은폐 및 체포 반대 요청
   d. 호전성(belligerence)을 비롯한 피해자의 감정 상태
   e. 형사기소에 피해자가 참여해주지 않을 것이라는, 또는 체포가 유죄 판결로 이어지지 않을 수 있다는 믿음
   f. 학대를 멈출 것이라는 구두보증
   g. 가정학대의 증거가 있을 때 사건에 대한 일방의 부정
   h. 법원의 명령 혹은 대상에 대한 금지명령(injunction)의 부재
   I. 가정 폭력의 증거가 명백하다면, 당사자들의 약물 의존이나 중독
   j. 같은 용의자나 피해자가 관련된 이전의 경찰신고의 성질(disposition)
   k. 문화적 편견
   l. 어린아이의 존재, 어린아이가 피의자에 의존하고 있는 당장의 상태
   m. 이민 상태

3. 경찰은 다음 사항들을 위협, 제시하거나 다르게 암시하지 않는다.
   a. 양방의 체포가능성
   b. 집 밖으로의 아이 격리
   c. 일방의 경찰개입요청을 자제시킬 의도를 가지고 또는 양당사자를 통제하려는 마음으로 이민국직원에게 보고

4. 이중 체포(dual arrest): 경찰은 정말 필요한 경우가 아니면 이중 체포는 극히 지양한다. 이 경우 첫 번째 공격자를 판단하는 데에 지금까지의 요소들에다가 다음에 제시된 사항을 추가로 고려해야 한다.
   a. 양방간의 신체사이즈
   b. 목격자의 진술로 모아진 증거들
   c. 각 당사자가 당한 부상의 심각성
   d. 방어적 손상(defensive injury)
   e. 금지명령 및(또는) 일방에 대한 접근 금지 명령(stay away order)의 존재
   f. 전과 기록이나 다음 항목에 대한 이전의 보고들
   i. 성적 학대의 전력
   ii. 폭력
   iii. 경제적 학대
   iv. 강요, 협박
   g. 일방을 더 취약하게 만드는 장애(disability)

5. 이중 체포를 했다면, 각각의 체포를 뒷받침하는 사실들을 꼭 문서에 기록한다.

6. 상당한 이유의 부족으로 체포를 하지 못했다면, 다음의 것들을 이행한다.
   a. 보고서를 완성한다.
   b. 피해자에게 체포가 이뤄지지 못한 이유에 대하여 설명한다.
   c. 피해자에게 사건을 지방 검사에게 다시 요청할 수 있음을 알린다.
   d. 피해자가 지역가정폭력 지원 요원에 접촉하도록 격려한다.
   e. 지역가정폭력쉼터에 사건보고서(incident report)가 보내질 것을 알려준다.
   f. 피해자에게 새로운 정보나 추가 사건은 기관에 통보하라고 일러준다.
   g. 만약 가능하다면, 피해자를 경찰관 소속관서의 변호사와 연결시켜 준다.
   h. 가정 보고서(domestic report)를 쓴다.
   I. 만약 어린아이가 관련되어 있거나 지역에서 (일시적으로 혹은 계속) 거주한다면 DCF 학대 핫라인 1-800- 96 ABUSE(22783)에 연락한다.

출처: 마이애미 Dade 군 경찰장 협회(2010). 법집행관을 위한 가정폭력 프로토콜 2009 마이애미: 마이애미 Dade 군 경찰장 협회. 2010. 7. 21.
검색 http://www.dvsacmiami.org/assets/docs/Domestic_Violence_Policy_for_law_enforcement_2009.pdf

입법적 개혁 Legislative Reform

많은 주의회는 여러 면에서의(on several fronts) 개혁을 통해 IPV문제에 대응하였다. 전에 언급하였듯이 하나의 인기있는 접근방식은 경범죄 법칙을 완화하는 것이었다. 이 제한을 무시하고 일부 주의회에서는 IPV가 통상의 경범죄 법칙에 대한 예외라고 천명하였다. 이 입법적 조작은 '경찰관 면전에서' 라는 필요조건을 삭제한다. 그 결과 경찰관은 위법자체를 목격하지 않았음에도 불구하고 경범죄자에 대해 실제(bona fide) 영장없는 체포를 할 수 있다.

다른 입법적 교정은 경찰관에게 즉결권한(immediate response)을 부여하여 안전한 임시거주지를 제공하는 것이다. 피해자는 체포된 당사자가 유치장에서 석방되어 보복적 만행에 착수할 것이라는 두려움을 품고 있다. 많은 여성이 할 수 있는 유일한 대안이자 종종 경찰관들이 제시하는 방법은 짐을 꾸려 애들과 함께 숨을 수 있는 임시거처로 옮기는 것이다. 하지만 많은 사람들은 이 선택을 따라갈 자원을 가지고 있지 않다. 일부는 가난하고; 다른 사람들은 가족과 친구들과 너무 멀리 떨어져 살고 있다.

일부 사회 지원그룹은 **피난 가옥**(*refuge house*) 또는 **가정폭력 쉼터**(*shelter*)를 건립하는 대응책을 내놓았다. 이들 장소는 피해여성이 학대적 결혼 상황에 대해 어떻게 할 것인지 결정을 내릴 때까지 안전한 피난처를 제공하려는 것이 목적이다. 이들 피난숙소의 위치는 성난 파트너가 보복을 위해 주거지에 나타날지도 모르므로 비밀이 잘 유지된다. 보다 최근에는 일부 쉼터가 자신들의 존재를 공표하여 더 큰 공적 지지를 제공하려고 애쓰고 있다(Belluck, 1997). 어떠한 접근방식이 되었든 이들 피난처가 숙소와 가구, 음식, 의류, 유지비(upkeep)와 직원들을 확보하기 위해서는 어마어마한 예산이 필요하다. 표 9-6에서 보는 바와 같이, 이들 점증하는 비용은 일부 주의회가 결혼증서와 이혼성립에 대한 부가금(surcharge)을 강제하여 IPV 센터를 후원(underwrite)하게 하는 촉진제가 되었다.

수많은 다른 입법적 변화가 있었다. 플로리다 주법률상 IPV 관련사건을 수사하는 경찰관은 체포할 일이 없더라도(in the matter) 보고서류는 작성해야 할 의무가 있다(**플로리다 법률**, 2009, § 741.29). 보고서에는 체포를 하지 않은 이유를 적시해야 한다. 부가적으로 경찰관은 IPV 피해자의 권리와 치료에 관련된 소책자를 제공하고 조치사항을 서면보고서에 기재하여야 한다.

다른 변화는 사법적인 지향점을 가지고 있다. 플로리다에서는 가정폭력으로 체포된 사람을 보석(bail)대상에서 제외한다; 그들은 첫 번째 의무적인 법관 청문을 위해 유치장에 머물러야 하고 판사와 대면한 때에서야 보석결정을 한다(플로리다 법률 2009, § 741.2901(3)). 게다가 플로리다에서 가정폭력으로 처벌받은 사람은 누구든 자동적으로 1년간의 보호관찰에 놓이고 구타자 개입프로그램에 참가해야 한다(**플로리다 법률** 2009, § 741.281).

표 9-6 플로리다가 배우자폭력문제를 방지하기 위해 결혼수수료를 활용하는 방법

741.01 군법원 판사나 순회법원직원은 결혼증서발행을 위해; 수수료-

(1) 모든 결혼증서는 군법원 판사나 순회법원직원이 서명날인하여(under hand and seal) 발행되어야 한다. 군법원 판사나 순회법원직원은 결혼에 장애가 없는 것으로 여기면 신청을 받아 발행한다. 군법원 판사나 순회법원직원은 결혼증서 발행에 대해 신청접수 수수료를 2달러 징수하여야 한다.

(2) 주에서 발행한 결혼증서 각각에 대한 수수료는 25달러로 늘려야 한다. 이 수수료는 결혼증서의 발행에 대한 신청을 접수하면서 징수해야 하고 직원은 이를 가정폭력신탁기금 구좌에 예탁되도록 국세청에 송금하여야 한다. 주지사 행정관은 결혼증서 수수료의 축적으로 생긴 기금의 징수 및 지출(disburse)을 목적으로 가정폭력신탁기금을 설립하여야 한다. 형성된 기금은 가정폭력센터의 특별기금을 마련하기 위해 아동가족부로 보내야 하고 그 기금은 가정폭력센터의 기금용으로 아동가족부의 "교부금(grants-in-aid)"항목에 충당되어야(appropriated in) 한다. 938.08조에 의해 요구되는 가정폭력신탁기금에 들어있는 추가요금(surcharge)의 예금이자에서 주지사 행정관은 매년 전국적인 가정폭력계몽 캠페인을 목적으로 50만 달러를 소비할 수 있다.

(3) 나아가 주발행 결혼증서에 부과된 수수료는 부가료 7.50달러까지 늘려서 증서발행 신청의 접수시에 징수하여야 한다. 직원은 그 기금을 매월 국세청에 송금하여 법446.50조에 근거한 무자력 주부(displaced homemaker) 신탁기금에 예치하여야 한다.

(4) 부가수수료 25달러는 결혼증서발행의 신청을 접수하는 직원에게 지불하여야 한다. 직원은 모은 돈을 매월 국세청에 전달하여 일반수입(general revenue) 기금에 예치하여야 한다.

(5) 주발행 결혼증서에 부과된 수수료는 결혼증서 신청일로부터 1년 이전에 행하여진 과정으로서 법741.0305(5)조에 의해 등록한 자격있는 과정제공자가 수여한 혼전준비과정을 수료하였음을 유효하게 증명하는 증서를 제출한 모든 커플들에게는 32.50달러까지 감해주어야 한다. 이 수수료 감경의 세부항목(subsection)에 응하여 발행된 각각의 증서에 대해서는 직원은 세부항목(3)에 따라 7.50달러를 무자력 주부신탁기금에 예치하거나 25달러를 일반수입기금으로 쓰기 위해 국세청에 이체하지 않아도 된다.

출처: 플로리다 법(2009), § 741.

학문적 관심 Academic Concerns

미니애폴리스 결과에 대한 엄청난 대중적 그리고 입법적 관심이 부분적 원인이 되어 연구자들은 프로젝트에 대해 비판적인(critical) 시선을 쏟았고 이를 최종적(definitive)이기보다는 시사적(suggestive)으로 보았다. 실험설계, 수행 그리고 분석이 가지고 있는 결점들은 골치아픈 일로 판명되었다. 사실 일부 사람들은 이들 한계가 너무 심각하므로 미니애폴리스 연구는 "국가정책을 변경시키기 위한 결정적 암시를 가진 한 실험이 아니라, 하나의 준비조사(pilot study)로 여기는 것이 적절하다고 생각했다(Binder & Meeker, 1988: 350).

냉소적인 반응을 낳은 하나의 논점은 외적 타당도에 관한 것이었다. 외적 타당도(external validity)는 연구의 결과를 얼마나 일반화할 수 있는가를 묻는 또 다른 방법이다(Campbell & Stanley, 1963:5). 미니애폴리스에서 나온 결과물을 바로 미니애폴리스에 적용할 수 있는가 또는 다른 지역에 적용되는가? 한 비판가에 의하면;

> 문제는 미니애폴리스실험이 단일 연구였던 것이 아니라, 미니애폴리스 실험이었다는 데 있다. 만일 Sherman과 Berk가 10개 시의 자료들을 모아 동시연구를 기획했더라면, 그리고 지역들을 통틀어 일관적인 결과가 나왔었다면 난 복제를 요구하지 않았을 것이다. . .(Lempert, 1989: 155).

두 번째 비판의 공세(volley)는 내적 타당도에 집중되었다. **내적 타당도**(internal validity)는 처리(treatment)가 결과를 낳게 했는지 또는 외부 영향이 실험을 오염시킨 것이 아닌지의 문제를 제기한다(Campbell & Stanley, 1963). 예를 들어 이 연구에 참가했던 경찰관은 이 임무를 자원했다. 이들 경찰관들의 일부는 다른 사람보다 자료산출에 훨씬 더 널리 관련되었다(Binder & Meeker, 1988; Gartin, 1995a). 정말이지 연구에 포함된 모든 사건의 압도적 다수(vast majority)를 세 경찰관이 제공했다. 더구나 경찰관들이 무작위로 할당된 처리에서 벗어나 체포하는 것이 필요하다고 생각한 사건들이 상당 수 있다. 이 영향은 무시해도 될 것처럼 보이는(Berk, Smyth & Sherman, 1988) 반면, 영향을 미치는 다른 문제(complication)가 있을 수 있다는 암시가 있다(Elliot, 1989; Gartin, 1995b; Weiss & Boruch, 1996).

세 번째 우려되는 영역은 비용편익 평가이다(Binder & Meeker, 1988; Lempert, 1989; Meeker & Binder, 1990). 경범죄 체포는 비용보다 효과가 더 큰가? 그러한 경범죄 체포가 피해자에게 주는 영향이나 지역 유치장의 수용능력에 미치는 영향은 무엇인가? 체포선택은 한정된 경찰력을 효율적으로 활용하는 것인가? 다른 개입기법이 보다 효율적인 전략을 제공할 수 있지는 않은가? 다음 절에서는 이들 논제를 일부 살펴본다.

미니애폴리스 실험의 복제 Experiment Replications

이곳에서 개관한 비판들은 다른 수많은 의문사항들과 결부되어 6개의 복제 프로젝트를 재정지원하게 만들었다. 선택된 지역은 밀워키, 오마하, 샤롯테, 콜로라도 스프링스, 마이애미 그리고 애틀란타이다. 복제연구이긴 하지만 각 지역마다 연구설계는 약간 달랐다. 복제에서는 수많은(battery of) 가능한 개입들을 똑같게 사용하기보다는 체포, 중재, 구금기간 다양화, 보호명령 그리고 언어적 경고를 포함하는 다양한 경찰대응을 시험하였다. 미니애폴리스 실험과 다른 가장 중요한 일탈(departure from)은 무작위로 할당된 대응에 대해 통제를 강화한 점이다. 대부분의 지역에서 배치담당자는 경찰관(또는 사건현장에서 퇴거한 다른 사람)에게 대응유형을 부여(assign)해주었다. 본질적으로 복제에서는 경찰관의 재량이 대폭 삭감되었다.

복제의 결과는 미니애폴리스 결론을 확증시키지 못했다. 대개 후속된 가정폭력을 감소시키는 면에서 어떠한 처리가 다른 것보다 의미있게 더 좋다는 증거는 거의 없었다(Sherman, 1992). 예를 들어 샤롯테에서는 체포가 가정폭력을 감소시키지 못했고(Hirschel et al., 1991; Hirsch, Hutchinson & Dean, 1992), 체포후에 재범이 증가하였다는 일부 증거가 있다(Sherman, 1992). 비슷하게 Dunford, Huizinga와 Elliott(1989)의 보고서에 의하면 오마하에서는 경찰이 최초로 접촉한 6개월 이내에 재범에 변화가 보이지 않았다. 나아가

Sherman(1992)은 오마하에서는 1년이 지난 시점에서(at the one-year mark) 학대가 점증하였다는 증거를 지적하였다.

Sherman(1992)은 6개 지역중 5개의 보고서와 자료를 검토하면서 체포에는 **범죄야기 효과**(*criminogenic effect*)의 가능성이 있음을 제시하였다. 말하자면 가해자를 체포하면 더 큰 후속 가해를 야기할 수 있다. 체포가 가지고 있는 유일하고 분명한 억지효과는 영장을 발부받아 이루어지는 체포의 분석에서 드러난다(Dunford, 1990). 이 경우 체포영장이 무작위로 발부된 것은 경찰관이 초동대응 때 가해자가 현장에 있지 않았던 오마하 사건들에 대해서였다. 영장에 의해 체포되었던 개인들은 확실히 체포되지 않았던 사람들에 비해 더 이상의 학대를 하지 않았다. 이 예외를 제외하고는 체포는 효과가 없었거나 후속 학대를 증대시키는 것으로 나타났다.

Sherman(1992)은 최초의 미니애폴리스 연구와 복제 프로젝트간의 불일치 원인이 무엇인지 심도있는 조사를 시도하였다. 첫째, 차이점들이 생긴 원인은 각 연구마다 인구통계학적 다양성이 있었기 때문일 수 있다. 직장이 있고 결혼한(동거와는 달리) 그리고 고등교육을 받은 가해자들에게는 체포의 억지력이 있어 보인다. 잃을 것이 적은(lower stakes in conformity) 개인들은 체포 후에도 가해행위를 증가시킬 수 있다. 두 번째, 더 큰 재범은 장기의 추수 기간(time frame) 후에 발생하는데 이는 단기 억지는 장기간의 더 큰 학대에 앞설 수 있음을(precede) 암시한다. 마지막으로, 연구설계의 차이와 흠에도 불구하고 일관적인 차이점은 거의 없다. 따라서 결과의 다양성을 연구방법론에 귀인시킬 수는 없다.

복제 프로젝트가 최초의 미니애폴리스 실험에서 우러나온 열정을 크게 경감시켰지만(temper), Garner, Fagan과 Maxwell(1995)은 결론이 전혀 분명하지 않다고(far from clear) 주장하였다. 저자들은 다른 분석을 통해 나온 다양한 추정들을 의문시했다. 이들 지역에서 얻은 자료를 재분석한 바에 따르면 보다 지지적인 결과를 보여주고 있다. Maxwell, Garner와 Fagan(2001)은 자료에 대한 훨씬 상세하고 방법론적인 검사를 한 결과 구타자를 체포하는 것이 장래의 IPV를 감소시키는 것으로 보인다고 주장했다. 동시에 체포되지 않았던 상당히 많은(a substantial number) 가해자들은 파트너들에게 후속의 공격적 행동을 하지 않았다. 모여진(pooled) 자료들을 좀 더 깊게 조사한 Maxwell과 그 동료들(2002: 66)은 "불체포 개입과 비교할 때 체포가 친밀파트너 폭력의 여성피해자들에게 추가적인 안전을 준다."고 결론지었다. 하지만 가해자가 재범을 저지른 때는 6개월 이내의 시간대(window)에 거의 7번의 폭력을 새로 휘둘렀다. 분명 IPV 체포의 차별적 효과에 대하여 연구자들이 최종적인(definitive) 결론에 도달할 수 있으려면 그 전에 추가적 연구가 요망된다.

검찰과 법원의 조치 Prosecutorial and Judicial Action

IPV 사안에서 대부분 경찰의 조치에 주목하였지만, 피해자가 곧장 검찰청을 통해 법원에 호소하는 것도 가능하다. 사실 모든 사건이 경찰의 초동체포를 통해 법원에 이르지는 않으나 피해자들이 사건(IPV 또는 다른 사건)을 검찰에 접수하는 경우는 극히 적다. 경찰은 법원입장에서 보면 가장 규모가 큰 "공급자(supplier)"로 남아있다.

가정폭력사건이 일단 검찰단계로 가면 상당한 정도의 소모전(attrition)이 생긴다는 증거가 있다. Buzawa와 Buzawa(1990)는 이 소모전을 여러 가지 원인을 들어 밝힌다. 첫째, 피해자들은 사건을 진행하는데 들거나 잠재적으로 사용되는 비용을 알고 있다. 이러한 비용 중에는 피고인이 보복할 가능성, 직장의 근무시간 손실, 피고인에게 받는 수입의 상실, 그리고 보상의 결여가 있다. 둘째, 많은 피해자들이 기소 이후에 생각을 바꾼다. 그들은 더 이상 행위가 기소할 만큼 중요하지 않다고 여길 수 있거나 단지 사건에 대한 흥미를 잃을 수 있다. 셋째, 피해자들은 죄책감을 느끼고 학대행위에 대해 일말의 비난을 떠안을지 모른다. 넷째, 일부 피해자는 가해자의 기소 이외의 다른 목적으로 법정을 이용하고 있을 수 있다. 그들은 피고인에게 따끔한 맛을 보여주려고, 복수하려고 또는 피해자로서의 지위를 확인하려고 애쓰고 있거나, 아니면 기소의 완수를 필요로 하지 않는 다른 이유들을 가지고 있을 수 있다(Eisikovits, 1996; Fischer & Rose, 1995; Gondolf et al., 1994; A. Smith, 2000).

소모전을 설명하는 이러한 각각의 이유들은 또 다른 요인들에도-사건을 기각하려는 검사의 압력- 기여할 수 있다. 검사들은 과거에 피해자가 사건을 끝까지 마치지 않았던 경험에 기초하여 피해자가 훗날 취소할 것 같다는 느낌이 들면 절차의 준비와 착수를 꺼린다. 따라서 검사들은 피해자가 학대 상황에서의 능동적 참여자라는 걸 암시함으로써 피해자가 취하하도록 영향을 준다. 확실한 피해자가 없다면 사건의 기소는 더욱 어려워진다.

검사들이 종종 가정폭력 사건들을 간단하게(summarily) 결정한다는 주장이 제기됨에도 불구하고, 검사들은 사건의 유형(type) 보다는 사건의 가치(merit)에 기초하여 의사결정을 한다는 증거가 다른 관할에서 드러난다. 예를 들어, Schmidt와 Steury(1989)는 기소에 이르지 못한 사건 중 45%는 피해자가 사건을 계속하길 바라지 않았고, 다른 30%는 의문스런 법적 근거에 의존하였음을 지적한다. 오로지 14%의 사건들만이 계속할 만큼 중요하지 않다고 판단된다. 유사하게 Siegler, Crowly와 Johnson(1990)은 주정부 검찰과 판사에 대한 조사에서 기소를 못하는 것이 일차적으로 증언을 철회(recant)하는 피해자나 증거의 부족 때문임을 밝혀냈다. 문헌에서 밝혀진 가장 중요한 요소는 피해자의 협력수준이다. 협력이 결여되면 소송은 기각이나 공소유지의 실패로 이어진다(Elliott, 1989).

기소를 할 것인가 여부에 관한 이 논의는 그러한 개입이 효과가 있을 것이라는 가정을 하고 있다. 가정폭력 사건에서의 기소의 영향을 연구한 것은 거의 없다. Elliott(1989)는 그런 연구들을 검토하면서 법원의 조치는 후속의 폭력에 거의 효과가 없는 것 같다고 지적하였다. 이 결론은 어떤 법원의 제재도 재범을 줄이거나 피해자 만족을 증가시켰던 적이 없다는 것을 보여주는 연구에서 되풀이(echo)되었다(Davis et al., 2008; Gross et al., 2000;

Klein & Crowe, 2008; Kein & Tobin, 2008). 사실 법원명령의 의무적 상담은 대개 후속의 가정폭력에 영향을 전혀 미치지 못한다는 증거가 늘고 있다(Labriola et al., 2007). 하지만 하위집단(subgroup)—대부분 또는 전 회기(session)에 출석한 사람들—은 재체포되면 잃을 것이 훨씬 많고 따라서 IPV를 자제한다(Feder & Dugan, 2002; Gorden & Moriarty, 2003). 기소가 폭력을 감소시키는 가장 두드러진 사안은 과거의 폭력이 흔하지 않은 편이고(less common) 그리 심각하지 않았던 사례들이다. 그러나 이러한 결론은 소수의 연구에서 나온 것이어서 뭔가 중대한 정책변화가 이루어지려면 보다 많은 연구가 필요하다.

학대적 파트너를 형사고소하는 것 외에도 가해자에 대해 민사조치를 취할 가능성도 있다. 불행하게도 파트너와 결별하기로 마음먹은 여성은 대개 너무 곤궁(destitute)하다 보니 변호사 선임료와 이혼이나 다른 청원에 수반하는 소송제기비용(filing cost)을 지불하기 어렵다. 일부 주에서는 이제 단순화된 메카니즘을 통해 학대자에 대한 **금지명령**(*injunction*) —다른 말로 제한명령 또는 보호명령으로 부름—을 확보하고 있다. 2006년 중반 현재(as of) 전산기록보존시스템상 플로리다에서만 보호명령이 15만3천건이 넘었다(Florida Domestic Violence Fatality Review Team, 2007). 이들 조항에 따라(under provision) 법원직원은 미리 인쇄된 빈칸채우기(fill-in-the-blanks) 양식을 제공해 폭력적 당사자에 대한 금지명령 또는 법원의 보호명령을 요청하게 한다. 직원은 또한 양식을 작성하는 법을 설명해준다. 그는 만일 피해자가 법원비용을 부담할 능력이 없다면 소송제기비용을 포기(waive)할 수 있다. 직원은 이들 서류작성의 준비를 지원하기도 한다. 판사는 **일방의 이익을 위해**(*ex parte*)를 근거로 임시 금지명령을 발할 수 있다. 환언하면 가해자는 판사가 공적 조치를 취함에 있어 출석할 필요가 없다. 보호명령을 위반하면 법정모독죄나 별개의 형사위반을 구성할 수 있고, 그러면 법집행관은 누구라도 가해자를 체포할 수 있는데 이는 자신의 행위가 타인들에게 알려지지 않길 원하는 사람들에게 중대한 반향을 일으킬 수 있다(Eisikovits, 1996; Fisher & Rose, 1995; Sorenson & Shen, 2005; 미 법무성, 2002; Wallace & Kelty, 1995). 사실 연방 여성폭력법은 판사에게 다른 주에서 발부된 금지명령을 집행하도록 요청하고 있다(Eigenberg et al., 2003).

이러한 보호에도 불구하고 임시제한명령을 확보한 여성들중 2분의 1(one-half) 미만이 이어서(go on to) 영구적 최종적 명령을 얻는다(Zoellner et al., 2000). 아마도 (임시와 비교할 때) 영구명령을 청구하고 받아내는 절차는 이들 피해자로서는 여전히 너무 복잡하고(cumbersome) 지루한(tedious) 일이다(Durfee, 2009; Logan, Shannon, & Walker, 2005). 또 다른 가능성은 제한명령을 받아낸 경험이 일부 여성들로 하여금 추가적 공식 조치를 주저하게 만들 수 있다는 점이다. Wan(2000)이 말하듯 여성들은 겁주고 거들먹거리며(condescending) 지나치게 관료적인 법원직원을 만나면 경계하고 어정쩡한(noncommittal) 태도를 취하게 될 수 있다. 하지만 입법적인 전념으로 가정폭력에 대처하는 것은 큰 이익을 준다(pay dividends)는 어떤 증거가 있다. 금지명령 또는 보호명령 규정은, 비록 비효과적인 법집행과 후속된 스토킹이 피해자의 타당한 걱정(valid concern)으로 나타날 가능성이 있음에도 불구하고, 잠재적으로는 IPV를 감소시키는 조짐들이 약간 있다(Diviney, Parekh, & Olson, 2009; Dugan, 2003; Logan & Walker, 2009a, 2010). 표 9-7은 법원의 금지명령을 받기 위한 청원양식의 견본을 보여준다. 소송제기가 용이하도록 일련의 빈칸채우기와 기입표기(check-offs)를 담고 있음을 주목하라.

표 9-7 가정폭력의 보호명령을 위한 청원

개인적으로 출석하여 청원한______이름______는 면전에서 연서한 공무원에게 서약하였고 아래의 진술이 사실임을 말합니다.

(a) 청원자의 거주지:______________________주소
(청원자는 만일 안전을 이유로 현주거지 위치를 비밀로 하길 바라면, 법원에 별개의 비밀파일 주소를 제공할 수 있다.)

(b) 피고(respondent)의 거주지:______최근주소________________

(c) 피고의 최근 근무지:______근무처 이름과 주소________________

(d) 피고의 신체적 묘사:
인종:__________
성별:________
생일:_________
키:___________
몸무게:_________
눈의 색깔:________
머리색깔:_______
특징적인 표시나 상처:_________

(e) 피고의 별명:____________

(f) 피고는 청원자의 배우자 또는 전배우자이거나, 친족 또는 인척이거나, 청원자와 가족처럼 동거중 또는 동거관계였던 자이거나 또는 청원자와 피고가 법률혼이나 사실혼관계에 있거나 있었는지를 묻지 않고 청원자가 피고와 공동 자녀를 가지고 있는 자이다.

(g) 청원자와 피고간에 임박한 현재조치의 다른 원인을 서술하시오
____
청원자는 이 또는 다른 순회판사에게 가정폭력 방지를 위한 금지명령을 받으려고 이전에 또는 임박하여 시도한 것 그리고 시도한 결과도 서술하시오.__________
사건 수도 포함하시오.____________________

(h) 청원자는 가정폭력의 피해자이거나 또는 가정폭력의 위험이 급박하다고 믿을 만한 상당한 이유가 있다, 왜냐하면(해당되는 것을 표시하고 아래의 빈칸에 폭력이나 폭력의 위협사건을 서술하되 집, 학교, 근무처 또는 교환방문-이에 한정되지 않음-과 같은 위치를 포함하여 언제 어디서 발생하였는지 특정) 피고는
______다른 가족이나 거주자에게 플로리다 법률 741.28에 규정되어 있는 가정폭력, 예컨대 폭행, 가중폭행, 구타, 가중구타, 성적 폭행, 성적 구타, 스토킹, 가중 스토킹, 납치, 거짓 감금 또는 여하한 형사범죄를 범하였거나 범할 것으로 위협하였다. 공동의 아이를 가진 부모들을 제외하고, 가족이나 동거인은 현재 거주하고 있거나 과거에 같은 단독 주택에서 함께 거주했다.

(계속)

표 9-7 가정폭력의 보호명령을 위한 청원 (계속)

______이전에 청원자를 협박하고 추행하고 스토킹하였거나 신체적으로 학대하였다.
______청원자나 가족구성원 또는 청원자와 긴밀하게 접촉하는 개인에게 해를 끼치려고 하였다.
______청원자의 자녀를 숨기거나 납치 또는 해를 끼치겠다고 협박하였다.
______고의적으로 가족 애완동물을 해치거나 죽였다.
______청원자에게 총이나 칼 같은 무기를 사용했거나 또는 사용하겠다고 협박하였다.
______청원자가 가출이나 경찰신고를 하지 못하도록 청원자의 몸을 속박하였다.
______폭력이나 폭력의 협박을 포함한 범죄전과
______이전에 피고에 대한 다른 또는 타관할로부터 발행된 보호명령
______전화나 다른 통신수단장비, 의류 또는 기타 청원자의 소유물(이에 한정되지 않음)을 포함한 개인재산을 파괴하였다.
______다른 행동이나 행위로 청원자가 가정폭력의 피해자가 될 급박한 위험에 처했다고 믿을 만한 상당한 이유를 가지게 만들었다.

(i) 청원자는 다음의 추가적 특정 사실을 주장:(적절한 항목에 표시)
______청원자는 이름과 나이가 다름과 같은 어린(minor) 아이(들)의 보호자이다:
______청원자는 당사자가 공유하는 주거지의 행정적 사용과 소유를 필요로 한다.
청원자는 안전한 대안적 거주지를 구할 수 없는데 왜냐하면 ___________
청원자는 진심으로 피고가 즉시 청원자의 어린 아이나 아이들을 학대, 제거 또는 은닉할 것이라는 두려움을 가지고 있는데, 그 이유는 _________________

(j) 청원자는 진심으로 피고의 즉각적인 가정폭력을 두려워하고 있다.

(k) 청원자가 신청하는 금지명령:(적절한 항목이나 항목들에 표시)
______피고가 어떠한 가정 폭력행위도 못하도록 즉시 제한
______피고가 어떠한 가정 폭력행위도 못하도록 제한
______공유하는 주거를 임시로 혼자 쓰고 소유할 자격을 주거나 청원자의 거주지에서 피고를 배제
______당사자의 어린아이나 어린이들과 관련하여 임시 보호 또는 임시 방문권을 부여하거나, 제 3자가 감독하고 있는 그들에 대한 방문을 금지 또는 제한
______청원자의 어린 아이나 아이들에 대한 임시지원 수립
______법 39.901에 따라 피고에게 구타자 개입프로그램의 참여나 다른 치료를 지시
______금지명령이나 법집행관에 대한 지시를 포함하여, 법원이 가정폭력피해자 또는 피해자의 어린 아이의 보호에 필요하다고 인정되는 적절한 기간을 제공

출처: 플로리다 법(2009), § 741.30(3)(b).

가정폭력에 대한 소추(訴追) 및 재판에서의 대응을 향상시키기 위한 여러 가지 제안들은 많이 있다. 그중 하나의 아이디어는 피해자 지원관을 검찰청과 법정으로 불러들이는 일이었다. 그 개개인들은 법정 절차를 알기 쉽게 하고(demystify), 피해자를 지원하며 사건의 성공적 소추를 지원하는 데 유용하다. 이와 밀접하게 관련된 변화는 가정폭력전담 특별검사의 지명과 "수직판결(vertical adjudication)"의 활용인데 이에 의해 검사가 사건을 처음부터 끝까지 담당한다(Durfee, 2009; Visher, Harrell, & Newman, 2007: 4). 어느 관할에서는 수사경찰이 피해자의 상처를 디지털로 촬영하고 이 증거를 보존함으로써 보다 많

은 유죄인정, 더 많은 수의 유죄판결 그리고 구금의 장기화를 가져왔다(Garcia, 2003). 재판전 가정폭력 보호관찰부에서는 체포된 자에게 유대 상태(bond condition)-특히 피해자 접근금지명령(no-contact-with-victim)의 존재-를 가리키고, 피의자가 대안적 생활 자세를 습득했음을 입증한다(Visher et al., 2007). 종국적으로 많은 관할에서는 가정폭력사건에서의 처벌을 덜 강조하고 가해자와 피해자 양측의 치료를 증진하려고 추진해왔다.

다른 전략으로는 기소단계에서 가정폭력사건의 취하를 단축(curtail)시키려는 노력이 들어있다. 한 노장 검사가 설명하듯

> 경험있는 가정폭력전담 검사들은 이해한다. . . 가정폭력피해자들은 종종 자신의 학대자에게 머물고 있고 감쪽같이(regularly) 학대를 최소화하고, 취소하며(recant), 구타자들에 대한 소를 취하해달라고 요청하고, 기소를 위한 증언을 거부하거나 구타자에게 유리하게 증언한다(Long, 2008: 21).

표 9-8에 있는 지침과 같은 그러한 "no-drop" 또는 의무적 기소정책은 피해자가 사건을 관철하도록(carry through with) 강제하고 정부에게는 기소부담을 지운다(Buzawa & Buzawa, 1990; Davis & Smith, 1995). 이 no-drop 정책의 밑바탕에 깔려있는 사고는 소송을 수행하고 가해자에게 자신의 책임을 물리는 것은 정부이지 피해자가 아니라는 것을 알려주는 것이다(Berliner, 2003). 이러한 실행은 또한 IPV 사건이 법원에 계류되는 기간을 늘리고 구타자에 대한 공적 관찰기간을 장기화시킨다(Peterson & Dixon, 2005).

비판자들은 영향(ramification)에 대한 최대한의 이해 없이 피해자를 강압하여 기소를 하는 것이 바람직한 것인가(advisability)에 대해 의문을 제기한다(Flemming, 2003; Ford, 2003; Humphries, 2002). 외관상 거친 것으로 보임에도 불구하고 한 연구에서 쉼터 거주

표 9-8 "전건기소(No-Drop)" 절이 포함된 검사의 가정폭력 기소지침 예

지방검사(Distict Attorney)는 피해자들이 피고인에 대한 고소취하를 희망하는 것과 관련하여 no-drop 정책을 수립했다. 취하를 문의하는 모든 피해자는 피해자 조정관에게 위탁된다. 이 정책은 검찰이 소송을 감소시킨다든지 기각할 것이라는 의미가 아니다. 결정은 피해자가 아닌 검찰청의 책임이라는 의미이다. 그것은 주(정부) vs. 피고인이지 피해자 vs. 피고인이 아니다. 임박한 소송에서 감소나 기각 가능성을 논의하고 싶은 범죄피해자들은 피해자조정관과 약속시간을 잡아야 한다.

이 정책에는 여러 가지 근거가 있다. 고소를 취하하도록 강압을 받고 있거나 부담을 느끼는 일부 피해자들은 피해자 조정관과 대화를 한 후에 마음을 바꾸고 기소에 협력해왔는가 하면, no-drop 정책에 대해 문의하는 다른 피해자들은 고발(press charge)과 사건기소에 대한 부담 및 책임을 갖지 않음을 알고 안심한다. no-drop 정책은 또한 피해자 조정관으로서는 사건의 심층적 연구와 검사에 대한 보다 완전한 프로파일을 받을 기회를 얻게 되고, 검사는 다가올 소송에 관한 사건을 검토하고 더 자세한 정보를 바탕으로 결정할 수 있는 기회를 갖게 된다.

출처: 가정폭력 기소위원회(2004). 가정폭력사건 기소지침. 몽고메리: Alabama 가정폭력연합, p.22. 2010. 7. 23. 검색 http://www.acadv.org/Prosecutionguideline.pdf

인의 3분의 2 가량은 강제적 기소정책을 선호하였다(A. Smith, 2000).

최근의 대법원 판례가 보여주듯, 일부 증거상의 위험이나 방해물이 no-drop 정책에 수반될 수 있다. 다른 것으로는 피고인에게 고소인을 대면하고 반대신문할 수 있는 권리를 보장하고 있는 6차 수정헌법이 있다. 하지만 피해자가 증언을 거절하거나 법정 출석을 거부하는 때에는 피고인은 증인을 탄핵할 기회가 없게 된다. 전형적으로 주정부는 그런 사안에서 전문증거(hearsay evidence)에 의존하지 않고는 절차를 진행할 수 없다. 그렇지만 전문증거(傳聞證據)의 하나의 예외는 **악행으로 인한 박탈**(*forfeiture by wrongdoing*)이다. 만일 피고인이 피해자를 협박하고 위협하거나 실제 위해를 가함으로써 공소를 방해하면, 그땐 공판외 진술에 대한 6차 수정헌법의 보호를 박탈당한다. 대법원에서 설명하였듯이 "악행으로 증인의 부존재를 획득한 자는 헌법상의 대면권을 박탈한다"(Davis v. Washington, p. 18).

Crawford v. Washington (2004)

경찰이 비치명적 자상(stabbing) 사건을 수사하는 동안에 언쟁(altercation)을 목격한 Crawford와 그 부인은 Crawford를 공격자로 시사(implicate)하는 진술을 했다. 하지만 이 사건이 재판에 회부되자 Crawford는 정당방위를 주장했다. 부인은 부부관계 특권을 인용하면서 증언을 거절했다. 그 결과 검사는 증거불충분(weak case)에 처하였다.

검사는 자상행위가 정당방위가 아니었음을 알리고자 이전에 부인이 경찰서 신문과정중에 언급한 진술을 제시함으로써 사건을 지키려고(salvage) 노력하였다. 검사의 논거의 일부는 결혼예외법칙(marital exemption)은 오로지 법정(in-court)증언에서만 적용된다는 것이었다. Crawford는 부인이 증언을 못하는 것은 수정헌법에서 보호하는 그의 대면권을 부정하는 것이라고 반박하였다. 마침내 법원은 배심원에게 녹음된 신문과정의 청취를 허용하였고 배심원들은 피고인에 대해 유죄를 인정하였다.

그 사건은 대법원으로 올라갔다. 거기서 법원은 심사숙고 끝에 Crawford에게 유리한 판결을 내렸다. 피고인에게 증인을 반대신문할 기회를 부여하지 않은 채 증언진술을 받아들이는 것은 6차 수정헌법에 대한 근본적 위반에 해당한다.

Davis v. Washington (2006)

이 판결은 실상 두 개의 분리된 사건이다. 첫 번째 상황은 McCottry가 남자친구인 Davis가 그녀의 집을 나간 직후 911로 전화하여 Davis가 방금 자신을 구타했다고 신고하였다. 피해자는 관공서에 피의자의 이름과 인상착의를 설명하였다. 두 명의 경찰관이 출동하여 McCottry의 상처를 관찰하고 신고서를 접수하였다. 결국에는 Davis가 체포되었다.

사건이 재판에 회부되었을 때 피해자 McCottry는 출두하지 않았다. 사건을 기각하는 대신 검사는 911 테이프를 폭행의 증거로 제출하였고 배심원은 Davis가 유죄라고 판단하였다. Davis는 나중에 항소하였는데 그 근거는 고소인을 대면하여 반대신문할 기회를 거절당했다는 것이었다.

두 번째의 경우는 경찰이 다른 가정갈등사건에 대응한 것이다. 도착하자마자 경찰관은 피해자 Hammon이 바깥 현관에 있는 것을 발견하였다. 동의를 받아 주거지안으로 들어간 경찰관은 거실의 다툼흔적을 관찰하고 부엌에 있는 피의자를 찾아냈다. 경찰관은 현장관찰, 피해자의 진술, 그리고 피해자가 현장에서 선서하고 작성 및 서명한 자술서의 내용에 기초해서 Hammon을 가정폭력혐의로 체포하였다. 사건이 재판에 회부되었을 때 피해자는 출두하지 않았다. 검사는 피해자가 부재한 상태하에 자술서를 증거로 제출하였다. 변호사는 작성자에 대한 반대신문이 불가능하다는 이유로 자술서에 대해 이의를 제기하였지만, 판사는 "흥분상태의 발언(exited utterance)"의 예외[2]를 들어 진술을 받아들였다. Hammon은 유죄판결을 받고 곧이어 자신은 반대신문을 할 수 없었다며 6차 수정헌법을 근거로 항소하였다.

이들 사건을 검토한 후 대법원에서는 **증언진술**과 **비증언진술**의 구분을 도출했다. 법원의 논지는 다음과 같다.

> 비증언진술(nontestimonial statement)은 신문의 일차적 목적이 현재 진행중인 위급상태에 대한 경찰의 지원임을 객관적으로 알 수 있는 상황아래 경찰신문과정에서 진술한 경우이다. 객관적 상황이 그러한 진행중인 위급상태가 아니고 신문의 일차적 목적이 장래의 형사기소에 부응하여 잠재적으로 과거사건을 구성하거나 증명하려는 것인 때에는 증언진술(testimonial statement)이다(p.7).

이 구분을 사용하여 법원은 McCottry의 911전화 교환중에 획득한 정보는 급박한(exigent) 상황에 속하고 유죄입증을 목적으로 한 증언을 이루지 못한다고 근거를 밝혔다. 반대로 Hammon 상황에서는 이미 결론이 나왔고 비교적 차분하며 어떠한 급한 위험도 포함되어 있지 않았다. 결과적으로 법원에서는 McCottry의 911 테이프는 비증언적이고 따라서 6차 헌법의 보호를 침해하지 않고 채택할 수 있다. 한편 Hammon 자술서는 증언적이고 피고는 피해자에 대한 반대신문을 행할 권리를 가지고 있다고 판결하였다.

---

2) 역자 주: 전문법칙은 전문진술은 증거가 아니라는 법칙(Hearsay is no evidence)으로 피고인의 증인에 대한 반대신문권(cross examination) 보장을 주된 근거로 한다. 이에 대한 예외를 인정하는 것이 전문법칙의 예외인데 이에는 흥분상태의 진술과 같이 자연적 진술이 포함된다.

Giles v. California (2008)

Giles는 전 여자친구 Avie를 언쟁하는 중에 총으로 살해했다. 약 3주 전에 Giles는 Avie를 구타하고 죽이겠다고 협박하였다. Avie는 사건후 경찰을 찾았고 경찰관은 보고서를 작성하였다.

살인사건이 재판에 회부되었을 때 검사는 Avie가 이전 사건에서 수사경찰관에게 진술한 것을 증거로 제출하였다. Giles는 증인을 반대신문할 수 없다는 근거로 이의를 제기하였다. 그러나 수소법원은 캘리포니아 법률상 피해자가 출석할 수 없을 때라도, 진술내용에 피해자에 대한 협박이나 상해가 포함되고 그러한 진술이 신빙성이 있는 한, 공판외 진술을 허용하고 있음을 근거로 증거로 채택하였다. Giles는 유죄로 인정되어 캘리포니아 항소법원에 상소하였다. 법원은 **악행으로 인한 박탈론**을 적용하여 그는 Avie의 사망에 책임이 있기 때문에 반대신문권을 상실하였다고 판결을 내렸다.

대법원은 Giles 사건을 원심법원에 환송하면서 피고인이 Avie를 살해한 것이 법정에서의 진술을 방지하기 위한 것인지 여부를 고려하라고 지시하였다. 환언하면 악행으로 인한 박탈은 오직 피고인이 피해자의 불리한 증언을 막으려는 교묘한 노력으로 피해자를 살해하였을 때에만 적절한 것이다.

> 가정폭력은 종종 피해자가 외부의 협력을 구하지 못하게 하려는 의도로 행해지고 경찰관에 증언하거나 형사법원에 협력하는 것을 방지하기 위해 고안된 행위를 포함한다. 그러한 학대적 관계가 살인에 의해 종결되는 곳에 증거가 지지하는 사실은 그 범죄는 피해자를 격리시키려는, 그리고 학대사실을 관청에 신고하거나 형사기소에 협력하는 -그래서 박탈이론을 통해 이전의 진술을 증거로 받아들여주게 하는- 것을 방해하려는 의도를 표현해준다는 것이다. 이전에 피해자로 하여금 외부 도움을 받지 못하도록 의도된 학대 또는 그 위협은 이 조사와 깊은 관련성이 있고, 피해자가 증언하리라 기대되는 진행중인 형사절차의 증거도 마찬가지다 (p. 23).

사법적 조치의 요약 Summary of Judicial Action

이 세 가지 판결에는 no-drop 정책과 피해자 없는 기소에 대한 약간 소름이 끼치는 함의(chilling implication)가 들어있다. 일부 관찰자들은 시스템이 IPV 피해자들이 가해자들에 대해 증언을 하지 않는 이유에 보다 집중하는 것이 마땅하다(behoove)고 생각한다. 피해자가 학대자로부터 더 안전하게 만들기, 경제적 안정을 다루기, 매맞는 관계는 현재형의 위급상황을 구성한다는 것을 인식하기, IPV의 파괴적인(devastating) 영향에 대해 감정 증인의 증언을 더 확보하기, 그리고 보다 실천가능한 악행으로 인한 박탈전략을 마련(craft)하는 것들은 Giles 이후시대에 피해자에게 힘을 넣어주는데 지대한 도움이 될 것이다(Bailey, 2009; Ewing, 2007; Hussain, 2009).

조정 체계적 접근 COORDINATING SYSTEM APPROACHES

어느 한 기관이 IPV에 주된 영향을 줄 수 있다는 사고 대신에 여러 기관간 조정된 노력이 보다 효과적일 것이라고 가정하는 것이 더욱 합리적이다. 예를 들어 체포를 적극적 기소와 결합하면 체포 하나만 하는 것보다 차후의 학대행위가 줄어들 수도 있다. 참으로 미니애폴리스 실험과 그 후의 복제실험에 대해 가해지는 비판중 하나는 체포후 가해자에게 어떤 일이 발생했느냐에 관한 정보가 부족하다는 점이다. 불행하게도 더 다양한 기반을 가진(broader-based) 체계적 접근을 고려하는 분석이 상대적으로 희박하다.

Tolman과 Weisz(1995)는 일리노이에서 행해진 한 체포와 기소의 조정된 프로그램에 관해 보고하였다. DuPage 카운티에서 도입한 프로그램은 적극체포(pro-arrest) 정책 뿐 아니라 피해자가 거절한 경우에 경찰관이 서명한 진정서를 기초로 기소하는 것을 내용으로 하고 있다. 많은 관할에서 경찰관이 진정서에 서명하고 있지만 그것은 매우 보편적인 현상은 아니다. 왜냐하면 피해자가 서명을 거부한다는 것은 일반적으로 기소에 대해 앞으로 협력하지 않는다는 의미가 되기 때문이다. DuPage 프로그램상 기소는 피해자의 사건 참여를 얻기 위해 적극 애쓴다. 690건의 가정폭력 사건들을 분석하면서 Tolman과 Weisz(1995)는 유죄판결이 없는 체포사건들은 재범 수준이 가장 높다는 것을 알아냈다. 반대로 유죄판결로 이어진 체포는 가장 낮은 재범율을 나타냈다. 저자들은 이 체계적 접근방식이 개별 기관이 주도하는 것보다 더 효과적이라고 주장한다.

IPV를 저지할(stem) 가능성을 안고 있는 또 다른 협력적 조절에는 피해자나 사회봉사기관을 형사사법 시스템과 결합시키는 것이 포함된다(Ahmad & Mullings, 1999; Spence-Diehl & Potocky-Tripodi, 2001). 피해자나 사회봉사기관의 활용 또는 포함은 최근 몇 년간 점점 더 보편화되었다. 많은 경찰관서에서 특별히 훈련된 개인에게 IPV나 성폭력 사건의 대응을 조력하도록 요청할 것이다. 유사하게 검찰총장도 자주 피해자지원관들과 사회봉사기관에 의존하는데, 이들은 소송절차(legal proceedings) 내내 피해자를 안내하고 소송의 완수(carry through with a prosecution)를 격려하며 위험성 평가를 수행한다.

일부 관할에서는 IPV 피해자의 지속적인 안전을 걱정하여 피해자가 처한 불안한 상황을 평가해왔다. 현재 활용중인 몇 가지 표준 프로토콜(Campbell et al., 2003, 2009)이 있긴 하지만 그들은 전형적으로 표 9-9에 나타나는 것들과 유사한 주제에 의존한다. 사실은 일부 증거에 비추어보면 이러한 주목은 피해자 협력을 엄청나게(immensely) 강화시켜 준다(Dawson & Dinovitzer, 2001).

표 9-9 IPV 위험성 또는 치명성 평가에서의 현저한 위기요인

- 가정폭력 경력이 있는가?
- 가해자는 강박적 또는 소유적 사고를 가진 자인가?
- 가해자가 피해자를 살해하겠다고 협박한 적이 있는가?
- 가해자는 피해자가 배신했다고 느끼고 있는가?
- 피해자가 가해자에게서 떨어지려고 시도하고 있는가?
- 이전에 경찰에게 신고한 적이 있는가?
- 가해자의 약물 또는 음주사용이 증가하고 있는가?
- 가해자의 범죄경력은 어떠한가?
- 가해자는 우울해 있는가?
- 가해자에게 살인 또는 자살의 특정 "환상"이 있는가?
- 가해자는 무기를 가까이 하거나 매력을 느끼는가?
- 가해자가 동물/애완동물을 학대한 적이 있는가?
- 가해자가 경찰이나 타인에게 분노나 적대감을 드러낸 적이 있는가?
- 폭력(사건화여부와 상관없이)의 빈도나 강도가 증가한 적이 있는가?
- 가해자는 아이들에게 폭력적이었는가?
- 목을 조른 적이 있었는가 그리고 얼마나 자주 그랬는가?
- 스토킹 행위를 한 적이 있는가?

출처: 네바다주 검찰자문위원회(2006). 네바다 가정폭력 기소의 최적화 지침. 레노: 네바다주 검찰자문위원회. 2010.7.24 발췌.
http://www.nvpac.state.nv.us/Domestic_Violence/DV_Best_Practice_Guidelines.pdf

밀워키에서의 최근의 노력은 "나 홀로(go-alone)" 접근방식이 종종 실패를 부른다는 좋은 삽화를 제공한다. 그 도시에서 공소는 피해자의 협력에 대한 강조를 누그러뜨리는 방법으로 보다 많은 IPV 사건들을 일방적으로(unilaterally) 법정에 올리기로 결정했다. 하지만 그에 상응하여 형사사법 시스템 상의 다른 구성원들의 도움을 포함시키려는 노력은 없었다. 경찰관은 범죄현장에서의 증거수집을 어떻게 개선해야 하는지 훈련을 전혀 받지 못했고, 피해자지원관들은 늘어나는 고객들에 대해 준비가 없었으며, 법원은 폭증하는 사건일람표를 처리할 자원이 증가되지 않았고 검찰직원은 증원되지 않았다. Davis, Smith와 Taylor(2003:279)가 일컬었듯이, 이 상황은 "재난의 요리법"이었다. 넘쳐나는 소송사건들은 처음부터 끝까지 사실상의 지연, 예심에서의 반복적 범행, 더 낮아진 유죄판결비율 그리고 어마어마한 피해자의 불만을 불러일으켰다. 이들 그릇된 판단(misguided) 경험은 "의도가 좋다고 해서 언제나 좋은 공공정책을 가져오는 것은 아니다"라는 작가들의 경고로 이어졌다(Davis et al., 2003:280).

피해자지원관과 사회봉사기관의 활용에 관심을 돌린 경험적 연구의 수행은 상대적으로 드물었다. 한 보고서에서 Davis와 Taylor(1997)은 경찰과 사회사업가를 연계시킨 뉴욕시 프로그램이 미친 영향을 분석하였다. 가정폭력 개입교육 프로그램(DVIEP)이라는 이 프

로그램에는 두 가지의 주된 기능을 하는 위기대응팀이 관여하고 있다. 하나는 정규순찰에 의해 처리되는 IPV 신고에 관해 후속조치(follow up)를 하는 것이었다. 두 번째 기능에는 가정폭력에 대한 대중교육과 시스템 대응의 발동이 들어 있었다. 저자들은 IPV 사건에 대해 무작위로 DVIEP 프로그램이나 정상의 경찰개입을 임무로써 부여할 수 있었다. 유사하게 교육프로그램도 무작위로 서로 다른 가구들(households)에 부여되었다. 평가결과는 불행하게도 후속의 IPV에 대한 자기보고나 또는 뒤이은 학대의 심각성에는 아무 영향을 미치지 못했다. 한편 프로젝트로 인해 응답자들이 자진하여 경찰 지원을 요청하는 것은 유의미하게 증가했다(Davis & Taylor, 1997). 프로젝트는 피해자의 순종성(amenability)을 변화시켜 피해자화를 하나의 문제로서 인식하게 만드는데 가장 막대한 영향을 끼칠 것으로 보였다. 평가에서 빠뜨리고 있는 것은 특히 사건을 통틀어서 개입의 품질, 그리고 프로그램이 어느 정도로 피해자 측의(on the part of) 다른 적극적 대응을 촉진하는가에 대한 평정부분이다.

IPV에 대한 체계적 대응에 더 많이 집중할 필요가 있다. 이러한 노력이 드문 것은 아니다. 불행하게도 그저 프로그램이 갖는 능력만 믿고(leaving the programs with little more than faith in their abilities) 그것에 대한 왕성한 평가는 거의 이루어지지 않았다. 어떤 유형의 협력적 개입이 가장 효과가 있는 건지 그리고 어떤 여건에서 가장 적절한 개입이 되는지 알아두면 유익할 것이다. Miller(2006: 1125)가 설명하길:

> 단일 해결책, 예를 들면 알려진 학대자에 대한 단일한 가정폭력 개입프로그램이나 의무적 체포, 기소 그리고 상담프로그램은 지지될 수 없다. 우린 모든 IPV학대자가 체포되어야 하는 것은 아님을 알고 있다. 그리고 어떤 학대자들은 만일 구금되지 않을 경우 친밀한 테러리즘 형식을 지속할 것이고 결국에는 극심한, 만성적인 또는 영구적인 상처나 또는 죽음을 불러올 것임을 우리는 알고 있다. 일반인구중 여성의 19%에 영향을 미치는 치료가 아주 쉬운 질병(예를 들어 기관지염)과 여성의 2%의 생명을 위협할 수 있는 다른 유형의 질병(예, 돌연변이형 감기 바이러스)을 상상해보라. 이들은 치료 내지 예방적 전략을 정당화할 정도로 그 숫자가 과연 큰 것인가? 그것들은 서로 다른 대응을 용납할만큼 서로 다른 것인가?

보다 최근의 대응들 MORE RECENT RESPONSES

경찰 조치의 확대를 허용하는 입법적 변화, 예컨대 경범죄 규칙의 완화 이외에도 대부분의 관할에서는 위협하는 행위나 상황에 맞춘(aimed at) 법률의 입법을 통해 IPV에 대응해왔다. 이들 노력중 아마 가장 눈에 띄는 것이 반스토킹 법률의 성장, 가정폭력범의 총기소지 불법화, 유죄판결 구타자의 법원명령의 의무적 상담, 파트너 살해로 유죄판결 받은 매 맞는 여성에 대한 사면(granting clemency), 전국 긴급직통전화(Hotline)의 설치, 그리고 치명성 검토팀(fatality review team)의 배심원 선정이다.

스토킹 법률 Stalking Laws

"스토킹"하면 즉각적으로 떠오르는 그림이 있기 하지만, 그 용어의 의미를 수용하는 단일한 정의는 없다. Wright와 그 동료들(1997: 487)에 따르면, 스토킹이란 "미행, 관찰, 다른 사람과 대화하거나 위협적으로 또는 악의적으로 다른 사람에게 가까이하는 행위"이다. 정의에 들어있는 "관찰하기"와 "대화" 부분에 일부 독자들이 놀랄 수도 있다. 하지만 이러한 종류의 행위들은, 특히 반복된 패턴의 일부이거나 다른 행위와 결합되어 있을 경우에는 어마어마한 불안과 두려움을 만들어 낼 수 있다.

NCVS는 최근에 보충적 피해 조사를 시행하여 스토킹 경험을 분석하였다(Baum et al., 2009). 조사에서는 피해자에게 두려움을 야기하고 여러 상황에서 발생하는 구성요소에 부가하여 다음과 같은 원치 않는 행동들에 초점을 맞추었다.

- 원하지 않는 전화하기
- 요청하지 않거나 원하지 않는 편지 또는 이메일 보내기
- 피해자를 추적하거나 염탐(감시)하기
- 법적 근거 없이 장소에 나타나기
- 피해자를 장소에서 기다리기
- 원하지 않는 목록, 선물 또는 꽃 등을 남겨두기
- 인터넷이나 공공 장소에 또는 구술(by word of mouth)로 정보를 게시하거나 소문 유포하기(Baum et al., 2009: 1)

두려움과 반복을 둘 다 결합시킨 행위는 표 9-10에 제시된 플로리다의 스토킹법률에서 볼 수 있다.

표 9-10 플로리다 스토킹 법률

(1) 용어의 정의

(a) "희롱"이란 특정인을 향한 행동방침에 몰두하여 잠재적인 정서장애를 야기하고 비합법적 목적에 기여하는 것을 말한다.

(b) "행동방침(course of conduct)"은 짧은 기간이나마 일련의 행위들로 이루어진 행위패턴으로서 목적의 연속성을 증명해주는 것을 의미한다. 헌법으로 보호되는 행위들은 "행동방침"에 포함되지 않는다. 헌법으로 보호되는 행위에는 피켓시위나 다른 조직적 절차가 있다.

(c) "확실한 협박(credible threat)"은 상대방에게 안전에 대한 합리적 두려움을 느끼게 할 의도하에 행해지는 협박을 의미한다. 협박은 생명에 대한 것이거나 신체적 위해를 야기하기 위한 것이어야 한다.

(d) "사이버스토크"는 특정인을 대상으로 전자메일이나 전자적 통신을 활용하여 단어, 형상 또는 언어의 통신을 하기 위한 또는 통신되기 위한 행동방침에 몰두하여 타인에게 잠재적으로 정서적 스트레스를 야기하고 합법적 목적은 결여되어 있는 것을 말한다.

출처: 플로리다 법(2009). § 784.048

대부분의 반스토킹 법령에 들어있는 3가지 주요 모습은 위협 행위의 존재, 가해자의 범죄의 고의, 행위의 반복이다. 이들 세 요소가 중요한 이유는 모든 사건에 포함되는 다른 법률위반이 없기 때문이다. 예를 들면, 반스토킹법이 없으면 그저 타인의 주위를 추적하는 일은 심지어 희롱으로 해석(construed)될 여지가 있음에도 불법은 아니다(Sheridan, Davies, & Boon, 2001). 실상 민간조사업이나 언론과 같은 일부 직업은 전형적으로 한 사람이 타인을 추적하는 것이 필요하다. 협박이나 범죄고의를 결정하는 것은 쉽지 않다. 하지만 대체적인 표준에는 "합리적인 사람"이라면 두려워하거나 받아들일만한(find acceptable) 인식이 내포된다. 반복된 행위나 행동패턴을 요구하는 것 또한 스토킹이 무엇으로 구성되는가의 윤곽을 잡을 수 있게 해준다. 따라서 입법자로서는 유형이 다른 "추적" 행위들을 구별하는 것이 중요하다. 진전되어 가는 이런 지적(notion)의 한 예가 될만한 것이 **사이버스토킹** 현상인데, 이는 인터넷, 이메일, 스파이웨어, 핸드폰, GPS 또는 다른 전자적 통신수단을 통해 행해지는 괴롭힘을 의미한다(Southworth et al., 2007).

IPV에 관한 한(as far as IPV goes), 스토킹은 일단 피해자가 "폭력의 순환"을 종식시키기로 마음먹었을 때 종종 발생한다. 전에 언급하였듯이 폭력의 순환은 뚜렷한 3단계-긴장형성국면, 구타사건, 화해기간-를 통해 전진한다. 하지만 일단 여성이 학대적 관계를 포기하려고 결심하면, 남성파트너는 어떻게 해야 그녀에 대한 통제를 재취득할 수 있는지 당황스러울 수 있다. 과거에 잘 먹혀들었던 누그러뜨리기(mollifying) 행동이 실패(fizzle)하면, 남자는 그녀의 탈출을 저지(thwart)하고 피해자를 다시 통제하려는 노력의 일환으로 스토킹행위나 협박에 호소할지도 모른다(DeKeseredy et al., 2006; Logan & Walker, 2009b; Melton, 2007a,b; Roberts, 2005). 이 행동이 흔하다보니 Logan과 Walker(2009b)는 **파트너 스토킹**이라는 용어를 쓴다.

다수의 주법률이 많은 영역에서(on a number of fronts) 도전에 부딪혔다(Bureau of Justice Assistance, 1996). 가장 강력한 반대는 법률이 가지고 있는 불명확성과 과다한 범위에 집중되었다(Bjerregaad, 1996; Sohn, 1994; Thomas, 1997). 예를 들어, 법률에 있는 "반복적으로"와 "정서적 스트레스를 야기할 의도"와 같은 용어는 지나치게 모호하여 헌법에 위배된다는 비판이 가해졌다. 다른 도전은 "타인의 동의없이 접촉"하거나 다른 사람을 "추적"하는 것을 불법으로 금지하는 규정들을 공격한다. 논쟁은 이러한 단어들이 너무 광범위해서 헌법적으로 보호되는 행위들을 범죄화하는 것이다. 거의 모든 사건에서 법원은 이러한 주장들을 부인하고 스토킹법의 합헌성을 지지하였다(Bureau of Justice Assistance, 1996). 스토킹의 형량은 손상이나 협박의 정도뿐만 아니라 과거의 위반에 달려있다. 경범죄 위반은 통상 1년 이하의 구류를 허용한다. 그렇지만 중범죄 위반은 사실상의 형벌이 따를 수(carry) 있는데, 특히 무기의 사용, 제한명령위반, 또는 전과와 같은 가중상황이 있을 때 그러하다. 이러한 형벌에는 징역이나 벌금 1만 달러 이상이 포함되어 있다. 스토킹이 일부 주에서는 "3진 아웃제"를 목적으로 강력범죄를 구성할 수 있어 가석방 없는 종신형을 가져올 수도 있다(Bureau of Justice Assistance, 1996).

급작스러운 스토킹 입법의 증가에도 불구하고 그 주제에 대한 연구는 이제야 모습을 드러내는 중이다. 대부분의 토론이 저명한 특수 스토킹사건-전형적으로 유명인사나 정치인 또는 살인으로 끝난 행동-의 언론화(media accounts)를 꼽고(point to) 있다(Hickey, 2006; Wallace & Kelty, 1995). 훨씬 흔한 것이 전남편이나 전남자친구에 의한 여성 스토킹이다. Steinman(1993)은 모든 여성들의 5%는 평생동안 한 시점에서 스토킹을 당할 것이라고 주장한다. 비슷하게 Beck(1992)은 전 친밀파트너에 의해 피살된 여성의 90%는 행위 이전에 가해자의 스토킹이 선행되었다고 보고하고 있다. 다른 추산에 따르면 3백4십만 성인들이 매년 스토킹을 당하고 있고 피해자의 4분의 3은 가해자를 알고 있다(Baum et al., 2009)

스토킹법률이 가정학대에 어느 정도로 영향을 줄 것인지는 현재로선 알지 못한다. 대부분의 주법률들이 신설된 것이라 광대한 효과분석은 이루어져 있지 않다. 예를 들어 어느 정도로 피해자들이 이 법률을 활용하는지 그리고 경찰과 법원에서 집행되고 있는지가 분명하지 않다. 법률들이 헌법적 도전을 견뎌냈다는 사실은 IPV에 대한 법적 투쟁의 도구로서 주목을 받아야 함을 시사한다.

라우텐베르그 법안 The Lautenberg Amendment

의회에서 통과된 Frank R. Lautenberg 법안은 경미한 가정폭력 전과가 있는 자에게 총기소유를 금지하는 내용이었다(표 9-11참조). 1968년에 제출된 이 총기통제법률안은 1996년 9월 30일 발효되었다. 많은 주가 IPV법률을 개정해 학대자들의 총기소유를 금지하거나 제한명령의 조문에 동일한 문구를 포함시킴으로써 연방정부의 이 전략을 따랐다 (Nathan, 2000).

이 추진의 이면에 있는 목표는 여성폭력과 싸우려는 것이다. IPV 살인은 1976년에서 2005년간 국내에서 발생된 총살인건수의 11%를 차지했다(Fox & Zawitz, 2007). 이들 살인의 근 3분의 2는 피해자가 여성들이었다. 1976년에서 2005년까지 배우자와 전배우자 살해 중에서 3분의 2 이상은 총기에 의한 것이었다(Fox & Zawitz, 2007).

이런 추진에 대한 반대는 매우 신속하게 형성되었고, 곧 질풍같은 항의(flurry of cries)가 구체화되었다. 반대론자들은 **한번이라도**(*ever*) 가정폭력의 전력이 있는 사람에게까지 무기소지를 확대하는 것은 **소급입법**(*ex post facto*)에 다름없으며, 명백한 위헌이라고 주장했다. 환언하면, 부가형이 이미 결정된 사안에, 그리고 개인이 이미 형기를 완료한 상황에 적용되고 있었다. 찬성론자들은 잘못된 비판이라고 주장하였다: 신법에서는 유죄판결을 받은 IPV 범법자가 법률통과일 이후에 무기소지하는 것을 완전히 별개의 기소사유로 하였다. 조문은 새로운 행위를 불법화시킨 깃이므로 소급입법 금지원칙에 위배되지 않았다.

표 9-11 Lautenberg 법안 발췌문

(g) 다음 각 호의 하나에 해당하는 자는 누구라도 무기나 화약의 주간 또는 해외무역으로 운반 또는 이송, 무역상 또는 무역에 관한(affecting) 소지가 금지되고, 주간 또는 해외무역으로 운반되거나 이송된 총기나 화약의 수령이 금지된다.

(8) 다음의 법원의 명령에 따라야 하는 자

(a) 청문회를 현실로 고지받았고 참가할 기회가 있었던 사람에게 발부된 명령

(b) 친밀한 파트너나 그의 자녀들 또는 타인에 대한 괴롭힘, 스토킹 또는 위협행위의 제한, 또는 친밀파트너가 자신이나 자녀의 신체적 위해에 대해 합리적 두려움을 가지게 할 만한 어떠한 행동의 제한

(c) (i)행위자가 동거 파트너나 그의 자녀의 신체적 안전에 대한 확실한 협박(credible threat)을 보여준다고 확인되거나

(ii) 동거 파트너나 그의 자녀에 대해 신체적 위해를 야기할 것으로 합리적으로 기대되는 물리력의 사용, 기도된 사용 또는 사용협박을 언어적으로(by its terms) 명백하게 금지

(9) 경범죄 또는 가정폭력으로 유죄판결을 받은 자

출처: U. S. C. 922.

관찰자들은 또한 무기금지가 IPV 전력을 가진 법집행관과 군종사자들에게 적용된다는 것을 의미한다고 지적하였다. 이들은 총기휴대가 허용되지 않으면 필수적인 업무기능을 수행하지 못할 것이다. 이들에 대한 공적 관심사의 예외를 얻으려는 노력은 수포로 돌아갔다(Nathan, 2000).

최근의 대법원판결(*U.S. v. Hayes*, 2009)은 무기금지법을 장래에도 지지할 것이다. Hayes는 이 연방법률이 발효되기 전인 1994년에 경범죄의 아내구타로 유죄판결을 받았다. 하지만 웨스트 버지니아에서는 그 당시 기록이 있는(on the books) 가정폭력특별법이 존재하지 않았다. 그렇기에 Hayes는 일반(generic) 폭력법을 근거로 판결을 받았다. 2004년, 경찰관은 그가 집안에 소총과 몇 개의 총기를 보관하고 있음을 알아냈다. 경찰관들은 Hayes를 체포하였고 그는 연방총기법 위반으로 유죄판결을 받았다. Hayes는 항소하면서 그의 1994년 판결은 해당되지 않는(not qualifying) 범죄라고 주장하였는데, 그 근거는 그 당시 웨스트 버지니아에서는 가정폭력특별법이 없었기 때문이라는 것이었다. 대법원은 상황을 분석하고 Hayes는 단순한 배우자 폭력을 범하였다는 점을 확인한 후, 그의 논증을 기각하고 유죄판결을 확정하였다.

마지막으로, 다른 사람들은 경범죄가 중범죄보다도 더 가혹한 형벌을 가져온다는(exact from) 점을 들어 이들 규정이 평등보호 조항을 침해한다고 주장하였다(Nelson, 1999). 다른 말로 하면, 유죄판결을 받은 중범죄자는 자신들의 시민권을 회복하기 위해 상소(petition)할 수 있다. 만일 성공하면 합법적으로 총기소지를 할 수 있게 된다. 이에 상응하는 복귀절차가 경범죄자에게는 없다. 현재까지 Lautenberg 법안은 이러한 비판과 다른 도전들을 극복해왔다.

법원명령의 의무적 상담 Court-Ordered Mandatory Counseling

IPV문제에 대한 가장 적절한 또는 유일한 해결책으로 의무적 체포전략에 의존하는 것에는 한 가지 문제가 남아있는데, 이는 체포 그 자체는 대체로 비효과적인 대응이라는 점이다. 체포가 도달하려는 것은 **직접 겁주기**(*Scared Straight*) 전술이고, 특히 아무 후속적 개입이 없는 경우에 그렇다. 환언하면 두려움은 압도적인 동기유발 요소가 된다. 억제이론은 형사사법시스템의 작동방법에 대한 중요한 토대(underpinning)인 것은 사실이지만, 그것이 언제나 효율적인 실행은 아니다. 그 결과, 재발방지를 목표로 하는 치료적 개입이 필수적인 전략이 되었다. 사실 플로리다는 다른 주와 마찬가지로 재판관으로 하여금 유죄판결을 받은 학대자가 구타자 개입프로그램(batterer' s intervention program)에의 참가를 선고하도록 하고 있다(**플로리다 법**, 2009: § 741.281). 비록 이 전략이 흥미를 돋우지만 체포와 프로그램 등록사이에는 자주 상당한 지체가 있다는 것을 명심해야 한다(Healey & Smith, 1998). 이 절에서는 자기주도적(self-initiated) 또는 법원명령으로 인한 참가는 효과가 더 좋은지의 여부와 상담시 오로지 관계를 맺고 있는 한쪽 당사자만을 아니면 양당사자 모두를 다루어야 하는지 여부, 그리고 치료적 개입이 의미가 있는 행로인지를 탐색할 것이다.

치료가 사람의 내부를 어떻게 변화시킬 것인가 상상하기 위한 한 가지 계획은, 주제가 학대행위이건 흡연과 같은 중독행위이건, 어떤 변화를 5단계 모형에 넣는 것이다(Cancer Prevention Research Center, 2010). 최초의 국면인 **기대이전단계**(*precontemplation stage*)는, 개인이 비록 자신의 파괴적 행위를 중단하려는 욕구를 인식하고 있을지라도, 수립된 시간표나 준비된 목표(goals in place)를 가지고 있지 않은 지점이다. **기대단계**(*contemplation stage*)에서는 앞으로 무엇이 행해질 것인지 대비하고 있다. 이 단계에서 주체는 교정의 필요성을 인식하고 이 절차를 제대로 착수하는 방법에 대해 고려하기 시작한다. **준비단계**(*preparation stage*)는 개인이 계획을 궁리하고 수행준비가 되었을 때 이루어진다. **행동단계**(*action stage*)에 오면 개인은 목표를 성취하고 고약한(objectionable) 행위를 근절한다는 의미에서 진척이 있다. **유지단계**(*maintenance stage*)에선 끊임없는 감시가 요청된다. 이 지점에서는 개인은 새로 학습한 행위를 지속해야 하고, 파괴적인 구태로 되돌려지는 압력에 굴복하거나 손들어서는 안된다.

자신의 폭력적 행동을 바꾸고자 희망하는 학대적 파트너에게는 이 이행(transition)을 완성할 지지적인 치료환경이 필요하다. 여태까지는 치료활동에의 학대자 참가가 크게 보면 자발적이거나 일방적이었다. 상담을 구하는 구타자는 세상에 최고의 의도와 함께 시작할지 모른다. 만일 이전의 행위들을 방어하고자 상상으로 떠올릴 수도 있는 풍부한 방어책들(myriad of defenses)이 있게 되면, 치료자는 이들 내담자로 인해 매우 곤란한 일에 직면하게 된다. 대개 자기위탁(self-referred) 환자는 아무리 활력 있게 전념하더라도 부서지기 쉽지만 치료에 순응적(fragile but amenable)이다(Dutton & Starzomski, 1994). 만일 상담자가 비판적으로 내담자를 대면하여 그의 근본적 사고를 갑자기(abruptly) 따져들면, 자기위탁자는 그 다음 회기에 나타나지 않을 것이다(Murphy & Baxter, 1997). 이럴 경우 변화에 대한 희망은 꺾이고 만다.

두 번째로 치료사가 고려해야 할 중요한 점은 학대적 관계를 맺고 있는 한쪽 당사자만을 아니면 양당사자 모두를 다루어야 하는지 여부이다. 부부치료를 담당하는 치료자는 몇 가지 초점들을 염두에 둔다. 그들이 지향하는 것은 심리적 또는 신체적 폭력의 제거, 내담자가 언쟁중에 폭력적 행동으로 발전하는 것에 책임을 지게 하는 것, 자기통제를 학습시키는 것, 부부간 나아진 의사소통을 굳히는 것, 보다 즐거운 부부활동을 증진하는 것, 그리고 파트너간에 상호 존경으로 대해야 한다는 사고를 고취시키는 것이다(O' Leary, 1996).

이러한 실행계획(protocol)이 합리적으로 보이지만 비판자들은 그에 대한 중대한 단서를 표현하고 있다. 문제를 어떻게 개념화(conceptualized)하는가에 관하여 근본적인 불일치가 존재한다. McMahon과 Pence(1996: 453)가 설명하듯 "**배우자 학대, 신체적으로 공격적인 커플** 또는 **학대적 관계**와 같은 용어들은 논의가 진행중인 현상이 일차적으로 남성들이 아내나 여성파트너에 대해 행하는 폭력이라는 사실을 숨기고 있다." 치료사가 폭력적 행동에 대해 훨씬 커다란 근원적인(underlying) 문제를 가진 한 증상으로 접근할 때, 상담자들이 오로지 하는 일은 폭력적 행위의 치료로부터 관심을 비껴가는(deflect away) 것이다. 치료사가 다루지 않으면 안되는 것은 학대자의 폭력의존이지 관계에 내재된 긴장을 조사하는 것이 아니다. 그리고 상담자는 부인에게 남성 파트너를 도와 행동을 변화시킬 책임을 지도록 암시하여서는 안된다.

매맞는 여성과 정신건강 치료사간에는 IPV에 대해 서로 다른 인식을 가지고 있고, 이렇게 공통된 정의가 부재하기 때문에 도움요청은 효용이 떨어진다는 약간의 증거가 있다. 치료사가 상황을 적절하게 진단하지 못하게 되면 두 유형의 피해자 각성(disenchantment)이 발생한다. 그것은 회피를 통한 각성과 행동을 통한 각성이다.

Eisikovits와 Buchbinder(1996)에 의하면, **회피를 통한 각성**(*disenchantment through avoidance*)은 상담자가 폭력의 논점을 회피할 때 생긴다. 많은 치료사들이 구타에 대한 토론을 주도하기보다는 뒤로 물러서서 피해자가 이야기를 꺼내기를(broach the topic) 기다린다. 이러한 회피 내지 안내의 결여는 피해자들로 하여금 치료사들의 관심이 무엇인지 궁금하게 만든다. 한편 치료사들은 고객을 다룰 때 직업적으로 일정한 거리를 유지하려 애쓴다. 그렇지만 이러한 자세를 피해자들은 직업화 전략으로 보는 대신에, 무관심(aloofness)이나 냉담함(coldness)으로 여긴다. 환언하면, 매맞는 여성들이 상담자들에게 기대하는 것은 그들에게서 받는 서비스와 사뭇 다르다.

두 번째 길인 **행동을 통한 각성**(*disenchantment through action*)은 치료적 관계에서 여성이 느끼는 좌절을 더욱 단단하게 만든다. 많은 치료사들은 남성이 관계속에서 발생하고 있는 것을 어떻게 보고 있는지 얘기해달라고 요청하면서 커플 회기를 시작한다. 자주 남성은 여성의 연출을 폭로(debunk rendition)하려고 힘쓸 것이다. 급격히 여성은 자신의 신빙성을 평가당하는 위치에 몰리게 된다. 게다가 구타행위를 관계속의 긴장의 척도로 전환시킴으로써 치료사들은 여성을 불화의 공동원인자로 묘사한다. Eisikovits와 Buchbinder(1996: 436)의 설명이다:

> 매맞는 여성으로서는 폭력이 그들의 삶이지만, 사회사업가에게는 한 증상이다. 많은 여성들이 자기노출로 인간적 친근감의 환상을 키워가는 반면, 사회사업가들은 "올바른" 직업적 역할관계로 반응한다. 사회사업가들은 폭력을 맥락에서 바라보고(place in context), 여성의 이야기를 보강하며 남성을 절차에 끌어들여 문제가 아닌 해결의 부분으로 만든다. 그러한 태도를 여성들은 거리감과 배신의 증거로 해석한다.

독자들도 알 수 있듯이 치료적 개입의 역할에 특유하고(endemic to) 복잡한 이슈들이 수없이 존재한다. 보통 상담은 IPV 관계에 있는 사람들을 번민하게 만드는 모든 걸 치료해줄 수 있다고 추정하지만, 수많은 의문들에 대한 비판적 검사가 선행되어야 한다. 동시에 이 논의는 아직 어떤 종류의 치료가 그 이외의 것에 비해 더 적절한 것인지, 어떤 치료계획이 가장 성공률이 높은 지, 그리고 비용은 어떤지에 대한 의문을 파헤치지 못하였다(Gondolf, 2008; Jones, 2000; Price & Rosenbaum, 2009; Taylor, Davis & Maxwell, 2001). 이 영역은 심층연구와 더 큰 진보가 있겠지만, 한 가지는 분명하다: 법원부과의 치료적 개입이 합리적이고 만족스러운 해결책인 것으로 여겨질지 모르지만, IPV 문제에 대한 간단한 보편적 대응책(antidote)은 아니라는 것이다. 범용(one-size-fits-all, 汎用) 접근방식은 그야말로(simply) 효과가 없을 것이다.

사면 Executive Clemency, 赦免

판결확정후 교정책의 하나인 사면은 남편이나 남자친구를 살해하여 수감된 여성을 구제(redress)하는 절차를 제공한다. **사면**(*Executive Clemency*)은 주지사가 단독으로 혹은 위원회나 패널의 협의로 애초 법원이 부과한 선고를 전환(commute)하거나 경한 형벌로 감형하는 것을 의미한다. 이 인본적인 노력은 대개 재판에 현시된 증거의 불충분 의심이 표면화되거나, 부가적 증거가 재판이 결정된 후에 발견되었거나, 사건의 심리 미진이 현저할 때, 선고형이 정상참작요인(mitigating factors)과 균형을 잃어 지나치게 높을 때 또는 수많은 다른 이유가 있을 때 이루어진다(Acker & Lanier, 2000). 사형사건에서 사면은 사형을 무효화하고 대개 종신형으로 대체한다(Freilich & Rivera, 1999; Pridemore, 2000).

그러한 요청서를 작성한 IPV 생존자의 주장에는 "매맞는 여성증후군((battered woman' s syndrome, BWS)"이 정상참작(extenuating) 상황 또는 정당방어형태로 들어있다. 정상적 조건하에서 신체적 직면에 관련된 사람은 가능한 때에 물러설 법적 의무가 있다. 사람은 궁지에 몰려 즉시 도피가능한 길이 없을 경우에만 공격자가 될 수 있고 정당방어차원에서 공격을 시작할 수 있다. BWS 주장은 여성이 학대적 관계가 지속되는 중에 저지른 치명적 또는 폭력적 대응은 폭력의 순환과 학습된 무기력의 종결(culmination)을 나타낸다는 것이다. 사건당시 피해의 길에서 벗어날 기회가 존재하였을지도 모르고 또는 목전의(immediate) 조건이 여성의 총체적 건강 또는 복지에 대한 진정한 협박에 이른 것이

표 9-12 성곽 신조

Kathlee Weiand는 1994년 남편 Todd Weiand를 사살한 혐의로 일급 살인죄로 기소되었다. Weiand는 7주된 딸과 함께 살고 있던 아파트에서 격한 언쟁을 하는 중 남편을 살해하였다. 법정에서 그녀는 정당방위를 주장하였고, 이를 입증하기 위해 매맞는 여성 증후군을 증거로 제시하였다. Weiand는 남편이 3년간의 관계가 지속되는 내내 구타하고 목을 졸랐으며, 만일 떠나면 더한 폭력을 휘두르겠다고 협박했다고(threaten further violence) 증언했다.

플로리다 법과 보통법상 사람은 목전의 죽음이나 커다란 신체손상을 예방하기 위해 필요하다고 합리적으로 믿는다면 정당방위를 위해 치명적 물리력을 행사할 수 있다. 설사 그러한 상황하에서도 치명적 물리력에 호소하기 전에 먼저 도피를 포함하여 위험을 피하기 위해 할 수 있는 모든 합리적인 수단을 사용해야 한다. 이 보통법상의 "궁지까지" 물러설(retreat "to the wall") 의무에 대한 예외가 있는데, 이는 자신의 거주지에서 정당방위를 주장할 때 적용된다. 개인은 죽음이나 커다란 신체손상을 예방하기 위해 치명적 물리력이 필요하기만 하면, 정당방위차원에서 거주지에서 도피하지 않고도 치명적 물리력을 사용할 수 있다.

집에서 버티기(nonretreat) 특권은 "성곽 신조"의 일부로 초기의 보통법에서 유래한다. 자신의 거처에서 맞서는 자는 도피하여야 한다는 법은 현재 없고 과거에도 결코 없었다. 그곳에서 공격당하면 자기 집에 서서 저항할 수 있다. 자신의 집에 있는 수배자를 야외나 고속도로로 데려가야 할 의무도 없다. 집을 떠나는 것은 피난처와 쉼터 때문이고, 피난처가 아니라면 쉼터는 집안이다. 규칙은 공격이 다른 동거인에 의한 것이건 침입자에 의한 것이건 똑같다. 자기 집안에서 일방적이고 도발되지 않은 공격의 대상이 되어 있는 매맞는 여성더러 도피할 의무를 부과하는 것은 본래 불공평하다. 과거 학대가 반복되던 기간에 그녀는 "도피했지만" 잡혀서 안으로 끌려들어가 심하게 다시 얻어터졌을 따름이다.

매맞는 여성에게 있어 [도피할 의무의] 예외는 집안에 있는 여성을 공격하는 자가 이방인인 한 그녀에게는 반격할 권리가 있고 어떠한 도피의무를 부담하지 않는다는 걸 의미한다. 하지만 만일 공격자가 남편이거나 동거파트너라면 그녀는 도피해야 한다. 남편이나 파트너가 집안에서 그녀를 공격할 때의 살인이나 중상해 위협은 실제와 같은(그리고 통계적으로는 실제보다 더한) 것일 수 있지만 여전히 그녀는 도피하지 않으면 안된다.

결론적으로 우리는 죽음이나 커다란 신체적 위해를 방지하기 위해 필요하다면, 동거인이나 방문자에게 치명적 물리력을 행사하기 전에 거주지에서 도피부터 해야 할 아무런 의무가 없음을 지지한다.

출처: Weiand v. State, 732 So. 2d 1044(Fla. 1999).

아니었을지도 모르지만, 그녀는 과거 경험상 실현가능한 다른 대안은 존재하지 않는다고 확신하였다. 요약하면 그녀는 "성곽 신조(castle doctrine)"가 보호되는 자신의 집에 몰린 것이다(Orr, 2000)(표 9-12 참조). 이처럼 학대자를 맹공격(lash out at)하는 것은 이러한 고통을 확실하게 끝내는 유일한 방법이다.

법적 방어로써 BWS를 구성하는 것은 이 현상을 변명이나 정당화로서 묘사하는 것과 다투어야 했다. 정신건강 복지사들은 BWS를 외상후 스트레스 장애, 정신상태로 표현한다. 한편 페미니스트들은 이런 묘사를 반대한다. 그들은 BWS가 극단적인 학대관계에 대한 정상적인 반응이라고 말한다(Gagné, 1996). 이러한 구별은 중요한 법적 다툼의 윤곽을 모양짓는다. Dressler(2006: 463)가 설명하듯, "정당화(justification)는 행위에 초점을 맞추고; 변명(excuse)은 행위자에 초점을 맞춘다."

여기에는 매우 큰 이해관계가 내포되어 있다. 변명 노선(route)은 여성에게 자신이 행위를 한 것은 시인하되 행위에 대한 책임이 없었다고 주장하길 요구할 것이다. 정신병 문제(insanity issues)가 나올 수 있는 부분이다. 정당화 행로(path)는 유사한 시인을 요구한다. 하지만 여기서는 가해자가 승인될만한 정상참작 상황을 지적할 것이다. 정신병 변명은 받아들여지면 치료를 위해 민간 정신병원이나 시설위탁으로 연결될 것이다. 한편 정당화 변명은 설득력이 있으면 잠재적으로 무죄로 종결될 수 있다(Sigler & Shook, 1997: 368).

일반적으로 말하면, BWS에 대한 사면을 고려할 때 5가지 기준이 필요하다.

- 지원자는 여성이어야 한다.
- 동거 파트너 살인으로 수감되어 있어야 한다.
- 동거 파트너의 학대행위에 대한 근거서류가 있어야 한다.
- 부과된 형량의 일부를 복역했어야 한다.
- 자신의 경험에 대해 납득할 만한 전망이 있어야 한다.

이 판결후 교정은 이전의 오심(miscarriages of justice, 誤審)을 원상태로 돌리는 시도를 할 때 중요한 전략이다. 일단 법원에서 BWS를 실행가능한 주장으로 인식하기 시작하자 판결이 확정된 여성들은 이 새로운 개념을 이용하기(avail themselves of) 시작했다. 학대관계의 존재를 서면화한 증거를 제시하고 사면위원회에 이 새로운 정보의 검토를 요청하는 것은 이전의 법정에서 이런 경험이 전개된(unfolded) 사건을 합법적으로 정당화시키는 것임을 설득시킬 수 없었던 여성들에게 새로운 희망을 제공해준다.

전국 긴급 직통전화 National Telephone Hotline

우리는 종종 범죄를 도시현상으로 생각하는 경향이 있고 가정폭력과 같은 문제를 잊으며, 경계에 대해서 무지하다. 이러한 대인관계적 난점은 외진 곳에 있어서 문제를 더 심각하게 만드는 시골지역과 문화적 혼성집단 사이에서도 발생한다. 불행하게도 농업이 기반인 많은 지역은 충분한 인구밀도가 없고 다양한 지역사회 봉사를 지원할 세원과 원조(outreach) 프로그램이 부족하다. 이러한 인식이 촉진제가 되어 봉사혜택이 낮은 선거구에 손길을 뻗칠 목적으로 전국 핫라인(전화상담)을 설치하였다.

전국 핫라인(1-800-799-SAFE)은 한주 7일, 일일 24시간 가동된다. 전문가들은 문의에 대답하고 지방 소개(local referral), 발신자에 대한 조언을 제공한다. 170개 이상의 서로 다른 언어를 구사할 수 있는 통역인들이 있어 어떠한 민족 집단도 서비스에서 제외되지 않게 한다. 핫라인은 매월 22,000건의 통화를 취급한다. 이 어마어마한 노력은 가정폭력 문제가 어떤 부분사회(segment of society)에서도 반드시 다루어지도록 하려는 시도이다.

재난 회고 시스템 Fatality Review Systems

많은 주에서는 **재난회고 팀**을 발족하여 가정폭력 살인사건과 자살을 포함한 사건들을 상세 분석(dissect)하고 있다. 정확한 팀구성은 주마다 다양하지만 보통 참여자들은 법집행관, 검찰청, 신체검사의나 검시관, 피해자 지원관, 보호관찰관, 법원, 그리고 학계출신이다. 이 회고팀의 목적은 가정폭력 사망과 사망수준(near fatal) 사건을 조사하여 근원적 역학을 알아내고 공식대응을 개선하려는 것이다. 이들 위원단에서는 참여자들의 경력을 검토하고, 사건중에 종국적으로 폭력이 종식된 것들을 조사하며 미래의 비극을 방지하는데 유용할 수 있는 가능한 개입전략을 알아내고자 노력한다. 이들 위원단의 정확한 권한은 각각 틀리지만 대부분의 단체는 비밀 기록들, 예컨대 병원기록과 수사사건파일을 접할 수 있다. 대개 이러한 여러 원천에서 얻은 정보들은 개시(開示)와 법적 절차에서 면제된다. 환언하면, 이들 회고에서 얻은 것들은 보호되는 정보이다.

이들 팀 회고는 지방관서에서 유사한 성격의 상황에 직면할 때마다 적절한 조치를 취할 수 있게 하는 "적기(red flags)" 또는 조기경보 사인을 찾아내고자 애쓴다(Hassler er al., 1999). 일례로 금지명령 획득(procure an injunction), 다른 주로 피난(flee to), 이전의 폭력경험 등은 모두가 자동경고표시(telltale sign)로써 공무원들에게는 소원해진 구타자에 의한 폭력의 확대(escalation) 또는 위험의 증가(elevated risk) 가능성을 경보하는 것이다. 스토킹을 논의하면서 언급한 바 있듯 학대적이고 소유적인 파트너의 손에서 벗어나려는 결정은 종종 폭력적 반응을 불러일으키는 중요한 국면(juncture)이다. 건강관리전문가, 판사, 검사, 피해자지원관, 그리고 법집행관에게 이들 및 이와 유사한 상황에 결부된 위험을 교육하는 것은 보다 정밀한 치명성(lethality) 평가와 적절한 서비스의 제공에 도움이 될 수 있다. 예를 들어 일부 관할에서 확인한 내용은 체포직후의 위험성 평가척도는 판사가 피해자의 안전을 확보하기위해 취해야 할 적절한 행동이 무엇인가를 결정하는데 일조한

표 9-13 IPV를 취급하는 선정된 인터넷 사이트

미국 변호사협회 가정폭력 위원회	http://new.abanet.org/domesticviolence/pages/defoult.aspx
Santa Clara 군의 가정폭력프로젝트	http://www.growing.com/nonviolent
가정폭력원	http://www.dviworld.org
뉴 햄프셔대학 가정조사연구소	http://www.unh.edu/frl/index.html
플로리다 가정폭력 연합	http://www.fcadv.org
플로리다 가정폭력 재난회고팀	http://www.dcf.state.fl.us/programs/domesticviolence/reviewteam
미시건 여성사법 및 사면프로젝트	http://www.umich.edu/~clemency
MINCAVA-미네소타 폭력학대대응센터	http://www.mincava.umn.edu
전국가정폭력연합	http://www.ncadv.org
전국가정폭력핫라인	http://www.ndvh.org
전국가정폭력종식네트워크	http://nnedv.org
폭력추방파트너십 네트워크	http://wwwwebxinteractive.com/law/xcategorynews.cfm?xcat=42&xsubid=3573&read=1
여성폭력실(미법무부)	http://www.usdoj.gov/ovw
스토킹 방책(resource)센터	http://www.ncvc.org/src/Main.aspx

출처: Weiand v. State, 732 So. 2d 1044(Fla. 1999).

다(Goodman, Dutton & Bennett, 2000; Weisz, Tolman & Saunders, 2000). 다른 가능성으로 컴퓨터 파일에서 만료된 금지명령을 제거하지 않도록 하는 것은 확장된 데이터 은행을 제공해서 사회사업가들로 하여금 커플의 과거를 잘 이해하고 현재의 위기에 대해 훨씬 적절한 대응을 설계하는데 보탬이 된다. 요약하면, 사람들이 이 고통에 한결같이(all too often) 동반되는 엄청난 결과를 고려함에 있어서, IPV에 내재하고 있는 역학을 충분히 이해하지 못하고 있는 것이 현실이다.

요약하기 SUMMARY

친밀파트너 폭력은 긴급한 사회문제로서 널리 인식되어 가는 중이다. 서로 사랑한다고 자처(profess to)하는 사람들은 정기적으로 서로를 아프게 한다. 학대행위는 이들 관계 속에 거의 불가결한 부분으로 보인다. 사람이 왜 이렇게 반복적인 피해를 견디며 사는 건지(tolerate being victimized) 외부인이 이해하기란 무척 어려운 일일 수 있다. 하지만 학습된 무기력 관점이 설명하듯이, 많은 사람들이 함정에 빠져 학대적 관계 속에 머물고 있다. 학대자에게서 벗어난다는 것이 늘 실행가능한(viable) 선택안은 아니다.

일부 사람들은 형사사법 시스템-특히 경찰-을 IPV 피해자에 대한 효과적 구제수단으로 고려해본다. 경찰전통은 비개입이 더 적당한 태도임을 지지하는 반면, 미니애폴리스 실험

은 그렇지 않음을 시사했다. 연구결과 경찰이 학대자를 구금한 후에 동거 파트너폭력이 줄어들었다. 공공정책을 단일의 연구결과에 기초하는 것이 현명한가에 대한 약간의 의문이 있으면서도 많은 법집행기관은 거의 즉각적으로 대응하였다. 그들은 가능하다면 언제라도 IPV에 대한 경찰의 체포를 지시하는 정책을 도입(institute)하였다. 그러나 더 최근의 연구들에 따르면 이러한 정책들은 너무 성급하게 시행되어 왔다고 본다. 형사사법 시스템이 IPV를 다룸에 있어 밟아야 할 보다 신중한 길은 열린 사고를 유지하는 것, 그리고 연구와 실행이 요구하는 대로 기꺼이 다른 접근방식을 시도하는 것이다. Davis와 Smith(1995: 551)가 설명하듯:

> 우린 가정폭력 사건들에 대한 형사사법 시스템의 대응방식을 바꾸기 위해 머나먼 길을 왔다. 의무적 체포정책, 전건(全件) 기소수행(no-drop prosecution practices), 제한명령 그리고 구타자 치료프로그램들이 중대한 개혁 속에 포함되었다. 불행하게도 이러한 개혁에 대한 연구결과는 그리 고무적이지 못하고, 이러한 개혁들은 피해자들이 손상으로부터 더 안전해지거나 구타자의 난폭한 행동들을 변화시키는지 여부도 불투명하다.

제9장의 핵심 용어

- 행동단계(action stage)
- 자술서(affidavit)
- 매맞는 여성 증후군(battered woman syndrome)
- 구타사건(battering episode)
- 기대단계(contemplation stage)
- 범죄야기효과(criminogenic effect)
- 사이버스토킹
- 폭력의 순환
- 행동을 통한 각성(disenchantment through action)
- 회피를 통한 각성(disenchantment through avoidance)
- 탈억제(disinhibition)
- 가정폭력
- 가정폭력 쉼터
- 일방의 이익을 위해(*ex parte*)
- 소급형법(*ex post facto law*)
- 사면(executive clemency)
- 외적 타당도(external validity)
- 치명성 검토팀(fatality review teams)
- 악행으로 인한 박탈(forfeiture by wrong doing)
- 전면집행(full enforcement)
- 무능력화(incapacitation)
- 금지명령(injunction)
- 내적 타당도(internal validity)
- 친밀파트너 폭력(intimate partner violence)
- 학습된 무기력(learned helplessness)
- 유지단계(maintenance stage)
- 의무적 체포정책(mandatory arrest policy)
- 마조히즘(피학대 성욕도착증)
- 조정(mediation)

(계속)

제9장의 핵심 용어 (계속)

- 미니애폴리스 실험
- 경범죄 법칙(misdemeanor rule)
- 파트너 스토킹
- 가부장제(patriarchy)
- 기대이전단계(precontemplation stage)
- 준비단계(preparation stage)
- 추정적 체포정책(presumptive arrest policy)
- 체포지향 정책(pro-arrest policy)
- 상당한 이유(probable cause)
- 정신병리학(psychopathology)
- 합리적 의심(reasonable suspicion)
- 화해기간(reconciliation period)
- 위탁(referral)
- 보호쉼터(refuge house)
- 선별적 법집행(selective enforcement)
- 성적 균형(sexual symmetry)
- 사회문화적 설명(sociocultural explanations)
- 스토킹(stalking)
- 참정권(suffrage)
- 긴장형성단계(tension-building phrase)
- 증언진술과 비증언진술(testimonial and nontestimonial statements)
- 영장없는 체포(warrantless arrest)

10

아동학대

Child Maltreatment

학습목표

본 10장을 읽고, 아래의 질문에 답해보시기 바랍니다.

- 역사적 사실들이 아동에 대한 본질을 어떻게 과소평가시켜 왔는지를 알 수 있다.
- "아동학대(child maltreatment)"라는 용어에 어떤 개념들이 내포되어 있는지를 이해하라.
- 아동학대가 어떻게, 그리고 누구에 의해 발견되고 유래되었는지를 알 수 있다.
- 아동학대의 중요성을 인식하는데 왜 이렇게 장구한 세월이 소요되었는지를 설명할 수 있다.
- 학대와 방임을 구별하라.
- 아동학대의 또 다른 형태들을 확장하여 살펴본다.
- "흔들린 아이 증후군(shaken baby syndrome)"에 수반되는 문제들을 이해하라.
- 아동학대의 또 다른 형태들에 나타나는 지표들을 검토하라.
- 아동학대법(child maltreatment laws)을 구성하는 규정들의 개요를 파악할 수 있다.
- 신고의무의 목적과 신고 범위 확대 주장에 대하여 논의하라.
- 아동학대 신고가 "신의성실(good faith)" 규준과 어떻게 관계되고 있는지를 알 수 있다.
- 아동학대 신고에 포함되어야 하는 항목들을 검토하라.
- 정보통합등록기관의 필요성과 기능 등에 대하여 논의하라.
- 아동학대법에 잔존하는 문제점들을 규명하라.
- 아동복지시스템의 운영실태를 탐구하라.
- 아동살해와 아동학대의 동향에 대한 감각을 획득할 수 있다.
- 아동학대에 대해 알고 있는 지식과 통계 자료들을 연계시켜 본다.
- 아동학대와 사회계층, 조사시 심리적 경향 등의 상관관계를 분석하라.
- 아동학대 발생원인론들을 비교검토하라.
- 아동학대 현상을 설명해주는 이론들에 대한 비판적 사고를 제공하라.
- 아동학대에 내재하는 "폭력 순환(cycle of violence)"이론을 평가하라.
- 아동학대에 대응하기 위한 극복방안들을 제시할 수 있다.

- 가정방문프로그램에 대한 개요를 제공하라.
- "안전대피소(피난처, safe haven)"란 무엇이며 수행하고자 하는 바가 무엇인지 논의하라.
- "메간법(Megan' s Law)"이 이루어 낸 업적에 대해 알 수 있다.
- 성범죄자 신상정보 등록 및 공개에 대한 "아담왈시법(The Adam Walsh Act)"을 검토하라.
- 성범죄자의 재범을 방지하기 위한 전략으로써 공공 입원명령 제도를 분석하라.
- "아동옹호센터(Children' s Advocacy Center)"에 대하여 알아본다.
- 성범죄자 신상정보 등록과 관련된 쟁점들을 이해하라.
- 앰버경보(Amber Alert)제도에 대하여 알아보고, 어떻게 운영되는지에 대하여 학습하라.
- 아동학대에 관한 입법 개혁 노력에 대하여 알아본다.

서론 INTRODUCTION

아동에 관련하여 묵인해왔던 통탄할만한 경험들 중 하나는 가족 구성원에 의해 저질러져 온 아동들의 희생이다. 몇몇 부모들은 일상적으로 그들의 자녀를 구타한다. 누군가는 그들에게 식사와 애정을 주기를 거부한다. 여전히 누군가는 아동을 성폭행한다. 최근까지도 이러한 희생들은 특별한 법적 안전장치로 보호되지 못했다. 그 동안 미국의 많은 주(州)들은 아동의 보호나 복지를 "동물학대"만큼도 못하게 다루어왔다. 다행스럽게도, 아동옹호단체들의 꾸준한 노력으로 이러한 현상들은 바뀌어가고 있다. 표 10-1이 보여주고 있듯이, 이제 아동학대는 중요한 국가적 관심으로 탈바꿈하고 있다.

아동학대 분야의 연구들은 세 가지 질문들을 핵심 화두로 한다. 첫 번째, 아동학대 및 방임은 어떻게 확산•유행하게 되는가? 두 번째, 아동학대에 연관된 것들은 무엇인가? 세 번째, 무엇이 사람들로 하여금 이러한 종류의 행태에 가담하도록 하는가? 이러한 관심사들과 더불어 이 장(章)은 아동학대 및 방임이 의미하는 바는 무엇인지, 아동학대법이 다루는 내용은 어떠한 것인지, 그리고 이러한 문제를 방지하기 위해 제시된 전략들은 무엇이 있는지에 대해 살펴보도록 한다.

아동학대의 발견 THE DISCOVERY OF CHILD MALTREATMENT

아동학대란 최근의 현상이 아니다. 대부분의 역사에 있어, 아이들은 가족의 소유로 간주되어 왔다. 고대 로마인들은 아버지가 **절대적 가부장권**을 지니고 있다고 믿었다(Thomas, 1972). 즉, 아버지가 그들 자손을 매매하거나 생명을 끊을 권리, 또는 그들이 삶을 영위할 수 있도록 허락할 권리를 가지고 있었다. 고대 그리스인들, 특히 스파르타인들은 육체적 기

표 10-1 2010년 4월, 국가아동학대예방의 달, 오바마 대통령이 선언한 선포문

우리의 아이들은 가장 소중한 자원입니다. 그리고 그들은 건강하고 생산적인 성인으로 자라나는데 우리의 도움을 필요로 합니다. 국가아동학대예방의 달을 맞이하여, 우리는 우리의 아이들을 보호하고, 학대에 대응하며, 건강한 가족을 구상하고, 모든 미국인들을 위한 더욱 밝은 미래를 건설하기 위한 확고한 헌신을 새로이 다질 것입니다.

모든 우리 아이들은 두려움과 학대, 그리고 방임로부터 자유로운 안전한 환경과 건강한 가족을 보장받아야 합니다. 비극적이게도 성적 • 정서적 • 육체적 • 학대는 매일 같이 우리나라 어느 곳에서든 너무 많은 아이들을 위협하고 있습니다. 부모들, 후견인들, 그리고 이웃들이 모두 이러한 충격적인 범죄를 예방할 권리를 가지고 있으며, 우리 정부 역시도 중대한 역할을 분담하고 있습니다.

우리 정부는 미래 세대들이 성공할 수 있도록 돕는데 열과 성을 다할 것입니다. 우리는 부모들이 그들의 자녀들에게 초기에 교육을 받고 제대로 키울 수 있도록 도울 것이며, 모든 가족의 안전과 행복을 보장할 것이며, 모든 미국인들에게 기회를 창출케 하는데 집중할 것입니다. 우리는 또한 연방, 주, 그리고 지역사회 기관들로 하여금 유영아기 아이들을 위한 서비스를 재정비하고 그들 및 그들 가족들의 삶을 개선할 수 있도록 협력할 것입니다.

우리는 함께 모든 아이들이 학대와 방임이 없는 안전하고 안정된 양육환경에서 자랄 수 있도록 보장할 수 있습니다. 나는 모든 미국 국민들께서 다음의 웹사이트를 방문하여 그들이 그들의 지역사회 내에서 아동학대를 멈출 수 있도록 할 수 있는 것이 무엇인지 배우길 바랍니다.

이제 나, 오바마는 미합중국의 대통령으로써 미국의 법과 의회에서 나에게 부여한 권한으로 2010년 4월을 국가아동학대예방의 달로 선포합니다. 나는 모든 이들에게 이 4월의 프로그램과 활동을 통해 아이들을 학대로부터 예방하는 것을 돕고 그들의 육체적 • 정서적 • 발달적 요구사항들을 제공해주실 것을 요청합니다.

이 자리에 참석하신 분들의 입회하에 나는 서기 2010년, 그리고 미국해방의 234주년 4월의 첫째 날에 이를 선언합니다.

버락 오바마

출처: Office of the Press Secretary(April 16, 2010) *Presidential Proclamation–National Child Abuse Prevention Month*. Washington, DC: The White House. Retrieved on August 1, 2010, from http://www.whitehouse.gov/the-press-office/presidential-proclamation-national-child-abuse-prevention-month.

형을 지니고 태어난 아이들을 유기하거나 살해하기도 하였다(deMause, 1974). 오이디푸스왕의 이야기는 이러한 관행들이 사회의 고위계층을 막론하고 허용되었다는 사실을 입증한다. 아브라함이 그의 발육이 부진했던 아들 이삭을 희생시킨 이야기나 해롯왕이 죄 없는 아이들을 대량 학살했다는 성경속 이야기들 역시 아동학대의 예시를 묘사해주고 있다. 비인간적 대우에 대한 또 다른 많은 사례들이 시대를 초월하여 계속되고 있다. 아이들은 아버지가 소유한 다른 재산들과 다르게 대접받지 못한 것이다(Whitehead & Lab, 2009).

그렇다면 아이들은 왜 이렇게 대우받아오고 있는가? 정서적 그리고 경제적 요인들이 아이들에 대한 이러한 높은 무관심을 설명해 줄 수 있다. 첫 번째, 기대수명이 매우 낮았다.

대부분의 영아들이 태어난지 1년 안에 수명을 거두었다. 그러므로 영아에 대한 정서적 애착은 높은 사망가능성에 대한 방어기제로 작용할 수 없도록 회피되었던 것이다. 두 번째, 가족들은 구성원이 많아지면 그의 양육에 대한 부담을 감당할 수 없었다. 아이들은 밖에 나가 일을 하여 가정에 기여할 수 없었으므로 이미 제한된 가족의 재산을 축내는 것으로 간주되었다. 이러한 상황은 적합한 신랑감을 찾기 위하여 결혼지참금이 필요했던 여자아이의 경우 더욱 그러하였다.

출생 후 몇 년 동안 살아남은 아이들은 "작은 어른"으로 재빠르게 지위를 확보해야만 했다(Aries, 1962). 우리가 오늘날 알고 있는 "어린아이"와 같은 지위는 존재하지 않았다. "작은 어른"으로써 아이들은 모든 성인들의 활동에 동참하였다. 그들은 밖에 나가 일을 하고 스스로의 삶을 꾸려나가도록 기대되었다. 그들은 정규 교육을 받지 못했다. 오히려 그들에게 주어진 교육이란 도제실습의 수행을 통해 가족에게 돈을 벌어다 주고 기술을 습득하는 과정을 수반하는 것이었다.

이러한 상황은 산업혁명시기까지 지속되었다. 당시 노동을 착취하기 위한 몇몇 경제적 경쟁들은 아이들을 안전하지 못한 환경 속에 장시간 혹독하게 노출시켰다. 그러나 점점 생애주기에 있어 "아이"라는 신분이 천천히 구별되기 시작했다. 영아사망율은 감소추세를 보였다. 성직자와 교육자, 그리고 다른 아동옹호 세력들이 앞에 나섰다. "아동" 그리고 "청소년"이라는 지위가 확립되면서 아이들에 대한 처우를 극복하는 데에 대한 관심 또한 동시적으로 증가하였다(Davis, Chandler, & LaRossa, 2004). 사회는 비로소 아이들이 어른과 다르게 취급되어야 할 필요성이 있다는 것을 깨닫기 시작했다. 지역학교위원회는 체벌의 이점과 유용성을 두고 긴 토론에 얽매였다. 그림 10-1이 보여주는 지도에서처럼, 미국 내 학교에서는 체벌의 실시를 금지하려는 결연한 노력들이 이어지고 있다. 미국소아과의사학회, 미국심리학회, 미국아동인권위원회(2006)와 같은 기관들은 체벌에 반하는 공식적 입장을 취하고 있다. 대부분 유럽 국가들로 구성된 최소 24개국의 최근 통계와 같이 아동에 대한 체벌이 불법화되고 있다(Zolotor &Puzia, 2010). 그런 반면, 플로리다 법원은 체벌을 부모의 특권이라 보아 아동학대법령의 적용범위 외로 취급하고 있다(*Kama v. State*, 1987; *Raford v. State*, 2002; *Wilson v. State*, 1999). 그러나 체벌을 가할 때 부모로써 자녀에 대한 명백한 이유 없이 단순한 구타를 행하는 것은 불가하다는 것이다. 물론 징계의 방법이 어느 정도의 선을 넘는다면 중죄로써 기소될 수도 있다.

학대에 대한 용인이 약화되긴 했지만 아주 사라진 것은 아니다. 사생활 공간으로써 가정과 부모로써 권한의 존엄성은 우리가 볼 수 있는 이외의 장소에서 많은 것들을 용인한다. 가정이라는 이름으로 보호받는 제한된 장소 내에서 발생하는 일은 사회의 시야 밖으로 밀려난다.

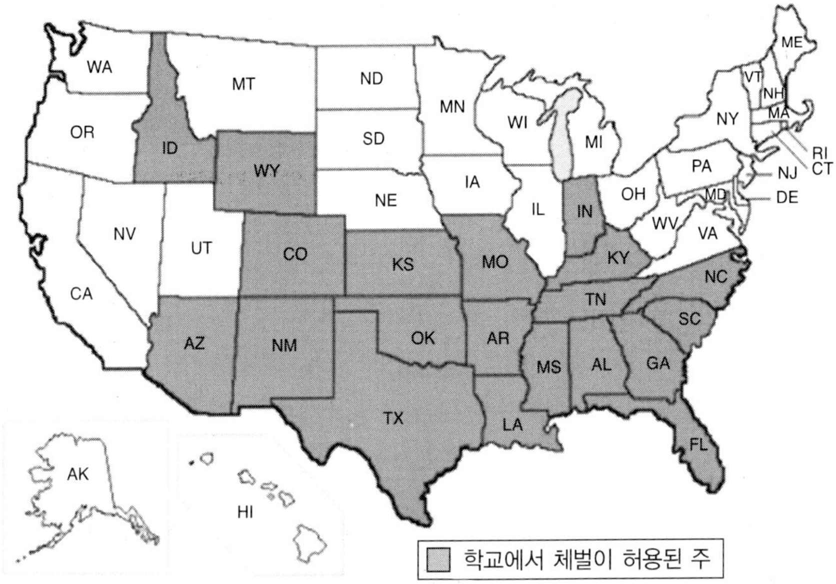

그림 10-1 학교에서 체벌을 금지한 주들

출처: National Coalition to Abolish Corporal Punishment in Schools(2007). States Banning Corporal Punishment. Columbus, OH: The Center for Effective Discipline. Retrieved on August 2, 2010, from http://www.stophitting. com/index.php?page5statesbanning. Reprinted courtesy of the National Coalition to Abolish Corporal Punishment in Schools.

최근까지 아동학대는 쉽게 감지할 수 있는 것이 아니었다. 소아과 방사선 전문의인 존 캐페이(John Caffey)는 1946년 그의 몇몇 어린 환자들에서 찾아낸 의문의 뼈 손상에 관한 연구결과를 발표했다. 캐페이는 이 부상에 대한 직접적인 원인 제공을 한 부모를 고발하지 않기로 하는 대신 다양한 사고에 대한 경악스러운 부모의 진술을 얻었다. 캐페이의 이러한 시도는 다른 내과의사로 하여금 유사한 조사를 시행하게 하는 계기가 되었다. 이들 연구자들은 곧 관찰된 부상의 의도적 해악에 대해 부모들을 비난하는 것을 그만 두었으나, 캐페이(1957)는 마침내 이 "규명되지 않은 정신적 외상"에 대해 부모들의 책임이 있다는 사실을 의심하기 시작했다. 그러나, 이러한 혐의는 여전히 그 부상들이 고의적인 것인지, 사고로 일어난 것인지에 대해 명확한 답을 주지는 못하였다.

1960년 초 그들 자녀에 대한 의도적인 학대자로써 부모들에 대한 첫 번째 공개적인 고발이 있었다. 켐프(Kempe)와 그의 연구진들은 그들의 획기적인 저서에서 "규명되지 않은 정신적 외상"이라는 용어를 버리고 새로운 의학용어로서 **피학대아동증후군**을 소개하였다. 켐프의 방사선학 연구팀(1962: 107)은 이 새로운 용어를 "일반적으로 부모나 양육 부모로부터 심각한 신체적 학대를 받아 온 어린 청소년"으로 정의하였다.

이러한 발견은 새롭게 발견된 관심사를 근절하는데 목표를 두고 행동을 개시하는 촉진제가 되었다. 그러나 이러한 노력들을 세세하게 살펴보기 전에 두 가지 의문점이 다시 제기된다. 첫째는 아동학대가 이토록 심각한 문제였음에도 불구하고 이를 발견해내는데 왜 이렇게 오랜 세월이 걸렸는가? 하는 것이고, 둘째는 왜 아동문제임에도 불구하고 소아과 의사와 같은 담당 의학 분야가 아닌 방사선 전문의가 이러한 현상을 발견한 것일까? 하는 것이다.

아동학대 발견의 함의 Understanding the Discovery of Child Maltreatment

피학대자로 부상당한 아이들을 인지하는데 있어 이를 지연시키는 네 가지 장애물이 있다(Pfohl, 1977). 첫 번째, 응급실 근무 의사들이 잔혹한 구타의 결과인 신체적 손상을 다루고 있다 할지라도, 그들은 그들이 본 것이 무엇인지에 대해 상세히 알려고 하지 않는다. 두 번째, 응급실 근무 의사들은 부모들이 그들 자녀들을 구타하였거나 그러한 심각한 부상을 의도적으로 저질렀을지도 모른다는 것을 인지하는 것이 불가하다. 세 번째 장애물은 의사와 환자 사이의 신의칙 관계이다. 의사들은 일반적으로 환자들을 어린아이가 아닌 그들의 고객으로 간주한다. 의료 정보를 공개하는 것은 윤리적 기준을 위반하는 것이 된다. 이러한 의료윤리 위반은 의사로 하여금 민사상 법적 책임이자 직업적 전문성의 견책 대상이 되도록 만든다. 마지막으로, 법정 내 진술은 의사들을 의학지식 없는 문외한에게 함부로 진단이나 의학 감정을 하였다는 항변하기 곤란한 위치로 내몬다.

다음으로 왜 방사선 전문의가 아동학대의 발견자들이 되었는지에 대한 의문점과 관련하여, 폴(Pfohl, 1977)은 방사선 전문의들이 다른 의사들과 네 가지 부분에 있어 중요한 차이를 보인다고 설명한다. 첫 번째, 방사선 전문의들은 사람이 아닌 엑스레이를 검진한다. 그들은 환자와 직접적인 관련성이 없기 때문에 더욱 객관적일 수 있다. 두 번째, 직접 진찰하는 의사들이 단순하게 징후를 판단하고 이미 존재하는 논리적 카테고리에서 이를 찾는 반면, 방사선학의 목표는 새로운 진단 카테고리를 발견하는 것이다. 세 번째, 엑스레이를 촬영하는 것은 의사와 환자 사이의 관계에 있어 상술한 바와 같은 의료 윤리의 걸림돌이 되지 않는다. 네 번째로 가장 중요한 것은 방사선학이 새로운 전문분야로 대두된다는 점이다.

소아방사선학은 1950년대 지엽적인 의학 분야로 취급되었다. 당시 이 분야는 전문적 명망이 결여되어 있었다. 직접적으로 환자들을 돌보는 대신 방사선 전문의들은 홀로 고립된 실험실 내에서 연구를 진행한다. 이것은 환자들과의 이러한 분리 또한 방사선 전문의들이 권위있는 생사의 결정들을 내리지 못한다는 것을 의미하기도 한다. 결과적으로 아동학대라는 과제는 이러한 지엽적 의학 분야가 주류 의학 분야로 통합될 수 있는 특별한 기회를 제공해주게 된 것이다. 결국 방사선학은 진단의 임상과제를 포함하게 되었고, 이에 따라 올바른 평가를 내리는 것은 어린 환자들의 생과 사를 결정하는 중요한 일이 되기에 이르렀다.

그리고 **피학대아동증후군**이라는 용어가 탄생한다. "증후군"이라는 단어를 "피학대아동"이라는 단어 뒤에 덧붙임으로써 새로운 의학 진단적 카테고리가 탄생한 것이다. 이러한 사실들은 의학적 요법을 통하여 피학대자들을 “치료”하는 것이 목적인 다른 전문의들과 더불어 아동학대의 발견에 대한 중요성을 더욱 가중시켰으며, 비로소 아동학대는 의학용어의 필수요소가 되었다.

아동학대법의 연구 조사 A SURVEY OF CHILD MALTREATMENT LAWS

아동학대의 “발견(discovery)” 직후, 주 입법부는 새로운 법 제정에 박차를 가하기 시작했다. 법률 수정의 물결 또한 1960년 말과 1970년대에 걸쳐 그 뒤를 이었다. 우선적 과업은 성급한 법 제정 과정에서 간과되었던 부분들에 대한 대응으로 이루어졌다. 몇몇 약간의 수정이 이루어진 것을 제외하고, 이 시기 이후 아동학대 관련법령은 상당부분 그대로 남아있다. 아동학대와 방임을 다룬 연방법 통과는 주 법규와 그 기준에 있어 더욱 큰 격차를 불러왔다.

기존의 학대(abuse)와 방임(meglect)을 포함하여 포괄적인 개념의 학대인 *maltreatment* 라는 용어로 재정의 되었음에도 불구하고 이들은 여전히 두 가지 다른 현상으로 개념화되고 있다. 학대(abuse)는 아동에 대해 저질러지는 행동적 측면인 반면, 방임은 양육자가 자기의 역할을 제대로 하지 않는 것을 말한다.

아동학대법에 대한 더욱 완전한 이해를 위해서, 우리의 분석은 한정된 범위의 주제에 초점을 맞추어야 할 것이다. 첫째, 우리는 법에서 명시한 학대와 방임의 정의를 살펴보기로 한다. 다음으로, 우리는 이러한 사고의 신고에 대한 내용을 포함하는 규정에 관심을 기울려 신고에는 과연 어떤 내용들이 포함되어야 하며, 이러한 내용들을 정보화하여 통합적으로 등록 • 관리하는 방법은 어떤 것들이 있는지에 대하여 알아보기로 한다. 마지막으로, 아동학대와 관련되는 논의에서 아직도 여전히 문제점으로 남아있는 영역에는 어떤 것들이 있는지 검토하기로 한다.

법적 정의 Statutory Definitions

대부분의 주(州)는 학대와 방임을 매우 일반적인 용어들로 정의하고 있다. 이러한 접근방법에 숨겨진 목적은 가능한 한 많이 의혹스러운 사건들의 보고를 장려하는데 있다. 광범위한 자료 네트워크를 구축함으로써, 감지하지 못하고 지나갈 수 있는 학대의 사례들을 발굴해내기 위한 것이다. 한편, 이러한 포괄적인 정의는 정부의 과도한 개입을 불러올 수도 있다는 비판의 목소리 또한 존재한다.

학대는 일반적으로 아동의 신체적 또는 정신적 건강을 심각할 정도로 손상시키는 의도적(비우연적) 폭력을 말한다. 대부분의 법적 정의에 의하면 성적 학대, 성 착취, 외설물, 청소년 성매매 등을 금지하고 있다. 일부 사법권에서는 부모나 후견인, 보호자 등이 아이를 훈계하는 등 교육적 목적으로 가하는 체벌과 타당한 징계 목적의 행위들은 배제시키기도 한다. 신체적 형벌이 가장 흔하게 사용되는 교육행위라고는 하지만, 이것이 학대로 이어질 수 있는 위험성은 항상 존재한다. 사실상 모든 주가 규정상 이 용어를 포함하고 있기는 하지만, 대부분의 주는 명쾌하게 정서적 학대를 정의하는 데에는 실패하고 있다.

방임은 생존의 필수요소를 박탈하는 것이다. 이러한 필수요소들에는 의식주 및 의료적 치료를 포함한다. 미국의 몇몇 주에서는 부모들이 의학적 치료를 금지하는 종교적 믿음을 가지고 있다는 사실을 발견하였다. 그들은 아동들을 방임이라는 법적 정의의 범주 밖에 내놓고 있다. 그러나 만약 아이의 상태가 생명을 위협하거나 심각한 장애를 불러올 가능성을 내포하고 있다면, 법정에서는 지체하지 말고 개입하여 적절한 의학적 치료를 명해야 할 것이다. 몇몇 법규들은 또한 아이들을 보조할만한 경제적 능력을 가지고 있지 않거나 그들의 자녀를 적절히 돌볼 수 없을 정도로 알콜 중독이나 약물에 의존하는 부모들, 아이가 습관적으로 학교에 무단결석하도록 방관하는 이들이나 아이를 유기한 가족 등 양육의 실패와 같은 범죄들에 대해 언급하고 있다.

연방정부의 아동학대예방 및 치료법(42 U.S.C. 5101 참조)은 이들 법적 세부사항들의 본질을 포착하고, 아동 학대를 세 가지 요소로 정의한다. 첫째, 심각한 신체적 또는 정신적 피해, 사망, 성적 학대나 착취 등과 같이 납득할 수 없는 결과를 가져올 수 있는, 그리고 적절한 조치를 취하는데 실패하거나 그러한 유사 행동들이다. 둘째는, 이 학대의 대상이 18세 이하의 영유아 및 청소년일 경우이다. 마지막으로, 가해자가 아이의 생활과 복지에 대한 책임을 지니는 부모 또는 보호자인 경우이다.

누구나 쉽게 상상할 수 있듯이, 아동학대의 예시규정에 해당되는 다양한 대상자들이 있다. 표 10-2는 각 카테고리별 정의 및 예시들과 함께 아동학대의 주요형태를 보여줌으로써 이들 활동의 범위를 나타낸 것이다. 표 10-3은 보편적이지는 않으나 충분히 해로운 두 가지 행동들을 열거한 것이다.

표 10-2 아동학대 및 방임의 주요형태

신체적학대는 주먹으로 치거나 두드리는 행위, 발로 차는 행위, 흔드는 행위, 던지는 행위, 찌르는 행위, 목을 조르는 행위, (손이나 막대기, 줄, 또는 다른 물건들로) 때리는 행위, 태우는 행위, 또는 다른 방식으로 아이에게 피해를 입힐 수 있는 비우연적인 신체적 부상을 말하는 것으로 부모나 보호자, 또는 아이에 대한 권한을 가지고 있는 누군가에 의해 가해진 내용들을 말한다.

방임은 부모나 후견인, 또는 다른 보호자가 아이들의 기본적인 욕구를 충족시켜 주어야 하는 의무를 시행하는데 실패한 경우를 말한다. 방임은 다음의 경우에 해당한다:

- 신체적(예를 들어, 필요한 음식이나 주거지, 또는 적절한 관리를 해주지 않은 경우)
- 의료적(예를 들어, 필요한 의료적 또는 정신적 건강 치료를 제공하지 않은 경우)
- 교육적(예를 들어, 아이의 의무 교육이나 특별한 교육적 필요성을 충족시켜 주지 않은 경우)
- 정서적(예를 들어, 아이의 정서적 욕구에 부주의하거나 심리적인 보살핌을 제공하지 않은 경우, 또는 아이가 알콜이나 다른 마약을 사용하도록 방치한 경우)

(계속)

표 10-2 아동학대 및 방임의 주요형태 (계속)

성적 학대는 아이의 생식기 애무, 삽입, 근친상간, 강간, 남색, 성기노출, 성매매를 통한 성착취나 외설자료의 제작 등으로 부모나 보호자에 의해 저질러진 사건들을 포함한다.

정서적 학대(또는 심리적 학대)는 아이의 정서 발달이나 자아존중감을 손상시키는 일련의 행동이다. 이에는 지속적인 비난, 위협, 또는 거부, 그리고 애정 및 지원이나 보호를 거부하는 행위들이 포함된다. 정서적 학대는 종종 밝혀내기가 어려워 아이에 대한 정신적 내상이나 피해의 증거 없이는 아동보호서비스가 개입하기 어렵기도 하다. 다른 종류의 학대가 확실시되어진다면 정서적 학대는 거의 모든 사건에서 발견된다.

유기는 최근 많은 주에서 방임의 형태로 정의되어지고 있다. 일반적으로 부모의 소재나 행방이 불분명한 경우, 아이가 심각한 피해로 고통스러워할 수 있는 환경 속에 홀로 남겨진 경우, 또는 부모가 아이와 연락이 두절되었거나 특정 기간 동안 양육에 합당한 지원을 제공하지 못한 경우 등에 아이는 유기된 것으로 간주된다.

약물 남용은 많은 주에서 학대나 방임의 정의 요소와 구분되어지기도 한다. 몇몇 주에서 학대 또는 방임으로 간주될 수 있는 환경들은 다음과 같다:

- 어머니의 불법마약 또는 다른 약물 사용으로 인해 태아기의 아이가 위험에 노출되어진 경우
- 아이가 존재하는 공간에서 메스암페타민의 제조
- 아이에게 불법마약이나 알콜을 주거나 판매, 유통한 경우
- 아이에게 적절한 보살핌을 제공해줄 수 있는 보호자의 능력을 불구로 만드는 특정 약물의 복용

출처: Child Welfare Information Gateway(2008a). *What Are the Major Types of Child Abuse and Neglect?* Washington, DC: U.S. Department of Health and Human Services. Retrieved on August 2, 2010, from http://www.childwelfare.gov/pubs/factsheets/whatiscan.cfm.

표 10-3 흔들린 아이 증후군(Shaken Baby Syndrome)

흔들린 아이 증후군은 아이를 격렬하게 흔들었을 때 뇌에 손상이 가해지는 부상의 형태이다. 어린 아이들은 연약한 목 근육과 크고 무거운 머리를 가지고 있다. 아이를 흔드는 것은 아직 발달되지 않은 연약한 뇌를 두개골 안에서 앞뒤로 부딪치게 만들어 영구적인 심각한 뇌 손상 또는 사망으로 이어질 수 있는 타박상, 종창, 출혈 등을 야기한다. 흔들린 아이 증후군의 상해 특성은 뇌경막하혈종(뇌 내 출혈), 망막출혈(망막 내 출혈), 척추와 목의 손상, 갈비뼈 및 기타 뼈의 골절 등이다. 이러한 부상들은 발생하여도 즉각적으로 뚜렷한 증세를 보이지 않는다. 흔들린 아이 증후군에는 과민성, 무기력, 급식 부족, 호흡 곤란, 경련, 구토를 비롯하여 창백하거나 푸르스름한 혈색을 보이는 것도 포함한다. 흔들린 아이 증후군으로 발생하는 부상들은 2년 이내의 영아에게서 대체적으로 일어나나 5살 이하의 어린아이들에게서도 발견될 수 있다.

사고로 외상성 뇌손상을 입은 유아들과 비교했을 때, 흔들린 아이 증후군으로 발생하는 부상들은 더욱 심각한 예후를 보인다. 눈의 망막에 일어난 손상은 맹증을 야기할 수 있다. 심각한 흔들림으로부터 살아남은 유아의 대부분은 6살이 될 때까지 명백하게 드러나지 않을 가능성이 큰 뇌성마비나 정신지체 등의 신경학 또는 정신적 장애를 가지고 있다. 흔들린 아이 증후군을 가진 아이들은 일생동안 의료적 보살핌을 필요로 할지도 모른다.

출처: NINDS(2010). *Shaken Baby Syndrome Information Page.* Bethesda, MD: National Institutes of Health. Retrieved on August 6, 2010, fom http://www.ninds.nih.gov/disorders/shakenbaby.shakenbaby.htm.

신고자 The Reporter

아동학대법안의 중요한 요소는 의무적 신고 조항이다. 아동학대사건을 목격하거나 알게 된 이는 누구든 권한있는 당국에 발생사건에 대하여 보고해야 하는 신고의무를 지닌다. 누구든 이를 알고도 고의적으로 신고를 하지 않을 경우에는 범죄처벌의 위험성을 감수해야 한다. 또한, 주 법률들은 일반적으로 의무적 신고자와 같은 특정 전문직을 위촉하기도 한다. 주의 아동학대법률에 대한 한 보고자료(아동복지정보지, 2008b: 2)에 따르면, 통상적으로 학대로 의심되는 사건들을 반드시 보고하도록 신고의무를 지니는 자들은 다음의 직무 종사자들이다:

- 사회복지사
- 교육계 및 의료계 종사자
- 정신건강전문가
- 아동복지시설 운영자
- 법의학자 또는 검시관
- 법집행 공무원

앞에서 언급한 바와 같이, 아동학대에 반대하는 투쟁을 초기에 선포한 사람들은 의료계 종사자들이었다. 그러나 의사들은 처음에는 학대나 방임으로 의심되는 사건들을 보고하기에 주저하였다. 실제로 주에서 아동학대법령의 초안을 제시했을 때 미국의학회에서는 의사들로 하여금 의심스러운 사건들을 보고하도록 요구하는 어떠한 규정도 용납하지 않았다(No Author, 1964). 이러한 입장을 고수한 이유 중의 하나는 법적인 또는 의료 전문가로써의 파문을 염려해서였다.

대부분의 주에서는 보통 의사와 환자 사이의 상호작용을 **특수관계**로 간주한다. 특수관계란 양측 사이에 불가침의 유대가 형성되어 있음을 의미한다. 의사는 환자의 동의를 먼저 받지 않고는 극비로 수용한 정보 일체를 공개할 수 없다. 의사가 이 신뢰관계를 어기게 된다면, 그들은 민사소송 및 의료 윤리에 대한 비난을 피할 수 없을 것이다. 또 다른 특수관계 논쟁은 신부가 신자들로부터 들은 고해성사와 그 대화내용 등이다.

전통적인 의사와 환자 사이의 특수관계가 의사들로 하여금 의심되는 학대나 방임의 보고를 저지한 셈이 되어 많은 주에서는 예외사항을 만들어내게 되었다. 오늘날 의사와 환자 사이의 특수관계는 아동학대사건에서만 존재하지는 않는다. 또한, 주에서는 **선의**에서 아동학대를 신고한 이들에게는 누구든 **면책특권**을 부여함으로써 신고자 보호의 범위를 확장하고 있다. 즉, 만약 어떤 사람이 아이의 복지를 위해 진실어린 염려로써 당국에 연락을 취했을 경우, 이 혐의가 진실이 아닌 것으로 판명되었을지라도 그들을 고소하지 못한다는 것이다. 그러나 오늘날 아동학대 식별과 이해, 진단 이후 아동보호서비스를 제공하는데 있어 나타나는 장애물들은 주치의들에게 여전히 도전을 요구하는 것들이다(Flaherty, Jones, & Sege, 2004; Flaherty et al., 2006; Leventhal, 1999; Levi, Brown, & Erb, 2006).

신고 The Report

주 법규들은 신고자들로 하여금 학대로 의심되는 사항이 있을 경우 가능한 한 빨리 권한있는 당국에 연락할 것을 요구한다. 몇몇 주의 법규에서는 초기 진술은 구두진술로 이루어질 수 있으며, 그 이후 빠른 시일 내에 서면보고할 것을 규정하고 있기도 하다. 구두진술의 목적은 아이가 위험에 처해있을 경우 서면신고만을 원칙으로 한다면 적시성을 확보하지 못하며, 또한 복잡한 요식행위로 인한 신고 지체를 피하기 위함이다. 서면보고는 반드시 피해자의 성명, 부모의 신분, 주소, 그리고 부상의 성질에 대한 사항들을 포함하여야 한다. 만약 가능하다면 엑스레이와 천연색 사진 또한 첨부해야 한다. 아울러 다른 형제자매들 또한 위험에 처해있을 수 있음을 명시하여야만 한다. 표 10-4에서는 학대 또는 방임의 상황에 대한 보다 신속하고 정확한 판단에 유용하게 사용될 수 있는 관찰사항들을 세밀하게 나열하고 있다.

표 10-4 아동학대의 주요 지표

신체적 학대
- 이유 없는 화상, 깨문 자국, 멍, 골절, 멍든 눈이 발견된다.
- 학교를 결석한 이후 옅어지고 있는 멍이나 눈에 띄는 다른 자국들이 보인다.
- 귀가할 시간이 되면 부모를 겁내어 반항하거나 운다.
- 어른이 접근하면 움츠러든다.
- 부모 또는 다른 양육자로 인한 부상을 신고한다.

방임
- 학교에 자주 결석한다.
- 식품이나 돈을 구걸하거나 훔친다.
- 필요한 의료적 또는 치과 치료나 예방주사, 안경 등을 제공받지 못한다.
- 지속적으로 비위생적인 몸가짐을 하며 불쾌한 체취를 풍긴다.
- 계절에 맞는 의복을 착용하지 않는다.
- 알콜이나 다른 약물에 중독되어 있다.
- 집에 보살펴 줄 사람이 아무도 없음을 진술한다.

성적 학대
- 걷거나 앉는데 불편함을 호소한다.
- 체육시간에 활동하거나 이를 위해 옷을 갈아입기를 거부한다.
- 악몽이나 유뇨증을 호소한다.
- 식욕에 갑작스러운 변화를 경험한다.

(계속)

표 10-4 아동학대의 주요 지표 (계속)

- 특이하고 그 또래에 비하여 매우 높은 수준의, 혹은 흔치 않은 성적 지식을 갖거나 행동을 나타낸다.
- 특히 14살 이하의 아이인 경우 임신을 하거나 성병에 걸린다.
- 가출한다.
- 부모나 다른 양육자에 의한 성적 학대를 진술한다.

정서적 학대

- 지나치게 규칙을 준수하거나 요구가 많은 행동, 극도의 수동성, 또는 공격성과 같이 행동에 양극성을 보인다.
- 부적절한 성인 역할(다른 아이들을 보살핀다던지)이나 부적절한 아동 성향(머리를 자주 흔든다던지)을 보인다.
- 신체적, 정서적 발달이 늦다.
- 자살을 시도한 적이 있다.
- 부모에 대한 애정이 부족하다고 진술한다.

출처: Child Welfare Information Gateway(2007). *Recognizing Child Abuse and Neglect*: Signs and Symptoms. Washington, DC: U.S. Department of Health & Human Services. Retrieved on August 5, 2010, from http://www.childwelfare.gov/pubs/factsheets/signs.cfm.

몇몇 주의 사법권 내에서 치열한 입법논의가 되고 있는 한 분야는 이 보고서를 어디에 제출해야 하는가에 대한 문제이다. 대부분의 법규가 아동 학대 및 방임 신고의 최초 수령인의 자격을 공공 사회복지기관들에 위임하고 있다. 그러나 이러한 방식은 적어도 세 가지 이유에서 만족스러울 수 없다. 첫 번째, 대부분의 사회복지기관들은 월요일부터 금요일(주 5일), 오전 9시부터 오후 5시까지 운영되고 있다. 저녁이나 주말, 또는 공휴일에는 중요한 단서가 되어 질 수 있는 가족기록을 찾는데 있어 차질을 빚거나 불가능 할 수도 있다. 이 어려움을 피하는 한 가지 방법은 24시간 이용 가능한 직통전화를 설치하는 것이다. 아이들의 상황을 염려한 이들은 주중 어느 날, 어느 때든 간에 전화를 걸어 비밀신고를 할 수 있다. 상담원이 일련의 질문을 던져 모든 적절한 관련 정보를 수집할 것이며, 이를 초기양식에 맞추어 편집할 것이다. 그림 10-2는 플로리다 주의 학대상담전화에서 사용되는 양식을 보여주고 있다. 상담원은 즉각적인 중재 또는 관례적 조사가 보장될 수 있도록 의사결정을 해 나갈 것이며 법적 제재나 아동보호서비스에 대해서도 조언을 할 것이다.

Florida Department of Children & Families

플로리다 학대상담전화 팩스 전송 양식
학대/유기/방임/위협/착취 등을 신고하실 때는
팩스번호 : 1-800-914-0004
학대 신고에 관한 더 많은 정보에 대해서는
아동가족부 자료를 참고하세요.
아이들과 노약자에 대한 학대를 신고해 주시기 바랍니다.

신고자 정보

이 정보는 전문적인 상담을 위해 필수적으로 요구되는 것입니다–플로리다 주법 39장과 415장을 참고하시기 바랍니다.

성: ______ 이름: ______ 날짜: ______

직업: ______ 기관: ______ 팩스번호: ______ 전화번호: ______

직장주소: ______ 도시: ______ 우편번호: ______ 군: ______ 주: ______

대리연락인: ______ 직위: ______ 전화번호: ______

▸ 제공한 정보에 의거하여 접수된 학대보고에 대한 상황을 통지 받으시겠습니까? □예 □아니오.
만약 '예'에 체크하셨다면 통지 받으실 수단을 선택해주세요. □전화 □메일

피해자 정보

만약 피해자가 아동이라면, 가정 내 다른 아동과 성인 구성원을 기재해 주세요. 만약 가족구성원 중 장애를 가지고 있는 자가 있을 경우에는 2페이지의 사건진술란에 장애를 기술해주세요. 만약 피해자가 성인이라면, 스스로 방어할 능력은 어느 정도인지 포함하여 기술하여 주세요.

현재 거소/주소지: ______ 도시: ______ 우편번호: ______ 군: ______ 주: ______

집 주소: ______ 아파트 ______ 도시: ______ 우편번호: ______ 군: ______ 주: ______

집 전화번호: ______ 직장 전화번호: ______ 핸드폰: ______

성	이름	생년월일	성별	인종	주민번호	주피해자 여부민번호
(1)						□예 □아니오
(2)						□예 □아니오
(3)						□예 □아니오
(4)						□예 □아니오
(5)						□예 □아니오

학대, 방임, 유기, 위협, 또는 착취를 가한 것으로 의심되는 사람(들)

이름	생년월일	성별	인종	주민번호	피해자와의 관계
(1)					
(2)					
(3)					

그림 10-2 플로리다 학대상담전화 신고 양식

출처: Florida Abuse Hotline (2007). Reporting Abuse of Children and Vulnerable Adults. Tallahassee: Department of Children and Families. Retrieved on August 7, 2010, from http://www.dcf.state.fl.us/programs/abuse/ docs/mandatedreporters.pdf.

(계속)

플로리다 학대상담전화 팩스전송 양식

사건진술 무슨 일이 있어났는지, 어디에서 언제 사건이 발생하였는지, 발생횟수는 어느 정도인지, 그리고 피해위협이나 이로 인해 발생한 부상에 대해 기술해 주세요.
무슨 일이 있었습니까?
사건/피해 위협에 대한 기술:
언제 그리고 어디에서 사건이 발생하였습니까?
추가적인 장소(예를 들어 보육원, 학교 등)
이후 24시간 동안 피해자는 어디에 있었습니까?
가족 내 장애를 가진 이가 있습니까?
보호조사관에게서 위협적인 사항이 있었습니까?
성인피해자의 경우에만 응답하세요: 스스로를 보살필 능력이나 보호할 능력을 상실한 이유에 대해 기술하세요.

기타 참고인
피해자의 학대/유기/방임/위협/착취를 알고 있을 가능성이 있는 기타 참고인을 적어주세요.

이름	피해자와의 관계	주소	집 전화번호	직장전화번호

의학기록이나 사건파일, 체포조서, 기타 유사서류들은 송부하지 마세요.

그림 10-2 플로리다 학대상담전화 신고 양식 (계속판)

두 번째, 수색 및 체포 지침이 응급시 경찰에게 가택이나 다른 건조물들에 영장 없이 출입하고, 수색할 수 있는 권한을 부여한다 하더라도 이러한 법적 권한이 정부 대리인으로 역할하는 민간인 전문가에게까지 자동으로 부여되는 것은 아니다.

세 번째, 아동보호서비스 관계자들이 사건 현장에 도착했을 때 가해자가 그 곳에 남아

있을 가능성은 매우 희박하다. 사회복지사에 대해 직접적으로 가해질 수 있는 폭력 가능성과 잠재적인 위험 가능성 때문에 많은 주에서는 또한 합동적격기관으로써 경찰을 포함시켜 아동학대 문제를 다루도록 하고 있다(Cross, Finkelhor, & Ormrod, 2005). 범죄자의 존재는 적대감을 향상시킬 위험성이 있다. 예를 들어, 만약 아동이 위험에 처해있을 경우 조사자는 가해자의 **보호구금**을 부수적으로 집행할 수 있다. 이러한 상황 하에서 관계자는 부모의 구금상태를 일시적으로 종결시키고 아이를 집으로부터 데려와 계류 중인 사법심사 때까지 아동의 안전을 위해 양육시설에서 보호할 수 있다. 부모의 분노를 상승시키는 것 못지않게 이 단계에서는 아동 내에 잠재되어 있던 분노 역시 폭발시킬 수 있다. 미국검찰총장특별조사팀에게 한 피해아동이 말한 것처럼 말이다(1984: 15):

> 왜 내가 내 집에서 나와 있어야 하죠? 내가 피해자인데요. 나는 아무 것도 한 게 없어요. 나는 아무 것도 잘못한 게 없어요. 내 아버지가 집에서 나와야 하잖아요, 내가 아니라구요.

정보통합등록기관 The Central Register

아동학대법에서 가장 중요한 요소 중 하나는 정보통합등록기관의 설치이다. 이 기관은 아동학대 및 방임에 대한 모든 혐의 기록들을 보관하는 저장소이다. 이 기관의 이용자들은 사건들을 아이 이름, 부모 이름, 가해자의 이름에 따라 색인정리할 수 있다. 미국 내 많은 주(州)들이 현재 이러한 장치를 갖추고 있지만, 여전히 연방상담전화도 함께 존재한다.

이러한 통합등록시스템의 목적은 연관성 있는 사건 내역을 추적함으로써 분석의 수월성을 기하기 위함이다. 과거 영악한 학대자들은 아이가 의학적 치료를 필요로 할 때마다 새로운 의사나 다른 병원에 데려감으로써 추적을 피하기도 하였다. 당시 주치의들은 이전 의료기록에 접근하기가 힘들었기 때문에 이러한 전략은 대체적으로 성공하였다. 이러한 기관의 설립과 함께 만성적 학대자들은 그들의 추적을 피하는데 좀 더 어려운 시기를 맞이하게 된다.

문제점들 Some Trouble Spots

아동학대 및 방임 방지법이 그 동안 많은 수정을 겪어왔다 하여도 여전히 그 괴리감은 남아있다. 문제시되는 부분 중 하나는 바로 정의(definition, 定義)적 측면을 둘러싸고 일어나는 것들이다. 대부분의 주는 학대와 방임이 무슨 내용으로 구성되었는지에 대한 확장적 구조를 가지고 있다. 그들은 유효한 학대사건들을 감지하지 못할 것을 염려하여 가능한 한 넓은 범주를 파고든다. 그러나 모든 사람이 학대를 같은 방식으로 보고 있는 것은 아니다. 예를 들어 사회복지사들과 경찰관계자들은 의사나 법조인들보다도 학대의 사례들을 심각한 것으로 간주한다(Giovannoni & Becerra, 1979; Saunders, 1988). 교사(Webster et al., 2005)나 소아과의사들(Levi et al., 2006)조차도 그 자체 내에서 어떻게 사건들을 분류해야 되는지에 대해 의견이 분분하다. 이러한 차이점들은 경찰, 정신건강의, 아동보호 사회복지사들(Cross et al., 2005; Deisz, Doueck, & George, 1996; Everson et al., 1996) 사이에도 역시 존재한다. 이렇게 서로 다른 정의들은 이미 소수의 관계자들로 하여금 수많은 진술들을 조사하도록 강요함으로써 귀중한 인적 자원들을 혹사시키고 있다. 예를 들어, 2008년 아동 학대에 관한 3/4 정도의 신고들이 근거자료 부족이나 증거 부족(미국보건복지부, 2010)으로 판명되었다. 사실 무근의 진술들이 이렇듯 많이 나타나는 것은 그나마 충분치 못한 인적 자원들이 실질적인 도움이 필요한 아이들에게 제대로 배당되지 못하고 있다는 것을 말해준다(Melton, 2005).

두 번째 문제는 모든 주들이 아동학대에 대하여 똑같은 정도의 중요성을 표명하고 있지는 않다는 것이다. 폭력으로 지정된 것들은 경범죄부터 중죄에 이르기까지 주에 따라 다양한 범주를 보여준다. 미국이 아동학대 및 방임에 대한 국가정보통합시스템을 가지고 있다 할지라도 이러한 주들 간의 차이가 정의의 차이로부터 나타날 수 있다는 것을 말해 준다(Whitaker, Lutzker, & Shelley, 2005).

관련 논쟁점으로는 사회서비스의 중재를 결정하는데 필요한 증거의 기준이다. 대부분의 아동보호서비스들이 범죄의 판결선고기준인 "타당하게 의심될 수 있는 증거" 기준을 필요로 하므로 그 기준선이 너무 엄격하다. 만약 이렇게 경직된 법적 기준이 적용된다면 도움을 필요로 하는 많은 아이들이 도움을 받지 못할 것이다. 이와 비슷하게 경찰관이 체포하고자 할 때 적용해야 하는 유죄로 인정할 수 있는 근거기준 또한 지나치게 제한적이다. 그래서 많은 주에서는 공적인 개입을 가능토록 하는 상황을 판단하는데 있어 "어느 정도 신뢰할 수 있는 근거"로 그 기준을 완화하게 되었다(Cross & Casanueva, 2009).

네 번째 어려움은 아동학대사건의 신고가 부족하다는데 있다. 법적 보호에도 불구하고, 많은 전문의들이 여전히 학대로 의심되는 사례들을 신고하기를 꺼린다. 몇몇 사례는 종국에 신고를 하지 못하도록 기제화하는 죄책감, 수치심, 불안 등의 감정으로 나타나는 **역감정전달**로 발전되기도 하였다(Pollak & Levy, 1988). 어떤 이들은 그 상황이 심각하다는 초기 판단을 포기해버리거나, 혹은 지속되는 치료과정에 방해를 받아 이미 진행된 과정이 정지되는 것을 두려워하기도 한다(Kalichman, Craig, & Follingstad, 1990; Willis & Wells, 1988; Zellman, 1990a,b).

마지막으로, 교육훈련의 문제가 충분한 관심을 받아오지 못했다는 것이다. 예를 들어, 교사들은 아이들과의 직접적인 접촉에 많은 시간을 할애한다. 사람들은 그들이 교사가 되기 위한 준비과정과 임용자격획득을 통해 아동학대 및 방임이라는 주제에 세밀한 관심을 기울일 수 있을 것으로 생각한다. 아이들과 일상적인 접촉을 하는 직업적 의무를 띠고 있는 모든 직업군에 특정한 교육훈련을 실시하는 법률을 제정하는 것 또한 바람직한 방법이 될 수 있다(Crenshaw, Crenshaw, & Lichtenberg, 1995; Lamond, 1989; U.S. Attorney General' s Task Force, 1984).

아동복지시스템 THE CHILD WELFARE SYSTEM

아동학대가 신고되면 아동복지시스템이 가동된다. 형사법사법시스템처럼, 아동복지시스템은 단일한 조직 모형을 지양하는 다양한 공적 및 사적 기관들의 혼합체이다. 이러한 시스템의 책무는 조사직무, 양육보호, 의료서비스, 정신건강치료, 약물중독상담, 고용보조, 복지선택 등을 포함한다. 이 모든 활동들은 아동의 최고권리 보호라는 단일한 목표로 통합된다.

그림 10-3은 아동복지시스템을 도식화한 것이다. 아동학대 신고가 수리되면 아동보호서비스(CPS; Child Protective Services)는 정보의 평가를 시행한다. 적격심사를 통해 신고에서 나타나는 조건들이 학대 또는 방임의 조건을 충족하지 못하면 해당 사건은 시스템으로부터 제외된다. 한편, 만약 사건이 더욱 세밀한 관찰을 필요로 한다면, 이는 "채택되거나(screened in)" 추가 진행을 명령받는다. 2008년 현재 CPS는 3백3십만 건의 사건을 신고받았는데, 이중 37.5%가 제외되었고 62.5%가 채택되었다(미국보건복지부, 2010).

만약 상황들이 확실하거나–더이상 아이에게 위험이 야기되지 않을 경우–아니면 그 직후인 경우, 즉시 두 번째 단계인 조사가 시행된다. 앞에서 언급한 바와 같이, 만약 아이의 안전이 위태로운 상황이라면 그들은 집으로부터 호송되어 보호소에 머물게 된다. CPS 조사자는 가족 구성원들을 인터뷰하며 위험성을 평가하여 의사나 교사, 이웃과 같은 제3자와 접촉한다. CPS 관계자가 가능한 모든 정보를 수집하게 되면, 해당 사건은 "증거 불충분" 또는 "증거 충분"으로 판단된다. **증거 불충분** 처분은 진술이 사실 무근의 것으로 판명되어 사건이 종결된 경우를 의미한다. 즉, 아이가 학대되었다거나 학대될 위험에 처했다는 주장을 지지할만한 충분한 증거가 없다는 것이다. **증거 충분** 처분은 CPS의 조사 결과가 학대가 일어났거나 일어나고 있다는 것, 또는 아이의 신변이 위험에 처해 있다는 진술과 일치하다는 것을 의미한다. 2008년 미국의 아동학대 통계조사에 따르면, 조사의 24%가 증거 충분으로, 그리고 나머지가 증거 불충분으로 드러났다(미국보건복지부, 2010).

세 번째 단계는 증거 충분 사건들을 처리하는 단계이다. 만약 상황이 한 번의 사건에 그쳐 더 이상의 위험 가능성이 보이지 않는다면 사건은 종결된다. 때때로 결정사항은 바람직하지 못한 상황을 불러올 수도 있지만 가족과 아이가 적절한 형태의 사회부조서비스로 혜택을 볼 수 있게 지원하기도 한다. 또 CPS는 사건의 형식적 종결처리를 위하여 소년법원에 사건을 이송할 수도 있다. 2008년 43%의 학대 피해자들이 CPS 조사가 종결된 이후 사회부조서비스를 받았고, 약 267,000명이 보호시설에 인계되었다(미국보건복지부, 2010).

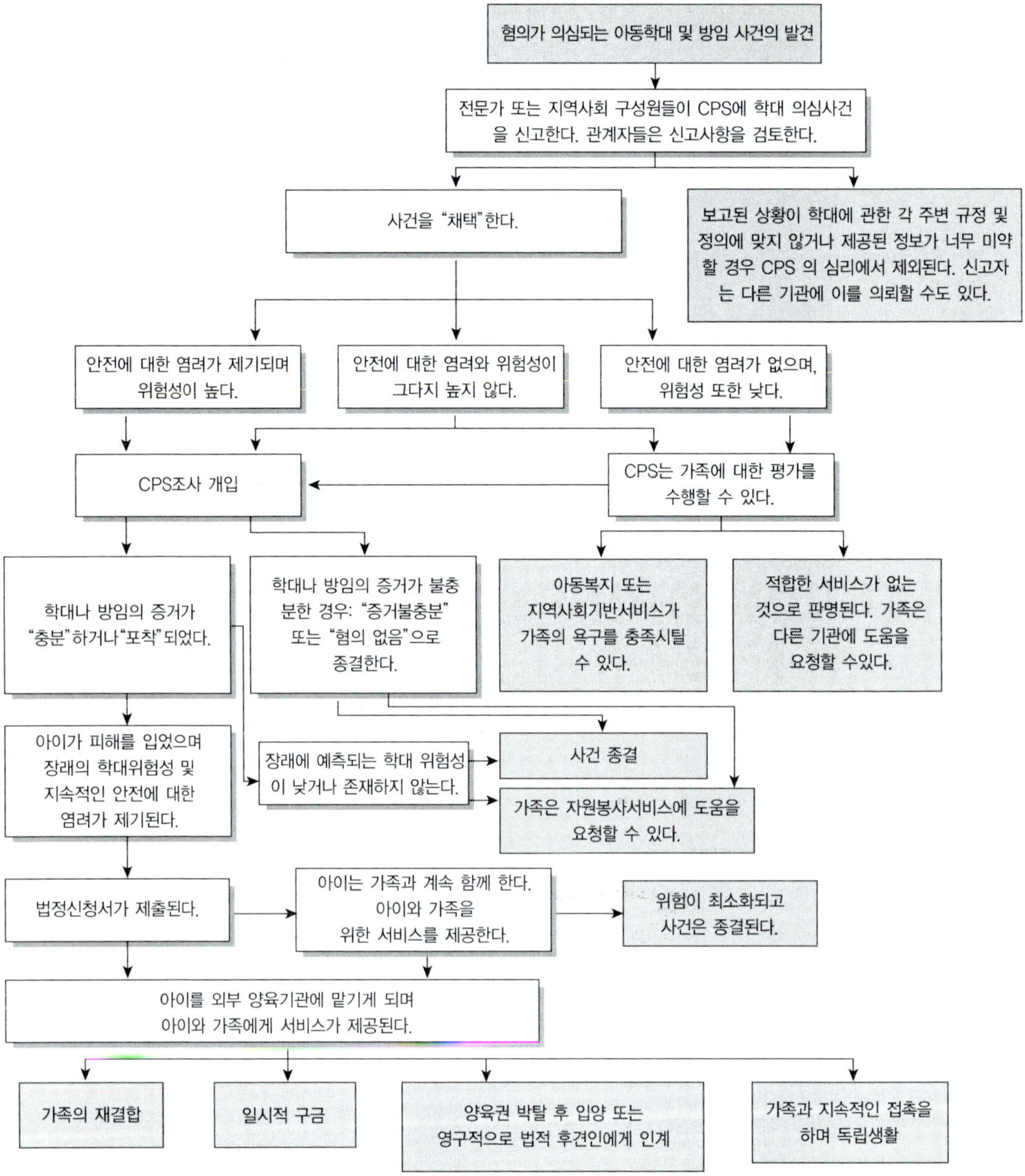

그림 10-3 아동복지시스템

출처: Child Welfare Information Gateway(2008). How the Child Welfare System Works. Washington, DC: U.S. Department of Health and Human Services. Retrieved on August 11, 2010, from http://www.childwelfare.gov/pubs/factsheets/cps-work.cfm.

아동학대사건 발생 THE INCIDENCE OF CHILD MALTREATMENT

아동학대 여부를 판단하는 것은 매우 어렵다. 이러한 사건들은 대체적으로 공공의 눈을 피하여 발생한다. 이웃들이 이를 발견해내는 일은 매우 드물며, 경찰 또한 이를 발견하는데 어려움을 겪고 있다. 이러한 사건이 감지되었다 하더라도 피해자가 너무나도 어려 어떤 일이 일어났는지 설명할 수 없는 경우도 있다. 그러므로 사실상 아동학대가 사회에 얼마나 만연해 있는지를 정확히 아는 자는 아무도 없다고 해도 과언이 아니다.

아동학대사건이 아직도 어려운 문제로 남아있는 한편, 국가 아동학대 및 방임에 관한 통계 시스템[NCANDS : National Child Abuse and Neglect Data System](미국복지보건부, 2010년)은 2008년 아동학대 및 방임의 희생자가 된 아이들이 772,000명에 이를 것으로 추정하고 있다. 애석하게도 2008년에 미국 아동 100,000명 당 1,740(학대), 또는 2.33(방임)의 아이들이 사망하였다(미국보건복지부, 2010년). 즉 미국에서는 매일 거의 다섯 명의 아이들이 학대로 사망하며, 이 중 80%는 4세 미만이었다. FBI가 발간하는 **범죄백서**(*Uniform Crime Reports*)에 의하면 2009년에 193명의 사망 피해자가 유아였다. 그리고 298명의 살해 피해자가 1세에서 4세에 이르는 아이들이었으며, 72명이 5세에서 8세 사이의 아이들이었다(FBI. 2010a).

대부분의 연구자들은 이 숫자가 학대로 인한 아동 사망율의 실제 수치보다 너무 적다는 데에 동의한다. 한 연구팀은 1985년에서 1994년 사이 북 캐롤라이나의 의료기록 자료들을 검토한 바 있는데 아동학대통계가 실제 아동사망사건의 60%까지 과소평가되고 있다고 주장한다(Herman-Giddents et al., 1999). 콜로라도에서 실시된 유사 연구조사 결과 또한 1990년에서 1998년 사이 학대로 일어난 사망사건의 무려 절반이 잘못 분류되고 있음을 보여주고 있다(Crume et al., 2002). 국가기관 백서는 제대로 분류되지 않은 식별코드가 얼마나 아동사망의 근본적인 원인을 왜곡시킬 수 있는지를 보여주고 있다. 클리븐스(Klevens)와 리브(Lieb)는 영양실조로 발표된 많은 사건들이 실제로는 뇌진탕의 임상 진단 사례에서 파생되어 나온 것이라고 주장하기도 하였다(2010년). 이러한 문제를 해결하기 위해서 미국의 각 주에서는 이제 **아동사망검토팀** (Douglas & Cunningham, 2008)들을 설치 • 운영하고 있다. 이들은 아동사망의 원인에 있어 학대가 결부되었는지를 조사하기 위하여 아동보호서비스 관계자들의 전문지식을 법집행공무원과 검시관, 법의학자, 의료 도우미, 검찰관 등과 공유하고 있다. 상당수의 사인(死因)들은 학대 또는 방임이 심각한 뇌진탕, 흔들린 아이 증후군(표 10-3 참조), 복부 또는 흉부의 부상, 화상, 익사, 질식, 중독, 만성적 방임 등을 포함하고 있음을 시사하고 있다. 최근 수년 동안 이들 검토팀에서는 주요 위험 요소들을 상기시키고, 관계부처간의 협력을 도모하며, 법집행공무원들과 검시관들이 사망조사 및 검시 시에 준수해야 하는 강령들을 제정하고, 경각심, 교육훈련 및 인지능력을 향상시키는 교육 캠페인의 일환으로 여러가지 권고사항들을 제안하고 있다(Douglas & Cunningham, 2008; Palusci, Yager, & Covington, 2010).

NCANDS는 매년 국가 아동보호서비스기관들이 제공한 자료를 기반으로 하여 미국 내

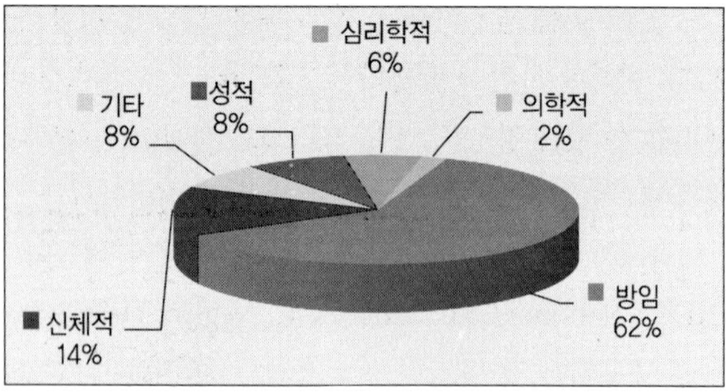

그림 10-4 학대: 피해자 유형, 2008

출처: Compiled from U.S. Department of Health and Human Services, Administration for Children and Families, Administration on Children, Youth and Families, Children' s Bureau. (2010). Child Maltreatment 2008, pp. 44-455. Retrieved on August 2, 2010, from http://www.acf.hhs.gov/programs/cb/stats_research/ index.htm#can.

아동학대에 관한 수치를 산정한다. 가장 신뢰성 높은 추정치에 따라, 전문가들은 2008년 현재 학대의 피해자로 추정되는 33만 명의 아동에 관한 신고사항을 수집하였다. 그러나 조사자들은 사건의 24%에서만 혐의를 입증해낼 수 있었다(미국보건복지부, 2010년). 입증된 혐의란 신고자의 의혹을 확증할만한 증거가 충분하다는 것을 의미한다. 즉 사건이 아동 학대 사실을 분명히 포함하고 있다는 것이다.

아동학대 발생건수를 실제 학대가 이루어지고 있는 수준과 비교한다 하더라도 이것이 아동학대의 변화 추세를 제대로 반영하지 못할 가능성 또한 존재한다는 사실을 깨닫는 것도 매우 중요하다. 아동 학대에 대한 경각심의 고조는 공공시민들의 학대 신고율 또한 높여줄 것이며, 이익 단체들에 의한 자료를 표준화할 수 있는 보다 더 효과적인 방법 또한 고안할 수 있도록 자극할 것이다. 역사적으로 이루어져 온 우리 사회 내 아이들의 위상과 그들에 대한 대우를 고려해 보면, 최근 아동학대 사건의 증가는 학대가 걷잡을 수 없이 만연해지고 있다기보다 개선된 통계시스템의 운용 결과로 보여진다. 그림 10-4는 2008년에 다루어진 사건들 중 입증된 학대사건들의 다양한 유형들을 시각적으로 보여주고 있다. 이 표에서 볼 수 있듯이, 방임이 가장 높은 발생률을 나타내고 있다.

표 10-5는 주요 아동학대 관련 통계를 기술한 것이다. 이 통계치들이 시사해주고 있는 바와 같이 우리는 한 가지 분명한 사항을 절실히 인식하여야 한다. 즉 이러한 종류의 폭력에서 기인한 신체적 · 정서적 가해 사건들이나 심한 부상사례들의 숫자를 정확하게 산출하여 발표한 사람이 아직까지 없었다는 사실이다. 이 시점에서 우리가 할 수 있는 일은 우리의 아이들이 참아내야만 하는 고통스러운 사례들의 개략적인 추정치를 계산해 내는 것 뿐이다.

아동학대의 영향력을 추정할 수 있는 또 다른 방법은 이러한 유형의 피해와 관련된 비용 가치를 산출해보는 것이다. 앞의 3장에서 우리는 피해자가 그의 희생 결과로써 직 • 간

표 10-5 아동학대 통계 발췌내용, 2008년

- 학대로 추정되는 6만 명의 아동들을 포함하여 약 33만 명의 아동들이 2008년 아동보호서비스(CPS)를 받았다.
- 약 63%의 대상사건들이 CPS에 의해 조사 또는 평가 대상으로 선발되었다.
- 조사 또는 평가대상으로 결정된 사건들의 약 24%에서 최소 한 명의 아이가 학대 또는 방임의 피해자로 나타났다. 조사 또는 평가대상으로 결정된 사건들의 약 76% 이상에서 아이가 학대의 피해자가 아닌 것으로 처리되었다.
- 신고 원천의 가장 큰 부분을 차지하는 세 가지 그룹은 교사, 법집행공무원 또는 입법 관계자, 그리고 사회복지서비스 근무자들의 직업군으로 나타났다.
- 국가 총인구 중 연령그룹 내에서 생후부터 1년 사이에 있는 아이들이 1,000명 중 21.7명으로 가장 높은 희생률을 나타냈다.
- 피해자 중 70% 이상이 방임으로 고통 받고 있다.
- 아동사망자의 30% 이상이 방임에 해당되며, 신체적 학대 또한 아동사망의 주요 원인으로 기여한다.
- 아동학대 및 방임으로 사망한 아이들의 대부분이 4세 미만의 어린이들이다.
- 아동학대 가해자의 80%는 부모들이다.
- 피해자의 21%는 가정위탁에 맡겨졌다.

출처: Compiled from U.S. Department of Health and Human Services, Administration for Children and Families, Administration on Children, Youth and Families, Children's Bureau. (2010). *Child maltreatment 2008*, pp. xii-xiv. Retrieved on August 2, 2010, from http://www.acf.hhs.gov/programs/cb/ stats_research/index.htm#can.

접적인 비용의 가치를 지니고 있다는 것을 기술한 바 있다. 직접비용은 즉각적인 해당사건의 결과에 부수되는 것이며, 간접비용은 장기 또는 부수적 영향까지를 포함한다. 한 국가 예산에서는 매년 학대 피해자의 직접비용을 3,300만 달러 이상으로 추산하고 있다. 이 수치에는 신체적 건강문제와 정신건강문제 뿐 아니라 아동복지, 입법, 사법 부문에서 발생되는 지출 비용을 포함한다. 간접비용은 매년 최소 710억 달러로 추정된다. 이 범주에는 특별교육, 장기건강비용, 장래의 미성년 범죄 및 성인범죄, 그리고 노동력에 있어 손실된 생산성 등을 포함한다. 지금까지 기술한 내용들을 포괄하면 아동학대 및 방임에 기인하는 최소 연간 총 추정금액은 1,040억 달러에 이른다(Wang&Holton, 2007). 또 다른 산출모형 프로젝트에 의하면 아동학대라는 단일 사건의 총비용이 피해자의 일생을 기준으로 할 때 600만 달러에 달한다고 추산하기도 한다(Conrad, 2006).

공식학대통계에 관한 몇 가지 유의점

A WORD OF CAUTION REGARDING OFFICIAL MALTREATMENT STATISTICS

많은 사람들은 아동학대의 피해자가 유아 또는 어린아이들일 것이라고 생각한다. 그러나 여러 건의 자료결과에 따르면 한 가지 사실을 발견해 낼 수 있다. 상담기록을 토대로 한

임상연구에서는 아주 어린 아이들이 피해자로 나타나는 경우가 많다. 그러나 조사결과에 따르면 모든 연령대에 걸쳐서 아동학대가 발생한다. 자료조사연구에 의하면 일반적으로 유색인 피해자들이 높은 발생비율을 기록하고 있는 반면 임상연구는 그렇지 않다. 이러한 연관성은 아마도 차별적 접근 가능성을 반영하고 있는 것으로 보인다. 많은 아프리카계 미국인들은 그들의 빈곤한 사정 때문에 개인치료를 감당할 수 없다.

가족폭력연구에서 보편적으로 나타나는 조사결과 중 하나가 바로 아동학대와 사회적 계층 사이의 관계이다. 공식기록을 보면 종종 아동학대사건들의 대부분이 사회계층 중 하위계층에 집중되어 있음을 볼 수 있다. 하위 계층의 사람들은 오해 등을 대화로 해결하기보다는 폭력에 의존할 가능성이 더욱 높을 수 있다(Gelles, 1973; Wolfgang&Ferracuti, 1967). 동시에, 학대 및 방임에 대한 공식 통계는 내재된 편향성을 포함하고 있기도 하다. 하위계층 구성원들은 서비스 제공자들의 감시에 노출되는 경우가 많기 때문에 학대 및 다른 문제시되는 환경들이 감지될 확률이 높다는 것은 그리 놀라운 일이 아니다. 즉, 하위계층에서 아동학대 발생빈도가 높은 만큼 중상위계층에서도 일반적으로 자행될 수 있는 가능성이 전적으로 존재한다는 것이다. "조사시 심리적 경향"은 이러한 실증적 규칙성으로 불리는 것들에 상당부분 책임이 있다. 샤핀과 바드(Chaffin and Bard, 2006: 301)의 주장에 의하면 조사시 심리적 경향이란 "다른 누구도 아닌 고유한 개인 및 단체들에 존재할 수 있는 가감없고, 체계적인 산출 지향적 조사를 해야 하는 것"에 대한 언급을 의미한다고한다. 아동학대 또는 방임으로 인하여 중재를 받고 있는 가족들에 대해서 이러한 조사시 심리적 경향이란 "서비스 참가자들이 서비스 제공자 및 시스템과 상호작용함에 따라 더욱 면밀한 조사의 대상이 되고 있으므로 비교 대상의 서비스를 받지 않는 사람들에 비해 학대가 신고될 확률이 더 높을 수도 있음"을 의미한다(Chaffin & Bard, 2006: 301–302). 중대한 차이점은 중상위 계층의 구성원들이 더욱 많은 자료로 이득을 보고 있다는 점이다. 그 결과, 그들은 하위계층 사람들이 불행의 시련을 겪고 있는 동안 교묘하게 사회의 감시망을 탈출할 수 있게 된다. 이러한 경향을 고려하여 겔리스(Gelles, 1975, 1980)는 아동학대의 낙인을 부여할 권한을 가진 시스템 관리인의 "수문장"역할에 더욱 관심을 기울어야 한다고 권고한 바 있다.

적어도 한 명의 연구자는 이러한 제안을 진심으로 받아들였다. 한델만(Handelman, 1979)은 공식조사를 위해 사회서비스기관에 보고된 다양한 학대사건들을 조사하였는데, 조직적인 접근방식을 통하여 조심스럽게 선정된 세부사항에 대해 기관이 강조하는 바가 어떻게 각 사건에서 요구되는 중재의 정도에 영향을 미치는지 보여준 바 있다. 즉, "아동 학대"라는 낙인이 그러한 신호의 존재 또는 부재에 달려있다는 것이다. 그들에게는 무엇이 학대와 방임의 요소를 구성하는가에 대한 사회사업가의 해석, 아동학대라는 낙인을 받아들여야 하는 고객의 순응, 그리고 기관 근무자들이 최근에 다루었던 담당 사건들이 포함된다.

표 10-6 누가 이러한 행동들을 저질렀나?

치명적인 아동학대의 가해자들이 가진 일관된 개요가 존재하지 않음에도 불구하고 많은 연구들에서 특징적으로 자주 재발견되는 특성들이 존재한다. 가해자들은:

- 20대 중반의 미성숙한 성년들이다.
- 고등학교를 졸업하지 못했다.
- 빈곤계층 또는 그 이하 계층이다.
- 침체되어 있다.
- 스트레스가 많은 상황들을 이겨내는데 어려움을 가지고 있는 것 같다.
- 직접 폭력을 경험하였다.

출처: Child Welfare Information Gateway(2008). *Child Abuse and Neglect Fatalities: Statics and Interventions.* Washington, DC: U.S. Department of Health and Human Services. Retrieved on August 5, 2010, from http://www.childwelfare.gov/pubs/factsheets/fatality.pdf.

아동학대 및 방임을 둘러싼 정의의 애매모호성은 요식권한과 더불어 문제의 대상이 되는 가족의 공식적 명칭(폭력가족과 같이)에 영향을 미칠 수도 있다. 한편, 과다한 작업량으로 모든 기관의 근무자가 하나같이 항상 바쁘게 업무에 쫓기고 있기에 실제적인 아동학대 사건들이 시스템에 의해 간과되거나 폐기될 가능성도 있다.

아동학대이론들 THEORIES OF CHILD MALTREATMENT

아동학대에 대한 설명과 학대자의 특성들에 대한 해석(표 10-6 참조)은 보편적으로 세 가지 접근방법으로 분류된다: (1) 개인 내적 이론, (2) 사회문화적 설명, 그리고 (3) 사회학습접근법이 그것이다. 아동학대에 대한 각 관찰방법이 고유한 의미를 함축하고 있기에 이 절에서는 각 접근방법에 대하여 간략하게 알아보고, 각 모델이 직면하고 있는 문제점들을 조망해본다.

개인 내적 이론 Intraindividual Theories

개인 내적 접근법은 아동학대를 학대자 본인에 내재하고 있는 내부적 결함이나 결점의 산물로 본다. 이러한 인격상의 결함이 "좌절을 비롯한 다른 충동적 행동을 표현하는데 있어 억제를 하지 못한 결과"(Spinetta & Rigler, 1972: 299)를 불러올 수 있다고 주장하는 것이다. 만약 연구자들이 아동학대자들에게서 내재된 장애를 발견해냈다면, 다음 단계는 이에 적합한 처치 계획을 고안하는 것이다. 멜톤(Melton, 2005: 11)이 설명하듯이, "아동학대의 문제가 '증후군'으로 축소될 수 있다는–일련의 가정들은 사실, 폭력적이고 태만한 부모들이 매우 병들어 있다거나 사악함을 내재하고 있다는 것이며, 그렇기 때문에 '그들'은 본질적으로 정상인과 다름에도 불구하고 이런식으로 적당히 특징지어질 수 있다는 것이다". 그러므로 이러한 정신의학적 모델은 아동학대로 이어지는 인격적 장애를 찾아내어 다루려고 노력한다는 점에서 매우 매력적인 것이다.

스틸과 폴락(Steele and Pollock, 1974)은 정신의학적 모델을 아동학대자에 처음으로 적용 시도한 이들 중 하나이다. 그들은 자신들의 초기 환자들을 "정신병리학의 금광"으로 묘사하였다. 이들 통찰력있는 연구자들은 이후 6년여의 기간 동안 60여개의 가족들을 분석하였다. 그 결과, 아동학대자들은 특정한 진단범주의 하나에 독립적으로 분류할 수 없다고 판명되었다. 그 대신 학대자들은 **정신병리학적** 또는 정신적 장애라는 전반적인 진단범주에 다양하게 걸쳐 나타나는 장애현상을 보여주었다. 그럼에도 불구하고 연구자들이 집중했던 한 가지 현상은 역할전환이었다.

역할전환이란 부모가 아이들과 역할을 바꾸어 그들에게 애정 어린 돌봄과 사랑을 주기보다도 그들로부터 오히려 받기를 기대할 때 일어난다. 아이가 이러한 감정적 지지를 제공하지 못할 경우(그 증거로, 예를 들어 일정기간 이상 운다던지 기저귀를 더럽히거나 반응이 없는 경우) 이에 좌절한 부모들은 원치 않는다거나 거부된 느낌, 그리고 아이로부터 사랑받고 있지 않다는 느낌을 받는다. 이러한 감정들은 공격적인 부모의 반응을 불러일으켜 학대로 끝이 난다. 스틸과 폴락(1974)은 이러한 유아증을 추적하여 학대자와 그들의 부모 사이의 관계로 돌아갔다. 그들에 따르면, 부모들이 자식을 학대하는 것은 그들이 자신들의 부모와 가졌던 부적절한 관계 때문이었다.

이러한 맥락에서 이루어진 라이트(Wright, 1976)의 연구는 **"병들어있지만 정상적으로 보이는 부모들"**이라는 관용구를 만들어내기에 이르렀다. 아동학대자들은 전통적인 정신심리학적 범주의 구타 증세에서 나타나는 심각한 결함을 쉽게 내보이지 않는다. 그러나 더 세밀히 조사해보면 이들이 진실되게 대답하지 않고 있다는 것을 발견할 수 있다. 대신에 이들은 그들이 사회적으로 바람직한 반응이 무엇인지를 생각하여 답변함으로써 미꾸라지처럼 핵심에서 빠져 나간다. 그러므로 아동학대자들은 아주 오랫동안 그들 스스로의 이미지를 정상적인 부모로써 투영시켜 왔다. 아마도 간파당하는 것을 피하기 위해서일 것이다.

이러한 통찰력에도 불구하고 연구자들은 개인 내적 접근법을 약화시키는 네 가지 우려사항들을 지적한다. 첫 번째, 자료의 원천이 편파적이다. 대부분의 정신질환적 조사들은 다수를 대상으로 하는 무작위 샘플에 반할 수 있는 임상정보를 근거로 한다. 그 결과 도움을 필요로 하는 학대자들이 모든 학대자들을 대변하는 전형적인 횡단조직을 형성하였는지에 대해 알 길이 없다. 두 번째, 이들 연구들은 대체적으로 적절한 통제그룹을 가지고 있지 않다. 기준의 부재는 그 독립된 결과가 특정 학대자들에게만 고유하게 해당되는 것인지, 아니면 더 많은 멤버들에 의해 공유된 것인지를 결정하기 어렵게 만든다. 세 번째, 학대자들을 비학대자들로부터 구별해낼 정확한 특성에 대하여 정신과학 연구자들 내에 합의된 부분이 거의 없는 것으로 보인다. 마지막으로, 이러한 맥락에서 이루어진 연구의 대다수가 과거로 소급한 것이다. 즉, 이는 이미 학대가 이루어진 이후에 일어났으며, 등록된 사례들이 예측에 기여하는 바는 아주 적다는 것을 의미한다.

사회문화적 해석 Sociocultural Explanations

사회문화적 접근법은 개인을 둘러싸고 있는 외부적인 것에서 사건들을 규명하고자 하는 것이다. 이 방법에서 지향하는 바는 가족 내에서 찾을 수 있는 스트레스의 양에 무게중심을 두고 있다. 실업, 가족 규모, 아이와의 거리감, 그리고 사회적 고립 등의 자극물들이 초점이 된다. 기존 연구된 폭력 가정들의 공통적인 특징은 사회계층에서 하위를 차지하고 있는 그들의 위상이었다. 사회서비스기관들이 이들 가족들에 더욱 높은 수준의 감시를 유지하고 있었을 가능성에도 불구하고 이러한 인과관계는 여전히 연구자들을 유혹한다. 다른 변인들이 이러한 상황을 악화시켰을 것 또한 명백하다. 예를 들어, 길(Gil, 1971)은 아버지들의 절반 정도가 그들의 자녀를 구타했을 시 실직 상태였음을 보고하였다. 이웃 및 친구들로부터 절연한 가족들은 내부 전투의 주요 후보자들이다. 가족규모와 아이와의 거리감은 가족들에게 대 혼란을 야기하곤 한다. 원치 않는 임신, 대가족, 약물 남용, 지지적이지 않은 배우자들은 가족이 가진 재원을 압박할 수 있으며 동거 형태에 이미 가해져 있는 긴장감을 악화시킨다(Gelles, 1980l Smithey, 1997).

사회 스트레스 모델은 대처 전략이 부족한 부모들에 강조점을 둔다(Belsky, 1978). 즉, 부모들이 스트레스를 받을 때 그들의 반응은 좌절감과 무력감 등을 대동한다. 이러한 권위의 상대적 부족은 아이들이 자기 통제 하에 있지 않다는 감정을 불러일으켜 부모들로 하여금 그들의 무방비한 자식들을 마구 몰아 세워 복수의 환기구로써 사용하기 쉽도록 만든다.

아동학대를 설명하는 사회문화적 접근법에 대한 비난 또한 빠져나갈 수 없는 문제이다. 한 가지 문제점은 이 모델이 왜 스트레스를 받은 가족들의 상당수가 아동학대를 스트레스 발산수단으로 의지하지 않는지를 설명하는데 실패했다는 것이다. 이 모델은 또한 다른 가능한 대처전략들을 간과하였다. 더더구나 다른 대안적 전략들 중에서 왜 또는 어떻게 학대를 선택하였는지에 대해 설명하지 못한다.

사회학습 접근법 The Social Learning Approach

사회학습이론은 경험과 강화의 동화에 중점을 둔다. 이는 보상된 행위들, 또는 처벌받지 않은 행위들 등 무엇이 용인될 수 있는 행동인지에 대해 관찰자의 모든 것을 면밀히 살핀다. 저자들은 이 접근법이 가족폭력을 연구하는데 있어 매우 유용하다는 사실을 발견하였다.

사회학습이론은 학대가 차후의 장애를 가져올 수 있는지에 대한 시험에 흥미를 가지고 있다. 부모의 학대를 목격한 아이들을 분석한 29개의 실증연구를 검토해보면 특정한 유형들의 발달과 관련된 문제들과의 사이에서 관계성을 찾아낼 수 있다(Kolbos, Blakely, & Engleman, 1996). 부모의 학대를 목격한 아이들이 학대의 피해자가 될 확률 또한 높다는 사실을 확인하고 이를 강조한 선행 연구들의 초록에서 이러한 연구결과가 발견되어 주시된 바 있다(Herrenkohl et al., 2008; Holt, Buckley, & Whelan, 2008). 이렇듯 다양한 형태의 폭력과 각기 다른 유형의 학대에 대한 동시적 경험에 노출되는 것을 핀켈러와 그의 동료들(Finkelhor and his colleagues, wl2005, 2007)은 "**다중적 피해자화**(*poly-victimization*)"라는 용어로 정의하였다. 다중적 피해자화란 학대 받는 아이들이 대부분 단일 유형이 아닌 복합적 유형의 학대 또는 방임의 희생물로 나타남을 의미한다. 이러한 동시다발적 경향을 인지하지 못한 연구자들은 학대의 형태에 잘못된 영향 또는 결과를 미칠 수 있으므로 이러한 인식은 매우 중요하다.

아동학대의 피해자가 되는 것이 차후의 범죄행위를 유발한다는 또 다른 주장들도 있다(Doerner, 1987; Doerner&Tsai, 1990; Fagan, 2005; Heck&Walsh, 2000; Kelley, Thornberry, & Smith, 1997; Lansford et al., 2007; Maas, Herrenkohl, & Sousa, 2008; Smith&Thornberry, 1995; Thompson et al., 2001; Widom, 1989; Widom&Maxfield, 2001; Zingraff et al., 1993). 연구자들이 이 관계에 대해 더욱 세밀하게 살펴본 결과, 학대의 종류, 경험의 심각성, 그리고 피해 사건들의 빈도와 기간에 따라 이 관계가 다양하게 나타날 수 있음이 증명되었고, 이 연구의 내용이 이후 몇 년에 걸쳐 더욱 세분화되어 진행된 바 더욱 구체적인 사실들을 발견해 낼 수 있었다.

사회학습이론 이면에 나타나는 원리들은 **폭력순환**(*cycle of violence*)과도 관계성을 지니고 있다. 서로에게 폭력적 행위를 일삼는 부모들을 지켜보며 자란 아이들은 이러한 행위들을 용인 가능한 것으로 받아들일 것이 우려된다. 이와 비슷하게 학대를 받아온 아이들 또한 그들 부모들이 그러한 행동을 했기에 그 또한 용인 가능한 것으로 생각할 수 있다. 이들 아이들이 자라 그들만의 친밀한 관계를 형성하게 될 경우, 이와 똑같은 폭력행위가 표면으로 떠오르게 될 가능성은 매우 농후하다.

"폭력순환"이론을 지지하는 가정 폭력은 두 가지 형태로 일반화하여 적용해볼 수 있다. 첫 번째, 학대를 받으며 자란 아이들은 아동학대자로 성장할 확률이 높다. 두 번째, 배우자 폭행을 목격하며 자란 아이들은 이후 자신의 배우자에게도 폭행을 가할 확률이 높다고 간주된다. 미국의 가정폭력에 관한 검찰총장특별조사팀(1984: 2-3)은 이러한 관점에 대해 다음과 같이 요약하고 있다:

> 폭력가정 내 아이들은 그들이 다른 행위들을 학습하는 것과 마찬가지의 방법으로 폭력을 "학습한다(learn)". 그들은 폭력이 사람들이 다른 사람들을 대우하는 정상적인 방법이며, 또한 문

> 제를 해결하는 일반적인 방법이라고 관찰을 통하여 숙지한다. 지금 일어나고 있는 가정폭력은 이후 학대받은 아이들이 성장해서 언제인가 그들의 자녀나 다른 자녀들의 학대자로서, 그리고 그 부모가 서로에게 폭력을 일삼는 것을 지켜보며 자란 아이가 성정한 이후 언제인가 그들의 가족과 지역사회 내의 관계 속에서 그 전례를 되풀이하게 될지 모르는 시한폭탄이다.

몇몇 가정폭력 연구자들은 이 평가가 매우 정확함을 느낄 것이다. 이러한 입장을 지지할 실증자료가 한정되어 있기에 이러한 연구 사실들은 물론 잠정적이다. 그러나 이러한 사건들의 정황은 어떤 연구자들이라도 "아이를 학대하는 부모들은 그 스스로 학대의 피해자이며, 아내를 학대하는 남편들이 폭력가정에서 자라온 이들일 것이란 주장은 이제 폭넓게 받아들여지고 있다"고 주장할 수 있도록 만들어 주고 있다(Straus, 1983: 217).

피해자학 연구자들이 모두 이 의견에 동조하는 것은 아니다. 과거의 피해의식이 미래의 범죄를 유발하는지에 대해서는 수 많은 논의가 이루어지고 있다. 몇몇 학자들은 세대 사이의 폭력 전이에 대한 확실한 실증 증거가 없음을 제기한다. 아동학대가 지속된다는 가정하에, 겔리스와 코넬(Gelles and Cornell, 1990)은 "폭력순환"이 가정폭력에 대한 전반적인 이해를 저해하는 신화라고 주장한다. 그들은 이러한 주장이 학대 받은 아이들이 이후에 학대자가 될 것이라는 각인 또는 프로그램화하는 의미를 함축하고 있다며 이를 거부한다. 즉, 이 연결고리가 실제 존재한다 할지라도 이 주장을 지지할 만한 정의적 (定義的)연구는 아직 이루어지지 않았다는 것이다.

이러한 지속적 논의를 둘러싼 모순적 증거들의 존재는 세대 간 세습 주장에 대한 어떠한 결론을 내리기 전에 추가적인 연구가 필요함을 제시해준다. 과거의 피해 사실이 한 개인으로 하여금 범죄자 또는 또 다른 피해자가 될 수 있게 한다는 것은 시초의 피해 사건이 일어났을 때 다양한 유형의 중재가 유용함을 제시해주기도 한다. 미래의 행동을 다루기 위한 본질적 정책 결정에 앞서서 그 사건의 인과관계를 밝혀낼 필요성이 절실하다.

극복 방안 SOME COPING STRATEGIES

모든 아이들이 성장하는데 있어 안전한 가정과 애정이 넘치는 가족을 가질 수 있도록 보장해주기 위해서는 무엇을 해야 할까? 각 주에서 시행할 수 있는 한 가지 선택권은 양육권을 철회하고, 아이들을 양육가정이나 다른 대안가정에서 보호하는 것이다. 이러한 방법은 아주 심각한 상황이나 최후의 처방으로만 시행되어야 할 것이다. 그러나 또 다른 것으로는 어떤 것들이 있을까? 어떤 이들은 학대정보 탐색을 위한 공중보건검사를 제안하기도 한다. 어떤 이들은 육아교실이 예방을 위한 열쇠라 생각하기도 한다. 또 어떤 사람들은 예방을 강화하기 위하여 범법자들과 피해자들의 신상정보 관리 및 개발을 촉구하기도 한다. 더욱 적극적인 법률집행, 자립활동, 입법 변화를 포함한 다양한 제안들은 아동학대에 대한 제지력을 증가시킬 수 있다. 이러한 향후 해결책들은 한 가정에 국가가 불필요하게 개입하는 것을 피할 수 있도록 해준다. 아래에 제시된 내용들은 이러한 대안책들로 고려할 수 있다.

가정방문 Home Visitation

흥미로운 사회정책대안 중 하나는 가정방문과 보건검사프로그램이다. 이 방안의 지지자들은 공중보건담당직원들이 어린 아이들과 신생아들(Leventhal, 2001; Prevent Child Abuse America, 2003)이 있는 가정에 정기적으로 가정방문을 시행해야 한다고 주장한다. 실제로 미국 아동학대 및 방임 자문위원회에서는 가정방문을 국지적으로 시행할 것을 추천하는 조항을 가지고 있다. 이러한 가정방문은 두 가지 목적을 실현할 수 있도록 해준다. 첫 번째 목표는 예방이다. 관계자들은 새로운 위험에 처한 부모들에게 어떻게 아이들을 다뤄야하는지를 보여주고 육아에 대한 이해를 도움으로써 자녀들의 육아에 적응해나갈 수 있도록 도울 수 있다. 두 번째 목표는 학대와 기타 부정적 발전 상황들의 은닉 사례들을 발굴해내는데 있다. 이러한 전략은 현재 사용되고 있는 마구잡이식 탐지기술을 피할 수 있게 한다.

이러한 제안이 매우 매력적임에도 불구하고 문제점들 또한 존재한다. 한 가지 비판은 불필요한 국가의 개입을 불러올 수 있다는 것이다. 이에 대해서는 두 가지 형태의 오류가 발생할 수 있다(Light, 1973; Warner&Hansen, 1994). 관계자가 학대 받지 않은 아이를 학대 사례로 잘못 구분할 경우 **긍정오류**가 발생한다. **부정오류**는 실제로 학대를 받았음에도 불구하고 학대 피해자로 진단하지 않을 경우이다. 비판가들은 이러한 두 가지 오류가 일어날 가능성이 매우 높기 때문에 이러한 접근법을 최선의 대안으로 삼을 수 있을지에 대하여 의문을 제기한다. 반면 지지자들은 개인 훈련과 다단계식 확인 시스템에 강조점을 둔다면 잘못된 혐의와 의문이 제기되는 양육인들로 인하여 발생하는 곤란한 상황들을 피할 수 있을 것이라 주장한다. 그러나 잘못된 혐의는 혐의를 제기하는 자가 제기 받는 자 모두에게 막대한 악영향을 끼칠 수 있다(Hershkowitz, 2001).

플로리다의 건강한 가족 만들기 프로그램은 표 10-7에서 볼 수 있듯이 미국아동학대방지협회(PCA)로부터 후원받고 있는 국가계획의 하나이다. PCA는 예방 프로그램을 주창하는 주의 지부들 간에 네트워크를 구축한 것이다. 이 프로그램은 지금까지 400여개가 넘는 지부에서 시행되고 있다(Gomby, 2007).

전국적으로 시행되는 유사한 노력들과 마찬가지로 플로리다 프로그램 또한 1990년대 초에 시작된 하와이 건강 촉구 선도 프로그램을 따라 만든 모델이다. 이들 프로그램들이 시민들에게 열렬한 환영을 받는 동안에도 아동학대와의 싸움에서 그들이 발휘하는 영향력의 크

표 10-7 플로리다의 건강한 가족 만들기 프로그램

플로리다의 건강한 가족 만들기란?

플로리다의 건강한 가족 만들기란 국가적으로 인정 받은 주 전체적 프로그램으로써, 아동학대 및 방임을 사전에 예방할 수 있도록 고안된 프로그램이다. 이 프로그램은 아동복지와 발전을 촉진하고 긍정적인 부모—자녀 간의 상호작용을 도모하는데 초점을 맞춘 자발적이며 지역사회에 기반한 가정 방문서비스를 제공한다.

이 프로그램의 목표는?

- 아동학대 및 방임의 발생을 예방한다.
- 안정적인 양육이 가능한 가정환경을 만들 수 있도록 부모의 능력을 향상시킨다.
- 긍정적인 부모—자녀 관계를 발전시킬 수 있도록 부모의 능력을 배양시킨다.
- 아동 복지와 발전을 촉진한다.
- 가족의 사회적 • 의료적 요구가 충족될 수 있도록 보장한다.
- 가족들의 서비스 만족을 보장한다.

건강한 가족 만들기에 참가할 수 있는 자격조건은?

고위험군의 지리적 지역에 거주하는 출산을 앞둔 가족이나 새로 태어난 아이의 가족, 그리고 아동학대나 기타 부정적 행위의 위험요소를 지닌 것으로 자가 판단된 이들에게 제공된다. 이러한 위험요소에는 아래의 내용이 예시적으로 포함되나 반드시 이러한 내용에 국한하지는 않는다:

- 한부모가족
- 부적합한 거주지 및 수입
- 고등학교 졸업 또는 검정고시 이하의 학력
- 양육권에 대한 몰지각
- 태아말기 관리(12주 또는 이후)
- 아이의 성장에 대한 비현실적 기대
- 학대 또는 방임 경험
- 알콜중독/약물중독/정신질환을 가진 양육자로부터 자란 경우
- 최근 산후우울증 경험
- 아동청소년기에 가정폭력을 목격한 경우
- 가까운 친구들이나 가족들 사이의 제한된 연락
- 청소년기에 불안정한 보호를 받은 경우
- 과거 폭력적인 관계를 가졌던 경우(청소년기와 연관되지 않더라도)
- 한 살 또는 그 이하의 아이에게 신체적인 벌칙을 언어로 표현하는 부모
- 절망 상태
- 특별한 보살핌을 요구하는 아이나 다른 가족 구성원
- 부모가 18세 미만인 경우
- 아이에게 부정적 언어 사용 다발
- 임신임을 알면서도 지속적으로 흡연, 음주, 약물을 흡입하는 경우
- 가정 내 폭력의 두려움을 표현하는 경우

출처: Healthy Families Florida(2010). *Frequently Asked Questions.* Tallahassee: Florida Chapter of Prevent Child Abuse America. Retrieved on August 10, 2010, from http://www.healthyfamiliesfla.org/faqs.htlm.

표 10-8 플로리다 영아보호법

(1) 이 법률에서 사용된 바와 같이, "신생아"라는 용어는 면허증을 소지한 의사가 병원, 응급의료서비스센터, 또는 소방서에 남겨진 아이를 발견했을 당시 대략 생후 7일 또는 그 이하로 추정한 아이를 의미한다.

(2) 신생아를 남겨두어 양육권의 포기에 동의한다는 의도로 이 법률에 따라 아이를 유기한 부모에 대해서는 아이를 단념한 것으로 추정한다.

(3) 각 응급의료서비스센터 또는 소방공무원들이 근무하는 소방서, 응급의료기술자들 또는 긴급의료원들은 그들이 발견한 신생아는 누구든 용인하며, 그들의 행위는 다음 각 호에 동의하여 시행해야만 함을 내포하는 것으로 간주한다:

(a) 그들이 제공할 수 있도록 훈련받은 서비스의 범위 내에서 신생아에게 적용가능한 응급의료서비스를 제공한다, 그리고

(b) 신생아를 응급서비스를 제공하는 가장 근접한 병원으로 즉시 이송하여야 한다.

(5) 실제적인 또는 의심 가능한 아동학대 또는 방임이 있었던 경우를 제외하고는 소방공무원, 응급의료기술자, 또는 소방서나 응급의료서비스센터의 긴급 의료원에게 신생아를 남기거나, 병원 응급실에 신생아를 데려와 그 곳에 남길 것이며 다시 찾아가지 않을 것이라 의사표현을 하는 경우, 그리고 부모가 신생아를 되찾아가지 않는 한 따라가거나 찾지 않을 것으로 추정되는 경우에는 익명으로 언제든 아이를 남길 수 있는 절대적 권한을 가진다. 병원에서 태어난 아이에 대해 산모가 그 아이를 남겨두고 찾아오지 않을 것이라 의사를 표시한 경우, 그의 요청에 따라 병원 또는 호적 담당자는 산모의 성명을 기재하지 말고 아이의 출생신고서를 완성한다.

(9) 이 법률에 따라 병원, 응급의료서비스센터 또는 소방서에 남겨진 신생아는 버려진 것으로 여겨져서는 안 되며, 실제적인 또는 의심되는 아동학대가 있지 않는 한, 또는 각 기관에서 아동의 신체적 양육을 맡을 때까지 39.201 조항에 따라 보고와 조사 요청을 조건으로 한다.

(10) 실제적인 또는 의심되는 아동학대 또는 방임이 있지 않는 한, 이 법률에 따라 신생아가 병원에 남겨졌다는 이유만으로 범죄조사가 행해져서는 안 된다.

출처: *Florida Statues* (2009), § 383.50.

의 노력의 결과, 1991년에서 2006년에 이르는 기간 동안 총 82건의 유기와 11건의 포기 사례를 발견하였다. 물론, 프루트는 이렇게 적은 샘플 규모로는 텍사스 SHL에 대한 세밀한 조사를 수행할 수는 없었다. 대부분의 텍사스 미디어 기반 매체들은 크게 이질적인 사례들은 다루지 않았다(Pertman&Deoudes, 2008). 기록과 사례들의 상세한 내용 부재는 공공의식캠페인의 부재와 더불어 SHLs가 불법적인 영아유기사례의 수를 얼마나 감소시켰는지 평가하기 어렵도록 만들고 있다(Atwood, 2008; Oberman, 2008; Pertman & Deoudes, 2008). 퍼트만과 디오데스(Pertman & Deoudes, 2008)는 이러한 현상에 대하여 다음과 같이 설명하고 있다(2008: 100):

> 영아들을 위한 안전대피소가 위험에 처한 영아 유기를 다루는 사회의 주요 수단으로 남아있는 한 — 우리는 그들이 지속적으로 얼마나 노력하고 있는지를 실제적으로 알지 못한다 할지라도 — 가장 위협이 되는 것은 사실상 그 문제가 전혀 다루어지지 않고 있다는 것이다.

하몬드와 그녀의 동료들(Hammond and her colleagues, 2010)은 후속 연구자들이 몇 가지 문제 영역에 초점을 맞추어야 한다고 권고한다. 첫 번째, "위험에 처한" 엄마들과 아이들이 누구인지를 명확히 드러내야 할 필요성이 있다. 두 번째, 아이를 포기하는 경우 익명성을 보장해주는 것은 연구자들로 하여금 왜 이 여성들이 이와 같은 행동의 선택을 해야만 했는지에 대한 통찰을 어렵도록 만든다. 세 번째, 데이터베이스는 관계자들이 영아 사망이 어디에서 발생했는지에 대해 알고 있는 사례들에 한정되어 있다. 누구도 발견하지 못했기에 사망한 불법적으로 유기된 아이들은 여전히 숨겨진 채 미제사건으로 남아있다. 마지막으로, 영아살해의 상대적으로 적은 숫자는 인명구조의 중재에 대한 확실한 결론을 이끌어내는데 어려움을 주고, 프로그램 효과성에 대한 과장된 주장을 조장한다.

이러한 문제 영역을 더욱 세밀히 연구한다면 더 정확하고 세밀한 데이터를 얻을 수 있을 때까지 SHLs를 탐구하려는 노력이 끊임없는 의문과 함께 진전될 것이다.

학대방지기구(익명 운영) Parents Anonymous

익명으로 운영되는 학대방지기구는 지역협회들과 함께 하는 비영리적 국가조직이다. 지역의 관계그룹들은 본인이 그들의 아이들에게 학대를 하고 있다거나 학대를 가할 위험에 처해있다고 느끼는 부모들로 구성되어져 있다. 국가기관에서는 24시간 핫라인을 구축하여 부모가 그들의 분노나 화를 발산해야 함을 느낄 때 언제든 연락을 취할 수 있도록 하고 있다. 이 제도가 목적하는 바는 이와 유사한 감정을 직면한 적이 있는 이와 대화를 나누면서 공감하여 아이에게 가해질 수 있는 직접적인 폭력을 억제시키는 것이다. 어떤 면에서 이 기구는 알콜중독자갱생회와도 유사하다.

표 10-9에 나타나 있는 이상향에 최대한 다가설 수 있도록 하기 위해 각 지역협회의 회원들은 주마다 부모로써 그리고 위기 중재자로써 그들의 성공과 실패에 대해 동료 회원들과 의견을 나눈다. 회원자격은 익명으로 진행되기 때문에 최근까지도 결정적인 평가가 이루어지지 않았다.

소년사법 및 비행예방국의 지원을 받는 국립 범죄 및 비행협의회(2007, 2008)는 프로그램이 참가자들에게 어떠한 영향을 미치는지를 측정하기 위해 학대방지기구와 파트너관계를 구축하였다. 연구자들은 당시 그들이 프로그램에 처음 가입했을 때, 한 달 후, 그리고 6개월 이후 등 세 개의 시점에서 전국의 206명 부모들을 샘플로 삼아 인터뷰를 실시하였다. 프로그램에 적극적으로 참여한 부모들은 중도에 포기한 부모들에 비하여 극적인 개선을 보여주었다. 프로그램에 참여도가 높은 부모들일수록 참여해서 얻는 이익 또한 컸다. 대체적으로 학대방지기구 프로그램에 대한 독자적 평가로써 유일하게 지지되는 사실은 이 제도가 매우 촉망되는 방안이라는 것이다.

표 10-9 학대방지기구

학대방지기구에 참여하는 이들은 누구인가요? 학대방지기구는 자녀들의 나이나 기타 특별한 사항에 관계없이 부모로써 역할하는데 있어 지원과 도움이 될 만한 양육기술을 원하는 부모나 개인은 누구든 환영합니다. 결혼이나 이혼한 부모, 편부모, 조부모, 양부모, 양육부모, 십대 부모, 또는 이모나 삼촌들까지도 가능합니다. 위험에 처해 있거나 아동보호서비스, 가정폭력, 노숙자 쉼터, 교정 또는 약물남용프로그램에 연루되어 있는 부모들 또한 참여 가능합니다. 우리의 중요한 메시지는 "도움을 요청하는 것이 바로 의지의 표현입니다"라는 것입니다.
학대방지기구에 참여하게 되면 무슨 일들을 하게 되나요? • 프로그램에 참여하게 된 것을 환영받으신 후 어떻게 활동이 이루어지는지에 대한 안내를 받게 됩니다. • 학대방지기구의 운영 및 계획에 대한 책임을 함께 나누게 됩니다. • 다른 부모들과 함께 양육 문제와 도전과제들에 대해 이야기를 나누며 문제를 풀어나갑니다. • 부모들은 그들만의 목표와 시간표를 구성합니다. • 부모들이 부모들을 위해 쓴 여러 이야기들이 담긴 신문과 함께 "나는 학대를 하지 않는 부모입니다"와 같은 다양한 프로그램 자료를 받게 됩니다. • 미팅 중에 또는 이후에 다른 부모들로부터 도움을 받거나 도움을 줍니다. • 스트레스와 고립에서 벗어나기 위해 다른 부모들과 지원 네트워크를 형성하여 확장시켜 나갑니다. • 지역사회 자원에 대해 배우고, 이를 어떻게 스스로와 연관시켜 활용할 수 있는지에 대해 배우게 됩니다. • 자신의 가족 내에서, 프로그램 내에서, 그리고 자신들의 지역사회 내에서 의미 있는 주인으로써 역할하게 될 기회를 부여받게 됩니다.

출처: Parent Anonymous® Inc. (2010). *Parents Anonymous® Group*. Claremont, CA: Parents Anonymous® Inc. Retrieved on August 10, 2010, from http://www.parentsanonymous.org/pahtml/progNet_p_Adult-Group.html.

상담 Counseling

아동학대 사례들을 다루기 위한 또 다른 방안은 치료 또는 재활적 접근을 강조하는 것이다. 이러한 대응방안은 피해자와 가해자 모두를 돕기 위한 노력이며, 종종 전체 가족을 대상으로 하기도 한다. 치료적 중재로 시행하는 대체적인 방법은 개인 또는 그룹 상담이다. 다양한 연구들이 이 치료 프로그램이 사건과 관계된 문제들에 대해 대화를 시도하고, 피해자들 내에 내재된 자기 주장을 이끌어내는데 성공적이었음을 보고하고 있다(Maddock, Larson, &Lally, 1991; Owen&Steele, 1991; Woodworth, 1991). 그러나 동시에 가해자들의 내부에는 여전히 불신과 의심이 치료 후에도 남아있는 경우가 있어 그 치료가 가족 단위에는 부정적인 영향을 미칠 수 있는 가능성이 존재한다(Levitt, Owen, &Truchsess, 1991; Maddock et al., 1991; Woodworth, 1991). 라이트(Wright, 1991)는 가해자를 집에서 격리(가족 내 성적학대에 있어서 보편적으로 밟는 수순)시키는 효과에 대해 평가하고, 이러한 조치가 종종 이혼, 격리된 부모와 아이 사이의 소원해지는 관계형성, 경제적 고난, 그리고 조화에 있어 실패를 경험하는 결과 등으로 이어짐을 발견하였다.

중재에 관한 연구 중에서 가장 눈에 띄는 결과는 아마도 보편적으로 가능하다고 생각되는것보다 훨씬 더 많은 서비스들이 요구된다는 일반적인 결론일 것이다. 사실 이용가능한 적절한 서비스들의 부재야말로 부정적 치료 결과의 원인일 수 있다. 이러한 요구들 중에서도 가장 빈번하게 제기되는 것은 바로 경제적 지원의 증가, 폭 넓은 치료와 상담, 모든 참가자의 기대에 대한 더욱 명료하고 구체적인 방안 제시, 그리고 알콜 및 여타 약물 의존과 같은 관련 문제에 대한 부수 서비스의 제공 등을 들 수 있다(Levitt et al., 1991; Woodworth, 1991; Wright, 1991).

아동옹호센터 Children's Advocacy Centers

아동옹호센터(CAC; *Children' s Advocacy Centers*)는 형사사법 시스템 중 독립적인 산하단체로써 학대 받는 아이들에게 통합적인 대응책과 일관된 서비스를 제공하려는 노력에서 아동보호서비스관계자들 및 입법관계자, 검찰관, 교육자, 정신건강상담사를 비롯한 의료인 등을 통합 • 연계한 단체이다. 이러한 종합적인 팀 접근법은 아이를 한 기관에서 다음 기관으로 옮기는 과정으로부터 자유롭게 하고 한 지붕 아래에서 다양한 원 스톱 서비스를 제공할 수 있도록 고안되어졌다. 첫 번째 CAC는 1985년 알라바마의 헌츠빌에서 개소되었다. 그 이후 이 개념은 전국적으로 확장되어 현재 700여개 이상의 CAC가 운영되고 있다(National Children' s Alliance, 2010).

CAC의 목표는 아동 피해자가 겪고 있는 정신적 외상(트라우마)을 최소화하고 안전하며 편안한 분위기를 조성해주는데 있다. CAC가 제공하고 있는 주목할만한 서비스 중 하나는 법의학적 인터뷰들을 녹화하는 것이다. 다른 어느 것보다 이러한 비디오 녹화는 번거로운 인터뷰의 수를 줄일 수 있으며, 추후에 사용될 수 있는 증언을 보관하고, 인터뷰가 진행될 당시의 환경과 고통스러운 어조를 기록할 수 있으며, 아이의 진실성을 평가하는 것 또한 가능케 한다(Chandler, 2000). 사실, "최고의 경험적 사실"에 대한 독자적인 평가로는 통합적인 팀 접근법, 잘 훈련된 법의학 면접관, 비디오 녹화 인터뷰, 그리고 아동학대조사가 실시될 때 사용하기 위한 "최고의 경험적 사실" 사이에 존재하는 CAC 모델 등을 특히 칭찬할 만하다(Jones et al., 2005).

한 가지 유망한 인터뷰 기법은 바로 NICHD(National Institute of Child Health and Human Development; 국립 아동건강 및 인간발달 연구소)의 조사 인터뷰 조서이다. 이 연구소의 찬조 하에 조직된 연구팀은 경찰관과 아동보호서비스 관계자들이 아동학대 피해자들을 다룰 때 사용할 수 있는 전략을 개발하도록 도왔다. 과거 면접관들은 아이들이 이해하지 못하는 단어들을 이용하여 유도심문하는 경향이 있었고, 다른 도발적 인터뷰 시도들은 아이들로 하여금 기억을 상기시키는데 방해물이 되었다. 광범위한 훈련과 연습을 요구하는 NICHD 접근법은 기존의 심문 방식들과는 사뭇 다르다. 이것은 인터뷰를 몇 가지 구별되는 단계로 나누어 진행한다. 도입 부분에서 면접관은 아이를 환영하고 이 미팅이 무엇을 위한 것인지에 대해 설명한 후 아이로 하여금 모든 것에 대답하지 못한다 할지라도 그것이 용납 가능함을 설득한다. 그 후 아이는 자신의 인지적 능력을 평가하기 위한 정오가 분명하게 판명 가능한 일련의 질문들에 응답하게 된다. 다음 단계는 아이와의 간단한 대화를 통하여 친밀한 관계를 구축해나가는 단계이다. 인터뷰는 아이의 최근 생일, 학교에서의 나날들, 혹은 다른 사건들에서 일어난 일들에 대해 의사소통하는 것으로 이어진다. 아이가 참여 가능한 역량을 보인다고 생각되면, 인터뷰는 조사의 단계로 넘어가게 된다. 조정 가능한 질문이나 다양한 시도를 통해 아이로 하여금 서사적인 설명이 가능하도록 하는 주의가 필요하다. 면접관은 의도적으로 특정한 일들에 초점이 맞추어진 좁은 범위의 질문들은 피한다. 이 과정이 끝나갈 무렵 면접관은 그 동안 모호했던 응답들로 되돌아가 명확하게 이를 다시 질문한다. 램과 그 동료들(Lamb and his associates, 2007)이 쓴 글을 찾아보면 이 조사 조서의 가장 최근 버전과 그 외 세부사항들을 찾아볼 수 있다. 이 조사 조서 유형은 미국검찰조사연구소(Walters et al., 2003)와 미국변호사협회(2009), 그리고 최소한 한 사람의 검사(Giles, 2009)로부터 지지를 받았다.

결과적으로 CAC가 매우 합리적인 접근방법으로 몇 가지 긍정적인 평가를 이끌어 낸 한편(Cross et al., 2008; Jones et al., 2005), CAC가 수행하는 역할과 그들이 이를 얼마나 잘 수행해냈는지를 뒷받침해 줄 결정적인 단서에 관한 연구는 여전히 충분하게 이루어지지 않고 있다.

성범죄자 신상정보 등록 및 공개 Sex Offender Registration and Notification

성범죄자 등록 및 공개(SORN; *Sex offender registration and notification*)는 유죄 판결을 받은 범죄자들이 구금으로부터 풀려날 때 이해관계자들에게 주기적으로 그가 어디에서 주거하며, 어떤 일을 하는지 반드시 알려야 함을 의미한다. 이에 관련하여 두 번의 주요 발전 단계가 있었는데 이를 살펴보면, 첫 번째는 SORN 법의 제정이고, 두 번째는 연방정부에서 각 주가 SORN에 어떻게 접근해야 하는지를 표준화하고자 하는 최근의 노력에 관한 것이다.

메간법

메간 칸카(Megan Kanka)는 뉴저지의 작은 마을에 살고 있던 7살짜리 소녀였다. 그녀의 이웃 제시 K 티멘데카스(Jesse K. Timmendequas)는 길 건너 편에 살고 있었다. 티멘데카스는 그 이웃 어느 누구도 모르는 어두운 비밀을 가지고 있었다. 그는 두 번이나 어린아이들을 상대로 한 성범죄로 유죄판결을 선고 받았었고 당시에 막 출소한 상태였으며, 교도소에서 만난 두 명의 다른 성범죄자들과 함께 살고 있었다. 1994년 7월 29일, 티멘데카스는 메간에게 그의 집에 놀러 오면 그의 강아지와 놀 수 있게 해주겠다고 약속했다. 그녀는 그렇게 했다. 그 곳이 바로 그가 메간을 성폭행하고 그녀의 사체를 유기하기 전에 벨트로 교살하였던 곳이다.

이 죽음에 대한 대중의 분노는 주 입법의회에서 우리가 보통 **메간법**이라고 부르는 새로운 법안의 통과를 가속화시켰다. 주(州)별로 실질적인 세부사항들은 매우 다양하지만, 성범죄자가 출소하여 지역사회로 돌아왔을 때 그 사실을 지역주민들에게 공개한다는 핵심요건은 동일하다. 이러한 공개는 지역 관계자들이 지역사회 내 성범죄자들의 소재를 추적하고 관리할 수 있도록 해준다.

이러한 법률안들은 일반적으로 성범죄자들을 세 가지 위험군으로 분류하여 이에 적합한 공개권한을 행사토록 한다(Brooks, 1996). 가장 하위 단계 위험군은 많은 조정을 거쳐 재범의 우려가 없는 유죄선고 범죄자들이다. 이의 일반 요건으로는 해당 주에서 반드시 희생자와 지역 법집행기관에 범죄자가 구금에서 풀려나 지역사회로 되돌아갔음을 통지해야만 한다. 두 번째 위험군은 **성범죄자**들이다. 이는 "보통의 위험도"를 지닌 이로 간주되어지며 추가적인 통지가 지역 내 학교와 청소년 기관들(예를 들어 보이스카우트, 걸스카우트, 스포츠 및 레크레이션 센터들)에 이루어지게 된다. 세 번째 고위험군은 **성폭력약탈자**로서 상습적인 범행으로 가장 악독한 성향을 지닌 범죄자들이다. 이들의 경우, 전체 지역사회에 범죄자의 출소에 관한 경보가 이루어지게 된다. 범죄자의 사진, 범죄 내역, 새로운 주소, 고용 장소, 자동차 번호 등을 포함한 범죄자 신상정보가 지역사회의 미팅, 출판물 간행, 그리고 전단지와 포스터 등을 통해 해당 범죄자의 출현을 알리기 위하여 총동원된다. 물론 지역사회에 경각심을 일깨워줌으로써 그들의 아이들에 대한 더욱 큰 부모의 보호를 강화시키고 범죄자가 재범을 일으킬 가능성을 줄인다는 것이 희망사항이다.

주와 지방 정부는 성범죄자들을 잠재적인 대상으로부터 격리시키기 위해 추가적인 주거제한을 제정하고 있다. 예를 들어 플로리다에서는 성범죄자들이 학교, 탁아소, 공원, 놀이터 등으로부터 1,000피트 내에 거주하지 못하도록 금지하고 있다(*Florida Statutes*, 2009: § 794.065). 그러나 플로리다 주의 150여개 도시와 자치단체들은 더욱 엄중하게 1,500피트 내지 2,500피트의 완충지대를 두는 지방 조례를 통과시킴으로써 한발 더 앞선 예방정책을 시행하기도 한다(Zandbergen & Hart, 2009; Zandbergen, Levenson, & Hart, 2010). 대부분의 경우 이러한 금지조항들은 전속 사법관할 구역 외에서 성범죄자들에 대한 규제구간 효과를 가지고 있다.

아담왈시법

조지부시 대통령은 2006년 여름 아담 왈시 어린이 보호 및 안전 법안에 서명한다. 이 법률은 SORN에 관련한 이전의 모든 연방법을 대체하는 것으로 표준화된 SORN 시행을 위해 고안된 새로운 일련의 법칙과 법규를 소개하고 성범죄자 신상정보 관리기관을 창설하기로 한다. 이와 같은 새로운 공식 지시사항들을 고수하지 않는 주들에 대해서는 그들이 일방적으로 받아오던 연방자금의 일부를 회수하였다. 누구든 그렇게 생각해왔듯이, 법무부 행정가들이 이 새로운 법안을 소화하여 각 주에 실행 안내 가이드라인을 배포하는 데까지는 꽤 많은 시간이 소요되었다. 이렇듯 예측하지 못한 지연과 다른 문제들을 고려하여 미국 법무성은 주의 이 법령의 준수기한을 2009년 7월에서 2011년 여름까지로 연장하였다.

연방 가이드라인에서는 성범죄자를 세 가지 등급으로 나누고 있다. I급은 최소한의 위험성을 지닌 성범죄자를 말한다. 이 그룹은 15년간 매년 등록 갱신이 요구된다. II급은 더욱 심각한 성범죄자들에게 적용되며, 25년간 일 년에 두 번 이상 관계자들과 접촉해야만 한다. 마지막 등급은 매우 심각한 성폭력중독자를 말한다. 그들은 남은 여생 동안 매 3개월마다 재등록해야 한다. 등록은 범죄자들이 DNA 샘플부터 지문, 주민등록번호, 거주지 및 직장 주소, 차량 내역, 그리고 이외 기타 정보들을 제공함으로써 이루어진다. 이러한 제한에 해당되는 청소년들 또한 마찬가지로 이 규정을 준수하여야 한다.

신 법안은 각 주로 하여금 현존하는 절차의 몇몇 부분에 대해 변화를 감행할 것을 요구한다. 아담왈시법 이전의 몇몇 주에서는 개인 범죄자들을 분류하기 위하여 위험평가기구들에 의존하고 있었다. 새로운 SORN 시스템은 범죄의 범법 심각성을 그 사람이 선고 받은 양형으로 대신한다. 또한 연방의 3단계 분류에 맞지 않는 주들은 이 분류지침에 맞도록 기존 가이드라인을 수정하도록 하였다.

이 책에서 기술한 바와 같이 새로운 시스템은 아직 초창기에 있다. 몇몇 연구자들은 성범죄자들을 새로운 분류체계에 재편성하는 것과 관련한 연구에 착수하였는데, 아마도 몇 가지의 문제들과 모순점들을 발견해낼 수 있을 것이다. 예를 들어 상대적으로 심각성이 덜한 범죄자들이 그들의 재범 확률이 매우 미약함에도 불구하고 고위험군으로 분류되었을 가능성, 최소 14세의 청소년이 부적절한 처벌의 그물망에 포함되었을 가능성, 그리고 이러한 새로운 권한이 더욱 철저한 검토를 받는데 따르는 운영상 및 예산상의 영향에 대한 지적과 같은 것이다(Freeman&Sandler, 2010; Harris&Lobanov-Rostovsky, 2010; Harris, Lobanov-Rostovsky, &Levenson, 2010).

더 광범위한 등록자 명단 작성이 운영에 미치는 영향과 주기적 접촉에 따르는 관리 부담, 특히 최근의 경기 침체 시기에 일어나는 어려운 국면들, 그리고 이 새로운 시스템으로부터 획득할 수 있는 이득 등이 여기에서 완전히 용해될 수는 없다. 한 마디로 이들 연방

SORN 지시사항들의 실행은 연구자들 뿐만 아니라 형사사법 시스템, 지역사회와 주민들에 이르기까지 상당한 흥미를 유발하고 있는 것이다.

기타 고려사항들

미국 대법원에서는 **스미스 대 도우 사건**(*Smith et al. v. Doe et al.*: 2003)에서 제기된 문제를 다루었다. 알라스카의 두 명의 기결 성범죄자들은 그들의 사진과 다른 신상정보들이 인터넷 웹사이트에 게시되는 사실에 항의하였다. 피항소인들은 이 법규가 통과되기 이전에 유죄로 형을 선고 받았기 때문에 **과거로 소급**하여 새로운 법률 규정의 소급적용으로부터 면제시켜주어야 한다고 주장한다.

이러한 문제 제기에 대하여 대법원에서는 **형벌불소급**의 원칙이 이 경우에는 몇 가지 이유로 적용되지 않음을 선고하였다. 첫 번째, 가장 큰 이유는 이 성범죄자 등록기관의 창설이 범죄자가 아닌 시민을 위한 목적으로 이루어진 것이라는 것이다. 법규의 목표가 범죄자들에 대해서는 처벌적 조치인 한편 공공에게는 보호를 제공하려는 것인 만큼 이 법은 본질적으로 범죄가 아닌 시민을 위한 것이었다. **형벌불소급의 원칙**은 범죄의 처벌에 있어서만 확장될 수 있다는 것이다. 두 번째, 식민지 시대 때의 많은 형벌들은 범죄자들에게 수치심을 느끼게 하거나 굴욕감을 주기 위한 의도로 진행되었다. 현재의 등록 목적은 유죄를 선고 받은 성범죄자들의 체면에 먹칠을 하려는 것이 아니라 더욱 큰 대중의 선을 위하여 의미 있는 정보를 제공하고자 하는 것이다. 세 번째, 인터넷에 자세한 신상정보를 게시하는 것은 범죄자들을 과장된 조롱에 노출시키는 것이 아니다. 이 정보 공개가 효과적으로 이루어지며 의도한 대로 작용되기 위해서는 이러한 사실을 널리 발표하는 것이 필요하다. 네 번째, 등록은 인터넷 사이트에 게시된 사람들의 행동을 제약하지 않는다. 유죄를 선고 받은 성범죄자들은 그들이 등록 요건에 부합하는 한 그들이 선택한 곳이면 어디에서나 거주할 수 있고, 일할 수 있는 자유를 누린다. 마지막으로, 그 의도가 형벌법규의 특징 중 하나인 억제효과를 생성하려는 것이었음에도 불구하고 조항의 규제는 미약하기에, 새로운 형벌이 아니다. 이러한 제반 사항들을 고려한 결과 미국 대법원은 성범죄자의 정보 공개를 법적 사회기능 수행으로 유지하도록 판시하였다.

이와 같은 몇 개의 법정 판결에 뒤이어 연구자들은 성범죄등록자들의 부차적 경험을 연구하기 시작하였다(Barnes et al., 2009; Dassaday, 2009; Levenson&Cotter, 2005; Tewkesbury, 2005; Tewksbury&Lees, 2007; Vandiver, Dial, &Worly, 2008; Zgoba, Levenson, &Mckee, 2009). 성범죄자라는 오명을 쓴 그들은 심각한 사회적 영향을 수반하였다. 그들의 지위가 노출된 등록자들은 직장에서 해고당하거나 다른 고용제약들을 견뎌내야만 했다는 보고들이 등장하기 시작했다. 어떤 이들은 거주를 거부당했으며 무례하게 대접 받고, 기타 여러 가지 형태의 괴롭힘들에 시달리게 되었다. 이에 더불어 10년간 등록과 평생 등록 사이의 차별화를 위한 절차의 미흡, 누군가가 가진 위험성이 사회에 미치는 영향이 감소되었을 경우 이를 위험목록으로부터 제외시키는 인간의 무력함, 그리고 모든 형태의 행위를 "성범죄"라는 단일 지시문으로 묶어 "단 하나의 규격이 모두에게 맞아야 한다."는 사고방식을 중심에 두고 있다는 불평들이 제기되고 있다.

공공 입원명령 Civil Commitment

성범죄자 관리와 연관되어 나타나는 문제점들 및 실패담들은 성범죄자들을 다루는 현재의 방법들이 때로는 효과적이지 않을 수도 있다는 조짐을 잘 보여주고 있다. 많은 성범죄자들은 매우 긴 범죄역사를 가지고 있으며, 지시 사항에도 잘 따르지 않아 다루기 쉽지 않고, 출소 후에도 재범 가능성이 크다. 그 결과 몇몇 주에서는 장래의 피해를 최소한으로 예방하려는 노력의 일환으로 정신적 질환을 앓고 있는 성범죄자들을 위해 공공 입원명령 제도를 도입하고 있다. 즉, 정신적으로 위험한 성범죄자가 구금형을 완료하고 나면, 주에서는 이 대상자를 무기한으로 정신질환치료기관에 입소시키는 법적 절차를 밟게 된다. 플로리다의 비자발적(강제적) 입원명령 규정에 나타나는 입법적 취지에서 설명하고 있듯이:

> 성폭력중독자들은 일반적으로 반사회적인 인격 특성을 가지고 있는데 이는 현존하는 정신병 관리 양식으로는 다루기 힘들며, 그 특성들은 범죄자들로 하여금 범죄에, 특히 성적폭력행동에 가담하도록 하는 경향성을 가진다. 입법부는 더 나아가 성폭력중독자들이 약탈적 성폭력에 다시 가담할 확률이 매우 높다는 사실을 발견해냈다...교도소라는 환경 내에서 성폭력포식자가 사회복귀를 성공적으로 준비한다는 것은 매우 힘든 일이다. 이 사람들이 요구하는 치료기간은 매우 오랜 기간을 필요로 하며, 그 치료 방법 또한 쉽지 않다...(Florida Statues, 2009: § 394.910).

그들이 형벌을 완료한 이후에 시민으로써 범법자들을 다루기 위한 전략은 몇몇 이유에서 맹비난을 받고 있다. 첫 번째, 비판가들은 이러한 접근법이 **형벌불소급**과 다를 바가 없다고 주장한다. 이는 형사 법정이 문제에 대한 판결을 내린 이후 오랜 시간이 지난 후 추가적인 형벌을 부과하는 것이다. 두 번째, **이중처벌**에 대한 의문이 제기된다. 근본적으로 범죄자는 같은 행위에 대해 두 번 처벌을 받게 되는 것이다. 세 번째, 감금형을 모두 이행한 이후에도 감금형과 다를 바 없는 곳에서 일생을 마쳐야 한다는 점에서 이러한 조치는 잔인하고 특이한 형벌로 간주될 수 밖에 없다. 마지막으로, 추가적인 감금이 사전형량조정제도에 위배된다는 것이다.

미국 대법원이 **캔사스 대 핸드릭스 사건**(*Kansas v. Hendricks*: 1997)에서 언도한 판결을 살펴보기로 한다. 헨드릭스는 유죄를 선고 받은 성범죄자로 이미 10년 동안의 구금형을 수행했다. 그가 출소에 가까워지자 주에서는 헨드릭스를 치료되지 않은 성폭력중독자로써 정신질환치료기관으로 이송하려 했다. 관련 재판에서 헨드릭스는 스스로 교도소가 제공한 치료 프로그램을 이탈하였으며, 아이를 성적으로 폭행한 긴 역사를 가지고 있다는 점, **소아성애**(어린아이들에게 성적 매력을 느끼는 성도착의 일종)로 고통 받고 있다는 것, 그리고 아이를 폭행하고 싶은 욕망을 절제할 수 없다는 것까지 순순히 인정하였다. 배심원은 헨드릭스가 정신이상으로 고통 받고 있으며 다른 이들에게 위험성을 야기할 수 있음을 발견하였다. 그들은 그가 성폭력중독자로 분류되는 범주에 해당된다는 데에 동의하였다. 그런 이후 판사는 공공 강제 입원명령을 내렸다. 헨드릭스는 캔사스 주가 적법절차의 권리, 이중처벌, **형벌불소급** 원칙 등을 위배하였다는 근거를 들어 항소하였다.

대법원은 5–4 심리에서 헨드릭스에 대해 불리한 결정을 내렸다. 캔사스 주의 입원명령 규정이 지나칠 정도로 철저하게 적용되었지만 적법절차와 범죄자 보호를 위한 절차적 확인이 충분히 이루어졌다고 판단하였다. 이에 더불어 법원에서는 캔사스 주가 다른 형사소송절차와 별개로 공공 입원명령 절차를 진행하였으므로 해당 규정이 본질적으로 처벌을 위한 것은 아니라고 판시하였다. 재판은 헨드릭스의 정신이상에 적합한 효과적 치료방법이 없다 할지라도 사회보호 차원에서 그를 입원시키려 했던 캔사스 주의 조치가 옳았다는 판결을 내렸다.

이와 유사한 판결이 **미 연방 대 콤스톡 사건**(*U.S. v. Comstock*: 2010)에서도 내려졌다. **콤스톡**은 연방정부가 연방성범죄로 구금형집행 완료 후 위험하다고 판단되는 연방죄수에게 입원명령을 강제할 수 있는 권력을 행사할 수 있는지에 대해 의문을 제기하였다. 이 사건의 피고인들은 의회가 스스로 도를 넘어 성폭력중독자들에 대해 입원명령 규정을 제정할 수 있는 합헌적 권한을 가지고 있지 않다고 주장하였다. 즉, 헌법 제1조에 의하면 연방범죄의 범위를 무단복제, 반역죄, 그리고 외해에서 저질러지는 범죄와 해적행위로 제한하고 있다는 것이다. 공공 입원명령 규정을 제정하는 것은 의회에 부여된 권한을 초과하여 환자인 성폭력중독자들을 체류시키고 있다는 것이다. 법원은 7–2 판결을 계기로 이에 대한 논의를 거부하였다. 재판관 알리토(Alito)가 설명한 바와 같이(p.3), "의회가 연방 자유형만으로 공공 입원명령 절차에서 도피하려는 위험한 연방 수감자에게 이 절차를 제공하려 하는 것은 필요하며 적절한 것이기도 하다".

앰버 경보 Amber Alert

1996년 1월, 아홉 살의 여자 어린이 앰버 해거만(Amber Hagerman)은 길을 따라 자전거를 타고 내려가고 있었다. 이 때 지나가던 검은색 소형트럭의 운전자가 차를 세우고 앰버를 잡아 차로 난폭하게 밀어 넣었다. 그런 연후 그는 빠르게 도망쳤다. 이 사건을 목격한 행인이 경찰에 신고하였으나 경찰 조사로는 어떠한 추가적 단서나 실마리를 잡아낼 수 없었다. 앰버는 대낮의 길에서 사라져 버렸고, 그녀의 시체는 4일 이후 발견되었다. 앰버는 살해된 것이다.

지역사회 구성원들은 이 사건으로 망연자실하여 앰버를 시기적절한 때에 발견하지 못한 경찰의 무능함을 책망하였다. 아이들의 안전에 대한 염려는 점차적으로 강조되어 공공에 신속한 정보를 보급할 필요성이 제기되었다(표 10-10 참조). 그 결과 지역 라디오 방송국과 텔레비전에 필수정보를 방송시켜 누구든 희생자나 유괴범을 발견하는 이는 관계당국에 제보하도록 하는 방안이 마련되었다. 이동통신회사, 인터넷 서비스 제공사, 트럭수송산업, 그리고 광고게시판 소유주들 또한 파트너가 되었다. 오늘날 미국 내 50개의 주는 모두 앰버경보시스템을 위한 일련의 준비체계를 상시 구축하고 있다.

표 10-10 앰버 경보 프로그램의 착수에 대한 편지

제니퍼 그림
KDMX 102-9 FM
애디슨, 텍사스

친애하는 제니퍼에게,

우리가 1월 19일 금요일에 앰버 해거만의 비극에 대해 전화로 언급했던 것처럼 우리가 들어왔던 수많은 유괴사건들이 나에게도 일어났어요. 아이들은 차량에 태워져 유괴지점 A에서부터 어딘지 모를 B지점까지 수송되었어요. 복합대도시권의 인구밀도를 고려하였을 때, 누군가 목격한 이가 전혀 없을 가능성은 사실상 거의 희박해보여요. 예를 들어 앰버의 경우에서도 나는 그녀가 검은 소형트럭에 탄 것을 본 사람들이 많았을 것이나 단지 그들이 본 것이 무엇인지를 몰랐던 것이라 생각해요. 이를 개선하기 위해 나는 긴급시스템의 구축을 제안하고 싶어요. 확실한 911 신고가 있을 때 지역 내 모든 라디오 방송국에서 이를 즉시 알리고, 그들은 잠시 프로그램을 멈추고 이에 관련된 서술내용이나 정보가 무엇이든지 제공하는 긴급경보를 방송하는 거예요. 그렇게 하면 수 많은 사람들이 이를 접하고 난 몇 분 내에 경계를 발동하게 될 것이고, 성공적인 탈출의 기회는 극도로 줄어드는 거죠. 물론 시민들은 간섭하지 말 것을 조언 받을 수도 있겠지만, 의심되는 차량이나 사람을 발견했을 때 간단한 전화 한 통만 하는 거예요.
또한 많은 내 동료들과 주변인들은 이러한 형태의 대응 시스템이 있다면 범죄자들이 사실상 길에 나와 있는 모두가 그들을 찾고 있다는 것을 인식하고 있을 것이기 때문에 강력한 억지력을 발휘할 것이라 생각하고 있어요.
나는 이 아이디어에 대한 귀하의 관심과 지지에 대해 귀하를 비롯하여 킴 애슐리에게도 감사하고 싶어요. 나는 진실로 이 계획 또는 이와 유사한 것이 제정되어 달라스/포트워스지역의 아이들이 두려움과 불안감이 아닌 즐거움 속에서 그들의 유년기를 만들어 나가길 희망하고 있어요.
만약 귀하가 이 긴급방송계획에 대한 지지를 확보해 줄 수 있다면, 나의 또 한 가지 요청은 이를 앰버계획으로 명명해 주시라는 거예요.

진심을 담아,
다이아나 시몬느

출처: D. Simone (2010). "The Letter that Launched Amber Alert." *The Amber Advocate*, 4(1), 5. Retrieved on August 5, 2010, from http://www.amberalert.gov/newsroom/pdfs/advocate_1004.pdf.

여러분이 이 책을 읽고 있는 지금 이 순간에도 이 나라 어디에선가는 어떤 아이가 학대로 죽어나가고 있을지 모른다는 사실을 깨닫는 것이다.

표 10-13 아동학대 관련 대표적 인터넷 사이트

앰버경보: 미국의 실종자 비상방송 대응체계	http://www.amberalert.gov
아동과 법을 위한 미국변호사협회	http://new.abaner.org/child/Pages/default.aspx
미국아동학대전문가협회	http://www.apsac.org
아동복지정보처	http://www.childwelfare.gov
미국아동복지연맹	http://www.cwla.org
차일드헬프	http://www.childhelpusa.org
전국법원지정특별변호사	http://www.nationalcasa.org
건강한 가족 만들기	http://www.healthyfamiliesamerica.org
클라스 아동재단	http://www.klaaskids.org
실종 및 착취아동을 위한 국립 센터	http://www.missingkids.com
아동사망검토를 위한 국립미시건복지보건센터	http://www.childdeathreview.org
국립영아내출혈센터(흔들린 아이 증후군 센터)	http://www.dontshake.org
국립아동사망검토센터	http://www.ican-ncfr.org
국립아동옹호센터	http://www.nationalcac.org
국립아동연맹	http://www.nca-online.org
국립 아동학대 및 가정폭력 협의회	http://www.nccafv.org
국립 아동보호소연맹	http://www.nationalsafehavenaliance.org
폴리클라스재단	http://www.pollyklaas.org
미국아동학대예방	http://www.preventchildabuse.org

제10장의 핵심 용어

- 학대(abuse)
- 학대성 두부외상(abusive head trauma)
- 아담왈시법(Adam Walsh Act)
- 피학대아동증후군 (battered-child syndrome)
- 통합등록기관(central register)
- 아동사망 검토팀 (child fatality review teams)
- 아동옹호센터 (children' s advocacy center)
- 학대(광의의; maltreatment)
- 메간법(Megan' s Laws)
- 방임(neglect)
- [고대 로마의] 부권(*patriae potestas*)
- 소아성애(pedophilia)
- 다발성피해(poly-victimization)
- 특권(수)관계(privileged relationship)
- 보호구금(protective custody)
- 정신병리학(psychopathology)
- 역할전도(role reversal)

(계속)

제10장의 핵심 용어 (계속)

- 역전이(countertransference)
- 폭력순환(cycle of violence)
- 이중처벌(double jeopardy)
- 사후법(*ex post facto* law)
- 역학조사(*ex post facto* research)
- 부정오류(false negative error)
- 긍정오류(false positive error)
- 신의성실(good faith)
- 증거배제법칙(hearsay rule)
- 비공개(*in camera*)
- 입법면책(legislative immunity)
- 차단/채택(screen out/screen in)
- 성범죄자 등록 및 공개(SORN; Sex Offender Registration and Notification)
- 성범죄자(sexual offender)
- 성폭력중독자(sexual violent predator)
- 흔들린 아이 신드롬(shaken baby syndrome)
- "병들어있지만 정상적으로 보이는" 부모 ("sick but slick" parents)
- 입증된 혐의(substantiated allegation)
- 조사 시 심리적 경향 및 편견(surveillance bias)

11

노인 범죄

Crime and the Elderly

학습목표

본 11장을 읽고, 아래의 질문에 답해보시기 바랍니다

- 노인에 대한 늘어나는 관심사에 대해 설명하라.
- 평균 수명에 대한 변화와 인구 변화를 관련지어라.
- 미국 인구가 어떻게 "고령화" 되는지 제시하라.
- 노인에 대한 정치적인 역할에 대해 논하라.
- 미국 노인의 몇 가지 특징을 제시하라.
- 노인이란 누구인지를 설명하라.
- 피해자화 통계 방법에서 노인의 과소평가가 무엇인지를 전달하라.
- 피해자화 통계에서 연령 유형에 대해 말하라.
- "magnitude issue"의 개념을 알아보고 노인 사이의 범죄에 대한 전통적인 관심부족과 연계시켜라.
- "범죄에 대한 두려움"을 두 가지 구성 요소로 구별하라.
- 노인 피해자화에 대한 객관적이고 주관적 가능성에 대해 논하라.
- 두려움-범죄 역설이 의미하는 바를 이해하라.
- "대체 피해자화"와 범죄에 대한 두려움을 연관시켜라.
- 위험성과 취약성을 구별하라.
- 노인에 대한 4가지 위험 요인을 나열해라.
- 노인에 대한 3가지 취약성에 대해 요약하라.
- 노인 학대와 노인 방치를 비교하고 차이를 대조하라.
- 노인 학대가 얼마나 발생하고 있는지 추정해라.
- 노인 학대에 관한 공식적인 추산과 관련된 다양한 결점에 대해 전달하라.
- 학대받은 노인의 몇 가지 특징을 제시하라.
- 보호시설의 노인 학대의 정도를 논하라.

- 보호시설의 노인 학대의 몇 가지 가능한 원인에 대해 말하라.
- 개인의 병적인 상태에 초점을 두는 노인 학대에 대한 설명을 요약하라.
- 어떠한 상황적 측면이 학대 상황을 야기하는지 설명하라.
- 역할 전환이 노인 학대에 어떤 영향을 미치는지 요약하라.
- 노인 학대와 방치에 대한 사회 교환 이론에 대한 적합성을 논하라.
- 노인 차별을 정의하고 학대에 미치는 영향을 알아보라.
- 의무적인 학대 신고법이 효과적인지에 대한 여부를 평가하라.
- 성인 보호 시설의 역할에 대해 이해하라.
- 현재의 사회 복지 조항의 한계점을 인식하라.

서론 INTRODUCTION

피해자학에서 최근 떠오르는 관심사는 아마 노인과 그들의 부당한 피해 경험에 관련한 주제일 것이다. 일반적으로 노년은 인생의 후반부에 가까워지기 때문에 종종 "황혼기"나 "황금시대"라 불리는 아름다운 시기라 생각한다. 지금 인생길은 즐겁고 고요하고 근심걱정이 없는 축하연의 모습으로 바뀌고 있다. 성취감과 그에 따른 평온함이 있다. 나이든 세대라는 견해는 그들의 사심 없는 희생에 대한 고마움으로 마음속에 빚을 지게 되고 심지어는 오바마 대통령의 최근 대통령 선언서에 "Older American Month" 있는 내용마저도 소중하게 마음에 새기게 된다(표 11-1).

암울한 삶의 현실은 특정 노인에게는 전혀 관계없는 일일지도 모른다. 그러나 그들은 빈곤한 환경에서 살고 삶의 질이 점점 더 낮아지고 있음을 경험하고 있다. 나이가 들어가는 것과 관련된 환경은 노인들을 낯선 사람에 의한 범죄에 더욱 취약하게 만들어 버린다. 게다가 일부 노인들은 그들이 맺고 있는 관계 내에서 역시 학대를 경험한다. 일상의 삶은 이러한 개인들을 덫으로 옭아매고 있다.

노인 피해자화에 대한 관심이 증가되므로 인해 많은 해답 없는 질문과 쟁점들에 대해서도 고민을 해야 한다. 노인 피해자화의 전체 영역은 여전히 그것의 매개 변인을 밝히는 과정에 있다. 강의의 편의를 위해, 우리는 이 주제를 범죄 피해자화와 노인 학대라는 두가지 부제로 구분하여 설명하고자 한다. 범죄의 피해자화라는 것은 피해자의 나이와는 상관없이 노인에 대해 법 위반 행동을 범하는 것을 의미한다. 남용과 방치는 분명히 이 범주에 속한다고 할 수 있다. 그러나 특히 자신에 대한 보호능력이 떨어진 노인을 대상으로 한다는 점에서 다른 범죄와는 다르다고 할 수 있다. 노인이라는 신분은 이러한 유형의 피해자화에 대한 기회 제공을 해주고 있는 것이다.

표 11-1 미국 노인의 달(Older Americans Month)을 공표하는 Obama 대통령의 선언서

미국 노인은 우리 역사상 중대하고 힘든 시간을 보내며 살아왔고 우리의 국민성을 강화시키는데 기여하여 왔습니다. 그들의 경험과 지혜는 우리를 과거와 연계시키고 현재의 직면한 도전을 해결하는데 도움을 줄 것입니다. 미국 노인의 달 동안에, 우리나라에서 이 부분에 많은 기여를 하신 소중한 분들의 지원에 감사를 표합니다.

올해 노인의 달의 테마는, "건강하게 오래 사세요."입니다. 노인의 복지, 지역 사회 참여와 그들의 자립을 더욱 증진시키기 위한 모든 분들의 노력에 감사드립니다. 미국 국민이 더욱 오래, 건강하고 더욱 생산적인 삶을 살수 있도록 그리고 많은 사람들이 제2의 직업을 시작하고 그들의 지역 사회에 계속해서 관계를 맺게 될 것입니다. 헌신적인 미국 노인들은 국가와 지역사회의 노인복지 협력체를 통해 기여하기 위한 요청에 기꺼이 응답하고 있습니다.

우리 정부는 미국 노인들이 반드시 더 건강하게 오래 살 수 있도록 하는데 기여하고자 합니다. 사회 보장 제도를 확대하며, 노인 의료 보험과 저소득층 의료 보호를 강화시키면서 모든 미국인이 품위있게 늙어갈 수 있도록 확실히 돕겠습니다. 최근 제정한 알맞은(감당할 수 있는) 합당한 치료 비용 법안(Affordable Care Act)은 내년부터 무료 예방 치료를 제공하고, 치료 기관을 확대시키고 처방 약물 허용 범위에 대한 공동화(空洞化) 격차를 점차 줄임으로서 노인 의료보험을 더욱 강화시킵니다. 게다가, 이 법은 노인 학대, 방치와 착취를 금지하고 근절시키기 위한 조항을 포함하고 있습니다. 중산층 대책 위원회의 노인 보호인력 수급 계획과 더불어, 노인이 건강하게 그들이 사랑했던 이들과 아주 가까이에서 있을 수 있도록 도와주는 건강과 예방 프로그램을 적극 지원하고 있습니다. 주(州)와 지역별 관련기관의 노령화 망에 관한 행정은 미국노인에게 불필요한 입원이나 제도화를 막는데 도움을 주는 서비스를 제공합니다. 또한 우리는 국가와 주(州) 활동을 통해 의료보험제도와 저소득층 의료보험 사기, 낭비와 남용에 대응할 수 있도록 노력을 강화함으로서 반드시 노인을 보호 할 것입니다.

우리나라의 남녀 노인의 대다수는 그들의 자녀가 더욱 많은 것을 성취할 수 있도록 지칠 줄 모르게 일하고 희생해 왔습니다. 그들의 열정과 경험이 우리 모두에게 영감을 불어넣고, 그들의 유산이 우리나라를 더욱 풍요로운 미래를 만들어 가도록 하기위해 우리는 노인을 존중하고 돌봐야 할 책임이 있습니다.

이제, 미국의 대통령 나 버락 오바마는 헌법과 미국 법의 이름으로 나를 포함한 행정부에 의해 2010년 5월을 미국 노인의 달로 선포합니다. 이 달은 미국 노인들과 적절한 행사와 활동을 통해 그들에게 존경심을 가지고 대할 수 있기를 모든 국민에게 당부드립니다.

[IN WITNESS WHEREOF], 나는, 여기에, 손을 얹고 선서합니다. 2010년 4월 28일, 미국 독립일의 234년 되는 해.

출처: Office of Press Secretary(April 28, 2010). *Presidential Proclamation-Older Americans Month.* Washington, DC: The White House. Retrieved on August 17, 2010, from http://www.whitehouse.gov/ the-press-office/presidential-proclamation-older-americans-month.

이러한 주제로 구분하기 전에 우리는 두 가지 관련 관심사를 살펴볼 필요가 있다. 첫째는 노인에 대한 관심이 현저히 증가한 이유는 무엇인가; 둘째는 정확히 노인이란 누구인가에 대해 알아보는 것이다. 이러한 문제해결 후에야 우리는 노인과 노인 학대 간에 수반되는 범죄에 대한 사안으로 발전시켜 나가는데 훨씬 수월한 입장에 서게될 것이다.

노인에 대한 관심의 증가 The Rise of Interest in the Elderly

여러 가지 이유로 인해 노인인구는 많은 사람들로부터 관심을 받아왔다. 본 장의 이 섹션은 이러한 많은 이유들 중 몇 가지를 살펴볼 것이다. 인구학적 측면에서의 인구구조에 대한 변화, 정치적 행위와 사회적 인식 등이 이에 해당된다.

인구 변화

노인 문제에 있어 유독 관심을 가지게 되는 한 가지 주된 이유는 미국 인구의 고령화로부터 시작된다. 여기에는 두 가지 측면에서 영향을 주었다고 볼 수 있다. 첫 번째는 평균 기대 수명에 있어서의 변화이고 두 번째는 노인 인구 자체의 전체적 증가인 것이다. 각각을 간단히 살펴보도록 하자.

노인에 대한 관심이 증대되어 온 근본적인 원인인 인구증가는 대부분 의학적 진보 때문이다. 영양 면에서의 변화, 더욱 건강해진 생활방식, 의료 자원에 대한 유용성과 의학적 지식에 대한 진보가 남녀 모두의 평균 수명을 연장시켜오고 있다. **평균 수명**이란 인간이 사는 평균 년 수를 말한다. 1900년에 태어난 남자의 평균 수명은 46세이다. 이에 비해 여자는 48세이다. 1950년에 태어난 남자 아이는 66세까지 살 수 있을 것이라 예상되고 반면 여자아이일 경우는 평균 71세까지 살수 있을 것으로 예상되었다. 2000년이 되어서는 평균 수명이 남자는 74세, 여자는 79세으로 늘어났었다. 2006년 수치로는 각각 75세, 80세가 되었다(Arias, 2010). 가장 최근 자료는 2007년에 태어난 어린이는 그와 그녀의 78번째, 1900년에 태어났었더라면 거의 30년 이상이 되는 생일까지 살 수 있을 것이다(Administra-tion on Aging, 2010). 평균 수명의 꾸준한 증가는 미국의 노인 인구에 대한 절대치가 계속해서 늘어날 것이라는 것을 암시하고 있다.

그림 11-1은 1900년부터 2008년 동안의 미국 노인의 수를 나타내고 있고 이러한 인구수치는 2050년까지 추정된 것이다. 65세 이상의 인구는 1900년에는 3백만 명에서 시작했고 2008년에는 3천9백만까지 올라 2050년에는 7천2백만 명으로 최고조에 달할 것으로 예상되었다. 85세가 넘는 사람들은 1900년에는 100,000명 이상 에서 서서히 증가하는 수치를 보인다. 이 집단은 2008년에는 거의 6백만 명으로 증가했고 2050년까지는 1천 9백만 명에 도달할 것이라 추정된다. 2011년 새해부터 이후 20년간 계속 10,000명의 미국인들이 그들의 65번째 생일을 매일 축하하게 될 것이다(Florida Department of Children & Families, 2009). 다시 말하면 이러한 수치는 21세기 중반까지 미국 인구의 20%가 65세 이상에 달할 것임을 의미한다(Federal Interagency Forum on Aging-Related Statistics, 2010).

이미 입증한 것과 같이, 1900년 이후 이 나라에서는 노인인구의 수에 있어 급격한 증가가 이어지고 있고, 이러한 경향은 21세기에 들어와서도 계속될 것이라고 보여주고 있다.

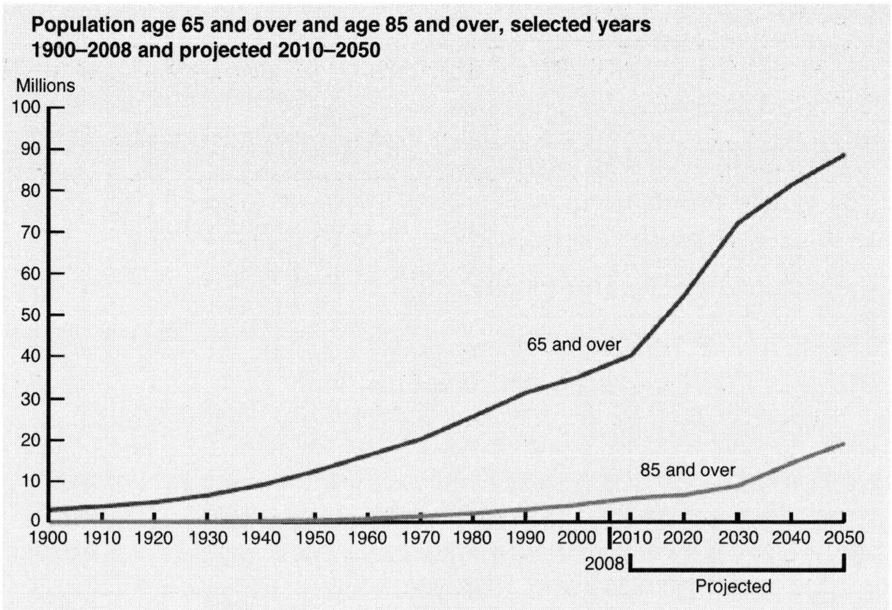

그림 11-1 65세 이상과 85세 이상 인구, 1900~2050.

출처: Federal Interagency Forum on Aging-Related Statistics (2010). Older Americans 2010: Key Indicators of Well-Being. Washington, DC: U.S. Government Printing Office, p.2. Retrieved on August 17, 2010, from http://www.agingstats.gov/agingstatsdotnet/Main_Site/ Data/2010_Documents/Docs/ OA_2010.pdf.

표 11-2에서 증명하는 것처럼 노인의 증가 수치는 의료서비스와 사회 보장 능력(social security viability)과 범죄 피해자화를 포함한 다양한 이슈에 관하여 사회적 관심을 불러일으키고 있다. 노인의 수에 대한 절대적 증가는 노인에 대한 범죄 건수의 증가와도 맥을 같이한다.

정치적 행위

정치적인 치밀한 고려 또한 노인 이슈에 대한 가시적인 관심 확대의 또 다른 요인이 된다. 그들의 수를 고려해 볼 때 노인은 상당한 투표 선거지지층을 형성한다. 연령에 따라서는 투표자 등록과 투표자수를 확연히 증가시키게 하기 쉽다. 45세 이상의 사람들은 어마어마한 유권자층을 형성할 수 있다. 그 이유는 그들은 투표 참여도가 높아 젊은 사람들 보다 막강한 득표력을 행사하기 때문이다(File, 2008;File & Crissey, 2010). 연령대 별로 구성된 시민단체는 당선자를 로비(lobby) 하는 요령과 그에 따르는 자료를 가지고 있다. 아마 이러한 집단 중 눈에 띄는 것은 AARP이다(formerly the American Association of Retired Persons). AARP는 50세 이상의 개인의 다양한 주요 관심사에 관한 법률 제정을 홍보하는

표 11-2 미국 노인의 특징, 2009

- 2008년 65세 이상 노인 인구는 3천 8백 9십 만 명이고, 이는 1998년 이후 4백 5십만명 이상인 13%가 증가한 수치다.
- 45~64세(향후 20년 내에 65세 이상이 될)의 미국인의 수는 10년 동안에 31%정도 증가 했다.
- 8명당 1명꼴 이상, 또는 인구의 12.8%는 노인이다.
- 65세 인 사람은 18.6년의 추가적인 평균 수명이 연장된다.(여성은 19.8년이고 남성은 17.1년)
- 나이든 여자는 1천 6백 5십 만 명의 남자에 비해 2천 2백 4십 만 명으로 더 많다.
- 보호시설에 있지 않은 약 31%(1천 1백 2십 만 명)가 독거노인이다(여자는 8백 3십 만 명, 남자는 2백 9십 만 명).
- 75세 이상의 나이든 여성은 절반(50%)이 독거노인이다.
- 65세 이상인구는 2000년에 3천 5백 만 명에서 2010년 4천 만 명으로 증가할 것이고(15% 증가) 이후 2020년에는 5천 5백 만 명에 달할 것이다(10년 동안 36% 증가).
- 85세 이상 인구는 2000년에 4천 2백 만 명에서 2010년 5천 7백 만 명으로 늘어날 것이라 예상되고(36% 증가), 이후 2020년에는 6천 6백 만 명에 달할 것이다(10년 동안 15% 증가).
- 2008년 노인의 중간 소득은 남자는 25,503달러, 여자는 14,559달러였다.
- 2007년 노인 수입의 주요한 원천은 사회보장연금 (노인의 87%로 보고되어진), 자산으로 부터의 수입(52% 보고), 개인연금(28% 보고), 공무원 연금 (13%)과 소득(25%)이었다.
- 사회 보장 연금은 모든 사회 보장 연금 수혜자의 35% 정도 받게 되며 이는 소득의 90% 이상을 차지한다(기혼 부부의 21%, 결혼하지 않은 수혜자의 44%).
- 대략 3백 7십 만 명 노인(9.7%)은 2008년 빈곤 수준이하 였다.

출처: Administration on Aging (2010). *A Profile of Older Americans: 2009*, p.3. Washington, DC: U.S Department of Health and Human Services. Retrieved on August 17, 2010, from http://www.aoa.gov/ AoAroot/ Aging_Statistics/Profile/2009/docs/

데 활동적이다. 최근 AARP 에 의해 다뤄진 이슈는 의료서비스 혜택과 비용, 노인을 위한 고용기회, 집단 주거 공간 센터내의 환경 개선과 노인에 대한 범죄이다.

간과되어서는 안 될 것은 각 주(州)의 실버의회(*Silver-Haired Legislatures*)와 국가 차원의 실버국회(*Silver-Haired Congress*)의 실행이다. 실버의회(Silver-Haired Legislature)는 최소한 60세 이상의 노인들로 구성된 입법회의를 조롱하는 말이다. 소위 이들 대표자들은 노인에게 직면한 사안에 대한 입법 처리 방안을 논의하기 위해 정기적인 모임을 소집한다. 그들은 또한 그들의 임원진을 직접 선출하는데, 보통 다양한 분야에서 근무한 경력이 있는 공무원들로, 특히 입법을 위한 회의를 주재한 경력이 있는 공무원들이다. 이 그룹은 주(州) 청사 회의실에서 만나서, 이러한 문제를 해결할 목적으로 위원회 청문회를 열고, 새로운 안건을 논의하여 결국에는 법안을 통과시킬 것이다. 이러한 모의국회의 결과는 주지사, 내각 구성원과 국회의원에게 전달된다. 실버의회에 의해 승인된 법안에 대해서는 흔히 실제 정치인을 발기인으로 선택하고, 최종적으로 국가법규로 만들어진다. 예를 들어 Florida에서는 비록 범죄자가 피해자의 실제 나이를 알지 못한다 하더라도 피해자가 65세 이상이 될 때, 양형 가중(sentencing enhencements)을 하도록 한 사례가 있다(*Florida* 법, 2009,

§784.08). 절도법과 (*Florida* 법, 2009,§812.0145), 마찬가지로 노인 학대, 방치 및 노동력 착취에 관한 유사 조항도 있다(*Florida* 법, 2009,§825.101,3(5); 825.104).

사회적 인식

마지막으로 노인 학대와 방치에 대한 관심 증대의 이유는 그들이 억압당하고 혜택을 받지 못하는 사회의 일부라는 데에서 그 원인을 찾는것이 주요할지도 모른다. 이런 의미에서 노인 학대에 대한 관심은 여성이나 아동의 문제를 넘어서는 문제로 확대시키기는 것이 바람직하다.

노인에 대한 정의 DEFINING THE ELDERLY

단적으로 젊음에 대해 정의내리는 것은 비교적 쉬운 일이다. 대부분의 사람들은 65세까지 일을 하고 난 후 은퇴를 하여 연금과 사회보장 혜택을 받으며 생활을 한다. 연방법은 결국에는 저소득층 의료보장 제도와 노인 의료 보험 제도의 문턱을 62세로 낮췄다. 갑자기 더욱 많은 퇴직연금제도가 더 젊은 참여자들로 하여금 그들의 은퇴생활로 향하는 문을 열어주었다. 회사 측은 고령화의 위험에 처해진 걸 알아냈다. 젊은 직원을 위한 사기진작의 기회를 제공하기 위하거나 그들의 노동 구조를 개혁하기 위해서, 일부 기업에서는 조기 퇴직 제도에 대한 특별한 우대책을 제공하기 시작했다. 그들은 더 젊은 사람들–그들의 중년에서 50대 후반까지–을 퇴직에 끌어들이기 시작했다. 주지하다시피, 은퇴의 적정성에 관련하여 젊음에 대해 추정한다는 것은 곧 본질적으로 의미를 잃게 되었다.

나이가 들어가는 과정을 연구하는 **노인병학자**(*gerontologists*)들은 나이를 인생의 시간순서와 연관 짓는 노력에 대해 비판적인 경향이 있다. 그러나, 놀랍게도 많은 연구자들은 달력 나이를 간편하게 그 기준으로 채택했다(Schaie, 1988). 이 같은 단순한 정의는 나이가 들어가는 과정에 대한 복잡한 특징들을 간과한 것이다. Maddox와 Wiley(1976:9)가 설명하는 것처럼, "노화는 세 가지 분명한 현상을 함축하고 있다: 생존을 위한 생물학적 능력, 적응을 위한 정신적 능력과 사회적 역할 수행을 위한 사회학적인 능력."

피해자 연구가들은 65세가 넘은 모든 사람들을 단순하게 하나의 범주로 묶는 것으로는 동질 집단을 만들어 낼 수는 없다고 인식하기 시작했다(Fattah & Sacco, 1989). 이러한 범주 지정에 있어 보이지 않는 상당한 변화가 있었다. 결과적으로, 노인 범주를 확장 시키기에 이르렀다. 일부 조사자들은 "노년"(75세 이상)과 "조기노년"(64~74세)을 구분했다. 다른 조사자들도 "old"와 "very old"과 85세 이상의 노인들 "old old"의 중요한 차이가 있다는 것을 인식했다(Fattah & Sacco, 1989). 독자는 이 문제에 대해 신중해야 하고 노인을 하나의 집단으로 분류하는것은 이로움 보다는 해가 될 수 있다고 인식해야 한다.

노인의 범죄 피해자화 CRIMINAL VICTIMIZATION OF THE ELDERLY

범죄가 현대사회의 많은 부분에 만연해 있는 반면, 모든 사회 집단에 동일하게 미치는 것은 아니다. 전국 범죄피해자 조사(NCVS)는 어느 누가 피해자인가에 대한 정보의 신뢰할만한 근거를 제공한다. NCVS 데이터에 근거하여, 대부분의 피해를 당한 사람들은 흑인, 남성, 저소득층 사람들과 젊은이들이다. 이와는 대조적으로, 노인은 비교적 낮은 수준의 피해를 경험한다.

NCVS 데이터와 함께 인구사회학적 정보에 대한 조사는 이 점을 증명하고 있다(표 11-3을 보라). 피해자화 수준은 어린 나이의 범주에서 가장 높고 이후 각 연속하는 나이 집단에서는 일관적으로 감소한다. 이렇게 낮아진 피해자화 가능성은 중요한 점이 될 것이다. 두 번째 양상은 피해 통계에서 연령별로 일정하지 않은 분포에 대한 사안을 다루게 된다. 조사 응답자들 중 65세 이상의 사람들은 인구의 15%를 차지하는 반면, 강력범죄 피해는 단지 1.7%, 재산범죄 피해는 8.3% 만을 경험했다고 응답했다. 만약 모든 조건이 동일하다면, 65세 이상 연령대에서는 15%가 범죄 피해자화 대상에 포함 되어있어야 한다고 예상할 수 있다. 이러한 현상이 의미하는 것은 피해 통계상에서 노인의 범죄 피해에 관해 **과소표시**(*underrepresentation*) 되고 있다는 것이다.

표 11-3에서 좀 더 살펴보면 50~64세 범위에 있는 사람들은 인구의 26%를 차지하지만, 개인 범죄 피해의 6.2%, 재산 사건에는 13.4% 만을 차지한다. 다시 말해서, 노인 연령층은 피해자화 통계 비율이 인구비에서 차지하는 것에 비해 과소표시 되었다는 것이다.

연령 분포에서의 다른 측면을 살펴보면, 12~15세 응답자들은 인구의 6.5% 이지만, 이들 중 23%가 폭력범죄 피해(violent victimization)를 경험하고 있다. 이 연령 집단에 대해 다른 측면으로는 폭력 범죄(violent crime)에 있어서는 **과대표시**(*overrepresented*) 되고 있다는 것이다. 일반적으로 모든 개인 범죄 범주에 대한 폭력범죄 피해 비율은 20~24부터 65세와 그 이상인 집단에 걸쳐 감소한다(그림 11-2). 재산범죄 피해에 관해서도 비슷한 유형을 유지하고 있다(그림 11-3). 근본적으로, 이러한 두 수치는 피해자화와 나이간의 명백한 부(−)의 선형 관계를 보여준다. 따라서, 각 범죄요소의 희생양이 되는 총체적인 객관적 가능성은 노인은 아주 낮고, 인구의 젊은 층에 대해서 아주 높다는 것이다.

피해사건에 있어서 노인의 과소표시는, 이 나이 집단에 대해 상대적으로 낮은 범죄율과 결합했을 때, Payne(2005)은 *magnitude issue*는 노인들 간의 범죄에 대한 관심 부족이라는 또 다른 기여요인을 생각하게 된다. 이는 다시 말해, 노인 피해자화의 수준이 낮은 것은 드물게 발생하기 때문에 노인에 대한 범죄는 심각한 사회문제가 아니라는 증거로 해석되었다. 다음 살펴볼 것은, **주관적인 피해자화 가능성**과 **객관성**을 구별하는 것은 범죄에 대한 두려움이 많은 노인의 삶의 질에 엄청난 악영향을 줄 수 있기 때문에 중요하다.

표 11-3 인구와 피해자화에 있어서의 연령 집단의 분포

개인 피해자화			*재산 피해자화*		
연령집단	**인구백분율**	**피해자화백분율**	**연령집단**	**인구백분율**	**피해자화백분율**
12~15	6.5	23.1	12~19	13.3	37.8
16~19	6.8	27.0			
20~24	8.3	19.0	20~34	24.4	21.3
25~34	16.0	13.5			
35~49	26.1	9.6	35~49	26.1	19.3
50~64	21.2	6.2	50~64	21.2	13.4
65+	15.0	1.7	65h	15.0	8.3
Total	**99.9**	**100.1**		**100.0**	**100.1**

출처: Population information compiled from U.S. Census Bureau (2010). Table 7: Resident population by age and sex: 1980 to 2007. *Statistical Abstract of the United States 2009.* Washington, DC: U.S. Census Bureau. Retrieved on August 18, 2010, from http://www.census.gov/prod/2008pubs/09statab/pop.pdf. Victimization information compiled from U.S. Department of Justice (2010). Table 3: Victimization rates for persons age 12 and over, by type of crime and age of victims and Table 19: Victimization rates by type of crime and age of head of household. *Criminal Victimization in the United States, 2007—Statistical Tables.* Washington, DC: Bureau of Justice Statistics. Retrieved on August 18, 2010, from http://bjs.ojp.usdoj.gov/content/pub/pdf/cvus0701.pdf.

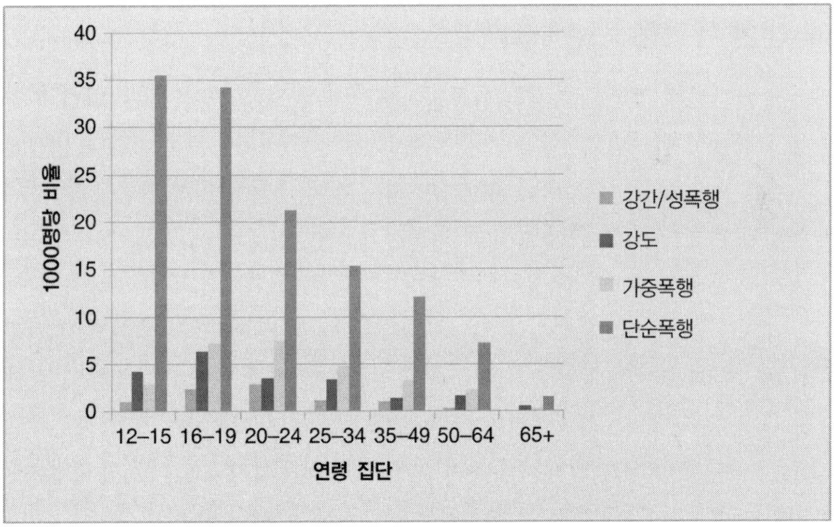

그림 11-2 피해자 연령에 따른 개인 피해자화 비율

출처: Compiled from U.S. Department of Justice (2010). Table 3: Victimization rates for persons age 12 and over, by type of crime and age of victims. Criminal Victimization in the United States, 2007—Statistical Tables. Washington, DC: Bureau of Justice Statistics. Retrieved on August 18, 2010, from http://bjs.ojp.usdoj.gov/content/pub/pdf/cvus0701.pdf.

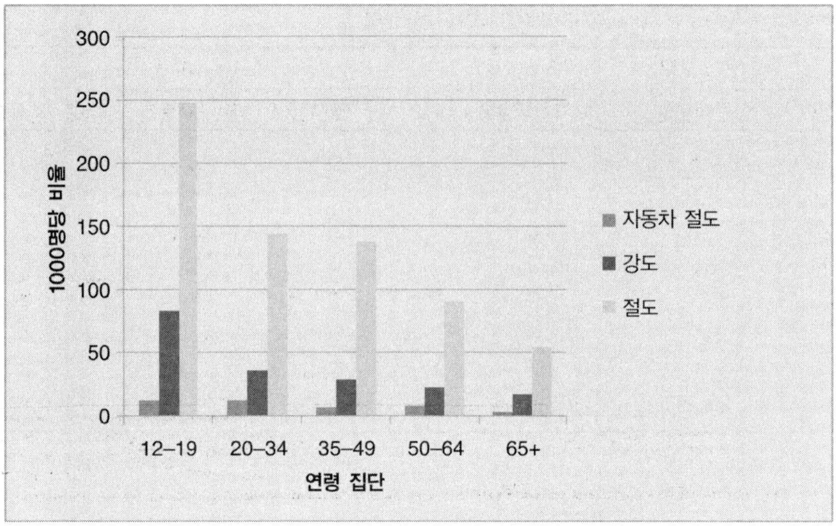

그림 11-3 가구주의 연령에 따른 재산 피해자화 비율

출처: Compiled from U.S. Department of Justice (2010). Table 19: Victimization rates by type of crime and age of head of household. Criminal Victimization in the United States, 2007—Statistical Tables. Washington, DC: Bureau of Justice Statistics. Retrieved on August 18, 2010, from http://bjs.ojp.usdoj.gov/ content/ pub/pdf/cvus0701.pdf.

범죄에 대한 두려움 FEAR OF CRIME

실제적인 범죄피해 경험은 특정한 사람들에게 직접적으로 영향을 주는 반면 실제로 더 많은 일부 사람들에게는 범죄 피해자가 된다는 것에 대한 두려움을 야기한다. **범죄에 대한 두려움**은 두 부분으로 구성된다: (1) 피해자가 되는 것에 대한 실제적 가능성과 (2) 주관적이거나 인식된 피해에 대한 위험성. 범죄 피해자가 되는 것에 관해 객관적인 가능성을 그려내기 위해 피해조사 결과를 사용하였으며, 이제 두 번째 요소인 범죄 피해자에 대한 주관적 가능성으로 넘어가 볼 차례이다.

미국인들은 범죄에 대한 두려움과 관련하여 실질적인 범죄 피해수치에 대해 관심을 집중하여 왔다. 많은 사람들은 범죄는 줄어들지 않고 상승하며 계속하여 진행 중이라고 생각한다. 그림 11-4는 2000~2009기간에 걸쳐 이어진 연간 조사자료에 따르면 응답자들에게 그들의 범죄인식에 대한 두 가지 유사한 질문에 답변하게 했다. 첫 번째 문항은 "미국에서 1년 전 보다 더 많은 범죄가 일어납니까? 아니면 그 이하입니까?" 두 번째 질문은, "당신의 주거지역에서 1년 전 보다 더 많은 범죄가 일어납니까? 아니면 그 이하입니까?" 그림 11-4의 그래프는 2000년도의 응답자의 47%는 미국에서 범죄 수위는 전년도에 비해 증가했다고 생각했다. 2009년 무렵, 그 비율은 74%까지 상승했다. 그 모습은 지역 범죄 또한 유사

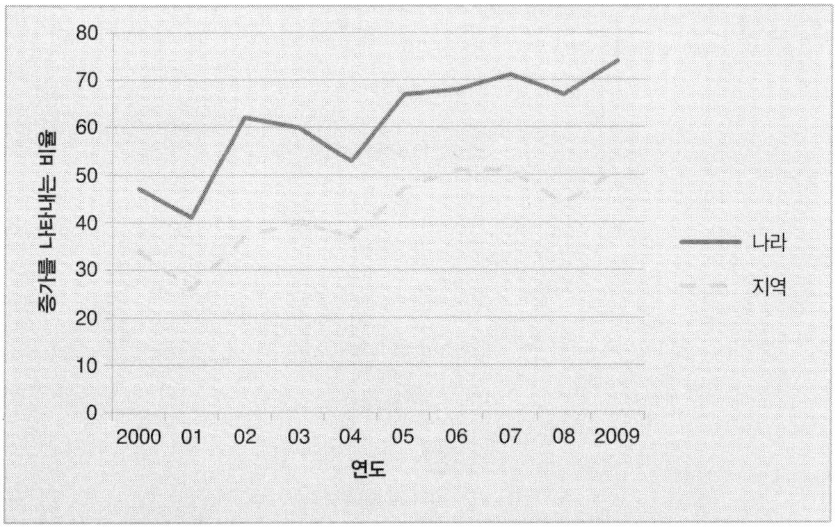

그림 11-4 범죄가 국가적으로 지역적으로 증가함을 나타내는 연도별 비율

출처: Compiled by authors from A. L. Pastore and K. Maguire (Eds.) (2010). Tables 2.33 and 2.35, Sourcebook of Criminal Justice Statistics 2009. Washington, DC: Bureau of Justice Statistics. Retrieved on August 21, 2010, from http://www.albany .edu/sourcebook/pdf/ t2352009.pdf and http://www.albany.edu/sourcebook/pdf/t238.pdf.

하게 상승함을 보였다는 것이다. 2000년에는 참여자의 34%가 그들의 지역 내에서의 범죄는 전년도에 비해 증가하였음을 보여줬다. 2009년에는 조사자의 51%가 지역 범죄가 늘어났다고 응답했다.

다른 조사에서는 미국인에게 가능성 있는 다양한 피해 사건에 대해 두려워하고 있는지를 물었다. 그림 11-5가 보여주는 것처럼, 표본의 반 이하가 그들의 주택과 차가 절도와 강도의 대상이 될 수 있는 것에 대해 약간은 걱정했다. 세 번째 나타난 것은 테러행위에 대한 불안감, 학교에서의 자녀의 안전, 습격이다. 19%는 살인에 대해서도 불안해했다.

흥미롭게도, 두려움의 수위는(인간의 주관적인 가능성), 일관적으로 정부와 실제 범죄의 피해 대책(객관적 가능성) 두 가지 다를 상회하고 있다. 예를 들어, Skogan와 Maxfield (1981)에서는 거의 모든 미국인의 절반이 범죄를 두려워하고 있는 반면 공식적인 기록은 인구의 단지 6%만이 실제 범죄 피해자가 된다고 보여주고 있다. 게다가, 매년 연방수사국에 의해 보고되었던 범죄율 지수(Index offense rate)는 2000년 이후 일반적으로 감소하고 있음을 보여준다. 이러한 추이 역시 전국 피해자화 조사(national victimiza-tion surveys)에 의해 제공되었다(Rand 2009). 따라서, 미국인들이 범죄에 대해 가지고 있는 생각은 실제 범죄 피해에 대한 위험성과는 동일하지 않다고 보고 있다.

범죄에 대한 두려움은 인구집단에 있어서도 일관적으로 나타나지 않고 있다. 일반적으

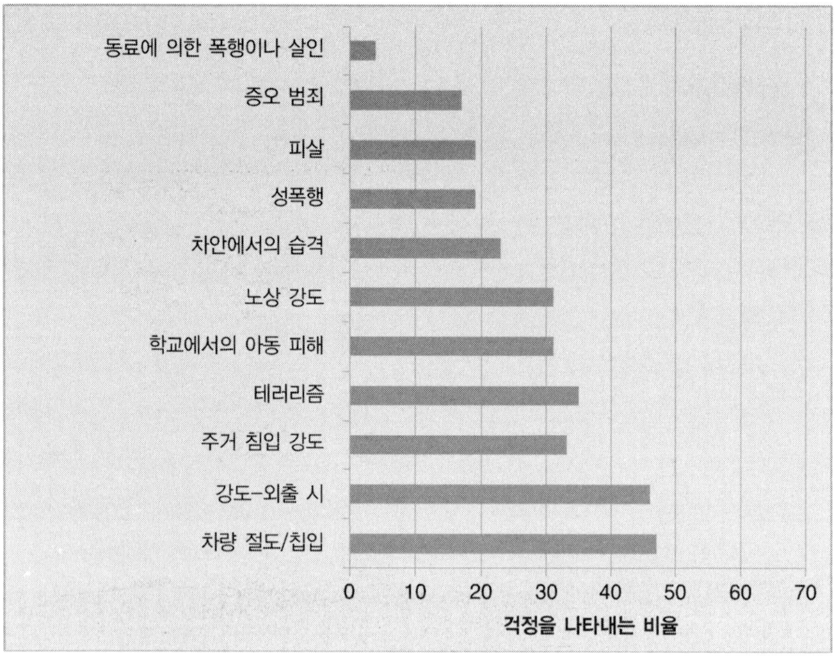

그림 11-5 범죄 피해의 유형에 관한 걱정을 보이는 응답자, 2009

출처: A. L. Pastore and K. Maguire (Eds.) (2010). Table 2.39, Sourcebook of Criminal Justice Statistics 2009. Washing-ton, DC: Bureau of Justice Statistics. Retrieved on August 21, 2010, from http://www.albany.edu/sourcebook/pdf/t2392009.pdf.

로 두려움은 도시 거주민, 여성, 흑인, 가난한 사람들과 노인들에게는 아주 높았다. 노인들 사이에서 이렇게 상승된 두려움은 나이든 사람들은 적어도 범죄피해자가 되기 쉽다는 사실과는 극히 대조적이다. 피해자가 되는 가능성에 대한 객관적인 피해 수준과 주관적 인식 사이의 이러한 역설적인 불일치는 리서치 커뮤니티에서 장기적인 논쟁으로 이끌어 오고 있다.

두려움-범죄 역설을 설명하기

노인에 대한 범죄율이 비교적 낮기 때문에 그 집단에서는 거기에 상응하는 감소된 두려움이 있을 것이라 예상할 수 있다. 범죄에 대한 정도가 이에 따른 두려움에 대한 추정된 원인과 맞지 않을 때, 그 두려움에 대한 대안적 설명을 할 필요가 있다. 두려움–범죄(fear-crime)를 일반적으로 다르게 설명하고자 하는 시도는 세 가지 연관된 논의로 나뉘게 된다. 두려움을 측정하는 방식과 노인들 사이에서 위험성과 취약성(실재든 인지적이든)에 있어서의 차이에 대한 사안들을 다루게 된다.

두려움 측정하기

선행 연구를 통해 두려움의 정의에 대해 보편적으로 알려진 것은 없다. 결과적으로, 두려움에 대한 정의는 측정하는 조사자들마다 다양하게 사용된다. Ferraro(1995)는 가장 알려진 정의 중 하나를 보여준다. 그는 **두려움**이란 "범죄나 범죄와 관련된 상징에 대한 두려움이나 걱정에 대한 감정적인 반응"이라고 정의한다. 결과적으로, 두려움은 다채로운 개개인의 감정을 환기시켜주는 감정이 무엇인가에 따라 다른 사건이나 상황에 의해 끌려나올 수 있다. 그러므로 노인들은 젊은 응답자와 다른 상황에서 두렵다고 반응할 지도 모른다.

Ferraro(1995:8)는 두려움 측정은 종종 감정 그 이상의 것을 이용한다고 지적한다. 예를 들어, 많은 연구에서 응답자들에게 특정 지역이나 구역에서 안전성에 대한 평가 등급을 매기라고 하거나, 일정 시간 동안에 범죄가 증가하고 있는지 감소하는지에 대한 의견을 제시하라고 했다. 이 두 경우에서, 응답자들은 범죄에 대한 실제적인 감정 반응 보다는 가치판단이나 개인의 일반적인 지식에 더욱 의존하고 있다. 감정적 요소는 직접적으로 응답자들이 피해당하는 것에 대한 두려움이 얼마정도인가에 관련한 질문 조사에서 더욱 확인되어진다(Ferraro, 1995; Ferraro & LaGrange, 1988). 불행히도, 범죄에 대한 엄청난 두려움을 주장하는 많은 연구는 피해자의 감정적 상태를 고려하지 않는 질문에 의존한다. 이러한 질문의 한 가지 예로 NCVS의 핵심질문은 "당신이 느끼기에 얼마나 안전합니까? 아니면 밤에 당신 집 근처에 혼자 나와 있다고 느낀다면 얼마나 안전합니까?"로서 감정적인 반응에 경계를 지을 때, Ferraro의 정의와는 맞지 않게 아주 광대해지고 가설적인 질문이 된다.

그림 11-6에 나타난 그래프를 살펴보자, 조사 참여자 들이 어느 질문에서 긍정적으로 응답했는지 "이 주위에 안전한 지역이 있습니까? 다시 말해, 1마일 이내거리, 밤에 혼자 걷기에 두려운 지역은 어디입니까?" 실선은 50세 이상의 사람의 생각을 반영하고 있고, 반면 대시기호 선은 18~20세 응답자를 가리킨다. 이 자료는 노인은 젊은 연령층에 비해 두려움에 대해 높은 수준을 보여주고 있다. 때로는 이러한 격차가 매우 크게 나타나기도 한다; 다른 때는 선이 만나기도 한다. 보통 노인은 범죄에 대해 훨씬 더 불안함을 느낀다.

그림 11-6의 두려움 데이터가 의미가 없다고 Ferraro를 비판하고자 하는 의미인가? 두려움을 측정하는데 주장하는 조사에서 얻어지는 것이 없는 것인가? 노인이 정말 두려워하지 않는다는 의미인가? 각 질문에 대한 대답은 "아니오"이다. 두려움에 대한 정의를 명확히 내릴 수 없는 반면, 이러한 다양한 평가가 암시하는 것은 위험성과 취약성에 관련된 사안에 대해서는 적어도 노인에 의해 인지된 것이기 때문에 이에 관한 어느 정도의 통찰력을 발휘해야 한다는 것이다. 위험성(risk)이란 전형적으로 범죄의 피해자가 되는 가능성을 나타내며, 반면 **취약성**(*vulnerability*)은 범죄에 대한 감정과 피해자화에 따른 피해를 다룬다. 어떤 경우에선, 같은 요인이 위험성과 취약성 둘 다 높인다. 노인들에겐 범죄에 대한 그들의 지나친 두려움에 대한 설명을 도울 수 있는 특정한 위험성과 취약성 요인이 있다.

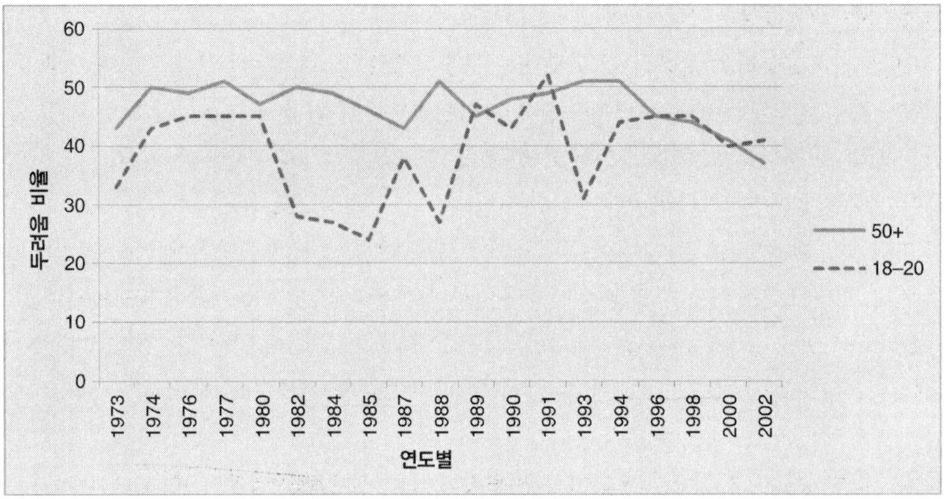

그림 11–6 응답자들이 밤에 동네 주변을 걷기가 두려운가를 나타내주는 연령별과 조사연도별에 따른 비율

출처: Compiled by authors from A. L. Pastore and K. Maguire (Eds.) (2010) Table 2.38, Sourcebook of Criminal Justice Statistics 2003. Washington, DC: Bureau of Justice Statistics. Retrieved on August 21, 2010, from http://www.albany.edu/sourcebook/pdf/ t238.pdf.

위험성

노인에 대한 가능 위험 요인들은 그들의 경제적인 자원, 그들이 어디에 사는가, 혼자 사는가의 여부와 저하된 신체적 능력을 포함한다. 노인의 경제적인 지위는 삶의 또 다른 면에 영향을 미칠 수 있다. 2008년에 빈곤 수준 이하인 37만 명 이상의 노인은 가계소득이 있었고, 빈곤 수준의 125% 이하에서 살고 있는 또 다른 24만 명도 그렇다(Administration on Aging, 2010). 이는 미국 노인 인구의 16%에 해당한다. 실제, 2008년 노인의 중간 소득은 남자는 25,503달러이고, 여자는 14,559달러이다(Administration on Aging, 2010).

이러한 암울한 경제 상황은 많은 노인들 거주가 이웃 지역의 범죄피해를 악화시키는데 영향을 미친다. 젊은 세입자는 오래된 집을 옮기며 살게 되지만 노인의 경우 인구이동이 빈번하고 다양한 민족이 모여사는 범죄취약 지역에 거주하게 되기 때문이다. 이러한 이웃의 형태는 범죄를 일으키기 용이하며 노인 거주민은 종종 일탈자(deviants)를 끌어들이고 범죄를 저지르는 아웃사이더를 끌어들인다. 이러한 지역에서 노인에 대해 직접적이든 아니든 간에 범죄가 만연한 것은 두려움과 노인들 사이에서 안전성 상실을 강화시킨다(McCoy et al., 1996).

게다가, 많은 노인은 재정적인 저축이 부족하고 수리가 필요한 집에서 산다. 신용사기와 관련하여, 황폐한 주택에서 살고 있는 노인들은 겉으로 보기에만 "정상보다 값싼(bargain)" 주택 수리의 제안에 더욱 호의적으로 반응할 지도 모른다. 또한 이러한 경제적인 요인은 노인을 어쩔 수 없이 걷게 하거나 대중교통을 이용하도록 한다. 이는 피해자화의 실제적이고 인식적인 위험성을 가중시키는 것일지도 모른다.

또한 많은 노인들이 혼자 산다는 사실은 그들로 하여금 범죄의 대상으로 더욱 적합하게끔 만드는 위험성을 증가시킨다. 모든 미국 노인의 약 31%는 혼자 살고 있으며, 65세 넘는 여자의 42%가 여기에 해당한다(Administration on Aging, 2010). 홀로 거주하고 있는 개인을 대하는 것은 불법침입자의 신원확인과 범죄발각의 가능성 두 가지 모두를 줄이게 된다. 혼자 사는 것과 범죄 피해의 관계가 있는 것처럼 보인다. 2007년 NCVS는 결혼한 적이 없는 사람, 이혼한 사람이나 별거한 사람은 결혼을 하거나 사별한 사람보다 더 높은 강력범죄 피해율을 보여줬다(U.S. Department of Justice, 2010). 유사하게 Bachman(1992)는 이혼하거나 별거한 노인은 결혼한 노인보다 더 범죄 피해자화 된다고 발표했다.

보통 노인의 저하된 신체능력 또한 실제적이고 인식적인 위험성의 원인이 된다. 만약 범죄자가 젊은 남자라면, 노인 피해자는 분명 신체적인 약점이 있다. 65세 이상의 강력범죄 피해자에 관해서, 가해자의 73%는 낯선 사람들이었고, 집단적 가해자들(multiple offenders)로 인한 68%와 비교해 보면, 단독 폭행범의 19%는 20세 미만이었다(U.S. Department of Justice, 2010). 범죄자의 익명성과 나이 격차는 노인에 대한 범죄 두려움을 증가시키는데 역할을 한다.

잠재적인 위험 요소를 단순히 알아내는 것을 넘어, Stafford와 Galle(1984)는 범죄에 대한 두려움을 평가함에 있어 위험에 대한 노출을 고려했다. Stafford and Galle (1984)는 다른 인구집단은 피해 기회에 노출 되어져 있는 정도와 관련하여 두려움의 수위를 조정함으로써 두려움과 피해사이의 불일치는 줄어들게 된다고 주장했다. 연구에서는, 노인은 여전히 예상보다 높은 두려움의 정도를 나타내고 있지만, 이는 다른 연구에서 알려진 결과와는 다르다. Ward, LaGory와 Sherman(1986)는 두려움은 환경적인 상황을 다양하게 변화시키면서 나타나는 차별적인 위험성과 관련이 있다는 유사한 증거를 제시했다. 하지만, Warr(1984)은 두려움은 전적으로 위험성에 있어서의 차이에 의해 설명될 수는 없다고 경고했다. 차별적인 위험성에 대비한 시설이 만들어진 후라도 나이는 계속해서 두려움의 정도에 있어 영향을 준다.

취약성

노인들 사이에서 위험성 하나만으로 두려움의 정도를 완벽하게 설명할 수 없기 때문에 취약성(vulnerability)은 그림을 상세히 설명하는데 도움이 된다. 취약성이란 피해를 쉽게 받게 되는 것을 말하며 범죄가 피해자에게 끼치는 영향을 말한다. 극심한 고통이나 피해사건으로부터 상실감을 느끼는 사람은 엄청나게 두려움을 느끼게 된다는 가정이다. 노인들에게 취약성은 가장 중요한 관심이다. 노인 취약성을 증가시키는 많은 요인 중 신체적인 특성, 재정적인 관심과 사회적인 연관성이 있다.

체력이 저하되고 건강문제가 늘어나는 것이 취약감의 한 원인이 된다. 단지 노인의 39%만이 그들의 건강이 아주 완벽하거나 좋다고 생각하고 거의 모든 노인은 적어도 하나의 만성질환이 있다고 평가한다 (Administration on Aging, 2010). 가장 흔한 만성 질환은 고혈압이고(노인의 41%에 해당), 관절염(49%), 심장병(31%) 그리고 암(22%)이다 (Administration on Aging, 2010). 2009 국립 보건 통계센터 (National Center for Health Statistics)에 따르면 나이든 사람들은 시력과 청각손상으로 고통받고 있으며, 의사를 찾아가고, 병원 외래환자로 통원하고, 응급 서비스를 요구하기 일쑤다. 그리고 이는 그 나라의 의료 서비스 지출비용의 불균형을 초래하는 원인이 된다고 보고하고 있다.

이 같은 의료 사실을 통해 노인은 신체적인 공격을 막아낼 수 있는 젊은 사람들만큼 능력이 있지 않다는 것과 피해를 입기 더욱 쉽고 다른 사람들 보다 의료적인 보조가 더욱 필요하다는 것을 알 수 있다. 피해자 조사 테이터는 이를 뒷받침 하고 있다. 예를 들어, 범죄로 인한 피해의 가능성과 의료적인 관심은 피해자의 나이에 따라 증가하고 있다 (Bachman & Meloy, 2008; U.S. Department of Justice, 2010). 범죄와 관련한 피해가 이전부터 존재한 건강 문제를 더욱 악화시키는 것은 흔한 일이다(Burt & Katz, 1985).

경제적인 부채는 종종 범죄 피해를 동반한다. 나이가 들어감에 따라 수입은 감소해 간다. 대부분의 돈은 사회보장연금, 연금 기금과 투자와 같이 고정된 데서 나온다 (Administration on Aging, 2010). 아무리 적은 지출이라도 노인에게는 부담이 될 수 있다. 많은 노인은 의료비용과, 보험료와 재산 교체비용을 지불할 여유가 없다.

게다가 신체적인 피해와 경제적 손실, 사회적 격리와 같이 얽힌 요소는 범죄 피해에 대하여 복합적인 영향을 줄 수 있다. 이 책의 다른 장에서 논의한 것과 마찬가지로 사회적인 지원은 범죄로 인한 후유증을 다루는 중요한 부분이다. 신체적으로 피해를 겪은 노인 피해자는 그들의 회복기 동안 정상적인 일상 활동을 하기위한 도움이 필요할 지도 모른다. 또한 피해를 입은 건물을 보수하고, 대체 물품을 사두거나 침입자로 인해 엉망이 된 상황을 회복시키는데도 도움이 필요할지도 모른다. 때로는 이러한 피해자 스스로가 범죄를 당한 그들 자신을 비난하기도 한다. 사회적 지원은 이러한 문제를 올바른 방향으로 바로잡고, 죄책감을 완화시키는데 중요한 역할을 한다. 이러한 지원망의 존재는 피해자로 하여금 세상 모두가 나쁜것 만은 아니고 피해는 미래에 누구에게나 일어날 수 있는 일이라고 관심의 초점(central focus) 바꾸어 인식하게 하는데 도움을 줄 수 있다. 많은 노인은 적절한 지원 시스템을 이용하지 않는다. 이러한 주된 요인은 노인의 사회적 격리가 그 원인이다. 첫 번째, 현대 사회는 통상 취업 요건으로 인한 일시성으로 인해 노인의 가족이 여러 나라에

흩어져 살게 되기 때문이다. 두 번째, 노년은 배우자와 친구의 죽음 등으로 인해 결국 혼자 살게 된다. 셋째, 재정적 환경으로 인해 많은 노인은 전출입이 많고 이민족이 다양하게 모여사는 이웃들과 거주하게 된다. 이 요소 중 하나이든 복합적이든지 간에 사람을 외롭게하고 고립감을 느끼게 만든다. 범죄 피해경험은 이 같은 감정을 더욱 부추길 수 있다. 그러므로 사회적 고립은 개인의 행복감을 낮추면서 물리적 환경악화와 경제적인 어려움을 심화시킨다.

대체 피해자화 Vicarious Victimization

노인범죄에 대한 계속된 관심은 대중 매체의 영향의 결과이기도 하다. 피해자 연구가는 이러한 현상을 **대체 피해자화**라고 일컫는다. 실제적인 피해경험이 없는 사람들 자체로는 범죄자에 의해 피해를 입은 다른 사람들에 대해 강렬히 인식한다. 리시버(receiver)는 이 같은 정보를 받아들이고 "나에게도 일어날 수도 있다"라고 짐작하게 된다. 이 간접적인 속성은 실제적인 피해의 가능성이 희박하다 하더라도 사람들의 두려움을 고조시킨다.

많은 선정적인 기사를 그려내는 텔레비전 시청과 신문 판매의 패턴은 범죄에 대한 두려움의 원인이 된다. 노인의 피해는 대중의 관심을 받는 이슈로 부상해오고 있다. 다른 매체는 일상적으로 지역 주민에게 특히 노인을 대상으로 신용사기를 치는 사기꾼에 대해 주의하라는 이야기나 이슈를 보여준다. 노인에 대한 범죄는 비교적 흔하지 않음에도 불구하고, 매체를 통해 받아들이는 두드러진 일반 대중의 인식으로 몰아가고 있다.

노인 학대와 방치 ELDER ABUSE AND NEGLECT

일반적으로 피해자학과 같이, 노인 학대와 방치에 관한 문제가 연구할 가치가 있는 주제로 부각된 것은 최근의 일이다. 일부 연구자들은 Steinmetz(1978b)에 **노인 학대**(*elder abuse*) 개념을 소개하는 것이 현재와 같은 관심의 계기가 되었다고 믿는다. 노인학대가 이 시대 이전에는 존재하지 않았다고는 말하지 않는다. 젊은이와 노인간의 갈등은 항상 있었왔으며 이는 다양한 형태의 학대를 낳았다.

전근대적인 서양 사회에 대한 조사에 따르면 재산권에 대한 의견 차이는 부모와 그들의 자식 간에 죽음을 포함한 물리적 갈등을 낳았음을 보여준다. 산업혁명 이전의 미국 부모는 그들의 아이들을 다루는데 종종 경제력을 통한 껄끄러운 가족 관계를 야기 시켰다. (Steinmetz, 1988). 이 같은 경제적인 구속 때문에, 아이들은 자주 그들이 부모와 떨어져 그들 스스로 독립할 그때를 기다리며 부모를 경멸하고 관계를 단절시켰다. 젊은 사람들이 나이가 들어서 그들의 어른을 공경할 것이라는 생각은 근거 없는 믿음이다.

가족의 형태는 산업 혁명 때 변화하였다(Stearns, 1986). 한 지붕아래 다른 세대와 함께 사는 가족은 많지 않았으며, 퇴직지원제도는 젊은 가족 구성원들에게 나이든 세대에 대한 재정적인 의존도를 줄이게 하여 그들로 하여금 빚을 지게 만들었다. 경제적으로 좀더 나은 상황의 경우에도 역시 의료혜택을 더 이용하도록 했다. 노인 전문 간호사와 사회 복지사와 같이 돌보는 사람에 관한 새로운 산업은 직계가족으로부터 소외된 사람들로 하여금 적절한 대안적인 동거형태를 제공해 줄 수 있게 되었다. 이러한 모든 요인은 부모와 어른이 된 자식들 사이에서 비교적 조용히 형성되었다. 아마도 노인 학대와 방치에 대한 관심 부족을 설명하기에는 이것으로는 부족하다.

문제 정의하기 Defining the Problem

많은 해설가들이 노인 학대와 방치를 문제라고 지적하는 반면, 정확하게 학대와 방치를 구성하고 있는 요소가 무엇인가에 대해서는 합의된 바가 거의 없다. 학대나 방치의 개념 규정을 시도하는데에는 많은 어려움이 있다. 첫 번째, 무수한 정의는 방치와 학대를 제대로 구별하지 못하고 있다. 아동학대를 다룬 장에서 설명했듯이, 많은 연구자들은 학대는 좀더 능동적인 형태라고 보고 방치는 좀더 수동적인 형태라는 관점을 가지고 있다. 두 번째, 일부 정의에서는 가해자가 "의도적"으로 행동했는지를 요건으로 한다. 연구자들은 여전히 피해자에겐 중요한 문제가 되는 사안임에도 불구하고 무심코 이루어진 학대나 방치의 가능성을 무시해 버린다. 대신, 손해는 피해자의 요구에 따라 제공된 요양사(돌보는 사람)들에 의한 부작위(不作爲)의 결과로 볼 수 있을지 모른다. 세 번째, 일부 정의는 피해자는 반드시 신체적인 측면에서나 의료보호를 위해서라도 가해자에게 의존해야만 한다는 점이다. 어떤 사람은 이 같은 특징을 행위가 학대로 간주되어지기 전에 돌봐줘야 할 합법적 요건이라고 해석할 지도 모른다. 가해자가 피해자에게 의존하고, 권력을 행사하는 수단으로서 학대하는 행위를 범할 지도 모를 가능성 또한 무시한다. 결국, 일부 개념 정의에서 자발적-방치 (self-neglect)라는 개념을 포함한다. 그러나 많은 저술가는 자발적-방치를 제3자에 의해 가해진 학대와 방치와는 분명히 다른 문제라고 본다.

최근, 미국 국립 연구 의회(National Research Council)는 노인에 대한 상태를 분석하는데 착수한 결과 노인 학대를 다음과 같이 정의하였다.

> "노인 학대"... (a)돌보는 사람이나 노인들과 신뢰관계에 있는 다른 사람으로 인해 연약한 노인들에게 피해를 야기 시키거나 피해에 대한 심각한 위험성(피해가 의도적이든지 아니던지 간에)이나 (b)노인의 기본 욕구를 충족시키거나 피해로부터 그들을 보호하기 위해 돌보는 사람에 의한 불이행(failure)을 자아내는 의도적인 행위를 일컫는다.

이 정의에서는 자발적-방치와 낯선 사람에 의한 피해자화는 제외시킨다. 이러한 두 가지 상황 모두 중요한 관심사인 반면, 정의에서 망라하고 남은 행위와는 분명히 다르다. 이 정의는 노인에 대해 계획적 혹은 우발적으로 가족 구성원과 다른 돌보는 사람(요양원 직원과 같은 사람)에 의해 행해지게 되는 많은 행동들을 포함한다.

위에서 보여준 정의는 학대와 방치의 많은 정의와 같이 학대의 다양한 유형을 포함하고 있으나 연구자들 사이에서 견해의 차가 있다. 예를 들어 "신체적 학대"라는 말은 다른 사람에게는 다른 것을 의미할 수 있다. 어떤 경우에는 노인에 대한 신체적인 공격을 통한 학대를 의미한다는것에 동의할 수 없다. 특히, 피해자의 복지를 책임지고 있는 누군가에 의해 피해를 받았을 때 더욱 그러하다. 그러나 일부는 치료를 위한 의도적인 행위를 신체적 학대라 간주할 수도 있고 반면 다른 사람들은 같은 행위를 "방치"라고 이를 수도 있다 (Wolf & Pillemer, 1989). 연구자들이 방치와 학대를 구별 지을 때, 그들은 각 각의 내용에 관해 불일치한 견해를 보일 지도 모른다(Galbraith, 1989). 이런 개념 정의의 모호함은 연구시마다 사안에 대한 토론과 결과물의 비교를 방해한다.

표 11-4는 국립 노인 학대 센터(National Center on Elder Abuse)에 의해 나타난 노인 학대와 방치의 다양한 형태에 대한 분류를 포함하고 있다. 이 범주는 과거 연구와 다양한 주(州) 법에서 밝혀진 것들의 비교적 대표적인 사례들이다. 이 분류에서 학대와 방치의 구분은 주로 범죄자가 피해자를 돌보는 사람인가 아닌가 하는 것이다. 역할을 담당하여야 할

표 11-4 노인 학대와 방치의 유형

신체적 학대	위협하는데 힘(force)을 사용하거나 취약한 노인에게 신체적으로 상처를 입힘
감정적인 학대	비방(verbal attacks), 위협, 거부, 격리나 노인에게 정신적인 괴로움, 고통이나 고충을 야기 시키거나 그럴 수 있는 하찮은 행위
성적 학대	강제로, 속이거나 위협하는 성적 접촉이나 그렇지 않으면 동의를 하지 않은 누구든 포함하여 취약한 노인에게 강제적인 접촉
착취	절도, 사기, 권한 남용이나 방치와 노인의 돈이나 재산을 관리하기 위한 수단으로서 과도한 영향력 사용
방치	취약한 노인의 안전, 신체적/감정적 요구에 대한 돌보미의 불이행이나 거절
유기	치료 의무를 다해야 하는 사람에 의한 허약하거나 취약한 노인의 유기
자기 무시	피해나 위기에 처하게 되거나/될 지도 모르는 자신의 행동이나 활동 부족에 대한 결과를 이해할 능력이 없음

출처: National Center on Elder Abuse(2010). *Why Should I Care about Elder Abuse?* Newark, DE: Center for Community Research and Services, University of Delaware. Retrieved on August 25, 2010, from http://www.ncea.aoa.gov/ncearoot/Main_Site/pdf/publication/NCEA_WhatIsAbuse-2010.pdf.

돌보는 사람의 역할 불이행은 보통 수동적이든 능동적이든 방치가 있다는 것을 확인해주는 결과이다. 반면에 학대는 간호해야할 의무에 의존하지 않는다. 즉, 누구나가 학대하는 행동을 범할 수 있다. 나아가 우리는 학대를 신체적, 정신적/감정적이고 물리적인 착취의 다양한 범주로 구분 지을 수 있다.

오늘날, 대부분의 연구자는 학대와 방치를 하나의 단순한 개념으로 보기 보다는 그것의 범주화에 의존한다. 그러나 이러한 범주화는 모든 정의적 문제를 해결하지는 못한다. 표 11-4에 있는 범주를 예로 들면, 우리는 몇 가지 명백한 문제점들을 발견할 수 있다. 첫 번째, 간호하는 "의무"의 요소가 항상 분명하지 않다. 누가 개인의 의무를 결정하는가? 단순히 "친절히 하는 것?"이 아니라 어떤 행동이 필요한가. 두 번째, 일부 행위는 학대의 한가지 유형 이상을 야기 시킬 지도 모른다. 예를 들어, 물리적으로 한 사람을 때린다는 것은 신체적 학대와 마찬가지로 두려움과 위협을 낳을 수도 있다(예, 정신적 학대). 비슷하게, 물리적인 착취는 피해자에게서 그나 그녀의 재산을 뺏는 것이고 또한 필요한 치료를 받을 수 없는 결과를 낼 수도 있다(예, 방치). 마지막으로, 많은 연구는 정부와 여러 사회복지단체의 공식적인 기록에 근거했기에 이 범주는 문제를 정의하는데 사용했던 합법적 분류와는 맞지 않을 수도 있다. 노인 학대 연구에서 개념 정의의 문제가 풀리지 않는 사안으로 남아있는 것은 명백하다. 결론적으로, 우리는 여기서 논의 되었던 사안에 영향을 미칠 때 마다 이러한 문제들을 독자들에게 상기시킬 것이다.

노인 학대의 발생 정도 THE INCIDENCE OF ELDER MALTREATMENT

노인학대가 얼마나 발생하는 지를 확인하는 것은 쉬운 일이 아니다. 미국 국립 연구의회(National Research Council, 2003)는 노인 학대와 방치의 정도를 열거하는데 산재되어 있는 여러 가지 한계점을 지적했다. 발표한 보고서와 그렇지 않은 것 둘 다를 통해 밝혀진 문제는 불확실하고 일관성 없는 정의, 불확실하고 적절히 않은 방법, 불완전한 직업적 수치, 인구기반 데이터의 부족과 예측데이터의 부족이었다(National Research Council, 2003).

처음의 두 가지 문제는 비교적 이해하기 쉽고 간단히 노인 학대 연구가 아직 학대와 방치의 단순 정의를 포괄할 수 없었다는 것을 가리킨다. 그리고 결과적으로 학대/방치의 정도를 설명하려고 할 때, 다른 많은 방법을 사용하는 경향이 있다. "불완전한 직업적 수치"란 학대/방치를 설명하고자 하는 많은 시도가 개인의 선택 집단이나 단체의 보고서에 의존했다는 사실을 말한다. 그래서 그러한 수치의 결과는 문제를 설명하기에 신뢰할 만 하다기 보다 기본적으로 입증되지 않는 증거를 보여준다. "인구기반 데이터의 부족"은 심지어는 시작하기에 너무 폭넓은 기반 연구 시도였고, 결과는 전체 인구를 대표하는데 반드시 필요하지 않다는 점에서 비슷한 문제를 야기한다. 마지막으로, prospective(예측) 데이터 문제는 대부분의 수치는 이미 수집된 기록을 살펴보고 주로 단체의 행위를 반영하는데 바탕을 두고 있다. 필요한 것은 노인의 인구와 그들이 경험했던 학대를 알아내기 위한 시간에 따른 그들의 경험을 추적하는 것이다.

미국 국립 연구의회에 의해 알려진 문제들 이외에 노인의 피해를 보고하기 위한 학대에 대한 방안은 그들 피해자들의 비자발적인 태도와 신체적 무력함에 의해 제한될 수 있다. 나이든 성인은 여러 가지 이유로 인해 학대나 방치의 사례를 보고하기를 꺼려할 지도 모른다(Acierno, 2003; Payne, 2005). 첫 번째, 노인 학대의 가해자는 보통은 가족 구성원이다. 피해자가 가해자를 보호하고 싶어할지도 모를 뿐만 아니라 그 상황을 외부의 시선(outside viewing)이 아닌 사적인 문제라고 생각할 수도 있다. 그러므로 피해자가 누구인지를 알아내기를 꺼려 할 지도 모른다. 두 번째, 피해자는 그나 그녀가 다소 잘못해서 그 상황을 야기시켰다고 생각할 수도 있다. 세 번째로, 만약 피해자가 학대를 신고했을 경우 돌아올 가해자의 응징을 두려워할 지도 모른다. 게다가, 피해자는 피해가 일어난 사실에 대해 당황해할 수도 있고 사건을 신고한 결과 그로인해 낙인이 찍혀질지도 모른다고 느낄 수도 있다. 학대를 신고하는 것이 사건을 알리기 어려운 피해자의 신체적인 결함으로 지연될 수도 있다. 시력 문제, 청력 손상, 언어장애 나 기억력 상실이 신고하는데 문제가 될 수도 있다. 노인피해자가 당국과 접촉하기를 꺼려하는 또 다른 이유는 피해자는 가해자가 제공하는 일상생활과 지원에 의존하고 있거나 금전 갈취(financial theft)에서 흔히 발생하는 것이 학대라고 인식하지 못할 수도 있고 무슨 일이 일어나는지에 대해 의식하지 못 할 수도 있다. 신고행위에 가능한 영향력을 고려해 볼 때, 보고된 결과들은 노인 학대와 방치에 미흡한 경계선을 표시한다고 결론지어도 무방하다.

미국 국립 연구의회(National Research Council, 2003)는 노인 인구의 1백만과 2백 만 명 사이의 구성원들이 학대의 일부 형태의 피해자였다고 주장했다. 다른 연구와 비교해 본 결과 비록 실제 수치가 2백 5십만 피해자로 확대 될 지 모른다 하더라도 이 수치가 설득력이 없는 것은 아니라고 밝혔다(Pillemer & Finkelhor, 1988; Tatara & Cyphers, 1998). 국립 노인 학대 센터(National Center on Elder Abuse)에서는 학대 및 방치의 정도에 대한 여러 가지 연구를 해왔다.

2004년 NCEA는 전 50개주에 있는 **성인보호서비스**(*Adult Protective Services*) (APS) 기관을 조사한 결과 성인보호서비스 "노인과 장애를 가진 취약한 성인이나 위험에 처해있는 사람들, 학대를 받고 있고, 방치되어져 있거나 재정적으로 착취당하며, 그들 스스로를 지킬 수 없는 사람들 이거나 그들을 적절히 부양할 사람이 없는 사람들에게 주는 서비스" 일체를 의미한다(Teaster et al., 2006: 27). 이들 기관은 모든 주(州)에 있는 노인 학대에 관한 정보나 자료를 위한 정보센터이다. NCEA는 2004년 60세 이상 노인 총학대 건수가

10,000명 당 8.3%에 해당하는 381,430건이라 추정한다(표 11-5). 이 숫치는 다른 수치보다 낮은 반면, 이러한 경우는 특정한 정부 단체나 공무원에게 신고된 경우만을 반영한 것이다. 이전 수치와 연관지어보면, 공식적인 데이터는 전체 건수 중 극소수만 포함 되어 진 것 같다.

NCEA 연구는 학대와 방치의 다양한 유형에 관해 약간의 통찰력을 줄 수도 있다. APS 기관에 신고되어 입증된 경우에만 해당되는 데이터에 의존해, 그림 11-7은 학대의 가장 흔한 유형은 자발적 방치(전체 건수 중 37%)이다. 돌보는 사람이 방치하는 경우는 20%를 차지하고, 반면 감정적/정신적/언어 학대와 재정적/물리적 착취는 전체 건수 중 15%로 나타났다. 흥미롭게도, 물리적 학대는 노인 학대의 10건 중 단지 1건이었다. 이 데이터는 아마 가장 쉽게 인식된 학대의 형태가 쉽게 보이지 않는 학대의 유형보다 덜 발생함을 보여준다. 게다가 단순히 원 자료수치만 살펴보면, 많은 보고서는 노인인구에서 만연한 방치에 대한 예상 수치를 보여준다. 대부분의 평가서는 피해자의 수를 5%에서 10%사이의 인구를 둔다(Giordano & Giordano, 1984; Hudson & Carlson, 1999; Hudson et al., 1999; Krienert, Walsh, & Turner, 2009; Mouton et al., 1999). 특정 지역(Block & Sinnott, 1979; Gioglio & Blackmore, 1983)과 다른 국가(Schlesinger & Schlesinger, 1988)로 부터 얻은 적은 표본 사이즈를 사용하는 다른 연구에서 나타난 피해율은 노인 인구의 2~4% 정도에 머문다고 보고했다.

노인 학대의 수준을 보고하는 연구에서 약간의 일관성은 있는 것처럼 보이는 반면, 학대의 정도를 고려할 경우에 유념해야 할 많은 요인이 있다. 많은 사회 복지 사업가와 연구원은 이러한 평가서는 학대의 실제 정도를 극도로 적게 신고하였다고 주장한다. 가장 큰 어려움은 대부분은 공식적인 통계에 근간을 두고, 2장에서 상기할 수 있는 것처럼,

공식적인 통계는 피해자나 다른 사람에 의한 신고가 필요하다. 이런 이유로, 범죄 신고가 되지 않은 수치가 곧 닥치게 되는 문제가 된다.

표 11-5 성인보호서비스의 60세 이상의 학대에 관한 보고서, 2004

예상 총 건수	381,430	
1000명당 예상 비율	8.3	
신고 된 건수	253,426	(32개 주)
조사 건수	192,243	(29개 주)
입증 건수	88,455	(24개 주)

출처: Constructed by authors from Teaster, P. B., et al. (2006). *The 2004 Survey of State Adult Protective Services: Abuse of Adults 60 Years of Age and Older.* Washington, DC: National Center on Elder Abuse, pp. 15-16. Retrieved on August 26, 2010, from http:// www.ncea.aoa.gov/NCEAroot/ Main_Site/pdf/2-14-06%20FINAL%2060+REPORT.pdf.

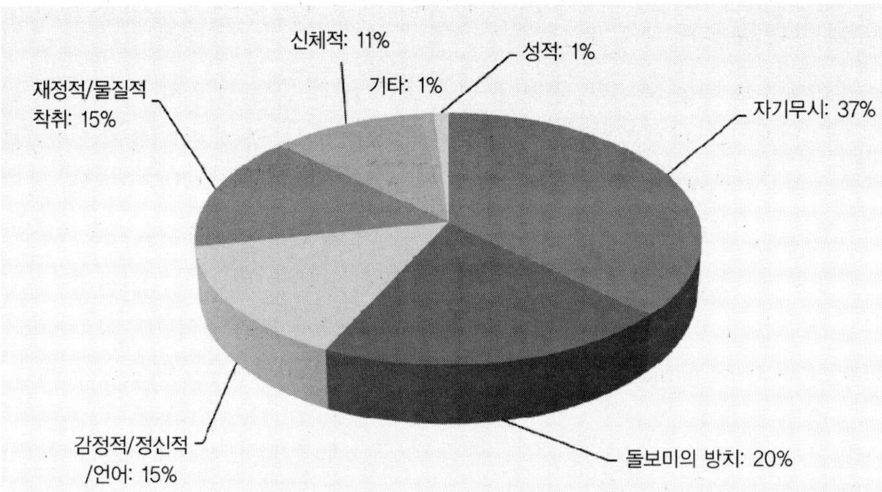

그림 11-7 노인 학대: 피해자의 유형, 2004

출처: Adapted from Teaster,P.B., et al. (2006). The 2004 Survey of Adult Services: Abuse of Adult 60 Years of Age and Older. Washington DC; National Center on Elder Abuse,p.18. Retreived on August 26, 2010, from http:// www.ncea.aoa.gov/NCEAroot/Main_Site/pdf/2-14-06%20FINAL%2060 1 REPORT.pdf.

피해자와 범죄자의 몇 가지 특징

SOME CHARACTERISTICS OF VICTIMS AND OFFENDERS

연구자들은 많은 노인 학대 사건을 추가적으로 살펴보며 이러한 상황에 대해 더 알아보려고 해왔다. 그들이 조사한 더욱 유의미한 변수의 일부는 피해자의 연령과 성별, 피해자와 범죄자와의 관계, 범죄자의 나이와 성별을 포함한다.

NCEA의 연구 데이터는 결합된 학대의 모든 유형에 대해 피해자와 범죄자 특징에 관한 정보를 준다. 학대/방치의 다른 범주에 대한 더욱 상세한 정보는 1998년 국립 범죄 발생 연구(National Incidence Study)에서 찾아볼 수 있다. 표 11-6과 표 11-7은 이 두 노력으로부터 나온 결과를 보여준다. 피해자 측면에서 볼 때, 피해자의 3분의 2가 남성이므로 여성은 유기를 제외하고 학대나 방치의 모든 유형의 최대 피해자이다(표 11-6). 유사하게, 백인은 유기상황을 제외한 모든 부분에서 더욱 대표적인 피해자이다. 유기에 관한 수치는 흑인은 불균형적으로 피해를 입을 것으로 보인다. 이러한 결과는 다른 연구에 의해 보고된 결과와 유사하다(e.g. Krienert et al., 2009; Pillemer & Finkelhor, 1988; Tatara, 1993; Wolf & Pillemer, 1989). 노인을 대상으로 하는 학대의 수준 또한 높았다. 놀랄 것 없이, 소득 수치로 볼때 피해자는 주로 저소득 집단에서 특히 5,000달러~9,999달러 소득 범위에서 발생한다는 것을 보여준다. 이것은 만족할 만한 도움이나 보조를 받아야 할 가난한 노인의 무능력함 때문일지도 모른다.

노인 학대와 방치의 대부분의 형태 중 가장 흔한 가해자는 중년의 백인 그리고 피해자의 친척인 남성이다. 여성은 단지 방치의 범주에만 범죄자로 우세하다. 범죄를 저지르는 연령 분포는 41세에서 59세 사이의 사람은 보살펴 줘야 하는 노인 부모가 있다는 사실을 고려해 보면 당연하다. 관계 데이터에서 거의 모든 학대 범주에서 자녀는 보통 범죄자의 50% 이상을 차지함을 증명해 준다. 범죄자는 먼 친척이나 집 밖에 살고 있는 외부사람이 아니다. 게다가, 이 국가 자료는 다양한 과거 연구와 보조를 맞춘 것이다(e.g., Krienert et al., 2009; Pillemer & Finkelhor, 1988; Quinn & Tomita, 1986; Wolf & Pillemer, 1989).

표 11-6 노인 학대 피해자의 특징

		학대의 유형[b]				
특징	**총 유형**[a]	**감정적**	**감정적/정신적**	**물리적**	**재정적/물질적**	**유기**
성별						
남	34%	40%	24%	29%	37%	62%
여	66	60	76	71	63	38
인종						
백인	77	79	83	86	83	41
흑인	21	17	14	9	15	57
기타	1	4	3	5	2	1
연령						
60~69	21	8	20	15	13	18
70~79	37	40	38	41	40	62
80+	44	52	41	44	48	20
수입						
<$5,000	–	2	6	8	2	0
$5,000~$9,999	–	67	38	50	46	96
$10,000~$14,999	–	21	31	19	30	4
>$14,999	–	10	25	25	22	0

[a]출처: Adapted from Teaster, P. B., et al. (2006). *The 2004 Survey of State Adult Protective Services: Abuse of Adults 60 Years of Age and Older.* Washington, DC: National Center on Elder Abuse, p. 19. Retrieved on August 26, 2010, from http://www.ncea.aoa. gov/NCEAroot/Main_Site/pdf/2-14-06%20FINAL%2060 + REPORT.pdf.

[b]출처: Tatara, T., & Cyphers, G. (1998). *The National Elder Abuse Incidence Study: Final Report.* Washington, DC: The National Center on Elder Abuse, pp. 4-13, 4-15, 4-17, and 4-19. Retrieved on September 5, 2010, from http://aoa.gov/AoARoot/AoA_Programs/Elder_Rights/Elder_Abuse/docs/ABuseReport_Full.pdf.

표 11-7 노인 학대 범죄자의 특징

	학대의 유형				
특징	**감정적**	**감정적/정신적**	**물리적**	**재정적/물질적**	**유기**
성별					
남	48%	60%	63%	59%	83%
여	52	40	37	41	17
연령					
<40	20	34	20	45	1
41~59	34	42	42	40	68
60~69	9	10	8	3	0
70~79	19	5	12	2	2
80+	18	8	17	10	30
인종					
백인	77	77	83	77	34
흑인	20	18	11	19	59
기타	3	5	6	4	7
관계					
자녀	43	54	49	60	80
형제자매	9	2	5	1	0
배우자	30	13	23	5	6
손자	9	9	6	9	7
다른 친척	4	12	6	10	0
기타	5	11	12	15	7

출처: Adapted from Tatara, T., & Cyphers, G. (1998). *The National Elder Abuse Incidence Study: Final Report.* Washington, DC: The National Center on Elder Abuse, pp. 4-23, 4-24, 4-27, and 4-29. Retrieved on September 5, 2010, from http://aoa.gov/AoARoot/AoA_Programs/Elder_Rights/Elder_Abuse/docs/ABuseReport_Full.pdf.

보호시설에서의 학대 INSTITUTIONAL MALTREATMENT

피해자의 주거환경은 노인 학대와 방치의 상관성을 알아내는데 중요한 역할을 한다. 대부분은 낯선 사람에 의해 노인 학대가 이루어진다고 생각하고 그 이외에도 비인격적인 보호시설에서도 학대가 이뤄진다고 생각한다. 사실, 대부분의 노인은 보호시설에서 조차 살지 않는다. 이러한 수치는 연령에 따라 증가한다 할지라도, 노인의 4%만이 요양원이나 다른 보호시설에 거주한다(Administration on Aging, 2010). 원 자료 수치를 조사하니, 대략 1백 44만 명이 허가를 받은 요양원에서 생활하고 있음을 알아냈다(Administration on Aging, 2010). 결과적으로, 노인들 중 적은 비율만이 이러한 시설에서 학대받을 위험에 처해있는 반면 많은 노인은 시시각각 위험에 방치되어 있다.

보호시설에서의 학대 정도 Extent of Institutional Maltreatment

불행히도, 주거시설에서의 노인 학대에 관한 연구는 미미했다. 그러나 존재하는 어떤 데이터든 학대와 방치가 드문 일은 아님을 보여준다. 요양원 직원을 조사한 Pillemer 과 Moore(1989)는 응답자의 3분의 1이상은 적어도 한번은 신체적 학대 사건을 목격했고, 12개월 동안 10명 중 8명은 언어나 정신적인 학대 사건을 봤다고 보고했다. 흥미롭게도, 응답자의 10%는 자신이 신체적인 학대를 범했다고 인정했고, 40%는 언어/정신적 학대를 인정했다. MacDonald(2002)는 요양원 직원의 58%는 다른 직원이 요양원에 거주하는 사람에게 소리치는 것을 목격했고, 11%는 그들을 위협하고, 21%는 밀쳐지거나 떠밀려 나가는 것을 보고, 12%는 화가 나서 때리는 경우를 목격했다고 설명했다. 신체적 학대의 가장 흔한 형태는 과도한 제지를 가하는 것이다.

직원 조사에 있어서 하나의 문제점은 그들은 학대나 방치를 목격한 것에 대한 신고에 초점을 둔다는 것이다. 이러한 연구에서 발생할 수 있는 것은 많은 응답자들은 같은 사건을 목격할 지도 몰라서, 학대를 신고하는 응답자의 비율이 많다고 결론짓는다. 이것은 같은 연구에서 학대를 가한 것에 대한 자기 신고(self-reports)는 학대를 목격한 것에 대한 수치보다 적다는 사실로 어느 정도 증명되어진다. 요양시설 근무자와 노인들의 가족에 대한 조사는 보호시설에서의 학대를 측정하는 대안적인 방법이다. Georgia 요양원 근무자와 그들의 가족에 대한 조사로 얻은 데이터에 따르면 응답자의 44%는 신체적 학대를 신고한 반면 48%는 오히려 일부 직원에게서 거센 저항을 받았다고 밝혔다(Atlanta Long-term Care Ombudsman Program, 2000). Michigan 조사로부터 얻은 데이터는 학대의 한 유형을 경험한 노인은 학대의 다양한 형태(multiple form)의 피해자가 또한 되기 쉽다고 밝혔다(Post et al., 2010).

보호시설에서는 절도가 아주 흔한 학대의 또 다른 전형으로 여겨진다. 대부분의 경우 증거가 입증되지 않거나 요양원 직원들의 느낌에 근거(Harris, 1999; Harris % Benson 1996의 예)한 반면, 직원에 대한 한 조사는 4%는 절도를 시인했고, 10%는 다른 직원이 거주인의 물건을 훔치는 것을 봤다고 밝혀냈다(Harris & Benson 1998). 환자에 대한 조사에서 50%는 다른 방에서 훔친 물건을 가져온 적이 있다고 말했다(Kruzich, Clinton, & Kelber, 1992). 보호 시설의 학대 중 다른 형태는 사기성 의료 계산서, 불필요한 물리적/화학적 제지와 사회적 격리를 포함한다.

이러한 제한적인 조사 데이터가 학대가 보호시설, 요양원에서 흔하다는 것을 보여주는 반면, 요양원이나 주거 보호 시설에서 그런 행위를 언급한 곳은 거의 없다. Doty 와 Sullivan (1983)은 1980년 미국에 있는 요양원 중 단 7%만이 학대를 신고했다고 언급했다. 2001년 미국 하원의 보고서는 2년의 시간에 걸쳐 요양원 중 단 10%만 거주인을 대상으로 한 실제 피해를 언급했다고 밝혔다(Hawes, 2003). 미국 회계 감사원(U.S. General Accounting Office)은 Illinois의 언급된 시설 26군데 중 단 한 곳에만 주민 벌금형을 처했다. 이러한 수치는 직원이나 거주인에 대한 조사에서 밝혀진 것 보다 상당히 적은 수치였다. 이 같은 차이의 이유는 사건이 당국이나 다른 관할 기관에 있는 감독기관에 보고되지 않았음을 의미한다. 공식적인 학대 신고에 있어 사고건수가 저조한 것에 대한 타당한 다른 한 가지 이유는 많은 사건이 단순히 적절한 시기에 신고 되지 않았다는 사실이다. 그래서 사건이 발견되지 않았다고 결정을 내려 버린다(Payne & Fletcher, 2005). 이는 회계감사원에서 취하는 입장이다(General Accounting Office 2002). 노인 의료 보호제도와 저소득층 의료보장 제도를 위한 센터(Centers for Medicare and Medicaid Services) (요양원 대상 감독 기관) 학대와 방치혐의에 대한 다양한 신고 지침을 명령했고, 회계감사원은 대부분의 주(州) 기관은 규정에 따라서 즉각 통보되지 않았다고 언급했다. 실제로, 신고의 거의 3분의 2는 요구한 마감일이 2일 이상 지나서 신고처리 되었다(GAO, 2002). 불가능한 것이 아니라면, 이러한 지체가 조사 단체가 중요한 수사를 착수하는데 더욱 어렵게 만들기 때문에 문제가 된다. 지체되고 나면 보통은 목격자와 이야기 하는 것은 어렵고, 목격자나 피해자는 분명히 사건을 기억해 낼 수 없거나 증거는 경찰이나 다른 수사를 위해 더 이상 유용하지 않게 된다. 이러한 결과를 기초로 하여, 회계감사원(GAO, 2002)은 보호시설에서 학대에 관한 신원 확인과 수사를 개선하기 위한 몇 가지 권고사항을 만들었다(표 11-8).

표 11-8 요양원 주거인을 보호하기 위한 GAO 권고사항

- 주 조사 단체는 요양원이 거주인의 신체적인 혹은 성적인 학대의 혐의를 신고하거나 조사 단체가 학대를 주장하는 것에 대한 불만신고를 확인하는 즉시 지역 법률 집행 단체나 저소득층 의료보호 사기 통제 부서(Medicaid Fraud Control Units)에 반드시 통보하라.
- (1) 불만 신고 전화번호가 분명히 명시된 새 포스터를 배포하고 (2) 주(州) 조사단체는 이러한 번호를 반드시 지역 전화번호부에 눈에 잘 띄게 수록해야하며 단체학대를 하는 요양원을 신고하는 단체에 대한 교육 캠페인을 서둘러라.
- 주(州) 경찰과 요양원 거주인을 학대한 죄가 있는 사람의 취업을 금지하기 위해서 국가 요구 사항을 따르는 관례를 체계적으로 이용하라. 필요하다면, 반드시 준수해야하는 특별한 지침서를 개발하라.
- 학대의 정의를 분명히 하는 한편, 주(州)는 반드시 정의를 일관적이고 적절하게 적용해야 한다.
- 간호조무사의 레지스트리 서류에 주(州) 조사 기관은 학대의 결과를 포함하는지 여부를 결정하는데 걸리는 시간을 줄여라.

출처: U.S. Government Accountability Office (2002). *Nursing Homes: More can be Done to Protect Residents from Abuse.* Washington, DC: U.S. General Accounting Office, p. 27. Retrieved September 5, 2010, from http://www.gao.gov/new.items/d02312.pdf.

보호 시설 학대의 원인 Causes of Institutional Maltreatment

노인의 복지를 위해 존재하는 정상적인 시설에서 학대를 유발시키는 요소는 무엇일까? Pillemer (1988) 서로 밀접한 관련이 있는 4가지 요인을 포함하는 모델을 제시했다. 이러한 요소 중 첫 번째는 보호시설의 업무에 더 크게 영향을 미치는 **외생 요인**(*exogenous factors*)이다. 예를 들면, 요양원과 가능한 침상의 수가 비교적 적다는 것은 고객들의 선택의 폭이 좁고, 형편없는 시설은 여전히 수요가 있을 것이라는 의미이다. 이와 유사하게, 지역사회의 낮은 실업률은 이러한 시설에서 취업 가능한 자질을 갖춘 직원을 고용하기가 더욱 어려워진다는 결론 때문일지도 모른다(Bennett et al., 1997).

요양원 환경(*nursing home environment*)은 학대를 유발하게 되는 두 번째 요인이다. 양육권 오리엔테이션 및 요양시설 거주 노인의 요구에 초점을 맞추지 않는 보호시설은 학대의 수준이 훨씬 더 높을 것이다. 또는 형편없는 감독, 직원과 환자간의 적은 비율, 저임금과 높은 직원 이직률 등은 노인 환자에 대한 관심을 덜 가지게 될 수도 있다. 한 의료 서비스 직원이 설명한 것처럼:

> 밖에서 담배피우는 직원을 보고 누군가를 찾으며 복도를 돌아다니는 작은 노부인을 보게 된다(DeHart, Webb & Cornman, 2009: 364).

잠재적인 관심사의 세 번째는 **직원 특성**(*staff characteristics*)을 포함한다. Pillemer (1988) 은 젊은 직원과 교육을 덜 받은 직원들은 노인에 대해 관심을 덜 보이기 쉽다. 이러한 직원들은 그들의 의무를 노인에 대한 구금이라는 태도를 취한다. 극도의 스트레스와 피로를 경험한 직원 또한 학대 사건을 일으키는데 원인이 된다(Harris, 1999).

요인의 마지막 범주는 환자의 특성을 반영한다(Pillemer, 1988). 건강상태가 나쁘고 가난하거나 사회적 능력이 악화되어가는 노인환자들은 추가적인 도전(challenge)을 제기하고 보호시설 직원에게 더 많은 요구를 한다. 요양원 거주인의 상당한 수는 환자가 더욱 거세게 치료에 저항하기도 하며, 때로는 치매를 앓고 있기도 하다. 결과적으로, 일부 직원은 부적절한 방식으로 대응할 수도 있다. 의료 서비스 직원이 연구원에게 전달한 한 상황을 살펴보자:

> 어느 날 들어오니 양동이와 걸레를 쥐고 있는 작은 한 남자가 있었다.... 직원은 그에게 구석에서 소변을 보라고 양동이를 주었다. [직원은] [거주인에게] 청소를 하게 시키고 있었다. 그리고 이 [직원은] "만약에 하지 않으면, 그가 청소를 했는지를 확인할 것이고 그 다음 그에게 다시는 그렇게 하지 말 것을 가리킬 것이라" 생각했을 지도 모른다고 나는 생각하고 있었다. 어떤 누구도 구석에서 소 변을 보지 말 것을 배우지는 않을 것이다. 만약 그들이 구석에서 소변을 보지 않을 수 있었다면 어쨌든 그들은 여기에 있지도 않았을 것이다 (DeHart et al., 2009: 371).

예를 들어, 복도를 돌아다니는 환자는 행동을 제어하기위한 수단으로서 침대 저항을 하기 쉬울 수 있다(Schramberg & Gaus, 1999). 학대 사건을 악화 시키는 것은 노인의 사회적 격리일지도 모른다(Pillemer, 1988). 방문객의 부재는 학대와 방치가 발견되지 않은 채 발생할 수 있음을 의미한다. 예를 들어:

> 음식을 먹여주어야 하는 경우에는 항상 문제가 된다. 특히 만약 그들이 스스로 먹을 수 없다면...[거주인에게] 밥을 먹여주는데 한 시간에서 한 시간 반이 걸릴 수도 있고, 그녀에게 강제로 먹일 수는 없다. 그렇지 않으면 [직원은] "될 대로 되라지"하고 식사 확인서에 서명하거나 위로 연결되는 관을 삽입한다.(DeHart et al., 2009: 364)

Bennett et al. (1997) 보호시설에서 잠재적인 학대의 다양한 표시나 지표를 제공했다. 다른 지표는 학대의 다른 유형과 부합한다. 신체적 학대의 표시는 설명되지 않는 상처나 타박상, 불량한 위생, 이유가 밝혀지지 않은 사고나 지나치거나 반복적인 치료의 필요성을 포함한다. 고조된 불안감, 동요, 금단이나 두려움, 다른 환자나 방문객으로 부터의 고립과 지저분해 보이는 거주인은 정신적인 학대를 의미한다. 마지막으로, 착취는 분실물, 필수품을 구입하기에 부족한 환자의 무능력, 또는 환자 용돈의 부정 유용을 의미한다.

보호시설의 학대에 대한 반응 Responding to Institutional Maltreatment

대부분의 관할 구역은 보호시설의 학대와 방치에 대한 사건을 다루기 위한 특별법을 통과시켜왔다. 예를 들어, Ohio는 "시설의 거주인이나 환자에 대해" 학대나 방치를 저지르는 것을 "보호시설을 소유한 사람, 운영하거나 관리한 사람, 또는 대리인이나 직원" 누구라도 금지시켰다(Ohio Revised Code, 2010, § 2903. 34). 수사를 위한 책임과 이 법의 위반을 집행하는 것은 지역 법 시행차원이 아니라 주(州) 검찰 총장의 몫이다. 민사책임에 대한 청구는 주나 지역 수준에서 다뤄질 수 있다. 연방제의 수준에서는, 1987 요양원 개혁법(Nursing Home Reform Act)은 학대와 방치, 부당한 규제의 사용을 포함한 금지된 행동의 다양한 유형을 그려냈다. 더욱 최근에는, 앞에 언급했던 것처럼, GAO(2002)는 이 문제를 다루기 위한 첫 단계로서 거주시설에서의 학대에 관한 신고와 수사를 개선하기 위한 제안을 했다. 표 11-9에서 보이는 것처럼, 요양원 거주인은 특정한 요구를 할 권리가 있다는 인식 또한 커지고 있다.

노인 학대에 관한 이론 THEORIES OF ELDER MALTREATMENT

노인 학대를 야기하는 것은 무엇일까? 왜 발생할까? 이 질문에 대한 명쾌한 정답은 없다. 연구자들은 다양한 설명을 검토 해 왔다. 일반적으로 말해, (1) 개인 내적인 요인 (2) 상황적 측면, (3) 상징적 상호 작용, (4) 사회적 교환(exchange)과 (5) 사회적 태도에 기초

표 11-9 요양원 거주인의 권리

요양원 거주인에게는 법적으로 일정한 권리와 보호책이 있다. 요양원은 이를 목록화 해야 하고 모든 새로 온 거주인에게 이러한 권리에 관한 복사본을 나눠주어야 한다. 이러한 거주인의 권리에 포함된 일부이다: • 위엄과 존경으로 대우받아야 할 권리 • 요양원에 들어오기 전 서비스와 수수료에 관해 서면을 제공받을 권리 • 당신 소유의 돈을 관리하거나 대신 믿고 해 줄 수 있는 다른 사람을 선택할 권리 • 다른 사람의 권리, 건강이나 안전을 침해하지 않는 한 개인 사생활을 보호받고 당신의 소지품이나 재산을 지키고 사용할 권리 • 건강 상태, 약물 치료와 병원에 다니는 것에 관해 알 권리. 약물과 치료를 거절할 수 있는 권리 또한 있다. • 당신의 일정(예를 들어, 기상과 취침 시), 활동과 당신에게 중요한 다른 우선순위를 결 정할 수 있는 권리 • 당신의 편안함을 극대화 하는 집과 같은 환경과 가능한 한 독립적으로 당신에게 도움을 줄 수 있는 환경에 있을 권리

출처: U.S. Department of Health and Human Services (2008). *Your Rights as a Nursing Home Resident.* Baltimore, MD: Centers for Medicare & Medicaid Services. Retrieved on September 5, 2010, from http://www.medicare.gov/NHCompare/static/tabSI.asp? language=English&activeTab=3&subTab=15&version=default.

한, 이러한 다른 접근법은 5가지 기본 집단이나 범주에 꼭 들어맞다. 반면 일부 관찰자들은 더욱 일반적인 시각을 알아보는데 편리한 대안적인 분류 방식을 제안하기도 한다.

개인 내적 이론 Intraindividual Theories

개인 내적 이론은 학대자는 근본적으로 약간의 병적인 질환을 앓고 있다는 생각에서 비롯한다. 본질적으로 그나 그녀가 사납게 행동할 수밖에 없는 가해자 측면의 어떤 문제가 있다. 이러한 범주에 있는 일부 명백한 요인은 술과 다른 약물 의존, 정신병이나 정신 지체, 세대 간의 행동에 관한 원인과 변화하는 삶의 기대에 대처하지 못하는 능력이 해당된다.

학대가 개인 내적인 요인에서 나온다는 생각에 상당한 지지가 있다. 신체적 학대의 가해자는 보통은 정신적으로 감정적인 문제를 가지고 있고 정신병원 입원 기록이 있을 가능성이 더욱 높다(Wolf & Pillemer, 1989). 술이나 다른 약물에 대한 심한 의존은 범죄자들 사이에선 흔한 특징이다(Anetzberger, Kobin, & Austin, 1994; Champlin 1986; O'Malley et al., 1983; Quinn & Tomita, 1986). Fattah와 Sacco(1989)는 약물 남용은 두 가지 방식으로 학대에 영향을 줄 수 있다고 지적했다. 우선 폭력이나 절도에 대한 자제심을 줄인다거나, 피해자를 적절히 보살피는 사람으로서의 능력을 제한 할 수도 있다. 정신 질환의 부정적인 피해에 대해서도 유사한 주장을 할 수 있다.

세대 간 폭력의 전파에 관한 생각에 동조는 지지자들은 아동 학대와 배우자 학대에 대한 선행 연구들을 통해 부모가 폭력을 승인하는 것이 자식에게 서서히 주입된다고 한다. 이와 같은 논쟁을 노인 학대와 방치에 대해 적용시키는 것은 논리적인 비약이다. 사실, 노인 학대 연구자들은 그들의 논쟁을 뒷받침하기 위해 아동학대와 배우자학대 연구에 의존한다(Quinn & Tomita, 1986). 주된 차이는 공격을 위한 출구에 있는 것 같다. 학대받은 아이가 성장하고 그나 그녀의 아이를 학대하는 것이 아니라, 학대 받은 아이가 성장하여 최초 학대를 범한 부모에 대해 앙갚음을 한다는 것이다(Pillemer, 1986). 그러나 이 연구는 심각한 설계 결함과 경험적 근거가 미약하다. 세대 간 전파가 타당한 설명인지 아닌지에 대한 결정에 이르기 전에 더 많은 연구가 행해 질 필요가 있다.

상황적 측면 Situational Aspects

노인 학대와 방치에 대한 상황적 설명은 피해자와 가해자의 사회적, 환경적이고 경제적인 상황을 다루는 일련의 요인을 반영한다. 일부 공통요인은 의존감, 스트레스와 사회적 고립이다. 각각에 대한 잠재적인 영향은 순차적으로 논의된다.

일용 활동과 특별한 보조를 위해 다른 사람에게 의존하는 것은 학대의 주된 원인으로 나타난다. 노인은 최저생활을 위해 돌봐주는 사람에게 아주 의존하기 때문에 피해자가 될지도 모른다. 그러나, 현실은 학대자는 경제적으로 그들의 피해자에게 의존하는 경향이 있다(Anetzberger, 1989; O' Malley et al., 1983; Wolf & Pillemer, 1989). 학대는 돌보는 사람이 노인을 보호하면서 노인에 대한 엄청난 분노를 품게 될 때 가장 쉽게 발생한다.

일부 관찰자 들은 스트레스를 학대와 방치의 주된 원인으로 간주한다(Phillips, 1986). 이 관점에 따르자면, 가해자는 그나 그녀가 긴장을 촉발한다고 인지하는 개인이나 상황에서 갑자기 과격해지게 된다. 더욱 명백한 스트레스 요인 중 일부는 다른 사람을 돌봐야 한다는 강도(intensity)와 부담(O' Malley et al., 1983; Quinn, 1990; Quinn & Tomita, 1986; Schlesinger, 1988; Steinmetz, 1983, 1988), 연장 치료(extended care)에 따른 경제적인 압박감(Champlin, 1986; O' Malley et al., 1983; Shell, 1982; Wolf & Pillemer, 1989)와 허술한 관리인 교육(Steinmetz, 1988), 다른 이와 동거하며 없어진 개인 사생활 이다(Anetzberger, 1989; Steinmetz, 1988). Steinmetz(1988)은 노인은 때로는 그들의 관리인으로부터 원하는 것을 얻기 위해 사생활을 침해하고, 울고, 소리치거나 죄를 이용하거나 다른 술책에 의지해야 함을 느낀다고 지적했다. 이러한 전술에 대한 지속된 의존은 학대자로 하여금 노인에 대한 보복을 통하여 해결할 수 있는 긴장을 일으킬 수 있다.

노인 학대에 기여하는 또 다른 상황적 요인은 참여자에 의해 경험한 사회적 고립이다. 가족 부양의 부족은 의존성과 스트레스 둘 다 악화시킬 수 있다(Anetzberger, 1989; Steinmetz, 1983, 1988). 예를 들어, 부모를 돌보는 자식은 다른 형제자매는 자신과 같은 도움을 부모에게 주지 않다는 사실에 분노할지 모른다. 확실히, 학대하는 상황은 한정된 부양 체계에서 자주 좌절감을 느끼는 보호자에 의해 이루어지고 있음을 연구는 보여준다(Kosberg, 1988; Pillemer, 1986; Quinn & Tomita, 1986; Wolf & Pillemer, 1989). 결론적으로, 의존감, 스트레스, 사회적 고립과 다른 상황적인 요인은 학대와 방치를 촉발시킬 수 있고 마찬가지로 학대의 다른 원인으로 작용할 수도 있다.

상징적 상호 작용 Symbolic Interactionism

노인 학대를 설명하는 상징적 상호 작용설은 시간에 따라 개인 역할은 변한다는 것을 전제하고 있다. 참여자는 그들이 변화하는 "현실"을 바라보고 해석하는 새로운 방식에 따라 그들의 기대와 반응을 바꾸게 된다. 본질적으로, 현실은 그들 주위에 무슨 일이 일어나는지를 어떻게 해석하고 그들의 환경에 대해 어떻게 반응할 것인가에 대한 결과이다.

노인 학대는 부모와 자식 모두를 대상으로한 극적인 **역할 전환**(*role reversal*)을 의미한다. 과거에 노인들은 기본적인 수입을 제공하였고, 주요한 결정을 내리는 등 가부장으로서 역할을 했다. 그 당시 자식은 완전히 부모에게 의존했다. 해가 거듭하면, 부모는 그들의 권력을 넘겨준다. 그들의 복지가 시들게 된 부모는 자식에게 아주 의존하게 되며, 아주 많은 새로운 요구를 하고, 이전보다 더욱 도움을 필요로 하게 된다. 본질적으로, 부모와 자식은 위치를 서로 교대하고 새로운 역할을 맡게 된다. 많은 사람은 이런 새로운 책임을 받아들이는데 준비가 되지 않은 상태이거나 꺼리게 된다. 이는 종종 학대와 방치로 나타나게 된다(Galbraith, 1989; Phillips, 1986).

노인이 변화하는 요구에 직면하고 기본적인 도움을 타인에게 의지하기 시작할 때, 그나 그녀는 다양하게 상황을 재정립한다. 어떤 의미에서, 부모는 돌보는 사람에게 그나 그녀 자신을 무거운 짐으로 간주 할지 모르고(Quinn & Tomita, 1986), 결국, 조용히 어떠한 학대든 받아들일 지도 모른다. 그렇지 않으면, 노인은 돌봐주는 사람에 대해 불만을 가지고, 부당한 요구를 하고, 언제 어떻게 부모가 바라는 것을 해주지 않는것에 대해 단순히 부모를 무시한다고 느낄 수도 있다(Phillips, 1986; Shell, 1982). 노인들은 싸우거나 소리치고 짜증을 부리고 부양하는 사람의 개인 생활을 침해할 수도 있고 아니면 다른 부적절한 방식으로 반응할지도 모른다(Quinn & Tomita, 1986). 부양하는 사람은 이와 같은 행위를 제한하고 이에 대하여 노인에게 부적절하게 대우 할 수 있다. 노인과 부양자 둘 다로 인한 이러한 행동 양상은 쉽게 학대와 방치로 이어질 수 있고 학대하는 행위에 대한 해석으로 결론 낼 수 있다(Phillips, 1986).

사회적 교환 Social Exchange

상황적이고 상징적 작용의 접근과 밀접한 연관이 있는 것은 **사회적 교환 이론**(*social exchange theory*)이다. 양 측이 교환하면서 무언가를 받게 되는 한, 사람들은 적당히 상호작용하고, 각 측은 상대방이 그나 그녀를 공평하게 대했다고 느끼게 된다(Galbraith, 1989). 일반적으로, 교환의 양측에 의해 상황에 적용된 공정한 힘(power)과 원천(resources)에 대한 가정이 존재한다.

노인이 점점 다른 사람에게 의존하게 됨에 따라, 그들은 점점 교환의 관계에서 덜 주는 입장에 서게 된다(Phillips, 1986). 이런 불공평이 일정기간 계속된다면, 양측 간에 강력한 불균형이 생기게 된다(Geroge, 1986). 양측은 과거의 서로의 전력 때문에 이러한 불균형을 축적시킬 지도 모른다(Cicirelli, 1986).

불균형의 교환 관계에 있는 노인은 죄의식이나 괴로움에 반응하게 될지 모르고(George, 1986), 그나 그녀는 더 이상 관계를 제어할 힘이 없다고 인식할 지도 모른다(Phillips, 1986). 부양하는 사람은 관계가 정당하지 않다고 깨달을 수 있다. 그나 그녀는 필요한 서비스가 줄어들거나 아니면 이것이 아무런 수익 없이 제공 되어 지고 있다는 사실에 분노할 수도 있다. 그런 사람은 불균형을 바로 잡기 위한 방식으로서 학대나 방치를 통해 가혹한 비용을 노인에게 부과할 것을 택한다(Phillips, 1986). 학대당한 한 구성원은 교환에 있어 그나 그녀의 의존적인 위치를 인식하며 조용히 학대나 방치를 수용할 수도 있다.

사회적 태도 Social Attitudes

학대를 설명하는 마지막 이론적 관점은 나이가 들어가는 것과 노인에 대한 사회적 태도이다. Quinn 과 Tomita(1986)은 태도 그 자체가 학대와 남용을 일으키지는 않는 반면, 여론은 학대를 쉽게 발생시키고 번성하게 만든다고 지적한다. **노인차별**(*Ageism*)은 기본적으로 노인을 폄하하는 위치에 두면서 나이든 사람에 대한 고정관념을 형성시키고 그들의 나이로인해 그들을 다르게 대한다(Hudson, 1988). 이러한 다양한 요인은 노인과 그들의 고통에 대해 일반적인 문제의 원인이 된다. 여성과 아동에 대한 역경에서 과거가 역할을 한 것과 마찬가지로, 세대 간의 상호작용의 역사적인 기록은 약간의 통찰력을 제공한다. 앞에 언급한 것처럼, 사회의 나이든 구성원은 보통 죽음이나 주요 대립을 통해서만 힘을 행하며, 가족을 엄격히 통제해 왔다(Stearns, 1986; Steinmetz, 1988). 과거 부모와 자식 간에 진전되었던 적대감은 오늘날 노인이 치료와 부양을 위해 독립적인 자식에게 의존할 때 다시 나타날 지도 모른다.

두 번째 요인은 노년, 특히나 아주 노년은, 현대사회에서 발생한 적이 없다(Quinn &

Tomita, 1986). 전 세기의 가족은 대 가족으로부터 벗어나 심지어 국가를 달리하며 흩어져 있는 정도도 다르다. 이것으로 대부분의 시민은 나이든 가족 구성원으로부터 떨어지게 되었고, 그들을 쉽게 도울 수 없다. 늘어난 인간 수명과 인간을 더욱 오래 살게 하는 의학적 진보와 더불어, 사람들은 나이가 들어감에 대해 알 수 없는 것들과 직면하게 된다. 노인들은 노동인구의 범위 밖에 있으므로 신체적, 경제적 능력이 부족하고, 그들이 쓸모가 없다는 인식에 직면한다. 이와 같은 노인 차별의 사회적 태도는 학대와 방치를 더욱 감내하기 힘든 정도로 만들게 된다.

노인 학대에 대응하기 RESPONDING TO ELDER MALTREATMENT

노인 학대와 방치에 대한 사회적 반응은 발전 단계에 따라 여전히 크다. 과거 10여년 이내에 한해 특별히 미국 노인의 권리와 요구를 다룬 공식적인 법률이 있다. 1984년 가정 내 폭력 예방과 처리 법(Family Violence Prevention and Treatment Act)은 아마도 노인 학대를 금지하는 초기의 법률이었다. 같은 해에, 미국 노인 법(Older American Act)에 대한 개정안은 주는 학대 시설에 대해 평가하고, 현재 운영하는 프로그램을 확인하여, 노인 학대의 문제를 다룰 것을 지시했다(Rinkle, 1989). 1993년의 미국 노인 법령에 대한 재인가는 옴부즈맨 프로그램, 학대와 방치 보호 프로그램과 합법적 지원을 포함하여, 노인 보호를 처리하는 새로운 주민 법안 발의를 포함하고 있다. 물론, 이 같은 계획의 효과는 미래에 평가되어져야 할 것이다. 관련 법률의 발의가 점차 늘어나고 있는 가운데, 아마도 가장 괄목할 만하고 성공적인 계획은 의무적인 노인 학대 신고법의 증진이었다.

의무적 신고 Mandatory Reporting

언뜻 보기에도, 의무적인 신고는 노인 학대 문제를 해결하는데 좋은 첫 단계라 가정하는 것이 합당해 보인다. 그러나 흥미롭게도, 의무적인 신고를 하는데 엄청난 저항이 있었고 이러한 노력에 대한 수많은 비판이 있었다. 현재 대부분 주(州)는 암묵적이든 명시적이든간에 노인 학대에 대한 의무적인 신고법의 일부 형태가 남아있다. 앞서 언급한 것처럼, 노인 의료 보호제도와 저소득층 의료보장 제도를 위한 센터는 연방 준비은행 준비금과 보상을 받는 시설은 이러한 규제를 따라야만 하고 학대와 방치에 대해 주(州) 차원의 기관에 신고해야 하는 몇 가지 절차를 규정하고 있다.

표 11-10은 노인 학대의 의무 신고를 관리하는 Florida 법에서 발췌한 것이다. 두 가지 중요한 의견을 도출해 낼 수 있다. 첫 번째, 신고요건은 주로 공무원이나 잠재적인 피해자와 쉽게 접촉할 수 있는 단체의 직원으로 제한되어진다. 이러한 범주에 포함되지 않는 사람들은 의심되어지는 학대를 신고하는데 법률상의 의무가 없다. 두 번째, 누가 의심되어지

표 11-10 Florida의 의무인 신고조항

(1) 의무적 신고-

(a) 아래 사항에 해당되는 자는 누구든지:

1. 내과 의사, 접골의, 검시관, 척추 지압의, 간호사, 긴급의료원, 응급구조 대원이나 입원, 검사, 치료나 연약한 성인의 치료와 관련 있는 병원직원
2. 아래내용 11에 있는 것 이외에 건강 전문가나 정신 건강 전문가
3. 전적으로 정신적인 방법으로 치유에 의존하는 의사
4. 요양원 직원; 주거시설 직원을 돕는 자; 성인 주간 보호 센터 직원; 성인 가족 보호 시설 직원; 사회 복지사; 아니면 전문적인 성인 보호, 거주나 보호 시설 직원
5. 주, 국가나 지역 범죄 사법 직원이나 법 집행 공무원
6. 공공 관리소 설립에 관한 조사를 수행하는 상무부(Department of Business and Professional Regulation) 직원 누구나
7. Florida 변호사 자문 위원회 회원이나 장기 치료 옴부즈맨 위원회 회원; 아니면
8. 은행, 저축 대부 조합이나 신용 조합 직원, 신탁 관리자는 학대 받아 왔거나 받고 있고, 방치되어 있거나, 아니면 착취당하고 있는 취약한 노인이라고 의심하기에 합당한 근거를 알거나 가지고 있는 직원은 즉시. 그런 사실이나 의혹을 중앙 학대 긴급 직통 전화로 신고해야 한다.

출처: *Florida* 법(2009), §415.1034.

는 학대를 보고해야 하는 가에 대한 특징은 다소 주(州)마다 다르다. Florida에서는 은행 직원과 공공 시설의 조사관은 신고를 해야 한다. 세 번째, 표 11-10이 이러한 정보를 보여주지 않는다 할지라도, 아동학대 장에서 본 것처럼 "선의의 기준(good faith standard)"이 노인 학대로 확대된 것이다. 마지막으로, 변호사와 고객과 성직자와 참회자를 제외하고, 면책보도는(priviliged communications)(예, 의사-환자, 남편-부인, 기타 등등) 노인 학대의 경우에는 철회 되어진다(*Florida* 법, 2009, §415.1045(3)).

그러한 노력에 대한 엄청난 비판을 감수하면서도 신고를 장려해왔다. 흔히, 이러한 신고법은 노인 학대와 방치를 정의하고, 학대가 누구에게 신고 되어져야 하는지를 확인하고, 학대 신고를 불이행한 경우 벌금을 부과하고, 일단 학대가 행해지면 신고와 함께 무엇을 해야 할 지를 요약해 내는데 실패했다(Blakely & Dolon, 1991; Payne, 2005; Quinn & Tomita, 1986; Roger & Ursel, 2009; Thobaben, 1989). 수많은 다른 문제는 또한 의무적 신고법에 따라 규명 되어졌다. 첫 번째, 법은 일반적으로 학대에 대한 신고건만 다르게 되고, 신고에 대한 후속 조치나 문제에 대한 해결책을 제공하고 있지 못한다(Anetzberger, 1989). 두 번째, 이러한 제도에 비판하는 사람들은 이러한 법이 개인의 사생활을 침해 한다고 주장한다. 이 논쟁의 가장 좋은 예는 의사가 의심되어지는 학대 사건을 신고해야 하는 법을 포함하고 있는데, 이는 환자-의사간의 비밀을 위반한다고 주장한다(Crystal, 1986; Macolini, 1995;

Rodriguez et al., 2006). 세 번째, 의무적 신고는 가해자 보다는 피해자에 초점을 둠으로써 노인 차별을 오히려 강화한다는 것이다.(Anetzberger, 1989; Payne, 2005; Quinn, 1990; Quinn & Tomita, 1986). 이러한 법들은 학대의 피해자를 알아내고 가해자에 집중하는 것이 아니라, 보통은 가정에서 피해자를 내보내거나 학대 피해자에게 책임을 묻는 것에 대한 반응을 유도한다(Crystal, 1986). 네 번째, 사회복지직원과 일반 대중에게 노인 학대를 알리는 국민들의 의식 캠페인을 만들 필요가 있다(Gironda et al., 2010; Roger & Ursel, 2009). 다섯 번째 비난은 이러한 노력들이 노인을 아동, 정신장애가 있는 사람, 그리고 그들 스스로 의사결정을 할 수 없는 기타의 사람들의 범주에 둔다는 것이다. 그러므로 이 법은 노인을 성인으로 취급하는데 실패했고, 결과적으로 노인 피해자를 비하하였다.

노인 보호에 더욱 노력하기 위한 이 조치는 Obama 대통령이 2010년 3월 23일에 법으로 통과시킨 Elder Justice Act (노인 사법 법)의 도입부에 분명히 있다. 이 법률은 다양한 조항을 포함하고 있다. 법안의 중심이 되는 것은 발견, 예방과 노인의 고발이다. 노인 학대에 관한 데이터 수집과 보급을 지시하는 보건 후생 장관부서 내에 노인 학대, 방치, 착취에 대한 자문위원회 설립을 포함하고 있다. 연방과 주(州) 차원에서 노인 학대를 다룰 목적으로 사회 공공 기반 시설을 확충하고, 장기 치료를 개선시킬 조치를 취해야 하고 요양원 직원으로 적절한지 가려내야 한다. 알다시피, 이러한 조항의 취지와 보장범위는 노인 학대와 방치에 대한 증대되는 관심사임을 나타낸다.

사회 복지 조항 Social Service Provision

의무신고법과 다른 제정법을 통해 예상된 한 가지 결과는 사회봉사 전문가가 문제를 알리게 될 것이고 적절한 조치를 취할 것이라는 점이다. 다양한 사회봉사 전문가에 대한 조사는 간호사, 사회 복지사와 성직자가 노인 학대를 가장 흔히 다루는 사람들 중 일부이고 그것에 대해 가장 지식이 있는 사람들이라고 밝혔다(Anderson, 1989; Dolon & Hendricks, 1989). 흥미롭게도, 경찰이 직접적인 접촉과 도움뿐만 아니라 법 집행에 있어서도 개입을 최소화 시키는 것을 근원으로 함으로서 학대 신고시에도 법 집행은 최소한으로 개입된다(Dolon & Hendricks, 1989; Fiegener, Fiegener & Meszaros, 1989). 경찰 개입의 상대적인 부족은 사회복지사에 의해 확인된 학대의 가장 흔한 유형이 자발적 방치(self-neglect)라는 사실이기 때문 일 수도 있다(Burnett et al., 2006; Fiegener et al., 1989; Payne & Gainey, 2005; Poythress et al., 2006). 자발적 방치에 대한 의심할만한 법적 상태는 문제로부터 경찰의 개입을 배제시키는 것이다.

연구자들은 사회복지사와 같은 직업인에게 노인 학대문제 처리와 가장 관련된 봉사 요청이 무엇인가에 대한 그들의 견해를 조사해 왔다. 노인 학대 문제에서는 아마도 추가적인 교육에 대한 필요성이 가장 일반적인 대답이다(Blakely & Dolon, 1991; DeHart et al., 2009; Dolon & Blakely, 1989; Fiegener et al., 1989; Gironda et al., 2010). 두 번째 흔하게 나타난 의견은 학대를 다룰 더 개선된 자원에 대한 여지가 있다는 것이다. 국가 조사에 근거한 Blakely 와 Dolon(1991)은 단체 간에 서로 더욱 협력하고, 보다 더 국민의식을 가지고, 노인 학대를 처리하는 직원의 수를 증원하며 더욱 강력한 노인 학대 제정법을 늘리는 것을 포함하여 다른 수많은 요구가 필요함을 알았다. 이러한 응답이 우리에게 말하는 것은 노인 학대를 처리하는 사회봉사 노력은 여전히 초기단계에 있고 해야 할 일들이 많이 남아있음을 알려준다.

각 지역에서는 노인 학대와 방치에 대한 사안을 홍보하기 위하여 이를 위한 특정한 권한(mandate)을 가지고 단체나 단체 내에 사무실을 만들었다(성인 보호 시설과 같이). 종종 이러한 노력은 주(州) 제정법에 의해 보호되고 보건 후생 부서와 같은 단체에 두게 된다. 오늘날 모든 주는 노인에게 맞춰진 보호 서비스의 형태를 일부 갖추고 있다.

그림 11-8은 어떻게 Florida 성인 보호 시설이 업무와 이에 대한 설계를 하는 지를 보여주는 예시다. 학대 신고서를 받자마자 첫 번째 판단은 상황이 비상사태라고 여겨지는지를 결정하는 것이다. 취약한 성인(*vulnerable adult*)이란 신체적이나 정신적 손상 때문에 정상적인 일상 활동을 할 수 없거나 그나 그녀 스스로를 보호할 수 없는 사람을 말한다(*Florida* 법, 2009, § 415.102(27)). 만약 사례가 불안정한 상황에서 살고 있는 취약한 성인을 포함하지 않는다면, 비상사태가 아닌 선에서 시작한다. 비상사태가 아닌 경우 처리과정은 보호시설에 대한 신청서를 수령한 14일 이내에 법정 심문을 요청한다. 이 심문의 목적은 문제의 사람이 추가적인 서비스나 법원의 보호를 요구하는지 여부를 결정하기 위함이다. 만

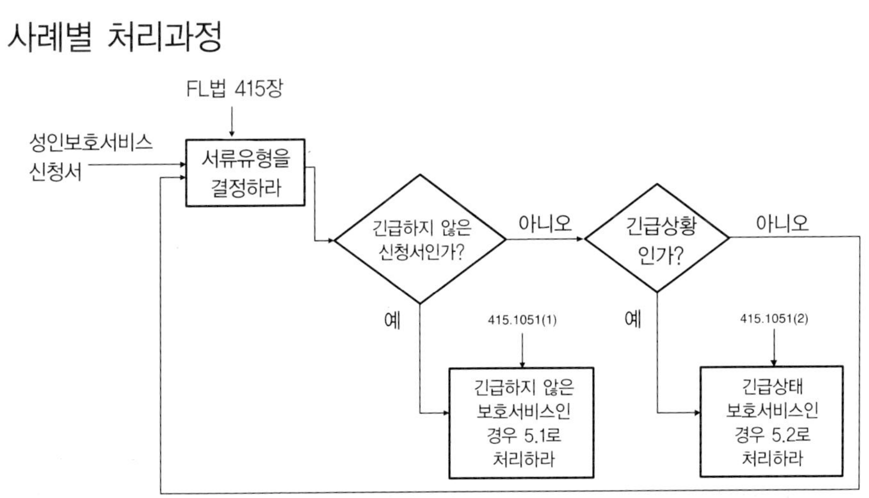

그림 11-8 Florida 성인 보호시설 처리과정 (계속)

표 11-12 노인 학대를 다루는 선별된 인터넷 사이트

미국 퇴직자 협회	http://www.aarp.org
노인 의료 보험과 저소득층 의료보장 제도 서비스 센터	http://www.medicare.gov/defalt.aspx
노인 사법 연합회	http://www.elderjusticecoalition.com
노령화 통계 관련 연방 포럼	http://www.agingstats.gov
국립 보건 통계 센터	http://www.cdc.gov/nchs
국립 노인 학대 센터	http://ncea.aoa.gov/NCEAroot/Main_Site/Index.aspx
국립 은발 위원회	http://natlshc.org/index.cfm
미국 국립 노화 연구소	http://www.nia.nih.gov
사회 보장 제도 온라인	http://www.ssa.gov
미 노화 행정부	http://www.aoa.gov
미 통계국	http://www.census.gov
미 상원 노화 특별 위원회	http://aging.senate.gov

요약하기 SUMMARY

노인 인구의 수가 끊임없이 증가함에 따라, 사회는 새로운 문제와 이슈에 직면한다. 피해자학에서는, 노인은 이 두 광대한 영역에서 관심의 주제로 부상하고 있다. 첫 번째, 노인은 다른 사람과 마찬가지로 범죄의 피해자이다. 두 번째, 노인은 학대와 방치의 피해자로서 특수한 틈새를 차지하고 있다.

사회의 나머지 부분에 대한 범죄와 아주 유사성이 있기 때문에 알려진 것은 노인을 대상으로 저지르는 일반 범죄에 대한 것이다. 절도, 강도, 폭행과 다른 그런 위반들은 형사사법체계에 대한 관심의 전통적인 영역이다. 노인에 대한 범죄와 관련하여 가장 큰 차이는 범죄 자체에 두는 것이 아니라 피해자에 대하여 그러한 범죄의 영향을 보는 것이다.

그러나 노인 학대는 형사사법체계에서 비교적 새로운 문제를 제기한다. 학대는 새롭게 발생한 것이 아닌 반면, 바로 지금 주의를 끄는 현상이라는 것이다. 피해자 연구가는 문제의 복잡한 사항을 알아내고, 그 원인을 캐내고, 몇 가지 해결책을 내기 시작하고 있다. 그러나 이론적이고 실질적인 차원에서 해야 할 많은 추가적인 작업은 남아있다. 짧은 기간이나 두 작업은 노인 학대와 방치를 주요한 문제로서 인식하고 대응에 대한 최고의 대안을 제시하기에는 충분하지 않았다.

제11장의 핵심용어

- 성인 보호 서비스
- 노인 학대
- 교환 이론
- 범죄에 대한 두려움
- 보호시설의 학대
- magnitude issue
- 요양원 환경
- 환자 특징
- 역할 전환
- 은발의회
- 사회 교환 이론
- 피해에 대한 주관적 가능성
- 대체 피해자화
- 취약한 성인
- 노인 차별
- 노인 방치
- 외생 요인
- 노인병학자
- 평균 수명
- 의무적 신고
- 피해에 대한 객관적 가능성
- 위험성
- (감시 단체)sentinel agency
- 상황적 요인
- 직원 특징
- 상징적 상호작용
- 취약성

12
직장과 학교에서의 피해자화
Victimization at Work and School

학습목표

본 12장을 읽고, 아래의 질문에 답해보시기 바랍니다.

- 일상 활동 관점을 통해 직장과 학교 내 피해자화를 설명하라.
- 직장 내 폭력(workplace violence)의 의미와 유형에 대해서 설명하라.
- 직장 내 피해자화의 범위와 직원에게 가장 발생할 위험이 큰 피해자화가 무엇인지 설명하라.
- 직장 내 괴롭힘에 대하여 설명하라
- 직장 내 폭력행위(workplace violence)에 관한 다양한 자료에 대하여 설명하라
- 직장 내 폭력행위에 대한 여러 가지 해석관점을 설명하라.
- 직장 내 폭력행위 방지 프로그램의 핵심 요소를 설명하라.
- 피해자가 고용자 부주의(employer negligence)를 주장하기 위하여 필요한 근거들을 설명하라
- 교내 피해자화(victimization at school)의 유형과 범위를 설명하라
- 학교에서 발생하는 개인 수준의 범죄와 학교 수준의 범죄를 비교하라.
- 교내 피해자화에서 나타나는 학생들의 대응방법을 설명하라.
- 학교에서 범죄 문제를 해결하기 위해서 어떠한 조치를 취하는지 설명하라.
- 위기 상황을 대처하기 위해서 학교에서 취할 수 있는 대응방안을 설명하라.
- 성희롱(sexual harassment)의 정의와 유형에 대해서 설명하라.
- 성희롱의 범위에 대해서 설명하라.
- 성희롱 상황에서 피해자와 회사가 취할 수 있는 대응방안을 설명하라.

서론 INTRODUCTION

앞에서 살펴보았듯이, 피해자화에 관한 많은 논의는 가정(home)에서 나타나는 피해자와 가해자의 행동에 집중하고 있었다. 게다가 가정 폭력의 경우에는 집 내부에서 발생하기

때문에 다른 사회 구성원들에게 가려져 있다는 점에서 이들의 행동을 파악하기가 까다롭다. 하지만 모든 피해자화가 가정 내에서만 일어나는 것은 아니다. 우리가 가정에서의 피해자화에 대하여 관심을 가지는 이유는 많은 피해자와 가해자가 집에서 가장 많은 접촉을 하기 때문이다. 피해자화가 발생하는 또 다른 주요 장소에는 직장과 학교가 있다.

직장과 학교 내에서 피해자화(victimization)와 폭력이 발생하는 주요 장소가 되는 이유는 다양하다. 무엇보다도 일상 활동(routine activities) 개념을 통해 쉽게 설명할 수 있을 것이다. 앞선 내용에서 살펴보았듯이, **일상 활동 관점**(*routine activities perspective*)은 범죄가 장소와 시간에 있어서 세 가지 요소가 일치하는 경우에 일어나기 쉽다고 가정한다. (1) 적합한 대상, (2) 범행의 동기가 있는 가해자, (3) 보호자(guardian)의 부재. 직장과 학교는 이러한 세 가지 핵심요소들을 일반적으로 가지고 있다. 대부분의 성인은 직장을 가져야하고 청소년들은 법에 의해서 학교를 다녀야하기 때문에 첫 번째 조건을 충족시킨다. 이러한 사실은 범죄자 또한 직장과 학교를 다닌다는 점에서 두 번째 조건에도 만족시키게 된다. 직장과 학교에는 다양한 구성원들이 모이게 된다. 이러한 개개인의 집합 속에서 잠재적인 가해자와 피해자가 나타나게 되는 것이다. 세 번째 요소인 보호자의 부재는 많은 학교와 직장에서 나타나는 불운한 부분이라고 볼 수 있다. 학교와 직장의 고용주들은 학교와 직장을 늘 출입하는 사람들에 대한 보호를 제공하는데 소홀히 하였거나 이전부터 안전 조치를 취해야하는 필요성을 느끼지 못하였을 수 있다. 따라서 고용주와 학교에서는 이러한 사실들에 대하여 관심이 없다기보다는 알지 못한 탓에 피해자가 발생한다고 볼 수 있다.

근래에 들어서야 직장과 학교 내에서 안전과 예방의 역할이 큰 집중을 받고 있다. 최근 몇 년 사이에 폭력 사건들이 발생하면서 직장과 학교 내에서의 피해자화에 대하여 언론, 연구소 및 기타 다양한 기관들이 관심을 가지기 시작하였다. 이러한 폭력 사건들에 대하여 관심이 집중되는 모습은 언론에서 가장 쉽게 찾아 볼 수 있다. 직장과 학교에서의 총기 사고는 신문의 1면에 나타날 뿐만 아니라 사고가 발생한 이후에도 몇 주 또는 몇 달 동안 텔레비전에서 방영된다. 그러므로 폭력사고는 직장과 학교에서 발생하는 일상적인 생활의 일부분으로 느끼게 된다.

이번 장에서는 직장과 학교 내에서 발생하는 피해자화, 특히 폭력 사건과 관련된 피해자화에 대하여 분석하고자 한다. 본 장에서는 직장과 학교를 구분하여 논의될 것이며 직장과 학교 내의 피해자화의 개념을 각각 정의하고 이들의 범위에 대해서 설명할 것이다. 또한 이러한 행동이 발생하는 원인을 살펴보고 여기에 대한 대응책을 찾아보도록 할 것이다. 교사 피해자화(teacher victimization)의 경우에서 확인할 수 있듯이 직장과 학교에서 찾아볼 수 있는 유사점에 대해서도 언급되어있다. 또한, 이 주제와 관련되어 있다고 볼 수 있는 성희롱(sexual harassment) 문제도 본 장의 마지막 부분에 제시되어 있다.

직장에서의 피해자화 VICTIMIZATION AT WORK

직장에서 발생하는 범죄는 직장이나 직원들을 대상으로 일어나는 가운데, 직장에서의 피해자화에 대한 논의는 폭력의 문제에 초점을 맞추고 있다. 직장에서의 살인사건이 언론에 자주 등장하면서 최근 몇 년 사이에는 직장 내 폭력에 대한 관심이 증가하고 있다. 물론, 직원이나 전 직원(ex-employee)에 의한 폭력의 경우에는 "우체국으로 가는 것(going postal)"이란 표현을 통해 알려지면서 유명해졌다. 이러한 표현은 우체국 직원이 일으킨 직장 내 폭력행위가 대중에 알려지면서 나타나게 되었다. 하지만 직장 내 폭력은 하나의 행동이나 장소에 국한되어 있는 것은 아니다.

직장 내 피해자화의 정의 Defining Workplace Victimization

아직까지 **직장 내 폭력**에 대하여 합의된 정의는 어떠한 연구에도 찾아볼 수 없다. 다양한 범위의 행위들이 직장 내 폭력의 개념에 포함할 수 있다. 예를 들어, 살인, 폭행, 강도, 강간, 협박, 희롱, 그리고 언어적 · 심리적 압박을 포함한다. The National Institute of Occupational Safety and Health(NIOSH)에서는 직장 내 폭력을 "직장 내 직원이나 근무 중인 직원을 대상으로 물리적인 공격이나 공격하고자 하는 위협을 포함한 폭력 행위"라고 정의한다. 하지만 이러한 정의는 협박, 희롱, 직장내 따돌림, 언어적 폭력의 문제를 다루지 못한다는 문제점을 가지고 있다. 이렇게 직장 내 폭력에 대한 제한적인 정의가 나오게 된 것은 위에서 언급된 폭력 행위의 유형들이 감지되기 어렵기 때문이다.

직장 내 폭력에 대해서 범죄자가 직장에서 근무하는 직원이나 전 직원인 상황으로 제한하여 정의하기도 한다. 또는 범죄자의 신분이 고객이거나 직원, 혹은 전혀 관련 없는 자(complete stranger)에 의한 것에 상관없이 직장에서 직원을 상대로 저지르는 폭력행위는 모두 직장 내 폭력이라고 정의하기도 한다. 범죄자는 집이나 기타 장소에서 발생한 문제점이나 대치상황을 직장에서 야기한 피해자의 친척이거나 친한 사람일 수 있다.

직장 내 폭력을 정의하는데 있어서 직장(workplace)을 구성하는 요소가 무엇인지를 분명히 할 필요가 있다. 많은 사람들은 직장이 상점, 공장, 사무실, 혹은 학교와 같이 특정 장소를 의미한다고 생각한다. 동시에, 직장은 좀 더 넓은 관점에서 바라볼 수 있다. 많은 직장에서는 직원들로 하여금 야외에서 근무를 하거나 넓은 지리적 공간을 움직이도록 요구한다. 수량계 측정자(water meter reader), 경찰관, 소방관, 부동산 판매원, 택시운전사 뿐만 아니라 많은 직장인들이 단일 공간에서만 직장을 다닌다고 할 수 없다. 오히려 그들의 직무는 시공간이 다양하다. 그러므로 폭력의 장소에 관한 대부분의 연구에서는 직장을 단순히 판별 가능한 지리적 장소가 아니라 직원이 근무 중인 모든 장소를 직장으로 간주한다.

직장 내 폭력을 정의하는데 있어서 이러한 요소들이 바탕이 되면서, 직장 내 폭력을 유형화하기 시작하였다(표 12-1참조). California Occupational Safety and Health Administration에서 처음으로 직장 내 폭력의 유형을 도입하였으며, 이후 많은 연구에 의해서 수정되기도 하였다. 현재 직장 내 폭력은 네 가지 유형으로 구분할 수 있다. 유형 1은 범죄 목적을 가진 가해자의 폭력을 의미한다. 여기에는 강도, 절도, 불법 침입, 그리고 테러 행위가 해당한다. 이들은 개인적인 관계보다도 범죄를 저지르고자 하는 행위와 관련이 있다. 유형 2는 고객/의뢰인 관계에서 발생한 행위와 사업상 거래 도중에 발생하는 폭력 행위를 의미한다. 다양한 부류의 사람들이 여기에 해당한다고 할 수 있다. 여기에는 고객, 의뢰인, 환자(patients), 병원 수용인(inmates), 학생(students), 그리고 회사에서 서비스를 제공받은 사람들이 포함된다. 유형 3은 전 직원(past employee)을 포함하여 동료 직원 사이에 발생하는(worker-on-worker) 마찰을 의미한다. 마지막 유형(유형 4)은 직장 바깥에서 피해자와 가해자 사이에 발생하는 사적인 관계를 의미한다. 부인, 남편, 이성친구, 자녀,

표 12-1 직장 내 폭력 유형

유형	설명
I: 범죄 목적	범죄자는 해당 직원이나 회사와 아무런 관계가 없으며, 폭력 행위를 동반한 범행을 저지른다. 이 유형에는 강도, 절도(shoplifting), 불법 침입(trespassing), 테러 등이 포함된다. 대부분 직장 살인사건(85%)은 여기에 해당한다.
II: 고객/의뢰인	범죄자는 회사와 특정한 관계를 형성하고 있으며 서비스를 제공받는 동안 폭력 행위를 나타낸다. 여기에는 고객, 의뢰인, 환자, 학생, 병원 입원자 그리고 기타 회사의 서비스를 제공받는 사람이 포함된다. 고객/의뢰인 유형은 대부분 요양원(nursing home)이나 정신병원(psychiatric facilities)과 같은 의료 시설에서 발생하며 피해자는 대체로 환자를 돌보는 직원이다. 경찰관, 교정 직원, 승무원, 그리고 교사도 고객/의뢰인 유형에 해당하는 WPV(직장 내 폭력)에 노출된 직종이라고 할 수 있다. 이들은 전체 직장 내 살인사건의 약 3%를 차지한다.
III: 동료직원	해당 유형에서 범죄자는 직장에 근무하고 있는 직원이나 전직원(past employee)이며 이들은 동료 직원이나 이전에 근무하였던 직원을 상대로 공격하거나 협박한다. 동료직원 간 사망사고는 전체 직장 내 살인사건의 약 7%를 차지한다.
IV: 사적 관계	범죄자는 회사와 특정한 관계가 없지만 피해자와는 사적인 관계를 형성하고 있다. 직장에서 발생한 가정 폭력 행위나 협박 행위의 피해자는 이 유형에 해당한다. 이들은 전체 직장 내 살인 사건의 약 5%를 차지한다.

출처: NIOSH (2006). Workplace Violence Prevention Strategies and Research Needs, NIOSH Publication No. 2006-144. Found at:
http://www.cdc.gov/niosh/docs/2006-144.

형제, 친구 그리고 기타 면식 관계에 있는 사람들이 여기에 해당한다. 직장 내 피해자화에 대한 해석이 완벽하게 모든 유형으로 분류될 수 없지만(예를 들어, 가정에서의 스트레스가 직장동료간의 마찰을 일으키는데 영향을 미칠 수 있다), 이러한 유형은 직장 내 폭력의 원인을 찾는데 체계적인 분석을 가능하게 도와준다.

직장 내 피해자화의 범위 The Extent of Workplace Victimization

사회에서 발생하는 폭력 행위나 피해자화에 대한 일반적인 연구와는 달리 직장 내 폭력에 대한 체계적인 연구는 아직까지 이루어지지 않았다. 우리는 텔레비전과 기타 언론 매체를 통해 범죄가 발생하는 것을 확인할 수 있지만, 직장 내에서의 범죄에 관한 정보는 쉽사리 접하기 힘들다. 특히, 직장 내 폭력은 근무 중에 살인이나 총기사고가 발생할 경우에만 언론에서 다루어진다고 할 수 있다.

Liberty Mutual은 직장 내 안전에 관한 보고서를 매년 발간하고 있다. 2007년의 경우에 직장 내 상해가 발생하는 원인들 중에서 폭력행위와 과격행위(assaults and violent acts)가 10번째를 차지하였으며 이는 전체 직장 내 상해 중 1.1%에 해당하는 수치이다(Liberty Mutual, 2009). 이러한 수치는 낮다고 볼 수도 있지만, 지난 10년 사이에 4.4%가 증가하였음을 보여준다. The Bureau of Labor Statistics(BLS)는 살인행위(homicide)가 직장관련 사망자의 원인 중에서 세 번째로 높은 항목에 해당하며, 2009년에는 직장 내에서 521건의 살인사건이 발생하였다고 밝혔다. 이는 굉장히 높은 수치임에도 불구하고 총 1,080의 살인사건이 발생한 1994년에 비해서 절반으로 감소하였음을 알 수 있다. 직장 내 살인행위의 대부분은 남성 피해자와 관련이 있다(2009년의 경우 84%). 살인사건 뿐만 아니라 직장 내 폭력은 공격적인 행동(assaultive behavior)을 통해서 나타나기도 한다. BLS에 따르면 2009년에 직장에서 총 261건의 폭력 사건이 발생하였다.

직장 내 폭력을 바라보는 또 다른 방법에는 직장에서 어떠한 문제가 빈번하게 발생하는지를 고려하는 것이다. BLS의 설문조사에 따르면 7백30만개가 넘는 시설 중에서 5.3%가 2005년도에 최소한 한 번의 폭력 사건이 있었음을 알 수 있다(Bureau of Labor Statistics, 2006). 표 12-2에서는 회사(establishments)에서 발생하는 폭력사건의 비율을 직장 내 폭력 유형에 따라 구분하여 나타내고 있다. 2008년에 발생한 직장에서의 총기사고의 경우에, 4분의 1이 소매시설(retail setting)에서 일어났으며, 그 뒤로 레저/서비스업(17%), 정부기관(11%)이 뒤를 이었다(BLS, 2010). 그림 12-1에서는 산업현장에서 발생한 총기사망사고의 수치를 보여준다.

National Crime Victimization Survey(NCVS)에서도 직장 내 폭력에 관한 광범위한 연구를 실시하였다. NCVS는 피해자화가 어디에서 발생하였는지 대상자들에게 물어보았

표 12-2 최근 12개월간 직장에서 발생한 폭력 사건 비율

	문제 발생	범죄 사건	고객/의뢰인 관계	동료 간 관계	가정 폭력
전체	5.3	2.2	2.2	2.3	0.9
사설 기업	4.8	2.1	1.9	2.1	0.8
연방 정부	32.2	8.7	15.4	17.7	5.5
지방 정부	14.7	3.7	10.3	4.3	2.1

출처: Bureau of Labor Statistics (2006). *Survey of Workplace Violence Prevention.* http://www.bis.gov/iif/oshwc/osnr0026.pdf

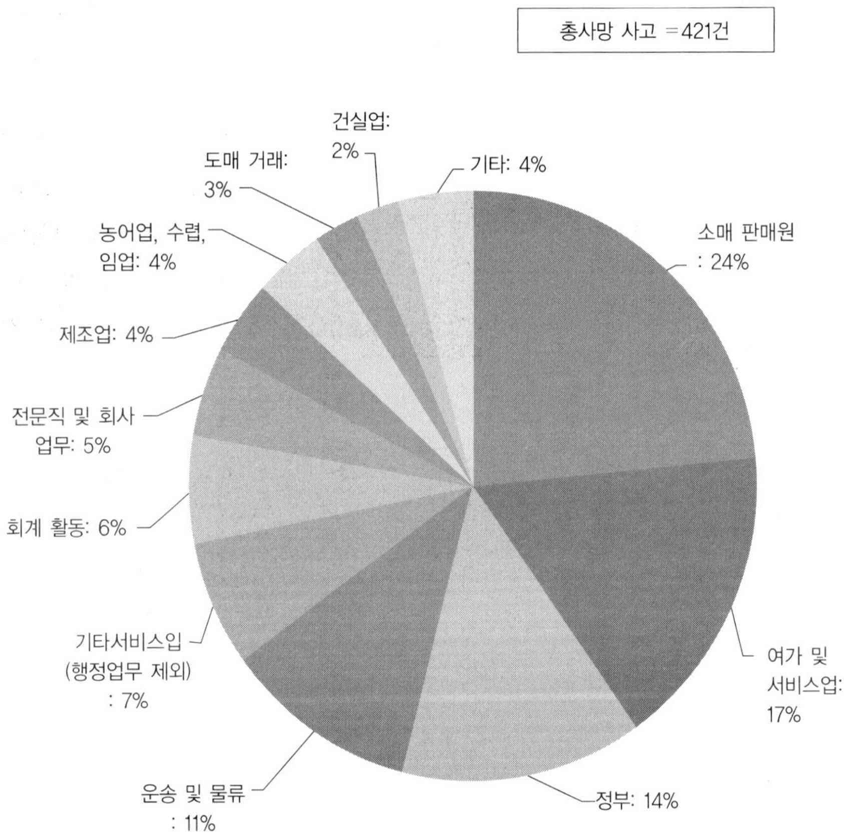

그림 12-1 직장에서의 총기 사망 사고(직종별 분류), 2008

출처: Bureau of Labor Statistics (2010). Workplace Shootings. http://data.bis.gov/cgi-bin/print.pl.iif/oshwc/cfoi/ osar0014.htm

다. 표 12-3은 1993년부터 1999년까지 근무 중이나 직장에서 있는 동안 발생한 피해자화의 평균과 비율을 정리한 것이다. 연구 결과를 통해 직장에서 또는 근무 중에 총 170만 건

표 12-3 직장 내 피해자화

범죄의 유형	발생 건수	1000명 당 발생 비율	전체 피해자화에서 차지하는 비율
살인	900	0.01	.1
강간/성폭행	35,500	0.3	2.1
강도	70,100	0.5	4.0
가중 폭력	325,000	2.3	18.6
단순 폭력	1,311,700	9.4	75.2
총 폭력 범죄	1,744,300	12.4	100.0

출처: Duhart, D. T. (2001). *Violence in the Workplace. 1993-99.* Washington, DC: Bureau of Justice Assistance

이 넘는 범죄가 발생하였음을 알 수 있다. 이러한 수치는 7년간 보고된 모든 피해자화의 18%를 차지한다. (Duhart, 2001) 여기서 주목해야할 또 다른 점은 폭력 피해자화의 대부분이 단순 폭행이며 전체 직장 내 폭력 사고의 3/4를 차지한다. 살인 사건은 매년 900건이 발생하지만 전체 폭력사고의 0.1%를 차지할 뿐이다.

표 12-3을 통해서 직장 내 피해자화가 중요한 문제가 아니라고 볼 수 있지만, 표에서 나타난 데이터는 누가 가장 피해자가 될 가능성이 큰 지를 나타내지는 않는다. 즉, 직장 내에서 모든 직원들이 동등하게 피해자가 될 수 있다고 보아야할 것인지, 혹은 다른 직원들에 비해 특정 직원들이 상대적으로 더 염려해야 하는 것인가? NCVS의 자료를 인용하자면, Duhart(2001)는 1993년부터 1999까지 서로 다른 직업을 가진 시민을 대상으로 발생한 피해자화의 수치와 비율을 측정하였다. 표 12-4에서는 직장 내 비사망 폭력사건(nonfatal violence)의 통계결과를 보여준다.

표 12-4에서는 특정 직종의 직원이 다른 직원들에 비해서 피해자가 될 수 있는 위험이 크다는 것을 보여준다. 법집행 분야에서 종사하고 있는 사람들의 경우에 대부분의 다른 직종에 비해서 피해자가 될 비율이 높을 거란 것은 누구나 예상 가능할 것이다. 경찰관의 경우에 총 발생건수(140만 건의 피해자화) 뿐만 아니라 피해자화률(1,000명 당 261명)면에서 보더라도 피해자가 가장 되기 쉬운 직업이었다. 교정공무원(corrections officers)의 경우에는 절대적인 발생건수는 두 번째로 높지는 않았지만, 해당 시설의 인원을 비교해 볼 때 두 번째로 높은 피해자화률을 나타낸다. 사설 경비(private security)에서 일하는 직원도 높은 수준의 폭력에 직면하고 있었다. 또한 정신 의료 분야(meantal health field)에서 근무하는 직원들의 경우에도 상대적으로 높은 피해자화률을 보이고 있다. 법집행기관과 정신의료분야의 특성과 해당 직원들이 담당하고 있는 대상의 특성을 고려해볼 때 이러한 결과는 놀랍지 않다. 법집행기관을 제외한다면, 가장 높은 피해자화의 비율을 차지하는 직업은 택시운전사들이었다.(1,000명 당 128.3명) 그 뒤로 소매상(retail sales)이 높은 수치

표 12-4 직장 내 폭력 행위의 피해자가 종사하는 직업, 1993-1999

직업	피해자의 수	1000명 당 비율
의료(Medical)		
의사	71,300	16.2
간호사	429,100	21.9
기술가(technician)	97,600	12.7
정신 의료		
전문기관(professional)	290,900	68.2
보호감독(custodial)	60,400	69.0
교육		
초등	262,700	16.8
중등	321,300	54.2
고등	314,500	38.1
대학	41,600	1.6
특수 교육	102,000	16.7
법집행		
경찰	1,380,400	260.8
사설 경비	369,300	86.6
교정공무원	277,100	155.7
소매 판매		
편의점/주류 판매점	326,800	58.9
주유소	86,900	68.3
바텐더	170,600	81.6
운송업		
택시 운전	84,400	128.3
버스 운전	105,800	38.2
[a] **합계**	**4,720,100**	**38.3**

[a] 합계에는 표에서 나타나지 않은 직업도 포함되어 있다.

출처: Duhart, D.T.(2001). *Violence in the Workplace, 1993-99.* Washington D.C. Bureau of Justice Statistics.

를 나타내었다. 그리고 중학교 교사(junior high school teachers)의 경우에도 상대적으로 높은 비율을 나타낸다(1,000명당 54.2명).

그렇다면 특정 직종이 다른 직종에 비해서 높은 피해자화를 보이는 이유는 무엇일까? 이는 일상생활 관점(routine activities perspective)에서 언급된 요소들을 통해서 설명이 가능하다. 많은 직업에서는 직원들은 대중과 많은 접촉을 하도록 하는 상황에 배치되지만, 이러한 상황들은 동료들로부터 고립되거나 감시의 범위를 벗어나는 경우가 대부분이다. 예를 들어, 상점이나 주유소, 또는 술집의 경우에는 근무 시간 동안 한 명의 직원이 있는 경우가 종종 있다. 그러므로 그 직원은 고립될 수밖에 없다. 즉, 보호자의 부재가 발생하는 것이다. 소매 판매나 택시 운전 같은 서비스 직종의 경우를 살펴보자면, 그들은 현금 등 범죄의 목표물을 소지하고 있기 때문에 이러한 직종에 근무하는 직원들은 범행의 대상이 되기 쉽다. 하지만 또 다른 요소는 특별한 계층을 상대한다는 점이다.

직장 내 폭력에 관한 다양한 연구들은 여러 가지 중요한 시사점을 제공한다. 우선, 직장 내 폭력에 관한 일반적으로 알려진 상식들은 대체로 잘못되었다는 것이다. 대부분의 폭력행위는 범죄행위와 관련이 있으며, 단순히 불만을 가진 직원이나 전 직원에 의해서 발생한 것이 아니다. 둘째, 근무환경이 위험한 직장은 대체로 법집행기관이나 정신의료분야처럼 해당 직무의 특성상 대부분 직원들이 직장이 위험하다는 것을 암묵적으로 받아들이고 있는 사람들로 이루어져 있다는 점이다. 셋째, 위험의 정도는 피해자가 혼자 근무를 하거나 해당 직업이 야간이나 이른 새벽에 근무하도록 되어 있어 직원이 고립되는 상황에 놓이게 되는지와 관련이 있다. 넷째로, 폭력과 절도를 포함한 모든 피해자화는 대부분 직장에서 형성되거나 근무 중에 피해자가 발생한다. 이러한 시사점은 직장 내 피해자화를 이해하고 이를 방지하기 위한 대응책을 마련하는데 유용하다.

직장 내 괴롭힘 Workplace Bullying

모든 직장 내 피해자화가 살인행위나 물리적 폭력을 동반하는 것은 아니다. 사실, 이러한 물리적 폭력이 발생하게 되는데는 직장 내 따돌림이 잠재적인 원인이거나 선행되는 경우가 있다. Workplace Bullying Institute (2010)에 따르면

> 직장 내 괴롭힘(Workplace bullying)은 한 명 혹은 수명을 대상으로 반복되는 유해한 대우를 의미한다. 직장 내 괴롭힘은 한 명 또는 수 명의 가해자가 있을 수 있으며 다음과 같은 행위가 나타난다: 언어적 학대, 협박 · 모욕 · 위협하는 등의 공격적인 행위나 행동(여기에는 비언어적인 행위도 포함된다), 마지막으로 업무의 진행을 막는 작업 방해(생산방해).

직장 내 괴롭힘은 직장동료간의 관계를 파괴하고 업무를 제대로 수행할 수 없게 만든다. 직장 내 괴롭힘은 괴롭힘(harassment), 감정적인 모욕(emotional abuse), 무시(disrespect), 무례한 행동(incivility)을 통해서 나타나기도 한다.

직장 내 폭력의 범위를 측정하기 위해서 대체로 직원들이나 노동자들을 대상으로 설문조사를 실시한다. Employment Law Alliance의 2007년도 설문조사에 따르면, 응답한 노동자들 중에서 44%는 자신의 고용주가 욕설을 사용한다(abusive)고 대답하였다.(ELA, 2007) 이와 유사하게, 2007년 U.S. Workplace Bully Survey에서도 직장에서 37%의 직원들이 괴롭힘을 경험하였다고 나타났다. 이는 대략 5,400만명의 직원들이 괴롭힘을 경험한다는 것을 의미한다(Namie, 2007). 마지막으로, Society for Human Resource Management and the Ethics Resource Center(2008)에서는 인사부서 담당자들 중 3분의

표 12-5 직장 내 괴롭힘의 유형(전체 응답자 중 %))

언어적 학대 (Verbal abuse)	52.2%
행위/행동 (Behaviors/actions)	52.5
권력의 남용 (Abusive authority)	46.9
작업 수행의 방해 (Interfering with work performance)	45.4
직장에서의 인간관계 파괴(Destruction of workplace relationship)	30.2
기타	5.4

출처: Namie.G(2007) U.S. *Workplace Bullying Survey* . http://www.workplacebullying.org/research/WBI-Zogby2007Survey.html

1이 직장 내에서 괴롭힘 행위를 발견하였다고 응답하였다. 설문조사의 결과가 일정하지는 않지만 이러한 수치들을 살펴보았을 때 직장 내 괴롭힘이 상당히 심각한 문제라는 점을 알 수 있다.

개인이 직장에서 경험하게 되는 괴롭힘의 형태는 다양하다. 표 12-5는 직장 내 괴롭힘이 어떤 모습으로 나타나는지 보여준다. U.S. Workplace Bullying Survey의 응답자들 중에서 52%는 언어적 학대(verbal abuse)를 경험하였다. 언어적 학대(verbal abuse)에는 욕설(swearing), 고함(shouting), 험담(name calling)이 해당한다. 행위/행동(behaviors/actions)에는 위협, 협박, 모욕, 그리고 공격적인 행동을 포함하며 전체 응답자들 중 53%가 이를 경험하였다고 밝혔다.(Namie, 2007) 응답자들 중에서 47%는 본인이 권력의 남용(abuse of authority)으로 피해자가 되었다고 말하였다. 권력의 남용(abuse of authority)이란 승진의 제한, 부당한 비판, 위험한 작업환경, 뚜렷한 목표의 부재, 적절한 업무평가 실패를 의미한다. 업무 수행을 방해하는 행위(interfering with performance at work)는 전체 응답자 중에서 45%를 차지하였다.

직장 내 괴롭힘의 가해자는 직장에서 사실상 어떤 사람도 될 수 있다. 예를 들어 고객들이나 의뢰인들의 경우에도 직원들을 여러 가지 수단을 통해 협박하기도 한다. 직장 내 괴롭힘은 또한 동료들에 의해서 발생한다. 마지막으로 직장 내 괴롭힘은 감독자(supervisor), 사장(bosses), 고용주(employers)에 의해서 발생하기도 한다. U.S. Workplace Bullying Survey에 의하면 괴롭힘을 직장 내 지위에 따라 살펴볼 때 사장(73%)에 의해서 가장 많이 발생하였으며, 그 뒤로 동료(18%), 감독자(9%) 순으로 이어졌다(Namie, 2007). (이 설문조사에서 외부 고객의 행동은 포함하지 않음) 그리고 대부분의 직장 내에서 괴롭히는 행위는 남성에 의해서 발생하는 경우(60%)가 많았으며 단독으로 실행하는 경우(68%)가 많았다. 여성, 라틴계, 그리고 나이가 많은 노동자들의 경우에 괴롭힘의 대상이 되기 쉬웠다.

직장 내 괴롭힘 문제는 직장에 만연해 있을 뿐만 아니라 심각한 문제들을 야기하고 있다. 설문조사의 3분의 1에 해당하는 응답자들이 피해자였으며, 그들이 당한 행위도 심각하다는 것을 알 수 있다. 이러한 행위들은 직원들로 하여금 최소한 직장이 위험한 장소로 보이게 만들 것이다. 직장 내 괴롭힘은 최악의 상황에서는 괴롭힘을 당한 직원에 의해서 폭력적인 공격행위가 야기되는 결과를 가져올 수 있다. 아래에서는 직장 내 피해자화가 발생하는 원인에 대해 살펴보고자 한다.

직장 내 피해자화에 관한 설명과 원인

Explanations and Causes of Workplace Victimization

직장 내 피해자화에 관한 설명은 본 장뿐만 아니라 다른 장에서도 여러 차례 소개되었다. 직장 내 피해자화가 발생하는 원인은 많은 측면에서 직장 이외의 공간에서 발생하는 피해자화, 배우자 학대행위, 자녀 학대행위, 기타 유형의 피해자화와 동일하다고 할 수 있다. 직장 내 피해자화와의 차이점은 범행의 장소라고 할 수 있다. 일반적으로 피해자화의 원인은 두 가지로 분류할 수 있다–상황적 요인, 개인적 요인(표 12-6 참조). 우리는 이미 이번 장의 도입부에서 직장 내 피해자화에 관한 해석-일상 활동 관점(routine activities)-을 살펴보았다. 특정 직원이나 일부 직종에서 피해자화가 더욱 많이 발생하는 이유는 그들의 직업이 직원들로 하여금 일반 대중과 접촉을 많이 하도록 하기 때문이다. 대중과의 접촉이 많을수록 잠재적인 범죄자가 근처로 다가오기 쉬우며, 범죄자들에게 잠재적인 피해자들이 매력적인 범행 대상이 된다. 그리고 그들이 고립되게 되면 그들을 보호할 수 있는 사람들은 존재하지 않게 된다.

직장 내 피해자에 관한 논의는 대체로 직원들이 현재 근무하는 직원뿐만 아니라 전 직

표 12-6 직장 내 스트레스의 원인

상황적 요인
대중과의 접촉(Public contact)
직업이 가지는 특징(Job requirement)
타인으로부터의 고립(Isolation)
범행에 적합한 대상(Suitable target)
개인적 요인
직장 내 괴롭힘(Workplace bullying)
직장에서의 스트레스(Workplace stress)
가정에서의 스트레스(Home stress)
약물 복용 및 남용(Substance use/abuse)
정신병(Mental illness)
과격행위나 폭력행위의 전력(Past aggression/violence)

원에게 저지른 폭력행위를 포함하고 있다. 이러한 형태의 직장 내 피해자화는 뉴스나 언론에서 묘사하고 있는 전형적인 피해자화의 유형이라고 할 수 있다. 직원들이 폭력행위를 일으키는 주요한 원인은 스트레스에 있다(Braverman, 1999).

스트레스의 원인은 다양하다. 무엇보다도 스트레스는 직원들 간에 생기는 개인적인 갈등이나 가족의 문제가 업무에 개입하게 되었을 때 발생한다. 또 다른 요인은 직장에 있다고 할 수 있다. 직장 내 심각한 갈등은 직장 내 괴롭힘에서부터 시작이 될 수 있다(Daniel, 2009). 또는 조직을 재정비하거나 축소하는 경우에 직원들이 직장에 대한 불확실성으로 느끼게 되어 상당한 스트레스가 발생할 수 있다(Braverman, 1999). 특정한 자리를 놓고 경쟁을 하거나 자신보다 못하다고 판단되는 직원이 직책을 부여받는 경우에 직원들 간에 갈등이 발생할 수 있다. 그리고 비록 해고가 정당하더라도, 직장에서 해고되는 것은 그 사람으로 하여금 속았다는(cheated) 감정을 가지게 할 수 있다(Schneid, 1999). 이러한 상황들은 직원들로 하여금 직장이 부당하고 공정하지 못한 곳이라고 느끼게 한다(Greeenberg & Alge, 1998). 직원들은 그들이 받을 수 있다고 기대되는 대우를 받지 못하는 경우에 상당한 정신적인 압박을 느끼게 된다. Greenberg와 Alge(1998)은 사람들이 특정한 결정이나 절차가 부당하다고 인식하게 되면, 가장 처음으로 나타나는 성향이 공격성이라고 주장한다. 또한 극단적 실내 온도나 과밀(overcrowding)과 같은 직장 내 물리적인 특성으로 인해서 직원들이 불편함을 느끼게 되면 스트레스가 발생한다(Chappel & DiMartino, 1998).

직장 내에서 발생하는 폭력행위의 주요 원인이 스트레스라는 점은 대부분의 폭력 행위가 신입사원이나 이미 과거에 잘못을 저지른 직원들에 의해서 발생하지 않는다는 것을 보여준다(Schneid, 1999). 오히려 성실하다고 평가를 받는 직원들이나 다른 사람들에게 모범이 되는 직원들이 직장 내에서 폭력을 저지르는 경우가 상당하다. 이러한 점을 볼 때, 직무의 재편성(reclassification of jobs), 승진을 위한 경쟁, 혹은 직원의 해고와 같은 직장 내에서 나타나는 변화가 스트레스와 잠재적인 폭력을 불러온다고 할 수 있다. 이러한 직장에서의 변화는 본질적으로 개개인이 생각하는 자아상(self-image)에 비해서 직무 그리고 직장에서의 자신의 지위와 모순된다는 것이다. 그러므로 직원들은 배신감을 느끼게 되고 직장에서 다른 직원과는 달리 부당하게 대우를 받는다고 느끼게 된다.

동료 직원 간 폭력은 스트레스를 유발하는 직업적인 요소뿐만 아니라 다른 요소도 작용할 수 있다. 예를 들어 폭력의 전력, 사회화의 어려움, 약물 사용 및 남용, 우울증, 정신병과 같은 개인적인 특성도 중요한 요소이다(Braverman, 1999; Chappel & DiMartino, 1998). Schneid (1999)는 총기의 소유가 직장에서 과격 행위로 이어질 수 있다는 점을 언급하였다. 위와 같은 요소들은 직장뿐만 아니라 다른 장소에서 발생하는 폭력에 대한 연구들에서 찾을 수 있으며 폭력이 발생하는 과정도 동일하다.

개입 및 예방 Intervention and Prevention

피해자화가 발생할 수 있는 잠재적인 원인이 어느 상황에나 존재하기 때문에 무엇보다도 사전에 방지하기 위한 조치를 취할 필요가 있다. 1970년도에 나온 Occupational Safety and Health Act(직업 안전 및 건강 법령)에서는 일반 의무 조항(general duty clause) 을 통해서 직장 내 안전 문제를 언급하였다.

> 고용주는 자신의 고용자들에게 직업과 직장을 제공하여야 한다. 직장은 직원들에게 심각한 물리적 피해를 입히거나 사망에 이를 수 있는 위험이 없어야 한다.

이 조항은 직장의 물리적인 측면에 있어서 직원들이 피해를 당할 수 있는 요소가 있는지를 판별할 때 사용한다. 예를 들어, 위험한 폐기물, 배선 노출, 미끄러운 바닥, 노천굴에서 울타리 미설치가 해당한다. 잠재적인 폭력행위가 이 조항에서 다루어지지는 않지만, 폭력 행위(violent acts)는 위 법령의 조항에 명확하게 해당한다고 할 수 있다. 그러므로 고용주들은 직원이 동료직원이나 외부 사람 간에 충돌 여부에 상관없이 폭력행위로부터 자유로울 수 있는 작업 공간을 마련해야만 한다. 이를 충족하기 위한 요구사항은 직장의 특성에 따라서 다르게 나타날 것이다.

The Occupational Safety and Health Administration(OSHA)(2002)은 직장 내 폭력을 방지하기 위해서 다음과 같은 사항들을 권장하고 있다(표 12-7참조). 이러한 권장사항은 크게 두 가지 유형으로 분류할 수 있다: 1) 고용주가 조치하여야 하는 권장사항과 2) 직원

표 12-7 직원에 대한 폭력 발생을 방지하기 위한 OSHA의 권장사항

고용주 행동(Employer Actions):
직원들에게 안전교육을 실시한다.
직장 내 안전시설을 정비한다. -자물쇠, 비디오 감시, 조명, 경보, 신분증, 경비원
현금소지가 최소한이 되도록 금고를 제공한다.
휴대폰을 지급하고 현장 직원에게는 휴대용 경보기를 공급한다.
현장 직원의 위치를 지속적으로 보고 받는다.
고용주가 제공한 차량을 꾸준히 관리한다.
고객 방문이나 현장 근무의 절차와 대책을 수립한다.
직원 행동(Employee Actions):
폭력적인 상황을 인지하고 대피하는 방법을 숙지한다.
안전과 보안에 관한 문제는 즉시 감독자에게 보고한다.
낯선 장소와 상황에 혼자서 대응하지 않도록 한다.
최소한의 현금을 소지하도록 한다.

출처: Occupational Safety and Health Administration (2002). *Workplace Violence.* OSHA Fact Sheet. Retrieved October 6, 2004, at http://www.osha.gov/SLTC/workplaceviolence/solution.html.

들이 따라야 하는 권장사항으로 분류할 수 있다. 이러한 권장 조치는 직장 내 안전을 구축할 수 있도록 물리적인 디자인을 변화시키는 것이다. 예를 들어 조명과 경보시설의 보완, 금고의 설치, 경계시설(protective enclosure)의 설치가 여기에 해당한다. 이 외의 권장사항은 현장에서 직원들 간에 연락을 유지하도록 하고, 단독으로 근무하는 것이 아니라 짝이나 조를 이루어 근무하도록 하며, 직장에서 사용하는 차량 및 도구가 양호한 상태에 있는지 점검하는 것이다. 직원은 문제가 발생하면 이를 인지하고, 대피하는 방법과 문제가 발생한 뒤 상황을 알리는 방법을 숙지하여야 한다. 이러한 권장사항 외에도, OSHA (2002)에서는 문제 상황의 보고, 응급 처치, 타인에게 문제 상황 전달 등 폭력 사고가 발생한 뒤 직원들이 필수적으로 수행해야하는 조치들에 대한 가이드라인을 제공한다.

하지만 표 12-7에서 나타난 안전조치는 명백한 범행의 의도가 나타나는 폭력 유형 1에만 해당한다는 문제점이 있다. 위의 조치들은 직원간의 문제나 가족이나 친구들 등 개인적인 관계에서 발생한 문제가 직장으로 이어질 때 어떠한 대응을 해야만 하는 지를 알려주지 않는다. NIOSH에서는 이러한 일반적인 방법에서 벗어나 직장 내 폭력을 4개의 유형으로 분류하여 각각의 유형에 맞는 예방책을 제시한다(표 12-8 참조). NIOSH에서는 무엇보다도 절차와 방침을 확립하고 난 뒤에 직원들에 대하여 안전조치를 교육해야 된다고 강조한다.

Braverman (1999)는 직장 내 피해자화를 방지하기 위해 고용주는 다음의 5가지 요소를 갖추어야 한다고 주장한다. 이러한 요소들을 갖추어질 경우에 직장 내 폭력의 모든 유형을 처리할 수 있게 된다. 우선, 고용주는 직장환경에 관한 모든 요소들에 관한 **명확한 절차와 방침**을 수립할 필요가 있다(Braverman, 1999). 절차와 방침이 부재하게 되면 직원들과 외부인들은 업무가 어떻게 처리되며, 업무가 언제 이루어지는지 불확실하게 된다. 둘째로, 직장에 있는 모든 사람들은 이러한 절차와 방침에 관한 모든 측면에 대하여 교육을 받아야 한다. 셋째, 직원들과 고용주는 **정신건강 및 의료 관련 전문가와의 소통**할 수 있는 통로를 마련하여서 나중에 문제가 발생할 수 있는 상황이나 개인들에 대해서 평가하고 처리할 수 있어야 한다. 직장 내 문제가 악화되어 전혀 손 쓸 수 없는 상황이 오기 전에 전문가를 통해서 사전에 문제점을 파악할 수 있으며, 개인들이 폭력행위를 통해서 대응하지 않고 다른 대응방식으로 전환하도록 조언해줄 수 있다. 넷째로, 고용주는 직원을 완전 해고 또는 임시 해고를 하는데 있어서 명확하고 공감할 수 있는 방안과 절차를 정립할 필요가 있다. 이러한 조치가 이루어지지 않게 되면 직원들은 직장 내 의사결정 과정이 부당하고 공정성이 없다고 느낄 것이다. 마지막으로, 고용주는 폭력행위가 실제로 발생하기 이전에 적절한 대응을 할 수 있도록 폭력행위가 일어날 조짐을 파악할 줄 알아야 한다(Braverman, 1999). 이러한 징후를 인지하는 고용주의 능력은 직장에서의 폭력을 예방하기 위해서 필요한 정신건강 및 훈련활동을 계획하는데 도움을 줄 수 있다.

표 12-8 직장 내 폭력의 유형에 따른 예방 전략

유형 1—범죄 목적(Criminal Intent)

- 환경 요소
  - 현금 관리
  - 조명 관리(실내 및 야외)
  - 출입구 관리
  - 감시(거울, 카메라, CCTV)
  - 표지판(signage)
- 행동 요소
  - 강도 대응 방법의 훈련
  - 장비의 안전사용 방법 훈련
  - 과격 행위자, 취객, 기타 문제의 소지가 있는 사람에 대한 대처 훈련
- 경영 요소
  - 근무 시간
  - 근무의 시작과 마침에 있어서 주의할 점
  - 경찰과의 협조 관계
  - 직원들을 위한 안전 및 보안 대책

유형 2—고객의 폭력행위(Customer/Client Violence)

- 적합한 인원 및 기술 조화(Adequate staffing, skill mix)
  - 문제 상황을 피하기 위한 적절한 고객 대응 방법에 대한 논의
- 교육
  - 위험요소와 폭력 행위의 조기 대처에 집중, 점감기법(de-escalation), 의사소통 기술
- 직장 폭력 방지에 대한 승인 기준(Accreditation criteria)
  - 폭력 방지를 위한 세부 요구기준의 구체화 및 교육

유형 3—직원 간 갈등(Worker-on-Worker)

- 직원 선발 평가
  - 신규 직원을 검증할 수 있는 선발 절차
- 방침과 절차에 관한 교육
  - 보고 방식에 관한 절차 수, 오리엔테이션 훈련
- 행동의 관찰
  - 직원의 행동에 변화 관찰 및 보고, 보고의 적시성 · 지속성

유형 4—개인적인 관계에서의 폭력(Personal Relationship Violence)

- 방침의 훈련과 보고
  - 개인적인 관계에 의한 폭력의 성격에 대한 정보 제공; 역할과 특징에 대한 훈련(cues and traits); 보고에 대한 명확한 정책 수립
- 지원책 마련
  - 피해자 지원; 공개하는 직원에 대한 무처벌 보장; 전 직원(all staff)의 훈련, 비밀유지, 가해자에 대한 지원 제공

출처: NIOSH(2006). *Workplace Violence Prevention Strategies and Research Needs*. NIOSH Publication NO.2006-144. http://www.cdc.gov/niosh/docs/2006-144.

직장 내 피해자화에 대한 대응 Response to Workplace Victimization

앞에서 살펴본 예방책들은 직장 내 피해자화의 정도와 발생 빈도를 줄이는데 효과적일지 몰라도, 직장에서 피해자를 보호하는데 실패하였을 경우에 어떻게 대처해야 하는지는 알려주지 않는다. 직원은 자신이 범죄의 피해자가 되었을 경우에 무엇에 의존을 해야만 하는가? 직장 내 피해자화의 책임은 누구에게 있는 것인가? 다른 범죄의 피해자와 마찬가지로, 직장 내 피해자를 위하여 다양한 지원책이 마련되어 있다. 피해자 보상, 복직(restitution), 민사 소송 등을 통해서 피해자에게 도움을 줄 수 있다. 직원들에게 줄 수 있는 또 다른 피해자 보호책은 **직원 보상금**(*workers' compensation*) 제도이다. 직원 보상금 제도는 직원들이 직장에서 다쳤을 경우에 고용주가 일정한 금액을 보상하는 보험을 의미한다. 고용주는 모든 직원들을 대표로서 이러한 보상 시스템의 보험료를 지불하여야 한다. 직원들은 근무 중에 발생한 상해에 대하여 보험금을 청구할 수 있는 것이다.

피해자에 대한 또 다른 지원책으로는 **제3자에 대한 소송**(*third-party lawsuits*)이다. 본 장 이전에 언급된 것처럼, 제3자에 대한 소송은 피해자가 가해자를 대상으로 소송을 할 수 있는 것뿐만 아니라 제3자가 범죄의 발생을 충분히 예견할 있었으나 이에 대하여 조치를 취하지 않은 경우에 소송을 할 수 있다는 것이다. 직장 내 폭력의 경우에, 고용주는 직원들에게 안전한 근무 환경을 제공할 의무가 있다. 직장 내 피해자화가 발생한다는 점은 고용주가 인지하고 있어야 하는 직장 내 문제점들에 대해서 사전에 파악하지 못하였다는 것을 의미한다.

Schneid(1999)는 제3자 소송에서 피해자가 고용주의 부주의(employer negligence)를 주장할 수 있는 근거를 제시한다. 첫째, **부주의한 고용**(*negligent hiring*)이다. 이는 고용주가 선발하는데 있어서 개인이 다른 직원들에게 위험을 야기할 수 있다는 사실을 알았거나 알았어야 한다는 것을 의미한다. 이와 관련된 두 번째 근거는 **부주의한 관리**(*negligent retention*)이다. 부주의한 관리는 현재 근무하고 있는 직원들 가운데 다른 직원들에게 위험하다고 판단됨에도 불구하고 조치를 취하지 않는 것을 나타낸다. 위의 두 가지 근거는 직장 내의 인원 선발과 선발된 직원들에 대해서 충분한 심사가 필요함을 시사한다. 셋째, **부주의한 감독**(*negligent supervision*)이다. 고용주는 문제의 소지가 있는 직원을 해고하지 못하는 경우에, 그 직원이 위험한 행동을 할 수 있다는 사실을 파악하고 더욱 철저히 감시할 필요가 있다. 직원들에 대한 감독을 실시하지 못하게 된다면 결국 직장 내에서 폭력이 발생하게 된다. 네 번째 근거로는 **직원 교육의 소홀**(*negligent training*)을 언급할 수 있다. 직원들이 직무를 올바르게 수행하거나 직장에서 도구를 올바르게 사용하도록 교육이 필요함에도 불구하고 이러한 직원교육은 다른 요소들에 비해서 경시되고 있다. 이러한 교육에는 문제 고객이나 동료들을 어떻게 대처해야하는지도 포함되어야 한다. 마지막 근거로는, 가장 명백하게 나타나는 **직장 내 안전 소홀**(*negligent security*)이다. 고용주는 직원, 직장, 대중을 보호할 의무가 있다. 하지만 고용주는 직장 내에서 문제가 과거에 발생하였기 때문에 재발의 위험을 방지하기 위한 대책을 마련하기지 않고 단순히 무시하는 경향이 있다(Schneid, 1999).

피해자는 자신이 받은 손해에 대하여 고용주들의 부주의를 근거로 소송을 제기할 수 있다. 앞서 6장에서 논의하였듯이, 제3자에 대한 소송은 실제 가해자가 체포되지 않아도 되며 가해자의 유죄가 입증될 필요가 없다. 직장 내 피해자화의 책임은 고용주가 지게 되는 것이다. 그러나 피해자는 변호사를 고용하여서 고용주가 잠재적인 문제 상황에 대하여 알고 있었거나, 알았어야 했지만 이러한 문제를 파악하지 못하였다는 사실을 증명해야 한다. 즉, 피해자는 고용주의 부주의를 증명할 의무가 있다. 그러나 피해자는 이러한 행동을 취하기에 금전적인 여유나 시간이 부족한 게 현실이다.

직장 내 피해자 보호는 아직까지 많은 회사들에게 알려지지 않은 새로운 문제이다. 직장에서의 범죄와 폭력은 예전부터 제기되어 왔음에도 불구하고 이러한 사실들에 대해서는 최근에 들어서야 연구되기 시작하였다. 과거 대부분의 회사에서는 직장 내 폭력에 대해서 관심조차 가지지 않았다. 그러므로 이제부터 직장에서의 나타나는 피해자화에 대한 연구가 계속적으로 이루어질 필요가 있다.

학교에서의 피해자화 VICTIMIZATION AT SCHOOL

최근 몇 년 사이에 학교 내 폭력문제와 피해자화는 심각한 사회문제가 되었다. 학교에서의 피해자화는 여러 사건들이 주요 언론의 관심을 받으면서 조명되기 시작하였다. 이들 중에서 가장 유명한 예는 Colorado주의 Columbine High School에서 발생한 대량 살인 사건이다. 이 사건에서 두 명의 학생은 동료 학생들에 대하여 살인을 계획하고 실행하였다. 또한 펜실베니아 주에 위치한 Lehigh University의 기숙사 방에서 강간을 당하고 살해당한 Jeanne Clery의 사건도 사회에 엄청난 충격을 주었다. 이처럼 대학 캠퍼스에서도 끔찍한 범죄가 발생하면서 대학의 안전에 대한 문제가 제기되기 시작하였다. 그러나 학교에서 발생하는 피해자화의 현실은 언론에서 묘사되는 모습과는 상당히 거리가 있다. 사망에 이르는 폭력행위는 상대적으로 드물며, 대부분 피해자화는 재물과 관련된 범죄이거나 사소한 마찰과 관련이 있다. 본 장에서는, 학교에서의 피해자화 문제에 대해서 살펴보고 학교에서는 어떤 대책을 수립하여야 하는지에 대해서 논의하고자 한다. 우선, 중 · 고등학교에서 나타나는 피해자화를 먼저 분석하고 그 후에 고등교육기관에 대해서 살펴볼 것이다.

중고등학교에서의 피해자화 Victimization in Junior and Senior High Schools

앞서 논의되었던 직장의 경우와는 달리 학교 내 피해자화에 대한 연구는 좀 더 다양한 접근방식을 취하고 있다. 살인, 폭행, 강간을 포함한 교내 폭력은 학교에서 나타날 수 있는 가장 심각한 피해자화의 모습을 보여준다. 이러한 교내 폭력 행위들은 저녁 뉴스의 기사거리로 화제가 되어 일반 대중들이 이에 대해서 문제의식을 갖게 된다. 하지만 교내 피해자화 문제는 우리가 관심을 가지지 않는 다른 영역에서 나타난다. 여기에는 절도, 공공시설물 파괴(vandalism), 괴롭힘(bullying), 그리고 말다툼(verbal altercation)이 있다. 후자의 행위들은 학교에서 더욱 만연하고 있지만, 언론이나 여러 연구에서 굉장히 찾아보기 힘들다. 그러므로 학교에서의 피해자화에 대한 논의를 할 때에는 폭력적 피해자화 뿐만 아니라 비폭력적 피해자화도 고려해야한다.

교내 피해자화를 분석하는데 있어서 피해자화에서 나타난 행위의 유형도 고려해야 하지만 피해자화가 발생하는 장소와 그 대상을 분석하는 것도 필요하다. 많은 사람들이 생각하는 가장 일반적인 가정은 교내 피해자화가 학생들 간에 발생한다는 것이다. 하지만 이는 교사와 교직원들도 잠재적인 피해자가 될 수 있다는 사실을 간과하고 있다. 교사를 대상으로 발생하는 피해자화가 심각하다는 사실은 본 장 앞에서도 살펴보았다. 또한 고려되어야 하는 사항으로는 학교에서 피해자화가 어디에서 발생하는 가의 문제이다. 교내 피해자화는 단순히 학교 건물이나 운동장(playground)에서만 일어나는 것이 아니다. 학생들이 걸어서, 혹은 버스 등 대중교통을 이용하여서 등 · 하교하는 것도 학교의 범위에 포함된다고 본다. 이들을 대상으로 한 범죄행위는 교내 피해자화의 유형으로 간주된다. 이는 "학교에서의 피해자화" 범위가 학교 수업이 시작하기 직전과 직후의 시간까지 포함한다는 것을 의미한다.

학생, 교사, 교직원들의 피해자화를 살펴보기 전에, 학교 환경에서 개인이 느끼는 두려움의 정도를 분석하는 것이 중요하다. 두려움은 실제 범죄의 피해자의 수보다 많은 사람들에게 영향을 줄 수 있다. 두려움은 학생들이 학교에 다니기 싫게 만들거나 학업에 집중하지 못하게 만들기 때문에 학생들을 특히나 쇠약하게 만들 수 있다. 학교의 설립 목적에서 교내 안전은 이차적인 문제로 전락하여 소홀해질 수 있다. 따라서 학교에서 나타나는 두려움의 단계(level of fear)와 두려움을 느껴서 나타나는 결과(consequences of fear)에 대해서 연구할 필요가 있다.

교내 피해자화의 범위

최근 몇 년 사이에 학교에서 발생하는 피해자화의 범위를 분석하는데 관심이 집중되고 있다. 소규모 연구 프로젝트뿐만 아니라 다양한 대규모 연구에서는 교내 피해자화 문제를 다루고 있으며 학교에서의 피해자화가 시간이 흐르면서 어떻게 변화하는지를 보여준다. 연구에 사용된 자료가 단순히 학생이나 특정 집단에서 추출되거나 한 가지 관점에 의해서 수집되지 않았다는 점은 다행이다. 이러한 자료는 학생뿐만 아니라 교사, 교직원들에 대해서도 수집이 되었다. 그리고 수집된 자료에 대하여 개인과 학교(전체 학교 차원에서의 범죄 분석)를 구분하여서 분석하고 있다.

교내 범죄에 대한 대중의 관심은 대체로 살인이나 대량학살에 초점이 맞추어져 있다. 1999년 콜로라도 주의 Columbine High School과 1998년 알칸사스 주의 Jonesboro에 위치한 Westside Middle school에서 발생한 살인사건은 사회의 대대적인 관심을 불러일으켰다. 이러한 사건들에 대하여 언론이 계속적으로 보도하게 되면서 대중은 살인사건이 학교에서 빈번히 발생하는 비교적 일반적인 사건이라고 인식하기 시작하였다. 하지만 현실에서 교내 살인사건은 굉장히 드문 사건이다(표 12-9 참조). 2007~2008학년도에 학교에서 발생한 살인사건은 단지 21건에 불과하였다(Dinkes et al., 2009). 이러한 결과는 이례적인 것이 아니라 언론에서 묘사되는 바와 달리 학교에서 발생하는 살인사건이 상당히 드물다는 것을 보여준다.

살인사건을 제외한다면, 교내 피해자화는 빈번하다. NCVS는 학생에 관한 자료를 제공하는 주요 기관들 중 하나이다. 2007년 NCVS의 자료는 표 12-10에 정리되어 있다.

표 12-9 청소년의 살인사망사고

	총 학생, 교직원, 학교 관련자의 사망	학교에서의 살인	총 살인 사건
1992~93	57	34	2689
1993~94	48	29	2879
1994~95	48	28	2654
1995~96	53	32	2512
1996~97	48	28	2189
1997~98	57	34	2056
1998~99	47	33	1762
1999~2000	38	14	1537
2000~01	33	14	1466
2001~02	38	16	1468
2002~03	35	18	1515
2003~04	45	23	1437
2004~05	51	22	1535
2005~06	43	20	1646
2006~07	58	30	1748
2007~08	43	21	-

출처: Dinkes,R., Kemp,J. , Baum, K., & Snyder, T.D. (2009). *Indicators of School Crime and Safety: 2009.* Washington, DC : Bureau of Justice Statistics.

표 12-10 특징에 따라 분류된 교내 피해자화 경험 학생의 비율, 2004[a]

특징	총 발생 건수	절도(Theft)	폭력(Violent)[b]	중대 폭력 (Serious Violent)[c]
성별				
남성	58	30	29	7
여성	56	33	22	2
인종/민족				
백인	62	33	28	4
흑인	42	27	15	–
라틴	52	26	26	7
기타	62	36	26	–
연령				
12~14	67	32	35	5
15~18	49	31	18	4
합계	**57**	**31**	**26**	**4**

[a] 12~18사이의 학생을 대상

[b] 폭력 범죄는 강간, 성폭행, 강도, 중상 폭행(aggravated assault), 단순 폭행(simple assault)

[c] 중대폭력은 폭력범죄 중에서 단순 폭행을 제외한 것임

출처: Dinkes,R., Kemp,J. , Baum, K., & Snyder, T.D. (2009). *Indicators of School Crime and Safety: 2009.* Washington, DC: Bureau of Justice Statistics.

12~18세 사이의 청소년의 경우에 1000명 중 57명이 학교에서 피해자화를 경험하였음을 알 수 있다. 모든 인구학적 통계에서 가장 높은 피해자화율을 나타낸 유형은 절도행위(theft offense)이며 그 뒤는 폭력 범죄가 차지하였다. 성별, 인종/민족, 연령에 따른 연구는 상당히 흥미로운 결과를 보여준다. 우선, 모든 범죄 유형에 있어서 남성과 여성의 피해자화율은 비슷하였다. 둘째, 백인과 "기타인종"이 전반적으로 피해자화율이 가장 높았다. 마지막으로 피해자화는 대체로 어린 연령대에서 높게 나타났다.

위에서 살펴본 연구결과를 통해 일부 사람들은 교내 범죄 문제는 큰 문제가 아니라고 주장할 수 있다. 물론, 비교적 소수의 학생이 폭력적인 피해자화를 경험하며, 재물과 관련된 피해자화의 비율도 작다고 할 수 있다. 하지만 이러한 수치들은 피해자가 된 청소년들을 포함하지 않고 있다. NCVS에 따르면, 대략 150만명의 12~18세 사이 학생들이 학교에서 치명적이지 않은(nonfatal) 범죄의 피해자였다고 밝혔다(Dinkes et al., 2009). 이는 827,000건의 절도 사건과 684,000건의 폭력 범죄가 발생하였음을 의미한다. 추가적으로, 1993년부터 2005년도까지는 신고된 교내 피해자화의 비율이 계속 감소하였지만 2005년 이후로는 다시 증가하였다. 이는 피해자화율이 상대적으로 낮더라도 실제 학교에서 범죄 피해자는 상당히 많다는 것을 나타낸다.

절도나 폭력행위에 의해서 피해자가 되는 경우를 제외하더라도, 학생들은 학교에서 괴롭힘을 당하기 쉽다. 2007년도 NCVS: 학교 범죄 부록(*School Crime Supplement*)에서는 전체 학생들 중 3분의1에 해당하는 학생이 학교에서 괴롭힘을 경험하였다고 보고하였다(Dinkes et al., 2009). 괴롭힘은 성별, 인종, 공립/사립학교에 관계없이 동등하게 발생한다(아시아 민족은 제외함, 가장 낮은 수치). 학생을 괴롭히는 행위는 학년이 올라갈수록 줄어드는 모습을 보인다. 표 12-11에서는 교내에서 발생하는 괴롭힘의 유형에 대하여 조사하였다. 학생들을 괴롭히는 행위들을 보자면 학생들이 단순히 괴롭힘을 당한다고 생각하는 행위들이 실제로는 범죄의 피해자화 유형에 해당하는 것을 알 수 있다.

하지만 학생만이 학교에서 잠재적인 피해자인 것은 아니다. 교사와 교직원들 그리고 기타 직원들 또한 범죄의 대상이 될 수 있다. 교사를 대상으로 한 설문조사를 살펴보면 상당한 수의 교사가 폭력 범죄의 피해자가 되거나 폭력의 협박을 받았음을 알 수 있다. National Center for Educational Statistics에 따르면 2007~2008학년도 사이에 학생에 의해서 교사가 물리적으로 공격을 받거나 상해를 동반한 협박을 받은 사건이 440,000건에 해당한다고 밝혔다(Dinkes et al., 2009). 이는 전체 교사들 중 10%에 해당하는 수치이다. 따라서 교사를 상대로 한 피해자화는 간과되어서는 안 될 문제이며 학교 범죄에서 빠져서는 안 되는 항목임이 틀림없다.

교내 피해자화에 대한 반응

실제 학교에서 발생하는 피해자화의 문제를 다루기 전에, 우선 개인이 범죄와 피해자에 어떻게 반응하는지에 대해서 살펴볼 필요가 있다. 학교에서 발생한 실제 혹은 인지된 피해자화에서 나타나는 전형적인 반응은 세 가지 유형으로 구분할 수 있다. 이들은 두려움

표 12-11 학교에서 이루어지는 괴롭힘의 유형, 2007

	보고된 학생의 비율
조롱, 험담(called names), 모욕	21.0
루머의 대상(Subject of rumors)	18.1
상처를 동반한 협박(Threatened with harm)	5.8
밀기(pushed/shoved), 다리걸기, 침뱉기	11.0
하기 싫은 일을 강제로 시키기	4.1
고의로 활동에서 제외	5.2
고의로 개인 소지품 파괴	4.2
합계	**31.7**

출처: Dinkes,R., Kemp,J. , Baum, K., & Snyder, T.D. (2009). *Indicators of School Crime and Safety: 2009.* Washington, DC : Bureau of Justice Statistics.

(fear), 회피(avoidance), 그리고 자기 방어(self-protection)이다. 세 가지 유형 모두 학생과 교육 시스템에 관한 많은 내용을 함축하고 있다.

범죄의 두려움은 학생들이 느끼는 가장 일반적인 문제이다. 2007년 NCVS의 통계에 따르면, 전체 학생들 중에서 5.3%는 학교에서 공격이나 피해의 두려움을 느꼈으며, 3.5%는 학교로 통학하는 중에 두려움을 느낀 적이 있었다(Dinkes et al., 2009). 이러한 수치는 학교가 청소년에게 다른 공간보다 더욱 두려운 장소임을 의미한다. 이전의 장에서 살펴보았듯이, 두려움은 일부 사람들에게 심신을 쇠약하게 만드는 효과를 가지고 온다. 학생과 학교의 경우에는, 두려움은 청소년들에게 비교육적인 활동(noneducational endeavors)에 집중하게 만들어 면학 분위기를 악화시킬 수 있다. 이는 장기적으로 볼 때 학생이 학교나 직장에서 성공하는데 방해 요소가 될 수 있다. 또한 이러한 두려움은 다른 즉각적인 반응으로 이어질 수 있다.

이러한 즉각적인 반응 중 하나는 회피 행동(avoidance behavior)이다(표 12-12 참조). 피해자화의 두려움으로 인해 학생들이 학교를 가지 않고 집에만 머무르는 게 되는 것이다. 2007년 NCVS: School Crime Supplement에 따르면 전체 학생들 중 7.2%에 해당하는 학생이 학교에서 공격이나 피해를 받을 수 있다는 두려움을 가지게 되어 등교 및 학교활동을 거부하고 학교 내 특정장소를 가지 않는다고 나타났다(Dinkes et al., 2009). 두려움으로 인해 학교를 등교하지 않는 학생들의 비율은 다른 연구들에서도 비슷하게 나타났다(Lab & Clark, 1996; Lab & Whitehead, 1994; Metropolitan Life, 1993; Ringwalt et al., 1992). 그리고 청소년들이 비록 학교를 다니더라도, 그들이 받게 되는 교육의 질은 떨어질 수밖에 없다. 일부 학생은 배고픔을 느끼고, 화장실 가는 것이 두려워서 불편함을 가진 채로 학교를 다녀야 한다. 또한 특정한 복도나 계단을 피해서 다니게 되어 수업에 지각하게

표 12-12 학교와 교내활동을 거부하는 학생의 비율, 2007

학교 활동	2.6
등교 거부	0.8
특정 장소 우회	5.8
입구	1.5
복도 또는 계단	2.6
학교 식당	1.9
화장실	2.6
기타 장소	1.5
합계	**7.2**

출처: Dinkes,R., Kemp,J. , Baum, K., & Snyder, T.D. (2009). *Indicators of School Crime and Safety: 2009.* Washington, DC : Bureau of Justice Statistics.

되며, 과외 활동에 참여하기를 자제하기도 한다. 본질적으로 학교에서의 경험은 이상적인 훈육 분위기(nurturing atmosphere)와는 점점 멀어지게 된다. 이러한 회피 행동의 최종적인 모습은 학교를 그만두는 것이다. 학생들을 대상으로 한 설문조사에서 학교를 그만 둔 학생들은 포함되지 않았다. 그러므로 두려움으로 학교를 다니기를 거부하는 학생들의 수는 대부분 연구에서 조사된 수보다 많다는 것을 의미한다.

또 다른 형태의 반응은 자기 방어 행동으로 나타난다. 특히나 학생들은 자신을 보호하기 위해서 무기를 소지하고 다닌다. Centers for Disease Control and Prevention에서 주관한 Youth Risk Behavior Survey의 자료에 따르면 전체 고등학생의 6%에 해당하는 학생이 최근 30일 중 최소 한 번 이상 학교에 무기를 소지한 것으로 나타났다(Dinkes et al., 2009). Lab and Clark (1996)의 연구에 따르면 응답자 중 24%가 지난 6개월 기간 동안 최소 한번 이상 보호를 목적으로 무기를 휴대한 적이 있다고 대답하였다. 그리고 도심에 위치한 학교일수록 무기 소지율이 높은 것으로 나타났다(Sheley, McGee, & Wright, 1995 참조). 학생들이 자신을 보호하기 위해 소지하는 무기의 종류에는 총기, 칼, 면도칼, 브레스너클(brass knuckle), 징이 박힌 보석류(spiked jewelry), 호신용 스프레이(mace)가 있다(Lab & Clark, 1996).

안타깝게도 이러한 무기들이 실제로 문제를 해결하기 보다는 더 큰 문제를 야기할 가능성이 큼에도 불구하고 청소년들은 학교에 무기를 소지하여야 안전하다고 느낀다. 무기 소지의 부정적인 면을 살펴보자면, 학생은 비록 자신을 보호하려고 하였지만 무기를 소지한 채로 체포가 되었을 경우에 제적, 형사 소추 그리고 기타 제제 수단이 가해질 수 있다는 것이다. 또 다른 부정적인 측면은 학생이 공격을 당하고 무기를 사용하고자 할 때, 폭력과 피해자화의 정도가 높아진다는 점이다. 피해자는 더욱 심각하게 부상을 당하거나, 피해자가 궁극적으로 가해자가 될 수 있다. 머지않아 학교 집행부에서 교내 무기 소지를 금지하기 위하여 강제수단을 도입할 수밖에 없는 무장 야영지(armed camp)로 변질될지도 모른다.

실제로 발생한 피해자화 또는 잠재적으로 발생할 피해자화에 대한 대응이 어떻든 간에, 학교의 면학 분위기나 교육 활동은 점점 사라지고 있다. 오히려 학교 내 안전과 보호 문제에 신경이 집중되면서 교육에 대한 관심은 줄어들고 있다. 학생들과 교사들은 더 이상 학습 계획 따위에 집중을 쏟지 않는다. 궁극적으로 학교에 있는 모든 사람이 피해자가 되는 것이다.

학교에서의 피해자화에 대한 해석과 원인

교내 피해자화의 원인과 해석에 대한 논의는 사회 내 일탈행위(deviance)에 관한 논의와 연관성이 깊다. 교내 피해자화에 대한 첫 번째 해석방법으로 중압(*strain*)의 개념을 도입하였다. 여기서 중압이란 특징 분야에서 자신보다 성공적인 사람이나 자신보다 더 많은 것을 소유한 사람을 만났을 때 느끼는 감정을 의미한다. 중압감을 느끼는 개인(strained individuals)은 자신보다 우월한 사람에게서 성공을 가져올 수 없기 때문에 이들과 사회에 대해서 비난을 하게 된다. **하위문화 해석**(*Subcultural explanations*) 방법은 청소년 폭력집단(youth gangs)처럼 사회 내 일부분을 차지하거나 특정 집단에 속한 개인의 행동을 해석하는데 용이하다. 특정 집단에 속한 개인은 사회에서 개인이 의무적으로 따라야하는 행동과 마찰을 일으킬 수 있는 가치나 믿음을 따를 수 있다. 그러므로 만약 청소년이 폭력집단의 지시대로 행동할 경우에 그는 학교나 지역공동체에서 바라는 규칙을 위반할 수 있다. 학교에서의 피해자화에 대한 마지막 해석방식은 청소년들이 싸움을 진정시키고 자신이 원하는 것을 얻기 위한 수단으로 폭력을 **학습**한다는 점에 집중한다. 이러한 학습은 부모, 형제, 혹은 공동체의 개인들에게서 이루어진다. 앞에서 확인할 수 있듯이, 이러한 접근방식들을 통해 학교에서 범죄가 왜 발생하는지에 대한 해석이 가능하다.

교내 범죄(in-school crime)가 왜 발생하는지에 대해서 적합하게 설명할 수 있는 이론 중 하나는 **일상 활동 이론**(*routine activities perspective*)이다. 일상활동 이론에 따르면 학교는 범죄에 필요한 요소들을 모두 제공하고 있다. 많은 청소년들이 한 곳에 모인다는 점에서, 학교는 범행의 적절한 대상(학생들과 그들의 소지품)을 잠재적인 가해자(다른 학생들)에게 만들어 준다. 또한 학교에서는 아무도 감시하지 않는(못하는) 장소가 존재한다(보호자의 부재). 가해자와 피해자는 모두 법으로 학교를 다니게 되어있으며 가해자는 범행을 저지르기 위해서 학교 내의 장소와 시간을 스스로 선택할 수 있다. 게다가, 교사와 교직원들이 아무리 노력하더라도 모든 학생들을 항상 감시할 수는 없다.

범죄가 시간의 제약을 받는다는 특징(temporal nature)을 고려해 볼 때 일상 활동 이론은 학교에서의 피해자화를 해석하는데 적합하다. 청소년 범죄가 언제 발생하는지를 조사해본 결과 대부분의 청소년 범죄는 대략 오후 3시와 4시 사이에 발생한다(Office of Juvenile Justice and Delinquency Prevention, 1999). 특히, 청소년 강력범죄의 약 20%와 청소년 성폭력의 14%는 수업일의 오후 3시와 7시 사이에 발생한다. 이러한 시간적인 간격은 정확히 청소년들이 하교를 한 뒤 대체로 부모, 교사 혹은 다른 보호자의 직접적인 감시에서 벗어난 시점이다. 게다가 이러한 피해자화의 대부분은 학교 근처에서 일어나거나 청소년들이 등하교를 하면서 이용하는 주요 도로 근처에서 발생한다. 그러므로 학교와 피해자화 사이의 연결 관계는 설명하기 굉장히 용이하다.

학교에서 발생하는 범죄와 피해자화에 관한 이론적인 근거를 분석하기보다는 잠재적인 폭력을 구성하는 변수나 요인들을 고려할 필요가 있다. 대부분의 폭력을 구성하는 요인들과 변수들은 서로 다른 이론적인 관점에서 출발한다. 이러한 요인들과 변수들은 학교 관계자들에게 문제가 발생할 수 있다는 경고로 사용될 수 있다는 점에서 중요성을 가진다. 표

12~13은 다양한 환경과 경험을 통해서 얻은 교내 폭력과 피해자에 관한 위험 징후(warning sign)에 관한 목록이다. 이 목록은 500명의 전문가들에 의해서 만들어졌다. 여기에는 과거 폭력행위, 언어적 공격(verbal aggression), 부모의 감시 부족, 폭력에 대한 선입견, 폭력 집단 소속, 우울증 및 금단 증상, 과거 트라우마, 약물 복용이 해당된다. 위의 특징들을 통해서 학교에서 폭력적인 학생을 명확하게 분별할 수는 없지만, 이러한 징후를 나타내는 학생들에게 각별한 관심을 가지거나 적절한 개입 수단이 제공되어야 한다.

교내 피해자화의 대처

학교에서는 피해자화와 실제 혹은 잠재적인 범죄를 처리하기 위해서 다양한 방안을 실시하고 있다. 주로, 가장 가시적이고 즉각적인 대응방식은 학생, 교사, 교직원, 방문객, 학교 시설에 대하여 더욱 강력한 물리적 통제수단을 도입하는 것이다. 학교 출입구에 금속탐지기와 CCTV를 설치하거나 건물과 복도에 경비원을 배치하는 것이 가장 전형적인 대응방식이다. 불행히도, 위의 예방수단은 가해자와 범죄의 위협이 학교의 바깥에서 유입되며 학생들이 일정한 검색을 받은 후(screened)에 건물 내부로 들어오게 된다면 대부분의 문제가 해결이 된다고 가정한다. 하지만 이러한 노력은 대부분의 범죄가 학생들 사이에서 발생한다는 사실을 놓치고 있다.

물리적인 안전장치를 단순히 도입하는 것 외에도 엄격한 규율이나 억제 수단에 의존하는 방법이 있다. 정학 및 퇴학은 학생이 지속적으로 폭력행위나 위반행위를 했을 때 나타나는 일반적인 대응방식이다. 안타깝게도 이러한 대응방식은 문제가 발생하는 요인을 해결하는데 효과가 미비하며 이는 단순히 학교에서 잠재되어 있는 더욱 큰 문제에 대해서 표면적인 해결만을 의미할 뿐이다. 게다가 엄격한 규율을 적용하게 되면 가해자로 하여금 학교를 중퇴하게 만들게 되고 이는 오히려 장래에 더 큰 문제를 야기할 수 있다(Adams, 2000). 정학 및 퇴학은 무관용 방침(zero-tolerance policies)과 상당히 관련이 있으며 대체로 무관용 방침은 엄격한 규율에 더욱 집착하도록 만든다. 이러한 대응방법은 범죄자의 다양한 욕구에 대한 학교의 대처라는 관점에서 도움이 되지 않는다(Adams, 2000).

물리적 예방 장치의 한계를 인식한 이후로 학교에서는 교내 범죄와 공격성을 다루기 위한 다양한 프로그램과 방침을 도입해왔다. 가장 일반적인 접근방식은 갈등관리 혹은 갈등해결 프로그램을 실시하는 것이다. 이러한 프로그램은 분쟁 해결(dispute resolution), 동료 중재(peer mediation), 갈등 해결(conflict resolution) 등 다양한 이름을 가지고 있다. 위의 프로그램의 접근방식은 서로 다를지 몰라도, 이들의 목적은 학생들에게 갈등을 인지하고 공격성을 전환할 수 있는 적절한 방식을 학습하도록 가르치는데 있다. 또한 이러한 프로그램들은 문제 상황이 악화되기 전에 해결하도록 도와주는 효과가 있다. 학교에서 괴롭힘의 문제를 해결하기 위해 도입된 Resolving Conflict Creatively Program (Dejong,

표 12-16 대학생과 비대학생의 연간 피해자화율 평균분석, 1995~2002

피해자 특성	18~24세 사이의 1000명 중 (명)				
	강간/성폭력	강도	가중폭력	단순 폭력	폭력 범죄
대학생	3.8	5.0	13.5	38.4	60.7
성별					
남성	1.4	7.4	21.4	49.9	80.2
여성	6.0	2.7	6.2	27.7	42.7
인종					
백인	4.0	4.4	13.2	43.3	64.9
흑인	3.2	8.7	15.6	24.9	52.4
기타	2.1	7.0	9.8	18.4	37.2
히스패닉	4.6	2.8	15.4	33.4	56.1
비 대학생	4.1	9.5	17.7	44.1	75.3
성별					
남성	0.4	12.4	22.4	44.0	79.2
여성	7.9	6.4	12.9	44.1	71.3
인종					
백인	4.5	7.5	17.6	51.6	81.2
흑인	4.9	16.7	22.5	39.1	83.2
기타	3.6	7.5	12.1	20.0	43.1
히스패닉	1.9	10.8	15.7	27.5	55.9

출처: Baum, K., & Klaus, P (2005). *Violent Victimization of College Students*, 1995~2002. Washington, DC: U.S. Government Printing Office

* 강간/성폭력(Rape/Sexual Assault), 강도(Robbery), 가중 폭력(Aggravated Assault), 단순 폭력(Simple Assault), 폭력 범죄(Violent Crimes)

는 것을 발견하였다. 이러한 차이점에 대하여 자세히 알아보기 위하여 McPheters(1978)는 38개 대학의 UCR 자료를 분석하였다. McPheters(1978)는 대학이 도심 지역에 위치하였다는 이유만으로 대학 범죄율이 상승하지 않는다는 점을 발견하였다. 대학 주변 지역의 실업률이 높거나 대학이 대도시에 위치하는 등의 기타 위험 요소들이 더 큰 영향력을 나타내었다.

McPheters의 연구 결과는 상당히 흥미로웠지만, 표본이 작았기 때문에 연구결과가 대표성을 나타내지 못한다는 비판을 받았다. 그러므로 이후에 이루어진 분석에서는 더욱 많은 고등교육 기관을 표본으로 설정하는데 집중하였다. 이러한 분석을 통해서 캠퍼스에서 일어나는 범죄율과 특정 지역 사이에는 연관성이 없다는 초기 연구 결과가 더욱 힘을 얻게 되었다. 하지만 캠퍼스 범죄로 알려진 유형에는 다소 변화가 나타났다. 대도시의 캠퍼스 범죄는 대도시에서 나타나는 다른 범죄들에 비해서는 심각하지 않았지만 (Bromley, 1995,

1999), 대도시에 위치한 학교의 경우에는 폭력 범죄가 상당히 빈번하다는 것을 확인할 수 있었다(Fox & Hellman, 1985). 또한 술과 관련된 범죄나 기타 약물 범죄가 증가추세에 있었고(Sloan, 1994), 재물 범죄, 그 중에서 절도가 가장 주요한 범죄 유형이었다(Bromley, 1995, 1999; Fisher et al., 1998; Henson & Stone, 1999; Sloan, 1992, 1994; Volkwein, Szelest, & Lizotte, 1995).

하지만 이러한 초기의 연구들에서 나타난 문제점들 중 하나는 UCR 자료에 지나치게 의존하고 있다는 점이다. UCR 자료는 학교 소유물과 관련된 범죄에 한정되어 있다. 또한 이들은 학생과 관련된 피해자화에만 분석이 이루어졌으며 교직원, 교수, 근로자, 방문객을 포함하지 않았다는 문제점을 가지고 있다. 마지막으로 대부분의 초기 연구는 확실한 이론적 배경이 부족하다는 비판을 받았다.

최근에는 위에서 나타난 문제점들을 개선하기 위해서 자체적으로 수집한 피해자화 자료를 분석하거나 앞에서 언급한 일상생활/생활양식(lifestyle) 모형을 적용하기 시작하였다. 일상생활/생활양식(lifestyle) 모형은 범죄는 적절한 범죄의 대상, 범죄에 대한 노출, 보호자의 부재, 범행의 동기를 가진 가해자가 있어야 발생한다고 주장한다. 적절한 범죄 대상이 되느냐의 여부는 오락 활동의 증가, 여가 시간의 음주, 유흥 목적의 위험한 행동과 깊게 관련되어 있다. 대학생들의 몇 가지 특징들, 즉, 젊음, 대학 거주 시설의 밀집, 캠퍼스라는 한정된 환경에 많은 학생들이 집중되어 있다는 점 등은 대학생들을 범죄에 더 쉽게 노출되게 만든다. 또한 안전의식의 부재는 대학의 생활에서 찾아볼 수 있는 특징이다. 학생들은 자신의 소지품을 마음대로 놓아두고 편의를 위해서 문을 잠그지 않는다. 그리고 범죄 예방을 위한 기법에 대해서 대체로 무지한 경우가 대부분이다. 동기화된 범죄자와 관련해서는 일차적 관계가 형성되지 못하는 분위기에서 많다고 할 수 있다.

위의 이론 체계는 캠퍼스 범죄에 대해서 심층적인 연구가 가능하도록 도와주었다. Fisher et al.(1998)은 기숙사 시설(범죄의 근접성)과 부유층 학생(적절한 범죄 대상)이 재물 범죄의 피해자화와 관련이 있다는 점을 발견하였다. Tewksbury와 Mustaine (2003)은 대학생들의 자기방어 수단 의존성과 생활스타일 사이의 연관성을 분석하였다. 비슷한 맥락에서 Fisher과 Sloan(2003)은 여자 대학생들에서 나타나는 피해자화의 두려움을 분석하여, 이들에게 필요한 권장사항을 생활스타일 이론에 근거하여 제시하였다.

대학 캠퍼스 범죄의 대처

과거에는 대학 캠퍼스에 발생하는 범죄에 대하여 단순히 지역 내 법집행 기관이나 보안 관련 기관이 개입하였다. 또한 예방활동의 대부분은 학생들에게 대학 범죄에 대한 예방책이나 범죄자를 만났을 때 어떻게 도움을 요청해야하는 지에 대한 교육이 차지하였다. 하지만 2007년 발생한 Virginia Tech 총기사고 이후 완전히 변화하였다. 대부분의 학교와 정부에서는 비상 대응 계획을 만드는데 주력하였으며 대학 내 폭력 범죄를 사전에 방지하기 위한 예방에 노력하기 시작하였다.

캠퍼스 안전에 관한 노력은 Ohio College Safety and Security 대책 위원회의 활동에서 살펴볼 수 있다. 대책 위원회의 임무는 Ohio주에 위치한 모든 대학이 안전하도록 하며 대학에서 안전수칙을 이행하지 못하였을 경우에 이를 처리하는데 있었다. 대책 위원회에서는 대학 안전 정보와 관련된 정보센터(clearing house)를 설치하였으며 잠재적인 위험학생을 가려내고 분석하는데 있어서 대학에서 발생할 수 있는 법적 문제를 명확하게 해주었다. 또한 대책위원회를 통하여 보안 직원(security personnel)의 안전훈련 과정과 안전문제와 관련된 워크숍을 개발하였다. 그리고 대학이 안전 관련 문제를 대처하기 위해서 어떠한 준비를 해야 하는지를 보여주는 Campus Safety Checklist를 제시하였다. (표 12-17 참조)

성희롱 문제 SEXUAL HARASSMENT

직원들과 학생들이 겪게 되는 또 다른 문제는 성희롱 문제이다. 성희롱은 기타 피해자

표 12-17 오하이오 캠퍼스 안전 체크리스트

해당 대학에서는 다음의 안전 또는 보안 계획을 가지고 있습니까? 만약 있다면 2007년 4월 이후 새롭게 개정되거나 검토된 적이 있습니까? 다음의 사항이 대학에 해당이 된다면 체크를 하시기 바랍니다.

1. 학업에 지장을 주거나 잠재적으로 상당한 위험을 야기할 수 있는 학생, 교직원, 교수진, 방문객의 행동에 대처할 수 있는 계획안(protocol)이 마련되어 있다. 또한 대학에서 학생이나 개인이 폭력 행위를 하거나 위협하는 경우 명확한 대응 계획안이 존재한다.
2. 교수진, 직원, 학생들이 자신이나 다른 사람들에게 위험을 야기하는 사람을 판별하고 어떻게 대응해야 하는지를 인지한다.
3. 캠퍼스 당국에서는 관련 법률에 대하여 확실하게 이해하고 있다.
4. 실제 혹은 잠재적인 위협에 대응하는데 있어서 캠퍼스 내외곽에 위치한 캠퍼스 보안 조직(safety force)과 체계적으로 연결이 되어 있다.
5. 계획안(protocol)은 관련되어 있는 내부 및 외부 관계에 모두 적용되도록 만들어졌다. 여기에는 학생들, 교직원, 직원, 관리자, 보안 직원, 병원, 언론을 포함한다.
6. 위험 상황이 발생하는 도중에 필요한 지원을 동원하기 위한 절차가 마련되어 있다. 여기에는 응급 직원(vital staff), 정신 건강 관련 직원, 통신관련 직원, 설비운영 직원이 해당한다.
7. 위험 상황이 발생한 후에 대학이 운영될 수 있도록 지속성과 회복(resumption/recovery)을 위한 계획이 설계되어 있다.
8. 사건이 발생한 후 정신적, 물리적 도움 및 기타 사항들에 필요한 자원을 대비한다.
9. 근간이 되는 직원들과 인력이 대학에 돌아갈 수 있도록 계획이 수립되어 있다.

출처: Task Force on Ohio College Campus Safety and Security(2007). http://www.regents.ohio.gov/cstf/CSTF-Final_Report.pdf.

화 유형과는 크게 두 가지의 차이점을 가진다. 첫째, 성희롱은 실질적인 물리적 폭행을 동반하지 않는다. 오히려 성희롱은 성적인 발언, 의사에 반하는 접촉, 외설스러운 농담, 포르노 또는 성적인 접촉을 목적으로 한 노골적인 요구처럼 감지하기 어려운 행동으로 나타난다. 성희롱은 대부분 가해자와 피해자가 가까운 접촉을 하게 되는 직장이나 학교에서 발생한다. 즉, 이는 피해자와 가해자가 면식관계임을 의미한다. 둘째, 성희롱은 형사사법 시스템에서 거의 다루지 않는다는 점에서 다른 피해자화의 유형과는 차이가 있다. 오히려 성희롱은 민사관계나 행정차원의 구제책이나 행정 관련법 영역에 적용된다.

성희롱에 관하여 일반적으로 통용되는 정의는 없지만, 대부분 성희롱에 관한 정의는 두 가지 큰 영역으로 구분할 수 있는 행동들로 구성되어 있다. 첫 번째 영역은 *quid pro que* 성희롱이다. 이는 가해자가 고용, 직업 환경, 학점 또는 기타 호의를 조건으로 성적 접촉을 요구하는 것이다. 가해자는 성적 관계를 피해자가 지불해야하는 비용으로 간주하고 교환 관계를 설정하는 것이다. 대부분 사람들은 첫 번째 영역이 다른 사람들의 권리를 침해하는 것임을 이해한다. 이러한 성희롱이 성립하기 위해서는 실제 범죄 행위가 실행될 필요가 없으며 단순히 협박이 있었다는 그 자체로 성립한다.

두 번째 영역은 **비우호적인 환경**(*hostile environment*)을 조성하는 것과 관련이 있다. 이 유형에서 성희롱은 직장에서 나체 사진이 포함된 달력을 사용하거나, 노골적인 성적 농담을 하고, 신체적인 접촉을 시도하는 행위를 의미한다. 또한 특정한 복장에서 누가 가장 "섹시"한지를 언급하는 것도 여기에 해당한다. 피해자는 이 경우에 행위의 고의성에 관계없이 불쾌함을 느끼게 된다. 일부 사람들은 이러한 행동들이 성희롱에 해당하지 않는다고 생각할지도 모르지만 피해자들은 불쾌함을 느끼게 된다. 그러므로 두 번째 유형은 피해자들이 자신의 솔직한 감정을 드러내거나 성희롱 행위를 하는 사람들에게 자신의 감정을 표현하도록 요구하는 것이 상당히 어렵다. 가장 큰 문제는 가해자에게 이러한 성희롱 행위에 대해서 알려주더라도 계속될 경우에 발생한다. 적대적인 환경 상황에서는 성희롱을 증명하기 위해 직장의 해고, 호의의 제공 또는 기타 요소를 제시할 필요가 없다(Rublin, 1995).

성희롱의 두 가지 유형은 미국 연방 **고용기회 균등 위원회**(*Equal Employment Opportunity Commission*, EEOC)의 연방법규(Federal Regulations) 1604.11 조항에 나타난다(표 12-18). 여기서 정의하는 성희롱은 직장 상황에 특정되어 있지만, 많은 교육 기관에서는 학교의 환경에 적합하도록 변경하였다. 예를 들어, 대학교의 경우 학생들이 공부를 하지 못하도록 방해하는 행위와 관련된 조건들이 적용될 수 있도록 용어들을 추가적으로 삽입하였다. 각기 다른 상황이나 기관의 요구사항을 충족시키기 위해 명확한 정책(definitional policies)을 마련하고자 하는 노력을 확인할 수 있다.

표 12-18 성희롱에 관한 EEOC의 정의

1604.11조항 성희롱(Sexual Harassment)

의사에 반하는 성적 접근(sexual advances), 성적 호의(sexual favors) 요구 또는 기타 언어적/물리적 성적 행위 등으로 성희롱은 구성되어 있으며 아래와 같이 구분할 수 있다.

(1) 개인의 고용을 조건으로 노골적으로 또는 암묵적으로 위의 행동에 복종하도록 만듦.
(2) 위의 행동에 복종하였는지 거절하였는지가 직장에서 개인에게 영향을 미치는 고용결정 판단 기준으로 사용됨.
(3) 위의 행동이 개인의 업무 성과를 이유 없이 방해하는데 목적을 가지고 있거나 적대적인 근무 환경을 조성하는데 있음.

성희롱의 범위 The Extent of Sexual Harassment

성희롱의 범위는 성희롱의 정의와 성희롱 조사 대상에 따라 다르다. 성희롱을 측정하기 위한 전국 단위의 데이터 수집 활동은 진행되고 있지 않다. 성희롱에 관련된 지식은 오히려 다양한 설문조사를 기초로 하고 있다. 하지만 이러한 측정 방법이 가지고 있는 복잡한 문제는 대체로 설문조사가 특정 집단을 대상으로 이루어졌다는 점이다. 예를 들어, 한 개의 대학에서 학생 또는 교수를 대상으로 발생하는 성희롱을 조사하였거나 간호사 직종처럼 여성이 거의 대다수를 차지하는 직업군에서 발생하는 성희롱만을 다루고 있다. 그러므로 이러한 연구 결과는 전체 인구로 일반화할 수 없다. 또 다른 문제점으로는 보복의 두려움이나 창피하다는 이유로 성희롱을 보고하지 않는 사람들이 존재한다는 점이다. 또한 법적으로는 성희롱에 해당하지만 일반 사람들은 성희롱이 적용되는지를 모르는 경우가 있어서 포함되지 않는 경우도 있다.

이러한 측정 상의 문제점에도 불구하고, 많은 연구를 통해 성희롱의 발생 빈도에 대한 이해가 가능하다. 초기 연구 중 하나는, 여학생 중 17%는 성적 접근(sexual advance)을 경험하였으며, 14%의 여학생은 원치 않는 성적 유혹(sexual invitation)을 받은 적이 있다고 밝혔다. McKinney(1990)은 한 대학에서 156명의 교직원을 대상으로 연구를 실시한 결과, 여성 응답자 중 14%와 남성 응답자 중 9%가 동료에 의해 성희롱을 당한 경험이 있다는 점을 발견하였다. 대학 교직원을 상대로 한 전국 설문조사에서, 전체 응답자 중 6.8%가 성희롱을 당한 적이 있다고 보고하였으며, 여성이 남성에 비해서 성희롱 피해 건수가 5배 많은 것으로 나타났다(Dey, Korn, & Sax, 1996). 여성 직원들의 설문결과를 통해서 Guket(1985)은 직장에서 성적 접근을 거절하였기 때문에 부정적인 영향(직장 해고, 승진이나 봉급 상승 거부)을 받게 된다는 점을 발견하였다. 일반 대중을 상대로 한 연구는 아직 많이 이루어지지 않지만 성희롱이 더욱 많이 발생한다는 사실을 밝혀냈다. 예를 들어, Wyatt와 Riederle(1995)에 따르면 로스엔젤레스에 거주하는 여성 중 44%가 직장에서 성희롱을 당한 경험이 있으며, 45%가 사회적 상황에서 성희롱을 경험하였다. 마지막으로,

표 12-19 성희롱 고발, 2000~2009

	2000년	2003년	2006년	2009년
총 고발 건수	15,836	13,566	12,025	12,696
남성에 의해 고발된 사건	13.6%	14.7%	15.4%	16.0%
해결 사건	16,726	14,534	11,936	11,948
해결 유형				
조정	10.0%	12.3%	12.2%	11.6%
철회(급부금과 함께)	8.3%	8.9%	9.8%	10.8%
행정적 종결	27.7%	24.8%	23.8%	23.7%
합리적인 근거 없음	44.1%	46.1%	47.5%	47.7%
합리적 근거 있음	9.9%	7.9%	6.7%	6.3%
이익 해결	28.2%	29.1%	28.7%	28.6%
금전적 이익(백만)*	$54.6	$50.0	$48.8	$51.5

* 소송을 통해 얻은 금전적 이익은 포함되지 않음.
위의 자료는 EEOC와 지역 Fair Employment Practices 기관에 고발된 사건을 반영한다.
해결 유형의 수치는 반올림을 적용되어 총 비율이 100%가 나타나지 않을 수 있다.
출처: Equal Employment Opportunity Commission(2010). *Sexual Harassment Charges EEOC & FEPAs Combined: FY1997-FY2009*. http://www.eeoc.gov/statistics/enforcement/sexual_harassment.cfm

Swisher(1995)은 EEOC에 보고된 성희롱 사건이 1991년에서 1993년 사이에 두 배가 넘게 증가하였음을 강조한다(3,300건에서 7,300건으로 증가). 전국적으로 위치한 Fair Employment Practices 기관이나 EEOC에 보고된 EEOC 통계자료에서는 성희롱 범죄가 더욱 많이 발생한다는 것을 알 수 있다(표 12-19 참조). 2000년도에는, 15,800건 이상의 성희롱 범죄가 접수되었으며, 2009년에는 총 12,696건수가 발생하였다(Equal Employment Opportunity Commission, 2010). 이러한 성희롱 범죄는 남성들이 피해자가 되는 사건이 다소 증가하기도 하였지만 여성이 피해자인 경우가 대부분이다.

성희롱에 대한 대응 Response to Sexual Harassment

앞에서 언급된 것처럼 성희롱은 대체로 형사 사법 시스템의 영역에서 다루어지지 않는 경우가 많다. 오히려, 피해자는 성희롱을 대처하기 위하여 개별적인 행동을 취하거나 법률 시스템에 의존하는 등 다양한 절차를 사용할 수 있다(표 12-20 참조). 대부분 조직에서는 성희롱과 관련된 방침이 마련되어 있다. 이러한 방침들은 성희롱 문제와 직원들에게 발생할 수 있는 상황, 그리고 이러한 상황들을 처리하는 절차에 대하여 설명하고 있다. 이를 통해서 해결이 안 될 경우에 피해자는 직장 내 평등과 관련된 법령이나 보호수단에 의존하거나 직접 민사 소송을 제기할 수 있다. 하지만 어떤 수단이 사용되든 간에, 피해자는 불필요한 스트레스와 불편을 안게 된다.

표 12-20 직장 내 성희롱을 방지하기 위한 단계

해당 행동이나 발언이 잘못되었음을 가해자에게 직접 전달하고 즉시 대응해야만 한다.
1. 가해자에 대항하라. 상대방에게 해당 행동으로 인해 불쾌함을 느꼈음을 명확하게 전달하라. 또한 성희롱 발언을 중단해주기를 바란다고 전달하라. 2. 동료들과 해당 문제에 대해 논의하라. 그들도 당신과 똑같은 감정을 느끼고 있을지도 모른다. 3. 성희롱 행동에 대하여 기록을 남긴다. 시간, 날짜, 발생 장소와 사건 발생 당시 환경을 명시한다. 사건을 증명할 수 있는 증인들도 기술하도록 한다. 4. 인사 부서를 확인한다. 성희롱에 대한 회사의 방침을 검토하고 자신의 권리를 숙지하도록 한다. 5. 성희롱 행위가 지속될 경우, 불만을 접수하도록 한다. 불만 사항 접수처(grievance officer)에 도움을 요청하거나 당신 또는 가해자의 관리자에게 보고한다. 6. 연방 EEOC를 통해 사건을 고발하는 등의 법적인 조치를 취하거나 법률적인 조언을 구한다

출처: Ohio Civil Rights Commission (1996). *Sexual Harassment in the Workplace*. Columbus, OH: Ohio Civil Rights Commission.

성희롱 문제의 해결방안에는 여러 가지가 있다. 표 12-19에서는 EEOC에 접수되었던 성희롱 사건들의 결과를 알 수 있다. 여기서 흥미로운 점은 해결된 사건의 수가 새로 접수된 사건의 수를 초과한다는 것이다. 이는 일부 사건의 경우 몇 년을 걸쳐서 진행되는 경우가 있으며, 다른 기관에서 EEOC로 이관하는 경우도 있기 때문이다. 대부분 성희롱으로 접수되는 사건들의 경우 행정적 종결이나 "합리적인 근거 없음(전체의 3분의 2 이상 차지)"으로 처리가 된다. 이는 성희롱이 실제로 발생하지 않았거나 고발인이 사건을 끝까지 마무리하지 않았다는 것을 보여준다. "이익 해결방안(merit resolution)"은 성희롱 사건을 해결하는 또 다른 주요한 방법이다. 이 방법은 사건이 해결되거나 고발인이 자신이 원하는 혜택을 받아 사건을 철회한 경우를 의미한다. 이 방법을 통해 사건이 해결되는 경우가 점점 증가하고 있다. 2009년의 경우에 전체 사건 중에서 대략 29%가 이익 해결방안을 통해서 해결이 되었다. 여기서 주의 깊게 살펴볼 점은 비록 성희롱 사건이 단순히 성희롱이 발생하였다는 사실을 증명하는 것으로 끝나지는 않지만, 성희롱이 인정되는 경우에 어마어마한 금전적인 이익을 보상 받게 된다는 것이다. 2009년의 경우에 5,150만 달러가 고발인들에게 지급되었다.

표12-19에 언급된 대처 방안 외에도, 회사에서는 성희롱에 대처하기 위하여 다양한 조치를 취해야할 의무가 있다. 고용주나 교육기관은 학습이나 근무를 위하여 성희롱이 발생하지 않도록 환경을 조성해야하는 법적 의무가 있기 때문이다. 이러한 조치들은 크게 두 가지 유형으로 구분할 수 있다: 성희롱을 근절하고 재발하지 않도록 만드는 조치, 성희롱이 발생한 후 취하는 조치.

EEOC에서는 이러한 조치들에 관하여 구체적인 행동지침을 제안한다. 성희롱을 방지

하기 위해서 고용주는 가해자에게 경고를 주거나 징계(reprimand)를 부과할 수 있다. 또한 개인에 대하여 부서를 이전하거나 새롭게 배치할 수 있으며 가해자에게 상담을 의무화시킬 수 있다. 이뿐만 아니라 가해자에게 금전적인 제약을 주거나 강등시킬 수 있으며, 재발을 막기 위해서 감시를 강화할 수 있다. 이러한 행위들이 효과가 없는 경우에 가해자를 해고할 수 있다(Equal Employment Opportunity Commission, 1999). 성희롱이 발생하였을 경우에 가해자를 처리하는 조치뿐만 아니라, 피해자를 직접적으로 도울 수 있는 방안도 있다. 예를 들어, 피해자가 성희롱으로 인해서 출근을 하지 않거나 일을 쉰 경우에 고용주는 그 시간을 충원시켜줄 수 있다. 또한 성희롱으로 인해 직장을 떠났던 피해자에 대하여 복직을 가능하도록 해야 한다. 그리고 피해자의 인사 기록을 검토하여 가해자의 행동과 관련된 부정적인 의견이나 평가를 삭제할 수 있다(Equal Employment Opportunity Commission, 1999). 성희롱을 해결하기 위해서는 여러 가지 수단이 사용될 수 있다는 점을 명심해야만 한다.

최근 직장 내 여성의 비율이 증가하면서 성희롱 문제가 관심을 받기 시작하고 있다. 따라서 회사들과 학교에서는 이러한 문제를 해결할 수 있도록 새로운 절차와 방침들을 개발해야만 한다. 학교와 회사에서 근무하는 모든 직원들에게 의무적으로 성희롱과 관련된 교육을 강요할 수는 없다. 하지만 이러한 시도를 통하여 성희롱 사건을 어느 정도 방지하게 될 수 있다고 생각한다. 성희롱에 대한 조치를 취한 경우에 최소한 학교와 고용주는 사건

표 12-21 직장 및 학교에서의 피해자화와 성희롱 관련 사이트

Bureau of Justice Statistics	http://www.ojp.usdoj.gov/bjs
National Center for Educational Statistics	http://nces.ed.gov
National Institute for Occupational Safety and Health	http://www.cdc.gov/niosh
National Women's Law Center	http://www.nwlc.org
Ohio Board of Regents	http://regents.ohio.gov/security_task_force.php
Security on Campus, Inc.	http://www.securityoncampus.org
U.S. Department of Education, Office of Postsecondary Education	http://www.ope.ed.gov/security
U.S. Department of Labor	http://www.dol.gov
U.S. Equal Employment Opportunity Commission	http://www.eeoc.gov
U.S. Occupational Safety and Health Administration	http://www.osha.gov

출처: Duhart, D. T. (2001). *Violence in the Workplace.* 1993-99. Washington, DC: Bureau of Justice Assistance

이 발생하더라도 책임을 경감할 수 있을 것이다. 무엇보다도 성희롱은 반드시 해결되어야 하는 문제인 것은 틀림없다.

요약하기 SUMMARY

개인이 직장이나 학교에서 피해자가 되는 경우에 정신적인 충격이 더욱 클 수밖에 없다. 대부분의 직원들이나 학생들은 학교나 직장이 안전한 장소라고 생각하기 때문이다. 형사사법 시스템에 종사하는 사람들이나 기타 보안 부서에 근무하는 사람들을 제외한 사람들의 경우에는 자신이 근무하는 직장이나 학교에서 그들의 생명과 재산을 보호할 수 있는 안전 조치를 취하였다고 판단할 권리가 있다. 만약 직원들이나 학생들에게 피해자화가 생긴다면 이는 그들의 기대를 위반하는 것을 의미한다. 학교와 회사에서는 자신들의 보호와 고용상태에서 안전이 보장될 수 있도록 합리적인 예방책을 마련해야한다. 그리고 피해자화(victimization)의 경우에 치유 계획을 미리 준비해야한다. 또한 직장이나 학교에서 (직접적으로든 간접적으로든) 피해자가 된 사람에 대하여 취할 수 있는 원조와 도움을 준비해야 할 것이다. 모든 행동은 역동적이고 발생하는 상황에 적합해야만 한다. 물론 발생할 수 있는 모든 경우에 대하여 일일이 대응책을 수립하는 것은 불가능하다. 따라서 특정한 결과보다는 범죄 피해자가 생긴 경우 어떻게 처리하여야만 하는지에 대한 절차를 구축해야 한다.

제12장의 핵심용어

- 미연방 고용 기회 균등 위원회(EEOC)
- 일반 의무 조항
- 우체국으로 가는 것(going postal)
- 적대적인 환경조성 성희롱
- National Crime Victimization Survey: School Crime Supplement
- National Institute of Occupational Safety and Health
- 부주의한 고용
- 부주의한 관리
- 부주의한 감독
- 직원 교육의 소홀
- 직장 내 안전 소홀
- Occupational Safety and Health Administration
- quid pro quo 성희롱
- 일상 활동 이론
- 성희롱
- 중압
- 스트레스
- 하위문화 해석
- 제3자 고소
- 직원 보상금 제도
- 직장 내 괴롭힘
- 직장 내 폭력

13 피해자의 권리

Victim Rights

학습목표

본 13장을 읽고, 아래의 질문에 답해보시기 바랍니다.

- 대통령 산하 Task Force가 제안한 헌법 수정 사항에 대한 해석하라.
- 이 제안에 포함되어 있는 장점과 단점
- 헌법 수정사항의 찬반 논쟁
- 26번째 수정안이 언급하고 있는 사항 고찰
- 헌법 수정안을 반대하는 사람들의 논거
- 주 헌법 개혁쪽으로 전략적 방향 선회가 일어난 배경
- 연방 헌법 수정안 관련 피해자 권리 문제가 새롭게 부각된 배경
- 연방정부 차원에서 입법개혁의 영향
- 연방 정부 피해자 증인 보호 및 처우 관련 가이드라인 고찰
- 범죄피해자 권리선언 내용 이해 및 법원의 권리선언 관련 핵심 판례 고찰
- 범죄피해자 지위의 확장을 보증하는 그 어떤 사항을 발견하라.
- 비판가가 피해자 권리를 통해 의견을 나타내는 것에 대한 걱정과 구제의 일람표
- 피해자영향진술이 포함하고 있는 것에 대한 설명
- 피해자영향진술이 지닌 효과가 가졌던 의사소통
- 사형 사례를 둘러싼 헌법 이슈들에 대한 올바른 이해
- 이러한 헌법의 이슈가 피해자 영향을 미치는 선언에 관해 대법원의 논리가 어떻게 영향을 미치는가에 대한 인식
- 피해자영향진술에 대한 연방 대법원 판결에 관한 요점 사례 발굴
- 피해자 서비스를 직업화하는 노력에 대한 논의
- 피해자 서비스 제공과정에서 발생할 수 있는 윤리적 문제에 대한 인식

서론 INTRODUCTION

공식적 사법시스템에서 역사적 경향은 범죄를 사회에 대한 위반으로 보고 피해자를 사회를 위한 증인으로 간주하였다. 그러나 최근에는 사법절차에서의 중요성이 서서히 피해자의 참여로 이동하였다. 피해자는 더 많은 권리를 취득하게 되었고, 그 권리로 인해 사법제도에서 피해자는 예전보다 더 큰 중요성을 인정받았다. 그 권리들 중의 일부는 피해자의 인간 존엄성을 지키는 것만큼 간단한 것이었다. 다른 권리들은 피해자들이 법정과 가석방회의에서 진술하는 것을 허용하는 절차에 대한 윤곽을 나타낸다. 이에 더하여 사건을 미묘하게 바꾸어서 공식적인 사법시스템으로부터 비공식적인 상황을 만들어 피해자와 직접 합의할 수 있게 하기도 한다.

이러한 새로운 피해자의 권리가 발생하는 이유는 쉽게 찾을 수 있다. 첫째, 피해자 권리를 옹호하는 특별한 이익집단(special interest groups)들이 등장하게 되었다. 그들은 피의자의 권리와 피해자에 필요한 것(과)의 균형을 맞추기 위해 노력하였다. 둘째, 기존의 전통적인 형사사법 시스템이 피해자에게 충분한 만족을 주는데 실패하였다. 이미 5장에서 살펴보았듯이, 피해자는 공식적인 국가기관과 접촉함으로써 큰 의미를 부여받지 못하였다. "시민의 의무"라는 애매한 관념을 이행하는 것을 제외하고는, 시스템에 참여하면서 피해자들이 얻을 것은 적고 잃은 것은 많아지는 상황이 발생한다. 많은 피해자들은 자신의 사건에서 얻게 되는 그 어떤 이익에 대해 절대로 충분하게 만족하지 못했다. 피해자에게 더 많은 권리를 부여하자는 것은 시스템을 더욱 민감하게 만들었고 피해자를 다시 법정으로 불러들이는 미끼의 역할을 하였다. 셋째, 사법시스템이 증가한 형사사건으로 제대로 작동하지 못할만큼 압도당했다. 협상을 위한 전략적인 항변, 고소(file charges)의 실패, 시간의 지연, 적절하지 않은 판결, 그리고 시설부족으로 인해 죄수들을 일찍 석방시켜야 하는 문제들이 시스템을 실행하지 못하게 하였다. 대안이 필요하였다.

이 마지막 장은 역사적 경향 즉 피해자의 개입을 배제하는 것에 역행하려는 시도를 살펴보기로 한다. 특히 마지막 장에서는 두 가지의 보편적인 경향 중에서 사법제도의 여러 단계에서 피해자를 능동적인 참여자로 만들고자 하는 경향을 살펴보고자 한다. 첫 번째로 헌법 수정안을 살펴본다. 그리고 나서 피해자를 위한 법률규정을 살펴본다. 그 과정에는 합법적인 움직임도 있고 발전의 여지도 남아 있다.

피해자 권리의 수정 VICTIM RIGHTS AMENDMENT

피해자 권리에 대한 개혁은 미국에서 여러 가지의 방법으로 시행되었다. 하나의 전략은 형사사법 시스템에 참여할 때 피해자에게 일정한 권리를 보장하기 위해 일반적으로 VRA와

표 13-1 미국 수정헌법 제6조에서 제안된 변경사항

In all criminal prosecutions the accused shall enjoy the right to a speedy and public trial, by an impartial jury of the State and district wherein the crime shall have been committed, which district shall have been previously ascertained by law, and to be informed of the nature and cause of the accusation; to be confronted with the witnesses against him; to have compulsory process for obtaining witnesses in his favor and to have the Assistance of Counsel for his defense. Likewise, the victim, in every criminal prosecution shall have the right to be present and to be heard at all critical stages of judicial proceedings.*

*Proposed changes are highlighted for the reader.
출처: President' s Task Force on Victims of Crime (1982). *Final Report. Washington*, DC: U.S. Government Printing Office, p. 114.

관련하여 연방 헌법 수정안을 통과시키기 위한 노력이었다. 이와 평행적인 움직임은 VRA (Victim Rights Amendment)를 조직함으로써 주(州)헌법을 바꾸려는 것을 포함하고 있다.

연방 헌법 개정 Federal Constitutional Reform

범죄피해자에 대한 대통령산하 TF는 임무를 마침에 있어서(1982) 강력하고 감동적으로 행동할 것을 요구하였다. TF(1982 :114)는 "정부가 개별 시민의 권리를 무시하는 것을 자제해야함을 명백히 하였다. 범죄의 피해자들은 그들을 보호하기 위해 설계된 시스템에 의해 압박하는 부담그룹으로 변모되었다." 그 결과, TF는 범죄피해자의 권리를 명시적으로 보장하는 새로운 조항을 미국헌법에 포함하도록 하는 6번째 수정안을 제안하였다. 표 13-1은 다음을 나타낸다; 대변자는 단일 문장의 추가가 범죄피해자의 헌법적 지위를 가능하게 할 것임을 예견하였다.

최초의 권리선언과 현재의 범죄 피해자들의 곤경을 대량생산하는 역사적 조건은 지지자들로 하여금 강한 병렬이 존재한다고 느끼게 한다. 헌법의 보호장치는 애초에 이주민들이 자신들이 생각하는 불평등과 억압에 대항하기 위해 만들었다. 이 조항(document)을 제안한 사람들은 피고소인을 보호한다는 일련의 개념을 평등한 대우를 제공한다는 개념과 연결지었다. 이 새로운 공식은 미국인에게 신속한 재판을 받을 권리, 고소인과의 대면권, 상담을 받을 권리 그리고 잔인하고 통상적이지 않은 형벌을 받지 않을 권리 등을 보장받았다. Eikenberry는(eikenberry 1987:33) "이 공식의 창시자는 결백한 수많은 시민들의 나쁜 경험이 영국이 새로운 통치권을 설립하는 것을 억제하기를 원하였다."고 말하였다.

현재의 피해자들에게서 과거 정착민들이 처하였던 상황을 연상할 수 있다. 피의자 권리의 향상은 피해자 지위(신분)의 쇠퇴와 결부되었으며, 이는 피해자들을 곤경에 빠지게 하

였다. 피해자는 자신의 실수가 아님에도 고통을 참아냈고, 그럼에도 불구하고 주(state)는 주로 피의자의 권리를 보장하는데 신경을 썼다.

연방헌법(Federal Constitution)에 제안된 변화는 피해자의 법적 지위를 유지하고 어느 정도의 정의를 보장하는 것을 목적으로 하고 있다. VRA를 연방헌법에 포함하는 것은 마치 선거권을 확대하고 노예제도를 폐지하는 것처럼 과거의 해악을 원상태로 되돌리기 위해 수정된 매카니즘을 준비하는 것과 같다. 그러나 헌법을 수정하는 것은 느리고 신중하며 따분한 과정이다. 미국 헌법 제5조는 조항을 개정하기 위한 정당한 과정에 대해 규정하고 있다. 헌법을 수정하기 위해서는 두 단계를 거쳐야 한다. 첫 번째 단계는 미국 국회가 3분의 2 이상의 의결로 수정안을 하원과 상원 모두를 통과하게 하는 것이다. 이러한 의결이 이루어진 이후에는 더 이상 수정안의 문구를 변경할 수 없게 된다. 두 번째 단계는 국회가 결의안의 비준을 위해 수정안을 주들(states)로 보낼 때 발생한다. 4분의 3에 해당하는 주 의회 또는 50개의 주들 중 38개 주가 용인한다고 의결해야 한다. 통상적으로, 비준 상태는 7년 이내에 연방법률에 규정되도록 노력해야 한다. 그러나 국회는 과거에 때때로 그 기간을 연장하기도 하였다. 최초의 노력이 방향을 잡지 못할수록 지지자들은 새로운 전략을 받아들인다. 방향의 변경은 의회가 NOVA(National Organization of Victim Assistance)로부터 도움을 받을 때인 1986년 1월에 처음으로 나타났다. 추천된 안들이 대통령 산하의 범죄피해자에 대한 Task Force에 의해 검토되면서, 관계자들은 대안전략을 제기하였다. 제 6 수정안을 다듬기 위해 단어 혹은 문장을 바꾸는 대신에 완전히 새로운 제 26 수정안을 만들자는 의견이 제기되었다. 다음은 새로운 수정안이다.

> "범죄 피해자에게 특정한 기본 권리가 포함된 자격을 부여한다. 그러나 이에 한정하지 않고 정보권, 출석권 그리고 모든 연방이나 주의 판결과정에 대해 청취할 권리를 부여한다. 이 권리는 그 어떤 헌법의 권리로부터도 침해될 수 없다." (Yong,1987 : 66-67)

지지자들은 적어도 세 가지의 이유로 새로운 수정안에 찬성하였다. 첫째, 수정안에 찬성하게 되는 이유는 그것이 피해자를 독자적으로 구분함으로써 전체 문제를 덜 혼란스럽고 불쾌하게 만들어준다는 이점과 관련이 있다. 피해자의 이익이 가해자의 권리에 의해 결정되지는 않는다. 두 번째, 새로운 언어가 좀 더 광범위하고 포괄적이었다. 예를 들어 새 언어는 오히려 사법절차에서 그러한 참여를 제한하는 것이 아니라 전체 형사사법절차 전반에 걸쳐 참여하는 것을 그 목표로 인정하였다(earmarked participation throughout the entire criminal justice process as its goal rather than restricting such participation to judicial proceedings). 세 번째, 새로운 수정안은 피의자/피고인의 어떠한 권리에 대해서도 변경하지 않았다. 결과적으로 비판자들은 피해자의 권리가 피의자/피고인에게 주어진 보호를 침해하는 것이라고 논쟁할 수 없었다. 연방헌법을 함부로 변경하려는 이러한 시도들은 저항을 불러일으켰다. 몇몇 관찰자들은 국가의 VRA를 제정한 노력이 전체적으로 잘못된 방향이었다고 반대하였다. Dolliver(1987)는 연방정부의 권리선언의 숨겨진 의도는 개인의 자유를 정부의 침해로부터 지키기 위함이라고 언급하였다. 그 이유는 피해자에 관한 문제는 자유에 관한 문제를 포함하고 있지 않았으며, 단순히 자유에 관한 문제와 일치하지 않기 때문이다. 한 사람이 범죄피해자에게 닥친 불행한 상태에 대해 위로하였을지라도, "주(州)법률과 다른 것이 자동적으로 헌법 수정안의 해결방안이 될 수는 없다." 다른 사람들은 제안된 언어가 너무 모호하고 지나치게 포괄적이라고 생각했다. 예를 들어, Lamborn(1987)은 제안된 연방 수정안의 각 문단의 의미에 관해서 난처한 질문을 제기하였다(1987:220).

> 그들의 제안에 의해 제기된 여러 복잡한 문제를 해결하기 위해 피해자를 위한 헌법 개정에 대한 다양한 제안을 지지한 자들의 실패가 형사사법절차에서 피해자의 강화된 지위에 대한 필요성을 감소시키지는 않는다. 그러나, 실패가 헌법개정을 위한 캠페인이 시기상조임을 암시하는 것은 아니다.

지지자들은 연방 헌법 개혁이 비록 불가능은 아니라 할지라도, 최선의 노력에도 불구하고 매우 어렵다는 엄격한 현실을 깨달았다.

주(州)헌법 개정 State Constitutional Reform

미온적으로 받아들이는 것은 국가 헌법 개혁의 모든 지지자들을 급격하게 감소하게 하였다. 그 결과 1982년 대통령의 Task Force 이후로 획득한 침식에 관한 평가는 연방 VRA에 관해 등장한 이슈를 무시하였다. 새로운 방향이 필요한 것이 명백하였다.

개혁의 방법은 다시 논의되었고, 검토되었다. 몇몇 피해자 지지그룹의 대표들은 아이디어와 정보를 공유하기 위해 정보원(정보리소스) 네트워크를 출범했다. 1987년 초 이 그룹의 구성원들은 연합을 만들기로 결정하였는데, 그 연합이 "National Victims' Constitutional Amendment Network"이다. 이 그룹은 VRA을 연방 차원에 머물러 있게 하지 않고 주(州) 차원으로 승격시키기 위해 매우 헌신적이었다. 주(州)를 타킷으로 한 것은 오히려 아래와 같은 이유에서 더 좋은 옵션이 되었다(Lamborn, 1987 ; Spencesr, 1987). 첫째로, 주 VRA은 지역민들에게 더 많은 호응과 관심을 불러일으켰다. 둘째로 많은 주들이 이미 피해자 권리를 헌법에 제정했었지만, 그 조항들을 강요할 방법이 없었다. 주 VRA은 이 조항을 강화하였다. 마지막으로 주 헌법은 이미 범죄자들을 보호하고 있었고 이러한 호의를 피해자에게 확대 • 적용하는 것은 적절하였다.

현재는, 피해자와 관련된 규정이 연방 헌법에 없다. 그러나 33개의 주들이 캘리포니아

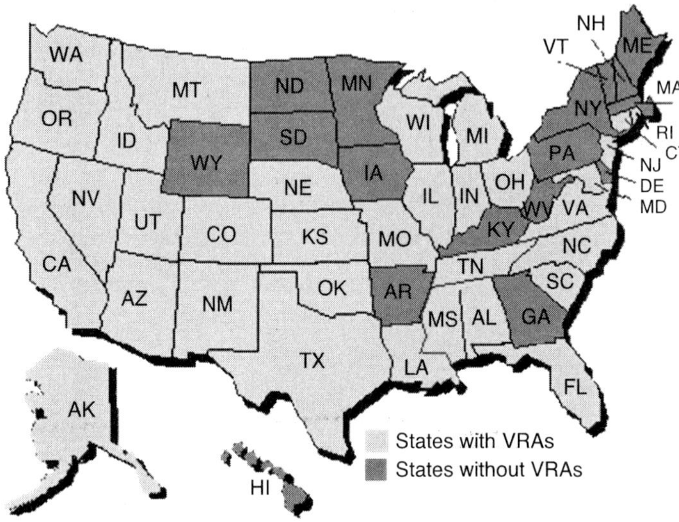

그림 13-1 States with Victim Rights Amendments.

출처: National Victims' Constitutional Amendment Passage (2009). *State Victim Rights Amendments.* Retrieved on July 5, 2010, from http://www.nvcap.org/stvras.htm.

를 중심으로 1982년부터 헌법 법령을 승인하기 시작했다. 위 그림 13-1은 어떤 주의 투표자들이 VRA가 자신들의 주 헌법에 존치하는 것을 지지하는가 보여준다.

주 헌법의 규정들은 전형적으로 공민권을 나열했다. 유감스럽게도 대부분의 사람들은 이러한 권리들을 알지 못하였고, 특히 이러한 권리들은 보호수단을 작동시키기 위해 매우 중요했다. 결과적으로 NVCAN은 주 법령을 검토하였고, 정책을 대리하였고 그리고 그 다음 중요한 활동가들과 피해자들을 인터뷰하였다. 이러한 작업의 결과는 일반적인 맥락인 매우 중요하고 핵심적인 권리를 NVCAN이 분리하는 것을 도왔다. 이를 바탕으로 NVCAN은 경찰이 용의자에게 그들의 권리를 고지하는 미란다 권리의 카드를 피해자 버전으로 만들었다. 이 생각은 초동수사 과정에서 이 정보들을 알려줌으로써 경찰들이 피해자들이 그의 권리를 충분히 알게 하기 위해서 고안한 것이다. 일반적인 형식으로 표 13-2에 그 모델 카드들이 서술되어 있다. 물론 자신의 주에 적절하게 주 VRA의 언어로 바꾸는 것은 지역 사법관할이 해야 할 일이었다.

주 VRA가 어떤 형태를 지니고 있는지에 대해 더 정확히 이해하기 위해서는 표 13-3,

표 13-2 피해자의 권리 "*미란다 카드(Mirands Card)*" 모델

당신이 범죄의 피해자가 된 것은 유감이다. 범죄피해자로서 당신은 특정한 권리를 향유할 자격이 있다. 당신은 다음과 같은 권리를 갖게 된다:

- 존엄하고 존중한 대우
- 사건의 모든 중요한 절차와 발견에 대한 통보
- 혐의를 받고 있는 혹은 유죄 판결된 범죄자의 상황에 대한 통보
- 피고인이 참여할 수 있는 모든 심문에의 참석
- 중요한 절차에 대한 정보취득
- 유죄판결의 결과를 고려하여 원상회복은 가해자에게 부담시킴
- 재판 이전에, 재판 진행 중에 그리고 재판 후에 혐의를 받고 있는 혹은 유죄 판결된 범죄자로부터의 적절한 보호
- 폭력범죄와 관련된 경우에는 피해보상에 대한 신청
- 서비스와 조력에 대한 정보와 문의
- 당신의 권리가 침해되었다면 법적 구제를 추구할 권리

출처: National Victims' Constitutional Amendment Network (2004). *Crime Victims' Rights "Miranda Card."* Denver, CO: National Victims' Constitutional Amendment Passage. Retrieved on July 5, 2010, from http://www.nvcap.org/vrep/NVCANVREPMirandaCard.pdf.

1988년에 진행된 투표에서 90%의 투표자들이 통과시킨 플로리다 버전의 재판을 살펴보면 된다. 첫 번째 섹션이 연방 헌법의 6번째 수정안을 어떻게 보여주고 있는지, 두 번째 섹

표 13-3 Florida Victim Rights Amendment

섹션 16. 피고인과 피해자의 권리

(a) 모든 형사소추에서 피고인은, 요구에 따라, 고소의 성격과 이유에 대해 정보를 받을 것이며, 비용에 대한 사본을 받게 될 것이며, 증인을 위한 필요적 소송절차를 진행하고, 재판에서 불리한 증인을 대면하고, 변호사 또는 양자 모두에게 직접 듣고, 범죄가 발생한 주(county)에서 공정한 배심원에 의해 신속한 공개재판을 받을 수 있는 권리를 가지게 될 것이다. 주를 알지 못한다면, 기소 또는 정보는 결합된 두 개 이상의 주에 재판관할권을 부여하고 범죄가 발생한 지역에서 충분할 수 있도록 범죄의 발생을 증명할 것이다; 그러나 피고인은 소송절차 이전에 재판이 진행될 장소를 이러한 주들 중 어느 하나를 선택할 것이다. 주의 경계를 넘어 행한 범죄를 기소하기 위해 관할권이 해결되어야 한다.

(b) 범죄피해자 혹은 피해자의 가까운 친척을 포함한 그들의 법정대리인은 어느 정도까지는 정보를 들을 수 있는 권리에 대한 자격이 있으며, 형사 절차의 모든 중요한 단계에 참석하고 청취할 권리에 대한 자격이 있고, 이러한 권리 정도까지는 피고인의 헌법적 권리를 침해하지는 않는다.

출처: Constitution of the State of Florida, Article 1, Section 16, Florida Statutes (2009).

션이 제안된 26번째 수정안의 언어를 얼마나 따라가고 있는지 인지해야 한다. 그것이 의회를 통과하고 주 이전에 나아간다면 연방 VRA를 승인하는 것을 가능하게 만드는 방법으로 피해자 권리에 관한 추가안을 만들었다.

주 헌법 개정에 대한 반대는 우리 법률의 기본 토대 역할을 하는 문서의 변경을 통해 관심을 반영한다. Lamborn은 많은 개정이 철저한 조사와 논의 없이 제안되었음을 지적하였다. 비평가는 피해자 권리 선언을 잘 완성된 제안서보다 더 기본적인 수준으로 반응하는 경향이 있다. 따라서 "lock' em up" 철학을 선호하는 수정안의 근간을 이루는 보수적인 이데올로기로 나타나다.

헌법 조항에 대해 반대하는 자는 또한 성급하게 피해자를 원조하는 것은 피고인의 권리를 손상시키는 것이라고 경고한다. Viano(1987)는 범죄피해자에게 호의적인 헌법 개정의 통과가 결과적으로는 피해자의 처우를 초과하는 소송의 증가할 것이며, 이는 시민의 권리법안에 동반된 것과 유사한 것임을 암시하였다. 본질적으로 이러한 헌법 개정은 사회 집단 간의 갈등을 야기하였다.

연방 헌법의 개혁을 일으키다 Rekindling Federal Constitutional Reform

주(州) 수준의 노력을 통해 얻게 된 동력은 오클라호마시의 폭탄사건의 예심판사가 문제로 제기한 일련의 판정에 의해 보강되었다. 피고인 Timothy McVeigh 는 연방 빌딩을 무너지게 하고, 168명의 사람이 사망하고 수백명의 사람이 부상당하게 된 폭발사건으로 고소되었다. 사전심리 도중에 판사 Richard Matsch는 45석의 미디어 대표의 자리와 37개의 공적 관찰자 그리고 16개의 변호인 자리를 모두 무시할 것이라고 공표했다. 피해자나 생존자를 수용할 계획은 전혀 없었다(Howlett, 1997). 정부가 피해자들을 위해 12개의 자리를 부여하였을 때, 판사 Matsch는 1996년 6월 26일, 사실적이고 실질적(factual)인 증인들을 모두 재판 과정에서 제외하는 명령을 내렸다.

이 논란의 여지가 있는 선택은 이에 대한 반작용을 발생하게 하였다. 법무부가 이를 반대하였고, 판사에게 그의 선택을 다시 생각해 볼 것을 권유하기도 했다. 피해자와 생존자들은 그들만의 활동을 제기하였고, 판사들의 판결이 연방 피해자 인권선언에 의해 보장되었던 보호를 무시하거나 폐기한 것이라고 주장하였다. 한 피해자는 다음과 같이 진술하였다. "판사의 판결이 지속될수록, 나는 오직 선고 단계에서만 증언할 것인지와 재판에 단 일분이라도 참여할 것인지의 두 개의 선택 사이에서 극심한 고통을 수반한 선택을 하게 된다."(Cassell.1997) 판사는 자신이 했던 발언을 그 이후의 공판에서도 그대로 유지하였다. 그리고 자신의 의견을 1996년 10월 4일 연방 지방법원에서 피력하였으며, 어떠한 변화도 없었다. Bringing the case before the U.S. Court of Appeals for the 10th Circuitprovidednoimmediatereliefeither. 판사

표 13-4 1997년의 피해자권리설명법

Rights of victims to attend and observe trial. 1. Non-Capital Cases. – Notwithstanding any statute, rule, or other provision of law, a United States district court shall not order any victim of an offense excluded from the trial of a defendant accused of that offense because such victim may, during the sentencing hearing, make a statement or present any information in relation to the sentence. 2. Capital Cases. – Notwithstanding any statute, rule, or other provision of law, a United States district court shall not order any victim of an offense excluded from the trial of a defendant accused of that offense because such victim may, during the sentencing hearing, testify as to the effect of the offense on the victim and the victim's family. . . .

출처: The Victim Rights Clarification Act of 1997, 18 U.S.C. } 3510.

MAtsch는 모든 그룹에게 가능한 방안을 끊임없이 이야기하는 것이 피고인에게 주어졌으며 만약 어떠한 피해자가 재판과정에 참여하였다면, 그에게 후에 형벌을 부과하는 단계를 언급할 때, 피해자에게 중요한 증거를 제출할 수 있도록 확실하게 통고하였다. 그의 지위는 그 당시 피해자 인권선언의 조항을 대체하는 연방증거법 제615조 이었다. 다른 피해자의 공판 중의 증언에 의해 폭로되는 두려움은 아마 피해자 개인적인 기억을 그 후에 형벌이 부과될 때, 손상되거나 기울어지게 할 수도 있을 것이다(Cassell, 1997; Myers, 1997a).

본질적으로, 그 다음에는 연방 피해자 권리선언이 포함하고 있는 법적 보호가 깊고 속이 빈 오클라호마시의 폭탄테러의 피해자와 살아남은 자들을 위해 개최되었다.

이렇듯 논란의 여지가 있는 사안에 대한 대응으로, 국회는 Victims Rights Clarification Act(VRCA)를 바로 그 다음 해에 통과시켰다. 표 13-4에 보이는 VRCA는 판사 Matsch가 막고 있는 장애물들을 모두 치웠다. 오늘날, 피해자들은 형사사건에 대한 재판의 모든 과정을 관찰할 수 있게 되었다. 이 법률의 제정에 내포된 생각은 증인을 배심원으로부터 격리시키는 것은 재판에서 피고인에게 부여된 기본적인 권리를 보호하고자 함이었고, 중요한 진술은 형량을 조정하는 사유로 작용하고 판결에는 영향을 미치지 않게 한다는 것이었다. 결과적으로 TRCA는 모든 형사재판에 참석할 권리를 명백하게 하였고 양형과정에서의 피해자 진술권을 보장하게 하였다.

이러한 움직임은 많은 피해자 그룹이나 다른 관심 있는 사람들의 모임을 하나의 힘으로 모일 수 있게 하였다. 주 VRA들을 소개하는 캠페인을 성공적으로 진행하였다는 것에서 용기를 얻었고, 의안 통과 활동의 노력은 미국헌법을 개정하고자 하는 예전의 노력을 부활시켰다. 이 일들은 Senate Joint Resolution 6(합동결의) 때 끝을 맺었고 새로운 개혁안이 연방헌법에 제안되었다.

급격하게 증가하는 비판은 신속하게 수면위로 떠올랐고, 반대파늘은 예전에 제기되었던 많은 우려들을 반복하기 시작했다. 뉴욕 타임즈지의 편집장이 헌법 개혁을 지지함으로써 얻게 되는 총합이 평범하게 선출된 의원들의 정치적인 가식보다 더 가치 있는지 궁금해 했다. 그러나 Kansas Attorney Gerneral Carla J. Stovall(1997)은 헌법을 짜는 사람은 절대로 이 문서가 수정을 받아야 하지 않을 만큼 극히 신성한 것임을 반대했다. 사실, 국회는 헌법을 27번이나 변경하였고, 범죄를 고소한 사람을 이러한 15가지의 변화를 통해 그 보호범위를 확대하였다. Stovall(1997)는 다음과 같이 바라보았다. "나는 우리 시스템 내에서 피고인이 체포되고 보장받는 권리를 위한 대단한 법령이 피해자에 대해서도 동일한 문서에 의해 보장받는 권리는 없다고 믿는다." 궁극적으로 제안된 개혁안은 통과하지 못하였다.

지지자들은 이 문제를 매우 부정적으로 예상했고, 피해자의 권리를 연방의 수준으로 고려하게 하기 위해 다른 부담을 증가시켰다. 지지자들은 계획을 다시 수립하였고 국회를 위해 회기를 고려하여 새로운 법안을 제안하였다. 상원의원 Jon Kyle(Arizona)와 Dianne Feinstein (California)는 1998년 4월 1일 새로운 헌법 개정안을 제안하여 피해자 권리문제에 대한 관심을 다시 불러일으키고자 시도하였다. 이 제안은 상원 사법위원회를 통해 그 방법을 수립하였고 106회 의회 회기 중인 1999년의 1월에 다시 제출되었다. 동반 법안도 하원에 영향을 미쳤고, 많은 지지를 얻었다. 그러나 법안은 2000년 4월에 방해에 직면하였는데, 실망한 상원의원 Kyle와 Feinstein을 강제로 법안의 신중검토에서 배제하기로 한 것으로, 이것이 잘 알려진 Senate Joint Resolution(상원 협정) 3이다.

지지자들은 이러한 경험에도 의연하게 대처하였고 연방헌법 개혁을 위한 집회를 지속하기로 하였다. 상원의원 Kyle와 Feinstein은 2003년 1월 1일 새로운 결의안을 제출하였다. 그 법안은 Senate Judiciary Subcommittee(상원 사법소위원회)에 전달되었는데, 청문회를 개최하고 순조롭게 제안된 내용이 진행되었다. 표 13-5에 나타난 새로운 개혁안은 최종적으로 가결되지는 못하였다.

지지자들과 후원자들은 국회를 통과하기 위한 선거인들이 충분하지 못했다는 뼈아픈 사실을 깨닫게 되었다. 그저 실패한 것을 인정하고 도망하지 않고 헌법을 개정하려는 노력을 입법부에 대한 관심으로 돌렸다. 상원 Feinstein(2004:S4262)는 다음과 같이 언급하였다.

> "나는 헌법 개정안이 현재에는 통과하지 못할 것임을 잘 알고 있다. 우리가 시도하고, 실패한다면, 다시 도전하는데 몇 년이 소요될 수도 있다. 범죄의 피해자들은 수년간 이러한 진전을 기다려왔고 협상에 근접해 왔다. 이 법안의 결과는 이제 그러한 대상이 된 것이고, 결과는 의

표 13-5 미국헌법에 제안된 범죄피해자 권리 수정안, 2003

섹션 1. 폭력범죄 피해자의 권리, 그 권리에 의해 희생된 피고인의 헌법적 권리를 부정하지 않고 보호할 수 있으며, 이로써 모든 주 혹은 미국에 의해 확립되고 부정되지 않을 것이며 오직 이 문서에서 제공된 것으로 제한될 수 있다.

섹션 2. 폭력범죄의 피해자는 범죄를 포함한 공개절차와 피고인의 도주 또는 감금에 대해 합리적이고 시기적절하게 통지받을 수 있는 권리를 갖게 될 것이다; 권리는 그러한 공개절차에서 제외되지는 않으며, 공개된 석방, 청원, 선고, 집행 유예 및 사면 절차에 대해 합리적으로 청취하게 한다. 그리고 피해자의 안전을 충분히 숙고하여 결정하는 판결에 대한 권리, 불합리한 지연을 회피하는 이익, 그리고 적시에 범죄자에 의해 발생한 손해배상에 대해 요구하는 권리. 이러한 권리는 공공의 안전 또는 형사사법의 집행에 대한 상당한 관심에 의해 결정되는 경우를 제외하고는, 또는 매력적인 필요에 의해 제한되지는 않을 것이다.

섹션 3. 이 조항에서는 어떠한 새로운 재판에 대한 근거를 제공하거나 손해에 대한 청구를 승인하는 것으로 해석되지 않을 것이다. 오직 피해자 또는 피해자의 법정대리인은 법조항이 규정한 권리를 주장 수 있으며, 범죄로 고소된 자는 구조로부터 얻을 수 없다.

섹션 4. 의회는 적절한 입법에 의해 이 법규정을 집행할 수 있다. 이 조항에서 형의 집행을 연기하거나 사면할 수 있는 대통령의 권한에 영향을 미치는 것은 아무것도 없다.

섹션 5. 의회가 주에 헌법개정안을 제출한 후 제출일로부터 7년 이내에 몇 몇 주의 4분의 3의 입법부에 의해 비준되지 않은 경우 이 조항은 시행될 수 없다. 이 조항은 비준이 이루어진 경우 비준일로부터 180일이 지나면 효력이 발생한다.

출처: Congressional Record (September 4, 2003). *Senate Joint Resolution 1, 108th Congress, 1st Session.* Retrieved on July 20, 2010, from http://thomas.loc.gov/cgi-bin/query/D?c108:2:./temp/~c108wKsmMT.

미 있는 전진인 것이다."

가장 마지막의 진전은 미네소타 하원의원인 Stupak이 새로운 결의안을 2009년 여름에 제안하였을 때이다. 표 13-6에 나타난 새로운 법안의 언어는 그 이전 법안의 버전과는 약간 다르다. 이 글을 작성함으로써, 이 법안에 대해 소위원회가 고심하였음이 언급되었다. 법안이 통과되었는지에 대한 최종적인 상황은 아직 결정되지 않았다.

몇몇 국회의 구성원들이 피해자의 권리라는 개념을 받아들일 때에도, 그들의 입장은 피해자의 권리는 법률에 명시되어 보장을 받아야 하는 것이지 헌법적이어서는 안 된다는 것이었다. 이러한 동력을 활용하기 위해 입법자들은 피해자의 권리법안을 작성하는데 동원되었다. 이러한 노력들은 이미 존재하는 연방법에 피해자의 권리를 첨가하여 법안을 통과시킬 수 있게 하였다.

표 13-6 미국 헌법에 제안된 피해자 권리 개정

의회에서는 미국을 대표하는 상원과 하원의 의결이 이루어진다.(각 하우스의 3분의 2가 이에 concurring) 이어지는 조항은 헌법개정안으로 제안된 조항이 제출된 날로부터 7년 이내에 몇 몇 주의 4 분의 3의 입법부에 의해 비준되는 경우 헌법의 규정으로 유효하게 된다.
섹션 1. 폭력범죄의 피해자는, 이 용어는 법률에 의해 정의된 것으로서, 다음의 권리를 가진다. – 합리적인 통지와, 범죄에 관한 공개절차에서 배제되지 않을 권리 – 만약 참석한다면, 청취하고, 구금상태에서의 조건부 석방, 협상 항변 또는 판결에 대한 수용을 결정하기 위해 이러한 모든 절차에서 진술할 권리; – 공개되지 않은 가석방 절차에서의 위의 권리들, 이러한 권리의 범위내에서 유죄 판결을 받은 가해자에게 제공되는 권리; – 합리적인 통지와 문장의 제안 사면 또는 감형에 관한 진술서를 제출할 수 있는 기회를 가질 권리; – 범죄로 인한 구금 상태에서의 자료 또는 석방에 대해 합리적으로 통지를 받을 권리; – 피해자의 이익을 고려한 재판의 부당한 지연에서 자유로울 수 있는 권리 – 유죄 판결을 받은 가해자에게로 손해배상을 요구할 수 있는 권리; – 범죄로 인한 구금 상태에서 조건부 석방의 결정이 있는 경우 피해자의 안전에 대해 배려를 요구할 수 있는 권리, 그리고 – 본 권리개정이 정한 권리에 대한 합리적인 통지를 요구할 수 있는 권리
섹션 2. 오직 피해자 또는 피해자의 합법적인 대리인만이 규정에 정한 권리를 주장할 수 있다. 이 조항에서는 해당재판을 유지하거나 지속할 수 있는 그 어떤 사항도 존재하지 않으며, 향후 진행되는 재판이 조항에 의해
섹션 3. 의회는 이 조항의 비준을 집행하도록 하게 할 수 있다. 이 조항에 의해 확립된 권리에 대한 예외는 이 조항이 발효된 날짜 이전에 행해진 범죄에 대해서는 적용될 수 없을 것이다.
섹션 4. 이 조항은 이 조항이 비준된 후 180일이 경과하면 효력이 발생한다. 조항에 규정된 손해배상에 대한 요구권은 이 조항의 효력이 발생하기 이전에 행해진 범죄에 대해서는 적용되지 않는다.
섹션 5. 이 조항에 의해 확립된 권리와 특전은 의회가 법률, 지역, 또는 미국이 소유한 법률, 청소년 사법 절차, 콜롬비아 특별구 및 모든 연방의 절차에 의해 제공될 수 있는 범위 내에서 군사 절차를 포함하여 연방 정부와 주정부 절차에 적용된다.

출처: Congressional Record (July 9, 2009). *House Joint Resolution 59, 111th Congress, 1st Session.* Retrieved on July 20, 2010, from http://thomas.loc.gov/cgi-bin/query/z?c111:H.J.RES.59:.

피해자 권리 제정법 VICTIM RIGHTS LEGISLATION

피해자의 권리를 보존하는 또 하나의 방향은 피해자 보호를 명확하게 명시한 새로운 법률과 규정에 대한 통과를 요청하는 것 이었다. VRA의 개혁처럼, 법률은 특정 권리와 범죄 피해자와 증인들에 대한 연방 수준의 특권을 강제로 이행시켰다. 표 13-7이 증명하듯이, 피해자 문제는 매스컴의 관심을 많이 받았다. 이러한 움직임은 주(state) 수준에서도 동일한 자극을 주었다. 연방과 주 무대는 이 구역에서 참관되었다.

표 13-7 2010 전국 범죄 피해자의 권리 주간인 4월 18일에서 24일의 오바마 대통령의 선언

수백만의 미국인은 매년 범죄행위에 의해 희생된다. 그리고 아직도 많은 과거 범죄로 인하여 신체적·정서적 및 심리적 고통을 받고 있다. 이 주간, 우리는 범죄 피해자를 지원하고 그 가족과 지역사회를 위협하는 범죄를 방지하기 위한 노력을 새롭게 하고자 한다.

우리 민족의 번영은 모든 미국인의 안전과 보안에 따라 달라진다. 비록 범죄율이 최근 감소하였음에도 불구하고 범죄와 그의 파괴적인 영향을 여전히 우리의 끊임없는 경계와 주의를 요구한다. 우리 국민을 보호하고 우리 지역이 안전하게하기 위해, 작년의 획기적인 회복 및 재투자 법(Recovery and Reinvestment Act)은 피해자에 대한 범죄 예방 프로그램, 형사사법 활동을 위한 기금과 범죄피해자에 대한 서비스가 포함되어 있다. 헌신적인 개인, 단체, 그리고 전국의 기관 역시 쉼터, 상담, 지원의 다른 유형을 제공함으로써 범죄의 생존자를 돌보는 노력을 원조하고 있다.

어떤 사람이나 사회가 범죄를 경험하는 동안, 몇 몇 그룹은 불균형하게 영향을 받는다. 모든 살인 피해자의 거의 절반은 아프리카 미국인이고, 아메리카 원주민 여성은 소수민족에 대한 성폭행의 최고 비율중 하나를 경험한다. 이러한 불균형에 미국은 직면하고 있으며, 우리는 혁신적인 치안전략과 더 큰 지역 사회의 참여를 다루어야 한다.

폭력 범죄와 재산 범죄 이외에도, 금융 사기에서의 회복을 포함하여 화이트칼라 범죄와 전쟁을 해야 하고 피해자를 보호해야 한다. 본인이 관리하는 금융사기에 대한 TF의 활동 및 기타 사업을 통해, 우리는 모기지 사기와 강탈적인 대출관행을 근절하고 있다. 잔인한 기망으로 인해 그의 생활 저축이나 가정을 잃은 후 이러한 범죄의 피해자를 위한 프로그램은 경제적 안전을 회복하는데 도움을 줄 수 있다.

전국 범죄피해자 권리 주간 동안, 우리는 피해자와 범죄생존자에 대한 의지를 재확인하였고, 연방, 주 및 범죄 행위가 감소한 지역간의 협력을 강화하였다. 우리는 모두 함께 보다 더 안전한 미국을 건설하고자 한다.

자, 그러므로, 나, 버락 오바마는 헌법과 미국의 법률에 의해 나에게 주어진 권위와 미국의 대통령으로서 2010년 4월 18일에서 24일을 전국 범죄피해자의 권리주간으로 선포한다. 나는 이번 주간에 사건과 피해자권리에 대한 인식을 높이는 활동과 그들의 동료 시민에 의해 이루어지는 자원 봉사활동을 통해 모든 미국인에게 고지한다.

이 자리에 참석하신 분들의 입회하에 나는 서기 2010년, 그리고 미국해방의 234주년 4월 16일에 이를 선언합니다.

버락 오바마

출처: Office of the Press Secretary (April 16, 2010). *Presidential Proclamation - National Crime Victims Week.* Washington, DC: The White House. Retrieved on June 7, 2010, from http://www.whitehouse.gov/the-press-office/presidential-proclamation-national-crimevictims-week.

연방 제정법 개혁 Federal Legislative Reform

헌법을 변경하기 위한 하나의 대안은 피해자와 관련된 연설을 제정법으로 만드는 것을 촉진시키는 것이다. 이러한 시도는 명백하게 다른 사람의 입맛에 더 잘 맞았다. 표 13-8에 나타나듯이, 연방정부는 지난 300년 동안 범죄피해자들과 교섭에서(dealing) 많은 주도권

을 가지고 있었다. 이러한 법안들은 주(state)로 하여금 과거와 동일한 절차를 밟도록 하였다. 일반적인 연방정부의 전략은 기금을 주가 특정한 특색을 그들의 규정과 프로그램을 수립하였을 경우에만 사용할 수 있도록 한 것이었다. 이 전략의 결과로, 사람들은 연방과 주(state) 사이의 노력이 매우 일치함을 발견할 것이다 .

이러한 입법적 발전은 종종 추가조치를 촉진시킨다. 미국의 Attorney 장군은 원래 1983년 연방 피해자와 증인을 보조하고 그들을 대상으로 하는 가이드라인을 널리 퍼뜨렸다. 이러한 규제들은 최근에 업데이트 되었는데, 연방 직원들이 연방에서 지정해 준대로 적절하게 진행하고 있는지 확인하기 위해서 업데이트를 하였다(Office of the U.S attorney

표 13-8 연방 피해자 권리에 대한 주요 법률

1974	아동 학대 예방 및 치료 법
1980	자녀 유괴예방 법
1982	피해자와 증인 보호 법
1982	실종아동 법
1984	범죄피해자 법
1984	사법지원 법
1984	실종아동 지원 법
1984	가정폭력 예방 및 서비스 법
1985	소년사법 법
1988	음주운전 예방법
1990	증오범죄통계법
1990	아동학대 피해자법
1990	피해자권리와 회복법
1990	국립 아동검색 지원법
1992	학대여성의 증언법
1993	아동성학대등록법
1994	폭력범죄통제 및 법집행법
1994	여성폭력법
1996	지역사회통지법(소위 메간법)
1996	반테러 및 효과적인 사형법
1996	의무적 피해자배상법
1997	피해자권리설명법
1998	장애를 지닌 범죄피해자법
1998	신분도용과 억제법
2000	인신매매피해자보호법
2001	항공교통안전 및 체제안정화법(9월 11일 설립된 범죄보상기금)
2003	보호법("Amber Alert"법)
2003	감옥에서의 강간제거법
2003	공정하고 정확한 신용 Reauthorization법
2004	모든 것을 위한 사법정의법
2006	인신 매매 피해자 보호 Reauthorization법
2006	아담 월시 아동 보호 및 안전법

출처: Adapted from National Center for Victims of Crime (2010). Landmarks in victims' rights and services. *2010 National Crime Victims' Rights Week Resource Guide.* Washington, DC: U.S. Department of Justice.

General, 2005). 표 13-9는 연방법원이 범죄피해자를 다룰 때 지켜야 할 서비스목록을 나타내고 있다. 이러한 규칙들은 연방 형사절차에서 피해자와 증인의 의견을 더욱 많이 수용하고 불러들이기 위해 노력하고 있다.

아마도 제일 주목할 만한 특징은 표 13-10에 압축되어 있는 범죄피해자 인권선언을 2004년에 제정한 것이었다. 이것이 인권선언이라고 불리워지기는 하지만 국가의 헌법조항은 아니라는 것이 매우 중요하다. 이 조항들은 연방정부가 어떻게 그들의 정책과 범죄피해자에게 어떻게 그들의 권리와 관심을 보존하게 하는지 알리는 절차를 확대하였는지 그 방법을 보여주고 있다.

연방의 범죄피해자 인권선언을 통과시키느냐가 두 사건의 주제가 되었다. Kenna v, 미국의 지방법원(2006) 아버지와 아들 투자자가 팀을 만들어 몇몇의 투자자들을 속여 대략 100million dollar를 조성하였다. 두 피고인 모두 자신의 혐의를 인정하고 기소되었다. 60명 이상의 피해자들이 피해진술서를 제출하였다. 아버지에 대한 양형재판에서 원고 Kenna를 비롯한 몇몇의 피해자들은 그들이 아버지의 사악한 계획으로 인하여 퇴직연금이 어떻게 소진되었는지, 사업의 부도 그리고 삶이 망가졌는지를 설명하였고, 법정에서 진술하였다. 법정은 아버지에게 20년의 징역형을 선고하였다.

아들의 양형재판은 3개월 후에 진행되었다. 그러나 이 재판에서 재판장은 다른 피해자들에게 새로운 증거(remarks)에 대해 진술할 기회를 주지 않았다. 판사는 그는 이미 충분히 이전 재판에서 피해자들로부터 피해에 대해 들었다고 이야기 하였고, 예상컨데 더 이상 인지할 것이 없다고 생각했다. 판사는 곧바로 아들에게 11년보다 약간 더 장기인 금고형을 선고했다.

Kenna는 이런 판사의 태도에 '직무집행영장' 이라는 해답을 내놓았다. 직무집행영장은 상위의 법원이 하위의 법원에게 자제 혹은 시행을 강제하는 것이다. 이 사건에서는 아마 원고 측의 권리를 지지하는 것으로 보인다. Kenna는 두 번째 양형재판에서 판사가 더 이상 새로운 주장을 제기하지 못하게 한 것은 표13-10에 적시된 연방 범죄피해자의 권리법(Crime Victim' s Rights Act) 4번째 조항인 "right to be reasonably heard"을 침해한 것이라고 주장하였다. Kenna에 의하면 그러한 안전창치는 그의 논고를 공식적으로 이야기 하거나 재판 전에 진술할 수 있는 권리를 보장하는 것이었다. 그러나 재판장은 "적절한"이라는 단어에 더 집중했다. 그의 입장은 언어가 이미 피해자의 관점이 판사에게 전달되었기 때문에 신중하게 행동하고 피해자의 증언을 제한하라는 권리를 언어 "reasonable"이 가지고 있다는 것이었다. 해결책으로는 Kenna가 형량을 뒤집고, 재판장에게 자신과 피해자들의 의견을 듣고 새롭게 피고에게 형량을 부과하여 줄 것을 요구하는 것이었다. 요청을 받은 법원은 Kenna의 의견에 동의했다. 그들은 지방법원이 새로운 양형재판을 열고 Kenna와 다른 피해자들이 하는 프레젠테이션을 듣고 새로운 형벌을 부과할 것을 조언하였다.

연방 범죄피해자 권리선언(Crime Victims' Bill of Rights)은 두 번째 관련된 사안에서

표 13-9 피해자 서비스에 대한 연방 규정

c. 서비스에 대한 설명

1. 책임 있는 공무원은 다음을 하도록 되어 있다
   a. 피해자가 긴급 의료 및 사회 서비스를 받을 수 있는 장소에 대한 공지
   b. 이러한 혹은 다른 법률에 의해 피해자에게 자격이 부여되는 어떠한 배상이나 기타 구제와 그 정도의 구제를 받을 수 있는 방법에 대한 공지
   c. 피해자 상담, 치료 및 기타 지원을 제공하기 위해 사용할 수 있는 공공 및 민간 프로그램에 대한 공지; 그리고
   d. 이하 문단 (a), (b) 그리고 (c)에서 설명된 서비스 및 구제를 제공하는 책임 있는 사람과의 연락에 대한 지원
2. 책임 있는 공무원은 혐의가 있는 가해자로부터 적절한 보호를 받을 수 있도록 준비해야 할 것이며 혐의를 받고 있는 가해자와 협조하여 혹은 요청에 의해가해자를 대신하여 준비한다.
3. 범죄에 대한 수사와 기소가 진행되는 동안에 책임 있는 공무원은 피해자에게 다음과 같이 초기에 가능한 사항을 통지한다.
   a. 수사에 방해되지 않는 범위 내에서 적절하게 범죄의 수사의 상태, 범위에 대해 피해자에게 통보;
   b. 혐의가 있는 범인의 체포
   c. 혐의가 있는 범인에 대한 비용충전(filling)
   d. 증인이 어느 한 쪽에 출석할 자격이 있거나 혹은 이러한 제목의 섹션 10606(b) (4)하에 출석권이 부여된 각 법원의 절차에 대한 계획
   e. 법률위반자 또는 혐의가 있는 범죄자의 석방 혹은 구금 상태
   f. 유죄 또는 불항변 답변의 논쟁 혹은 재판 후 판결의 포기에 대한 항변의 수용;
   g. 판결은 범죄자가 가석방의 자격을 취득하게 되는 날짜를 포함하여 범죄자에게 부과
4. 법원의 절차가 진행되는 동안 책임 있는 공무원은 피해자가 피고인과 변호하는 증인의 시력과 청력에서 벗어나 대기할 수 있는 영역을 제공할 것을 보장한다.
5. 재판 후 책임 있는 공무원은 피해자에게의 다음과 같이 초기에 가능한 사항을 통지한다.
   a. 가해자의 가석방 청문회의 일정
   b. 석방, 갱생, 휴가, 또는 다른 형태의 가해자의 구금해제
   c. 가해자가 구금 상태에서 사망한다면, 그의 사망소식
6. 항상, 책임 있는 공무원은 증거 목적으로 제출된 피해자의 재산을 양호한 상태로 유지하여야 하고, 재산이 증거 목적을 위해 더 이상 필요하지 않을 때에는 즉시 피해자에게 반환해야 한다.
7. 검찰총장이나 성폭행을 수사하고 있는 다른 부서 또는 기관의 장은 직접 또는 피해자가 지불한 비용을 변상하는 방법으로 지불할 것이며, 수사 경찰이 결정한 피해자의 신체 검사의 비용은 필요하거나 증거의 목적을 위한 유용하다. 검찰총장은 성폭행 이후 12 개월 동안, HIV, 임질, 헤르페스, 클라미디아, 그리고 매독을 포함한 성병에 대한 피해자의 검사와 2 anoymous 비용을 지불하며, 이러한 검사의
8. 책임 있는 공무원은 갱생, 휴가, 집행 유예 및 자격에 대한 정보를 포함하여 정정과정에 대한 일반적인 정보를 피해자에게 제공한다.
9. 행동이나 방어에 아무 이유가 없다.

이 섹션은 써브섹션 (b)혹은 (c)에서 요구하는 정보를 제공하기 위해 책임 있는 사람의 실수와 관련하여 발생하는 사람의 행동에 그 어떤 찬성 혹은 방어의 원인을 제공하지는 않는다.

출처: Victims' Rights and Restitution Act of 1990, 42 U.S.C. } 10607.

표 13-10 연방 범죄피해자 권리선언

검찰총장은 범죄의 발각, 수사 및 검찰의 업무 수행에 관련된 모든 연방 기관의 직원이 범죄피해자가 다음과 같은 권리를 수용하였음을 확인하기 위해 최선의 노력을 다할 것을 명령한다;
- 피고인으로부터 합리적으로 보호되는 권리
- 피고인의 범죄 또는 그 어떤 석방 혹은 탈옥을 포함한 모든 공개 재판절차 또는 가석방 절차에 대한 합리적이고 정확하며 시기가 적절한 통지를 받을 권리
- 그러한 공개 재판절차에서 법원에서 제외시키지 않는 한, 명확하고 설득력 있는 증거를 제출받은 후, 피해자가 재판에서 결정적인 다른 증언을 청취하고 있다면 실질적으로 변경될 수 없는 권리
- 합리적인 석방, 청원, 또는 선고 또는 가석방 절차를 포함하여 지역 법정에서의 공개 재판에서 청취할 수 있는 권리
- 사안에서 정부에 대한 변호사와 함께 부여되는 합리적인 권리
- 법률에서 제공되는 완전하고 시기가 적절한 손해 배상에 대한 권리
- 불합리한 절차지연으로부터 자유롭게 소송할 권리
- 공평하고 피해자의 존엄성과 프라이버시를 존중하는 상태에서 대우 받을 권리

출처: Office for Victims of Crime (2009a). *Report to the Nation: Fiscal Years 2007-2009: Putting Victims First.* Washington, DC: U.S. Department of Justice. Retrieved on July 5, 2010, from http://www.ojp.usdoj.gov/ovc/welcovc/reporttonation2009/welcome.html.

다시 시험을 받게 되었다(United States v. Wood,2006). 피고인 Wood는 사기죄로 유죄판결을 받았다. 그리고 양형절차에 출석하기로 되어 있었다. 그러나 피해자는 그날 외국으로 출국할 계획이 있었다. 따라서 그들은 양형절차를 연기함으로써 피해자와 가해자 모두가 참여할 수 있었고, 형량을 선고하기 이전에 진술의 기회를 주었다. 이 사건 이후 연방 법원은 Kenna의 선택에 근거하여 중요하지 않은 기한연기는 적절한 협상이라고 생각했다.

주 제정법 개혁 State Legislative Reform

연방의 움직임이 실행될 때를 즈음하여 다른 주들은 그들 스스로 고안해 낸 방법으로 범죄피해자들을 보호하고 도움을 주었다. 이렇게 스며든 영향의 기본적인, 제일의(prime) 예시는 모든 주들이(states) 그들만의 능동적인 보상제도 프로그램을 수립하였다는 것이다. 사실상 연합된 모든 주들은 그들만의 피해자권리와 관련된 법률제정안을 통과시켰다. 여러 가지 측면에서, 규칙들이 연방의 노력을 반영하고 있다. 표 13-11에서 그 윤곽을 알 수 있듯이, 플로리다주에서는 피해자들과 증인들에게 몇몇의 권리를 향유할 자격이 주어졌다. 피해자권리 법률이 비판 없이 제정된 것은 아니다. For one thing, these additional measures and responsibilities translate intro increased loads for beleaguered criminal justice workers. 이러한 행위는 아마도 사법처리를 지연시키고 더 많은 비용을 지불하게 할 수도 있다.

몇몇 사람들은 더욱 광범위한 참여는 범죄 희생자들을 더욱 심하게 나치게 할 수도 있

표 13-11 Florida Guidelines for Fair Treatment of Victims and Witnesses

Florida victims and witnesses are entitled to the following considerations:

- Information concerning services available to victims of adult and juvenile crime.
- Information for purposes of notifying victim or appropriate next of kin of victim or other designated contact of victim.
- Information concerning protection available to victim or witness.
- Notification of scheduling changes.
- Advance notification to victim or relative of victim concerning judicial proceedings; right to be present.
- Information concerning release from incarceration from a county jail, municipal jail, juvenile detention facility, or residential commitment facility.
- Consultation with victim or guardian or family of victim.
- Return of property to victim.
- Notification to employer and explanation to creditors of victim or witness.
- Notification of right to request restitution.
- Notification of right to submit impact statement.
- Local witness coordination services.
- Victim assistance education and training.
- General victim assistance.
- Victim's rights information card or brochure.
- Information concerning escape from a state correctional institution, county jail, juvenile detention facility, or residential commitment facility.
- Presence of victim advocate during discovery deposition; testimony of victim of a sexual offense.
- Implementing crime prevention in order to protect the safety of persons and property, as prescribed in the State Comprehensive Plan.
- Attendance of victim at same school as defendant.
- Use of a polygraph examination or other truth-telling device with victim.
- Presence of victim advocates during forensic medical examination.

출처: Florida Statutes (2009), } 960.01.

다고 생각하여 두려워하고 있다. 몇몇 주들은 피해자들의 참석을 완전히 배제하는 방안을 허용할 할 수는 없었다. 그러나 몇몇 지역들은 대게 Office for Victims of Crime(2002a)을 적용하였다. 더 받아들이기 어려운 사항은 피해자들은 범죄를 둘러싸고 있는 트라우마적인 사건을 진실을 밝히는 재판과 형량을 정하는 재판 모두에서 완화시켜야 한다는 것이었다. 변호사로부터 나온 직접적인 질문은 피해자에게 더 큰 상처를 야기할 수 있다. 이러한 경험은 몇몇 희생자에게는 죄를 씻는 사건이 될 수도 있지만, 다른 사람들에게는 그들의 아픔을 더 연장시키고, 강화시키는 일이 될 수도 있다.

또 다른 질문은 법에 명시적으로 보장된 권리를 피해자가 알지 못하거나 동의하지 않는 경우를 생각해 보아야 한다. 시스템이 이러한 권리를 존중하지 않는다면 피해자는 어떤 길을 추구해야 하는가? 많은 규정들은 개인적으로 예상한 시스템의 단계를 통명하게 설명해 준다. 애리조나를 예로 들면, 검사들은 법원에 검사들이 형량을 정하기 전에 성실하게 피해자들과 상의하려고 노력하였는지를 법원에다 고지하여야 한다. 그러나 검찰이 절차를 준수하지 않을 경우, 약간의 상환청구가 있다. 사실, 몇몇 주들은 직접적인 면책조항을 가지고 있고, 그 면책조항은 피해자는 그 어떤 법적 행동도 규정을 따르기에 실패한 인원에 반하는 행동을(Office for Victims of Crime, 2002b) 다른 수사권들은 좀 더 관대한 사면권에 기대고 있다.

다른 관할 지역에서는 선의로 행한 행위에 대해서는 정부 에이전트를 고소하거나 또는 악의 없이 공개하는 것을 금지시키기 보다는 일반적인 면책 조항에 의존하고 있다. 한 가지 가능한 솔루션은 윤리표준의 범위에 위치한다. 피해자는 법률을 준수하고 실수에 대해 징계조치를 부과받을 수 있는 상태에서 윤리위원회에 이의를 제기할 수 있다. 그러나, 이러한 방법은 피해자에 만족을 줄 수 있는 가능성이 상당히 높다. 최근 개발된 시스템에 의해 공무원은 권리가 박탈된 피해자의 불만을 조사할 수 있는 특별조사팀을 확립하였다. ombudsman(옴브즈맨)은 빨간 테이프를 통해 감시와 균형의 기능과 문제를 해결하거나 신속하게 분쟁을 해결하여 상처를 치유하는 중립적인 역할을 한다. 예를 들어, 법무부는 발생할 수 있는 연방법 위반사안을 처리하기 위해 피해자의 권리인 Ombudsman 사무실을 설립했다. 몇몇 주들도 유사한 기관을 설립했다. 다시 한 번, 하지만, 연방 ombudsman은 최종적인 목소리를 내는 것이며, 이러한 사람의 판결은 구속력이 있고 항소 또는 검토의 대상이 되지 않는다.

더 복잡한 문제는 형사사법 시스템의 목표에 대한 논의를 포함한다. 피해자의 피해에 대해 보복과 배상에 중점을 두었던 것을 재활과 집중할 수 있는 판결로 변경되어야 한다. 무엇을 변경할 것인가 하는 것은 피해자의 요구에 관심을 가지고 진행해야 한다. 이러한 변경에 대해 비판가들은 불균형이 야기되고 범죄자의 권리를 감소시키는 결과가 초래될 것이라고 이의를 제기한다.

> 어떤 관점에서는, 새로운 전투가 낡은 것을 대체했다. 이제는 시스템에서 장소를 위한 싸움의 피해자가 되지 않는다; 현재의 합의는 그들에게 속해 있다. 이러한 자원에 대해 다투는 것은 콩나물 감옥 자체, 상승하는 범죄율과 경쟁적인 복지 및 인프라를 위한 프로그램이다. 이러한 문제가 해결될 때까지 범죄피해자의 권리가 안전하지 않은 것은 분명하다.

피해자영향진술 Vitim Impact Statements

아마도 피해자 권리를 위한 십자군보다 더 중요한 방법 중 하나는 피해자영향진술(VIS)의 아이디어이다. 피해자영향진술은 피해자에게 사건이 자신의 삶에 어떤 영향을 미치는지 법원에게 알릴 수 있는 기회를 부여하는 것이다. 피해자는 희생과 관련된 정서적 그리고 경제적 비용을 진술하고 그들에게 적절한 형벌에 대한 윤곽을 제시할 수 있다. 전 연방 지방법원의 판단에 따르면, 이러한 진술에는 최소한 네 가지의 혜택이 주어진다;

> 그들은 심사위원에게 정보를 제공할 뿐만 아니라 그들의 범죄의 피해에 대해 피고인을 교육하고, 피해자에게 치료혜택을 제공하고, 선고절차에 대중이 공정하게 참여할 수 있도록 하게 한다.

VIS는 두 형식 중 하나를 사용한다. 첫 번째는 일반적으로 사전 판결 조사보고서와 함께 서면으로 기술하는 것이다. 표 13-2 사우스 캐롤라이나 검찰총장이 그 주에서 사용하는 VIS를 다시 프린트한 것이다. What makes this from interesting is that it was complied after South Carolina had been involved in a U.S. Supreme Court case that will be discuued later in this chapter. 훈시라고 불리우는 두 번째 형식은, 구두로 행해지는 발표다. 여기서는 피해자 자신이 법원이 판결을 하는 단계에서 제안한다.

흥미 있는 두 개의 주요 흐름은 VIS가 점점 약화된다는 것이다(trailed). 첫 번째 영역은 사건 처리 시 VIS의 영향을 다루는 조사와 관계된다. 두 번째 초점은 사형의 경우에는 VIS의 사용에 관해서 법률상의 이의를 제기한다. 두 주제는 다음 섹션에서 다룬다.

피해자영향진술의 효과

모든 피해자영향진술 연구에서 사실상 가장 놀라운 발견은 피해자의 다수가 그들 자신이 이러한 기회를 활용하지 않는다는 것이었다. 예를 들어, 오하이오주에서는 중한 범죄 피해자의 절반이 4년 이상 동안 VIS는, 불과 6%만이 판결에서 훈시의 권리로 행사되었다.(Erez & Tontodonato, 1990, 1992) 다른 연구에 의하면 모든 피해자의 약 10%가 선고청문회 또는 가석방위원회 심의에서 진술하는 것에 동의하였다(Caplan, 2010; Mcleod, 1987; Ranish & Shichor, 1985; Villmoare & Neto, 1987; Yun, Johnson, & Kercher, 2005). 이 수치가 올해에는 더 증가할 수도 있지만, 상당한 수치의 피해자는 여전히 이러한 기회를 활용하지 않을 것이다(Kilpatrick, Beatty, & Howley, 1998).

피해자의 참여가 기절할 정도로 저조한 이유 중의 하나는 많은 피해자가 자신의 권리를 인식하고 있지 않다는 것이다. 사건이 형사사법절차의 단계에 이르게 된 경우, 그들 스스로가 기회를 발견하지 못하는 경우도 발생한다.(McLeod, 1987; Villmoare & Neto, 1987) 그러나 피해자가 이러한 사항에 대해 인식한 경우에도, 그들은 그것을 활용하지 않는다. 많은 피해자가 시스템의 투입을 위험하고 공포스러운 보복으로 생각하지 않으나 시스템에 불만을 가지고 있으며, 혹은 그러한 것들이 자기 자신의 감정적인 웰빙을 위한 것으로 우려하고 있다.(Erze & Tontodonato, 1992; Villmoare & Neto, 1987)

시스템을 활용하는 피해자에 대해 회의적으로 예측하였던 것과는 반대로 VIS를 사용하여 변호하는 것은 혹독한 처벌이 가능할 것을 추구한다(Acker, 1992). 비평가는 VIS가 법적 요소를 대체하고 사법적 형벌이 이러한 주관적인 "피해자의 요청"에 따르게 되는 것을 우려하였다. 한 연구에 의하면 피해자가 법정 출석하는 것은, VIS와 구금에 대한 요청은 모두 제재로서 구금을 사용하는 것에 영향을 미치는 것으로 나타났다.(Erez & Tontodonato, 1990) 그러나 VIS는 판결에 결정에 있어서 법적 변수와 범죄의 역사보다 훨씬 더 중요도가 적다. 다른 연구는 VIS가 판결, 배상 명령, 법원 절차의 신속성, 또는 피해자의 만족에 영향이 없다고 보고하고 있다(Davis & Smith, 1994, 1995; Davis, Henley, & Smith, 1990; Erez, 1990; Erez & Roeger, 1995; Erze & Tontodonato, 1992). 사실, 한 피해자학자는 신랄하게 다음과 같은 댓글을 달았다 : "형식적인(presentence) 보고서의 일부가 피해자영향진술과 권고를 요구하는 것은 단순히 형식적으로만 법률주의화 하는 비굴한 태도이다"(Walsh, 1986: 1139).

이러한 초기의 연구결과 중 일부를 반박하면서 나타난 새로운 본문이 있다. Parsonage와 그의 동료 (1994)는 피해자가 그러한 활동을 반대한다면 가석방위원회는 판결의 확정 이전에 죄수를 석방할 가능성이 적은 것으로 나타났다. Luginbuhl와 버크 헤드(1995)는 Morgan과 Smith(2005)와 피해자의 참여가 알라바마주에서 가석방위원회에서 석방하는 결정에 영향을 미쳤다고 발표했다. 그렇지만, Caplans(2010)의 다음과 같이 잘 설명해주고 있다.

> 뉴저지 가석방위원회 위원은 2004년 6,500명 이상 가석방 석방 결정을 했다. 그들은 업무와 관련된 다른 의무가 없다고 하였지만 매일 8시간 동안 석방을 결정한다고 가정한다면, 이사회는 각 가석방심사에서 - 대상 수감자의 사건파일을 검토하는데 20분 미만이 소요된다. 이런 속도는 신중하게 가석방의 요소 이외에 다른 모든 요소들에 대해서는 고려하지 않을 경우 가능한 것이다 - 휴식을 취하지 않고 혹은 기타의 의무 작업을 수행하지 않아야 한다 -. 따라서, 그것은 그것을 믿을 수 있기에 적당하다... 가석방위원회 위원 및 기타 의사 결정자들이 사건기록을 적절하게 읽고 시간을 절약하고 사건파일 검토절차를 간소화하기 위해 다른 입력사안을 고려하지 않았다(Caplan, 2010: 237-238).

피해자를 입력하는 것에 의해 판결 관행이 크게 영향을 받지는 않는다. 다음에 이어지는 섹션으로 심지어 연방대법원이 자본금과 관련된 사례에서 VIS를 사용하였다는 것을 설명하였다.

연방대법원 판결들 Federal Superme Court Rulings

몇몇의 중요한 미연방대법원 사건들에서 피해자영향진술(/피해자진술:VIS)을 허락한 예가 있다. 처음에 미연방대법원은 사형사건에서 피해자진술(VIS)을 사용하는 것을 금지하였다. 그러나, 후에 미연방대법원은 선고단계에서(during the sentencing phrase) 그러한 정보를 듣는 것을 허락하도록 번복하였다. 이러한 주요결정들을 간략히 보기만 해도 어떻게 이러한 영역에서 판례법(case law)이 발전하게 되었는지를 알 수 있을 것이다. 그러나, 먼저, 그 당시 사형의 틀을 잡은(framed) 몇몇의 중요 사건들을 다시 살펴보는 것은 피해자영향진술 사건(the victim impact cases)을 고찰하기 위한 적절한 기초를 갖는데 도움이 될 것이다.

미연방대법원은 Furman v. Georgia(1972)사건에서 사형을 잔혹하고 이상한 형벌이라고 하여 무효화 시켰다(struck down). 강간사건에서 사형선고를 내릴 때 인종(race)은 중요한 결정요소로 나타났다. 피의자(suspect)가 백인이고 피해자가 소수인종인 경우나 같은 인종간의 사건에서보다도, 피고인이 흑인이고 피해자가 백인이었을 때 흑인피고인은 사형선고를 더 쉽게 받는다. 다른 말로 하면, 법적 요소(변수: variables)보다 사회적 요소(/고려사항: considerations)는 판결결과(sentencing outcomes)를 예견하게 한다.

플로리다 주의회는 자의적이거나 가변적인 요소(arbitrary or capricious intrusions)를 없앨 목적에서 개정법을 제정함으로써 Furman사건에 대응하였다(react)(Ehrhardt et al., 1973). 기본적으로 신법은 소위 "감경할(mitigating)" 사유와 "가중할(aggravating)" 사유(정상: circumstances)를 규정하였다. 4년 후 법원은 Gregg v. Georgia(1976)사건에서 사형부과를 합헌으로 인정하였다.

가중사유(aggravating circumstaces)는 범죄를 더욱 극악무도하거나 비열하게 한다(Florida Statutes, 2009: § 921.141(5)). 피해자를 살해하기 전에 고문한 경우, 갱 스타일 처형, 금전적 이익을 얻기 위한 살인, 임무수행을 막기 위해 법을 집행하는 공무원이나 선거직 공무원을 살해한 경우, 살인으로 감금되어 있는 동안 누군가를 죽인 경우, 12세 이하의 어린이를 죽인 경우, 이미 성범죄자로 지정된 경우(be designated), 혹은 중죄(felony)를 저지르는 동안 누군가를 죽인 경우 등의 예들이 여기에 포함된다. 감경사유(mitigating circumstances)는 범죄를 좀 더 이해할만한 것으로 만드는 요인들이다(Florida Statutes, 2009: § 921.141(6)). 거기에는 지적 장애나 낮은 아이큐(IQ), 어릴 때 학대받았던 경험, 사건 당시 극도의 정신적 강박(duress)하에 있었던 경우, 그리고 어린 나이(young age) 등이 포함된다.

판사들과 배심원들은 적절한 형을 선고하려고 숙고할 때 감경사유와 가중사유 모두를 고려해야만 한다. 가중사유를 도입하고자 하는 목적은 "개별적 인간으로서 갖는 피해자의 고유성(uniqueness)과 그 피해자의 죽음으로 인하여 공동체 구성원들에게 결과적으로 발생한 손해를 보여주려는 것"이다(Florida Statutes, 2009: § 921.141(7)). 감경사유가 가중사유보다 우세한 경우 적절한 형은 종신형(life imprisonment)일 것이다. 그러나, 가중사유가 감경사유보다 더 우세하다면, 사형이 적절한 선택일 것이다.

사형사건에서 감경사유와 가중사유의 역할을 이해하는 것 외에, 우리는 또한 사실심법정(제1심법정: trial court)이 피고인(suspect)의 권리를 보호하는데 있어 경계를 게을리해서는 안 된다는 점도 명심해야 한다. 선동적인(분노를 유발하는: inflammatory) 표현은 허용되지 않으며, 지나친 선입견을 가진 배심원들은 채택할 수 없다는 항목이 그것이다. 이러한 배경 하에서라면, 우리는 이제 일련의 VIS결정에서 제기된 문제들을 알아보는데 더 나은 입장에 서게 되었다.

Booth v. Maryland(1987)

연방대법원이 VIS에 관한 문제를 처음 언급한 것은 Booth v. Maryland(1987)사건에서였다. Booth는 2건의 1급 살인에 대한 유죄판결을 받았는데, 그 하나는 노부부에 대한 사건으로 78세인 Irvin Bronstein과 75세의 부인 Rose Bronstein에 대한 것이었다. Booth는 Bronstein부부의 집에서 강도짓을 하여 불법마약을 다소간 살 수 있었다. Booth와 Bronstein부부는 이웃이었기 때문에, Booth는 그 부부가 경찰에게 자신의 신원을 알릴 수 없도록 그들을 죽여야만 한다는 강박관념을 가졌다. 피의자는 그 부부를 묶고 나서 재갈을 물린 후 각 피해자를 수없이 찔렀다. 배심원들은 Booth에게 두 건의 살인에 대해 유죄판결을 내렸다. 그 재판의 선고부분 중(during the sentencing portion) 판사는 배심원들에게 서면으로 된 VIS의 내용을 청취할 수 있도록 허락하였다.

Booth의 변호사는 배심원들에게 지나치게 편견을 줄 수 있는 선동적인 진술이 다수 포함되어 있다고 주장하면서 VIS에 이의를 제기하였다. 예를 들면, VIS에는 피해자들이 "53년간 혼인상태"에 있었는데, 아버지는 "그는 평생 열심히 일하셨고", 어머니는 "마음은 청춘인 분이셨다"(501면)는 내용이 기술되어 있었다. 그들은 "파리 한 마리도 해치지 않았던 최고로 선한 분들"이었고, 장례식장의 "역사상 가장 성대한 장례식"이었다(514면). 손녀는 그 장례식에 참석하기 위해 그녀 자신의 신혼여행을 취소해야만 했다. 그 아들은 그의 부모들이 "동물처럼 살해되었다"고 진술하였고, 누구도 "그렇게 해서는 안 되며, 처벌을 면해서도 안 된다"(512면)고 하였다. 그 딸은 "동물들도 이렇게 하지는 않을 것이다"라고 말했으며, 그녀는 "그런 식으로 그들을 죽인 누구도 절대 용서할 수 없다"고 말했다(513면). VIS를 준비한 caseworker(사례별 사회복지사)는 "피해자들이 그토록 사랑했던 부모가 야만스런 방법으로 살해되었다는 기억에서 벗어나 이러한 비극으로부터 완전히 회복될 수 있을지 의문스럽다"고 결론지었다(515면). 이러한 진술의 분위기를 고려할 때, Booth의 변호사는 그러한 묘사가 그의 의뢰인에게 부당한 선입견을 갖게 한다고 반박하였다.

대법원은 5대 4평결로 판결을 내렸고, 사형선고를 하는 배심원(배심원이 사형선고를: capital sentencing jury)은 VIS에 노출되어서는 안 된다고 판결하였다. 피해자의 훌륭한 인격에 대한 증언을 접하게 한다면, 배심원이 자의적인 결정을 내리게 할 위험에 처하게 된다. 즉, 피고인에게 완전히 초점을 맞추는 대신, 배심원은 피해자가 그 공동체의 훌륭한 구성원이었다는 이유만으로 피고인에게 사형을 부과하게 될 지도 모른다는 말이다. 법원

은 계속해서 말하기를:

> 누구든 이 사건에서 잔인한 살인으로 인한 그 가족의 슬픔과 분노를 이해할 수 있다. 그러나 그 주(the State)가 이 정보를 공식적으로 제출하도록 하는 것은 배심원을 선동하는 것 이외의 어떠한 목적에도 기여하지 않으며, 그것을 관련 증거에 근거해서 사건을 결정하는 것으로부터 바꿔놓았다. 배심원이 명백한 증거로부터 도출해내야 하는 결론에 관하여 이러한 감정으로 가득찬 의견을 채택하는 것은 사형사건에서 우리가 요구하는 합당한 의사결정에 부합하지 않는다(508-509면).

대법관 Scalia는 반대의견을 표명하였다. 거기에서 그는 다음과 같이 썼다:

> 오늘날 우리가 하는 것처럼 피고인이 가한 수많은 인간적 고통의 증거를 억눌러야 한다고 요구하면서도, 동시에 특정한 사건에서 선고 전에 사형을 가혹한 형으로 만드는 모든 감경사유를 판결 선고 전에 고려해야 한다고 요구하는 것은, 사실상 한쪽이 침묵한 채 사형의 적절성에 관해 논쟁하라고 지시하는 것이다. 만일 사형이 합헌이라면, 이미 여러 번 말한 것처럼, 특정 사건에서 찬반양론을 모두 허용하는 것은 조금도 위헌이 아닌 것으로 여겨진다.(520-521면).

South Carolina v. Gathers(1989)

South Carolina v. Gathers 사건에서 미연방대법원은 이러한 금지조치를 확장하여 사형사건의 선고부분에서 배심원에게 행해지는 검사의 논고도 이에 포함되도록 하였다. 피해자 Haynes는 정신병자를 위한 시설에 여러 번 입원과 퇴원을 반복하였다. 특히, Haynes는 그가 목사라고 생각하였고, 자신을 언급할 때는 심지어 "목사님(Reverender Mr.)"이라는 용어를 사용하였다(807면). 그는 행인들에게 선교하고 성경말씀을 읽어주는데 시간을 보냈다.

Gathers는 그의 친구들 몇 명의 도움을 받아 Haynes를 심하게 구타하였고, 결국 피해자를 찔러 죽였다. 그리고 나서, Gathers는 값어치 있는 것이 있는가를 보기 위해 Haynes의 소유물을 살펴보았다. 한 배심원은 Gathers가 1급 살인죄와 또 다른 죄목으로 유죄라고 하였다.

선고단계에서(during sentencing phase), 검사는 망자가 극도로 종교적인 사람이었고, 자임하는(자칭: self-styled) 성직자였다고 반복하여 강조하였다. 검사는 배심원에게 피해자가 좋아하는 종교서적(religous tract)의 구절들을 크게 낭독하였다. 결국, 배심원들은 사형을 부과하는 쪽으로 투표하였다. 심리에서(upon review), South Carolina Supreme Court는 검사가 "피해자가 종교적인 인간이라는 이유로, 상고인(Gathers)이 사형선고를 받아 마땅하다는 의견을 심어주었다"고 결정하였다(810면).

South Carolina Supreme Court는 Booth판결에 의거하여, 사형선고를 번복하였다. 판결이유는 검사의 발언에 피해자가 아주 종교적인 사람이라는 이유로 사형선고가 적절하다는 의미를 포함하고 있었다는 것이었다(811면).

미 연방대법원에의 상소는 유사한 이유로 기각되었다. 또 다른 5-4 결정에서 연방판사들(federal justices)은 피해자에 대한 검사의 표현은 Booth사건에서 세워진 기준을 위반하였다고 판결을 내렸다. Brennan 판사는 다수의견을 대표하여 다음과 같이 발언하였다:

> 이 사건에서 피해자의 인격적 자질(personal quality)을 묘사한 것은 피해자의 유족이 아니라 오히려 검사였다. 그러나 그 진술은 Booth사건에서의 진술과 어떠한 관련점에서도 구분하기 어렵다. 이 사건에서 검사의 논고는 그 사실을 넘어서 어울리지 않는다...(810면)

반대견해는 당해 결정(immediate decision) 뿐만 아니라 Booth판결 그 자체에도 상당한 각성(disenchantment)이 있었다는 것을 꽤 분명히 하였다. O'connor 대법관은 "나는 결정당시 Booth판결이 틀렸다고 설득하였고, 만일 법원이 그렇게 한다면 언제라도 그것을 번복할 용의가 있다는 입장이다....." (813-814면)

Scalia 대법관도 반복하여 그의 반대의견에서 유사한 비판을 하였다. 거기서 그는 다음과 같이 말하였다:

> 2년 전 우리가 Booth v. Maryland사건을 판결할 당시에 나는 그 법원의 4인 중 하나에 속해 있었다. 4인의 대법관들은 그 결정이 헌법에 근거하지 않고 주와 연방형사절차에 대한 제한을 가한다고 믿었다. 나는 아직도 Booth결정이 틀린 결정이었다고 믿는다. 그리고 그것이 알아챌 수 있는 해악이었다는 나의 확신은, 배심원이 사형부과 여부를 결정할 때 한 살인자에 의해 사회에 가해진 특수한 해악은 고려되지 않을 수도 있다는 한 규칙(a rule: Booth판결)의 변명의 여지가 없는 결과를 지적한 일련의 저술들(writings)에 의해 점점 강해졌다. 따라서 내가 지금 생각하는 것은 현 사건에서 정면으로 Booth판결의 타당성(유효성: validity)에 의문을 제기하고, 그 사건을 번복하는 것이다(823-824면)[인용 생략].

대법관들 사이의 갈등이 꽤 분명하였다. 특별한 경험이 없는 사람들에게조차 폭풍우 전에 구름이 몰려온다는 것이 분명한 것처럼 꽤 분명했다. 그러한 시험은 2년 후에야 그 법원이 다룬 다른 사건의 형태로 나타났다: Payne v. Tennessee사건

Payne v. Tennessee사건(1991)

대법원이 1991년 Payne v. Tennessee사건에서 판례를 변경할 때까지 VIS논쟁은 계속되었다. 이 사건에서 피해자의 거주지 바로 건너편 아파트에 살았던 Payne의 여자 친구는 집에 없었다. 여자 친구의 부재에 실망한 Payne은 Charisse Christopher의 주거에 가서 그녀에게 말을 걸었다. Christopher는 Payne의 성적인 제안에 저항하였고, Payne은 그녀를 84번이나 찔렀다. 또한 그는 Christopher의 2살된 딸도 칼로 베어 곧 죽게 하였고, 그녀의 3살배기 아들 Nicholas는 죽은 줄 알고 내버려두었지만 수많은 자상에서도 기적적으로 살

아남았다. 그 재판의 결론에서 Payne은 2개의 살인죄로 사형을 선고받았다.

판결의 선고단계에서 배심원은 Nicholas가 처한 압박(duress)에 대해 알게 되었다. 니콜라스의 할머니는 "니콜라스는 엄마를 찾으며 운다. 그 아이는 왜 엄마가 집에 오지 않는지를 이해하지 못한다."고 증언하였다(814면). 검사는 배심원들에게 다음 사항을 상기시켰다:

> Nicholas의 어머니는 결코 그에게 굿 나잇 키스를 하지 못할 것이고, 잠자리에 들 때 토닥이지도 못 할 것이다. 또한 그를 안아주지도, 자장가를 불러주지도 못할 것이다. 이와 같은 일들은 그것이 특히나 왜 잔인하고, 극악무도하고, 끔찍한 것인지를 알게 해주며, 그 아이가 영원히 지고가야 할 짐인 것이다.(816면)

배심원단(the jury)은 Payne에게 사형을 부과하였다. Payne의 변호사는 판결에 상고(상소: appeal)하였다. 상고이유(상소이유)는 할머니와 검사의 VIS 진술에 의존한 것은 피고인에 대해 상당한 선입견을 주며, Booth판결과 Gathers판결 모두에 명백히 위반된다는 것이었다. 연방대법원은 사건의 이송명령(certiorari)을 승인하여, 그 사건을 심리하고 기존의 판결들을 번복하였다. 다수의견이 설명한 바는 다음과 같다:

> 따라서 우리는 주법원이 수정 제8조(the Eighth Amendment)가 확립한 no per se bar에 관한 피해자영향증거와 그 주제에 관한 검사의 논고를 채택한다면 이를 유지한다. 주법원(A State)은 피해자와 그 가족에게 끼친 살인의 영향에 관한 증거는 사형을 부과해야 할지 말아야 할지에 관한 배심원의 결정에 관련이 있다고 정당하게 결론내릴 수도 있다. 다른 관련 증거를 다루는 것과 그런 증거를 다르게 다룰 이유가 없다.

Paynes사건의 결과로서 법원들은 더 이상 사형사건에서 VIS를 금할 필요가 없게 되었다. 만일 주법이 그 사건으로 인하여 생존자(피해자의 유족: survivors)가 부담해야 할 영향을 검사가 설명하도록 허락한다면, 배심원은 그 정보를 청취할 수 있다. 수정8조(the Eighth Amendment)에서 어떤 규정도 그러한 증언을 고려하는 것을 금하지 않는다.

Kelly v. California(2008)

이 사건에서, Kelly는 19세 여성을 살해한 죄로 유죄평결과 사형선고를 받았다. 재판의 선고단계에서(during the sentencing phase), 검사는 피해자의 초기 유년기부터 그녀의 사망까지의 삶을 담은 20분 분량의 비디오를 상영하였다. 피해자의 수영장면, 승마장면, 그리고 다른 활동에 참여하고 있는 장면에는 내레이션과 부드러운 배경음악이 깔렸다. 이 비디오의 마지막 장면은 피해자 무덤의 장면으로 이루어졌다.

Kelly의 변호사는 미연방대법원에 상고(상소: appeal)하였다. 그는 비디오에는 재판관이 배심원에게 주어서는 안 되는 감정으로 너무나 가득 차 있었다고 주장하였다. 그러나, 대법원은 사건의 이송명령(certiorari)을 부인하였고, 그 사건의 심리를 거부하였다.

Stevens 대법관은 동의하지 않았으며 이 사건을 VIS 사용을 둘러싼 몇 가지 문제들을 명확히 할 기회로 보았다. 그는 다음과 같이 썼다.

> Payne 판결 이후 수년간, 이 법원은 허용 가능한 피해자 영향 증거와 "지나치게 선입견을 갖게 하는"허용불가능한 방식 간의 모호한 경계를 경찰에게 인도하지 않은 채 주법원과 연방법원에 남겨두었다. Payne판결의 모델에 따라, 전국의 하급법원들은 사형사건의 배심원들이 고려하도록 허용된 피해자 영향 증거의 종류, 범위 혹은 분량에 대해 분명한 한계를 두는 데 대부분 실패하였다(6면).

Payne 판결 이후 시대

미연방대법원이 사법체계 안에서 VIS(victim impact statements: 피해자 영향 진술)를 확고히 자리 잡게 한 반면, 아직도 해결하지 못한 문제가 많다. Beloof(2003년)는 VIS 문제를 세 부분으로 구분하였다. 그것은 (1) 피해자와 그 혹은 그녀만의(unique) 개인적 특성(individual characteristics), (2) 그 범죄가 남은 사람들(유족들: survivors)에게 미친 영향, 그리고 (3) 부과되어야 할 적절한 형에 대한 견해이다. 연방대법원의 판결(rulings)에서 빠진 것은 진행방법에 대한 운용기준이다(Blume, 2003; Burr, 2003; Cassell, 2009; Hoffman, 2003; Karp & Warshaw, 2009). 예를 들면, 당사자들이 가족 구성원(immediate family members)에 제한된 VIS를 표현하는 것을 허락해야만 하는가, 아니면 다른 피해자들(derivative victims)도 마찬가지로 허락되어야만 하는가? VIS는 어떤 체제로 이루어져야 하는가? 시, 사진, 그리고 다른 표현물은 허용되어야 하는가, 아니면 제한되어야 하는가(younglove, Nelligan, & Reisner, 2009)? 법관은 어떤 종류의 감정인의 증언(expert witness testimony)을 허락해야만 하는가(Blumenthal, 2009), 그리고 법관은 배심원들에게 VIS에 관해 어떤 종류의 지시(instructions)를 해야만 하는가(Platania & Berman, 2006)? 피고인이 VIS의 내용, 특히 그 내용에 선동적 진술이나 전문진술(hearsay statements)이 포함되어 있는 경우에 반박하는 것을 허락받아야만 하는가?

몇몇 주가 채택한 방안은 법관이 배심원에게 VIS의 관련성과 그러한 증언에 두어야 하는 적절한 무게에 관해 지도하도록 하는 것이다. 예를 들면 Georgia 주 대법원은 다음과 같이 설명하였다:

장래 사건에서 피해자 영향 증거가 사형 혹은 가석방 없는 종신형 사건(life without parole case)의 선고단계에서 피해자 영향 증거가 주어진 장래 사건에서, 그 사실심 법정은 배심원에게 피해자 영향 증거의 목적에 관하여 지도하여야만 한다. 예를 들면, 그 사실

심 법정은 다음과 같이 설명할 지도 모른다:

> 검사는 소위 피해자 영향 증거(victim impact evidence)로 소개하였다. 피해자 영향 증거는 법률상 가중사유(statutory aggravating circumstance)로서의 증거와는 다르다. 피해자 영향 증거의 도입은 합리적 의심의 여지가 없도록 증명하여야 하는 입증책임의 지위를 감해주지 않는다. 이러한 증거는 당신에게 범죄에 의해 야기된 해악에 관한 정보를 제공하는 또 다른 방법일 뿐이다. 이 증거가 당신이 고려할 피고인의 책임에 관계있다는 것을 발견할 정도이지만, 그것을 법률상 가중사유의 존재의 합리적 의심의 여지없는 입증의 대용물로서 사용해서는 안 된다(Turner v. The State, 1997).

몇몇 주가 취하는 다른 조치는 허용할 수 있는 피해자 영향 증거(victim impact evidence)의 유형과, 처벌단계에서(during the penalty phase) 배심원이 청취하기에 적절한 정보의 유형을 규율하는 성문법을 제정하는 것이다. 예를 들면, Florida 주법(2009: § 921.141(7))은 다음과 같이 규정한다:

> 검사가 subsection (5)에 규정된 하나 혹은 그 이상의 가중사유(aggravating circumstances)가 존재한다는 증거를 제출하였을 때, 검사가 배심원단에 피해자영향증거를 소개하고, 잇달아 입증할 수도 있다. 그러한 증거는 개인적 인간으로서의 피해자의 특성(victim's uniqueness)을 나타내고, 그 피해자의 사망으로 인해 공동체의 구성원들에게 생긴 손해를 입증할 목적이어야 한다. 범죄와 피고인, 그리고 적절한 형의 선고에 대한 평가(characterizations)와 의견(opinions)은 피해자 영향 증거의 일 부분으로서 허용되지 않는다.

전문적인 피해자 변호/보호 PROFESSIONAL VICTIM ADVOCACY

제1장의 마지막 부분에서 피해자학과 피해자서비스의 출현이 대체로 이 문제에 관심있는 시민들에 의해 이루어진 풀뿌리 운동의 노력이었다고 서술하였다. 40년 전, 피해자서비스는 초보영역이었다. 다수의 서비스 제공자들은 범죄의 피해자였거나 다른 사람들의 복지에 열정적인 관심을 갖는 선의를 가진 사람들이었다. 공식적인 임명은 사실상 존재하지 않았다. 오늘날, 그러한 모습은 극적으로 바뀌었다. 따뜻한 미소와 연민을 가지고 들어주는 귀는 더 이상 피해자 서비스 제공자가 되기 위한 유일한 필수요건이 아니다. 이 책에서 보여준 대로, 연구결과는 빠른 속도록 축적되고 있고, 피해자 변호역할(advocacy role)을 담당하기 위해 필요한 교양의 수준도 크게 높아졌다.

피해자측 변호인(Victim advocates), 즉 피해자인 의뢰인을 위해 봉사할 사람들은 피해자를 돕는 행위를 하기 전에 적절한 배경과 훈련이 필요하다. 형사사법에 종사하는 직원들(criminal justice personnel)과 피해자와 접촉하는 타기관의 직원들을 위한 직전교육(업무투입 전 교육: pre-service)과 현장교육(실무연수: in-service training)에 점점 더 강조점이 주어지고 있다. 1995년 이래, 2000명 이상의 변호사들이 National Victim Assistance Academy(Office for Victims of Crime, 2009b)에서 40시간 과정에 참여해왔다. 전국 아카데미는 직접 서비스 제공자들을 위한 세 가지 방향(tracks)을 제공한다. 첫 번째 부분은 초보자 수준에 초점을 맞추고, 피해자 서비스에서 경력을 시작하고자 하는 사람들을 위한 기초를 제공한다. 두 번째 프로그램은 이미 피해자 서비스분야에서 일하고 있는 사람들을 위한 것으로서 보다 더 구체적인 주제(greater topical detail)로 들어간다. 마지막 방향은 효율적인 피해자 서비스 프로그램을 운용하는 데 필요한 리더십과 관리기술에 집중한다.

피해자를 위한 변호사들이 받는 연수프로그램을 개선하기 위한 유사한 시도가 국가차원에서 이루어져 왔다. 1999년에 출범한, the federal Office for Victims of Crime(범죄피해자를 위한 연방청)은 각 주에게 국립아카데미(전국아카데미)의 각 주의 실정에 맞는 지역 버전을 만들기를 권장하기 시작하였다. 그림 13-2에서 보는 바와 같이, 36개의 주가 그들 고유의 피해자 원조 아카데미(victim assistance academies)를 창립하였다.

몇 개의 주는 보다 더 숙련되었음을 승인하는 방법으로서, 자격증은 아닌(short of licensing), 공식 자격을 시행하였다. 표 13-12에서 보여주듯이 the Office of the Florida Attorney General은 서비스를 제공자들에게 피해자측 변호사(a victim practitioner)라는 증명서를 교부하는 연수과정을 제공함으로써 그들의 기술을 향상시킬 것을 촉구하였다.

다른 관련된 사태로서, 다양한 조직의 대표자들은 the National Victim Assistance

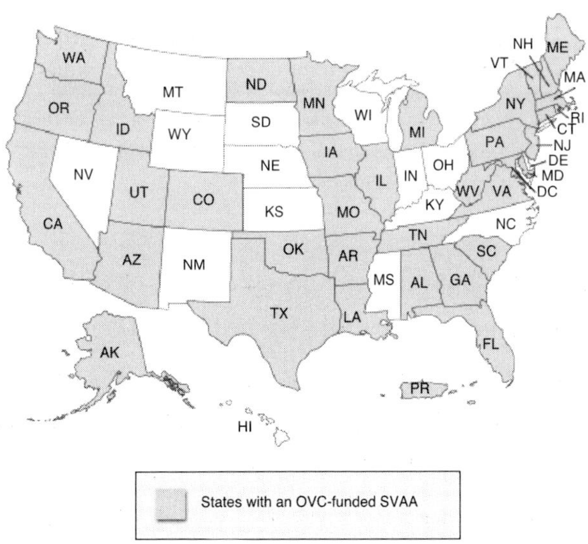

그림 13-2 Location of state victim assistance academies.

출처: Source: Office for Victims of Crime (2010). *State Victim Academy Locator*. Washington, DC: U.S. Department of Justice. Retrieved on July 5, 2010, from http://www.ojp.usdoj.gov/ovc/assist/existingsvaa.html.

표 13-12 The Florida "Victim Services Practitioner" Designation Requirements

BACKGROUND

The Office of the Attorney General established the "Victim Services Practitioner Designation" in 1995 to document an individual's successful participation in the "Victim Services Practitioner Designation" course. A participant who completes the designation has been provided information on the basic issues and concerns related to victims of violent crime and the role of a victim advocate.

INITIAL DESIGNATION

An individual will automatically receive the designation of "Victim Services Practitioner" upon completion of all segments of the "Victim Services Practitioner Designation" course offered by the Office of the Attorney General, Florida Crime Prevention Training Institute (FCPTI).

RENEWING THE DESIGNATION

The "Victim Services Practitioner Designation" is valid for a period of four years from the date that appears on the "Victim Services Practitioner" designation certificate. It is the responsibility of the individual to renew his/her designation if he/she wishes to remain current. To renew the designation, a Victim Services Practitioner must meet the following requirements and file the appropriate forms and paperwork prior to the expiration of the designation:

- Applicant must have completed a minimum of 40 hours of additional victim services related training in a seminar, course or workshop setting;
- Of the 40 hours of training required above, at least sixteen (16) hours must be from victim advocate training courses offered through FCPTI; and
- Apply for renewal of the designation with the Office of the Attorney General and provide copies of all certificates on which you base the renewal, including a copy of your original designation certificate and any subsequent renewal certificates.

EXPIRED CERTIFICATES

If an individual allows his or her designation to expire, he or she must complete all of the above requirements during a period not to exceed 12 months from the date of expiration.
In the event the individual has allowed the designation to expire for a period of more than 12 months from the date of the expiration, additional steps must be taken. The individual must complete 24 hours of Victim Advocate Training offered through FCPTI and an additional 16 hours of other victim services related training for a total of 40 hours within a 12-month period.

출처: Office of the Florida Attorney General (2010). *Victim Services Practitioner Designation Requirements.* Tallahassee: Victim Services Professional Development Program. Retrieved on July 5, 2010, from http://myfloridalegal.com/webfiles.nsf/WF/MRAY-76BRBR/$file/RenewalApp.pdf.

Standards Consortium을 형성하기 위해 서로 연대하였다. 이 종합적 그룹은(다학제간 그룹: multidisciplinary group)은 전국의 서비스제공자들과 정책입안자들에게 조언을 구하였다. 그 목적은 프로그램과 서비스제공자들을 위한 일련의 최소기준을 수립함으로써 그 분야를 전문화하는 것이었다. 이러한 심의를 거쳐 나온 하나의 결과가 윤리규정(a code of ethics)이다. 표 13-13은 이러한 전문적 전망을 보여준다. 그 목적은 피해자측 변호사들이 가능한 최고수준의 서비스를 제공하고자 노력하는 만큼 발생할 수 있는 복잡한 문제들을 처리할 수 있도록 도와주는 것이다.

독자들이 알 수 있듯이, 고용인 준비(employee preparation)는 도움이 필요한 피해자들에게 양질의 서비스를 행하고 있다는 것을 확실히 할 기제라는 것이 인식되고 있다. 이러

었다. 예를 들면, 성추행을 다룬 장(sexual battery chapter)은 피해자의 경험을 위기반응의 맥락 속에 둔다. 또한 범죄수사과정을 통해 다른 시기에 발생한 활동을 분석하고, the Sexual Assault Nurse Examiner 프로그램을 진행한다. 마찬가지로, 친밀한 파트너 폭력에 관한 장(intimate partner violence chapter)은 어떤 연구가 경찰과 법원이 폭행당한 여성에게 서비스를 제공하는 방식에 있어서 정책의 변화를 유발시키는지를 다룬다. 아동학대와 노인학대의 발생률을 감소시키기 위한 대응전략도 잠깐 다루었다. 사망신고에 관련된 단계에 관한 정보는, 사랑하는 사람들이 마주하게 될 사별 단계(bereavement stages)와 마찬가지로, 서비스 제공자들과 그들의 의뢰인들이 끔찍한 피해자가 된 사건의 후유증을 겪는 동안 직면하는 것에 관한 더 강렬한 견해를 제공하는 것을 돕는다. 또한 전통적으로 안전한 장소로 여겨졌던 학교에서, 그리고 직장에서의 피해발생(피해자가 되는 것: victimization)은 상당한 주목을 받게 된다. 최근의 사건들은 이러한 장소가 피해자를 만드는 그 곳만의 독특한 패턴이 있다는 것을 우리에게 깨닫게 해준다. 정당한 해결을 추구하도록 피해자들을 더 가까이 이끌기 위해 시도하는 메카니즘인 분쟁조정과 회복적 사법을 다룬 장도 있다. 결국, 피해자의 권리를 확보하기 위한 노력, VIS의 적정성에 관한 논쟁, 그리고 개인적인 피해자의 관심사를 다룬 비공식적 해결책을 추구하는 노력에 있어서 이미 진보가 있었음은 분명하다.

형사사법 분야에서 가능한 경력을 고려하는 독자라면, 피해자운동이 수많은 변화를 책임져 왔지만, 이러한 노력의 궁극적인 성공은 사법공동체(justice community) 안에서 종사하는 사람들에게 전적으로 달려있다는 점을 명심하여야 한다. 각 피해자의 비극에 세심하게 공감하는 것은 어떠한 중요한 사회봉사행위에도 가장 중요한 요소이다.

표 13-14 Selected Internet Sites Dealing with Victim Legal Issues

FirstGov: The U.S. Government's Official Web Portal	http://www.firstgov.gov/Topics/Reference_Shelf.shtml#Laws
MADD (Mothers Against Drunk Driving) Victim Services & Information	http://www.madd.org/victim-services/
National Center for Victims of Crime	http://www.ncvc.org/ncvc/main.aspx
National Victim Assistance Standards Consortium	http://ccfs.sc.edu/component/content/article/31-victim-assistance/103-national-victim-assistance-standards-consortium. html
National Victims' Constitutional Amendment Passage	http://www.nvcap.org
Office for Victims of Crime, Training and Technical Assistance Center	https://www.ovcttac.gov/ethics/
U.S. Code, Legal Information Institute	http://www4.law.cornell.edu/uscode
U.S. Federal Courts Homepage	http://www.uscourts.gov
U.S. House of Representatives	http://www.house.gov
U.S. Senate	http://www.senate.gov
U.S. Supreme Court Decisions	http://supct.law.cornell.edu/supct/index.html
Victims' Assistance Legal Organization	http://www.valor-national.org/index.html
Victim Law	http://www.victimlaw.info

요약하기 SUMMARY

피해자를 위한 운동이 무르익고 있다. 지난 20년 넘게 피해자에게 권리를 부여하려는 수많은 계획이 있어 왔다. 이러한 노력은 계속하여 탄력이 붙고 있다. 이제 법은 보상(restitution), 피해자 보상(victim compensation), 피해자 영향 진술권(victim impact statements), 형사절차통보(notification of system procedures), 피해자와 증인보호, 피해자상담 같은 광범위한 영역을 규율하고 있다. 이러한 범위는 피해자 권리가 계속적으로 더욱 중요해질 거라는 것을 알게 해 준다.

이러한 경향이 계속되는 한 반드시 명심해야 할 두 가지 논점이 있다. 첫 번째는 아직도 피해자의 곤경에 관해 알아야 할 부분이 많이 있다는 것이다. 그것이 숭고한지 아닌지에 상관없이, 좋은 의도(선의: good intention)가 수혜자들의 과거 상태보다 현재 상태를 자동적으로 훨씬 더 낫게 만들지는 않는다. 오직 끊임없는 감시와 평가를 통해서만 변화의 결과를 알아낼 수 있다.

두 번째는 피해자들을 돕고자 하는 우리의 열의에서 적절한 균형을 찾는 것이 중요하다는 것이다. 과거에는 수많은 평론가들이 그 시스템이 범죄자의 권리에 지나치게 관심을 갖는 오류를 범했다고 주장하였다. 만일 적절한 예방조치를 취하지 않는다면, 피해자의 권리에 대해서도 같은 주장이 사용될 수 있다. 모두의 이익을 조화롭게 하는 중간 영역을 추구해야만 한다. Marquart(2005: 330)의 말을 생각해보자:

> 미국 형사사법 시스템은 범죄자와 피해자 모두의 권리를 인식하고 명확히 한 점에서 크게 진보해 왔다. 형사절차에서 피해자를 배제한 것은 이제 과거의 일이 되었다. 피해자의 말을 듣는 방법과 장소, 그리고 피해자의 영향력 행사는 아직도 우리사회에서 진행 중인 과정이다.

피해자가 범죄자와 공평한 관계를 맺을 때에만, 우리는 "형사사법 시스템(criminal' s justice system)"라기 보다는 오히려 진정한 사법 시스템(a true justice system)에 관해 말할 수 있을 것이다. 이것이 피해자학이 직면한 과제이다.

제13장의 핵심 용어

- 가중사유(aggravating circumstances)
- 피해자 영향 진술/ 피해자진술/ 피해자재판진술(VIS)
- 훈시/유시(allocution)
- 피해자측 변호사(victim practitioner)
- 미연방수정헌법상 피해자권리(Victim Rights Amendment:VRA)
- 옴부즈만(ombudsman)
- 직무집행영장(writ of mandamus)
- 감경사유(mitigating circumstances)
- 피해자측 변호사(victim advocate)

참고문헌

Abbey, A., Ross, L. T., McDuffie, D., & McAuslan, P. (1996). Alcohol, misperception, and sexual How and why are they linked? In D. M. Buss & N. M. Malamuth (Eds.), *Sex, power, conflict: Ev ary and feminist perspectives.* New York: Oxford University Press.

Acierno, R. (2003). Elder mistreatment: Epidemiological assessment methodology. In National I Council (Ed), *Elder mistreatment: Abuse, neglect, and exploitation in an aging America.* Was DC: National Academies Press.

Acker, J. R. (1992). Social sciences and the criminal law: Victims of crime—Plight vs. rights. (*Law Bulletin, 28,* 64–77.

Acker, J. R., & Lanier, C. S. (2000). May god—or the governor—have mercy: Executive cleme executions in modern death-penalty systems. *Criminal Law Bulletin, 36,* 200–237.

Adams, A. T. (2000). The status of school discipline and violence. *The Annals, 567,* 140–156.

Addington, L. A. (2010). National Incident-Based Reporting System (NIBRRS). In B. S. Fisher & (Eds.), *Encyclopedia of victimology and crime prevention.* Los Angeles: Sage.

Administration on Aging. (2010). *A profile of older Americans: 2009* (p. 3). Washington, DC: U.S. ment of Health and Human Services. Retrieved on August 17, 2010, from http://www.a AoAroot/Aging_Statistics/Profile/2009/docs/2009profile_508.pdf.

Agnew, R. (1992). Foundation for a general strain theory of crime and delinquency. *Crimino* 47–87.

Ahmad, J., & Mullings, J. L. (1999). Family violence units. In *Texas law enforcement managem administrative statistics program bulletin* (Vol. 6, number 5). Huntsville, TX: Police Research Sam Houston State University.

Allen, R. B. (1986). Measuring the severity of physical injury among assault and homicide *Journal of Quantitative Criminology, 2,* 139–156.

Amir, M. (1971). *Patterns in forcible rape.* Chicago: University of Chicago Press.

Anderson, J. G. (1977). A social indicator model of a health services system. *Social Forces, 56,* (

Anderson, K. (1982). *Community justice centers: Alternatives to prosecution.* Paper presente National Symposium on Victimology.

Anderson, K. B. (2007). *Consumer fraud in the United States: The second FTC survey.* Washing Federal Trade Commission.

Anderson, T. B. (1989). Community professionals and their perspectives on elder abuse. In R. Fi S. R. Ingman (Eds.), *Elder abuse: Practice and policy.* New York: Human Sciences Press.

Andison, F. S. (1977). TV violence and viewer aggression: A culmination of study results, 1956–7 *Opinion Quarterly, 41,* 314–331.

Anetzberger, G. J. (1989). Implications of research on elder abuse perpetrators: Rethinking curre policy and programming. In R. Filinson & S. R. Ingman (Eds.), *Elder abuse: Practice and pol* York: Human Sciences Press.

Anetzberger, G. J., Kobrin, J. E., & Austin, C. (1994). Alcoholism and elder abuse. *Journal of Inter Violence, 9,* 184–193.

Aos, S., Phipps, P., Barnoski, R., & Lieb, R. (2001). *The Comparative Costs and Benefits of Prog Reduce Crime.* Olympia, WA: Washington State Institute for Public Policy.

Arias, E. (2010). United States life tables, 2006. *National Vital Statistics Reports, 58(21)*. Hyattsvi National Center for Health Statistics. Retrieved on August 17, 2010, from http://www.cdc.gc data/nvsr/nvsr58/nvsr58_21.pdf.

Aries, P. (1962). *Centuries of childhood*. New York: Knopf.

Armstrong, E. A., Hamilton, L., & Sweeney, B. (2006). Sexual assault on campus: A multilevel, in approach to party rape. *Social Problems, 53*, 483–499.

Ash, M. (1972). On witnesses: A radical critique of criminal court procedures. *Notre Dame La* 386–425.

Ashworth, A. (2003). Is restorative justice the way forward for criminal justice? In E. McL R. Fergusson, G. Hughes & L. Westmarland (Eds.), *Restorative justice: Critical issues*. Thousa CA: Sage.

Atkeson, B. M., Calhoun, K. S., Resick, P. A., & Ellis, E. M. (1982). Victims of rape: Repeated asses depressive symptoms. *Journal of Consulting and Clinical Psychology, 50*, 96–102.

Atwood, T. C. (2008). Comment: National council for adoption's responses to the Texas safe have *Child Maltreatment, 13*, 96–97.

Aulivola, M. (2004). Outing domestic violence: Affording appropriate protections to gay and victims. *Family Court Review, 42*, 162–172.

Bachman, R. (1992). Elderly victims. In *Bureau of justice statistics special report*. Washington, Government Printing Office.

Bachman, R. (1993). Predicting the reporting of rape victimizations: have rape reforms made ence? *Criminal Justice and Behavior, 20*, 254–270.

Bachman, R., & Paternoster, R. (1993). A contemporary look at the effects of rape law reform: have we really come? *Journal of Criminal Law and Criminology, 84*, 554–574.

Bachman, R., & Taylor, B. M. (1994). The measurement of family violence and rape by the re National Crime Victimization Survey. *Justice Quarterly, 11*, 499–512.

Bailey, K. D. (2009). The aftermath of *Crawford* and *Davis*: Deconstructing the sound of silence. *Young University Law Review, 2009*, 101–155.

Baker, T. C., Burgess, A. W., Brickman, E., & Davis, R. C. (1990). Rape victims' concerns about exposure to HIV infection. *Journal of Interpersonal Violence, 5*, 49–60.

Balenovich, J., Grossi, E., & Hughes, T. (2008). Toward a balanced approach: Defining police responding to domestic violence. *American Journal of Criminal Justice, 33*, 19–31.

Bandura, A., & Walters, R. H. (1963). *Social learning and personality development*. New Yo Rinehart and Winston.

Bannenberg, B., & Rössner, D. (2003). New developments in restorative justice to handle family In E. G. M. Weitekamp & H. Kerner (Eds.), *Restorative justice in context: International pra directions*. Portland, OR: Willan Pub.

Barbieri, M. K. (1989). Civil suits for sexual assault victims: The down side. *Journal of Inter Violence, 4*, 110–113.

Bard, M. (1980). Functions of the police and the justice system in family violence. In M. R. Gre *Violence and the family*. Boulder, CO: Westview Press, Inc.

Bard, M., & Sangrey, D. (1986). *The crime victim's book* (2nd ed.). New York: Brunner/Mazel Pu

Barnes, J. C., Dukes, T., Tewksbury, R., & De Troye, T. M. (2009). Analyzing the impact of a state idence restriction law on South Carolina sex offenders. *Criminal Justice Policy Review, 20*, 2

Barnett, R. E. (1981). Restitution: A new paradigm of criminal justice. In B. Galaway & J. Hudso *Perspectives on crime victims*. St. Louis, MO: C.V. Mosby.

Barrile, L. G. (1980). *Television and attitudes about crime.* Ph.D. Dissertation, Boston College.

Basile, K. C. (2009). Advancing the study of violence against women: Response to Jordan. *Against Women, 15,* 428–433.

Bassuk, E. L. (1980). A crisis theory perspective on rape. In S. L. McCombie (Ed.), *The rape cri: vention handbook: A guide for victim care.* New York: Plenum Press.

Baum, K. (2007). *Identity theft, 2005.* Washington, DC: Bureau of Justice Statistics.

Baum, K., Catalano, S., Rand, M., & Rose, K. (2009). *Stalking victimization in the United States.* Was DC: Bureau of Justice Statistics.

Baum, K., & Klaus, P. (2005). *Violent victimization of college students, 1995–2002.* Washington,] Government Printing Office.

Baumer, E. P., Felson, R. B., & Messner, S. F. (2003). Changes in police notification for rape, 19: *Criminology, 41,* 841.

Bazemore, G., & Maloney, D. (1994). Rehabilitating community service: Toward restorative ser balanced justice system. *Federal Probation, 58,* 24–35.

Bazemore, G., & Umbreit, M. (2001). *A comparison of four restorative conferencing models.* Was DC: U.S. Department of Justice, Office of Juvenile Justice and Delinquency Prevention.

Bazemore, G. S., & Umbreit, M. (1994). *Balanced and restorative justice: Program summary.* Was DC: U.S. Department of Justice.

Beare, M. (2002). Organized corporate criminality—Tobacco smuggling between Canada and *Crime, Law and Social Change, 37,* 225–243.

Beck, J. (1992). Murderous obsession. *Newsweek,* July 13, 60.

Begun, J. W. (1977). A causal model of the health care system: A replication. *Journal of Health ar Behavior, 18,* 2–9.

Belluck, P. (1997). Women's shelters disclosing their locations, despite risk. *The New York Times* 10, A1, A17.

Beloof, D. E. (2003). Constitutional implications of crime victims as participants. *Cornell Law Re* 282–305.

Belsky, J. (1978). Three theoretical models of child abuse: A critical review. *Child Abuse & N* 37–49.

Belson, W. (1978). *Television violence and the adolescent boy.* Westmead, England: Saxon House

Bennett, G., Kingston, P., & Penhale, B. (1997). *The dimensions of elder abuse: Perspectives fo tioners.* London: Macmillan.

Benson, B. J., Gohm, C. L., & Gross, A. M. (2007). College women and sexual assault: The rol related alcohol expectancies. *Journal of Family Violence, 22,* 341–351.

Berger, R. J., Searles, P., & Neuman, W. L. (1988). The dimensions of rape reform legislation. *Lau ety Review, 22,* 329–349.

Berger, R. J., Neuman, W. L., & Searles, P. (1991). The social and political context of rape law An aggregate analysis. *Social Science Quarterly, 72,* 221–1218.

Berk, R. A., Smyth, G. K., & Sherman, L. W. (1988). When random assignment fails: Some lesso the Minneapolis Spouse Abuse Experiment. *Journal of Quantitative Criminology, 4,* 209–22:

Berliner, L. (1989). Another option for victims: Civil damage suits. *Journal of Interpersonal Vio* 107–109.

Berliner, L. (2003). Making domestic violence victims testify. *Journal of Interpersonal Viol* 666–668.

Berryman, J. (2000). Rusia and the illicit arms trade. *Crime, Law and Social Change, 33,* 85–104

Best, C. L., Dansky, B. S., & Kilpatrick, D. G. (1992). Medical students' attitudes about female r tims. *Journal of Interpersonal Violence, 7,* 175–188.

Biderman, A., & Reiss, A. (1967). On exploring the 'dark figure' of crime. *Annals of the American A of Political and Social Sciences, 374,* 1–15.

Bilchick, S. (1999). *Promising strategies to reduce gun violence.* Washington, DC: U.S. Departmen tice, Office of Juvenile Justice and Delinquency Prevention.

Binder, A., & Meeker, J. W. (1988). Experiments as, J. W.eforms. *Journal of Criminal Justice, 16,* :

Bjerregaard, B. (1996). Stalking and the First Amendment: A constitutional analysis of state stalki *Criminal Law Bulletin, 32,* 307–341.

Bjerregaard, B. (1989). Televised testimony as an alternative in child sexual abuse cases. *Crimi Bulletin, 25,* 164–175.

Blackwell, B. S., & Vaughn, M. S. (2003). Police Civil liability for inappropriate response to d assault victims. *Journal of Criminal Justice, 31,* 129–146.

Blakely, B. E., & Dolon, R. (1991). Elder mistreatment. In J. E. Hendricks (Ed.), *Crisis intervention inal justice/social service.* Springfield, IL: Charles C. Thomas Publisher.

Block, R. L., & Block, C. R. (1995). Space, place and crime: Hot spot areas and hot places of liquor crime. In J. E. Eck & D. Weisburd (Eds.), *Crime and place.* Monsey, NY: Criminal Justice Pre

Block, M. R., & Sinnott, J. D. (1979). *The battered elder syndrome: An exploratory study.* College Pa University of Maryland.

Blume, J. H. (2003). Ten years of *Payne*: Victim impact evidence in capital cases. *Cornell Law Re* 257–281.

Blumenthal, J. A. (2009). Affective forecasting and capital sentencing: Reducing the effect o impact statements. *American Criminal Law Review, 46,* 107–125.

Boeringer, S. B. (1999). Associations of rape-supportive attitudes with fraternal and athletic pa tion. *Violence Against Women, 5,* 81–90.

Boscarino, J. A., Figley, C. R., & Adams, R. E. (2004). Evidence of compassion fatigue follov September 11 terrorist attacks: A study of secondary trauma among social workers in Ne *International Journal of Emergency Mental Health, 6,* 98–108.

Bourke, L. B. (1989). *Defining rape.* Durham, NC: Duke University Press.

Bowers, K. J., Hirschfield, A., & Johnson, S. D. (1998). Victimization revisited: A case study of on-res repeat burglary on Merseyside. *British Journal of Criminology, 38,* 429–452.

Bowleg, L., & Stoll, K. A. (1991). *More harm than help: The ramifications for rape survivors of ma HIV testing of rapists.* Washington, DC: Center for Women Policy Studies.

Braithwaite, J. (1989). *Crime, shame and reintegration.* Cambridge: Cambridge University Press

Braithwaite, J. (1999). Restorative justice: Assessing optimistic and pessimistic accounts. In M (Ed.), *Crime and justice: A review of research* (Vol. 25). Chicago: University of Chicago Press

Braithwaite, J. (2002). *Restorative justice and responsive regulation.* New York: Oxford Universit

Braithwaite, J. (2003). Restorative justice and a better future. In E. McLaughlin, R. Fergusson, G. & K. Westmarland (Eds.), *Restorative justice: Critical issues.* Thousand Oaks, CA: Sage.

Brancatelli, M. (2009). Facilitating children's testimony: Close circuit television. *The Prosecuto* 40–44.

Braverman, M. (1999). *Preventing workplace violence: A guide for employers and practitioners.* Th Oaks, CA: Sage.

Brecklin, L. E., & Ullman, S. R. (2001). The role of offender alcohol use in rape attacks: An an National Crime Victimization Survey Data. *Journal of Interpersonal Violence, 16,* 3–21.

Bridenback, M. L., Imhoff, P. L., & Blanchard, J. P. (1980). *The use of mediation/arbitration in the justice process: A study of three programs.* Tallahassee, FL: Office of the State Court Adminis

Brien, V. O. (1992). *OVC bulletin: Civil legal remedies for crime victims.* Washington, DC: U.S. Dep of Justice.

Bromley, M. L. (1995). Comparing campus and city crime rates: A descriptive study. *American Jo Police, 14*(1), 131–148.

Bromley, M. L. (1999). Community college crime: An exploratory review. *Journal of Security Adn tion, 22,* 11–21.

Brookman, F., & Maguire, M. (2005). Reducing homicide: A review of the possibilities. *Crime Social Change, 42,* 325–403.

Brookoff, D. (1997). *Drugs, alcohol, and domestic violence in Memphis.* Washington, DC: U.S. ment of Justice.

Brooks, J. A. (1975). How well are criminal injury boards performing? *Crime and Delinquency, 2*

Brooks, A. D. (1996). Megan's Law: Constitutionality and policy. *Criminal Justice Ethics, 15,* 56–

Browne, A. (1987). *When battered women kill.* New York: Free Press.

Browning, J., & Dutton, D. (1986). Assessment of wife assault with the conflict tactics scale: Usin data to quantify the differential reporting effect. *Journal of Marriage and the Family, 48,* 37

Brownmiller, S. (1975). *Against our will: Men, women and rape.* New York: Simon and Schuster

Bruinsma, G., & Bernasco, W. (2004). Criminal groups and transnational illegal markets: A more examination on the basis of social network theory. *Crime, Law & Social Change, 41,* 79–94.

Bruinsma, G. J. N., & Fiselier, J. P. S. (1982). The poverty of victimology. In H. J. Schneider (E *victim in international perspective.* New York: Walter de Gruyter & Company.

Bureau of Justice Assistance. (1996). *Regional seminar series on developing and implementing a ing codes.* Washington, DC: Bureau of Justice Assistance.

Bureau of Justice Statistics. (1997). *Criminal victimization in the United States, 1994.* Washingtor S. Government Printing Office.

Bureau of Justice Statistics. (2003). *Criminal victimization in the United States, 2002, statistica* Washington, DC: United States Government Printing Office.

Bureau of Justice Statistics. (2004). *National Crime Victimization Survey 1992–2002* [computer f Arbor, MI: ICPSR.

Bureau of Justice Statistics. (2006). *Criminal victimization in the United States, 2005, statistica* Washington, DC: Bureau of Justice Statistics.

Bureau of Justice Statistics. (2010). *Criminal victimization in the United States, 2007, statistica* Washington, DC: Bureau of Justice Statistics.

Bureau of Labor Statistics. (2006). *Survey of workplace violence prevention 2005.* Washingt Bureau of Labor Statistics.

Bureau of Labor Statistics. (2010). *Workplace shootings.* Retrieved from http://data/bls.gov/print/pl/iif/oshwc/cfoi/osar0014.htm.

Burgess, A. W. (1995). Rape trauma syndrome. In P. Searles & R. J. Berger (Eds.), *Rape and socie ings on the problem of sexual assault.* Boulder, CO: Westview Press.

Burgess, A. W., & Draper, P. (1989). The explanation of family violence: The Role of biological, behavi cultural selection. In L. Ohlin & N. Tonry (Eds.), *Family violence.* Chicago: University of Chicag

Burgess, A. W., & Holmstrom, L. L. (1974). Rape trauma syndrome. *American Journal of Psychia* 981–986.

Burnett, J., Regev, T., Pickens, S., Prati, L. L., Aung, K., Moore, J., et al. (2006). Social networks: A p the elderly who self-neglect. *Journal of Elder Abuse & Neglect, 18,* 35–49.

Burr, R. (2003). Litigating with victim impact testimony: The serendipity that has come from *Tennessee. Cornell Law Review, 88,* 517–529.

Burt, M. R., & Estep, R. E. (1981). Who is a victim?: Definitional problems in sexual victimization. *ology, 6,* 15–28.

Burt, M. R., & Katz, B. L. (1985). Rape, robbery, and burglary: Responses to actual and feared victimization, with special focus on women and elderly. *Victimology, 10,* 325–358.

Buzawa, E. S., & Buzawa, C. G. (1990). *Domestic violence: The criminal justice response.* Newbu CA: Sage.

Byers, B. (1991). Death notification. In J. E. Hendricks (Ed.), *Crisis intervention in criminal justi service.* Springfield, IL: Charles C. Thomas.

Caffey, J. (1946). Multiple fractures in the long bones of infants suffering from chronic subdura toma. *American Journal of Roentology, 56,* 163–173.

Caffey, J. (1957). Traumatic lesions in growing bones other than fractures and lesions: Clinical an logical features. *British Journal of Radiology, 30,* 225–238.

Calcutt, P. B. (1988). The Victims' Rights Act of 1988, the Florida Constitution, and the new stru victims' rights. *Florida State University Law Review, 16,* 811–834.

Caldera, D., Burrell, L., Rodriguez, K., Crowne, S. S., Rohde, C., & Duggan, A. (2007). Impact of wide home visiting program on parenting and on child health and development. *Child Neglect, 31,* 829–852.

Caliber Associates. (2004). *Assessment of the effects of the national victim assistance academ report.* Washington, DC: U.S. Department of Justice.

Call, J. E., Nice, D., & Talarico, S. M. (1991). An analysis of state rape shield laws. *Social Science Q 72,* 774–788.

Campbell, D. T., & Stanley, D. C. (1963). *Experimental and quasi-experimental designs for* Chicago: Rand McNally & Company.

Campbell, J. C., Glass, N., Sharps, P. W., Laughon, K., & Bloom, T. (2007). Intimate partner h Review and implications of research and policy. *Trauma, Violence, & Abuse, 8,* 246–269.

Campbell, J. C., Webster, D. W., & Glass, N. (2009). The danger assessment: Validation of a leth assessment instrument for intimate partner femicide. *Journal of Interpersonal Viole* 653–674.

Campbell, J. C., Webster, D., Koziol-McLain, J., Block, C. R., Campbell, D., Curry, M. A., et al Assessing risk factors for intimate partner homicide. *NIJ Journal, 250,* 14–19. Retrieved on 2010, from http://www.ncjrs.gov/pdffiles1/jr000250e.pdf.

Campbell, R. (1995). The role of work experience and individual beliefs in police officers' percep date rape: An integration of quantitative and qualitative methods. *American Journal of Com Psychology, 23,* 249–277.

Campbell, R. (2005). What really happened? A validation study of rape survivors' help-seeking ences with the legal and medical systems. *Violence and Victims, 29,* 55–68.

Campbell, R., Adams, A. E., Wasco, S. M., Ahrens, C. E., & Sefl, T. (2009). Training intervie research on sexual violence: A qualitative study of rape survivors' recommendations for i practice. *Violence Against Women, 15,* 595–617.

Campbell, R., Adams, A. E., Wasco, S. M., Ahrens, C. E., & Sefl, T. (2010). What Has It Been Like fc Talk With Me Today?: The Impact of Participating in Interview Research on Rape Survivors. *Against Women, 16*, 60–83.

Campbell, R., & Johnson, C. R. (1997). Police officers' perception of rape: Is there consistency l state law and individual beliefs? *Journal of Interpersonal Violence, 12*, 255–274.

Campbell, R., Patterson, D., & Lichty, L. F. (2005). The effectiveness of Sexual Assault Nurse E (SANE) programs: A review of psychological, medical, legal, and community outcomes. *Violence, & Abuse, 6*, 313–329.

Cancer Prevention Research Center. (2010). *Detailed overview of the transtheoretical model.* K University of Rhode Island. Retrieved on July 24, 2010, from http://www.uri.edu/researc transtheoretical_model/ttm_detailed.html.

Cannavale, F. J., Jr., & Falcon, W. D. (1976). *Improving witness cooperation: Summary report of the of Columbia witness survey and a handbook for witness management.* Washington, DC: U.S. ment of Justice.

Caplan, J. M. (2010). Parole release decisions: Impact of positive and negative victim and nc input on a representative sample of parole-eligible inmates. *Violence and Victims, 25*, 224–:

Caringella-MacDonald, S. (1984). Sexual assault prosecution: An examination of model rape le; in Michigan. *Women and Politics, 4*, 65–82.

Carmody, D. C., & Washington, L. M. (2001). Rape myth acceptance among college women: The of race and prior victimization. *Journal of Interpersonal Violence, 16*, 424–436.

Carrington, F. (1981). Victims' rights litigation: A wave of the future? In B. Galaway & J. Hudso *Perspectives on crime victims.* St. Louis, MO: C.V. Mosby.

Carrow, D. M. (1980). *Rape: Guidelines for a community response.* Washington, DC: U.S. Depart Justice.

Casaday, T. (2009). A police chief's viewpoint: Geographic aspects of sex offender residency rest *Criminal Justice Policy Review, 20*, 16–20.

Cassell, P. G. (2009). In defense of victim impact statements. *Ohio State Journal of Criminal Law, 6*, (

Cassell, P. G. (1997). Statement before the Committee on the Judiciary, United States Senate, Cor a Constitutional Amendment Protecting the Rights of Crime Victims on April 16, 1997.

Castillo, R., Dressler, T. W., Foglia, R., & Faber, M. J. (1979). The use of civil liability to aid crime *Journal of Criminal Law & Criminology, 70*, 57–62.

Catalano, S. (2007). *Intimate partner violence in the United States.* Washington, DC: Bureau o Statistics. Retrieved on July 19, 2010, from http://bjs.ojp.usdoj.gov/content/pub/pdf/ipvus.]

Catalano, S. M., Smith, E., Snyder, H., & Rand, M. (2009). *Female Victims of Violence.* Washing Bureau of Justice Statistics.

Catalano, S., O'Sullivan, C. S., Farole, D. J., Jr., & Rempel, M. (2008). A comparison of two pro: policies in cases of intimate partner violence: Mandatory case filing versus following the lead. *Criminology & Public Policy, 7*, 633–662.

Centers for Disease Control and Prevention. (2006). Sexually Transmitted Diseases Treatmen lines, 2006. *Morbidity and Mortality Weekly Report, 55(RR-11)*, 80–83.

Centers for Disease Control and Prevention. (2007). Homicides and suicides, National Violer Reporting System, United States, 2003–2004. *Morbidity and Mortality Weekly Report, 55* 721–724.

Chaffin, M., & Bard, D. (2006). Impact of intervention surveillance bias on analyses of child report outcomes. *Child Maltreatment, 11*, 301–312.

Challeen, D. A., & Heinlen, J. H. (1978). The win-onus restitution program. In B. Galaway & J. (Eds.), *Offender restitution in theory and action*. Lexington, MA: D.C. Heath.

Champlin, L. (1986). The battered elderly. *Geriatrics, 37,* 115–116, 121.

Chan, R. N., Ainscow, D., & Sikorski, J. M. (1980). Diagnostic failures in the multiple injured. *Jo Trauma, 20,* 684–687.

Chan, W. (2005). Crime, deportation and the regulation of immigrants in Canada. *Crime, Law, ar Change, 44,* 153–180.

Chandler, N. (2000). *Best practices for establishing achildren's advocacy center program* (3 Washington, DC: National Children's Alliance. Retrieved on August 11, 2010, from htt .fncac.org/index.php?s=3058.

Chappel, D., & DiMartino, V. (1998). *Violence at work*. Geneva: International Labor Office.

Chelimsky, E. (1981). Serving victims: Agency incentives and individual needs. In S. R. Salas *Evaluating victim services*. Beverly Hills, CA: Sage.

Child Welfare Information Gateway. (2007b). *Infant safe haven laws: Summary of state laws*. Was DC: U.S. Department of Health and Human Services. Retrieved on August 3, 2010, fro .childwelfare.gov/systemwide/laws_policies/statutes/safehaven.cfm.

Child Welfare Information Gateway. (2008b). *Mandatory reporters of child abuse and neglect: S of state laws*. Washington, DC: U.S. Department of Health and Human Services. Retri August 2, 2010, from http://www.childwelfare.gov/systemwide/laws_policies/statutes/mand

Chilton, R. (2010). Uniform Crime Reporting (UCR). Program. In B. S. Fisher & S. P. Lab (Eds.), *pedia of victimology and crime prevention*. Los Angeles: Sage.

Cicirelli, V. G. (1986). The helping relationship and family neglect in later life. In K. A. Pil R. S. Wolf (Eds.), *Elder abuse: Conflict in the family*. Dover, MA: Auburn House.

Clay-Warner, J., & Burt, C. H. (2005). Rape reporting after reforms: Have times really changed? *Against Women, 11,* 150–176.

Clery Act summary. Retrieved on October 3, 2004, from http://www.securityoncampus.org/scho yact/index.html.

Coates, R. B., & Gehm, J. (1989). An empirical assessment. In M. Wright & B. Galaway (Eds.), *M and criminal justice: Victims, offenders and community*. Newbury Park, CA: Sage.

Cohen, A. K. (1955). *Delinquent boys: The culture of the gang*. Glencoe, IL: Free Press.

Cohen, F. (1995). Sex Offender registration laws: Constitutional and policy issues. *Criminal Law 31,* 151–160.

Cohen, L. E., & Felson, M. (1979). Social changes and crime rate trends: A routine activities ap *American Sociological Review, 44,* 588–608.

Collins, J. J. (1989). Alcohol and interpersonal violence: Less than meets the eye. In N. A. W M. E. Wolfgang (Eds.), *Pathways to criminal violence*. Newbury Park, CA: Sage.

Colomb, W., & Damphousse, W. (2004). Examination of newspaper coverage of hate crimes: panic perspective. *American Journal of Criminal Justice, 28,* 147–163.

Conrad, C. (2006). Measuring costs of child abuse and neglect. *Journal of Health and Human Administration, 29,* 103–123.

Cook, R. F., Roehl, J. A., & Sheppard, D. I. (1980). *Neighborhood justice centers field test, executi mary*. Washington, DC: National Institute of Justice.

Corbin, W. R., Bernat, J. A., Calhoun, K. S., McNair, L. D., & Seals, K. L. (2001). The role of alcohc tancies and alcohol consumption among sexually victimized and nonvictimized college *Journal of Interpersonal Violence, 16,* 297–311.

Corrado, R. R., Cohen, I. M., & Odgers, C. (2003). Multi-problem violent youths: A challenge restorative justice paradigm. In E. G. M. Weitekamp & H. Kerner (Eds.), *Restorative justice in International practice and directions*. Portland, OR: Willan.

Corso, P. S., Mercy, J. A., Simon, T. R., Finkelstein, E. A., & Miller, T. R. (2007). Medical costs and tivity losses due to interpersonal and self-directed violence in the United States. *American Jo Preventive Medicine, 32*, 474–484.

Costa, J. J. (1984). *Abuse of women: Legislation, reporting, and prevention*. Lexington, MA: Lexingto

Costin, F., & Schwarz, N. (1987). Beliefs about rape and women's social roles: A four-nation stu *nal of Interpersonal Violence, 2*, 46–56.

Crawford, A., & Newburn, T. (2003). *Youth offending and restorative justice: Implementing re youth justice*. Portland, OR: Willan.

Crenshaw, W. B., Crenshaw, L. M., & Lichtenberg, J. W. (1995). When educators confront child al analysis of the decision to report. *Child Abuse & Neglect, 19*, 1095–1113.

Cross, T. P., & Casanueva, C. (2009). Caseworker judgments and substantiation. *Child Maltreatn* 38–52.

Cross, T. P., Finkelhor, D., & Ormrod, R. (2005). Police involvement in Child Protective Services gations: Literature review and secondary data analysis. *Child Maltreatment, 10*, 224–244.

Cross, T. P., Jones, L. M., Walsh, W. A., Simone, M., Kolko, D. J., Szczepanski, J., et al. (2008). *Ev children's advocacy centers' response to child sexual abuse*. Washington, DC: U.S. Depart Justice.

Crume, T. L., DiGuiseppi, C., Byers, T., Sirotnak, A. P., & Garrett, C. J. (2002). Underascertainment maltreatment fatalities by death certificates, 1990–1998. *Pediatrics, 110*, 18. Retrieved on Au 2007 from http://www.pediatrics.org/cgi/content/full/110/2/e18.

Crystal, S. (1986). Social policy and elder abuse. In K. A. Pillemer & R. S. Wolf (Eds.), *Elder abuse: in the family*. Dover, MA: Auburn House.

Curtis, L. A. (1974). *Criminal violence: National patterns and behavior*. Lexington, MA: D.C. He Company.

Daly, K. (2002). Restorative justice: The real story. *Punishment and Society, 4*, 5–79.

Daly, K. (2003). Making variation a virtue: Evaluating the potential and limits of restorative In E. G. M. Weitekamp & H. Kerner (Eds.), *Restorative justice in context: International pract directions*. Portland, OR: Willan.

Daniel, T. A. (2009). *Stop Bullying at Work: Strategies and Tools for HR and Legal Professionals*. dria, VA: Society for Human Resource Management.

Davis, J. W., Hoyt, D. B., McArdle, M. S., Mackersie, R. C., Shackford, S. R., & Eastman, A. B The significance of critical care errors in causing preventable death in trauma patients in a system. *Journal of Trauma, 31*, 813–819.

Davis, K. C., Norris, J., George, W. H., Martell, J., & Heiman, J. R. (2006). Rape-myth congruent b women resulting from exposure to pornography: Effects of alcohol and sexual arousal. *Jo Interpersonal Violence, 21*, 1208–1223.

Davis, P. W., Chandler, J. L., & LaRossa, R. (2004). I've tried the switch but he laughs through tl The use and conceptualization of corporal punishment during the Machine Age, 1924–193 *Abuse & Neglect, 28*, 1291–1310.

Davis, R. C. (1982). Mediation: The Brooklyn experiment. In R. Tomasic & M. M. Feeley (Eds.), *N hood justice: Assessment of an emerging idea*. New York: Longman.

Davis, R. C. (1983). Victim/witness noncooperation: A Second look at a persistent phenomenon. *of Criminal Justice, 11*, 287–299.

Davis, R. C., & Smith, B. E. (1994). Victim impact statements and victim satisfaction: An ur promise? *Journal of Criminal Justice, 22,* 1–12.

Davis, R. C., & Smith, B. (1995). Domestic violence reforms: Empty promises or fulfilled expe(*Crime & Delinquency, 41,* 541–552.

Davis, R. C., & Taylor, B. G. (1997). A proactive response to family violence: The results of a ran(experiment. *Criminology, 35,* 307–334.

Davis, R. C., Tishane, M., & Grayson, D. (1980). *Mediation and arbitration as alternatives to prosecution in felony arrest cases: An evaluation of the Brooklyn Dispute Resolution Center (fi* New York: Vera Institute.

Davis, R. C., Henley, M., & Smith, B. (1990). *Victim impact statements: Their effects on court o and victim satisfaction.* Washington, DC: National Institute of Justice.

Davis, R. C., Smith, B. E., & Taylor, B. (2003). Increasing the proportion of domestic violence arr are prosecuted: A natural experiment in Milwaukee. *Criminology & Public Policy, 2,* 263–28

Dawson, M., & Dinovitzer, R. (2001). Victim cooperation and the prosecution of domestic viole specialized court. *Justice Quarterly, 18,* 593–622.

Dawson, R. K. (1989). Civil suits for sexual assault victims: The up side. *Journal of Interpersonal 4,* 114–115.

Day, L. E., & Vandiver, M. (2000). Criminology and genocide studies: Notes on what might have b what still could be. *Crime, Law and Social Change, 34,* 43–59.

DeFrances, C. J., Smith, S. K., & Does, L. V. D. (1996). *Prosecutors in state courts, 1994.* Washing U.S. Department of Justice.

DeHart, D. D. (2003). *National Victim Assistance Standards Consortium: Standards for victim a programs and providers.* Columbia: Center for Child and Family Studies, University of Sou lina. Retrieved on July 5, 2010 from http://www.sc.edu/ccfs/training/victimstandards.pdf.

DeHart, D., Webb, J., & Cornman, C. (2009). Prevention of elder mistreatment in nursing home petencies for direct-care staff. *Journal of Elder Abuse & Neglect, 21,* 360–378.

Deisz, R., Doueck, J. H., & George, N. (1996). Reasonable cause: A qualitative study of mandate(ing. *Child Abuse & Neglect, 20,* 275–287.

DeJong, W. (1993). *Building the peace: The Resolving Conflict Creatively Program (RCCP). NIJ Focus.* Washington, DC: U.S. Department of Justice.

DeKeseredy, W. S., & Kelly, K. (1995). Sexual abuse in Canadian University and college dating ships: The contribution of male peer support. *Journal of Family Violence, 10,* 41–53.

DeKeseredy, W. S., Schwartz, M. D., Fagen, D., & Hall, M. (2006). Separation/divorce sexual ass contribution of male support. *Feminist Criminology, 1,* 228–250.

DePanfilis, D., Dubowitz, H., & Kunz, J. (2008). Assessing the cost-effectiveness of family conr *Child Abuse & Neglect, 32,* 335–351.

Derene, S. (2005). *Crime victims fund report: Past, present, and future.* Washington, DC: Nation ciation of VOCA Assistance Administrators.

Detmer, C. M., & Lamberti, J. W. (1991). Family grief. *Death Studies, 15,* 363–374.

Dey, E. L., Korn, J. S., & Sax, L. J. (1996). Betrayed by the academy: The sexual harassment of college faculty. *Journal of Higher Education, 67,* 149–173.

Deyo, G., Skybo, T., & Carroll, A. (2008). Secondary analysis of the "Love me . . . never shake education program. *Child Abuse & Neglect, 32,* 1017–1025.

Dible, D. A., & Teske, R. H. C. (1993). An analysis of the prosecutory effects of a child sexu victim-witness program. *Journal of Criminal Justice, 21,* 79–85.

Dinkes, R., Kemp, J., Baum, K., & Snyder, T. D. (2009). *Indicators of school crime and safe* Washington, DC: Bureau of Justice Statistics.

Diviney, C. L., Parekh, A., & Olson, L. M. (2009). Outcomes of civil protective orders: Results fı state. *Journal of Interpersonal Violence, 24,* 1209–1221.

Dobash, R. E., & Dobash, R. P. (1979). *Violence against wives: A case against the patriarchy.* N Free Press.

Dobash, R. E., & Dobash, R. P. (1977). Wives: The 'appropriate' victims of marital violence. *Victim* 426–442.

Dobash, R. E., Dobash, R. P., Wilson, M., & Daly, M. (1992). The myth of sexual symmetry in ma lence. *Social Problems, 39,* 71–91.

Dodge, R. W. (1985). *Bureau of Justice Statistics Technical Report: Response to screening questio National Crime Survey.* Washington, DC: U.S. Government Printing Office.

Doerner, W. G. (1975). A regional analysis of homicide rates in the United States. *Criminology, 13,*

Doerner, W. G. (1977). State victim compensation programs in action. *Victimology, 2,* 106–109.

Doerner, W. G. (1978a). A quasi-experimental analysis of selected Canadian victim compensat grams. *Canadian Journal of Criminology, 20,* 239–251.

Doerner, W. G. (1978b). An examination of the alleged latent effects of victim compensation p upon crime reporting. *LAE Journal, 41,* 71–76.

Doerner, W. G. (1978c). The Index of Southernness revisited: The influence of wherefrom upon v nit. *Criminology, 16,* 47–56.

Doerner, W. G. (1978d). The deadly world of Johnny Reb: Fact, foible, or fantasy? In J. A. In A. E. Pottieger (Eds.), *Violent crime: Historical and contemporary issues.* Beverly Hills, (Publications.

Doerner, W. G. (1979). The violent world of Johnny Reb: An attitudinal analysis of the 'regional c violence' thesis. *Sociological Forum, 2,* 61–71.

Doerner, W. G. (1980). Trends in Southern homicide: Is the South a 'regional culture of violence? *of Crime and Justice, 3,* 83–94.

Doerner, W. G. (1983). Why does Johnny Reb die when shot? The impact of medical resourc lethality. *Sociological Inquiry, 53,* 1–15.

Doerner, W. G. (1987). Child maltreatment seriousness and juvenile delinquency. *Youth & So* 197–244.

Doerner, W. G. (1988). The impact of medical resources on criminally induced lethality: A examination. *Criminology, 26,* 171–179.

Doerner, W. G. (2007). *Introduction to law enforcement: An insider's view* (3rd ed.). Dubu Kendall/Hunt.

Doerner, W. G., & Lab, S. P. (1980). The impact of crimes compensation upon victim attitudes to criminal justice system. *Victimology, 5,* 61–67.

Doerner, W. G., & Tsai, T. (1990). Child maltreatment and juvenile delinquency in Taiwan. *Inter Journal of Comparative and Applied Criminal Justice, 14,* 225–238.

Doerner, W. G., Knudten, M. S., Knudten, R. D., & Meade, A. C. (1976). Correspondence betwe victim needs and available public services. *Social Service Review, 50,* 482–490.

Doerner, W. G., & Speir, J. C. (1986). Stitch and sew: The impact of medical resources upon cr induced lethality. *Criminology, 24,* 319–330.

Dolliver, J. M. (1987). Victims' Rights Constitutional Amendment: A bad idea whose time sh come. *The Wayne Law Review, 34,* 87–93.

Dolon, R., & Blakely, B. (1989). Elder abuse and neglect: A study of adult protective service worke United States. *Journal of Elder Abuse and Neglect, 1,* 31–49.

Dolon, R., & Hendricks, J. E. (1989). An exploratory study comparing attitudes and practices (officers and social service providers in elder abuse and neglect cases. *Journal of Elder Ab Neglect, 1,* 75–90.

Dominick, J. R. (1978). Crime and law enforcement in the mass media. In C. Winick (Ed.), *Devic mass media.* Beverly Hills: Sage.

Donnerstein, E. (1980). Aggressive erotica and violence against women. *Journal of Personality ar Psychology, 39,* 269–277.

Donnerstein, E., & Hallam, J. (1978). Effects of erotic stimuli on male aggression toward females. *of Personality and Social Psychology, 32,* 237–244.

Doty, P., & Sullivan, E. W. (1983). Community involvement in combating abuse, neglect and r ment in nursing homes. *Milbank Memorial Fund Quarterly/Health and Society, 37,* 115–121

Douglas, E. M., & Cunningham, J. M. (2008). Recommendations from child fatality review teams of a U.S. nationwide exploratory study concerning maltreatment fatalities and social service *Child Abuse Review, 17,* 331–351.

Dove, D. B., Stahl, W. M., & Delbuercio, L. R. M. (1980). A five-year review of deaths followin trauma. *Journal of Trauma, 20,* 760–765.

Dressler, J. (2006). Battered women and sleeping abusers: Some reflections. *Ohio State Journal c nal Law, 3,* 457–471.

DuMont, K., Mitchell-Herzfeld, S., Greene, R., Lee, E., Lowenfels, A., Rodriguez, M., et al. (2008). Families New York (HFNY) randomized trial: Effects on early child abuse and neglect. *Child Neglect, 32,* 295–315.

Dugan, L. (2003). Domestic violence legislation: Exploring its impact on the likelihood of dome lence, police involvement, and arrest. *Criminology & Public Policy, 2,* 283–312.

Duggan, A., Caldera, D., Rodriguez, K., Burrell, L., Rohde, C., & Crowne, S. S. (2007). Impact of wide home visiting program to prevent child abuse. *Child Abuse & Neglect, 31,* 801–827.

Duggan, A., Fuddy, L., Burrell, L., Higman, S. M., McFarlane, E., Windham, A., et al. (2004). Ran(trial of a statewide home visiting program: Impact in reducing parental risk factors. *Child Neglect, 28,* 623–643.

Duggan, A., McFarlane, E., Fuddy, L., Burrell, L., Higman, S. M., Windham, A., et al. (2004). Ran(trial of a statewide home visiting program: Impact in preventing child abuse and negle(*Abuse & Neglect, 28,* 597–622.

Duhart, D. T. (2001). *Violence in the workplace, 1993–99.* Bureau of Justice Statistics Special Washington, DC: Bureau of Justice Statistics.

Dunford, F. D. (1990). System initiated warrants for suspects of misdemeanor domestic assault study. *Justice Quarterly, 7,* 631–653.

Dunford, F. D., Huizinga, D., & Elliott, D. S. (1989). *The Omaha Domestic Violence Police Expe Final report.* Washington, DC: National Institute of Justice.

Durfee, A. (2009). Victim narratives, legal representation, and domestic violence civil protectior *Feminist Criminology, 4,* 7–31.

Durkheim, E. (1933). *The division of labor in society* (G. Supson, Trans.). New York: Free Press.

Dutton, D. G., & Starzomski, A. J. (1994). Psychological differences between court- referred a referred wife assaulters. *Criminal Justice and Behavior, 21,* 203–221.

Edelhertz, H., & Geis, G. (1974). *Public compensation to victims of crime.* New York: Praeger.

Edwards, S. S. M. (1989). *Policing 'domestic' violence: Women, the law and the state.* Newbu CA: Sage.

Ehrhart, J. K., & Sandler, B. R. (1985). *Myths and realities about rape.* Washington, DC: Projec Status and Education of Women.

Ehrhardt, C. W., Hubbart, P. A., Levinson, L. H., Smiley, W. M., & Wills, T. A. (1973). The after Furman: The Florida experience. *Journal of Criminal Law and Criminology, 64,* 2–21.

Eigenberg, H. M. (1990). The National Crime Survey and rape: The case of the missing questioı *Quarterly, 7,* 655–671.

Eigenberg, H. M., McGuffee, K., Berry, P., & Hall, W. H. (2003). Protective order legislation: Trends statutes. *Journal of Criminal Justice, 31,* 411–422.

Eikenberry, K. (1987). Victims of crime/victims of justice. *The Wayne Law Review, 34,* 29–49.

Eisikovits, Z. (1996). The aftermath of wife beating: Strategies of bounding violent events. *Jo Interpersonal Violence, 11,* 459–474.

Eisikovits, Z., & Buchbinder, E. (1996). Pathways to disenchantment: Battered women's views social workers. *Journal of Interpersonal Violence, 11,* 425–440.

Elias, R. (1990). Which victim movement? The politics of victim policy. In A. J. Lurigio, W. G. S R. C. Davis (Eds.), *Victims of crime: Problems, policies and programs.* Newbury Park, CA: Sa

Ellingworth, D., Farrell, G., & Pease, K. (1995). Victim is a victim is a victim? Chronic victimizatioı sweeps of the British Crime Survey. *British Journal of Criminology, 35,* 360–365.

Elliott, D. S. (1989). Criminal justice procedures in family violence crimes. In L. Ohlin & M. Tonı *Family violence.* Chicago: University of Chicago.

Ellis, L. (1989). *Theories of rape.* New York: Hemisphere.

Ellis, D. (1992). Toward a consistent recognition of the forbidden inference: The Illinois rape shi ute. *Journal of Criminal Law & Criminology, 83,* 395–436.

Employment Law Alliance, (2007). Retrieved from http://www.employmentlawalliance.com/file 20Abusive%20Boss%20Charts.pdf.

Enderson, B. L., Reath, D. B., Meadors, J., Dallas, W., DeBoo, J. M., & Maull, K. I. (1990). The trauma survey: A prospective study of missed injury. *Journal of Trauma, 30,* 666–670.

Ennis, P. (1967). *Criminal victimization in the United States: A report of a national survey.* (National Opinion Research Center.

Equal Employment Opportunity Commission. (1999). *Enforcement guidance: Vicarious employer for unlawful harassment by supervisors.* http://www.eeoc.gov/docs/harassment.html.

Equal Employment Opportunity Commission. (2010). *Sexual harassment charges EEOC & FEF bined: FY 1997–FY 2009.* Retrieved from http://www.eeoc.gov/statistics/enforcement/sexual ment.cfm.

Erez, E. (1989). The impact of victimology on criminal justice policy. *Criminal Justice Policy R* 236–256.

Erez, E., & Roeger, L. (1995). The effect of victim impact statements on sentencing patterns a comes: The Australian experience. *Journal of Criminal Justice, 23,* 363–375.

Erez, E., & Tontodonato, P. (1992). Victim participation in sentencing and satisfaction with justice *Quarterly, 9,* 393–417.

Erez, E., & Tontodonato, P. (1990). The effect of victim participation in sentencing on sentence o *Criminology, 28,* 451–474.

Erlanger, H. S. (1974). The empirical status of the subculture of violence thesis. *Social Probl* 280–292.

Erlanger, H. S. (1975). Is there a 'subculture of violence' in the South? *Journal of Criminal Law ar inology, 66*, 483–490.

Ervin, L., & Schneider, A. (1990). Explaining the effects of restitution on offenders: Results national experiment in juvenile courts. In B. Galaway & J. Hudson (Eds.), *Criminal justice, res and reconciliation*. Monsey, NY: Criminal Justice Press.

Everson, M. D., Boat, B. W., Bourg, S., & Robertson, K. R. (1996). Beliefs among professionals ab(of false allegations of child sexual abuse. *Journal of Interpersonal Violence, 11*, 541–553.

Ewing, D. (2007). Prosecuting batters in the wake of *Davis* and *Hammon*. *American Journal of (Law, 35*, 91–106.

Eyles, J., & Woods, K. J. (1983). *The social geography of medicine and health*. New York: St. Martir

Fagan, A. A. (2005). The relationship between adolescent physical abuse and criminal offending: for an enduring and generalized cycle of violence. *Journal of Family Violence, 20*, 279–290.

Farrell, A. D., & Meyer, A. L. (1997). The Effectiveness of a school-based curriculum for reducing among urban sixth-grade students. *American Journal of Public Health, 87*, 979–988.

Farrell, G. (2005). Progress and prospects in the prevention of repeat victimization. In N. Till *Handbook of Crime Prevention and Community Safety*. Portland, OR: Willan.

Farrell, G. (2010). Repeat victimization: Theories of. In B. S. Fisher & S. P. Lab (Eds.), *Encyclopedi timology and crime prevention*. Los Angeles: Sage.

Farrell, G., & Bouloukos, A. C. (2001). International overview: A cross-national comparison of repeat victimization. In G. Farrell & K. Pease (Eds.), *Repeat victimization*. Monsey, NY: (Justice Press.

Farrell, G., & Pease, K. (2003). Measuring repeat victimization using police data: An analysis of data and policy for Charlotte, North Carolina. In M. J. Smith & D. B. Cornish (Eds.), *Theory j tice in situational crime prevention*. Monsey, NY: Criminal Justice Press.

Farrell, G., Tseloni, A., & Pease, K. (2005). Repeat victimization in the ICVS and the NCVS. *Crime tion and Community Safety, 7*(3), 7–18.

Farrell, G., Phillips, C., & Pease, K. (1995). Like taking candy: Why does repeat victimizatioı *British Journal of Criminology, 35*, 384–399.

Fattah, E. A., & Sacco, V. F. (1989). *Crime and victimization of the elderly*. New York: Springer-V

FBI. (2000). *National Incident-Based Reporting System, Volume 1: Data collection guidelines*. Was DC: FBI.

Feder, L., & Dugan, L. (2002). A test of the efficacy of court-mandated counseling for domestic offenders: The Broward Experiment. *Justice Quarterly, 19*, 343–375.

Federal Bureau of Investigation. (2000). *Crime in the United States, 1999, Uniform Crime* Washington, DC: U.S. Government Printing Office, Table 5.2 Retrieved on September 13, 20 http://www.fbi.gov/ucr/Cius_99/99crime/99cius5.pdf.

Federal Bureau of Investigation. (2000a). *National Incident-Based Reporting System. Volume, collection guidelines*. Retrieved September 2, 2010 from http://www.fbi.gov/about-us/(nibrs/addendum-for-submitting-cargo-theft-data/nibrs_cargo_v1dcg0800.pdf/view?searcht(22national%20incident-based%20reporting%20system%20Volume%201:%20Data%20collecti 20guidelines%22.

Federal Bureau of Investigation. (2009). *Crime in the United States, 2008*. Washington, DC: U.S. ment Printing Office. Retrieved on July 11, 2010, from http://www.fbi.gov/ucr/cius2008.

Federal Bureau of Investigation. (2010). *National Incident Based Reporting System (NIBRS) Ca* Retrieved on January 26, 2011 from http://www.fbi.gov/about-us/cjis/ucr/nibrs/nibrscatego

Federal Bureau of Investigation. (2010a). *Crime in the United States 2009.* Washington, DC: U.S. Gov Printing Office. Retrieved September 14, 2010, from http://www.fbi.gov/ucr/cius2009/index.ht

Federal Bureau of Investigation. (2010b). *Crime in the United States, 2009, expanded homic table, 2, murder victims by age, sex, and race, 2008.* Washington, DC: U.S. Government Office, Retrieved September 14, 2010, from http://www.fbi.gov/ucr/cius2009/offenses/ex information/data/shrtable_02.html.

Federal Interagency Forum on Aging-Related Statistics. (2010). *Older Americans 2010: Key indi well-being* (p. 2). Washington, DC: U.S. Government Printing Office, Retrieved on August 17, 20 http://www.agingstats.gov/agingstatsdotnet/Main_Site/Data/2010_Documents/Docs/OA_201

Feinstein, D. (2004, April 22). Scott Campbell, Stephanie Roper, Wendy Preston, Louarna Gillis, Lynn Crime Victims' Rights Act. *Congressional Record, 150,* S4260–S4265.

Feld, B. C. (1999). Rehabilitation, retribution and restorative justice: Alternative conceptions of justice. In G. Bazemore & L. Walgrave (Eds.), *Restorative juvenile justice: Repairing the harm crime.* Monsey, NY: Criminal Justice Press.

Feld, L. S., & Straus, M. A. (1989). Escalation and desistance of wife assault in marriage. *Criminc* 141–161.

Felson, R. B., & Steadman, H. J. (1983). Situational factors in disputes leading to criminal violenc *inology, 21,* 59–74.

Felstiner, W. L. F., & Williams, L. A. (1982). Community mediation in Dorchester, Massachu R. Tomasic & M. M. Feeley (Eds.), *Neighborhood justice: Assessment of an EMERGING ID* York: Longman.

Felstiner, W. L. F., & Williams, L. A. (1979). *Community mediation in Dorchester, Massachuset report.* Los Angeles, CA: University of Southern California.

Ferguson, C. J. (2007a). Video games: The latest scapegoat for violence. *The Chronicle of Highe tion,* (June 22), B20.

Ferguson, C. J. (2007b). Evidence for publication bias in video game violence effects literature: analytic review. *Aggression and Violent Behavior, 12,* 470–482.

Ferraro, K. F. (1995). *Fear of crime: Interpreting victimization risk.* Albany, NY: SUNY Press.

Ferraro, K. F., & LaGrange, R. L. (1988). Are older people afraid of crime? *Journal of Aging Studies, 2,*

Ferro, C., Cermele, J., & Saltzman, A. (2008). Current Perceptions of Marital Rape: Some Good a So-Good News. *Journal of Interpersonal Violence, 23,* 764–779.

Fiegener, J. J., Fiegener, M., & Meszaros, J. (1989). Policy implications of a statewide survey abuse. *Journal of Elder Abuse and Neglect, 1,* 39–58.

Fields, M. D., & Kirchner, R. M. (1978). Battered women are still in need: A reply to Steinmetz. *V ogy, 3,* 216–226.

Figley, C. R. (1995). *Compassion fatigue: Coping with secondary traumatic stress disorder in th treat the traumatized.* New York: Brunner/Mazel.

File, T. (2008). Voting and registration in the election of November 2006. *Current Population* Washington, DC: U.S. Census Bureau. Retrieved on August 17, 2010, from http://www.cen prod/2008pubs/p20-557.pdf.

File, T., & Crissey, S. (2010). Voting and registration in the election of November 2008. *Current Po Reports.* Washington, DC: U.S. Census Bureau. Retrieved on August 17, 2010, from http://www gov/prod/2010pubs/p20-562.pdf.

Finkelhor, D., Ormrod, R. K., Turner, H. A., & Hamby, S. L. (2005). Measuring poly-victimization u juvenile victimization questionnaire. *Child Abuse & Neglect, 29,* 1297–1312.

Finkelhor, D., Ormrod, R. K., & Turner, H. A. (2007). Poly-victimization: A neglected component victimization. *Child Abuse & Neglect, 31*, 7–26.

Finkelhor, D., & Yllo, K. (1983). Common features of family abuse. In D. Finkelhor, R. J. Gelles, G. T. & M. A. Straus (Eds.), *The dark side of families family violence research.* Beverly Hills: Sage.

Finn, P., & Lee, B. N. W. (1987). *Serving crime victims and witnesses.* Washington, DC: U.S. Depar Justice.

Fischer, K., & Rose, M. (1995). When 'enough is enough:' Battered women's decision making court orders of protection. *Crime & Delinquency, 41*, 414–429.

Fisher, B. S. (2009). The effects of survey question wording on rape estimates: Evidence from experimental design. *Violence Against Women, 15*, 133–147.

Fisher, B. S., & Lab, S. P. (2010). *Encyclopedia of victimology and crime prevention.* Los Angeles

Fisher, B. S., & Sloan, J. J. (2003). Unraveling the fear of victimization among college wome 'shadow of sexual assault hypothesis' supported? *Justice Quarterly, 20*, 633–659.

Fisher, B. S., Sloan, J. J., Cullen, F. T., & Lu, C. (1998). Crime in the ivory tower: The level and sc student victimization. *Criminology, 36*, 671–710.

Fisher, B. S., Cullen, F. T., & Turner, M. G. (2000). *The sexual victimization of college women.* Was DC: U.S. Department of Justice.

Fisher, B. S., Daigle, L. E., Cullen, F. T., & Turner, M. G. (2003a). Reporting sexual victimizatio police and others: Results from a national-level study of college women. *Criminal Justice an ior, 30*, 6–38.

Fisher, B. S., Daigle, L. E., Cullen, F. T., & Turner, M. G. (2003b). Acknowledging sexual victimiz rape: Results from a national-level study. *Justice Quarterly, 20*, 535–574.

Flaherty, E. G., Jones, R., & Sege, R. (2004). Telling their stories: Primary care practitioners' ex evaluating and reporting injuries caused by child abuse. *Child Abuse & Neglect, 28*, 939–94

Flaherty, E. G., Sege, R., Price, L. L., Christoffel, K. K., Norton, D. P., & O'Connor, K. G. (2006). Ped characteristics associated with child abuse identification and reporting: Results from a nati vey of pediatricians. *Child Maltreatment, 11*, 361–369.

Flavin, J. (2000). (Mis)representing risk: Headline accounts of HIV-related assaults. *American Jo Criminal Justice, 25*, 119–136.

Flemming, B. (2003). Equal protection for victims of domestic violence. *Journal of Inter Violence, 18*, 685–692.

Florida Department of Children & Families. (2009). *Protective investigations statewide quality a report 2008–2009.* Tallahassee, FL: Adult Protective Services. Retrieved on September 5, 20 http://www.dcf.state.fl.us/programs/aps/docs/2009StatewideQAforPI%20Report.pdf.

Florida Domestic Violence Fatality Review Team. (2007). *2006 Annual Report Executive Summa* hassee: Florida Department of Law Enforcement. Retrieved on September 20, 2007, from http fdle.state.fl.us/publications/Domestic_Violence_Fatality_Report_2006.pdf.

Florida statutes. (2009).

Ford, D. A. (2003). Coercing victim participation in domestic violence prosecutions. *Journal of sonal Violence, 18*, 669–684.

Ford, D. A. (2009). The substance, scholarship, and science of research on violence against A comment. *Violence Against Women, 15*, 420–424.

Fowler, T. K. (2003). *Report of the Panel to Review Sexual Misconduct Allegations at the Untied S Force Academy.* Arlington, VA: Department of Air Force.

Fox, B. (2009). Crawford at its limits: Hearsay and forfeiture in child abuse cases. *American Crim Review, 46*, 1245–1265.

Fox, J. A., & Hellman, D. A. (1985). Correlates of campus crime. *Journal of Criminal Justice, 13,* 4

Fox, J. A., & Zawitz, M. W. (2007). *Homicide trends in the United States.* Washington, DC: Bureau tice Statistics. Retrieved on July 24, 2010, from http://bjs.ojp.usdoj.gov/content/pub/pdf/ht

Franklin, C. W., II, & Franklin, A. P. (1976). Victimology revisited: A critique and suggestions fc direction. *Criminology, 14,* 177–214.

Frazier, P. A., & Borgida, E. (1992). Rape trauma syndrome: A review of case law and psych research. *Law and Human Behavior, 16,* 293–311.

Freeman, N. J., & Sandler, J. C. (2010). The Adam Walsh Act: A false sense of security or an effect lic policy initiative? *Criminal Justice Policy Review, 21,* 31–49.

Freilich, J. D., & Rivera, C. J. (1999). Mercy, death, and politics. *American Journal of Criminal Ju* 15–29.

Frenzen, P. D. (1991). The increasing supply of physicians in U.S. urban and rural areas, 1975 *American Journal of Public Health, 81,* 1141–1147.

Frese, B., Moya, M., & Megias, J. L. (2004). Social perception of rape: How rape myth acceptan ulates the influence of situational factors. *Journal of Interpersonal Violence, 19,* 143–161.

Friedman, J. J. (1973). Structural constraints on community action: The case of infant mortali *Social Problems, 21,* 230–245.

Friedrichs, D. O. (2000). The Crime of the century? The case for the Holocaust. *Crime, Law an Change, 23,* 21–41.

Frieze, I. H., & Browne, A. (1989). Violence in marriage. In L. Ohlin & M. Tonry (Eds.), *Family* Chicago: University of Chicago Press.

Furman v. Georgia, 408 U.S. 238 (1972).

Gage, E. A. (2008). Gender attitudes and sexual behaviors: Comparing center and marginal athl nonathletes in a collegiate setting. *Violence Against Women, 14,* 1014–1032.

Gagné, P. (1996). Identity, strategy, and feminist politics: Clemency for battered women who ki *Problems, 43,* 77–93.

Galaway, B. (1981). The use of restitution. In B. Galaway & J. Hudson (Eds.), *Perspectives on cr tims.* St. Louis, MO: C.V. Mosby.

Galbraith, M. W. (1989). A critical examination of the definitional, methodological and theoreti blems of elder abuse. In R. Filinson & S. R. Ingman (Eds.), *Elder abuse: Practice and policy.* N Human Sciences Press.

Gallup (2009). The Gallup Poll. Available: http://www.gallup.com/poll/topics.aspx.

Gallup, G., Jr. (1992). *The Gallup Poll monthly, no. 318.* Princeton, NJ: The Gallup Poll.

Galvin, J., & Polk, K. (1983). Attrition in case processing: Is rape unique? *Journal of Research in Delinquency, 20,* 126–154.

Gandy, J. T., & Galaway, B. (1980). Restitution as a sanction for offenders: A public's view. In J. H B. Galaway (Eds.), *Victims, offenders, and alternative sanctions.* Lexington, MA: D.C. Heath.

Gandy, J. T. (1978). Attitudes toward the use of restitution. In B. Galaway & J. Hudson (Eds.), *restitution in theory and action.* Lexington, MA: D.C. Heath.

Garbarino, J., & Gilliam, G. (1980). *Understanding abusive families.* Lexington, MA: Lexington E

Garcia, C. A. (2003). Digital photographic evidence and the adjudication of domestic violenc *Journal of Criminal Justice, 31,* 579–587.

Garner, B. A. (2004). *Black's Law Dictionary* (8th Edition). St. Paul, MN: West Publishing Comp

Garner, J., & Clemmer, E. (1986). *Danger to police in domestic disturbances–New look*. Washing
U.S. Department of Justice.

Garner, J., Fagan, J., & Maxwell, C. (1995). Published findings from the spouse assault replicat
gram: A critical review. *Journal of Quantitative Criminology, 11*, 3–28.

Garofalo, J., & Connelly, K. J. (1980a). Dispute resolution centers, part I: Major features and pr
Criminal Justice Abstracts, 12, 416–436.

Garofalo, J., & Connelly, K. J. (1980b). Dispute resolution centers, part II: Outcomes, issues, an
directions. *Criminal Justice Abstracts, 12*, 576–611.

Gartin, P. R. (1995a). Examining differential officer effects in the Minneapolis Domestic Violence
ment. *American Journal of Police, 14*, 93–110.

Gartin, P. R. (1995b). Dealing with design failures in randomized field experiments: Analyti
regarding the evaluation of treatment effects. *Journal of Research in Crime & Delinque*
425–445.

Gastil, R. D. (1971). Homicide and a regional culture of violence. *American Sociological Review, 36*,

Geiselman, R. E., Bornstein, G., & Saywitz, K. J. (1992). *New approach to interviewing children: its effectiveness*. Washington, DC: U.S. Department of Justice.

Gelles, R. J. (1973). Child abuse as psychopathology: A sociological critique and reformulation. *A Journal of Orthopsychiatry, 43*, 611–621.

Gelles, R. J. (1975). The social construction of child abuse. *American Journal of Orthopsychi*
363–371.

Gelles, R. J. (1980). Violence in the family: A Review of research in the 70's. *Journal of Marriage Family, 42*, 873–885.

Gelles, R. J. (2000). Estimating the incidence and prevalence of violence against women: Natio
systems and sources. *Violence Against Women, 6*, 784–804.

Gelles, R. J., & Cornell, C. P. (1990). *Intimate violence in families* (2nd ed.). Beverly Hills: Sage.

Gelles, R. J., & Cornell, C. P. (1985). *Intimate violence in families*. Beverly Hills: Sage.

Gelles, R. J., & Straus, M. A. (1979). Determinants of violence in the family: A theoretical inte
In W. Burr (Ed.), *Contemporary theories about the family*. New York: Free Press.

Gelles, R. J., & Straus, M. A. (1988). *Intimate violence*. New York: Simon and Schuster.

George, L. K. (1986). Caregiver burden: Conflict between norms of reciprocity and s
In K. A. Pillemer & R. S. Wolf (Eds.), *Elder abuse:Conflict in the family*. Dover, MA: Auburn

Gerbner, G., Gross, L., Jackson-Beeck, M., Jeffries-Fox, S., & Signorielle, N. (1978). Cultural in
Violence profile no. 9. *Journal of Communication, 29*, 177–196.

Gerbner, G., Gross, L., Signorielle, N., & Morgan, M. (1980). Television violence, victimizati
power. *American Behavioral Scientist, 23*, 705–716.

Gessner, B. (2008). The effect of Alaska's home visitation program for high-risk families on t
abuse and neglect. *Child Abuse & Neglect, 32*, 317–333.

Giacopassi, D. J., & Sparger, J. R. (1992). The effects of emergency medical care on the homic
Some additional evidence. *Journal of Criminal Justice, 20*, 249–259.

Giannelli, P. (1997). Rape trauma syndrome. *Criminal Law Bulletin, 33*, 270–279.

Gil, D. (1971). *Violence against children: Physical child abuse in the United States*. Cambrid
Harvard University Press.

Gilbert, N. (1993). Examining the facts: Advocacy Research overstates the incidence of date and
tance rape. In R. J. Gelles & D. R. Loseke (Eds.), *Current controversies on family violence*.
Park, CA: Sage.

Giles, R. H. (2009). Difficult economic times prove value of multidisciplinary approaches to reso abuse. *The Prosecutor, 42*(3), 42–45.

Gill, M., & Pease, K. (1998). Repeat robbers: Are they different? In M. Gill (Ed.), *Crime at work: In the risk for offenders.* Leicester: Perpetuity Press.

Gioglio, G. R., & Blakemore, P. (1983). *Elder abuse in New Jersey: The knowledge and experience among older New Jerseyans.* Trenton, NJ: New Jersey Department of Human Services.

Giordano, N., & Giordano, J. (1984). Elder abuse: A review of the literature. *Social Work, 29,* 23:

Giovannoni, J. M., & Becerra, R. M. (1979). *Defining child abuse.* New York: Free Press.

Gironda, M. W., Lefever, K., Delagrammatikas, L., Nerenberg, L., Roth, R., Chen, E. A., et al. (201 cation and training of mandated reporters: Innovative models, overcoming challenges, and learned. *Journal of Elder Abuse & Neglect, 22,* 340–364.

Glaser, D. (1956). Criminality theories and behavioral images. *American Journal of Sociology, 61,*

Gomby, D. S. (2007). The promise and limitations of home visiting: Implementing effective pı *Child Abuse & Neglect, 31,* 793–799.

Gondolf, E. W. (2008). Implementation of case management for batterer program participants. *Against Women, 14,* 208–225.

Gondolf, E. W. (2009). Implementing mental health treatment for batterer program participant agency breakdowns and underlying issues. *Violence Against Women, 15,* 638–655.

Gondolf, E. W., McWilliams, J., Hart, B., & Stuehling, J. (1994). Court response to petitions for c tection orders. *Journal of Interpersonal Violence, 9,* 503–517.

Goodman, L. A., Dutton, M. A., & Bennett, L. (2000). Predicting repeat abuse among arrested b Use of the danger assessment scale in the criminal justice system. *Journal of Interpersonal 15,* 63–74.

Gordon, M. (2000). Definitional issues in violence against women: Surveillance and research fro lence research perspective. *Violence Against Women, 6,* 747–783.

Gordon, J. A., & Moriarty, L. J. (2003). The effects of domestic violence batterer treatment on d violence recidivism: The Chesterfield County experience. *Criminal Justice and Behavior, 30,*

Gotsch, K. E., Annest, J. L., Mercy, J. A., & Ryan, G. W. (2001). Surveillance for fatal and nonfatal related injuries—United States, 1993–1998. *Morbidity and Mortality Weekly Report, 50*(April 1

Government Accountability Office. (2002). *Identity theft: Prevalence and cost appear to be growing.* to Senate Subcommittee on Technology, Terrorism, and Government Information. Washing

Graber, D. (1977). *Ideological components in the perceptions of crime and crime news.* Paper pı to the meeting of the Society for the Study of Social Problems.

Graber, D. (1980). *Crime news and the public.* New York: Praeger.

Greenberg, J., & Alge, B. J. (1998). Aggressive reactions to workplace injustice. In R. W. Griffin, A. (Kelly & J. M. Collins (Eds.), *Dysfunctional behavior in organizations: Violence and deviant b* Stamford, CT: JAI Press.

Greer, D. S. (1994). A transatlantic perspective on the compensation of crime victims in the States. *Journal of Criminal Law and Criminology, 85,* 333–401.

Gregg v. Georgia, 428 U.S. 153 (1976).

Griffin, S. (1971). Rape: The all-American crime. *Ramparts, 10,* 26–36.

Griffin, T., Miller, M. K., Hoppe, J., Rebideaux, A., & Hammack, R. (2007). A preliminary examir AMBER Alert'seffects. *Criminal Justice Policy Review, 18,* 378–394.

Griffin, T., & Miller, M. K. (2008). Child abduction, AMBER Alert, and crime control theater. *Crim tice Review,* 33159–33176.

Gross, M., Cramer, E. P., Forte, J., Gordon, J. A., Kunkel, T., & Moriarty, L. J. (2000). The impact of s ing options on recidivism among domestic violence offenders: A case study. *American Jo Criminal Justice, 24,* 301–312.

Groth, A. N., & Birnbaum, H. J. (1980). The rapist: Motivations for sexual violence. In S. L. Mc (Ed.), *The rape crisis intervention handbook: A guide for victim care.* New York: Plenum Pre

Gutek, B. (1985). *Sex and the workplace.* San Francisco: Jossey-Bass.

Hamberger, L. K. (1993). Comments on Pagelow's myth of psychopathology in woman battering. *of Interpersonal Violence, 8,* 132–136.

Hammond, M., Miller, M. K., & Griffin, T. (2010). Safe haven laws as crime control theater. *Child Neglect, 34,* 545–552.

Handelman, D. (1979). The interpretation of child abuse: Bureaucratic relevance in Urban Ne land. *Journal of Sociology and Social Welfare, 6,* 70–88.

Hanke, P. J., & Gundlach, J. H. (1995). Damned on arrival: A preliminary study of the rela between homicide, emergency medical care, and race. *Journal of Criminal Justice, 23,* 313–

Harland, A. T., & Rosen, C. J. (1990). Impediments to the recovery of restitution by crime *Violence and Victims, 5,* 127–140.

Harrell, A., Castro, J., Newmark, L., & Vishers, C. (2007). *Final report on the evaluation of the oversight demonstration: Executive summary.* Washington, DC: U.S. Department of Justice.

Harrington, N. T., & Leitenberg, H. (1994). Relationship between alcohol consumption an behaviors immediately preceding sexual aggression by an acquaintance. *Violence and Vi* 315–324.

Harris, A. J., & Lobanov-Rostovsky, C. (2010). Implementing the Adam Walsh Act's sex offender tion and notification provisions: A survey of the states. *Criminal Justice Policy Review, 21,* 2

Harris, A. R., Thomas, S. H., Fisher, G. A., & Hirsch, D. J. (2002). Murder and medicine: The let criminal assault 1960–1999. *Homicide Studies, 6,* 128–166.

Harris, D. K. (1999). Elder abuse in nursing homes: The theft of patients' possessions. *Journal Abuse and Neglect, 10,* 141–151.

Harris, D. K., & Benson, M. L. (1996). Theft in nursing homes: An overlooked form of elde *Advances in Bioethics, 1,* 171–188.

Harris, N. (2003). Evaluating the practice of restorative justice: The case of family group confe In L. Walgrave (Ed.), *Repositioning restorative justice.* Portland, OR: Willan.

Hart, T. C. (2003). *Violent victimization of college students.* Washington, DC: U.S. Government Office.

Hassler, R., Johnson, B., Town, M., & Websdale, N. (1999). *Lethality assessments as integral providing full faith and credit guarantees* [Online]. Found at: http://www.vaw.umn.edu.

Hawes, C. (2003). Elder abuse in residential long-term care settings: What is known and what i tion is needed? In National Research Council (Ed.), *Elder mistreatment: Abuse, neglect, and e tion in an aging America.* Washington, DC: National Academies Press.

Hayes, H., & Daly, K. (2004). Conferencing and re-offending in Queensland. *Australian and New Journal of Criminology, 37,* 167–191.

Hayward, R. A., & Hofer, T. P. (2001). Estimating hospital deaths due to medical errors. *Journ American Medical Association, 286,* 415–420.

Healey, K. M. (1995). Victim and witness intimidation: New developments and emerging re In *National Institute of Justice: Research in Action.* Washington, DC: U.S. Department of

Healey, K. M., Smith, C., & O'Sullivan, C. (1998). *Batterer intervention: Program approaches and justice strategies.* Washington, DC: U.S. Department of Justice, National Institute of Justice.

Healey, K. M., & Smith, C. (1998). *Batterer programs: What criminal justice agencies need t* Washington, DC: U.S. Department of Justice, National Institute of Justice.

Heck, C., & Walsh, A. (2000). The effects of maltreatment and family structure on minor and delinquency. *International Journal of Offender Therapy and Comparative Criminology, 44,* 1

Hendricks, J. E. (1984). Death notification: The theory and practice of informing survivors. *Jo Police Science and Administration, 12,* 109–116.

Henning, K., Renauer, B., & Holdford, R. (2006). Victim or offender?: Heterogeneity among arrested for intimate partner violence. *Journal of Family Violence, 21,* 351–368.

Henson, V. A., & Stone, W. E. (1999). Campus crime: A victimization study. *Journal of Criminal Ju* 295–307.

Hepburn, J. R. (1973). Violent behavior in interpersonal relationships. *Sociological Quarterly, 14,*

Herman-Giddens, M. E., Brown, G., Verbiest, S., Carlson, P. J., Hooten, E. G., Howell, E., et al Underascertainment of child abuse mortality in the United States. *Journal of the American Association, 282,* 463–467.

Herrenkohl, T. I., Sousa, C., Tajima, A. A., Herrenkohl, R. C., & Moylan, C. A. (2008). Intersection abuse and children's exposure to domestic violence. *Trauma, Violence, & Abuse, 9,* 84–99.

Hershkowitz, I. (2001). A case study of child sexual false allegation. *Child Abuse & Neglect, 25,* 13

Hickey, E. W. (2006). *Serial murderers and their victims* (4th ed.). Belmont, CA: Thomson Wads

Hilberman, E. (1976). *The rape victim.* New York: Basic Books, Inc.

Hillenbrand, S. (1990). Restitution and victims rights in the 1980s. In A. J. Lurigio, W. G. Sl R. C. Davis (Eds.), *Victims of crime: Problems, policies, and programs.* Newbury Park, CA: S

Hindelang, M. J. (1976). *Criminal victimization in eight American cities: A descriptive analysis of theft and assault.* Cambridge, MA: Ballinger Publishing Company.

Hindelang, M. J., Gottfredson, M. R., & Garofalo, J. (1978). *Victims of personal crime: An empiric dation for a theory of personal victimization.* Cambridge, MA: Ballinger.

Hindelang, M. J., Gottfredson, M. R., & Garofalo, J. (1978). *Victims of personal crime: An empiric dation for a theory of personal victimization.* Cambridge, MA: Ballinger.

Hirschel, J. D., Buzawa, E., Pattavina, A., & Faggiani, D. (2008). Domestic violence and mandato laws: To what extent do they influence police arrest decisions? *Journal of Criminal Law & C ogy, 98,* 255–298.

Hirschel, J. D., Dean, C. W., & Lumb, R. C. (1994). The relative contribution of domestic vio assault and injury of police officers. *Justice Quarterly, 11,* 99–117.

Hirschel, J. D., Hutchinson, I. W., Dean, C. W., Kelley, J. J., & Pesackis, C. E. (1991). *Charlott Assault Replication Project: Final report.* Washington, DC: National Institute of Justice.

Hirschel, J. D., Hutchison, I. W., III, & Dean, C. W. (1992). The failure of arrest to deter spous *Journal of Research in Crime & Delinquency, 29,* 7–33.

Ho, T. (2000). Domestic violence in a southern city: The effects of a mandatory arrest policy c versus-female aggravated assault incidents. *American Journal of Criminal Justice, 25,* 107–1

Hoffman, J. L. (2003). Revenge or mercy? Some thoughts about survivor opinion evidence in de alty cases. *Cornell Law Review, 88,* 530–542.

Hoffman, M. H. (2000). Emerging combatants, war crimes and the future of international huma law. *Crime, Law and Social Change, 34,* 99–110.

Hofrichter, R. (1980). Techniques of victim involvement in restitution. In J. Hudson & B. Galawa *Victims, offenders, and alternative sanctions.* Lexington, MA: D.C. Heath and Co.

Hofstetter, E. (1976). *Bias in the news.* Columbus, OH: Ohio State University Press.

Holmstrom, L. L., & Burgess, A. W. (1978). *The victim of rape: Institutional reactions.* New Yor Interscience.

Holt, S., Buckley, H., & Whelan, S. (2008). The impact of exposure to domestic violence on chilc young people: A review of the literature. *Child Abuse & Neglect, 32,* 797–810.

Holtfreter, K. (2004). Fraud in American organizations: An examination of control mechanisms. *of Financial Crime, 12,* 88–95.

Holtfreter, K., Van Slyke, S., & Blomberg, T. G. (2005). Sociolegal change in consumer fraud: Frorr offender interactions to global networks. *Crime, Law and Social Change, 44,* 251–275.

Horne, C. (2003). Families of homicide victims: Service utilization patterns of extra- and intrı homicide survivors. *Journal of Family Violence, 18,* 75–82.

Horney, J., & Spohn, C. (1991). Rape law reform and instrumental change in six urban jurisdictic *& Society Review, 25,* 117–153.

Horton, J. W. (1986). Ethanol impairs cardiocirculatory function in treated canine hemorrhagi *Surgery, 100,* 520–530.

Hotaling, G. T., & Sugarman, D. B. (1986). An analysis of risk markers in husband to wife violeı current state of the evidence. *Violence and Victims, 1,* 101–124.

Houser, K. (2007). Analysis and implications of the omission of offenders in the DoD care for vi sexual assault task force report. *Violence Against Women, 13,* 961–970.

Howeing, G. L., & Rumburg, D. (2005). *The Defense Task Force on Sexual Harassment & Violen military service academies.* Washington, DC: Department of Defense.

Howlett, D. (1997, March 21). Oklahoma families expand victims' rights. *USA Today,* 11A.

Hudson, J. E. (1988). Elder abuse: An overview. In B. Schlesinger & R. Schlesinger (Eds.), *Abu elderly: Issues and annotated bibliography.* Toronto: University of Toronto Press.

Hudson, J., & Galaway, B. (1980). A review of the restitution and community-service san research. In J. Hudson & B. Galaway (Eds.), *Victims, offenders, and alternative sanctions.* Le MA: D.C. Heath.

Hudson, M., & Carlson, J. (1999). Elder abuse: Its meaning to Caucasians, African Americans, an Americans. In T. Tatara (Ed.), *Understanding elder abuse in minority populations.* Phila Brunner/Mazel.

Hudson, M. F., Beasley, C. M., Benedict, R. H., Carlson, J. R., Craig, B. F., & Mason, S. C. (199 abuse: Some African American views. *Journal of Interpersonal Violence, 14,* 915–939.

Huesmann, L. E., & Malamuth, N. M. (1986). Media violence and antisocial behavior: An overvie *nal of Social Issues, 42,* 1–6.

Humphrey, S. R., & Kahn, A. S. (2000). Fraternities, Athletic teams, and rape: Importance of Id tion with a risky group. *Journal of Interpersonal Violence, 15,* 1313–1322.

Humphries, D. (2002). No easy answers: Public policy, criminal justice, and domestic violence. *C ogy & Public Policy, 2,* 91–96.

Hunnicutt, G. (2009). Varieties of patriarchy and violence against women: Resurrecting "patriarc theoretical tool. *Violence Against Women, 15,* 553–573.

Hurd, H. H. (2008). Death to rapists: A comment on kennedy v. Louisiana. *Ohio State Journal of (Law, 6,* 351–365.

Huss, M. T., & Ralston, A. (2008). Do batterer subtypes actually matter? Treatment completion, tr response, and recidivism across a batterertypology. *Criminal Justice and Behavior, 35,* 710–

Hussain, A. (2009). Reviving hope for domestic violence prosecutions: *Giles v. California. A Criminal Law Review, 46,* 1301–1321.

Illinois Compiled Statutes. (2007). Chapter 720, 5/12-17. Retrieved on August 29, 2007, from http ilga.gov/legislation/ilcs/documents/072000050K12-17.htm.

International Association of Chiefs of Police. (2000). *Guide for preventing and responding to scl lence.* Washington, DC: International Association of Chiefs of Police.

Internet Crime Complaint Center. (2010). *IC3 2009 annual report on Internet crime released.* R from http://www.ic3.gov/media/2010/100312.aspx.

Ivatury, R. R., Kazigo, J., Rohman, M., Gaudio, J., Simon, R., & Stahl, W. M. (1991). Directed' em room thoracotomy: A prognostic prerequisite for survival. *Journal of Trauma, 31,* 1076–108

Jacob, B. (1976). The concept of restitution: An historical overview. In J. Hudson (Ed.), *Restit criminal justice.* St. Paul: Minnesota Department of Corrections.

Jensen, G. F., & Karpos, M. A. (1993). Managing rape: Exploratory research on the behavior of r tistics. *Criminology, 31,* 363–385.

Johnson, N. C., & Young, S. D. (1992). Survivors' response to gang violence. In R. C. Cervantes (E *stance abuse and gang violence.* Newbury Park, CA: Sage.

Johnson, S. D., Bowers, K., & Hirschfield, A. (1997). New insights into the spatial and temporal tion of repeat victimization. *British Journal of Criminology, 37,* 224–241.

Johnson, S. D., & Bowers, K. J. (2005). Domestic burglary repeats and space-time clusters: The sions of risk. *European Journal of Criminology, 2,* 67–92.

Jones, L. M., Cross, T. P., Walsh, W. A., & Simone, M. (2005). Criminal investigations of chil The research behind "best practices." *Trauma, Violence, & Abuse, 6,* 254–268.

Jones, A. S. (2000). The cost of batterer programs: How much and who pays? *Journal of Inter Violence, 15,* 566–586.

Jordan, C. E. (2009). Advancing the study of violence against women: Evolving research agen science. *Violence Against Women, 15,* 393–419.

Jurkovich, G. J., Rivara, F. P., Gurney, H. G., Fligner, C., Ries, R., Mueller, B. A., et al. (1993). Tl of acute alcohol intoxication and chronic alcohol abuse on outcome from trauma. *Journ American Medical Association, 270,* 51–56.

Kalichman, S. C., Craig, M. E., & Follingstad, D. R. (1990). Professionals' adherence to mandat abuse reporting laws: effects of responsibility attribution, confidence ratings, and situational *Child Abuse & Neglect, 14,* 69–77.

Kantor, G. K., & Straus, M. A. (1987). The 'drunken bum' theory of wife beating. *Social Probl* 213–230.

Karp, D. R., & Warshaw, J. B. (2009). Their day in court: The role of murder victims' families in juror decision making. *Criminal Law Bulletin, 45,* 99–120.

Keldgord, R. (1978). Community restitution comes to Arizona. In B. Galaway & J. Hudson (Eds.), *restitution in theory and action.* Lexington, MA: D.C. Heath.

Kellerman, A. L. (1994). Editorial: Firearm-related violence—What we don't know is killing us. *A Journal of Public Health, 84,* 541–542.

Kelley, B. T., Thornberry, T. P., & Smith, C. A. (1997). *In the wake of childhood maltreatment.* Was DC: Office of Juvenile Justice and Delinquency Prevention.

Kelly, D. P. (1984). Delivering legal services to victims: An evaluation and prescription. *The Justic Journal, 9,* 62–86.

Kelly, D. P. (1987). How can we help the victim without hurting the defendant? *Criminal Justice,* 38–39.

Kelly, D. P. (1991). Have victim reforms gone too far—or not far enough? *Criminal Justice, 6,* 22

Kempe, C. H., Silverman, F. N., Steele, B. F., Droegemuller, W., & Silver, H. K. (1962). The batter syndrome. *Journal of the American Medical Association, 181*, 105–112.

Key, L. J. (1992). A working typology of grief among homicide survivors. In R. C. Cervantes (E(*stance abuse and gang violence.* Newbury Park, CA: Sage.

Kigin, R., & Novack, S. (1980). A rural restitution program for juvenile offenders and victims. In J. & B. Galaway (Eds.), *Victims, offenders, and alternative sanctions.* Lexington, MA: D.C. Heath.

Killias, M. (2010). International Crime Victimization Survey (ICVS). In B. S. Fisher & S. P. Lal *Encyclopedia of victimology and crime prevention.* Los Angeles: Sage.

Kilpatrick, D. G., Beatty, D., & Howley, S. S. (1998). *The rights of crime victims-Does legal protecti(a difference?.* Washington, DC: U.S. Department of Justice.

Kilpatrick, D. G., Best, C. L., Veronen, C. J., Amick, A. E., Villenponteaux, L. A., & Ruff, G. A. (198! tal health correlates of criminal victimization: A random community survey. *Journal of Co and Clinical Psychology, 53*, 873–886.

Kindermann, C., Lynch, J., & Cantor, D. (1997). *Bureau of Justice Statistics: National Crime Victi Survey: Effects of the redesign on victimization estimates.* Washington, DC: U.S. Government Office.

Kinney, L. M., Bruns, E. J., Bradley, P., Dantzler, J., & Weist, M. D. (2007). Sexual assault trainin enforcement officers: results of a statewide survey. *Women & Criminal Justice, 18*, 81–100.

Kitson, G. C., Clark, R. D., DeGarmo, D. S., Dyches, H., & Rao, N. (1991). *Bereavement in natural lent death.* Paper presented at the Theory Construction and Research Methodology W(National Council on Family Relations Annual Meeting.

Kleemans, E. R. (2001). Repeat burglary victimization: Results of empirical research in the Neth In G. Farrell & K. Pease (Eds.), *Repeat victimization.* Monsey, NY: Criminal Justice Press.

Klein, A. R., & Crowe, A. (2008). Findings from an outcome examination of Rhode Island's spe domestic violence probation supervision program: Do specialized supervision programs of l reduce reabuse? *Violence Against Women, 14*, 226–246.

Klein, A. R., & Tobin, T. (2008). A longitudinal study of arrested batterers, 1995–2005: Career cı *Violence Against Women, 14*, 136–157.

Klevens, J., & Leeb, R. T. (2010). Child maltreatment fatalities in children under 5: Findings f National Violence Death Reporting System. *Child Abuse & Neglect, 34*, 262–266.

Knudten, M. S., & Knudten, R. D. (1981). What happens to crime victims and witnesses in the jus tem? In B. Galaway & J. Hudson (Eds.), *Perspectives on Crime Victims.* St. Louis: Mosby.

Knudten, R. D., Meade, A. C., Knudten, M. S., & Doerner, W. G. (1976). The victim in the admin of criminal justice: Problems and perceptions. In W. F. McDonald (Ed.), *Criminal justice and tim.* Beverly Hills, CA: Sage.

Knudten, R. D., Meade, A. C., Knudten, M. S., & Doerner, W. G. (1977). *Victims and witness(experiences with crime and the criminal justice system: Executive summary.* Washingt National Institute of Law Enforcement and Criminal Justice.

Knudten, R. D., Meade, A. C., Knudten, M. S., & Doerner, W. G. (1981). What happens to crime and witnesses in the justice system? In B. Galaway & J. Hudson (Eds.), *Perspectives on crime* St. Louis, MO: C.V. Mosby Company.

Kolbos, J. R., Blakely, E. H., & Engleman, D. (1996). Children who witness domestic violence: A r empirical literature. *Journal of Interpersonal Violence, 11*, 281–293.

Konradi, A. (1996). Preparing to testify: Rape survivors negotiating the criminal justice process. (*Society, 10*, 404–432.

Kosberg, J. I. (1988). Preventing elder abuse: Identification of high risk factors prior to placeme sions. *The Gerontologist, 28,* 43–50.

Koss, M. P., & Leonard, K. E. (1984). Sexually aggressive men: Empirical findings and theoretic cations. In N. Malamuth & E. Donnerstein (Eds.), *Pornography and sexual aggression.* N Academic Press.

Koss, M. P., & Cleveland, H. H. (1997). Stepping on toes: Social roots of date rape lead to intra and politicization. In M. D. Schwartz (Ed.), *Researching sexual violence against women: Met ical and personal perspectives.* Thousand Oaks, CA: Sage.

Koss, M. P., & Gaines, J. A. (1993). The prediction of sexual aggression by alcohol use, athletic p tion, and fraternity affiliation. *Journal of Interpersonal Violence, 8,* 94–108.

Kreis, D. J., Jr., Plascencia, G., Augenstein, D., Davis, J. H., Echenique, M., Vopal, J., et al. (1986). table trauma deaths: Dade County, Florida. *Journal of Trauma, 26,* 649–654.

Krienert, J. L., Walsh, J. A., & Turner, M. (2009). Elderly in America: A descriptive study of eld examining National Incident-Based Report System (NIBRS) data, 2000–2005. *Journal of Eld & Neglect, 21,* 325–345.

Kruzick, J. M., Clinton, J. F., & Kelber, S. T. (1992). Personal and environmental influences of home satisfaction. *The Gerontologist, 32,* 342–350.

Kübler-Ross, E. (1969). *On death and dying.* New York: Macmillan.

Kuehnle, K., & Sullivan, A. (2003). Gay and lesbian victimization: Reporting factors in domestic and bias incidents. *Criminal Justice and Behavior, 30,* 85–96.

Kurki, L. (2000). Restorative and community justice in the United States. In M. Tonry (Ed.), *Cr justice: A review of research* (Vol. 27). Chicago: University of Chicago Press.

Lab, S. P., & Whitehead, J. T. (1994). Avoidance behavior as a response to in-school victimization. *of Security Administration, 17*(2), 32–45.

Lab, S. P., & Clark, R. D. (1996). *Discipline, control and school crime: Identifying effective inte strategies.* Final Report. Washington, DC: National Institute of Justice.

Labriola, M., Rempel, M., O'Sullivan, C. S., Frank, P. B., McDowell, J., & Finkelstein, R. (2007 *responses to batterer program noncompliance: A national perspective.* New York: Center f Innovation. Retrieved on July 24, 2010, from http://www.courtinnovation.org/_uploac ments/Court_Responses_March2007.pdf.

Lamb, M. E., Orbach, Y., Hershkowitz, I., Esplin, P. W., & Horowitz, D. (2007). A structured foren view protocol improves the quality and informativeness of investigative interviews with A review of research using the NICHD investigative interview protocol. *Child Abuse & Ne* 1201–1231.

Lamborn, L. L. (1987). Victim participation in the criminal justice process: The proposals for a C tional Amendment. *The Wayne Law Review, 34,* 125–220.

Lamond, D. A. P. (1989). The impact of mandatory reporting legislation on reporting behavi *Abuse & Neglect, 13,* 471–480.

Langen, P., & Innes, C. (1986). *Preventing domestic violence against women.* Washington, I Department of Justice.

Langton, L., & Baum, K. (2010). *Identity theft reported by households, 2007—Statistica* Washington, DC: Bureau of Justice Statistics.

Lansford, J. E., Miller-Johnson, S., Berlin, L. J., Dodge, K. A., Bates, J. E., & Pettit, G. S. (2007). Ea ical abuse and later violent delinquency: A prospective longitudinal study. *Child Maltreatn* 233–245.

Lauritsen, J. L., & Quinet, K. F. D. (1995). Repeat victimization among adolescents and youn
Journal of Quantitative Criminology, 11, 143–166.

Lawrence, R. (1990). Restitution as a cost-effective alternative to incarceration. In B. Gal J. Hudson (Eds.), *Criminal justice, restitution, and reconciliation*. Monsey, NY: Crimina Press.

LeDoux, J. C., & Hazelwood, R. R. (1985). Police attitudes and beliefs toward rape. *Journal Science and Administration, 13*, 211–220.

Ledray, L. E. (1999). *SANE: Sexual Assault Nurse Examiner: Development and operation guide*. Was DC: Office for Victims of Crime. Accessed on September 16, 2004, from http://www.ojp.usdoj. publications/infores/sane/saneguide.pdf.

Lempert, R. O. (1989). Humility is a virtue: On the publicization of policy-relevant research. *Law Review, 23*, 145–161.

Lerner, M. J. (1980). The desire for justice and reactions to victims. In M. Walker & S. Brodsk *Altruism and helping behavior*. New York: Academic Press.

Levenson, J. S., & Cotter, L. P. (2005). The effect of Megan's law on sex offender reintegration. *Jo Contemporary Criminal Justice, 21*, 49–66.

Leventhal, J. M. (1999). The challenges of recognizing child abuse. *Journal of the American Medi ciation, 281*, 657–659.

Leventhal, J. M. (2001). The prevention of child abuse and neglect: Successfully out of the bloc *Abuse & Neglect, 25*, 431–439.

Levi, B. H., Brown, G., & Erb, C. (2006). Reasonable suspicion: A pilot study of pediatric residen *Abuse & Neglect, 30*, 345–356.

Levine, B. J. (1997). Campaign finance reform legislation in the United States Congress: A *Crime, Law and Social Change, 28*, 1–25.

Levine, K. (1978). Empiricism in victimological research: A critique. *Victimology, 3*, 77–90.

Levine, M., & Battistoni, L. (1991). The corroboration requirement in child sex abuse cases. *Be Sciences and the Law, 9*, 3–20.

Levitt, C. J., Owen, G., & Truchsess, J. (1991). Families after sexual abuse: What helps? In M. (Ed.), *Family sexual abuse: Frontline research and evaluation*. Newbury Park, CA: Sage.

Levrant, S., Cullen, F. T., Fulton, B., & Wozniak, J. F. (1999). Reconsidering restorative justice: The tion of benevolence revisited? *Crime and Delinquency, 45*, 3–27.

Lewis, A. (1996). Mr. Clinton's victims. *New York Times*, June 28, A15.

Liberty Mutual, (2009). *Workplace Safety Index*. http://libertymutual.com/researchinstitute.

Liberty Mutual. (2009). *2009 Workplace Safety Index*. Retrieved from http://www.libertymutu com/omapps/ContentServer?pagename=LMGroup/Views/LMG&ft=2&fid=113835663346

Liddick, D. R., Jr, (2000). Campaign fund-raising abuses and money laundering in recent U.S. e Criminal networks in action. *Crime, Law and Social Change, 34*, 111–157.

Light, R. J. (1973). Abused and neglected in America: A study of alternative policies. *Harvard Edu Review, 43*, 556–598.

Lindemann, E. (1944). Symptomatology and management of acute grief. *American Journal of Ps 101*, 141–148.

Lloyd, S., Farrell, G., & Pease, K. (1994). *Preventing repeated domestic violence: A Demonstratio on Merseyside*. Home Office Crime Prevention Unit Paper #49. London: Home Office.

Lockhart, L. L., White, B. W., Causby, V., & Isaac, A. (1994). Letting out the secret: Violence in relationships. *Journal of Interpersonal Violence, 9*, 469–492.

Loftin, C., & Hill, R. H. (1974). Regional subculture and homicide: An examination of the Gastil-] thesis. *American Sociological Review, 39,* 714–724.

Logan, T. K., Shannon, L., & Walker, R. (2005). Protective orders in rural and urban areas: A mult spective study. *Violence Against Women, 11,* 876–911.

Logan, T. K., Shannon, L., Walker, R., & Faragher, T. M. (2006). Protective orders: Questions and drums. *Trauma, Violence, & Abuse, 7,* 175–205.

Logan, T. K., & Walker, R. (2009a). Civil protective order outcomes: Violations and perceptions tiveness. *Journal of Interpersonal Violence, 24,* 675–692.

Logan, T. K., & Walker, R. (2009b). Partner stalking: Psychological dominance or "business as *Trauma, Violence, & Abuse, 10,* 247–270.

Logan, T. K., & Walker, R. (2010). Civil protective order effectiveness: Justice or just a piece of pa *lence and Victims, 25,* 332–348.

Long-Onnen, J., & Cheatwood, D. (1992). Hospitals and homicide: An expansion of current th paradigms. *American Journal of Criminal Justice, 16,* 57–74.

Long, J. G. (2008). Prosecuting intimate partner sexual assault. *The Prosecutor, 42*(2), 20–26.

Lottes, I. L. (1988). Sexual socialization and attitudes toward rape. In A. W. Burgess (Ed.), *R sexual assault, II.* New York: Garland.

Lowenstein, S. R., Weissberg, M. P., & Terry, D. (1990). Alcohol intoxication, injuries, and da behaviors—and the revolving emergency department door. *Journal of Trauma, 30,* 1252–12

Luckenbill, D. F. (1977). Criminal homicide as a situated transaction. *Social Problems, 25,* 176–

Luginbuhl, J., & Burkhead, M. (1995). Victim impact evidence in a capital trial: Encouraging death. *American Journal of Criminal Justice, 20,* 1–16.

Lundberg-Love, P., & Geffner, R. (1989). Date rape: Prevalence, risk factors, and a proposed In M. A. Pirog-Good & J. E. Stets (Eds.), *Violence in dating relationships: Emerging socia* New York: Praeger.

Lyon, M. R. (2004). No means no?: Withdrawal of consent during intercourse and the co evolution of the definition of rape. *Journal of Criminal Law & Criminology, 95,* 277–314.

Maas, C., Herrenkohl, T. I., & Sousa, C. (2008). Review of research on child maltreatment and vic youth. *Trauma, Violence, & Abuse, 9,* 56–67.

MacDonald, P. (2002). *Make a difference: Abuse/neglect pilot project.* Danvers, MA: North Sho Services.

Macolini, R. M. (1995). Elder abuse policy: Considerations in research and legislation. *Be Sciences and the Law, 13,* 349–363.

Maddox, G. L., & Wiley, J. (1976). Scope, concepts and methods in the study of aging. In R. G. Bi E. Shanas (Eds.), *Handbook of aging and the social sciences.* New York: Van Nostrand Reinh

Maddock, J. W., Larson, P. R., & Lally, C. F. (1991). An evaluation protocol for incest family fun In M. Q. Patton (Ed.), *Family sexual abuse: Frontline research and evaluation.* Newbury Park, (

Makepeace, J. M. (1981). Courtship violence among college students. *Family Relations, 30,* 97–

Maguire, K. (2010). *Sourcebook of criminal justice statistics* [Online]. Retrieved August 4, 20 http://www.albany.edu/sourcebook.

Maguire, K. (2010). *Sourcebook of Criminal Justice Statistics, 2009.* Washington, DC: U.S. Depart Justice.

Maguire, K., & Pastore, A. L. (1996). *Sourcebook of Criminal Justice Statistics 1995.* Washington, Department of Justice.

Maguire, K., & Pastore, A. L. (2006). *Sourcebook of Criminal Justice Statistics 2005*. Washington, Department of Justice.

Mameli, P. A. (2002). Stopping the illegal trafficking of human beings. *Crime, Law and Social Ch* 67–80.

Marden, P. G. (1966). A demographic and ecological analysis of the distribution of physicians i politan America. *American Journal of Sociology, 72*, 290–300.

Marhoefer-Dvorak, A., Resick, P. A., Hutter, C. K., & Girelli, S. A. (1988). Single- versus multiple-incid victims: A comparison of psychological reactions to rape. *Journal of Interpersonal Violence, 3,*

Marquart, J. W. (2005). Editorial introduction: Bringing victims in, but how far? *Criminology Policy, 4*, 329–332.

Marsh, J. C., Geist, A., & Caplan, N. (1982). *Rape and the limits of law reform*. Boston, MA: Auburn

Martin, P. Y., & Hummer, R. (1989). Fraternities and rape on campus. *Gender & Society, 3*, 357–

Martin, P. Y., & Powell, R. M. (1994). Accounting for the 'second assault:' Legal organizations' fr rape victims. *Law & Social Inquiry, 19*, 853–890.

Mawby, R. I., & Walklate, S. (1994). *Critical victimology*. Thousand Oaks, CA: Sage.

Maxwell, C. D., Garner, J. H., & Fagan, J. A. (2001). *Research in brief: The effects of arrest on intim ner violence: New violence from the spouse assault reduction program*. Washington, DC: U.S. ment of Justice, National Institute of Justice.

Maxwell, C. D., Garner, J. H., & Fagan, J. A. (2002). The preventive effects of arrest on intimate violence: Research, policy and theory. *Criminology & Public Policy, 2*, 51–80.

Mayhew, P. (2010). British Crime Survey (BCS). In B. S. Fisher & S. P. Lab (Eds.), *Encyclopedia o ology and crime prevention*. Los Angeles: Sage.

McCarroll, J. E., Ursano, R. J., Wright, K. M., & Fullerton, C. S. (1993). Handling bodies after viole Strategies for coping. *American Journal of Orthopsychiatry, 63*, 209–214.

McClennen, J. C. (2005). Domestic violence between same-sex partners: Recent findings an research. *Journal of Interpersonal Violence, 20*, 149–154.

McCold, P. (2003). A survey of assessment research on mediation and conferencing. In L. Walgra *Repositioning restorative justice*. Portland, OR: Willan.

McCold, P., & Wachtel, T. (1998). *Restorative policing experiment: The Bethlehem, Pennsylvani family group conferencing project*. Pipersville, PA: Community Service Foundation.

McCold, P., & Wachtel, T. (2002). Restorative justice theory validation. In E. G. M. Weite H. Kernere (Eds.), *Restorative justice: Theoretical foundations*. Portland, OR: Willan.

McCormack, R. J. (1991). Compensating victims of violent crime. *Justice Quarterly, 8*, 329–346.

McCoy, H. V., Wooldredge, J. D., Cullen, F. T., Dubeck, P. J., & Browning, S. L. (1996). Lifestyles o and not so fearful: Life situation and older persons' fear of crime. *Journal of Criminal Ju* 191–205.

McGarrell, E. F., Olivares, K., Crawford, K., & Kroovand, N. (2000). *Returning justice to the con The Indianapolis juvenile restorative justice experiment*. Indianapolis: Hudson Institute.

McGillis, D., & Mullen, J. (1977). *Neighborhood justice centers: An analysis of potential* Washington, DC: Law Enforcement Assistance Administration.

McGuire, K. A. (1991). AIDS and the sexual offender: The epidemic now poses new threats to th and the criminal justice system. *Dickinson Law Review, 96*, 95–123.

McKinney, J. C. (1950). The role of constructive typology in scientific sociological analysis. *Socia 28*, 235–240.

McKinney, J. C. (1969). Typification, typologies, and sociological theory. *Social Forces, 48*, 1–12.

McKinney, K. (1990). Sexual harassment of university faculty by colleagues and students. *Sex R* 421–438.

McLaren, J. A., Henson, V., & Stone, W. E. (2010). The sexual assault nurse examiner and the su sexual assault prosecution. *Women & Criminal Justice, 19,* 137–152.

McLaughlin, E., Fergusson, R., Hughes, G., & Westmarland, L. (2003). Introduction: Justice in the Contextualizing restorative justice. In E. McLaughlin, R. Fergusson, G. Hughes & L. West (Eds.), *Restorative justice: Critical issues.* Thousand Oaks, CA: Sage.

McLeod, M. (1987). An examination of the victim's role at sentencing: Results of a survey of pı administrators. *Judicature, 71,* 162–168.

McMahon, M., & Pence, E. (1996). Replying to Dan O'Leary. *Journal of Interpersonal Viole* 452–455.

McNally, M. M., & Newman, G. R. (2008). Editor's introduction. In M. M. McNally & G. R. N (Eds.), *Perspectives on identity theft.* Monsey, NY: Criminal Justice Press.

McPheters, L. R. (1978). Econometric analysis of factor influencing crime on the campus. *Jo Criminal Justice, 6,* 47–51.

McShane, M. D., & Williams, F. P.,III, (1992). Radical victimology: A critique of the concept of v traditional victimology. *Crime & Delinquency, 38,* 258–271.

Meeker, J. W., & Binder, A. (1990). Experiments as reforms: The impact of the 'Minneapolis Exp on police policy. *Journal of Police Science and Administration, 17,* 147–153.

Meiners, R. E. (1978). *Victim compensation: Economic, legal, and political aspects.* Lexingt Lexington Books.

Melton, G. B. (1980). Psycholegal issues in child victims' interaction with the legal system. *Vict 5,* 274–284.

Melton, G. B. (2005). Mandated reporting: A policy without reason. *Child Abuse & Neglect, 29,*

Melton, H. C. (2007a). Stalking in the context of intimate partner abuse: In the victims'words. *Criminology, 2,* 347–363.

Melton, H. C. (2007b). Predicting the occurrence of stalking in relationships characterized by d violence. *Journal of Interpersonal Violence, 22,* 3–25.

Mendelsohn, B. (1956). The victimology. *Etudes Internationale de Psycho-sociologie Crimine* 23–26.

Mendelsohn, B. (1976). Victimology and contemporary society's trends. *Victimology, 1,* 8–28.

Mendelsohn, B. (1982). Socio-analytic introduction to research in a general victimological and logical perspective. In H. J. Schneider (Ed.), *The Victim in international perspective.* New Yor de Gruyter & Company.

Metropolitan Life. (1993). *Violence in America's public schools.* New York: Louis Harris and Ass

Meyer, T. P. (1972). The effects of sexually arousing and violent films on aggressive behavior. *Jo Sex Research, 8,* 324–331.

Mignon, S. I., & Holmes, W. M. (1995). Police response to mandatory arrest laws. *Crime & Deli 41,* 430–442.

Miller, J. (2006). A specification of the types of intimate partner violence experienced by wome general population. *Violence Against Women, 12,* 1105–1131.

Miller, T. R., Cohen, M. A., & Wiersema, B. (1996). *Victim costs and consequences: A new look.* Was DC: National Institute of Justice.

Miller, W. B. (1958). Lower class culture as a generating milieu of gang delinquency. *Journal Issues, 15,* 5–19.

Minow, J. C., & Einolf, C. J. (2009). Sorority participation and sexual assault risk. *Violence Women, 15*, 835–851.

Moore, D., & O'Connell, T. (1994). Family conferencing in Wagga Wagga: A communitarian r justice. In C. Adler & J. Wundersitz (Eds.), *Family conferencing and juvenile justice: The way or misplaced optimism?*. Canberra, Australia: Australian Institute of Criminology.

Morgan, K., & Smith, B. L. (2005). Victims, punishment, and parole: The effect of victim particip parole hearings. *Criminology & Public Policy, 4*, 333–360.

Mouton, C. P., Rovi, S., Furniss, K., & Lasser, N. L. (1999). The associations between health and c violence in older women: Results of a pilot study. *Journal of Women's Health and Gend Medicine, 8*, 1173–1179.

Murphy, C. M., & Baxter, V. A. (1997). Motivating batterers to change in the treatment context. *Jo Interpersonal Violence, 12*, 607–619.

Murphy, S. M., Amick-McMullan, A. E., Kilpatrick, D. G., Haskett, M. E., Veronen, L. J., Best, C. (1988). Rape victims' self-esteem: A longitudinal analysis. *Journal of Interpersonal Violence, 3*, :

Myers, R. K. (1997a). Victim Rights Clarification Act of 1997 affects Victim Bill of Rights Act, Crime Control Act, and rule of evidence. *The Crime Victims Report, 1*, 17–29.

Myers, R. K. (1997b). Supreme Court finds sexually violent predator law constitutional. *Th Victims Report, 1*, 56 58–59.

Namie, G. (2007). *U.S. workplace bullying survey, September, 2007*. Workplace Bullying Institute

Nathan, A. J. (2000). At the intersection of domestic violence and guns: The public interest e: and the Lautenberg amendment. *Cornell Law Review, 85*, 822–858.

National Association of Crime Victim Compensation Boards, (2007). http://www.nacvcb.org/ VOCA%20ESSENTIAL.FINAL.htm.

National Center for Health Care Statistics. (2010). *Health, United States, 2009: With special fe medical technology*. Hyattsville, MD: U.S. Department of Health and Human Services.

National Center for Health Statistics. (2006). Age-Adjusted Death Rates for Leading Causes of Inju by Year, United States, 1979–2004. *Morbidity and Mortality Weekly Report 55*. (December 22): 1

National Center for Injury Prevention and Control. (2010a). *Youth violence: Facts at a glance*. Atla Centers for Disease Control and Prevention. Retrieved September 9, 2010, from http://www. violenceprevention/pdf/YV-DataSheet-a.pdf.

National Center for Injury Prevention and Control. (2010b). *WISQARS leading causes of death 1999–2007*. Atlanta, GA: Centers for Disease Control and Prevention. Retrieved on Septer 2010, from http://webappa.cdc.gov/cgi-bin/broker.exe.

National Center for Missing & Exploited Children. (2010). *2009 Amber Alert report*. Washington, Department of Justice. Retrieved on August 5, 2010, from http://www.missingkids.com documents/2009AMBERAlertReport.pdf.

National Center for Victims of Crime. (1999). *HIV/AIDS legislation*. Arlington, VA: National Victim Retrieved on August 24, 2007, from http://www.ncvc.org/ncvc/main.aspx?dbName=Dc Viewer&DocumentID=2468.

National Center for Victims of Crime. (2001). *Civil justice for victims of crime*. Washington, DC: 1 Center for Victims of Crime.

National Center for Victims of Crime. (2008). *Trauma of victimization*. Retrieved October 1, 20 http://www.ncvc.org/ncvc/main.aspx?dbName=DocumentViewer&DocumentID=32371.

National Center on Elder Abuse. (2010). *Why should I care about elder abuse?*. Newark, DE: Ce Community Research and Services, University of Delaware. Retrieved on August 25, 201 http://www.ncea.aoa.gov/ncearoot/Main_Site/pdf/publication/NCEA_WhatIsAbuse-2010.pc

National Children's Alliance. (2010). *History of National Children's Alliance.* Washington, DC: l Children's Alliance. Retrieved on August 11, 2010, from http://www.nationalchildrensallia index.php?s=35.

National Committee to Prevent Child Abuse. (1996). *An approach to preventing child abuse.* (National Committee to Prevent Child Abuse. URL http://www.childabuse.org/fs15.html.

National Council on Crime and Delinquency. (2007). *Outcome evaluation of Parents Anonymo report submitted to the Office of Juvenile Justice and Delinquency Prevention.* Oakland, CA: l Council on Crime and Delinquency. Retrieved on August 10, 2010, from http://www.nccd- nccd/pubs/2007_Outcome_Eval_ParentsAnon.pdf.

National Council on Crime and Delinquency. (2008). *Parents Anonymous® outcome eva Promising findings for child maltreatment reduction.* Oakland, CA: National Council on Cr Delinquency. Retrieved on August 10, 2010, from http://nccd-crc.issuelab.org/research parents_anonymous_outcome_evaluation_promising_findings_for_child_maltreatment_redu

National Sheriffs' Association. (2008). *First Response to Victims of Crime: A Guidebook for Law ment Officers.* Washington, DC: Office for Victims of Crime.

National Research Council. (2003). *Elder mistreatment: Abuse, neglect, and exploitation in a America.* Washington, DC: National Academies Press.

National Victims' Constitutional Amendment Network. (2004). *Crime victims' rights Miran* Denver, CO: National Victims' Constitutional Amendment Passage. Retrieved on July 5, 20 http://www.nvcap.org/vrep/NVCANVREPMirandaCard.pdf.

National Victims' Constitutional Amendment Passage. (2009). *State Victim Rights Amendments.* F on July 5, 2010, from http://www.nvcap.org/stvras.htm.

National Violent Injury Statistics System. (2004). *NVDRS in thirteen states; more to come.* Bost Harvard Injury Control Research Center, Harvard School of Public Health. Retrieved on Se 21, 2010 from http://www.hsph.harvard.edu/hicrc/nviss/about_parent_nvdr.htm.

National Violent Injury Statistics System. (2005a). *Linking data to save lives: How the nationa death reporting system will help break the cycle of violence in our communities.* Boston, MA: Injury Control Research Center, Harvard School of Public Health. Retrieved on September 2 from http://www.hsph.harvard.edu/hicrc/nviss/about_parent_nvdr.htm.

National Violent Injury Statistics System. (2005b). *Getting a handle on suicide.* Boston, MA: Injury Control Research Center, Harvard School of Public Health. Retrieved on Septen 2010, from http://www.preventviolence.net/pdf/FinalNVDRSUpdate2005.pdf.

Naylor, R. T. (2004). The underworld of ivory. *Crime, Law and Social Change, 42,* 261–295.

Naylor, R. T. (2007). The alchemy of fraud: Investment cams in the precious-metals mining b *Crime, Law and Social Change, 47,* 89–120.

Nelson, J. L. (1999). The Lautenberg Amendment: An essential tool for combating domestic v *North Dakota Law Review, 75,* 365–390.

Newman, G. R. (2008). Identity theft and opportunity. In M. M. McNally & G. R. Newman (Eds.), *tives on identity theft.* Monsey, NY: Criminal Justice Press.

Newman, G. R. (2010). Cybercrime: Prevention of. In B. S. Fisher & S. P. Lab (Eds.), *Encyclopedi timology and crime prevention.* Los Angeles: Sage.

Newmark, L., Bonderman, J., Smith, B., & Liner, B. (2003). *National evaluation of state victims act assistance and compensation programs: Trends and strategies for the future.* Washingt National Institute of Justice.

Nicholl, C. G. (1999). *Community policing, community justice, and restorative justice: Exploring for the delivery of a balanced approach to public safety.* Washington, DC: Office of Con Oriented Policing Services.

NIOSH, (2006). *Workplace violence prevention strategies and research needs.* NIOSH Publica 2006–144. http://www.cdc.gov/niosh/docs/2006-144.

No Author. (1964). Editorial. *Journal of the American Medical Association, 188*(April 27), 386.

No Author. (2009). *Overcoming Compssion Fatigue.* Retrieved on January 28, 2011 http://www.p mation.com/caregiving/thecaregiver/compassion.shtml.

Norris, J., & Feldman-Summers, S. (1981). Factors related to the psychological impacts of rap victim. *Journal of Abnormal Psychology, 90,* 562–567.

Norton, L. (1983). Witness involvement in the criminal justice system and intention to coop future prosecutions. *Journal of Criminal Justice, 11,* 143–152.

Novack, S., Galaway, B., & Hudson, J. (1980). Victim and offender perceptions of the fairness o tion and community-service sanctions. In J. Hudson & B. Galaway (Eds.), *Victims, offend alternative sanctions.* Lexington, MA: D.C. Heath.

Nugent, W. R., Umbreit, M. S., Wiinamaki, L., & Paddock, J. (1999). Participation in victim- mediation and severity of subsequent delinquent behavior: Successful replications? *Jo Research in Social Work Practice, 11,* 5–23.

Oberman, M. (2008). Comment: Infant abandonment in Texas. *Child Maltreatment, 13,* 94–95.

O'Brien, R. M. (1985). *Crime and Victimization.* Beverly Hills: Sage.

Occupational Safety and Health Administration. (2002). *Workplace violence.* OSHA Fact Sheet. Was DC: Occupational Safety and Health Administration. Available at http://www.osha.go workplaceviolence/solutions.html.

O'Grady, K., Waldon, J., Carlson, W., Street, S., & Cannizzaro, C. (1992). The importance of victi faction: A commentary. *The Justice System Journal, 15,* 759–764.

Office for Victims of Crime. (1997). *Civil legal remedies for crime victims* (2nd ed.). Washington, Department of Justice. URL: http://www.ncjrs.org.txtfiles/clr.txt.

Office for Victims of Crime. (1998a). *Providing services to victims of fraud: Resources for victim coordinators.* Washington, DC: Office for Victims of Crime.

Office for Victims of Crime. (1998b). *New directions from the field: Victims' rights and services fo century.* Washington, DC: U.S. Department of Justice.

Office for Victims of Crime. (2002a). *Restitution: Making it work.* Legal Series Bulletin #5. Was DC: Office for Victims of Crime.

Office for Victims of Crime. (2002b). *Ordering restitution to the crime victim.* Legal Series Bul Washington, DC: Office for Victims of Crime.

Office for Victims of Crime. (2005). *Victims of Crime Act crime victims fund.* OVC Fact Sheet. Was DC: Office for Victims of Crime.

Office for Victims of Crime. (2008). *Report to the nation, 2007.* Retrieved from http://www.ojp.us ovc/welcovc/reporttonation2007/welcome.html.

Office for Victims of Crime. (2009). *Crime victims fund.* OVC Fact Sheet. Washington, DC: O Victims of Crime. Retrieved from http://www.ojp.gov/ovc/publications/factshts/cvf2010/in

Office for Victims of Crime. (2009a). *Report to the nation: Fiscal years 2007–2009: Putting victi* Washington, DC: U.S. Department of Justice. Retrieved on July 5, 2010, from http://www.o gov/ovc/welcovc/reporttonation2009/welcome.html.

Office for Victims of Crime. (2010). *State victim academy locator.* Washington, DC: U.S. Depar Justice. Retrieved on July 5, 2010, from http://www.ojp.usdoj.gov/ovc/assist/existingsvaa.ht

Office of Juvenile Justice and Delinquency Prevention. (1999). *Violence after school, 1999.* Was DC: Office of Juvenile Justice and Delinquency Prevention.

Office of the Florida Attorney General. (2007). *Adult and Child Sexual Assault Protocols: Initial Physical Examination 2007.* Tallahassee: State of Florida. Retrieved on July 17, 2010, fron myfloridalegal.com/webfiles.nsf/WF/JFAO-77TKCT/$file/ACSP.pdf.

Office of the Florida Attorney General. (2010). *Victim Services Practitioner designation requi* Tallahassee: Victim Services Professional Development Program. Retrieved on July 5, 201 http://myfloridalegal.com/webfiles.nsf/WF/MRAY-76BRBR/$file/RenewalApp.pdf.

Office of the Press Secretary. (2010, April 28). April 28*Presidential Proclamation – Older American.* Washington, DC: The White House. Retrieved on August 17, 2010, from http://www.whiteho the-press-office/presidential-proclamation-older-americans-month.

Office of the U.S. Attorney General. (2005). *Attorney General guidelines for victim and witness as* Washington, DC: U.S. Department of Justice.

Ohio Civil Rights Commission. (1996). *Sexual harassment in the workplace.* Columbus, OH: Ol Rights Commission.

O'Leary, K. A. (1996). Physical aggression in intimate relationships can be treated within a mar text under certain circumstances. *Journal of Interpersonal Violence, 11,* 450–452.

Olweus, D. (1994). Bullying at school: Basic facts and effects of a school-based intervention p *Journal of Child Psychology and Psychiatry and Allied Disciplines, 35,* 1171–1190.

Olweus, D. (1995). Bullying or peer abuse at school: Facts and intervention. *Current Directions in logical Science, 4,* 196–200.

O'Malley, T. A., Everitt, D. F., O'Malley, H., & Campion, E. (1983). Identifying and preventing mediated abuse and neglect of elderly persons. *Annals of Internal Medicine, 98,* 998–1004.

Orcutt, J. D., & Faison, R. (1988). Sex-role attitude change and reporting of rape victimization, 1973–1985. *Sociological Quarterly, 2,* 589–604.

Orr, D. A. (2000). Weiand v. State and battered spouse syndrome: The toothless tigress can n *Florida Bar Journal, 74,* 14–20.

Owen, G., & Steele, N. M. (1991). Incest offenders after treatment. In M. Q. Patton (Ed.), *Famil abuse: Frontline research and evaluation.* Newbury Park, CA: Sage.

Pagelow, M. D. (1984). *Family violence.* New York: Greenwood Press.

Pagelow, M. D. (1992). Adult victims of domestic violence: Battered women. *Journal of Inter Violence, 7,* 87–120.

Pagelow, M. D. (1993). Response to Hamberger's comments. *Journal of Interpersonal Violence, 8,*

Pallone, N. J. (2003). Without plea bargaining, Megan Kanka would be alive today. *Criminology Policy, 3,* 83–96.

Palusci, V. J., Yager, S., & Covington, T. M. (2010). Effects of a citizens review panel in preventi maltreatment fatalities. *Child Abuse & Neglect, 34,* 324–331.

Parent, D. G., Auerbach, B., & Carlson, K. E. (1992). *Compensating crime victims: A summary of and practices.* Washington, DC: U.S. Department of Justice.

Parker, R. N. (1989). Poverty, subculture of violence, and type of homicide. *Social Forces, 67,* 98

Parker, R. N., & Smith, M. D. (1979). Deterrence, poverty, and type of homicide. *American Jo Sociology, 85,* 614–624.

Parnas, R. I. (1967). The police response to the domestic disturbance. *Wisconsin Law Rev* 914–960.

Parry, J. K., & Thornwall, J. (1992). Death of a father. *Death Studies, 16,* 173–181.

Parsonage, W. H., Bernat, F. P., & Helfgott, J. (1994). Victim impact testimony and Pennsylvania decision making process: A pilot study. *Criminal Justice Policy Review, 6,* 187–206.

Paulsen, D. J. (2003). Murder in black and white: The newspaper coverage of homicide in H
Homicide Studies, 7, 289–317.

Payne, B. K. (2005). *Crime and elder abuse: An integrated perspective* (2nd ed.). Springfield, IL: Cl
Thomas Publisher, Ltd.

Payne, B. K., & Fletcher, L. B. (2005). Elder abuse in nursing homes: Prevention and resolution s
and barriers. *Journal of Criminal Justice, 33,* 119–125.

Pearlman, L. A., & Saakvitne, K. W. (1995). *Trauma and the therapist: Countertransference and v traumatization in psychotherapy with incest survivors.* New York: W. W. Norton.

Pease, K. (1998). *Repeat victimization: Taking stock.* Crime Detection and Prevention Series, P
London: Home Office.

Penick, B. K., & Owens, M. B.III, (1976). *Surveying crime: Panel for evaluation of crime surveys.* V
ton, DC: National Academy of Sciences.

Pertman, A., & Deoudes, G. (2008). Comment: Evan B. Donaldson Adoption Institute respons
Maltreatment, 13, 98–100.

Peterson, R. R., & Dixon, J. (2005). Court oversight and conviction under mandatory and nonma
domestic violence case filing policies. *Criminology & Public Policy, 4,* 535–558.

Pfohl, S. J. (1977). The 'discovery' of child abuse. *Social Problems, 24,* 310–323.

Phillips, A. (2005). Child forensic interviews after *Crawford v. Washington*: Testimonial or not
Nation, (Fall), 1–8.

Phillips, D. P. (1982). The impact of fictional television stories on U.S. adult fatalities: New evid
the effect of mass media on violence. *American Journal of Sociology, 87,* 1340–1359.

Phillips, D. P. (1983). The impact of mass media violence on U.S. homicides. *American Soc Review, 48,* 560–568.

Phillips, L. E. (1986). Theoretical explanations of elder abuse: Competing hypotheses and un
issues. In K. A. Pillemer & R. S. Wolf (Eds.), *Elder abuse Conflict in the family.* Dover, MA:
House.

Phillips, S. W., & Sobol, J. J. (2010). Twenty years of mandatory arrest: Police decision making in
of legal requirements. *Criminal Justice Policy Review, 21,* 98–118.

Phythian, M. (2000). The illicit arms trade: Cold War and post-Cold War. *Crime, Law and Social 33,* 1–52.

Pillemer, K. A. (1986). Risk factors in elder abuse: Results from a case-control study. In K. A. Pil
R. S. Wolf (Eds.), *Elder abuse: Conflict in the family.* Dover, MA: Auburn House.

Pillemer, K. A. (1988). Maltreatment of patients in nursing homes: Overview and research
Journal of Health and Social Behavior, 29, 227–238.

Pillemer, K. A., & Finkelhor, D. (1988). The prevalence of elder abuse: A random sample
The Gerontologist, 28, 51–57.

Pillemer, K. A., & Moore, D. W. (1989). Abuse of patients in nursing homes: Findings from a s
staff. *The Gerontologist, 29,* 314–320.

Pittman, D. J., & Handy, W. (1964). Patterns in criminal aggravated assault. *Journal of Crimi Criminology, and Police Science, 55,* 462–470.

Platania, J., & Berman, G. L. (2006). The moderating effect of judge's instructions on victim im
timony in capital cases. *Applied Psychology in Criminal Justice, 2,* 84–101.

Pleck, E. (1979). Wife beating in nineteenth-century America. *Victimology, 4,* 60–74.

Pleck, E. (1989). Criminal approaches to family violence, 1640–1980. In L. Ohlin & M. Tonr
Family violence. Chicago: University of Chicago Press.

Pollak, J., & Levy, S. (1988). Countertransference and failure to report child abuse and negle(*Abuse & Neglect, 13,* 515–522.

Pollock, D. A., O'Neill, J. M., Parrish, R. G., Combs, D. L., & Annest, J. L. (1993). Temporal and ge(trends in the autopsy frequency of blunt and penetrating trauma deaths in the United States. *of the American Medical Association, 269,* 1525–1531.

Polvi, N., Looman, T., Humphries, C., & Pease, K. (1990). Repeat break and enter victimizatic course and crime prevention opportunity. *Journal of Police Science and Administration, 17,*

Pontell, H. N. (2005). White-collar crime or just risky business? The role of fraud in major financi cles. *Crime, Law and Social Change, 42,* 309–324.

Post, L., Page, C., Conner, T., Prokhorov, A., Fang, Y., & Biroscak, B. J. (2010). Elder abuse in lo care: Types, patterns, and risk factors. *Research on Aging, 32,* 323–348.

Poythress, E. L., Burnett, J., Naik, A. D., Pickens, S., & Dyer, C. B. (2006). Severe self-neglect: An ε ological and historical perspective. *Journal of Elder Abuse & Neglect, 18,* 5–12.

Prevent Child Abuse America. (2003). *Resolution 11.14.02 resolution on home visitation.* Chica vent Child Abuse America. Retrieved on August 12, 2010, from http://www.preventchildab advocacy/downloads/PCAA_RES_HOME_VISITATION.pdf.

Price, B. J., & Rosenbaum, A. (2009). Batterer intervention programs: A report from the field. *and Victims, 24,* 757–770.

Pridemore, W. A. (2000). An empirical examination of commutations and executions in post- capital cases. *Justice Quarterly, 17,* 159–183.

Pruitt, S. L. (2008). The number of illegally abandoned and legally surrendered newborns in the Texas, estimated from news stories, 1996–2006. *Child Maltreatment, 13,* 89–93.

Pumphrey-Gordon, J. E., & Gross, A. M. (2007). Alcohol consumption and females' recognition in ı to date rape risk: The role of sex-related alcohol expectancies. *Journal of Family Violence, 22,*

Quinn, M. J., & Tomita, S. K. (1986). *Elder abuse and neglect: Causes, diagnosis and interventio gies.* New York: Springer.

Quinn, M. J. (1990). Elder abuse and neglect: Treatment issues. In S. M. Stith, M. B. Williams & l (Eds.), *Violence hits home.* New York: Springer.

Rand, M. R. (2009). *Criminal victimization, 2008.* Washington, DC: Bureau of Justice Statistics.

Rand, M. R. (2010). National crime victimization survey, supplements. In B. S. Fisher & S. P. La *Encyclopedia of victimology and crime prevention.* Los Angeles: Sage.

Rand, M. R., Lynch, J. P., & Cantor, D. (1997). *Criminal victimization, 1973–95.* Washington, l Bureau of Justice Statistics.

Range, L. M., & Niss, N. M. (1990). Long-term bereavement from suicide, homicide, accidents, ; ural deaths. *Death Studies, 14,* 423–433.

Ranish, D. R., & Shichor, D. (1985). The victim's role in the penal process: Recent developn California. *Federal Probation, 49,* 50–57.

Rantala, R. R. (2000). *Effects of NIBRS on crime statistics.* Bureau of Justice Statistics Special Washington, DC: Bureau of Justice Statistics.

Rantala, R. R. (2008). *Cybercrime against businesses, 2005.* Washington, DC: Bureau of Justice S

Rapoport, L. (1962). The state of crisis: Some theoretical considerations. *Social Service Review, 36,* :

Ray, L., Kestner, P., & Freedman, L. (1986). Dispute resolution: From examination to experime *Michigan Bar Journal, 65,* 898–903.

Regehr, C., Hill, J., Goldberg, G., & Hughes, J. (2003). Postmortem inquiries and trauma resp(paramedics and firefighters. *Journal of Interpersonal Violence, 18,* 607–622.

Reichel, P., & Seyfrit, C. (1984). A peer jury in juvenile court. *Crime and Delinquency, 30,* 423–4

Rennison, C. M. (2010). National Crime Victimization Survey (NCVS). In B. S. Fisher & S. P. La *Encyclopedia of victimology and crime prevention.* Los Angeles: Sage.

Resick, P. A. (1990). Victims of sexual assault. In A. J. Lurigio, W. G. Skogan & R. C. Davis (Eds.), *V crime: Problems, policies, and programs.* Newbury Park, CA: Sage.

Resick, P. A. (1987). *Reactions of female and male victims of rape or robbery.* Washington, DC:] Institute of Mental Health.

Resick, P. A., Calhoun, K. S., Atkeson, B. M., & Ellis, E. M. (1981). Social adjustment in victims (assault. *Journal of Consulting and Clinical Psychology, 49,* 705–712.

Resick, P. A. (1993). The psychological impact of rape. *Journal of Interpersonal Violence, 8,* 223-

Reskin, B., & Campbell, F. (1976). Physician distribution across metropolitan areas. *American Jo Sociology, 79,* 981–988.

Rich, J. A., & Grey, C. M. (2005). Pathways to recurrent trauma among young black men: Tr stress, substance use, and the code of the street. *American Journal of Public Health, 95,* 81(

Riedel, M., Zahn, M. A., & Mock, L. F. (1985). *The nature and patterns of American homicide.* Was DC: U.S. Department of Justice.

Ringwalt, C. L., Messerschmidt, P., Graham, L., & Collins, J. (1992). *Youth's victimization experier of attack or harm, and school avoidance behaviors. Final report.* Washington, DC: National of Justice.

Rinkle, V. (1989). Federal initiatives. In R. Filinson & S. R. Ingman (Eds.), *Elder abuse: Practice an* New York: Human Sciences Press.

Rivara, F. P., Mueller, B. A., Somes, G., Mendoza, C. T., Rushforth, H. B., & Kellerman, A. L. (1997). and illicit drug abuse and the risk of violent death in the home. *Journal of the American Association, 278,* 569–575.

Roberts, S., Weaver, A. J., Flannelly, K. J., & Figley, C. R. (2003). Compassion fatigue among chapl other clergy after September 11th. *Journal of Nervous and Mental Disease, 191,* 756–758.

Roberts, K. A. (2005). Women's experience of violence during stalking by former romantic partn tors predictive of stalking violence. *Violence Against Women, 11,* 89–114.

Robinson, M. (1998). Burglary revictimization: The time period of heightened risk. *British Jo Criminology, 38,* 78–87.

Rodríguez, M. A., Wallace, S. P., Woolf, N. H., & Mangione, C. M. (2006). Mandatory reporting abuse: Between a rock and a hard place. *The Annals of Family Medicine, 4,* 403–409.

Roehl, J. A., & Cook, R. F. (1982). The neighborhood justice centers field test. In R. To M. M. Feeley (Eds.), *Neighborhood justice: Assessment of an emerging idea.* New York: Long

Roger, K. S., & Ursel, J. (2009). Public opinion on mandatory reporting of abuse and/or neglect adults in Manitoba, Canada. *Journal of Elder Abuse & Neglect, 21,* 115–140.

Rosenfeld, R., & Fornango, R. (2007). The impact of economic conditions on robbery and crime: The role of consumer sentiment. *Criminology, 45,* 735–769.

Rosenmerkel, S., Durose, M., & Farole, D. (2009). *Felony sentences in state courts, 2006– Statistic* Retrieved from http://bjs.ojp.usdoj.gov/content/pub/pdf/fssc06st.pdf.

Rounsaville, B. J. (1978). Theories in marital violence: Evidence from a study of battered women. *ology, 3,* 11–31.

Rowley, M. S. (1990). Recidivism of juvenile offenders in a diversion restitution program. In B. Ga J. Hudson (Eds.), *Criminal justice, restitution, and reconciliation.* Monsey, NY: Criminal Justi

Ruback, R. B., & Shaffer, J. N. (2005). The role of victim-related factors in victim restitution: , method analysis of restitution in Pennsylvania. *Law and Human Behavior, 29,* 657–681.

Ruback, R. B., Ruth, G. R., & Shaffer, J. N. (2005). Assessing the impact of statutory change: A sı multilevel analysis of restitution orders in Pennsylvania. *Crime and Delinquency, 51,* 318–3

Ruback, R. B., Shaffer, J. N., & Logue, M. A. (2004). The imposition and effects of restitution in foı sylvania counties: Effects of size of county and specialized collection units. *Crime and Deli 50,* 168–188.

Rubin, P. N. (1995). *Civil rights and criminal justice: Primer on sexual harassment.* National Ins Justice: Research in Action. Washington, DC: National Institute of Justice.

Rushing, W. A. (1975). *Community, physicians and inequality.* Lexington, MA: Lexington.

Rushing, W. A., & Wade, G. I. (1973). Community-structure constraints on the distribution of ph *Health Services Research, 8,* 283–297.

Russell, D. E. H. (1982). *Rape in marriage.* New York: MacMillan.

Ryan, R. M. (1995). The sex right: A legal history of the marital rape exemption. *Law & Social Inq* 941–1001.

Safarik, M. E., & Jarvis, J. P. (2005). Examining attributes of homicides: Toward quantifying qu values of injury severity. *Homicide Studies, 9,* 183–2003.

Saltzman, A. (2008). "Current Perceptions of Marital Rape: Some Good and Not-So-Good News." *of Interpersonal Violence, 23,* 764–779.

Saltzman, L. E., Mercy, J. A., O'Caroll, P. W., Rosenberg, M. L., & Rhodes, P. H. (1992). Weapon ment and injury outcomes in family and intimate assaults. *Journal of the American Medical tion, 267,* 3043–3047.

Sample, L. L., & Bray, T. M. (2003). Are sex offenders dangerous? *Criminology& Public Policy, 3,*

Sanders, W. B. (1980). *Rape and woman's identity.* Beverly Hills: Sage.

Sarri, R., & Bradley, P. W. (1980). Juvenile aid panels: An alternative to juvenile court processing Australia. *Crime and Delinquency, 26,* 42–62.

Saunders, E. J. (1988). A comparative study of attitudes toward child sexual abuse among soc and judicial system professionals. *Child Abuse & Neglect, 17,* 83–90.

Savitz, L. D., Kumar, K. S., & Zahn, M. A. (1991). Quantifying Luckenbill. *Deviant Behavior, 12,*

Schafer, S. (1968). *The Victim and his criminal: A study in functional responsibility.* New York: Randon

Schafer, S. (1970). *Compensation and Restitution to Victims of Crime.* Montclair, NJ: Patterson

Schafer, J. (1996). Measuring spousal violence with the conflict tactics scale: Notes on reliab validity issues. *Journal of Interpersonal Violence, 11,* 572–585.

Schaie, K. W. (1988). Methodological issues in aging research: An introduction. In K. W. Schaie, R. T. C W. Meredith & S. C. Rawlings (Eds.), *Methodological issues in aging research.* New York: Springeı

Schiff, A. (1999). The impact of restorative interventions on juvenile offenders. In G. Baze L. Walgrave (Eds.), *Restorative juvenile justice: Repairing the harm of youth crime.* Mon Criminal Justice Press.

Schissel, B. (1996). Law reform and social change: A time-series analysis of sexual assault in *Journal of Criminal Justice, 24,* 123–138.

Schlesinger, R. A. (1988). Grannybashing. In B. Schlesinger & R. Schlesinger (Eds.), *Abuse of th Issues and annotated bibliography.* Toronto: University of Toronto Press.

Schlesinger, B., & Schlesinger, R. (1988). Abuse of the elderly: Knowns and unknowns. In B. Schle R. Schlesinger (Eds.), *Abuse of the elderly: Issues and annotated bibliography.* Toronto: Univ Toronto Press.

Schloenhardt, A. (1999). Organized crime and the business of migrant trafficking. *Crime, Law ar Change, 32,* 203–233.

Schmidt, J., & Steury, E. H. (1989). Prosecutorial discretion in filing charges in domestic violen *Criminology, 27,* 487–510.

Schneid, T. D. (1999). *Occupational health guide to violence in the workplace.* Boca Raton, FL: Le

Schneider, A. L. (1986). Restitution and recidivism rates of juvenile offenders: Results from fou mental studies. *Criminology, 24,* 533–552.

Schneider, A. L., & Schneider, P. R. (1984). A comparison of programmatic and 'ad hoc' restit juvenile courts. *Justice Quarterly, 1,* 529–548.

Schneider, A. L., Burcart, J. M., & Wilson, L. A. (1976). The role of attitudes in the decision t crimes to the police. In W. F. McDonald (Ed.), *Criminal justice and the victim.* Beverly H Sage.

Schneider, A. L., Griffith, W. R., Sumi, D. H., & Burcart, J. M. (1978). *Portland forward records crime victims.* Washington, DC: National Institute of Law Enforcement and Criminal Justic

Schneider, H. J. (1987). Rape in criminological and victimological perspective. *Eurocriminology,*

Schramberg, L. B., & Gaus, D. (1999). An ecological framework for contextual risk factors in eld by adult children. *Journal of Elder Abuse and Neglect, 11,* 79–103.

Schwartz, M. D. (2000). Methodological issues in the use of survey data for measuring and cha ing violence against women. *Violence against Women, 6,* 815–838.

Schwartz, J., & Gertseva, A. (2010). Supplementary Homicide Report (SHR). In B. S. Fisher & (Eds.), *Encyclopedia of victimology and crime prevention.* Los Angeles: Sage.

Schwendinger, J. R., & Schwendinger, H. (1983). *Rape and inequality.* Beverly Hills: Sage.

Scully, D. (1990). *Understanding sexual violence.* Boston: Unwin Hyman.

Shapiro, C. (1990). Is restitution legislation the chameleon of the victims' movement? In B. Ga J. Hudson (Eds.), *Criminal justice, restitution, and reconciliation.* Monsey, NY: Criminal Justi

Shapiro, B. L., & Schwartz, J. C. (1997). Date rape: Its relationship to trauma symptoms and sex esteem. *Journal of Interpersonal Violence, 12,* 407–419.

Shapland, J. (1983). Victim-Witness services and the needs of the victim. *Victimology, 8,* 233–2

Sheley, J. F., McGee, Z. T., & Wright, J. D. (1995). *Weapon-related victimization in selected inner- school samples.* Washington, DC: National Institute of Justice.

Shell, D. J. (1982). *Protection of the elderly: A study of elderly abuse.* Winnipeg, MAN: Manitoba on Aging.

Shelley, L. (2003). The trade in people in and from the former Soviet Union. *Crime, Law an Change, 40,* 231–250.

Sheridan, L., Davies, G. M., & Boon, J. C. W. (2001). Stalking: Perceptions and prevalence. *Jo Interpersonal Violence, 16,* 151–167.

Sherman, L. W. (1992). *Policing domestic violence: Experiments and dilemmas.* New York: The Fr

Sherman, L. W. (1995). Hot spots of crime and criminal careers of places. In J. E. Eck & D. V (Eds.), *Crime and place.* Monsey, NY: Criminal Justice Press.

Sherman, L. W., & Berk, R. A. (1984). The specific deterrent effects of arrest for domestic assault. *A Sociological Review, 49,* 261–272.

Sherman, L. W., & Strang, H. (2000). *Recidivism patterns in the Canberra reintegrative experiments (RISE).* Canberra, Australia: Center for Restorative Justice, Australian University.

Sherman, L. W., & Strang, H. (2003). Captains of restorative justice: Experience, legitimacy an(vism by type of offence. In E. G. M. Weitekamp & H. Kerner (Eds.), *Restorative justice in International practice and directions.* Portland, OR: Willan.

Sherman, L. W., Garten, P. R., & Buerger, M. E. (1989). Hot spots of predatory crime: Routine A and the criminology of place. *Criminology, 27,* 27–56.

Shope, J. H. (2004). When words are not enough: The search for the effect of pornography on women. *Violence Against Women, 10,* 56–72.

Shulman, L. P., Muran, D., & Speck, P. M. (1992). Counseling sexual assault victims who becon nant after the assault: Benefits and limitations for first-trimester paternity determination. *of Interpersonal Violence, 7,* 205–210.

Siegel, J. M., Golding, J. M., Stein, J. A., Burnam, M. A., & Sorenson, S. B. (1990). Reactions t assault: A community study. *Journal of Interpersonal Violence, 5,* 229–246.

Sigler, R. T., & Shook, C. L. (1997). Judicial acceptance of the battered woman syndrome. *Crimin Policy Review, 8,* 365–382.

Sigler, R. T., Crowley, J. M., & Johnson, I. (1990). Judicial and prosecutorial endorsement of in techniques in the trial of domestic abuse cases. *Journal of Crime and Justice, 18,* 443–454.

Silverman, S. S., & Doerner, W. G. (1979). The effect of victim compensation programs upon co rates. *Sociological Symposium, 25,* 40–60.

Simpson, S. S., Bouffard, L. A., Garner, J., & Hickman, L. (2006). The influence of legal reforn probability of arrest in domestic violence cases. *Justice Quarterly, 23,* 297–316.

Skogan, W. G. (1990). The National Crime Survey redesign. *Public Opinion Quarterly, 54,* 256–2

Skogan, W. G. (1981). *Issues in the measurement of victimization.* Washington, DC: U.S. Depart Justice.

Skogan, W. G., & Maxfield, M. G. (1981). *Coping with crime: Individual and neighborhood re* Beverly Hills: Sage.

Sloan, J. J. (1992). Campus crime and campus communities: An analysis of crimes known to police and security. *Journal of Security Administration, 15,* 31–47.

Sloan, J. J. (1994). The correlates of campus crime: An analysis of reported crimes on college anc sity campuses. *Journal of Criminal Justice, 22,* 51–61.

Smith, A. (2000). It's my decision, isn't it? A research note on battered women's perceptions of ma intervention laws. *Violence Against Women, 6,* 1384–1402.

Smith, C., & Thornberry, T. P. (1995). The relationship between childhood maltreatment and ad involvement in delinquency. *Criminology, 33,* 451–477.

Smith, D. L., & Weis, K. (1976). Toward an open-system approach to studies in the field of victim E. C. Viano (Ed.), *Victims & society.* Washington, DC: Visage Press Inc.

Smith, M. D. (2000). A new era of homicide studies? Visions of a research agenda for the next *Homicide Studies, 4,* 3–17.

Smith, M. D., & Parker, R. N. (1980). Types of homicide and variation in regional rates. *Social Fc* 136–147.

Smith, R., & Smith, T. (1979). *An evaluation of the Akron 4-A Project.* Paper presented to the S mittee on Courts, Civil Liberties, and the Administration of Justice, U.S. House of Represen

Smithey, M. (1997). Infant homicide at the hands of mothers: Toward a sociological perspective. *Behavior, 18,* 255–272.

Smotas, L. (1991). In search of a balance: AIDS, rape, and the special needs doctrine. *New York sity Law Review, 66,* 1881–1928.

Snyder, H. N., & Sickmund, M. (2006). *Juvenile offenders and victims: 2006 National Report.* Was DC: U.S. Department of Justice, Office of Justice Programs, Office of Juvenile Justice an quency Prevention.

Society for Human Resource Management and the Ethics Resource Center. (2008). *Ethics land American business survey report.* Retrieved from http://www.shrm.org/Research/SurveyF Articles/Pages/EthicslandscapeinAmerica.aspx.

Soderstrom, C. A., & Smith, G. S. (1993). Alcohol's effect on trauma outcomes: A reappraisal of tional wisdom. *Journal of the American Medical Association, 270,* 93–94.

Sohn, E. F. (1994). Antistalking laws: Do they actually protect victims? *Criminal Law Bulletin, 30,*

Sorenson, S. B., & Shen, H. (2005). Restraining orders in California: A look at statewide data. *Against Women, 11,* 912–933.

Sorenson, S. B., Richardson, B. A., & Peterson, J. G. (1993). Race/ethnicity patterns in the hon children in Los Angeles, 1980 through 1989. *American Journal of Public Health, 83,* 725–72

South Carolina Attorney General. (2007). *Victim impact service.* Retrieved on May 24, 2010, fron www.scattorneygeneral.org/fraud/victimsservices/pdf/VictimsImpactStatement.pdf.

Southworth, C., Finn, J., Dawson, S., Fraser, C., & Tucker, S. (2007). Intimate partner violence, ogy, and stalking. *Violence Against Women, 13,* 842–856.

Spears, J. W., & Spohn, C. C. (1996). The genuine victim and prosecutor's charging decisions i assault cases. *American Journal of Criminal Justice, 20,* 183–205.

Spelman, W. (1995). Criminal careers of public places. In J. E. Eck & D. Weisburd (Eds.), *Crime a* Monsey, NY: Criminal Justice Press.

Spence-Diehl, E., & Potocky-Tripodi (2001). Victims of stalking: A study of service needs as perc victim services practitioners. *Journal of Interpersonal Violence, 16,* 86–94.

Spencer, B. J. (1987). A crime victim's views on a Constitutional amendment for victims. *The Wa Review, 34,* 1–6.

Spinetta, J. J., & Rigler, D. (1972). The child-abusing parent: A psychological review. *Psychologic tin, 77,* 296–304.

Spohn, C., & Horney, J. (1990). A case of unrealistic expectations: The Impact of rape reform le in Illinois. *Criminal Justice Policy Review, 4,* 1–18.

Spohn, C., & Spears, J. (1996). The effect of offender and victim characteristics on sexual ass processing decisions. *Justice Quarterly, 13,* 649–680.

Sproles, E. T., III (1985). *The evaluation and management of rape and sexual abuse: A physiciar* Rockville, MD: U.S. National Center for Prevention and Control of Rape.

Stafford, M., & Galle, O. R. (1984). Victimization rates, exposure to risk, and fear of crime. *Crin 22,* 173–185.

Stalans, L. J., & Lurigio, A. J. (1995). Responding to domestic violence against women. *Crime quency, 41,* 387–398.

Stanford, R. M., & Mowry, B. L. (1990). Domestic disturbance danger rate. *Journal of Police Sci Administration, 17,* 244–249.

Stanley, J. L., Bartholomew, K., Taylor, T., Oram, D., & Landolt, M. (2006). Intimate violence same-sex relationships. *Journal of Family Violence, 21,* 31–41.

Stearns, P. J. (1986). Old age family conflict: The perspective of the past. In K. A. Pillemer & R (Eds.), *Elder abuse: Conflict in the family.* Dover, MA: Auburn House.

Steele, B. F., & Pollock, C. B. (1974). A psychiatric study of parents who abuse infants and small In R. E. Helfer & C. H. Kempe (Eds.), *The battered child.* (2nd ed.). Chicago: University of Press.

Steinman, L. I. (1993). Despite anti-stalking laws, stalkers continue to stalk: Are these laws consti and effective? *St. Thomas Law Review, 6*, 213–245.

Steinmetz, S. K. (1977–78). The battered husband syndrome. *Victimology, 2*, 499–509.

Steinmetz, S. K. (1978a). Services to battered women: Our greatest need. A reply to Field and K *Victimology, 3*, 222–226.

Steinmetz, S. K. (1978b). Battered parents. *Society*, (July/August), 54–55.

Steinmetz, S. K. (1983). Dependency, stress and violence between middle-aged caregivers a elderly parents. In J. I. Kosberg (Ed.), *Abuse and maltreatment of the elderly.* Boston: John V

Steinmetz, S. K. (1988). *Duty bound: Elder abuse and family care.* Newbury Park, CA: Sage.

Stine, G. J. (1996). *AIDS update.* Englewood Cliffs, NJ: Prentice Hall.

Stitt, B. G., & Lentz, S. A. (1996). Consent and its meaning to the sexual victimization of women *can Journal of Criminal Justice, 20*, 237–257.

Stohert, J. C., Gbaanador, G. B. M., & Herndon, D. N. (1990). The role of autopsy in death resulti trauma. *Journal of Trauma, 30*, 1021–1026.

Stombler, M. (1994). Buddies' or 'slutties:' The collective sexual reputation of fraternity little *Gender & Society, 8*, 297–323.

Stone, J. L., Lowe, R. J., Jonasson, O., Baker, R. J., Barrett, J., Oldershaw, J. B., et al. (1986). Acute s hematoma: Direct admission to a trauma center yields improved results. *Journal of Trauma, 26*,

Stovall, C. J. (1997). Statement before the Committee on the Judiciary, United States Senate, Cor a Constitutional Amendment Protecting the Rights of Crime Victims, on April 16, 1997.

Straus, M. A. (1978). Wife-beating: How common and why. *Victimology, 2*, 443–458.

Straus, M. A. (1983). Ordinary violence,child abuse, and wife-beating: What do they have in com D. Finkelhor, R. J. Gelles, G. T. Hotaling & M. A. Straus (Eds.), *The dark side of families: Curren violence research.* Beverly Hills: Sage.

Straus, M. A., Gelles, R., & Steinmetz, S. (1980). *Behind closed doors: Violence in the American* Garden City, NY: Anchor Press.

Straus, M. A. (1983). Ordinary violence child abuse, and wife-beating: What do they have in com D. Finkelhor, R. J. Gelles, G. T. Hotaling & M. A. Straus (Eds.), *The dark side of families: Curren violence research.* Beverly Hills: Sage.

Stuart, B. (1996). Circle sentencing: Turning swords into ploughshares. In B. Galaway & J. Hudso *Restorative justice: International perspectives.* Monsey, NY: Criminal Justice Press.

Stuart, G. L., Moore, T. M., Gordon, K. C., Ramsey, S. E., & Kahler, C. W. (2006). Psychopath women arrested for domestic violence. *Journal of Interpersonal Violence, 21*, 376–389.

Supreme Court of Florida. (2003). *Probate, guardianship, & mental/medical health functional ments document.* Tallahassee, FL: Office of the State Courts Administrator, Retrieved on Se 5, 2010, from http://www.floridasupremecourt.org/clerk/adminorders/2003/forms/Probate %20final%202–03.pdf.

Surette, R. (2011). *Media, crime, and criminal justice: Images and realities* (4th ed.). Belmont, CA: Wa

Suris, A., & Lind, L. (2008). Military sexual trauma: A review of prevalence and associated hea sequences in veterans. *Trauma, Violence, & Abuse, 9*, 250–269.

Sutherland, E. M. (1939). *Principles of criminology* (3rd ed.). Philadelphia: Lippincott.

Sutocky, J. W., Shultz, J. M., & Kizer, K. W. (1993). Alcohol-related mortality in California, 1980 t *American Journal of Public Health, 83*, 817–823.

Swatt, M. L., & He, N. P. (2006). Exploring the difference between male and female intimate homicides: Revisiting the concept of situated transactions. *Homicide Studies, 10*, 279–292.

Swisher, K. (1995). Businesses should clearly define sexual harassment. In K. L. Swisher (Ed.), *sexual harassment?*. San Diego, CA: Greenhaven Press.

Synovate (2007). *Federal Trade Commission—2006 identity theft survey report.* McLean, VA: Syn

Tallahassee Police Department. (2007). *Policy manual: Death notification.* Tallahassee, FL: City of Tall

Task Force on Ohio College Campus Safety and Security. (2007). http://www.regents.ohio.g CSTF-Final_Report.pdf.

Tatara, T. (1993). Understanding the nature and scope of domestic elder abuse with the use aggregate data: Summaries of the key findings of a national survey of state APS and aging *Journal of Elder Abuse and Neglect, 5*(4), 35–57.

Tatara, T., & Cyphers, G. (1998). *The National Elder Abuse Incidence Study: Final report* . Washing The National Center on Elder Abuse, pp. 4–13, 4–15, 4–17, and 4–19. Retrieved on September from http://aoa.gov/AoARoot/AoA_Programs/Elder_Rights/Elder_Abuse/docs/ABuseRep pdf.

Taylor, I., & Jamieson, R. (1999). Sex trafficking and the mainstream of market culture. *Crime, I Social Change, 32,* 257–278.

Taylor, L. (2000). Patterns of electoral corruption in Peru: The April 2000 general election. *Cri and Social Change, 34,* 391–415.

Taylor, B. G., Davis, R. C., & Maxwell, C. D. (2001). The effects of a group batterer treatment p A randomized experiment in Brooklyn. *Justice Quarterly, 18,* 171–201.

Teaster, P. B., et al. (2006). *The 2004 Survey of State Adult Protective Services: Abuse of adults 60 age and older* . Washington, DC: National Center on Elder Abuse, pp. 16–16. Retrieved on Au 2010, from http://www.ncea.aoa.gov/NCEAroot/Main_Site/pdf/2-14-06%20FINAL%2060+I pdf.

Temkin, J. (1996). Doctors, rape and criminal justice. *The Howard Journal, 35,* 1–20.

Tewksbury, R. (2005). Collateral consequences of sex offender registration. *Journal of Conte Criminal Justice, 21,* 67–81.

Tewksbury, R., & Mustaine, E. E. (2003). College students' lifestyles and self-protective behaviors: considerations of the guardianship concept in routine activity theory. *Criminal Justice and E 30,* 302–327.

Tewksbury, R., & Lees, M. B. (2007). Perceptions of punishment: How registered sex offenders vie tries. *Crime & Delinquency, 53,* 380–407.

Thayer, T. A. (1997). Triage: History and horizons. *Topics in Emergency Medicine, 19,* 1–11.

The President's Commission on Law Enforcement and Administration of Justice. (1967). *Ta report: Crime and its impact—An assessment.* Washington, DC: U.S. Government Printing C

The President's Task Force on Victims of Crime. (1982). *Final report.* Washington, DC: U.S. Gov Printing Office.

Thobaben, M. (1989). State elder/adult abuse and protection laws. In R. Filinson & S. R. Ingma *Elder abuse: Practice and policy.* New York: Human Sciences Press.

Thomas, M. P., Jr (1972). Child abuse and neglect, part I: Historical overview, legal matrix, and so spectives. *North Carolina Law Review, 50,* 293–349.

Thomas, K. R. (1997). How to stop the stalker: State antistalking laws. *Criminal Law Bull* 124–136.

Thompson, K. M., Wonderlich, S. A., Crosby, R. D., Ammerman, F. F., Mitchell, R. D., & Brown (2001). An assessment of the recidivism rates of substantiated and unsubstantiated maltr cases. *Child Abuse & Neglect, 25,* 1207–1218.

Thoresen, S., & Overlien, C. (2009). Trauma Victim: Yes or No? Why It May Be Difficult to Answ tions Regarding Violence, Sexual Abuse, and Other Traumatic Events. *Violence Against Wo* 699–719.

Thorvaldson, A. (1990). Restitution and victim participation in sentencing: A comparison of two In B. Galaway & J. Hudson (Eds.), *Criminal justice, restitution, and reconciliation*. Monsey, N inal Justice Press.

Tittle, C. (1978). Restitution and deterrence: An evaluation of compatibility. In B. Galaway & J. (Eds.), *Offender restitution in theory and practice*. Lexington, MA: Lexington Books.

Titus, R. M., Heinzelmann, F., & Boyle, J. M. (1995). Victimization of persons by fraud. *Crime an quency, 41*, 54–72.

Tjaden, P., & Thoennes, N. (2000). *Full report of the prevalence, incidence, and consequences of against women: Findings from the National Violence Against Women Survey*. Washington, Department of Justice.

Toennies, F. (1957). *Community and society* (C. P. Loomis, Trans.). East Lansing: Michigan State U

Tolman, R. M., & Weisz, A. (1995). Coordinated community intervention for domestic viole effects of arrest and prosecution on recidivism of woman abuse perpetrators. *Crime & Deli 41*, 481–495.

Tomz, J. E., & McGillis, D. (1997). *Serving crime victims and witnesses* (2nd ed). Washington, Department of Justice.

Toseland, R. W. (1982). Fear of crime: Who is most vulnerable? *Journal of Criminal Justice, 10,*

U.K. Office of Fair Trading. (2006). *Research on impact of mass marketed scams: A summary of into the impact of scams on UK consumers*. London: Office of Fair Trading.

Ullman, S. R., & Siegel, J. M. (1993). Victim-offender relationship and sexual assault. *Violence tims, 8*, 121–133.

Ullman, S. R., Karabatsos, G., & Koss, M. P. (1999). Alcohol and sexual assault in a national sampl lege women. *Journal of Interpersonal Violence, 14*, 603–625.

U.S. Attorney General's Commission on Pornography. (1986). *Final report*. Washington, DC: U.S. ment Printing Office.

U.S. Attorney General's Task Force. (1984). *Family Violence*. Washington, DC: U.S. Government Office.

U.S. Census Bureau. (2010). Table 7: Resident population by age and sex: 1980 to 2007. In *S Abstract of the United States 2009*. Washington, DC: U.S. Census Bureau Retrieved on Au 2010, from http://www.census.gov/prod/2008pubs/09statab/pop.pdf.

U.S. Department of Education. (2010). *Summary campus crime statistics—2006–2008*. Retriev www2.Ed.gov/admins/lead/safety/criminal2006–08.pdf.

U.S. Department of Health and Human Services. (2008). *Your rights as a nursing home* Baltimore, MD: Centers for Medicare & Medicaid Services. Retrieved on September 5, 20 http://www.medicare.gov/NHCompare/static/tabSI.asp? language=English&activeTab=3&subTab=15&version=default.

U.S. Department of Health and Human Services. (2010). *Child maltreatment 2008*. Washing Administration for Children and Families, Administration on Children, Youth and Families, C Bureau. Retrieved on August 2, 2010, from http://www.acf.hhs.gov/programs/cb/stats_r index.htm#can.

U.S. Department of Justice. (1986). *Four years later: A report on the President's Task Force on V Crime*. Washington, DC: U.S. Government Printing Office.

U.S. Department of Justice. (2002). *Enforcement of protective orders.* Washington, DC: Office for of Crime.

U.S. Department of Justice. (2004). *Guidelines on criteria for issuing AMBER Alerts.* Washington, D of Justice Programs. Retrieved on August 5, 2010, from http://www.amberalert.gov/guideline:

U.S. Department of Justice. (2006). *National Crime Victims' Rights Week resource guide, crime rights in America: A historical overview.* Washington, DC: National Center for Victims o Retrieved on August 17, 2007, from http://www.ojp.usdoj.gov/ovc/ncvrw/2007/pdf/overvie\

U.S. Department of Justice. (2010). *Criminal victimization in the United States, 2007 - statistica* Washington, DC: Bureau of Justice Statistics. Retrieved on August 18, 2010, from http://bjs.o gov/content/pub/pdf/cvus0701.pdf.

U.S. Department of Justice. (2010). *Mass-marketing fraud.* Retrieved from http://www.justice.g inal/fraud/internet/.

U.S. General Accounting Office. (2002). *Nursing homes: More can be done to protect residents fro* Washington, DC: U.S. General Accounting Office.

Umbreit, M. S. (1997). Victim-offender dialogue: From the margins to the mainstream throug world. *The Crime Victims Report, 1,* 35–36 48.

Umbreit, M. S. (1999). Avoiding the marginalization and "McDonaldization" of victim offende tion: A case study in moving toward the mainstream. In G. Bazemore & L. Walgrave (Eds.) *ative juvenile justice.* Monsey, NY: Criminal Justice Press.

Umbreit, M. S., & Coates, R. B. (1993). Cross-site analysis of victim-offender mediation in fo *Crime & Delinquency, 39,* 565–585.

Umbreit, M. S., Vos, B., Coates, R. B., & Brown, K. A. (2003). *Facing violence: The path of restorati and dialogue.* Monsey, NY: Criminal Justice Press.

Umbreit, M. S., Coates, R. B., & Vos, B. (2001). *Juvenile offender mediation in six Oregon countie:* OR: Oregon Dispute Resolution Commission.

U.S. Attorney General's Task Force. (1984). *Family violence.* Washington, DC: U.S. Government Printir

Vandervort, F. E. (2006). Videotaping investigative interviews of children in cases of child sexu One community's approach. *Journal of Criminal Law & Criminology, 96,* 1353–1416.

Vandiver, D. M., Dial, K. C., & Worley, R. M. (2008). A qualitativeassessment of registered fe offenders: Judicial processing experiences and perceived effects of a public registry. *Crimin Review, 33,* 177–198.

van Duyne, P. C. (2003). Organizing cigarette smuggling and policy making, ending up in smok *Law and Social Change, 39,* 285–317.

Van Ness, D. W. (1990). Restorative justice. In B. Galaway & J. Hudson (Eds.), *Criminal justice, re and reconciliation.* Monsey, NY: Criminal Justice Press.

Van Ness, D. W., & Strong, K. H. (1997). *Restoring justice.* Cincinnati, OH: Anderson.

Van Ness, D. W., & Strong, K. H. (2002). *Restoring justice* (2nd ed.). Cincinnati, OH: Anderson F

Van Ness, D. W., & Strong, K. H. (2006). *Restoring justice* (3rd ed.). Cincinnati, OH: Anderson P

Veevers, J. (1989). Pre-court diversion for juvenile offenders. In M. Wright & B. Galaway (Eds.), *M and criminal justice: Victims, offenders and community.* Newbury Park, CA: Sage.

Viano, E. C. (1979). *Victim/witness services: A review of the model.* Washington, DC: U.S. Department c

Viano, E. C. (1987). Victims' rights and the Constitution: Reflections on a bicentennial. *Crime quency, 33,* 438–451.

Villmoare, E., & Neto, V. V. (1987). *Victim appearances at sentencing under California's Victim Rights.* Washington, DC: National Institute of Justice.

Visher, C. A., Harrell, A. V., & Newmark, L. C. (2007). *Pretrial innovations for domestic violence (and victims: Lessons from the Judicial Oversight Demonstration Initiative.* Washington, DC: Institute of Justice. Retrieved on September 21, 2007, from http://www.ncjrs.gov/pdffiles1/nij pdf.

Volkwein, J., Szelest, B., & Lizotte, A. J. (1995). The relationship of campus crime to campus and characteristics. *Research in Higher Education, 36,* 647–670.

von Hentig, H. (1941). Remarks on the interaction of perpetrator and victim. *Journal of Crimi Criminology and Police Science, 31,* 303–309.

von Hentig, H. (1948). *The criminal and his victim: Studies in the sociobiology of crime.* New Ha University Press.

Vorenberg, E. W. (1981). *A state of the art survey of dispute resolution programs involving j* Chicago, IL: National Center for the Assessment of Alternatives to Juvenile Justice Pr University of Chicago.

Wachtel, T. (1995). Family group conferencing: Restorative justice in practice. *Juvenile Justice U* (4), 1–2 13–14.

Walker, G. (1990). Crisis-care in critical incident debriefing. *Death Studies, 14,* 121–133.

Walker, L. E. (1979). *The battered woman.* New York: Harper & Row.

Wallace, H., & Kelty, K. (1995). Stalking and restraining orders: A legal and psychological per *Journal of Crime and Justice, 18,* 99–111.

Walsh, A. (1986). Placebo justice: Victim recommendations and offender sentences in sexua cases. *Journal of Criminal Law & Criminology, 77,* 1126–1141.

Walters, S., Holmes, L., Bauer, G., & Vieth, V. (2003). *Finding words: Interviewing children and p for court.* Alexandria, VA: American Prosecutors Research Institute. Retrieved on August 1 from http://www.ndaa.org/pdf/finding_words_2003.pdf.

Wan, A. M. (2000). Battered women in the restraining order process: Observations on a court a program. *Violence Against Women, 6,* 606–632.

Wang, C., & Holton, J. (2007). *Total estimated cost of child abuse and neglect in the United States.* Prevent Child Abuse America. Retrieved on August 12, 2010, from http://member.preventchi org/site/DocServer/cost_analysis.pdf?docID=144.

Ward, R. A., LaGory, M., & Sherman, S. R. (1986). Fear of crime among the elderly as person/ ment interaction. *Sociological Quarterly, 27,* 327–341.

Wardell, L., Gillespie, D. L., & Leffler, A. (1983). Science and violence against wives. In D. Fi R. J. Gelles, G. T. Hotaling & M. A. Straus (Eds.), *The dark side of families: Current family research.* Beverly Hills: Sage.

Warner, J. E., & Hansen, D. J. (1994). The identification and reporting of physical abuse by ph A review and implications for research. *Child Abuse & Neglect, 18,* 11–25.

Warr, M. (1984). Fear of victimization: Why are some women and the elderly more afraid? *Socia Quarterly, 65,* 681–702.

Way, I., VanDeusen, K. M., Martin, G., Applegate, B., & Jandle, D. (2004). Vicarious trauma: A con of clinicians who treat survivors of sexual abuse and sexual offenders. *Journal of Interperso lence, 19,* 49–71.

Weaver, G. S., Wittekind, J. E. C., Huff-Corzine, L., Corzine, J., Petee, T. A., & Jarvis, J. P. (2004) encounters: A criminal event analysis of lethal and nonlethal outcomes. *Journal of Conte Criminal Justice, 20,* 348–368.

Webster, B. (1988). *Victim assistance programs report increased workloads.* National Institute o Research in Action. Washington, DC: U.S. Department of Justice.

Webster, S. W., O'Toole, R., O'Toole, A. W., & Lucal, B. (2005). Overreporting and underreporting abuse: Teachers' use of professional discretion. *Child Abuse & Neglect, 29*(11), 1281–1296.

Weigend, T. (1983). Problems of victim/witness assistance programs. *Victimology, 8*, 91–101.

Weis, K. (1976). Rape as a crime without victims and offenders? A methodological critique. In E. (Ed.), *Victims & society.* Washington, DC: Visage Press Inc.

Weis, K., & Borges, S. S. (1973). Victimology and rape: The case of the legitimate victim. *Issues i nology, 8*, 71–115.

Weisel, D. L. (2005). *Analyzing repeat victimization. Problem oriented guides for police.* Washing U.S. Department of Justice, Office of Community Oriented Policing Services.

Weiss, A., & Boruch, R. F. (1996). On the use of police officers in randomized field experimen lessons from the Milwaukee Domestic Violence Experiment. *Police Studies, 19*, 45–52.

Weisz, A. N., Tolman, R. M., & Saunders, D. G. (2000). Assessing the risk of severe domestic viole importance of survivors' predictions. *Journal of Interpersonal Violence, 15*, 75–90.

Weitkamp, E. G. M. (2010). Restorative justice. In B. S. Fisher & S. P. Lab (Eds.), *Encyclopedia o ology and crime prevention.* Los Angeles: Sage.

West, J. G., Cales, R. H., & Gazzaniga, A. B. (1983). Impact of regionalization: The Orange Count ence. *Archives of Surgery, 118*, 740–744.

Whitaker, C. J. (1989). *Bureau of Justice Statistics Special Report: The redesigned National Crim Selected new data.* Washington, DC: U.S. Government Printing Office.

Whitaker, D. J., Lutzker, J. R., & Shelley, G. A. (2005). Child maltreatment prevention prioriti Centers for Disease Control and Prevention. *Child Maltreatment, 10*, 245–259.

Whitby, D. (2001). Conspiracy and cover-up. *Crime, Law and Social Change, 35*, 21–41.

Whitehead, J. T., & Lab, S. P. (2009). *Juvenile justice: An introduction* (5th ed.). Cincinnati: Lex Anderson.

White House News Release. (July 27, 2006). *President Signs H.R. 447, the Adam Walsh Child P and Safety Act of 2006.* Washington, DC: Office of the Press Secretary.

Widom, C. S. (1989). Child abuse, neglect, and violent criminal behavior. *Criminology, 27*, 251-

Widom, C. S., & Maxfield, M. G. (2001). *An update on the cycle of violence.* Washington, DC: U.S. ment of Justice, National Institute of Justice.

Wieczorek, K. (2010). A forensic nursing protocol for initiating human immunodeficiency vir exposure prophylaxis following sexual assault. *Journal of Forensic Nursing, 6*, 29–39.

Wilbanks, W. (1984). *Murder in Miami: An analysis of homicide patterns and trends in Dad (Miami), Florida 1917–1983.* Lanham, MD: University Press of America.

Willis, C. L., & Wells, R. H. (1988). The police and child abuse: An Analysis of police decisions t illegal behavior. *Criminology, 26*, 695–715.

Winslett, A. H., & Gross, A. M. (2008). Sexual boundaries: An examination of the importance o before touching. *Violence Against Women, 14*, 542–562.

Wisconsin Office of Justice Assistance. (2009). *Wisconsin Prosecutor's Sexual Assault Referen* Madison: Wisconsin Office of Justice Assistance. Retrieved on July 17, 2010, from http:/ .wcasa.org/documents/PSARB-final_10-28-09.pdf.

Wolf, R. S., & Pillemer, K. A. (1989). *Helping elderly victims: The reality of elder abuse.* New York: C University Press.

Wolfgang, M. E. (1958). *Patterns in criminal homicide.* Montclair, NJ: Patterson Smith.

Wolfgang, M. E., & Ferracuti, F. (1967). *The subculture of violence: Towards an integrated theory nology.* London: Tavistock Publications.

Woodworth, D. L. (1991). Evaluation of a multiple-family incest treatment program. In M. Q (Ed.), *Family sexual abuse: Frontline research and evaluation*. Newbury Park, CA: Sage.

Woolf, P. D., Cox, C., McDonald, J. V., Kelly, M., Nichols, D., Hamill, T., et al. (1991). Effects of intc on the catecholamine response to multisystem injury. *Journal of Trauma, 31*, 1271–1276.

Workplace Bullying Institute. (2010). *Definition of workplace bullying*. Retrieved from http://ww placebullying.org/targets/problem/definition.html.

Wright, L. (1976). The 'sick but slick' syndrome as a personality component of parents of batte dren. *Journal of Clinical Psychology, 32*, 41–45.

Wright, M. (1991). *Justice for victims and offenders: A restorative response to crime*. Philadelphi University Press.

Wright, R. G. (2003). Sex offender registration and notification: Public attention, political empha fear. *Criminology & Public Policy, 3*, 97–104.

Wright, J. A., Burgess, A. G., Burgess, A. W., Laszlo, A. T., McCrary, G. O., & Douglas, J. E. (1997). ogy of interpersonal stalking. *Journal of Interpersonal Violence, 11*, 487–502.

Wyatt, G. E., & Riederle, M. (1995). The prevalence and contact of sexual harassment among American and white American women. *Journal of Interpersonal Violence, 10*, 309–321.

Yacoubian, G. S., Jr, (2000). The (in)significance of genocidal behavior to the discipline of crin *Crime, Law and Social Change, 34*, 7–19.

Yllo, K. (1999). Wife rape: A social problem for the 21st century. *Violence Against Women, 5*, 10!

Young, M. A. (1987). A Constitutional amendment for victims of crime: The victim's perspec *Wayne Law Review, 34*, 51–68.

Younglove, J. A., Kerr, M. G., & Vitello, C. J. (2002). Law enforcement officers' perceptions of s domestic violence: Reason for cautious optimism. *Criminal Justice and Behavior, 17*, 760–7

Younglove, J. A., Nelligan, P. J., & Reisner, R. L. (2009). Victim character evidence in death penal How many songs is too many? *Criminal Justice Review, 34*, 536–552.

Yun, I., Johnson, M., & Kercher, G. (2005). *Victim impact statements: What victims have to say*. Hu TX: Crime Victims' Institute, Criminal Justice Center of Sam Houston State University. Retr June 25, 2010, from http://www.crimevictimsinstitute.org/documents/vis.pdf.

Zandbergen, P. A., & Hart, T. C. (2009). Geocoding accuracy considerations in determining re restrictions for sex offenders. *Criminal Justice Policy Review, 20*, 62–90.

Zandbergen, P. A., Levenson, J. S., & Hart, T. C. (2010). Residential proximity to schools and dayc empirical analysis of sex offense recidivism. *Criminal Justice and Behavior, 37*, 482–502.

Zehr, H. (1990). *Changing lenses*. Scottsdale, PA: Herald Press.

Zehr, H., & Mika, H. (2003). Fundamental concepts of restorative justice. In E. McLaughlin, R. Fe G. Hughes & L. Westmarland (Eds.), *Restorative justice: Critical issues*. Thousand Oaks, CA:

Zellman, G. L. (1990a). Child abuse reporting and failure to report among mandated reporters lence, incidence, and reasons. *Journal of Interpersonal Violence, 5*, 3–22.

Zellman, G. L. (1990b). Report decision-making patterns among mandated child abuse reporte *Abuse & Neglect, 14*, 325–336.

Zgoba, K. (2004). The Amber Alert: The appropriate solution to preventing child abduction? *The of Psychiatry & Law, 32*, 71–88.

Zgoba, K., Levenson, J., & McKee, T. (2009). Examining the impact of sex offender residence res on housing availability. *Criminal Justice Policy Review, 20*, 91–110.

Zillman, G. L., Bryant, J., & Carveth, R. A. (1981). The effects of erotica featuring sadomasoch bestiality on motivated intermale aggression. *Personality and Social Psychology Bulletin, 7*,

Zingraff, M. T., Leiter, J., Myers, K. A., & Johnson, M. C. (1993). Child maltreatment and youthful behavior. *Criminology, 31,* 173–202.

Zoellner, L. A., Feeny, N. C., Alvarez, J., Watlington, C., O'Neill, M. L., Zager, R., et al. (2000). Fact ciated with completion of the restraining order process in female victims of partner violence *of Interpersonal Violence, 15,* 1081–1099.

Zolotor, A. J., & Puzia, M. E. (2010). Bans against corporal punishment: A systematic review of t changes in attitudes and behaviours. *Child Abuse Review, 19,* 229–247.

찾아보기